郭齐勇 主编

中国哲学通史

少数民族哲学卷

萧洪恩 著

学术版

A
HISTORY
OF
CHINESE
PHILOSOPHY

江苏人民出版社

图书在版编目(CIP)数据

　　中国哲学通史. 少数民族哲学卷 /萧洪恩著. —南
京：江苏人民出版社，2022.8
　　ISBN 978-7-214-27135-8

　　Ⅰ. ①中… Ⅱ. ①萧… Ⅲ. ①少数民族-哲学思想-
思想史-中国 Ⅳ. ①B2

　　中国版本图书馆 CIP 数据核字(2022)第 051887 号

中国哲学通史

郭齐勇　主编

少数民族哲学卷

萧洪恩　著

策　　　　划	府建明	
责 任 编 辑	于　辉　李兴梅	
装 帧 设 计	周伟伟	
责 任 监 制	王　娟	
出 版 发 行	江苏人民出版社	
地　　　　址	南京市湖南路 1 号 A 楼,邮编:210009	
照　　　　排	江苏凤凰制版有限公司	
印　　　　刷	苏州市越洋印刷有限公司	
开　　　　本	652 毫米×960 毫米　1/16	
印　　　　张	43　插页 4	
字　　　　数	578 千字	
版　　　　次	2022 年 8 月第 1 版	
印　　　　次	2022 年 8 月第 1 次印刷	
标 准 书 号	978-7-214-27135-8	
定　　　　价	170.00 元(精装)	

(江苏人民出版社图书凡印装错误可向承印厂调换)

目　录

导　论

　　20世纪末,发生在中国大地上的改革开放,不仅使中国发展模式走向了世界,形成一些国家进行"革新开放"的样板,使"中国模式"日益成为世界关注的热点,而且使各种"中国"牌学术发扬光大,特别是开始用"史"学模式来反思学术上的"中国"之范围。但是,除《中国通史》之类,其"中国"尚且论及中国历史上的少数民族之外,其他诸"史",如《中国哲学史》《中国文学史》《中国史学史》《中国法学史》《中国伦理学史》之类,差不多都遇见了同一种问题——虽然都定其名曰"中国",而实际上只是"中国汉族××的成长史",没有涵盖中国各少数民族的哲学、文学、史学、法学、伦理学……于是兴起了传统"中国"书写模式之外的"中少"模式——《中国少数民族史》《中国少数民族文化史》《中国少数民族哲学史》《中国少数民族文学史》《中国少数民族音乐史》《中国少数民族电影史》《中国少数民族舞蹈史》《中国少数民族教育史》《中国少数民族史学研究》《中国少数民族新闻传播史》《中国少数民族革命史》《民族伦理学》《中国少数民族诗歌史》《中国少数民族美术史》《中国少数民族科技史研究》《中国少数民族经济史概论》……这些众多"史""论"的出现,说明中国"国"字号的学科的确该诉求名符其实了,其中不少的"史""论"对这方面都有明确的认知,如:马学良等主编的《中国少数民族文学史》"序"及

"导言"①,熊坤新的《民族伦理学》②,贺金瑞等编写的《民族伦理学通论》"绪论"③等,都有所论及。也正是在这一背景下,学界提出了如何重新书写《中国哲学史》的问题,其中如何安置中国少数民族哲学,即是其中如何让《中国哲学史》的"中国"名符其实的问题。虽然大学哲学系不像"中文系"那样直接有正名的问题,但为"中国哲学"正名的问题却势头正盛。本卷的书写即是为适应这一趋势而做的努力。

一、用名符其实的《中国哲学通史》来呈现中国哲学

如何写出一部名符其实的"中国哲学史"或"中国哲学",一直是中国哲学界面对的问题和努力的方向。曾长期讨论的"中国哲学的合法性"问题,最初即是一个《中国哲学史》的书写问题,而不是一个"中国哲学"的有无问题④。这里的"中国哲学"既应该从广义与狭义进行不同的界定,也应该作意义与学科的区别⑤,但无论如何都面临着是否名符其实的问题。这一问题从空间向度上分析,第一,在"中西哲学关系"上写出名符其实的"中国哲学",而不是"在中国的西方哲学",如冯友兰"欲讲中国哲学史,其主要工作之一,即就中国历史上各种学问中,将其可以西洋所谓哲学名之者,选出而叙述之"⑥。于是即有金岳霖的"中国哲学的史"与"在中国的哲学史"⑦、张岱年的"中国人的哲学"与"中国系的哲学"⑧的关系问题。这种关系在更广阔的意义上即写出区别于欧洲、印度、阿拉

---

① 马学良、梁庭望、张公瑾主编:《中国少数民族文学史》,中央民族大学出版社,2001,序、导言。
② 熊坤新:《民族伦理学》,中央民族大学出版社,1997,第118—123页。
③ 贺金瑞、熊坤新、苏日娜:《民族伦理学通论》,中央民族大学出版社,2007,绪论。
④ 郑家栋:《"中国哲学之合法性"问题的由来、实质及其对于相关讨论的期望》,《北京行政学院学报》2005年第1期,第69—71页。
⑤ 郭齐勇主编:《当代中国哲学研究(1949—2009)》,中国社会科学出版社,2011,引言,第1页。
⑥ 冯友兰:《中国哲学史》上卷,中华书局,1984,自序(1),第1页。
⑦ 金岳霖:《冯友兰著〈中国哲学史〉审查报告》,载冯友兰:《中国哲学史》下册,中华书局,1984,第5页。
⑧ 张岱年:《中国哲学大纲》,中国社会科学出版社,1982,第3页。

伯、非洲……亦即有别于其他任何一国或一系哲学的中国哲学。这种中国哲学既符合哲学的共性或一般的哲学的特征,其所讲的哲学具有普遍性,包括内容、问题、思维方式等方面具有的普遍性;又具有中国哲学的自身特色,有中国哲学的个性,包括观念、范畴、话语系统、特殊问题等;还包括中国哲学史治史者的学术背景、民族形式、时代精神、个人风格等方面的个性。第二,在"中国各民族内部哲学关系"上写出名符其实的"中国哲学",即在"中国哲学"的通史性论述中反映中国各少数民族哲学的内容。从时间向度上,这一问题就是如何理顺"中国哲学全史"的问题,包括它的萌芽、形成、发展直至近现代的哲学转型,如:以"中域"①文化为基本线索的中国哲学的萌芽期明显由于史料缺乏等原因而研究不足,虽然近期也取得了长足进展②;历史上某些时段因研究得不够充分而出现明显的空白期,比如魏晋南北朝的北朝时期部分③、隋唐时期从王通到韩愈之间差不多留下了两百年的空白等;不同的历史地理区间没有完全得到展现,应该说这是中国哲学研究的历史地理时空的拓展问题,而这方面的问题即反映出与中国少数民族哲学资源的挖掘不够有关。第三,在精英、经典与社会大众的一般的、普遍的思想之间出现一定断裂的情况下,写出真正反映整个社会思想状况的实"史",而不只是关注高悬于、深藏于"象牙塔"上(中)的精英与经典思想。把社会大众的普遍之思引入哲学社会思想史的研究范围,比如在中国少数民族哲学研究中,以口承文化、物态文化、仪典文化,以及像寨老制度的主体文化等体现的哲学文化之思,就是以普遍的"民族"文化形式呈现出来的、真正的"民族"哲学之思。认识一个社会、认识一个民族、认识一段历史,没有对这种社会一般思想的认知显然是不全面的。正是在上述三种尺度上,中国哲学

---

① 清康熙年间纂成的《卯峒土司志》序文中将汉文化区域称为"中域",这应是中国少数民族文人的文化地理概念,本文所用即此义。见张兴文、周益顺、田紫云、张震:《卯峒土司志校注》,民族出版社,2001,第2页。

② 吾淳:《中国哲学的起源》,上海人民出版社,2010,第1—563页。

③《蒙哲史论稿》编委会编:《蒙古族哲学及社会思想史论稿》,内部资料,1982;萧萐父:《吹沙集》,巴蜀书社,2007,第380页。

形成了 20 世纪独特的"学科问题"。20 世纪 70 年代末改革开放以来,特别是进入 21 世纪以来,学界不断在这三个方面作出艰苦的探索和巨大的努力。其中核心的问题被转换成中国哲学的传统和超越问题,或创造性转化问题,或通向未来之路的问题,并且,各种论文、各种学术会议、各种通史性学术论著等都会随时就此问题展开讨论。这当然是一个好现象,一方面说明中国哲学史学科的兴旺,另一方面也说明中国哲学史学科建设中的确存在某些亟须解决的问题。其最终的目的诉求即是用名符其实的《中国哲学史》来呈现中国哲学的丰富性、多元性、完整性,并进而体现出中国哲学文化的多元一体格局。

二、用学科再反思厘清中国哲学创造性转化的路径

在中国哲学界,为了面向未来,为了真正实现中国哲学的创造性转化,写出名符其实的"中国哲学史"或"中国哲学",学界作出了各种努力,提出过各种思路,具体包括以下方面的艰苦探索:

"合法性"——中国哲学存在的价值与意义。中国哲学的合法性问题,本质上是对中国哲学存在性的坚信,是一种哲学自性与自信的问题。这是 21 世纪以来讨论得特别激烈的问题,文章有很多。若据年代与作者的写作先后列举,如:干春松以"中国哲学和哲学在中国"为题作关于中国哲学合法性的讨论[1]、就"中国哲学"研究的挑战问题访陈来教授[2]、从方法选择转向问题意识对"中国哲学的合法性"问题作出另一种解读[3];郑家栋论"中国哲学"的"合法性"问题[4]、对"中国哲学史"写作与中

---

[1] 干春松:《中国哲学和哲学在中国——关于中国哲学合法性的讨论》,《江海学刊》2002 年第 4 期,第 190—195 页、第 207 页。

[2] 干春松:《"中国哲学"研究的挑战——访陈来教授》,《哲学动态》2002 年第 3 期,第 2—5 页。

[3] 干春松:《从方法选择转向问题意识——对"中国哲学的合法性"问题的一种解读》,《江汉论坛》2003 年第 7 期,第 35—38 页。

[4] 郑家栋:《"中国哲学"的"合法性"问题》,《中国社会科学文摘》2002 年第 2 期,第 1—6 页。

国思想传统的现代困境进行探讨①；魏长宝对中国哲学的"合法性"焦虑提出见解②；彭国翔以"合法性、视域与主体性"为题对当前中国哲学研究进行反省与前瞻③；彭永捷就中国哲学学科的知识社会学考察来论中国哲学学科存在的合法性危机④，并对中国哲学"合法性"问题作了几点思考⑤；陈少明重提"中国哲学"的正当性⑥；陈来浅议关于"中国哲学"的若干问题⑦；苗润田以"中国有哲学吗?"为题研究西方学者的"中国哲学"观⑧；胡军阐明"'中国哲学''合法性'"讨论的合法性问题⑨；龚隽论中国哲学史作为"学科"的合法性危机与意义⑩；周桂钿论中国到底有没有哲学⑪；程志华辨析中国哲学合法性问题⑫；李存山论"中国哲学合法性"问题⑬；等等。综述性文献则有赵景来作中国哲学的合法性问题研究述要⑭等。俞吾金以"一个虚假而有意义的问题"为题解读"中国哲学学科合法性问题"⑮，对这一问题作了价值评论；赵敦华以"向黑格尔学习如何

① 郑家栋：《"中国哲学史"写作与中国思想传统的现代困境》，《中国人民大学学报》2004 年第 3 期，第 2—11 页。
② 魏长宝：《中国哲学的"合法性"焦虑》，《光明日报》2003 年 11 月 27 日。
③ 彭国翔：《合法性、视域与主体性——当前中国哲学研究的反省与前瞻》，《江汉论坛》2003 年第 7 期，第 38—40 页。
④ 彭永捷：《论中国哲学学科存在的合法性危机——关于中国哲学学科的知识社会学考察》，《中国人民大学学报》2003 年第 2 期，第 25—32 页。
⑤ 彭永捷：《关于中国哲学"合法性"问题的几点思考》，原载《中国社会科学院院报》，转至 http://www.lunwennet.com/thesis/2006/14434_2.html。
⑥ 陈少明：《重提"中国哲学"的正当性》，《江汉论坛》2003 年第 7 期，第 33—35 页。
⑦ 陈来：《关于"中国哲学"的若干问题浅议》，《江汉论坛》2003 年第 7 期，第 21—23 页。
⑧ 苗润田：《中国有哲学吗?——西方学者的"中国哲学"观研究》，《中国社会科学报》2005 年 11 月 15 日。
⑨ 胡军：《"'中国哲学''合法性'"讨论的合法性问题》，《北京行政学院学报》2004 年第 2 期，第 75—77 页。
⑩ 龚隽：《再论中国哲学史作为"学科"的合法性危机与意义》，《哲学研究》2005 年第 8 期，第 43—47 页。
⑪ 周桂钿：《中国到底有没有哲学》，《社会科学战线》2010 年第 2 期，第 1—5 页。
⑫ 程志华：《中国哲学合法性问题辨析》，《文史哲》2007 年第 1 期，第 71—78 页。
⑬ 李存山：《"中国哲学合法性"问题》，http://www.bjpopss.bjpssweb/n29749c48.aspx。
⑭ 赵景来：《中国哲学的合法性问题研究述要》，《中国社会科学》2003 年第 6 期，第 36—42 页。
⑮ 俞吾金：《一个虚假而有意义的问题——对"中国哲学学科合法性问题"的解读》，《复旦学报（社会科学版）》2004 年第 3 期，第 27—34 页。

做中国哲学"为题作"古代中国无哲学"魔咒之解魅,而从西方对中国哲学持否定论者那里探讨中国哲学的合法性①;陈应琴对中国古代有无哲学作认识论辨析②,以进行专门的理论辩证。当然还有其他论文,对这个问题进行了深入的讨论。按笔者的理解,这一问题的关键是"为什么要合法?""合什么法?""合谁家的法?""在什么程度上合法?"等问题。"为什么要合法?"讨论的是按照一定的标准写出来的中国哲学能否叫哲学的问题,从刘光汉(即刘师培)1906年在《国粹学报》第2卷第4、11、13期发表的《中国哲学起源考》中提出"中国哲学"一词以来,虽然有上海中华书局在1916年9月出版的谢无量的《中国哲学史》,但是一般把胡适于1919年2月由上海商务印书馆出版的《中国哲学史》一书作为现代意义的"中国哲学史"产生的标志。这是因为谢著虽然出版时间早于胡著,但因其与传统的学术思想史无明显的区别而未被认可。可见"为什么要合法"的问题具有极端的重要性。"合什么法?"是就"哲学"的"标准"而言的,这是对哲学的本质界定问题,具体反映出哲学的"一般与特殊的关系问题"。"合谁家的法?"是就哲学的研究范式、哲学观、哲学的表达方式等方面提出的选择问题,在这里,既无所谓统一的西方哲学,也无所谓统一的中国哲学、印度哲学或阿拉伯哲学,在任何情况下都只存在"一家之言"——康德、黑格尔、德里达、海德格尔、维特根斯坦、罗素、熊十力、冯友兰、贺麟、马克思、恩格斯、列宁……这就是所谓的"哲学史即哲学"的问题,因而是一个哲学史研究者的哲学观、研究范式、表达方式是否合理的问题。"在什么程度上合法?"是就研究成果与研究对象的实际情况是否符合的问题。在一定程度上说,第一个问题讲的是价值问题,第二个、第三个问题讲的是方法论问题,最后一个问题讲的是态度和水平的问题。

"正名"——是否可用"中国思想史"或其他什么名称代替"中国哲学

---

① 赵敦华:《向黑格尔学习如何做中国哲学——"古代中国无哲学"魔咒之解魅》,《北京大学学报(哲学社会科学版)》2010年第5期,第22—26页。
② 陈应琴:《中国古代有无哲学之认识论辨析》,《理论学刊》2012年第3期,第69—72页。

史"？由于西方不断有学者强调中国没有哲学或只有思想或只是思想，中国学界即出现了用"中国思想史"等名称代替"中国哲学史"的努力或思路①。其实，这一问题从根本上来说就是一个伪问题，一方面来源于西方哲学一直维持着的对中国哲学的傲慢与偏见，另一方面也有某种国人的无自性与自信，这正像评价某种东西必以西方为尺度一样，依据美国的"硅谷"，中国各地就弄出不少这"谷"那"谷"等；西方有某种东西，而中国的则被比喻为"东方的×××"等。从中国哲学的层面，葛兆光在文章中已尽力全面地列出了 20 世纪中国哲学中的"正名"问题②，这本身即反映了这方面的审慎历史。对此，张志伟在以"中国哲学还是中国思想？"为题来谈中国哲学的合法性危机③时即有较详明的论说。不过应强调的是，"思想史"与"哲学史"关系的争论，正说明中国哲学主体性问题的凸显，在一定程度上诉求的正是中国哲学的独立性。至于在中国哲学研究中如何运用各种思想史研究的成果，却只是一个方法问题。在这方面，中国少数民族哲学的情况就更复杂一些。从最初成立的中国少数民族哲学研究的民间组织——"中国少数民族哲学和社会思想史学会"即可看出。不过自 2009 年以来，人们逐渐呼吁要为之"正名"，直接叫作"民族哲学研究学会"，因而也反映出一种"正名"的诉求。

　　"范式"——审视中国哲学研究中的不同范式，谋求一种更为科学、合理的"中国哲学"的研究尺度。这方面的文章很多，代表性的文章如：陈坚以"中国哲学何以能成立"为题列举四位学者对中国哲学成立的证

① 梁枢、葛兆光：《思想史的视野——关于〈中国思想史〉的对谈》，《光明日报》2002 年 4 月 12 日。
② 葛兆光：《为什么是思想史？——"中国哲学"问题再思》，《江汉论坛》2003 年第 7 期，第 24—26 页。
③ 张志伟：《中国哲学还是中国思想？——也谈中国哲学的合法性危机》，《中国人民大学学报》2003 年第 2 期，第 17—24 页。

明①;王中江论"范式""深度视点"与中国哲学"研究典范"②;赵峰介绍中国哲学研究的四个范式③;周德丰、陆信礼介绍 20 世纪中国哲学史研究的三种模式④;陈明、周瑾以"范式转换:超越中西比较"为题对中国哲学合法性危机进行儒者之思⑤;余卫国研究中国哲学范式的历史转换和现代性追求⑥;等等。这些文章从不同的层面论述了中国哲学研究中的范式问题。其中应提到的是 2010 年 7 月 26 日至 31 日,在吉林大学成功举办的,由吉林大学哲学基础理论研究中心、吉林大学哲学社会学院、香港圆玄学院主办,国际场有哲学研究所、香港道教联合会协办的"当代哲学范式的转换与哲学发展的新趋向国际学术研讨会暨第十二届场有哲学学术研讨会"⑦。20 世纪 70 年代末以来的中国哲学研究范式的转换,包括从日丹诺夫范式到列宁范式的转换,及至后来的其他各种范式,应该说都是一种探索路径,既然如此,其评价尺度即应是"也许我们错了,但是我们正在探索"。

"方法"——如何研究中国哲学？关于方法,是中国哲学界讨论的重要问题。20 世纪 70 年代末改革开放以来,中国哲学界首先讨论的就是方法问题,并举行过专门会议进行探讨、出版过专门的研究著述、开设过专门的研究生学位课程。自海外学者研究中国哲学的成果译介到中国大陆以后,对这个问题的讨论更加热烈,新的方法始终在不断涌现,如用诠释学方法对中国哲学史进行再诠释、用中国思想史来代替中国哲学

① 陈坚:《中国哲学何以能成立——四位学者对中国哲学成立的证明》,《中国哲学史》1999 年第 3 期,第 3—9 页。

② 王中江:《"范式"、"深度视点"与中国哲学"研究典范"》,《江汉论坛》2003 年第 7 期,第 26—29 页。

③ 赵峰:《中国哲学研究的四个范式》,《人文杂志》2009 年第 6 期,第 60—65 页。

④ 周德丰、陆信礼:《20 世纪中国哲学史研究的三种模式》,《光明日报》2004 年 8 月 10 日。

⑤ 陈明、周瑾:《范式转换:超越中西比较——中国哲学合法性危机的儒者之思》,《同济大学学报(社会科学版)》2006 年第 1 期,第 56—65 页。

⑥ 余卫国:《中国哲学范式的历史转换和现代性追求》,《南通大学学报(社会科学版)》2010 年第 6 期,第 1—10 页。

⑦ 刘连朋:《当代哲学范式的转换与哲学发展的新趋向国际学术研讨会》,《社会科学战线》2010 年第 10 期,第 286 页。

史,等等。关于方法的选择与运用很重要,这方面的论文也很多,如:张立文认为中国哲学史是从"照着讲""接着讲"到"自己讲"①;高秀昌认为"接着讲"是一种治中国哲学史的方法②,此外也讨论了 20 世纪 30 年代冯友兰的中国哲学史方法论③;李翔海思考重写中国哲学史的问题向度与方法意识④;龚隽以老子之道的诠释为例研究刘笑敢"反向格义"与中国哲学研究的困境⑤,并以"从经学到哲学史"为题省思通史写法的中国哲学史研究方法⑥;刘笑敢反思反向格义与中国哲学方法论⑦;郭齐勇反思建构中国哲学的方法论⑧;沈清松探索哲学会通与当代中国哲学道路⑨;等等。值得提到的是,方法论讨论还涉及中西方哲学的关系问题,并得到了特别关注,如:陈椰以"对话、融通与当代中国哲学的新开展"为题综述中哲、西哲、马哲专家论坛⑩;谭培文以"融会三大哲学资源,创建当代中国哲学"为题论述了全球化语境中的文明冲突与哲学对话,并对中哲、西哲、马哲专家论坛综述⑪;贺来研究马哲、中哲、西哲的"功能统一

---

① 张立文:《中国哲学:从"照着讲"、"接着讲"到"自己讲"》,《中国人民大学学报》2000 年第 2 期,第 7—9 页。

② 高秀昌:《"接着讲"——一种治中国哲学史的方法》,《中州学刊》2003 年第 2 期,第 159—163 页。

③ 高秀昌:《试论 30 年代冯友兰的中国哲学史方法论》,《南开学报(哲学社会科学版)》2003 年第 4 期,第 48—56 页。

④ 李翔海:《重写中国哲学史的问题向度与方法意识》,《中国社会科学》2004 年第 6 期,第 82—89 页、第 205—206 页。

⑤ 龚隽:《读刘笑敢"反向格义"与中国哲学研究的困境——以老子之道的诠释为例》,《南京大学学报(哲学人文科学社会科学版)》2006 年第 2 期,第 76—90 页。

⑥ 龚隽:《从经学到哲学史:作为通史写法的中国哲学史研究方法的省思》,http://www.douban.com/group/topic/18844429/。

⑦ 刘笑敢:《反向格义与中国哲学方法论反思》,《哲学研究》2006 年第 4 期,第 34—39 页、第 128 页。

⑧ 郭齐勇:《建构中国哲学的方法论反思》,《长江日报》2007 年 6 月 16 日。

⑨ 沈清松:《哲学会通与当代中国哲学道路的探索》,http://www.lwlm.com/zhongguozhexue/200909/306432.htm。

⑩ 陈椰:《对话、融通与当代中国哲学的新开展——中哲、西哲、马哲专家论坛综述》,《哲学动态》2008 年第 2 期,第 98—99 页。

⑪ 谭培文:《融会三大哲学资源,创建当代中国哲学——全球化语境中的文明冲突与哲学对话:中哲、西哲、马哲专家论坛综述》,《哲学动态》2003 年第 12 期,第 38—39 页。

性",并对当代中国哲学做了探索①;杨生平论后现代主义与当代中国哲学②;陆信礼论中西文化交汇下的中国哲学重建③;等等。其中何萍论马克思主义哲学与当代中国哲学的创造④则特别强调了马克思主义与当代中国哲学发展的关系,而李翔海论中国哲学之"重合"传统及其现代走向⑤则关注于中国哲学传统。

"重写"——如何实现中国哲学的现代转型与创造性转化? 在反思中国哲学历史发展的基础上重写中国哲学史,是当代中国哲学发展的新趋势。一般的中国哲学史教材都会讨论这一问题,差不多都要用"前言"或"绪言"来解决这一问题,如:张志伟以"哲学是什么"为题作《西方哲学史》导言⑥,郭齐勇作《中国哲学史》⑦导言等。这方面的论文也很多,主要涉及从反思到重写的全过程,如:臧宏反思中国哲学史研究百年⑧;李宗桂有对 20 世纪中国哲学研究的审视和新世纪的展望⑨;刘文英作中国哲学史百年述评与展望⑩;曹树明述论 20 世纪二三十年代中国哲学史研究模式⑪;等等。这方面的代表作当然应是郭齐勇主编的《当代中国哲学

① 贺来:《马哲、中哲、西哲的"功能统一性"与当代中国哲学的探索》,《吉林大学社会科学学报》2004 年第 2 期,第 17—20 页。
② 杨生平:《后现代主义与当代中国哲学》,《首都师范大学学报(社会科学版)》2000 年第 4 期,第 94—98 页。
③ 陆信礼:《中西文化交汇下的中国哲学重建——纪念张岱年先生逝世二周年国际学术研讨会综述》,《湖南大学学报(社会科学版)》2006 年第 6 期,第 54—57 页。
④ 何萍:《马克思主义哲学与当代中国哲学的创造》,《光明日报》2006 年 5 月 23 日。
⑤ 李翔海:《中国哲学之"重合"传统及其现代走向》,《南开学报》1995 年第 4 期,第 12—18 页。
⑥ 张志伟:《哲学是什么——〈西方哲学史〉导言》,载张志伟主编《西方哲学史》,中国人民大学出版社,2002,第 1—8 页。
⑦ 郭齐勇:《中国哲学史·导言》,载《中国哲学史》,高等教育出版社,2006,第 1—10 页。
⑧ 臧宏:《中国哲学史研究百年反思》,《华东师范大学学报(哲学社会科学版)》2001 年第 1 期,第 52—56 页、第 126 页。
⑨ 李宗桂:《二十世纪中国哲学研究的审视和新世纪的展望》,《学术界》2002 年第 1 期,第 254—268 页;第 2 期,第 256—267 页。
⑩ 刘文英:《中国哲学史百年述评与展望》,《中国哲学史》2001 年第 1 期,第 29—38 页。
⑪ 曹树明:《20 世纪二三十年代中国哲学史研究模式述论》,《中国哲学史》2007 年第 2 期,第 5—13 页。

研究(1949—2009)》①最为系统,其他文章还有姚介厚论当代哲学的几个主要课题②;笔名华山剑的一位学者忧思中国哲学的现状③等。由于重写涉及哲学观的问题,因而也在讨论中得到了反映,如潘磊、孟媛媛比较与分析中西方哲学观④等。其他论文,如:吕嘉谈当代中国哲学的学科制度、问题意识、未来方向⑤;李明华论中国传统哲学的当代发展⑥;陈卫平分析从胡适到冯友兰的中国哲学史研究之学科自觉⑦;景海峰初步思考后殖民语境中的从"哲学"到"中国哲学"⑧;周海春谈了对现行中国哲学史教科书的几点反思⑨;李荣海谈中国哲学的现状及发展趋势⑩;等等。在方法论问题上,李维武以"形态、问题与思潮"为题思考20世纪中国哲学研究的方法论⑪并以"蕴含思想史维度的哲学史研究"为题对19—20世纪中国哲学研究的方法论进行思考⑫,这两篇文章值得特别关注,在一定程度上协调了前述"正名"问题的方方面面。方法问题探讨的重要目标是"21世纪中国哲学主题:创造性转化",武汉大学哲学系曾主办过西学东渐学术研讨会暨"中国哲学创造性转化"研讨班,来自海峡两岸的多

① 郭齐勇主编:《当代中国哲学研究(1949—2009)》,中国社会科学出版社,2011。
② 姚介厚:《当代哲学的几个主要课题》,http://www. cass. net. cn/chinese/s14_zxs/jiaoliu/shiji/yao. htm。
③ 华山剑:《中国哲学现状的忧思》,http://newmind40. com/01_3/hshj. htm。
④ 潘磊、孟媛媛:《中西方哲学观比较与分析》,《技术与创新管理》2007年第2期,第1—2页。
⑤ 吕嘉:《当代中国哲学:学科制度、问题意识、未来方向》,《哲学动态》2008年第2期,第9—12页。
⑥ 李明华:《中国传统哲学的当代发展》,《学术研究》1996年第10期,第53—57页。
⑦ 陈卫平:《中国哲学史研究的学科自觉——从胡适到冯友兰》,《中国哲学史》2003年第2期,第5—12页。
⑧ 景海峰:《从"哲学"到"中国哲学"——一个后殖民语境中的初步思考》,《江汉论坛》2003年第7期,第29—33页。
⑨ 周海春:《对现行中国哲学史教科书的几点反思》,《广西民族大学学报(哲学社会科学版)》1997年第S1期,第208—211页。
⑩ 李荣海:《中国哲学的现状及发展趋势》,《许昌师专学报(社会科学版)》1996年第3期,第1—6页。
⑪ 李维武:《形态、问题与思潮:20世纪中国哲学研究的方法论思考》,《学术月刊》2004年第9期,第95—103页。
⑫ 李维武:《蕴含思想史维度的哲学史研究——对19—20世纪中国哲学研究的方法论思考》,《哲学研究》2007年第1期,第48—55页。

位学者在会议期间就中国哲学于当代创造性转化的若干问题进行了座谈①。

当然还有其他不少论文或著作探讨了上述问题及一些其他问题。正是这些探讨从中国哲学的时间尺度、空间尺度等方面对中国哲学的未来之路做了认真讨论。但是,讨论的重点仅落在"中西哲学关系"上写出名符其实的"中国哲学",而在"中国各民族内部哲学关系"上写出名符其实的"中国哲学"方面却讨论不足;从时间向度上也有明显关注不够的情形。因此可以说,在讨论中人们还是忽略了中国哲学研究中的另一重要层面,这就是在中国哲学史的研究中,特别是在中国哲学史的通史性叙述中,实际上存在着一种以"汉族成长史中的哲学史"代替"中国哲学史"的倾向,也就是说,忽略了中国少数民族哲学在中国哲学史中的应有地位。这正如长期进行中国少数民族哲学研究的佟德富所说:"由于种种社会历史原因,中国少数民族哲学思想史的研究,一直处于空白状态。结果,就形成了中国哲学现在的这种畸形状态:中国哲学史只是汉族哲学史,没有包括兄弟民族极其丰富而又富有民族特色的哲学思想史。这与我国多元一体的民族格局和伟大中华文明的历史与现状是极不相称的。"②本书作为《中国哲学通史》学术版中的一卷,目的就在于弥补这方面的不足。在一定程度上说,这也是为了发扬中国"民族哲学"的研究传统。因为早在抗日战争时期,中国已有"民族哲学"的专著问世,当时,汪少伦著的《民族哲学大纲》③由正中书局于 1938 年印行,其中所论虽然并不完全属于我们现今考虑的哲学,但该书研究了民族的本质及作用;民族发展与社会及个人的关系,包括民族生活及其与量质和环境的关系、民族生活与各方面文化的关系,民族生活与历史的关系及其重要性、片面史观的批评等。该书所关注的民族与文化精神、文化环境、文化史观等各方面的关系,显然已是民族哲学研究。从该书中汪少伦为其《中国

---

① 陈俊民等:《21 世纪中国哲学主题:创造性转化》,《光明日报》2003 年 1 月 9 日。
② 佟德富:《中国少数民族哲学概论》,中央民族大学出版社,1997,第 1 页。
③ 汪少伦:《民族哲学大纲》,正中书局 1938 年(中华民国 27 年印行)。

之路》的创作而阐述的理论,并结合他写的另一部著作《中国命运和伦理学》等,显然可见其民族自觉与哲学自觉,只不过当时并未具体到中国少数民族及其哲学而已。到了 1964 年,朱谦之即已指出"今天所有的哲学史书,都有一个缺点,就是只写汉族的哲学史,没有注意到其他民族在哲学史上的贡献"①,但此后很长时间都没解决这一问题。以至于直到1980 年,孙叔平还不得不在《中国哲学史稿》中"郑重说明:我的《中国哲学史稿》,实际上是汉族哲学史稿。本书关于兄弟民族的哲学史料一点也没有。这是我对兄弟民族无知的缘故。这一点希望研究少数民族历史的同志能予以补足"②。可以看出,这个问题是到了应该认真解决的时候了。事实也正是这样,自 20 世纪 80 年代以来,中国少数民族哲学研究即充满勃勃生机,成为中国哲学史研究的新领域③。这足以说明中国少数民族文化已不再是一种纯粹的客体,而是像整个中国文化的其他构成部分一样,成了推动、塑造中国特色社会主义的强大力量。这也是研究中国少数民族哲学的意义之一。

三、用中国少数民族哲学开拓中国哲学史未来之路

毛泽东曾说:"观中国史,当注意四裔,后观亚洲史乃有根;观西洋史,当注意中西之比较,取于外乃足以资于内也。"④笔者认为,毛泽东的这一论述,同样适用于"观中国哲学史",其意在于说明"观中国哲学史"离不开中国少数民族哲学。只有这样,才能写出名符其实的中国哲学史。

其实,中国哲学史研究的起步,如果上溯历史,自然可以上溯到先秦。《庄子·天下》等篇中已强调当时"百家往而不返""道术将为天下

---

① 朱谦之:《谈谈有关研究中国哲学史的几个问题》,《朱谦之文集》第 4 卷,福建教育出版社,2002,第 454 页。
② 孙叔平:《中国哲学史稿·序言》,《中国哲学史稿》,上海人民出版社,1980,第19页。
③ 谷方:《评中国哲学史研究新领域的开拓》,《哲学研究》1987 年第 12 期,第 43—48 页。
④《毛泽东早期文稿(1912.6—1920.11)》,湖南人民出版社,2008,第 21 页。

裂"状况的存在,渴望"齐万物""齐是非"的一统之道。至司马谈的《论六家要旨》及以后的各学术史论,也都有自己的一统之道。1919年2月由上海商务印书馆出版的胡适的《中国哲学史大纲》(上卷),开启了用近现代方法研究中国哲学史并撰写专著的先河。但在当时,中国的民族问题,实际上是"中华民族"的问题,中国少数民族的问题还不突出,因而其书中反映的只是以汉族哲学为主体、以朝代更替和汉文典籍诸文献为基础的中国哲学史。此后的冯友兰、萧公权、范寿康、钱穆等先辈学者也相沿成习,直到中华人民共和国成立后的若干年,仍是这种现象。纵观这些通史性中国哲学研究,在体现中国哲学史的"民族成分"问题上,大致有以下三种情况:

(1)避而不谈,只讲中国哲学史,阐明中国哲学史的研究对象、方法、目的和意义。在通史性的著述中,对各主要哲学家进行描述,概述其生平、著作、哲学思想。在对哲学思想的论述中,由于对中国哲学研究范式选择的差别,论述方式有所不同,如英美哲学影响下的胡适—冯友兰范式,马克思主义哲学影响下的郭沫若—侯外庐范式,中国哲学研究的"两个对子"范式,20世纪70年代末以来的思想解放与研究范式转移等。影响特别大的恐怕要算"两个对子"范式,其特点主要是从唯物主义、唯心主义、辩证法、形而上学、思想影响及评价等方面进行阐明等。然而,无论哪种范式,论述的结果都是:表面上是中国哲学史,实际上是中国的汉族哲学史,最多可以说是"中域"哲学史。这类哲学史著述,在整个中国哲学史的通史性论述中,占有相当的比重。

(2)强调中国哲学史是中华民族的认识史。在这里,"中华民族"得以强调,而且在一定程度上也强调了民族交融。在强调民族交融的过程中,各民族的哲学思想相互渗透,相互交融。但是,这里只是把"中华民族"当成是一种方法问题,因而在书写中国哲学史过程中,往往写的仍然只是汉族哲学史。而且在内容的表述上,与第一种类型略同。如冯友兰在《中国哲学史新编》中,在全书绪论第十节讲"阶级观点和民族观点",在对中国作"中华民族"的整体界定以后,讨论了中华民族的"民族精神"

问题,最后就主要讲"民族融合",实际上是用一种"以夏变夷"的指导思想,写下了自己的《中国哲学史新编》,并强调这是整个中华民族所具有的。因此,从思维方式上说,该书仍没有改变过去的忽略中国少数民族哲学的倾向。

(3)在中国哲学史的通史性描述中,既强调中华民族的统一性,又强调各民族的差异性。但是,这种民族的差异性并没有展开,有的只是提出了地区差别的问题,如强调老、庄道家哲学,就主要是受楚文化的影响所致。可是,在其具体的论述过程中,又没有完全超越传统的中国哲学史的写作方式,如有的著作强调"中国哲学史是中华民族的认识史",但是由哪些民族的哲学构成了统一的中华民族哲学,并没有阐明清楚。最终结果仍然是可想而知的,即中国哲学史实际上仍然是心目中的汉族哲学史。甚至还可以看到像任继愈主编的七卷本《中国哲学发展史》中所说"不能说每一民族都有自己的哲学"一类的论述,而这也正是直到目前仍然存在的中国少数民族哲学合法性问题的另一种表现形式。但是,这并不等于说不强调中国少数民族哲学在中国哲学通史性著述中的应有地位。因此,我们看到,孙叔平在《中国哲学史稿》中的郑重说明,并希望研究少数民族历史的同志能予以补足[1]。

与上述情形相应的是,自20世纪70年代末以来,在中国哲学研究的推动下,中国少数民族哲学研究得以展开。在一定程度上说,这是由于西方学术细分化、学科化(分科制)研究的再传薪火,即自西方哲学的学科独立启动中国哲学研究以来,中国哲学经过了冲击、融汇、创新、发展、反思等诸阶段[2],然后发展至当今中国哲学主体性的阐扬,中国哲学研究已经近于成熟,以至于人们着眼于寻找"通向未来中国哲学的一条

---

[1] 孙叔平:《中国哲学史稿·序言》,《中国哲学史稿》,上海人民出版社,1980,第19页。

[2] 成中英在《反思近现代中国哲学的演化与方向:重写中国哲学史(提纲)》中认为"中国近代哲学百年"包括"五个阶段的发展:即危机、冲击、再觉醒、迂回与开放五个阶段"。见景海峰主编《拾薪集·中国哲学建构的当代反思与未来前瞻》,北京大学出版社,2007,第1页。

可能之路"①。与此相应的是,在中国哲学研究中,中国少数民族哲学研究的缺失自 20 世纪 70 年代末以来也逐渐为人诟病,而各少数民族自身则从学科细分化与学科自觉的层面阐扬中国少数民族哲学。这种哲学自觉表现在成立了中国南北方各自的"少数民族哲学和社会思想史学会",并最终统一为"中国少数民族哲学和社会思想史学会";表现在自觉按照当时所能被接受的"两个对子"的研究范式研究中国少数民族哲学,并成为一时风气;表现在中国少数民族哲学教学进入了部分民族院校的哲学教学课堂,成为中国少数民族哲学研究的新动力②;表现在成就了一大批中国少数民族哲学研究的经典成果,包括教材、专著、论文、资料选编、论文选辑;表现在进行大量的学术研究组织活动,包括会议、专栏、网站、报纸、杂志宣传;表现在中国哲学研究中承认中国少数民族哲学研究是中国哲学史研究领域的新开拓③;等等。这些自觉的直接成果即是中国少数民族哲学的自身建构,一个是内容的建构,一个是学科的建构,从而成为中国少数民族哲学研究的内在动力。但是,就目前的研究成果来看,在中国哲学的通史性论述中,内容上的建构进展仍然不大,成就仍然不显明,除任继愈主编的《中国哲学发展史·先秦》④、部分中国哲学研究的文献综述⑤、刘文英的《中国哲学史史料学》⑥、郭齐勇的《当代中国哲学研究(1949—2009)》⑦等以外,在其他的相关"中国哲学史"的通史性论述中仍然难觅中国少数民族哲学的踪影,以至于在有关权威部门主持的

---

① 吴根友:《珞珈中国哲学:通向未来中国哲学的一条可能之路》,载徐水生《珞珈中国哲学·中国哲学与日本文化》,中华书局,2012,珞珈中国哲学丛书序言。
② 李维武教授曾就大学哲学系的建立和哲学教学对中国哲学的推动作用作过具体论述,见《现代大学哲学系的出现与 20 世纪上半叶中国哲学的开展》,载《中国哲学的传统更新》,人民出版社,2012;另可见《学术月刊》2009 年第 11 期,第 38—48 页。
③ 谷方:《评中国哲学史研究新领域的开拓》,《哲学研究》1987 年第 12 期,第 43—48 页。
④ 任继愈主编:《中国哲学发展史·先秦》,人民出版社,1983。
⑤ 李宗桂:《二十世纪中国哲学研究的审视和新世纪的展望(上、下)》,《学术界》2002 年第 1 期,第 254—268 页;第 2 期,第 256—267 页。
⑥ 刘文英主编:《中国哲学史史料学》,高等教育出版社,2002。
⑦ 郭齐勇主编:《当代中国哲学研究(1949—2009)》,中国社会科学出版社,2011。

《中国哲学史》教材中,中国少数民族哲学虽然曾被列入计划,但是最终被取消了。至于中国少数民族哲学本身的学科建构,却在不断地获得发展,不仅有了课程、教材、专业组织、专业课题等方面的"学科"标志,而且有不少少数民族的专业学者出版了自己民族哲学的研究专著,并已谋求推动涵盖所有中国少数民族哲学的中国少数民族哲学史确立项目及发表相应成果。事实上,中国哲学中从来不缺少中国少数民族的哲学成分,只是未得到确认而已。

根据目前对中国少数民族哲学研究的角度,人们已从不同层面指向了中国少数民族哲学,除直接的哲学研究而外,还有以下几方面的哲学研究:

(1)"神话哲学"研究。"神话哲学"一词,早在 19 世纪,德国哲学家谢林即写过《神话哲学与天启哲学》一书;到 20 世纪,著名的德国学者卡西尔在其《象征形式哲学》中也曾使用"神话哲学"一词,并据以作为标题,而中国学者以此为题的论文更不在少数,如:胡景敏、孙俊华研究神话哲学视域中的《庄子》天人论[1],以及解读《庄子》生命意识的神话哲学[2];张蕾论《西厢记》时空方位中反映的神话哲学[3];方艳、李俊标以"龙蛇之辨与阴阳之化"为题研究龙在中国神话哲学中的意义[4];等等。至于著作,则有叶舒宪的《中国神话哲学》[5]等,可以看出,对于神话,是既有哲学值得研究,也有进行哲学研究的必要。而这也正是"神话哲学"的双重含义。其中的《中国神话哲学》则大量地研究了中国少数民族神话。佟

---

① 胡景敏、孙俊华:《神话哲学视域中的〈庄子〉天人论》,《太原理工大学学报(社会科学版)》
　　2006 年第 1 期,第 63—66 页。
② 胡景敏、孙俊华:《〈庄子〉生命意识的神话哲学解读》,《湖南工程学院学报(社会科学版)》
　　2006 年第 2 期,第 34—37 页。
③ 张蕾:《〈西厢记〉时空方位中反映的神话哲学》,《内蒙古师范大学学报(哲学社会科学版)》
　　2006 年第 S1 期,第 263—264 页。
④ 方艳、李俊标:《龙蛇之辨与阴阳之化——说龙在中国神话哲学中的意义》,《唐都学刊》2007
　　年第 4 期,第 22—26 页。
⑤ 叶舒宪:《中国神话哲学》,陕西人民出版社,2005。

德富初探神话宇宙观①,魏文爽试论中国上古神话中的哲学思想萌芽②,伍雄武以"原始意识和哲学、宗教、道德、文艺、科学的起源"为题研究云南少数民族原始意识③等论文都可以看成是这方面的哲学研究。

(2)"原始哲学"研究。有学者强调中国少数民族自己的民族哲学应用"原始哲学"来表示。在西方学术界,曾用"原始哲学"来标明原始人类的思想观念,如卡西尔即认为泰勒承认原始人有"一个相当一致和合乎理性的原始哲学",原始人也就是"原始哲学家"或"古代野蛮哲学家"④;美国学者托马斯·F.奥戴也曾强调:"原始的哲学,最简单的思想表现形式,了解世界和解释生与死、命运与自然、神和崇拜的一系列尝试。"⑤在中国学术界,茅盾先生早在 20 世纪 20 年代曾用"原始哲学"来评论神话思维,认为神话说明"原始人的思想虽然简单,却喜欢去攻击那些巨大的问题,例如天地缘何开始,人类从何而来,天地之外有何物,等等。他们对这些问题的答案……便是他们的原始哲学",是"他们的宇宙观",是他们"原始的哲学""遗形"⑥。到 20 世纪下半叶和 21 世纪初,学界更经常使用"原始哲学",如:普同金对彝族史诗《梅葛》中的原始哲学观念进行的研究⑦;李景江则分析了神话反映的原始哲学观,认为"神话……是原始人对世界本原、人与自然关系、自身作用的认识、思考,是后代科学、哲学、美学的源头。它的哲学观本身就是民族文化的精华,探讨原始哲学有助于研究神话的性质、特征,也有助于研究哲学史、美学史、文化史、文

---

① 佟德富:《神话宇宙观初探》,《宗教与民族》2012 年卷。

② 魏文爽:《试论中国上古神话中的哲学思想萌芽》,《孝感教院学报》1994 年 00 期,第 1—4 页。

③ 伍雄武:《原始意识和哲学、宗教、道德、文艺、科学的起源——云南少数民族原始意识研究》,《云南社会科学》1987 年第 2 期,第 25—32 页。

④ 恩斯特·卡西尔:《国家的神话》,耶鲁大学出版社 1946 年版,英文本第 11 页,转引自俞吾金《寻找新的价值坐标:世纪之交的哲学文化反思》,复旦大学出版社,1995,第 351 页。

⑤ 麻天祥:《中国宗教哲学史》,人民出版社,2006,第 97 页。

⑥ 茅盾:《神话研究》,百花文艺出版社,1981,第 13—76 页。

⑦ 普同金:《略论彝族史诗〈梅葛〉中的原始哲学观念》,《云南民族学院学报》1984 年第 1 期,第 54—58 页。

艺学史。"①此后,王晓华从原始哲学到生存实践哲学来对西方哲学史重新分期、从原始哲学到心学来对中国传统哲学分期,而且讨论了中西方传统哲学发展史的异同②;蓝鸿恩初探壮族原始哲学以思考壮族古代文化③;刘文英以"漫长的历史源头"为题初探原始思维与原始文化④;周延良以"《楚辞·天问》与原始文明"为题考释《天问》中的原始哲学内涵⑤;任荟研究壮族原始哲学思想⑥;张赫名论法老时代埃及的原始哲学⑦;等等,如刘文英即说,"神话式的'原始的哲学'或'宇宙观',同样是就哲学的萌芽而言。"目前,详细论证应该使用"原始哲学"一词的是晏祥紫的硕士学位论文⑧,他肯定"原始哲学是一个文化人类学或民族学意义上的概念,作为生命智慧的一种表现形式,它是指少数民族神话史诗和原始信仰所表现出来的原初精神家园和生命智慧,是真正属于少数民族自己的,具有原创性和独特性的'民族文化'。原始哲学是'类型'意义上的一种哲学,迄今为止,它一直都伴随着少数民族的发展历程。"不过,从整个中国少数民族哲学研究的主流来看,仍然使用的是"哲学萌芽",而并不将其作为一种哲学类型。如在作为中国少数民族哲学研究的领军人物

① 李景江:《神话反映的原始哲学观》,《吉林大学社会科学学报》1990年第6期,第50—56页。
② 王晓华:《从原始哲学到生存实践哲学:对西方哲学史的重新分期》,《复旦学报(社会科学版)》1990年第6期,第31—37页;《从原始哲学到心学:对中国传统哲学的分期——兼论中西方传统哲学发展史的异同》,《齐齐哈尔大学学报(哲学社会科学版)》1992年第1期,第5—6页、第14页。
③ 蓝鸿恩:《壮族原始哲学初探——壮族古代文化思考之一》,《民族艺术》1994年第1期,第50—58页。
④ 刘文英:《漫长的历史源头——原始思维与原始文化新探》,中国社会科学出版社,1996,第638页。
⑤ 周延良:《〈楚辞·天问〉与原始文明——〈天问〉中的原始哲学内涵考释》,《中国文化研究》2001年第3期,第11—17页、第3页。
⑥ 任荟:《壮族原始哲学思想研究》,《河池师专学报(社会科学版)》2002年第3期,第10—12页。
⑦ 张赫名:《法老时代埃及的原始哲学》,硕士学位论文,吉林大学文学院,2005。
⑧ 晏祥紫:《原始哲学及其主题研究——基于云南少数民族神话史诗和原始信仰的考察》,硕士学位论文,云南师范大学,2009。

那里,肖万源论哲学与原始意识①,佟德富初探神话宇宙观②,伍雄武以"原始意识和哲学、宗教、道德、文艺、科学的起源"为题研究云南少数民族原始意识③,等等,都只说原始宇宙观或哲学萌芽于原始意识中。基本观点是"不是哲学、学术起源于宗教,宗教又起源于原始宗教,而是哲学、艺术、宗教以及道德、科学都起源于原始意识,从原始意识中分化出哲学、宗教、艺术以及道德规范、科学知识;原始社会中,可以说既无哲学、艺术,也无宗教,但也可以说,既有哲学的萌芽、艺术的萌芽,也有宗教、道德、科学的萌芽,这种有和没有的矛盾统一体就是原始意识"④。其实,不管哲学观如何,要把"原始哲学"作为一种类型来加以研究,并无不可。

(3)"艺术哲学"研究。张胜冰、肖青著有《走进民族神秘的世界:中国西南少数民族艺术哲学探究》⑤一书,在承认中国少数民族有自己的艺术哲学的基础上,分析了中国少数民族艺术哲学与西方艺术哲学等不同的表达方式——非文化精英与文化经典,而是大量的文化事象。该书即是从西南少数民族的文化事象入手,以艺术哲学的视角,力求打破以往艺术哲学研究的传统观念,探讨和梳理了西南少数民族艺术哲学的文化内涵。该书广泛地涉及了西南各少数民族的神话、原始歌谣、民间史诗、宗教乐舞、图腾艺术、造型文化及至当代审美文化等众多领域中的艺术哲学命题,展现了西南少数民族艺术哲学的丰富性和多元性。此外,朱文华试析中国古代北方民族的哲学思想与乐舞艺术⑥、周凯模论民族宗教乐舞与神话哲学⑦等论文也可归入这方面的研究。在这方面,对各民

---

① 肖万源:《哲学与原始意识》,《社会科学辑刊》1991年第2期,第5—12页。

② 佟德富:《神话宇宙观初探》,《宗教与民族》第七辑(2012年),第69—109页。

③ 伍雄武:《原始意识和哲学、宗教、道德、文艺、科学的起源——云南少数民族原始意识研究》,《云南社会科学》1987年第2期,第25—32页。

④ 伍雄武:《原始意识和哲学、宗教、道德、文艺、科学的起源——云南少数民族原始意识研究》,《云南社会科学》1987年第2期,第25—32页。

⑤ 张胜冰、肖青:《走进民族神秘的世界:中国西南少数民族艺术哲学探究》,民族出版社,2004。

⑥ 朱文华:《试析中国古代北方民族的哲学思想与乐舞艺术》,《内蒙古艺术》2006年第2期,第105—107页。

⑦ 周凯模:《民族宗教乐舞与神话哲学》,《民族艺术》2000年第3期,第157—172页。

族的美学或审美研究的成果十分丰富,本书将在各民族哲学研究概观中加以介绍。

当然也有不少直接进行"哲学"研究的,我们的上述列举只是想强调"中国哲学史中不应忽略少数民族哲学"。其所讨论的"中国少数民族哲学"主要是学科意义上的。但是,这种学科意义又是基于中国少数民族哲学之内容的。从这个意义上说,作为"哲学",中国少数民族哲学应与哲学一般相一致,即它必须是所谓的对"大问题"①的反思或思考,这些问题蕴含着意义世界的终极性、人生价值理念与生成境界,无论是作为宇宙论的本体存在还是"天人之际",也无论是作为人类终极关怀的"性命之源"还是人生价值的达致路径等,都是所谓哲学问题,其具体体现为所谓宇宙本源或本体论问题、人类起源与人我关系问题、知识获得与目标达成的认识论及价值论等问题,这些问题对于各少数民族来说,都总是体现出一种文化上的根源性,承载着中国少数民族生成发展的精神信念、核心价值,其哲学的核心精神甚至直接转化为中国少数民族的现代精神传统。这些问题在中国少数民族哲学中都有表述,并因为中国各少数民族哲学具有其独特的哲学价值而应在中国哲学史著述中得到呈现,因而应该直接成为中国哲学的丰富内容。

第一,在世界起源与本质问题上,虽然所有哲学都可以承认世界有自己的本源,但是不同的哲学则有自己不同的本源认知,不同的中国少数民族哲学因而也有自己不同的宇宙本源认知。与此相应,对于人类起源、社会起源、知识起源、智慧起源等来说,中国各少数民族都有自己的明确而肯定的看法,并显示出自己的独特性,这方面的论文,如:姜国柱

①　胡适先生在初研究中国哲学时即强调"凡研究人生切要的问题,从根本上着想,要寻一个根本的解决,这种学问叫作哲学"。"若有人把种种问题种种研究法和种种解决办法,都依着年代的先后和学派的系统——记叙下来,便成了哲学史。"参见胡适《中国哲学史大纲》,上海古籍出版社,1997,第1页、第2页。美国学者所罗门即以"大问题"为哲学的书名,参见所罗门:《大问题:简明哲学导论》,广西师范大学出版社,2011。

论中国少数民族哲学的原始思维[1];田清旺对中国西南少数民族创世神话进行哲学审视[2];王军就神话与哲学的互渗,从文化神话学的角度研究中国上古神话与中国哲学的关系[3];佟德富概述中国少数民族早期哲学宇宙观[4],论述中国少数民族原始意识与哲学宇宙观之萌芽[5];等等。以上文章都可提供这方面的证明。中国各少数民族的这些哲学探讨,既有哲学本体论问题的共性,又有因其特殊的自然地理环境、社会环境而形成的自己的特殊论说,如:中国西南与西北不少少数民族哲学主张的"四素"与"中域"哲学的"五行"、傣族等西南少数民族人类起源的进化链条及长期沿袭的历史进步论与"中域"哲学中的"皇帝王霸"的倒退历史观、少数民族宇宙起源上的"云雾""混沌"说等与"中域"哲学的"元气"说……正是这些丰富的宇宙本体论说丰富了中华民族哲学本体论的文化宝库。

第二,在人生的价值与意义问题上,有人认为中国哲学就是人生哲学,并以此区别于其他两系哲学[6]。但若就此而论以比照中国少数民族哲学,则仍然可以作此定论,并反映出中国少数民族哲学在整个中国哲学体系中的"多元一体"特性。比如佛教、伊斯兰教这两大世界性宗教,就强调人的主体性或主体地位方面呈依次减弱之势,于是佛教在与中国儒家文化的结合方面就形成了汉传佛教中的"儒释",伊斯兰教与中国儒

---

[1] 姜国柱:《中国少数民族哲学的原始思维》,《云南教育学院学报》1995 年第 3 期,第 12—18 页。

[2] 田清旺:《我国西南少数民族创世神话的哲学审视》,《吉首大学学报(社会科学版)》2006 年第 1 期,第 73—76 页。

[3] 王军:《神话与哲学的互渗——从文化神话学的角度看中国上古神话与中国哲学的关系》,《复旦学报(社会科学版)》1990 年第 3 期,第 58—62 页。

[4] 佟德富:《中国少数民族早期哲学宇宙观概说》,《中央民族大学学报(哲学社会科学版)》1999 年第 5 期,第 120—127 页。

[5] 佟德富:《中国少数民族原始意识与哲学宇宙观之萌芽》,《中央民族大学学报(哲学社会科学版)》1995 年第 4 期,第 14—24 页。

[6] 梁启超认为,从世界范围看,哲学可以分为三系,且研究对象有不同:其一是印度、犹太、埃及等东方国家的哲学,专注重人与神的关系;其二是希腊及现代欧洲哲学,专注重人与物的关系;其三是中国哲学,专注重人与人的关系。参见梁启超《饮冰室合集·专集之一百三》,中华书局,1989。

家文化结合,形成了"以儒诠经"的回儒,及至基督教"上帝"在与中国传统文化观中的"上帝"结合后的"上帝"新观念,并据此形成了不同的人生价值意义认知,研究、探讨这些内容,对于整个中国哲学的人生问题探索,都有独特贡献。至于在中国少数民族的古代神话、史诗中分别发现的不同的人生价值认知,则更可以丰富中国哲学的文化内涵。更为重要的是,与整个中国哲学或一般的"哲学"相比,中国少数民族哲学不仅是一般性的"哲学"存在,而且是非常个性化的"哲学"存在,这些特殊性不仅表现在其话语系统、思维方式等方面,而且体现在中国少数民族哲学所思考的问题与所反映的思潮上。正是这些方面表现出了中国少数民族哲学的独特哲学价值,成为中国哲学多源多系、多元多思的重要内容。

　　第三,在哲学的内容与形式问题上,苗族的"九卦易经"①"生成哲学"等,显示了苗族哲学的独特性。这方面的研究成果,如:潘定淑、雷安平试析《苗族生成哲学》中朴素的辩证法思想②,试论《苗族生成哲学》中朴素的唯物主义思想③;雷安平论苗族生成哲学"三位一体"的宇宙观④,论苗族生成哲学"一分为三"的方法论⑤;黄前程就一个方法论探讨苗族生成哲学的新视野⑥;等等,都给我们提供了一种可靠的证明。笔者曾作《邓小平"两点一心"的辩证思维特色》⑦一文,认为"邓小平同志的辩证思维,很明显的特色是'两点一心',即思考问题,特别是大局问题,都有'三

① 吴心源、雷安平:《苗族九卦寻踪》,湖南省苗学学会第四届会员代表大会暨洪江·中国第一古商城学术研讨会论文集,洪江,2009。
② 潘定淑、雷安平:《试析〈苗族生成哲学〉中朴素的辩证法思想》,《湘潭大学学报(社会科学版)》1990 年第 3 期,第 50—53 页。
③ 雷安平、潘定淑:《试论〈苗族生成哲学〉中朴素的唯物主义思想》,《贵州民族研究》1992 年第 3 期,第 159—162 页。
④ 雷安平:《论苗族生成哲学"三位一体"的宇宙观》,《湘潭大学学报(社会科学版)》1994 年第 3 期,第 49—51 页。
⑤ 雷安平:《论苗族生成哲学"一分为三"的方法论》,《湘潭大学学报(哲学社会科学版)》1995 年第 2 期,第 112—113 页。
⑥ 黄前程:《苗族生成哲学的新视野——就一个方法论探讨》,硕士学位论文,湘潭大学,2001。
⑦ 萧洪恩:《邓小平"两点一心"的辩证思维特色》,载《党校教育专题论丛——萧洪恩学术论丛之一·邓小平理论研究》,《党政干部论坛》1998 年,第 15—22 页。

个方面',其中一个方面是中心"。文中列举了邓小平思想的大量事实,分析其思维构成在于"思维内容的构成是三个关系而不是两个关系""思维关系的实质仍然是对立统一""思维方法的原则是系统",其主要功能是"稳定性""适应性""全面性"等,应该说与西南各少数民族的思维方式有关,这方面还可作更进一步研究,而苗族的"生成哲学"却正好是"一分为三"。又如中国少数民族的智慧之学,特别是维吾尔族的智慧之学,像《福乐智慧》《真理的入门》《突厥语大词典》《阿凡提的故事》……以至于出现了像艾布·奈斯尔·穆罕默德·法拉比①(873—950)那样的为多民族所承认的哲学家,他甚至被誉为仅次于亚里士多德的人类的"第二导师"或称"亚师"。这方面的研究成果十分丰富,如:李振中简介法拉比哲学思想②、李琪叙述国际学术界研究《福乐智慧》概况③、许秀芳综述 1979年以来国内关于《福乐智慧》的研究④、姚利芬研究《真理的入门》之多元文化⑤,等等,都可以为我们提供必要的论说。同类的还有壮族的《传扬诗》、傣族等民族的"德化碑"等。再如回族的"以儒诠经"推演出的一整套本体论、知识论等哲学学说,在一定程度上可以说,回儒哲学已自成中国哲学文化的一大系统。王岱舆的"真一"哲学、刘智的"无称"哲学、马注的"八赞"哲学、张中的伊斯兰认主学思想……从各方面看,都在伊斯兰哲学的中国化与中国哲学的伊斯兰化方面作出了独特贡献,形成了特色的哲学文化风貌。还有,如土家族哲学中的家族文化现象特别明显。作为一个民族,生活在现今的土家族地区的土家族人民,自然具有文化上的统一性,但从总体上看,家族化现象是土家族文化的一大风景,大的如容美田氏、酉阳冉氏、石柱马氏、湘西彭氏……各自形成了自己的哲学

① 同时有学者认为他是哈萨克族或回族思想家。这种民族成分认知的复杂性是一种在新疆各民族哲学研究中较为普遍的现象。
② 李振中:《法拉比哲学思想简介》,《回族研究》2002 年第 1 期,第 80—86 页。
③ 李琪:《国际学术界研究〈福乐智慧〉概况》,《新疆社会科学》1986 年第 4 期,第 113—118 页。
④ 许秀芳:《1979 年以来国内关于〈福乐智慧〉研究综述》,《西域研究》1994 年第 1 期,第 46—54 页。
⑤ 姚利芬:《〈真理的入门〉多元文化研究》,硕士学位论文,中央民族大学,2010。

特征,其中容美田氏九代十六大诗人,人人有集,形成了长达两百多年的文化传承,并形成了自成一家之言的哲学文化传统。再有,如彝族哲学的区域化特征特别明显,以至于我们可以把其分为不同的区域来进行阐述,呈现出一个民族从古至今的区域性、多样性发展而又不失其统一性,反映出彝族总体上的大分散、大杂居、小聚居存在方式,于是其文化形式与哲学精神也具此特征。《查姆》流传于云南省楚雄彝族自治州双柏县和红河哈尼族彝族自治州的部分彝族地区;《梅葛》流传于云南省楚雄彝族自治州姚安、大姚、永仁等县彝族地区;《阿细的先基》是彝族支系阿细的史诗,主要流传在红河哈尼族彝族自治州弥勒县西山一带;《勒俄特依》又名《勒俄石博》《布比特衣》,主要流传于四川省凉山彝族自治州和云南省宁蒗彝族自治县(俗称小凉山);《尼苏夺节》流传于云南省红河哈尼族彝族自治州红河、元阳等县彝族地区,而且除在彝族口头流传外,还有毕摩用彝文记载的抄本;《阿赫希尼摩》则主要流传于云南省哀牢山彝族地区……其他还有藏族哲学、医学等对中华文化作出的独特贡献,特别是藏传佛教的影响。可能由于西藏地区原来特别适宜于人类居住,而后来又由于自然地理的变化使其抬高而丧失了地理优势,以至于人类逐渐迁移出去。不过,西藏地区的古人类遗存却特别丰富,学界有人甚至认为西藏地区就是人类起源地。这方面已有不少学者作了论述,如:徐旺生从农耕起源的角度看汉藏民族关系①、张民德认定西藏高原是人类起源的发祥地或源头②,等等。徐旺生从农耕起源的角度看汉藏民族关系,认为汉族在早期的形成和演化过程中,生活在今天西藏地区的原始居民即藏族的先民起了关键的作用,而传说中的炎帝即是姜姓,可能来自青藏高原,是青藏高原的远古居民向东迁徙的后代……

　　可以说,中国少数民族哲学各自有其独有的特征,此外还有其他一些特征,值得我们重视,比如"史诗"——中国少数民族的史诗中出现了

---

① 徐旺生:《从农耕起源的角度看汉藏民族关系》,《农业考古》2000年第1期,第248—254页。
② 张民德:《西藏高原是人类起源的发祥地或源头——兼论西藏史前考古》,《西藏艺术研究》1994年第3期,第51—55页。

"三大史诗",即蒙古族的《江格尔》、藏族的《格萨尔》和柯尔克孜族的《玛纳斯》,它们是中国少数民族史诗的代表,相比之下,这是中域文化所不可比拟的;宗教哲学——中国少数民族哲学差不多都与宗教相关,无论是原始宗教还是人为宗教,可以说不胜枚举;原始思维研究——中国少数民族哲学的发展,其源头特别丰富,是一个多源头多根系的哲学文化传统,目前这方面的研究成果已十分丰富,对中国少数民族哲学研究的功用特别巨大。

四、形成涵盖各民族哲学的中华民族哲学史新传统

综观以上中国哲学史的通史性研究著述,我们可以得出以下结论:目前所及的中国哲学史的通史性研究著述,实际上只是以"汉族哲学"为主题写的,中国少数民族哲学还没有在这些著述中引起足够的重视,以至于学生在学习中国哲学史时,在没有"民族自觉"的情况下和在有"民族自觉"的情况下,会有完全不同的感受。笔者在 30 多年前初涉中国哲学史时,是在没有"民族自觉"的情形下,当时总的感觉只是认为中国哲学与西方哲学相比,是没有丝毫逊色的。但后来在有了自己的"民族自觉"以后,再来读中国哲学史的通史性著述,就有了另一种感觉:为什么中国哲学史实际上只是汉族哲学史?对这个问题,笔者曾请教过一名台湾学者,他除了强调我们对许多"民族"还没有搞清楚,还强调各少数民族都有自己的哲学。但对少数民族哲学为什么没有进中国哲学史的通史性著述却没有正面回答。他的这些说法是否正确,学界还可以进行讨论。不过由此也可反映出台湾地区的部分学者的中国哲学史研究,在对待中国少数民族哲学研究上与大陆有相似之处。形成这种状态,笔者以为有以下的原因:

第一,受中国哲学治史传统的影响。早在荀子的著作《劝学》中,就提到各民族"生而同声,长而异俗,教使之然也"的问题。在《庄子·天下》、司马谈《论六家要旨》及以后的历代汉史文籍中,基本上都遵循中国

人类共祖原则,然后把"他们"都纳入"汉族系统""唐人系统",如楚国,原来就是南蛮系统,后来也成了正统的"汉人"了。事实上,正是这种思维方式直接影响到后世中国哲学史通史性著述,即凡属各民族交融以后的,即成了汉族和汉族哲学。毫无疑问,在中华民族的形成过程中,既有"用夏变夷"的情况,也有"用夷变夏"的情况,虽然前者是主要的,但与此相应的各民族间文化交融并不否认各民族文化独特性的存在,这种独特性应在文化研究中、在哲学研究中得到承认。这种承认包括两个方面:一方面是改变在中国哲学史的通史性著述中,在其自身的内容上,还只是中国汉族哲学史的这种状况,改变中国少数民族哲学及其哲学史的研究在中国哲学通史性论述中的长期空白状态,改变治中国哲学史的学者只把"中国"局限于汉文正史或汉文正籍的状态。因为这样的结果必然是"形成了中国哲学现在的畸形状态:中国哲学史只是汉族哲学史,没有包括兄弟民族极其丰富而又富有各民族特色的哲学思想史。这与我国多元一体的民族格局和伟大中华文明的历史与现状是极不相称的"[①]。另一方面是在中国哲学的通史性论著中,应在对各哲学家的评述中加以民族背景的介绍,如先秦时期的赍人思想家鹖冠子,显示出一种从边地出发的综合文化取向,特别是其对"以人为本"思想的系统论述,与先秦"以民为本"思想实际上构成两大思想系统[②],为秦汉以后的"以民为本"的思想提供了丰富的土壤。明代哲学家李贽,被认为是中国走向近代过

---

① 佟德富:《中国少数民族哲学概论》,中央民族大学出版社,1997。

② 关于"以民为本",可见《晏子春秋·内篇》:"卑而不失尊,曲而不失正,以民为本也。"古文《尚书·五子之歌》:"皇祖有川,民可近,不可下,民惟邦本,本固邦宁。"汉代贾谊《新书·大政上》:"闻之于政也,民无不为本也。国以为本,君以为本,吏以为本。故国以民为安危,君以民为威侮,吏以民为贵贱。此之谓民无不为本也。"关于"以人为本"思想,在《鹖冠子·博选》中表述为一系列关系:"君也者,端神明者;神明者,以人为本者也;人者,以贤圣为本者也;贤圣者,以博选为本者也;博选者,以五至为本者也。"管子被认为是最早阐明"以人为本"的思想家,如《管子·霸言》:"夫霸王之所始也,以人为本。本治则国固,本乱则国危。"《管子·权修》:"天下者,国之本也;国者,乡之本也;乡者,家之本也;家者,人之本也;人者,身之本也;身者,治之本也。"鹖冠子为赵武灵王(约前340—前295)师,而赵武灵王是战国中后期赵国君主,死后谥号武灵。而管子是春秋时期(前770—前476)齐国政治家、思想家,在没有新材料发现之前,应被认为是最早阐明"以人为本"思想的思想家。

程中的第一名哲学烈士,他是一个回族哲学家,他提出的"生知说"和"童心说"等,就是在同时代的其他汉族哲学家中也毫不逊色。其他如白族思想家李元阳、蒙古族思想家保巴等,还可以列举一些。即使是近现代中国哲学家,如艾思奇,学界即认为他是蒙古族哲学家。这些哲学家或者未被写进中国哲学史,或者没有以少数民族哲学家的身份进入中国哲学史著述中。这样的表述,自然会被认为不利于培养"中华民族"的认同感,从学术发展、从中华民族思维的整体研究与挖掘等方面也自然是十分不利的。因此,在书写中国哲学通史性论述时,他们作为中华民族的一员也应该得到强调。

第二,治中国哲学史的学者,特别是一些老先生,都是留洋的或从旧中国走过来的,他们那时的政治、经济、文化、学养等方面,都不可能涉及中国的少数民族哲学问题。正如葛兆光所说,那样的中国哲学史,实际上成了中国的精英哲学史,并进而成了中国汉族的精英哲学史。为此,葛兆光提出了一个丰富中国哲学史的新思路,这就是用中国思想史代替中国哲学史,并且强调要在精英思想史的基础上丰富一般的思想史,并将自己的方法写成专著,成为他的《中国思想史》的第一卷。但这样一来,"中国哲学史"就消失了。可是,"中国的"哲学或"中国底"哲学,并不只是"哲学在中国",因而是不能消除的,用思想史来代替中国哲学史的办法是不可取的。当然,葛兆光提出要丰富、修改中国哲学史的写法,是可取的。我们认为,这种丰富、修改中国哲学史的方法,一个重要的方面是应从中国少数民族思想中去寻找,从少数民族哲学史中去寻找,如:王军从文化神话学的角度看中国上古神话与中国哲学的关系,继而论神话与哲学的互渗①;伍雄武略论少数民族哲学及其意义②;姜国柱论中国少

---

① 王军:《神话与哲学的互渗——从文化神话学的角度看中国上古神话与中国哲学的关系》,《复旦学报(社会科学版)》1990 年第 3 期,第 58—62 页。
② 伍雄武:《略论少数民族哲学及其意义》,《云南师范大学学报(哲学社会科学版)》1994 年第 3 期,第 17—20 页。

数民族哲学的原始思维①；佟德富论中国少数民族原始意识与哲学宇宙观之萌芽②，概说中国少数民族早期哲学宇宙观③，要求以科学发展观为指导把少数民族哲学研究推向一个新的阶段④；王芳恒论少数民族哲学与社会思想的应有地位和作用⑤；郭海云初探中国少数民族哲学中的辩证思想⑥，简述中国少数民族的认识论思想⑦及中国古代少数民族的宇宙观⑧，简述中国古代少数民族的社会历史观⑨；丹珠昂奔论时代、文化、哲学与少数民族文学创作⑩；邱树森论中国古代少数民族在科学技术和文化艺术上的贡献⑪；等等。这些文章都在这方面提供了强有力的证明。其实，早在任继愈主编的《中国哲学发展史·先秦》中，已广泛引用中国少数民族的哲学文献，已为中国少数民族哲学进入中国哲学的正堂提供了证据，反映出形成涵盖各民族哲学的中华民族哲学史新传统的时机已经成熟。

---

① 姜国柱：《中国少数民族哲学的原始思维》，《云南教育学院学报》1995 年第 3 期，第 12—18 页。
② 佟德富：《中国少数民族原始意识与哲学宇宙观之萌芽》，《中央民族大学学报（哲学社会科学版）》1995 年第 4 期，第 14—24 页。
③ 佟德富：《中国少数民族早期哲学宇宙观概说》，《中央民族大学学报（哲学社会科学版）》1999 年第 5 期，第 120—127 页。
④ 佟德富：《以科学发展观为指导把少数民族哲学研究推向一个新的阶段》，载王天玺主编《西部发展的理论与实践》，云南教育出版社，2005，第 9—17 页。
⑤ 王芳恒：《论少数民族哲学与社会思想的应有地位和作用》，载王天玺主编《西部发展的理论与实践》，云南教育出版社，2005，第 315—325 页。
⑥ 郭海云：《中国少数民族哲学中辩证思想初探》，《西北民族研究》1989 年第 2 期，第 219—223 页。
⑦ 郭海云：《简述中国少数民族认识论思想》，《西北民族大学学报（哲学社会科学版）》1992 年第 1 期，第 15—20 页。
⑧ 郭海云：《简述中国古代少数民族的宇宙观》，《西北民族大学学报（哲学社会科学版）》1993 年第 3 期，第 8—13 页。
⑨ 郭海云：《简述中国古代少数民族的社会历史观》，《西北民族大学学报（哲学社会科学版）》1994 年第 3 期，第 23—28 页。
⑩ 丹珠昂奔：《时代、文化、哲学与少数民族文学创作》，《民族文学研究》1986 年第 4 期，第 60—64 页。
⑪ 邱树森：《我国古代少数民族在科学技术和文化艺术上的贡献》，《社会科学战线》1980 年第 3 期，第 210 页。

第三,治中国哲学史和治中国少数民族哲学的各方面专家学者的结合融通不够。目前,在中国哲学史的研究中,对汉族哲学,特别是以"中域"历史发展为轴心而展开的汉族哲学研究著作的确汗牛充栋。同样,关于中国少数民族哲学的研究,成果也十分丰富,诸如《中国少数民族哲学概论》《中国少数民族哲学史》《中国少数民族哲学思想简史》《中国少数民族哲学专题研究》;至于各少数民族哲学的单一民族哲学研究成果,特别是各少数民族哲学的专史研究,则更是十分丰富,目前已有十多个民族有了自己的哲学专史或相关专著。其他的相关研究论文,那就更多。对此我们将在后面论述。因此,汉族哲学研究与中国少数民族哲学研究这两个方面的成果,应该充分地互补,借以形成一部统一的中国哲学史。可是目前,这方面的工作还做得很不够。不仅在目前的中国哲学史通史性论著中,而且在中国哲学史的通史性研究中,对中国少数民族哲学都还没有引起足够的重视。所以,当提出中国哲学史还不是名符其实的中国哲学史时,有的学者还不以为然,因而形成治中国少数民族哲学的专家学者的"单相思"的状况。这种状况即表现在既有传统的多种版本的中国哲学的通史性论述,又有多种版本的中国少数民族哲学史著作的论述,就是没有一部综合反映中国各民族哲学发展史的"中国哲学史"论述。应该说,这种状况是极不利于中国哲学发展的。

但是,这种分裂状况应尽早结束。前辈学人孙叔平在《中国哲学史》中的强调,刘文英在《中国哲学史史料学》中引入中国少数民族哲学史料,任继愈主编的《中国哲学发展史·先秦》大量引用中国少数民族文献研究中国哲学的发生等,都表明一种新的中国哲学研究传统正在形成。现在的问题是如何更进一步地推进这一传统的发展。

五、迎接中华民族哲学史的中国哲学未来创新之路

目前,就中国哲学史的研究现状来看,真正可以说是百花齐放的满园春色,为我们迎接中华民族哲学史的中国哲学未来创新之路提供了前

提条件,这表现在:

(1) 传统的"中国哲学史"研究成果丰富。若随意列举,就可以如数家珍般地列出新出版的若干著作。至于论文等,则更多。根据 2011 年出版的郭齐勇主编的《当代中国哲学研究(1949—2009)》①,对中国哲学研究 60 年的回顾与反思表明,60 年可分为两大阶段五小阶段,近 30 年的各个时段,对哲学人物与哲学问题的研究即有许多成就,其中传统哲学与当代的关系、经与经学、佛教、道家与道教、宋明理学、现当代新儒学、出土简帛中的哲学思想研究、从政治哲学的视域研究中国哲学,等等,已成为热门或显学,构成了中国哲学研究的八大领域;同时还把东亚(中国、越南、朝鲜半岛与日本)的哲学思想史作为一个整体来研究,并且是富有创新性的思路。另外,在多种论文、论著中,在许多学术会议上,专家学者都在思考中国哲学的创造性转化问题,例如 2002 年 9 月,在武汉大学举办了"中国哲学的创造性转化高级研讨班",研讨班上的学者都在思考思想解放与研究范式转移、中国哲学主体性与范式重构等问题。这表明,人们对中国哲学的未来已经有了科学理性和主体自觉、建构理想与研究热情。

(2) 打民族牌,研究中国少数民族哲学已经成为热潮。如:在 1981 年就成立了"中国北方少数民族哲学及社会思想史学会",1983 年又成立了"中国南方少数民族哲学及社会思想史学会",1992 年成立了"中国少数民族哲学及社会思想史学会";蒙古族哲学思想研究成了国家级科研课题;在各相关大学开设了"中国少数民族哲学讲座";等等。此外,还有一系列研究成果面世。在这方面,又表现在以下几个层面:第一是写出了某些民族的哲学通论,如蒙古族哲学、满族哲学、彝族哲学、苗族哲学、白族哲学、土家族哲学、纳西族哲学、维吾尔族哲学、回族哲学、傣族哲学、壮族哲学、哈尼族哲学、侗族哲学,等等。第二是就某个民族的哲学作分门别类的研究,如各民族的口承文化哲学、仪典文化哲学,等等。第

---

① 郭齐勇主编:《当代中国哲学研究(1949—2009)》,中国社会科学出版社,2011。

三是将中国少数民族作为一个整体,写出了中国少数民族哲学的通论性著作,如《中国少数民族哲学概论》《中国少数民族哲学史》《中国少数民族哲学思想简史》等,目前已形成了 40 多个民族的专家学者共同研究全部中国少数民族哲学的新局面,"中国少数民族哲学史"研究项目将在以往研究成果基础上,综合多学科的视野、方法,总结最近 30 年研究的新成果,对中国 55 个少数民族的哲学思想史进行全面系统的研究,以哲学思想为内核全面展现 55 个少数民族复杂、多样的生活样式、文化特色及精神世界。同时,这项研究还关注各民族之间的关系,既强调各民族的独特性、多样性,又强调中华民族"多元一体"的共性、统一性。[1] 第四是发表了大批有关各少数民族哲学方面的论文,如土家族、苗族、白族等。在这方面,许多杂志发表单篇的文章,研究中国少数民族哲学,已经是经常的,如《中南民族大学学报》《湖北民族学院学报》《吉首大学学报》等,这些学报甚至把发表这些文章上升至整个中国哲学史学科建设的高度。第五是出版了一些论文集,如《中国少数民族哲学·宗教·儒学》等,在一些中国哲学史研究的论文集中,如《论中国哲学史》,即有彝族哲学研究的文章[2]。应该说,这是中国哲学史研究的一道新的风景线。

(3)中国哲学分区研究工作的展开,在各地形成特色文化哲学研究态势,如《楚国哲学史》《岭南哲学史》等多种专著的出版,以及多篇论文的发表,给中国哲学的研究带来了生机。这种类型的哲学研究,往往还形成与地方发展结合的情势,反映了理论与实践结合的程度。

以上三种情形都反映了中国哲学研究的丰富和深化,如果说有遗憾的话,一则是三者各自都有深化不够的问题,二则是这三者的结合不够。这种结合的基本方向之一就是增加"中国哲学"的少数民族成分,使之成为真正的"中国哲学"。因为哲学作为时代精神的精华,应当反映时代的政治、经济、文化的进步。如果说中国哲学史的研究及其通史性论著,在

---

[1] 近 40 个民族的学者集体攻关"中国少数民族哲学史",http://news. ifeng. com/society/news/detail_2011_03/19/5251722_0. shtml.

[2] 中国哲学史学会等:《论中国哲学史》,浙江人民出版社,1983。

中华人民共和国成立前出现汉族哲学代替论倾向还情有可原的话,那么在中华人民共和国成立以后,特别是在中国共产党的十一届三中全会以后,中国哲学史的研究,还跟不上中国共产党民族政策落实之步伐的话,则实在说不过去。即使我们同意有的教材或通史性论述中说的:不是每一民族都有哲学,如有些原始民族就没有哲学。但我们至少要强调的是,中国有不少的民族是有哲学的,作为反映时代精神精华的哲学,特别是中国哲学史的研究应加以借鉴和引入。为了实现上述目标,我们认为有必要做好以下工作:

(1)提高对中国少数民族哲学地位的认识。这就是要强调,中国各少数民族哲学和汉族哲学一样,创造发展了各具特色的哲学思维,这些哲学思维理所当然的不应被排斥在中国哲学史之外,而应是中国哲学史的重要组成部分。比如在研究中国哲学思维萌芽时,我们往往因汉史文献的不足而略显单薄,但一旦把中国各少数民族的文献典籍纳入此项研究以后,中国哲学中的这一部分就会异常生动和丰富。又比如,在研究隋唐哲学时,也往往因材料原因而不是很充分,如果抓住各民族交融过程中的哲学融通,则自然又更加丰富,像刘禹锡在土家族地区生活并受土家族哲学的影响等即是明证。如果从近现代哲学研究出发,这个问题就会显得更加重要。可以说,所有中国少数民族都在血与火的近现代洗礼中有了近现代的思想创获,从而丰富了中国的思想园地。

(2)要促成中国哲学研究的多学科结合。传统的哲学研究,强调文史哲诸学科的结合,这自然是十分必要的。但是,我们认为还不够。中国哲学研究要更进一步地开创新局面,一个重要的方式是促成哲学研究和民族学、人类学、社会学、考古学等研究的结合,如根据血样的检测,中国人类样群的规律性分布已经十分明显。中国古代哲学家的地域形态的确定和人类样群分布的确定,就可以大致确定历史上哲学家的民族成分。这二者结合的另一方面就是,在哲学史的撰写中,特别是在中国哲学史的通史性论著中,应该吸收中国少数民族哲学的研究成果。此外,中国哲学的研究,特别是中国哲学史的研究,还应同考古学、人类学结合。我们的考古学,过去大多只强调有什么,这些东西说明了什么,其科研成果的哲学运用不够。从哲学研究的角度说,我们应思考的是这是什么人留下的,这些人在思考什么? 也就是说,在一定程度上要实现考古文化的转变,从考古证明论向考古文化论转变,使考古文化纳入不同民族人类群体哲学思维的研究领域。要通过这二者的结合,形成一种中国哲学研究的新视野。

（3）有目的、有计划地逐步把中国少数民族哲学纳入中国哲学史的论述范围中来,如现在有的基础工作还未跟上的情况下,可以先把已有的成果加以运用,先在各大学的中国哲学史教学中,开设中国少数民族哲学的专题讲座,然后在教材建设上以专篇的形式,将中国少数民族哲学纳入。如果可能的话,由国家级规划教材来解决这个问题。当然,这些工作还得到有关各方面的协调攻关才能推进。根据目前的研究成果及实际情况,第一步可以根据中华民族的族系特征来加以描述,将多源头、多根系的中国各民族划分为几大族系,其中汉族系统又可划分为南北等不同区域,体现出汉族哲学文化的特征,郭齐勇曾将这种哲学的特征概括为"创化日新,生生不已""相依相待,整体和谐""事实与价值的联结,语言与超语言的贯通",等等[1],其他学者也都有各自的论释。例如满—通古斯语的各个民族[2]初始都信仰萨满教,属原始宗教哲学世界观,这一语系各民族随着南移而逐渐接受中域哲学文化;蒙古族虽然在发展中期接受了藏传佛教,甚至在元朝时奉其为国教,但后来也都接受了中域哲学,特别是儒家哲学。蒙古族、满族所建立的王朝曾统治过全国,儒学作为统治哲学,自然也被接受,并成为国学,使各民族哲学实现了跳跃性发展。其他民族则更多地保留了萨满教文化因素,同时吸收其他文化

---

[1] 郭齐勇:《中国哲学智慧的探索》,中华书局,2008。
[2] 满—通古斯语族是指发源于贝加尔湖附近的一个古老的民族共同体,现在属于这个语族的包括满族、锡伯族、赫哲族、鄂伦春族、鄂温克族及生活在俄罗斯境内的奥罗奇人、那乃人(都是赫哲人,即原女真人的一支)、乌底盖人、乌尔奇人、雅库特人(都是原女真人支系),等等。

因素。中国有 10 个少数民族的相当一部分群众信仰伊斯兰教①,这可作为受伊斯兰教影响的各民族哲学加以研究,其中特别具有代表性的且人口较多的是维吾尔族、回族、哈萨克族等。该系各民族哲学由于多处于或来自古代丝绸之路,有利于中西方文化交流与沟通,使各民族哲学具有自己独有的特征。藏传佛教②系统各民族哲学,以藏族哲学为代表,其佛教哲学独具特色。中国南方各少数民族也可分为几大系属,特别是西南形成了南传佛教文化圈、氐羌民族系统文化圈③等,也形成了一些具有代表性的各民族哲学……总之,先划分族系,将各民族哲学作概括性的叙述,然后逐渐丰富完善,形成中国系的中华民族哲学史著述。

---

① 中国现有 10 个少数民族的相当一部分群众信仰伊斯兰教,这 10 个少数民族是:回族、维吾尔族、哈萨克族、柯尔克孜族、东乡族、撒拉族、塔吉克族、乌孜别克族、保安族、塔塔尔族。

② 藏传佛教,由中国西藏北上南下,逐渐传入蒙古、俄罗斯、不丹、尼泊尔、锡金和北印度。北传佛教俗称大乘佛教,其中的一支以中国中原汉传佛教为主体,还包括朝鲜、日本、越南及近代传入的马来西亚、新加坡和菲律宾等国佛教;另一支为南传佛教又称南传上座部佛教,俗称小乘佛教,主要分布在亚洲南部,包括斯里兰卡、缅甸、泰国、柬埔寨、老挝和中国的傣、布朗、德昂及阿昌、佤等民族信仰的佛教在内。在中国云南省傣族、布朗族、德昂族等民族的传统文化里,南传上座部佛教(俗称小乘佛教)较长时间以来具有相当影响。

③ 一般来说,这一系统包括彝族、哈尼族、白族、纳西族、藏族、景颇族、拉祜族、傈僳族、普米族、怒族、阿昌族、独龙族、基诺族等少数民族。

第一章 中国少数民族哲学的研究方法

　　中国少数民族哲学研究仍然面临着一系列困难。面对中国少数民族哲学研究的这些困难，我们一方面强调要进行哲学研究，另一方面强调要进行正确研究，于是方法论问题就此提上了日程。之所以要研究，一个简单的道理即是："中华各民族人民在共同开发、缔造和建设统一的多民族国家的长期历史中，不仅创造了卓越的物质文明，也创造了灿烂的精神文化成果，共同为中华民族文化的繁荣作出了重要的贡献。《诗经》是各地区、各民族民歌的总汇。《楚辞》中相当一部分是记录或者整理的少数民族的仪式歌、民歌。元曲的繁荣有着少数民族多方面的贡献。各少数民族都流传下来了许多用本民族文字或用汉文创作的各类文学作品，还有大量优秀的口头文学作品。我国的三大民间史诗：藏族的《格萨尔王传》（以下除引文外，只称为《格萨尔》——引者）、蒙古族的《江格尔》和柯尔克孜族的《玛纳斯》，是饮誉世界的英雄史诗。闻名中外的敦煌、云冈、龙门等石窟以及克孜尔千佛洞，是汉族、鲜卑族、吐蕃族以及西域各民族的艺术家和劳动人民共同创造的。"①之所以要进行正确的研究，是因为强调要进行哲学精神的阐明，这也就是本书所强调的研究

---

① 吴仕民主编：《民族问题概论》，四川人民出版社，1999，第164—165页。

方法问题。

第一节　中国少数民族哲学研究方法论问题探析

　　黑格尔曾强调方法"是任何对象所不能抗拒的一种绝对的、唯一的、最高的、无限的力量"①，由此可见中国少数民族哲学研究方法问题的极端重要性。事实上，中国少数民族哲学研究从一开始就十分重视方法研究，特别是重视方法论的研究。自 20 世纪 80 年代中后期开始，在中国少数民族哲学研究从"要不要开展这一工作"转化为"如何开展这一工作"②的问题后，方法论问题就更加凸显，仅 1987 年出版的《中国北方少数民族哲学及社会思想史论集》(二)③的"方法论"存目即有 12 篇论文。进入 20 世纪 90 年代后，这一问题更是得到了深入展开。为进一步推动中国少数民族哲学研究，笔者曾对此问题进行专门探讨，以期获得更为科学的研究方法论。笔者坚信，方法论问题在本质上即是对研究对象存在性的确认、对对象价值必要性的坚守、对研究路径科学性的深信，以及对研究方法正确性的把握，因为方法论要指明的是理论研究的思维形式如何应用于研究对象以产生出科学结论④。而且，也正是在这些问题上，中国少数民族哲学研究工作者在对哲学的再界定、价值的再阐释、路径的再选择、方法的再探索等方面都作出了各自的贡献。

一、对中国少数民族哲学存在性的确认

　　从理论上说，针对特定对象的方法论首先表现在对对象存在性的坚信，否则就不存在所谓研究的问题。所以，哲学首先要做的工作就是要

---

① 《马克思恩格斯选集》第 1 卷，人民出版社，1995，第 139 页。
② 任继愈：《如何看待中国古代哲学中的民族哲学家》，《南京大学学报（哲学人文科学社会科学版）》1982 年第 4 期，第 49—53 页。
③ 中国北方少数民族哲学及社会思想史学会编：《中国北方少数民族哲学及社会思想史论集》，内部资料，1987，第 343 页。
④ 黑格尔：《小逻辑》，贺麟译，商务印书馆，2003，第 370—371 页。

证明其对象的必然性①。对中国少数民族哲学研究来说,其方法论的首要表现也在于对少数民族哲学存在性的确认。这一点,由于中国少数民族哲学存在着所谓合法性的问题,自然而然地显得特别重要。尽管哲学一词在中国少数民族历史文化文献中早已存在,如蒙古族《十善福经·白史》中已有哲学和哲学家两个概念,并有独特的界定②。但作为近现代分科体制的哲学学科毕竟是西方的产物,因而要在中国少数民族思想文化中找寻或研究哲学,就必然会遇到西方哲学及继之而后且中国化的中国哲学的双重质疑。为此,从理论上、实践上确信中国少数民族哲学的存在性就成为一种方法论要素,具有了中国少数民族哲学研究的方法论意义。

哲学通史要包括所有民族的哲学③,为实现上述目标,在中国少数民族哲学研究史上,前提性诉求即承认各少数民族有自己的哲学思想,而其中最基本的确认方式是对哲学的再界定,即确认一种能够获得中国少数民族哲学存在性的哲学观。在这种努力方向上,一类是沿着马克思主义哲学观的分析思路,其中最先使用的是 20 世纪 80 年代以来通行的马克思主义哲学原理教科书的哲学定义,然后据此分析中国少数民族哲学④,这在中国少数民族哲学研究的初期,甚至整个 20 世纪 80 年代都被广泛运用,以至于成为研究中的当然的基本理论前提,笔者即曾有过运用的尝试⑤。在一定程度上说,这种研究范式的选择本身即是为了确认中国少数民族哲学的存在性——坚持了马克思主义哲学观。但是,随着研究的深入,对以这种定义为基础的哲学分析方法,即引起了学术界的

---

① 黑格尔:《小逻辑》,贺麟译,商务印书馆,2003,第 414 页。

② 此论出自格·孟和《论邓小平理论与研究蒙古族哲学思想史方法论》,《玉溪师范学院学报》2004 年第 10 期,第 24—29 页。但笔者查阅鲍音等的《〈十善福经·白史〉浅译注析》,并未得见,不知所见为何种版本,见《内蒙古民族师院学报(社会科学汉文版)》1988 年第 4 期,第 34—42 页;另见《昭乌达蒙族师专学报(哲学社会科学版)》1985 年第 1 期,第 84—96 页。

③ 梯利:《西方哲学史》,葛力译,商务印书馆,1995,第 14 页。

④ 吴德希、佟德富:《谈谈少数民族哲学研究》,《中央民族大学学报(哲学社会科学版)》1982 年第 1 期,第 57—60 页。

⑤ 萧洪恩:《浅谈土家先民的哲学思想》,《湖北少数民族》1987 年第 2 期,第 22—24 页。

批评性分析,如李兵、吴友军即在《少数民族哲学何以可能?——兼论民族文化的哲学基础》中进行了三个方面的批评①。

　　同样在 20 世纪 80 年代,随着中国哲学史研究的深入,提出了哲学史是整个认识的历史说,并据此影响到了中国少数民族哲学研究。这一观点的基本立论依据是列宁在《谈谈辩证法》一文中强调的"辩证法也就是(黑格尔和)马克思主义的认识论"这一"问题的实质"②,然后更进一步,基于列宁肯定的"哲学史……简略地说,就是整个认识的历史",并以为"全部认识的领域""就是那些应当构成认识论和辩证法的知识领域"③,并据此来研究中国少数民族哲学,强调要坚持这一历史性原则④或认定列宁定义的普适性⑤,像蒙古族、白族⑥、新疆的各少数民族哲学研究中都曾有坚持⑦。应该说,这一原则的贯彻的确给中国少数民族哲学研究提供了非常宽阔的知识领域,但同样被学界质疑,甚至直接抽掉了引以为据的根基——当时所依据的列宁的定义属翻译错误⑧。当然,不管列宁有无这一定义,我们都应承认根据这种定义进行中国少数民族哲学研究已经是一种事实,并且也的确取得了相当的成就。

　　"时代精神精华说"是较为有影响的另一类定义法,其基本依据是马克思的"真正哲学"界定,即强调任何真正的哲学都是自己时代的精神上的精华,据此,哲学就能变成文化的活的灵魂,而且使哲学世界化、世界哲学化⑨。一些学者甚至认为离开哲学的这种最本质的特点去谈论什么

---

① 李兵、吴友军:《少数民族哲学何以可能?——兼论民族文化的哲学基础》,《学术探索》2002年第 3 期,第 14—16 页。
②《列宁选集》第 2 卷,人民出版社,1995,第 559 页。
③《列宁全集》第 55 卷,人民出版社,1990,第 302 页。
④《蒙哲史论稿》编委会编:《蒙古族哲学及社会思想史论稿》,内部资料,1982,第23页。
⑤《蒙哲史论稿》编委会编:《蒙古族哲学及社会思想史论稿》,内部资料,1982,第6页。
⑥ 龚友德:《白族哲学思想史》,云南人民出版社,1992,第 7 页。
⑦ 佟德富等编著:《维吾尔族哲学思想研究》,华南科技出版社,2004,第 12 页。
⑧ 陈修斋、萧萐父主编:《哲学史方法论研究》,武汉大学出版社,1984,第 301—304 页。
⑨《马克思恩格斯全集》第 1 卷,人民出版社,1995,第 219—220 页、第220 页。

真正的哲学就是无稽之谈①；或者强调哲学是理论思维的结晶，且植根于生活实践的土壤之中，一个民族只要在生存和发展并具备一定水平的文明，就会产生自己的哲学思想②。有学者还把"时代精神精华说"与"整个认识的历史说"同时并用，显示出一定的综合性③。以此为基础，一些学者还提出了"民族文化核心说"④，强调"哲学是民族文化的核心"⑤，并且认为"这一点是各民族都相同的"⑥。事实上，这一思想实质上也是中国哲学研究的传统，如前辈学人冯友兰即强调"一个民族的哲学是一个民族的精神对于它的精神活动的反思……是一个民族的文化的最高成就，也是它的理论思维的最高发展"⑦；前辈学人张岱年在《文化与哲学》一书中，也多次强调"哲学是文化的基础"，"中国古代哲学是中国古代文化的思想基础"，认为"哲学是文化的核心，是在文化整体中起主导作用的"，⑧等等。

20世纪末和21世纪初，一些学者开始运用近现代其他西方哲学流派的哲学观来进行分析，比较典型的如"生存论理解模式"，以此回避哲学定义，认为要跳出教条主义的理解模式就必须坚持哲学的生存论理解模式，把对哲学理解诉诸对人的存在方式和发展方式的理解⑨；"自我意识说"，认为按照当代哲学的自我理解而把哲学理解为关于人类存在的自我意识的理论，就能毋庸置疑地认定中国少数民族哲学的存在⑩；"文

---

① 《蒙哲史论稿》编委会编：《蒙古族哲学及社会思想史论稿》，内部资料，1982，第13—14页。
② 伍雄武：《纳西族哲学思想史论集》，民族出版社，1990，第1页。
③ 龚友德：《白族哲学思想史》，云南人民出版社，1992，第7页。
④ 乌兰察夫、宝力格、赵智奎：《蒙古族哲学思想史》，内蒙古大学出版社，1994，第16页。
⑤ 伍雄武：《中华民族多元一体关系与少数民族哲学思想的研究》，《玉溪师范学院学报》2004年第1期，第32—35页。
⑥ 伍雄武：《略论少数民族哲学及其意义》，《云南师范大学学报（哲学社会科学版）》1994年第3期，第17—20页。
⑦ 冯友兰：《中国哲学史新编》（上），人民出版社，1998，第29页。
⑧ 张岱年：《文化与哲学》，中国人民大学出版社，2009，第3页、第11页。
⑨ 李兵、吴友军：《少数民族哲学何以可能？——兼论民族文化的哲学基础》，《学术探索》2002年第3期，第14—16页。
⑩ 李兵：《少数民族哲学：何为？为何？》，《云南民族大学学报（哲学社会科学版）》2004年第3期，第17—20页。

化哲学说",强调在哲学统摄下进行文化研究和在文化学依托下进行哲学研究,并使二者相互渗透①,该理论还认定对少数民族文化作文化哲学上的研究是深化民族文化研究、细化文化哲学并使之对少数民族文化的历史和现实更具解释力和适用性的需要②;"地方性知识说",认为"少数民族的知识及其社会思想境况研究经常处于一种尴尬境地。一方面,它与多民族国家中占据支配地位的知识系统相对,充其量成为补充或者上面说的比较性框架里的另类知识;另一方面又与更大范围、更大空间中以西方为代表的所谓'普遍性'知识相对,与之抗争,少数民族知识经常在多条战线斗争着。其他的尚有科学实践哲学说,在此不作具体说明。这里要特别谈一下地方性知识说,它不是被自然列入教育和自然议程中的知识,而是政治学意义上价值性产物——为了少数民族权利而附加的东西。这不是它的自然状态。地方性知识观给予我们的就是对于这种境况的揭示和反驳,同时也给予我们关于不同民族价值论的意义问题。唯此,我们的研究才能凸显其重要意义"。这也就是"地方性知识观对于少数民族哲学与社会思想史研究的意义"。③ 换句话说,中国少数民族哲学可以作为一种地方性知识来研究。以上几种理论对哲学的再界定,在特定的范围内都具有一定的解释力。但总体来说,仍然是运用某种哲学观对少数民族文化进行哲学研究。比如"文化哲学说",如果按照该理论所阐述的思想,那就实质上把少数民族哲学研究降低为一种应用哲学研究,而不是哲学本身的研究。显然,这是有违中国少数民族哲学研究本意的。如果真正按照作为哲学流派的文化哲学来研究中国少数民族哲

---

① 杨志明:《论民族哲学、文化研究统一的必要性》,《思想战线》2002 年第 3 期,第 52—55 页、第 90 页。

② 杨志明:《对少数民族文化作哲学阐释的必要性》,《云南师范大学学报(哲学社会科学版)》2004 年第 1 期,第 9—13 页。

③ 吴彤:《地方性知识:概念、意蕴和少数民族哲学研究》,载朝克等编《科学发展观与民族地区建设实践研究》,俄罗斯布里亚特科学中心出版社(Russian Buryat Scientific Center Press),2010,第 54 页。

学,那当然是一种较为适用的思路①。

在中国少数民族哲学研究中,其他前辈思想家的认知起着非常重要的作用。例如:任继愈、石峻、萧萐父等,都曾推动着中国少数民族哲学研究向前发展。任继愈曾强调任何哲学都有民族性,但并不是任何民族都有哲学。② 因为"理论上的无知是一切年轻民族的特色,然而在实践中发展的迅速也是一个特色"③。但后来他又提出了"代表说",强调应研究中国少数民族哲学家,但不是指血统意义,而是指思想意义,即其思想是代表哪个民族、哪个阶级,甚至是代表全人类。④ 在这个认识的基础上,他强调要研究中国少数民族哲学,但如果借用冯友兰的话说,这一认知的后果即是,研究中国少数民族哲学实质上是研究的中国哲学在中国少数民族那里的表现⑤。显然,这与我们所坚信的中国少数民族哲学研究是有差异的。至于石峻、萧萐父,则明确肯定与鼓励中国少数民族哲学研究,强调要"继承蒙古族的优良传统开展哲学史的科学研究"⑥,肯定要把"马克思主义的哲学史方法论原则与蒙古族思想发展的具体历史特点相结合"⑦。

笔者认为,哲学史研究的最高境界不是依现存的哲学观来分析哲学史资料,而是以自己的哲学去解剖中国少数民族的哲学文化史料。因为哲学史的研究就是哲学本身的研究⑧,研究者必须有自己的哲学观渗透于自己的研究中。对于中国少数民族哲学研究,上述哲学观的多样化问题虽然可以形成不同的哲学史建构风貌,但却也容易发生黑格尔所批评

---

① 何萍:《马克思主义哲学与文化哲学》,武汉大学出版社,2002,第14—17页。
② 任继愈主编:《中国哲学发展史·先秦》,人民出版社,1983,第5页。
③《马克思恩格斯选集》第4卷,人民出版社,1972,第455页。
④ 任继愈:《如何看待中国古代哲学中的民族哲学家》,《南京大学学报(哲学人文科学社会科学版)》1982年第4期,第49—53页。
⑤ 冯友兰:《中国现代哲学史》,(香港)中华书局,1992,第180页。
⑥《蒙哲史论稿》编委会编:《蒙古族哲学及社会思想史论稿》,内部资料,1982,第1页。
⑦ 萧萐父:《吹沙集》,巴蜀书社,2007,第380页。
⑧ 黑格尔:《哲学史讲演录》第1卷,贺麟、王太庆译,生活·读书·新知三联书店,1956,第34页。

的那种通常处理哲学对象的办法,即先假定一套格式,然后根据这套格式外在地武断地将所有的材料平行排列,并且硬要使概念发展的必然性满足于偶然的主观任性的联系。① 严格来说,这是在没有自己哲学观的情况下作出的"外在排比"。作为人类的一般认识或人类认识,哲学体现着时代精神、民族形式和个人风格,因而至少可以像冯友兰那样作"特殊的观点"与"类型的观点"之划分②。作为人类把握世界的基本方式之一,哲学既是属人的世界,体现着人类的共性、民族的共性;也是属己的世界,与个人的生命体验紧密相连,体现着哲学家个人对自己、对民族、对人类的终极追求及相应体验的思想文化成果。因此,考察中国少数民族哲学,自然离不开考察者的哲学观。据此,笔者强调哲学是一种生存体验。像周良沛搜集整理的《云南民族民间文学典藏·傣族纳西族·古歌》③中关于对财产继承制中次子无继承权的控诉、女性苦主对自己生命悲情的描述,如果没有自己的生命体验,是很难想象的。同样,研究者如果没有自己的生命体验,也是很难进入研究对象的精神世界的。正是从这个意义上说,笔者认为一个民族有无哲学的问题,既是一个理论问题,又是一个实践问题,特别是一个民族的生存体验问题。因此,对一个民族哲学的研究,首先,应站在各民族生存体验的层面,这就是要理解对象、体验生命,进而以此为基础解读中国少数民族的哲学文本。在中国传统文化中,尊重生命体验基本上是一条主线,自《尚书》"天视自我民视,天听自我民听"及《诗·大雅·烝民》所谓"天生烝民,有物有则。民之秉彝,好是懿德"以下,直到中国最早的马克思主义者李大钊的《民彝与政治》④,都无不体现着这一基本精神,认定的是老百姓有自己的"物则""秉彝""懿德",相信他们的哲学文化精神。其次,是包含研究者自身的哲学体验。这样,"哲学与经验的一致至少可以看成是考验哲学真理

---

① 黑格尔:《小逻辑》,贺麟译,商务印书馆,2003,第2页。
② 冯友兰:《三松堂全集》第4卷,河南人民出版社,1986,第223—228页。
③ 周良沛搜集整理:《云南民族民间文学典藏·傣族纳西族·古歌》,云南人民出版社,2010。
④《李大钊文集》第1卷,人民出版社,1999,第146—165页。

的外在的试金石。同样也可以说,哲学的最高目的就在于确认思想与经验的一致,并达到自觉的理性与存在于事物中的理性的和解,亦即达到理性与现实的和解。"①比如如何看待迷信?没有一种相应的体验,就很难理解②。因此,笔者强调我们应以体验的哲学精神去理解中国少数民族文化、哲学,从而深信中国少数民族哲学的存在性。正是在这个意义上,我们才能更好地理解张岱年关于哲学是文化的基础之说③,也才能更好地理解葛兰西的"人人都是哲学家"的哲学观④。也正因于此,人人都可接受"哲学的邀请"进行"人生的追问"⑤。事实也正是这样,在中国少数民族哲学研究中发现,中国少数民族通常即以"盘歌""对歌""问答"等多种形式进行种种终极问题的追问,涵盖了宇宙的起源及结构、宇宙的历程与趋势,人类的起源与过程、人类的价值与意义,知识的起源与判定、知识的价值与意义,人的生存与过程、人生的价值与意义……一句

---

① 黑格尔:《小逻辑》,贺麟译,商务印书馆,2003,第 6 页。

② 《马克思恩格斯全集》第 3 卷,人民出版社,1960,第 630 页。

③ 张岱年在《文化与哲学》一书中,多次强调"哲学是文化的基础","中国古代哲学是中国古代文化的思想基础",认为"哲学是文化的核心,是在文化整体中起主导作用的",参见张岱年:《文化与哲学》,中国人民大学出版社,2009,第 3 页、第 11 页。

④ 按照葛兰西的理解:哲学是世界观,但世界观有两个层面的表现,一个层面是以不自觉的方式存在于人们的行为中的世界观;一个层面是有意识的批判的世界观。第一个层面的世界观与常识相联系,是一种非批判的、没有条理的世界观,却是历史要素的结合,既表现一定时代、一种文化、一个集团,又是积淀在大众意识中的先前的哲学,总之,是一种历史的世界观;第二个层面的世界观与思想的创造相联系,是一种批判的、系统的、一贯性的世界观。批判性、系统性和一贯性是一个意思,都是指对先前哲学、对常识的批判,并通过批判使表现在常识中的非批判的、没有条理的世界观系统化、条理化,从而把人们的世界观提高到"世界上最先进的思想水平"。参见何萍:《马克思主义哲学与文化哲学》,武汉大学出版社,2002,第 51 页。

⑤ 费尔南多·萨瓦特尔在《哲学的邀请(人生的追问)》中将我们对每天面对之东西的理解分为三个层次:信息,即事实提供给我们的东西以及所发生之事件的原初机制;知识,即反思所收到的信息,根据其意义上的重要性划分等级,并寻找总体原则将其整合起来;智慧,即把知识与人生选择和我们能够选择的价值观联系起来,确立如何根据我们已知的东西更好地生活。他认为科学介于第一层次与第二层次之间,哲学则介于第二层次与第三层次之间。因此,并不存在单纯哲学意义上的信息,但的确可以有具有哲学意味的知识,同时我们也希望存在具有哲学意味的智慧。参见费尔南多·萨瓦特尔:《哲学的邀请(人生的追问)》,林经纬译,北京大学出版社,2007,第 2 页。

话,中国少数民族文化从来不缺少对这些问题的哲学追问及相应解答,缺少的是在中国少数民族哲学研究过程中对这些哲学追问及其解答的再阐明,因而总会有人时不时地提出中国少数民族是否有哲学的疑问。

二、对中国少数民族哲学价值性的坚守

研究中国少数民族哲学史的意义何在? 这是开展中国少数民族哲学研究遇到的一个核心问题之一。可以说,"开展这项研究工作有没有意义"①,已成为各少数民族哲学研究必须回答的问题。在蒙古族哲学研究中,甚至还出现了进行这种研究究竟有"多大油水"②、搞社会主义精神文明建设还研究它干什么等的尖锐问题③,其他各少数民族哲学研究也或多或少地遇到过同类问题。因此,在研究中,差不多都会回答中国少数民族哲学研究的意义或价值问题。从严格的科学研究上来说,这里又涉及对中国少数民族哲学科学性与价值性的双重定义。其科学性是它是否正确地揭示了自然界和人类社会发展、人类思维的一般规律,是事实真理问题;而价值性表达的则是人们的价值追求和价值理想。对中国少数民族哲学思想的评价,我们自然应二者兼备,但笔者却认为应更强调其价值层面。

综观目前所进行的意义或价值阐释,大致有六种路向,充分反映了中国少数民族哲学研究中的观念分化。(1) 阐明各少数民族对本民族哲学思想研究得越好就越有利于丰富中国哲学史的内容,并使中国哲学史名符其实,因为各民族不论大小,都对中国哲学史、对中华民族的认识史作出了贡献④。因此,从中国哲学史研究的现状即可看出开展少数民族

---

① 吴德希、佟德富:《谈谈少数民族哲学研究》,《中央民族大学学报(哲学社会科学版)》1982 年第 1 期,第 57—60 页,第 17 页。

②《蒙哲史论稿》编委会编:《蒙古族哲学及社会思想史论稿》,内部资料,1982,第12 页。

③ 内蒙古社会科学院哲学研究所蒙哲室编:《蒙古族哲学思想史研究》,内蒙古社会科学杂志社,1985,第 21 页。

④ 任继愈:《中国少数民族哲学思想史论集》,中国社会科学出版社,1985,序,第2 页。

哲学研究可以丰富中国哲学史的内容①,可填补中国哲学史的空白,使中国哲学史成为各民族共有的哲学史②。(2)从学科建设的层面阐明研究中国少数民族哲学史有利于民族学、哲学史等学科建设,如强调研究中国少数民族哲学史有利于写出一部全面、完整、系统的中国哲学史,其中包括充实和丰富中国宗教哲学的内容③;有利于加深对马克思主义哲学产生的历史必然性及其科学性的理解④,从而有利于自觉地树立科学的世界观⑤;能通过丰富哲学史的内容,深化我们对于思想发展普遍规律的认识,从而推进中国哲学史科学的发展⑥;有利于确立少数民族哲学、民族学的学科地位及其学术影响⑦;等等。(3)从认识少数民族自身的角度阐明,强调研究少数民族哲学可以认识少数民族在历史上的地位和作用⑧,因为"要了解一个时代或一个民族,我们必须了解它的哲学"⑨。而且,这种了解既包括对各民族之间的关系及对民族自身的了解,也包括对整个中华民族的了解⑩,如研究蒙古族哲学史对于理解蒙古族历史具有肯定的意义⑪,因为蒙古族哲学思想是认识论史前进的不可代替的基本阶梯⑫。(4)当代文化建设的实践路向,强调有利于实现各民族之间

---

① 吴德希、佟德富:《谈谈少数民族哲学研究》,《中央民族大学学报(哲学社会科学版)》1982 年第 1 期,第 57—60 页、第 17 页。

② 佟德富:《中国少数民族哲学概论》,中央民族大学出版社,1997,第 22—25 页。

③ 佟德富:《中国少数民族哲学概论》,中央民族大学出版社,1997,第 22—25 页。

④ 吴德希、佟德富:《谈谈少数民族哲学研究》,《中央民族大学学报(哲学社会科学版)》1982 年第 1 期,第 57—60 页、第 17 页。

⑤《蒙哲史论稿》编委会编:《蒙古族哲学及社会思想史论稿》,内部资料,1982,第 24—26 页。

⑥ 伍雄武:《略论少数民族哲学及其意义》,《云南师范大学学报(哲学社会科学版)》1994 年第 3 期,第 17—20 页。

⑦ 李兵:《少数民族哲学:意义及可能》,《曲靖师范学院学报》2003 年第 4 期,第 1—4 页。

⑧ 吴德希、佟德富:《谈谈少数民族哲学研究》,《中央民族大学学报(哲学社会科学版)》1982 年第 1 期,第 57—60 页、第 17 页。

⑨ 罗素:《西方哲学史》,何兆武、李约瑟译,商务印书馆,1976,第 12 页。

⑩ 伍雄武:《略论少数民族哲学及其意义》,《云南师范大学学报(哲学社会科学版)》1994 年第 3 期,第 17—20 页。

⑪《蒙哲史论稿》编委会编:《蒙古族哲学及社会思想史论稿》,内部资料,1982,第 5 页。

⑫《蒙哲史论稿》编委会编:《蒙古族哲学及社会思想史论稿》,内部资料,1982,第 24—26 页。

真正事实上的平等①,如有学者以云南少数民族哲学研究为例说明这一意义②,强调研究有利于培育和弘扬中华民族精神③等,甚至直指对社会主义精神文明建设的意义④,有的用"搭桥"来形象地表明是"架设认识发展道路上的桥梁"⑤。(5)肯定中国少数民族哲学思想中的合理因素,强调少数民族哲学和社会思想中包含丰富的合理内容,而且是中国思想史不可缺少的内容⑥,如军事辩证法思想、道德哲学思想等方面⑦。(6)有学者特别强调了发掘和研究少数民族哲学的国际学术意义⑧,还有不少学者强调了理论思维训练的意义等⑨。

从理论上说,上述的多种路向,实质上都是功能主义路向,这种路向的问题是容易出现研究谁就"爱"谁的现象,带上一些"感情"的色彩。然而,"历史学者应当'不哭,不笑,而是理解'"⑩。对此,萧萐父曾以"历史研究中的感情问题"加以辩证分析⑪,并以"历史感情与历史科学"为题加以申论⑫。张世保也曾作《全球化审视下的中国少数民族哲学》一文,强调发展和研究中国少数民族哲学要有宏大的视野;对少数民族哲学的作用要作实事求是的评价;要解决少数民族哲学的"塑造"与相对主义的问题⑬。毫无疑问,中国少数民族哲学作为民族精神的集中体现,作为各民族在历史发展中形成的最核心的文化价值观念和精神力量,在维系民族

① 佟德富:《中国少数民族哲学概论》,中央民族大学出版社,1997,第 22—25 页。

② 李兵:《少数民族哲学:意义及可能》,《曲靖师范学院学报》2003 年第 4 期,第 1—4 页。

③ 王天玺:《西部发展的理论与实践》,云南教育出版社,2005,第 307—317 页。

④《蒙哲史论稿》编委会编:《蒙古族哲学及社会思想史论稿》,内部资料,1982,第 18 页。

⑤ 内蒙古社会科学院哲学研究所蒙哲室编:《蒙古族哲学思想史研究》,内蒙古社会科学杂志社,1985,第 21 页。

⑥ 王天玺:《西部发展的理论与实践》,云南教育出版社,2005,第 307—317 页。

⑦《蒙哲史论稿》编委会编:《蒙古族哲学及社会思想史论稿》,内部资料,1982,第 24—26 页。

⑧ 吴贵希、佟德富:《谈谈少数民族哲学研究》,《中央民族大学学报(哲学社会科学版)》1982 年第 1 期,第 57—60 页,第 17 页。

⑨《蒙哲史论稿》编委会编:《蒙古族哲学及社会思想史论稿》,内部资料,1982,第 17 页。

⑩ 戈·瓦·普列汉诺夫:《俄国社会思想史》,孙静工译,商务印书馆,1999,第 9 页。

⑪ 萧萐父:《吹沙集》,巴蜀书社,2007,第 408 页。

⑫ 萧萐父:《吹沙集》,巴蜀书社,2007,第 409 页。

⑬ 王天玺:《西部发展的理论与实践》,云南教育出版社,2005,第 284—285 页。

生成和发展中起着重要思想支柱的作用。它"在国家之中,不仅像那些神祇的对象,也不仅是主观地造成的美的体格,而是一个有生命的、普遍的'精神',同时又是个别的个人的自觉的'精神'"①。就民族本身而言,"一民族真生命之所寄,寄于其根本精神,抛开了自家的根本精神,便断送了自家的前途"②。据此,我们有理由认为,研究中国少数民族哲学,其价值所在显然不能只从功能主义意义上去认定,而应更进一步从中国少数民族自身发展的本体层面去认定。事实上,对哲学史研究的评价,从而对中国少数民族哲学研究的评价,目前对其意义的阐明有一个重要局限即在于:无论是从功能主义的角度还是从内容的真理性的角度,都忽略了一个重要问题,即哲学自身的发展。笔者之所以在《土家族哲学通史》等书中强调中国少数民族哲学的现代转型,一个重要的方面就在于强调中国少数民族哲学的当代发展,而且是多样性发展。笔者也曾就土家族哲学自身发展撰写了一系列论文,一个共同的历史使命即为着阐明哲学史研究对哲学自身发展的意义。著名马克思主义哲学家李达在《社会学大纲》中把哲学史概括为"唯物辩证法的前史"③,即说明了哲学史研究对哲学自身发展的意义。也就是说,我们如果超出狭隘的实用观点,研究中国少数民族哲学并不只是为了实用,而是为了这门科学的本身,为了探索最优良的东西,并不是为了单纯实用的目的。"但从另一方面看来,最优良的东西,也就是最有用的东西。因为实体性的东西,坚定不移的东西,才是特殊目的的负荷者,并可以促进和实现这些特殊目的。人们必不可将特殊目的放在第一位,但是那最优良的东西却能促进特殊目的的实现。"④

---

① 黑格尔:《历史哲学》,王造时译,上海书店出版社,1999,第 258 页。
② 梁漱溟:《中国民族自救运动之最后觉悟·我们一向的错误》,载黄克剑、王欣编《当代新儒家八大家·梁漱溟集》,群言出版社,1993,第 241 页。
③ 李达:《社会学大纲》,武汉大学出版社,2007,第 2—13 页。
④ 黑格尔:《小逻辑》,贺麟译,商务印书馆,2003,第 3 页。

三、对中国少数民族哲学研究科学性的深信

中国少数民族哲学研究，一开始就立定在马克思主义的哲学史方法论上，直到 20 世纪末及 21 世纪初，随着西方现当代哲学思潮的大规模引入，出现了马克思主义方法论之外的思想潮流。在各种非马克思主义甚至反马克思主义研究方法论的影响下，中国的马克思主义方法论也在谋求自身的发展，从而推动了当代中国少数民族哲学研究方法论的现代化，进而推动了中国少数民族哲学研究的发展。

20 世纪 80 年代的中国少数民族哲学研究，主导的方法论是马克思主义哲学史观及其方法论，通常是从哲学的定义、哲学水平的评价、哲学与民族精神的关系及哲学的价值衡定等方面论述[①]，并产生影响直至 20世纪 90 年代[②]。其基本精神是强调必须要有马克思主义的科学指导，否则就会走上邪路[③]，有的学者还广泛引用马克思主义经典作家论述作为依据分析问题[④]。在强调"马克思主义哲学史观"时，有的强调运用马克思主义哲学史观的历史性原则[⑤]；有的则对马克思主义哲学史观作出系统阐明，并据此分析了如何运用的问题[⑥]；有的则提出了一些具体方法[⑦]。总之，强调马克思主义哲学是理解、探索和研究各个民族哲学思想发展规律的理论武器，必须旗帜鲜明地坚持和运用[⑧]，并强调这是对所有少数民族哲学研究都适用的[⑨]。

---

① 吴德希、佟德富：《谈谈少数民族哲学研究》，《中央民族大学学报（哲学社会科学版）》1982 年
　　第 1 期，第 57—60 页。
② 佟德富、金京振编：《朝鲜族哲学思想史论集》，民族出版社，1996，第 7 页。
③ 《蒙哲史论稿》编委会编：《蒙古族哲学及社会思想史论稿》，内部资料，1982，第3页。
④ 《蒙哲史论稿》编委会编：《蒙古族哲学及社会思想史论稿》，内部资料，1982，第 4—11 页。
⑤ 《蒙哲史论稿》编委会编：《蒙古族哲学及社会思想史论稿》，内部资料，1982，第 12—34 页。
⑥ 内蒙古社会科学院哲学研究所蒙哲室编：《蒙古族哲学思想史研究》，内蒙古社会科学杂志
　　社，1985，第 1—14 页。
⑦ 《蒙哲史论稿》编委会编：《蒙古族哲学及社会思想史论稿》，内部资料，1982，第 15—21 页。
⑧ 格·孟和：《论邓小平理论与研究蒙古族哲学思想史方法论》，《玉溪师范学院学报》2004 年第
　　10 期，第 24—29 页。
⑨ 佟德富等编著：《维吾尔族哲学思想研究》，华南科技出版社，2004，第 14 页。

由于 20 世纪末至 21 世纪初现代西方哲学思潮的大量传入，产生了一些探索少数民族哲学研究的新理路，强调用具有时代特征的哲学观解读中国少数民族的哲学"文本"，其中包括运用现代西方哲学的"生存论转向""语言转向""解释学转向"和"后现代转向"①等观点。实质上，有学者已认为这是一种"非哲学"转向②。此外，还有运用"社会工程技术哲学"③"地方性知识与实践哲学"④等路径的。与这类转向相对应，在马克思主义哲学史方法论方面也作了调整。一是充分运用当代中国马克思主义理论成果指导中国少数民族哲学史研究，如邓小平理论⑤、科学发展观⑥，等等。二是锻造属于自己的符合马克思主义方法论精神的研究方法论，如强调从哲学到民族精神再到民族文化（逆方向来说也可以）的模式，并以此作为一般哲学史的研究方法⑦。三是进行整个认识领域的宽领域哲学思想史研究，强调哲学思想史的研究范围应是宽广的，必须加上社会思想史乃至科学史，把它们放在联系中去理解，才能弄清过去的哲学思想及其社会意义⑧，这种情形，实质上即是"哲学史研究中的纯化和泛化"的关系⑨。四是强调综合运用多种方法，如关于哲学思想史史料学、关于哲学史的分段原则与专题研究、关于哲学史研究中的逻辑思维

---

① 李兵：《少数民族哲学：意义及可能》，《曲靖师范学院学报》2003 年第 4 期，第 1—4 页。

② 欧阳康：《哲学研究方法论》，武汉大学出版社，1998，第 1 页。

③ 朝克、刘守亮：《社会工程技术哲学视阈下的民族地区四位一体建设理论探讨》，载朝克等编《科学发展观与民族地区建设实践研究》，俄罗斯布里亚特科学中心出版社（Russian Buryat Scientific Center Press），2010，第 23 页。

④ 吴彤：《地方性知识：概念、意蕴和少数民族哲学研究》，载朝克等编《科学发展观与民族地区建设实践研究》，俄罗斯布里亚特科学中心出版社（Russian Buryat Scientific Center Press），2010，第 54 页。

⑤ 格·孟和：《论邓小平理论与研究蒙古族哲学思想史方法论》，《玉溪师范学院学报》2004 年第 10 期，第 24—29 页。

⑥ 佟德富：《以科学发展观为指导把少数民族哲学研究推向一个新的阶段》，载朝克等编《科学发展观与民族地区建设实践研究》，俄罗斯布里亚特科学中心出版社（Russian Buryat Scientific Center Press），2010，第 2 页。

⑦ 王天玺：《西部发展的理论与实践》，云南教育出版社，2005，第 298 页。

⑧《蒙哲史论稿》编委会编：《蒙古族哲学及社会思想史论稿》，内部资料，1982，第 1—2 页。

⑨ 萧萐父：《吹沙集》，巴蜀书社，2007，第 417—418 页。

方法、关于哲学思想史研究的比较方法，等等①，并在多个民族哲学思想研究中得到了体现②。

　　笔者认为，由于中国少数民族哲学发展的特殊性，由李维武倡导的"以哲学史为中心的思想史研究"方法论是值得重视的。这一方法可以上溯至石峻"宽领域哲学思想史研究"③与萧萐父"哲学史研究中的纯化和泛化"思想的启示④。很显然，这里涉及哲学史与思想史的关系，在中国少数民族哲学思想研究中，如何使哲学史研究更多地吸取思想史研究的内容，使"思"与"史"结合起来，开展"以哲学史为中心的思想史研究"应是马克思主义哲学史观的当代化，因而也应是中国少数民族哲学研究的正确方法论。笔者在《土家族哲学通史》等书中的运用表明，这一方法是科学的、适宜的。其实，从现在来看，这一方法也逐渐得到了学界的重视，不少学者已殊途同归，如宝贵贞在《论中国少数民族哲学史写作范式问题》⑤中，在分析了中国少数民族思想史写作的"范式"现象即思想史与文化史相混杂、"哲学"被旁落或缺失、史说与哲说的同化和分离后，分析了中国少数民族思想史写作"范式"现象之成因，即教科书情结、少数民族哲学研究"共同体"的制约、少数民族问题研究本身视野和问题意识的局限等，然后在结语与思考中提出要历史化和语境化相结合、理论图式与文化对象的对话，总体上虽然对目前的中国少数民族哲学研究与写作否定过多，但却提出了一个重要的问题，这就是要把文本语境化和语境文本化双重运作，既要把文本回置到所产生的更大语境中去考察其生产、传播、接受和阐释的机制，又要依据文本去"重写"语境，在那里考察语境的问题场域在文本中被结构的方式，也就是不能忽视它在漫长时期里作为一种个性文化实践活动所依存的各种哲学、艺术、道德甚至宗教

---

① 乌兰察夫、宝力格、赵智奎：《蒙古族哲学思想史》，内蒙古大学出版社，1994，第19—39页。
② 孙俊萍：《伊儒合璧的回族哲学思想》，宁夏人民出版社，2008，第4—5页。
③《蒙哲史论稿》编委会编：《蒙古族哲学及社会思想史论稿》，内部资料，1982，第2页。
④ 萧萐父：《吹沙集》，巴蜀书社，2007，第417—418页。
⑤ 宝贵贞：《论中国少数民族哲学史写作范式问题》，载宝贵贞主编《回顾与创新——多元文化视野下的中国少数民族哲学》，中央民族大学出版社，2013，第77页。

的背景。这一点,伍雄武的相关研究,也提供了相应证据。

四、对中国少数民族哲学研究方法正确性的把握

黑格尔曾就哲学研究方法提出了两个重要任务:一个是"要揭示出如何根据一个新的方法去给予哲学以一种新的处理"[①],因为"方法并不是外在的形式,而是内容的灵魂和概念"[②];二是在研究中,"只有〔正确的〕方法才能够规范思想,指导思想去把握实质,并保持于实质中"[③],因为在研究的"每一阶段尚须努力向前进展以求达到全体,这种全体的开展,我们就称之为方法"[④]。这就告诉我们,在哲学研究中必须坚持与研究对象一致的原则,并不断根据新的方法进行研究,对对象进行"新的处理"。

从中国少数民族哲学研究来看,从一开始即注意了不断探讨与更新方法的问题,并不断有新的方法涌现。在研究过程中,多数学者都强调要遵循:从实际出发,实事求是;调查研究的方法;系统分析方法;历史分析方法;等等[⑤]。一些学者还运用考据学方法,并得出了令人信服的结论,如对《蒙古秘史》中团结思想的考察运用了归纳法:阿兰豁阿用"五箭杆束在一起则不易折"的事例教育五子,河额仑教育众子谓"影外无其友""尾外无其缨",成吉思汗派人告诉王罕说"两辕折一辕,牛不能曳;两轮折一轮,车不能行"……所以,《蒙古秘史》反映出重视团结的思想[⑥]。又如考察成吉思汗坚持忠君观念,即据《蒙古秘史》中失儿古额秃不杀故主,放走故主后投奔铁木真得到赞扬;合答里掩护王罕逃走后投降铁木

---

① 黑格尔:《小逻辑》,贺麟译,商务印书馆,2003,第 1 页。
② 黑格尔:《小逻辑》,贺麟译,商务印书馆,2003,第 27 页。
③ 黑格尔:《小逻辑》,贺麟译,商务印书馆,2003,第 5 页。
④ 黑格尔:《小逻辑》,贺麟译,商务印书馆,2003,第 23 页。
⑤ 格·孟和:《论邓小平理论与研究蒙古族哲学思想史方法论》,《玉溪师范学院学报》2004 年第 10 期,第 24—29 页。
⑥ 郝宜今:《〈蒙古秘史〉的政治和伦理思想》,《内蒙古社会科学》1983 年第 3 期,第 109—116 页。

真得到赞扬,背弃旧主人桑昆的阔阔出被杀,擒拿旧王扎木合的五个伴当被杀……所以蒙古的首领对忠心事主的要求是很严格的①。这说明,中国少数民族哲学研究的方法应是多学科方法的共同运用。因此,一些学者对具体研究作了非常细致的分析,讨论"实际操作"问题,其中涉及哲学的形态、特征、文本,注意收集社会文化各方面的史料,注意社会思潮的分析等②。针对中国少数民族哲学发展的实际,不少学者强调需要研究前代;不能忽视四境各民族思想的影响;要结合民族宗教;要对合理因素评价;要进行近现代思想研究;要对历史总结;等等③。到了 21 世纪,这样的研究方法则得到了更进一步的强调,如强调要继续注重搜集、抢救、整理、编辑少数民族文献资料;要结合史料和现实,加强宗教哲学、少数民族哲学与儒学关系等问题的研究;要注重研究方法,进行不同民族哲学的比较研究,加强理论分析;要立足于弘扬优良传统文化,善于剥离、剔除其陈腐的、过时的部分,改造、继承其有价值的部分④;等等。有学者还提出了民族哲学发展的新路向——以"文化圈"概念重新规范中国少数民族哲学,强调少数民族哲学研究可以不必完全拘泥于现代中国各个民族的划分,而采用几个不同的文化圈(或文化区)的方法,如北方的少数民族可划分为原生型萨满教文化圈、藏传佛教文化圈、伊斯兰教文化圈,等等⑤。应该说,这些探索都是有利于中国少数民族哲学研究的。

　　笔者曾在《土家族哲学通史》等著作中强调要以全球性现代化运动为社会背景,以西方哲学中国化与中国哲学现代化两种哲学运动为哲学背景,以少数民族传统哲学与文化性格为历史文化的背景,以少数民族

---

① 李瑛:《早期蒙古人的教育》,《内蒙古大学学报(哲学社会科学版)》1984 年第 2 期,第 84—92 页。
② 苏和、陶克套:《蒙古族哲学思想史》,辽宁民族出版社,2002,第 3—10 页。
③《蒙哲史论稿》编委会编:《蒙古族哲学及社会思想史论稿》,内部资料,1982,第 7—10 页。
④ 佟德富、宝贵贞:《中国少数民族哲学专题研究》,中央民族大学出版社,2006,第 9—10 页。
⑤ 宝贵贞:《从合法性到新范式——中国少数民族哲学研究困境与出路》,《内蒙古师范大学学报(哲学社会科学版)》2009 年第 1 期,第 76—79 页。

地区的区域文化为地域文化背景;并坚持历史主义方法、以哲学史为中心的思想史研究方法、历史与逻辑一致的方法、以少数民族文化为中心的地域文化研究方法,以某个民族思想为中心的区域思想研究的方法,等等①,通过上述方法论系统研究土家族哲学,这也同样适用于整个中国少数民族哲学研究。当然,由于时代等各方面因素的限制,中国少数民族哲学研究方法还需更进一步地探索,因为我们的研究同样是"在十分确定的前提和条件下进行创造的"②。事实上,中国少数民族哲学研究也具有同样的情形,我们需要在新的时代,更进一步地解放思想,探索新的发展思路,确认新的研究方法。

不过,笔者始终坚信,哲学作为一种主体生命体验的思想文化成果,尽管它可能像梯利所说的那样,"许多民族没有超过神话阶段",但仍然不能否认"哲学通史要包括所有民族的哲学"的诉求③。在这里,我们又想起了黑格尔关于哲学经验的论说:人应是一个理论与实践的统一体,这个统一体同时也是自然生命与文化生命的统一体,但在现实中,这个统一体往往是存在矛盾的,"认识过程的目的,即在于克服这种分离和差别,而恢复其统一,这统一,在它的直接性里,最初就是生命的理念"④。也就是说,生命体验对于哲学认识具有极端的重要性。黑格尔还举出老人与青年的例子来说明这一问题⑤,已非常明显地表明了生命体验的重要作用。事实上,离开对各民族生存体验的文化审察,根本就无法理解少数民族的哲学之思,如:西南少数民族的宇宙起源论多从"云雾""白云"等方面着眼,人类起源多从树、蛋、葫芦等方面着眼,西北地区各民族哲学表现形式的格言化,等等,无不渗透着各民族人民的生存体验。事实也正是这样,学界已逐渐重视这一问题,如宝贵贞即强调"我们当下民

① 萧洪恩:《土家族哲学通史》,人民出版社,2009,导言。
②《马克思恩格斯选集》第4卷,人民出版社,1995,第696页。
③ 梯利:《西方哲学史》,葛力译,商务印书馆,1995,第14页。
④ 黑格尔:《小逻辑》,贺麟译,商务印书馆,2003,第422页。
⑤ 黑格尔:《小逻辑》,贺麟译,商务印书馆,2003,第423页。

族思想史研究……不需要多少的理论，只需要真正立足于民族心灵本身，多一点儿'元素'的考察，多一点儿田野调查，多一点儿用心体悟与融入就可以使我们的民族思想史变成另外一个样子。所以如果我们的田野调查更细致，如果我们能将哲学视野与该民族的文化心灵相融合，那么我们将会得到一个丰富多彩、色彩斑斓的民族思想史，一个充满了各民族生活情趣、生活智慧的思想史"①。也就是说，没有抽象的民族哲学史，只有具象的民族哲学史。

第二节　中国哲学视域下中国少数民族哲学的存在性

自从 1979 年在济南召开的全国哲学规划会议上首先直接提出中国少数民族哲学研究的问题以来②，中国少数民族哲学研究就面临着一些具有"元哲学"意义的理论问题，其核心是中国少数民族哲学的"存在性"问题，如中国少数民族有无哲学，中国少数民族哲学的发展水平，中国少数民族哲学的民族文化背景，中国少数民族哲学与汉族哲学或中国哲学的关系，研究中国少数民族哲学的哲学观如生存论、教科书论、文化哲学论等，以及其他一些问题。本节结合 40 多年来中国哲学界，其中特别是中国少数民族哲学界对这一问题的探讨作一历史回顾，以期更进一步深化中国少数民族哲学研究。

一、中国少数民族哲学存在性问题的提出

20 世纪 80 年代初，中国少数民族哲学的存在性问题即已凸显。1982 年，佟德富等发表《谈谈少数民族哲学研究》一文，即明确强调"两年多来，我们在着手开展这项研究工作时，碰到了一些亟待解决的问题，比

---

① 宝贵贞：《论中国少数民族哲学史写作范式问题》，载宝贵贞主编：《回顾与创新——多元文化视野下的中国少数民族哲学》，中央民族大学出版社，2013，第82页。
② 格·孟和 1979 年在济南召开的全国哲学规划会议上率先提交了《蒙古族哲学史片断》的科研课题，该课题载入《全国 1979—1985 年哲学规划科研项目总表》。

如,我国少数民族有无哲学思想？……有些同志抱怀疑乃至否定的态度"①。在以后的研究中,这一问题被逐渐深化,依次形成了三个紧密相关的问题:一是直问中国少数民族哲学有无的问题;二是如果中国少数民族有哲学,在什么形式下有的问题(范式说、阶段说、层次说);三是中国少数民族哲学与中国哲学的关系问题(代表说或融入说、多元一体说、汉族哲学说)……正是这些问题的展开,深化了人们对中国少数民族哲学的认识②。到21世纪初,中国少数民族哲学的存在"已不只是一个价值判断,而且是一个事实判断,所以各民族都有自己的哲学,其合法性是不应成为问题的。但是,对少数民族哲学研究范式的选择却有一个合理性的问题"③。

关于中国少数民族哲学的有无问题,最先发生在蒙古族哲学研究中,因为在中国首先倡议蒙古族哲学史的研究并列入整个学术规划的是内蒙古的哲学界,因而"蒙古民族有没有哲学和哲学史"即"曾经有人提出过怀疑"④。"从我们刚刚着手研究《蒙哲史》的时候起,就有些人对之发出了种种议论。如蒙古族'有无哲学'……"⑤后来在各少数民族哲学研究中都发生过这一问题,如在朝鲜族哲学研究中,"有的同志认为,朝鲜族没有或很少有专门的哲学著作,因此朝鲜族不可能有或者很少有什么哲学思想"⑥。"新疆的少数民族有没有哲学史？对此,有相当一部分同志存在着模糊认识。他们认为新疆各民族的哲学史无甚显眼,即使

---

① 佟德富:《走近先民的智慧》,民族出版社,2002,第1页。

② 宝贵贞《论中国少数民族哲学史写作范式问题》一文中将这一问题归结为两个方面:"中国少数民族哲学的合法性问题有不同层次的意蕴,我认为中国少数民族哲学的真实涵义在于:首先,在中国少数民族形成和发展的历史上,少数民族有无哲学的问题。其次,'哲学'是我们解释少数民族优秀传统思想的恰当方式吗？'中国少数民族哲学'所述说的对象和内涵在何种意义上能得到恰当的说明和充分的理由和根据？它应该怎样被叙说和阐释？这就是少数民族哲学研究的范式问题。"参见宝贵贞主编:《回顾与创新:多元文化视野下的中国少数民族哲学》,中央民族大学出版社,2003,第95—100页。

③ 萧洪恩:《中国少数民族哲学:可能与现实》,《江汉论坛》2004年第10期,第77—80页。

④《蒙哲史论稿》编委会编:《蒙古族哲学及社会思想史论稿》,内部资料,1982,第4,6页。

⑤《蒙哲史论稿》编委会编:《蒙古族哲学及社会思想史论稿》,内部资料,1982,第12页。

⑥ 佟德富、金京振编:《朝鲜族哲学思想史论集》,民族出版社,1996,第2页。

有,也不过是与宗教掺合在一起的、毫无价值的大杂烩;在文艺方面,虽有一些历史性的成就,但在哲学史方面很难开口等。"①其他各民族哲学研究都差不多遇到过这类问题,以至于有的学者就直接弃而不论,如:佟德富在《中国少数民族哲学概论》②中即没有讨论这一问题;黄庆印在《壮族哲学社会思想史》中也没有提出壮族有无哲学的问题并进行讨论,而是直接肯定"壮族是有自己的本民族的哲学思想的,壮族的哲学思想,亦是中华民族哲学思想一个重要的组成部分"③;笔者在《土家族口承文化哲学研究》等著作中也没有讨论这一问题。其他如《中国少数民族哲学史》肯定"同汉族一样,各少数民族也有反映本民族特点的哲学思想(或哲学思想萌芽),它是中国哲学思想史的重要组成部分"④。当然,持肯定论者居多,有学者甚至认为,否认中国少数民族有哲学是一种主观偏见,并且认为"在哲学史的研究中'主观偏见'是屡见不鲜的,而且积习太深,特别顽固,因此更需要解放思想。有些人宣扬西方有哲学史,而东方没有哲学史的观点,可是研究的结果表明'过去被认为只是西欧各民族创造的产物,却原来是起源于东方各国民族的哲学方面'。历史雄辩地证明,'东方各国民族'也有自己的哲学史。于是又有人宣扬先进民族有哲学史,而后进的少数民族没有哲学史的观点。有些人认为,蒙古人在'精神智力方面没有发展,没有独立思维能力','单纯地追求宗教思维','蒙古人没有创造因明学,对哲学稍微有些爱好',等等"⑤。总之,中国少数民族有无哲学的问题长期以各种形式存在于哲学界,特别是中国少数民族哲学界。不过 40 多年来的研究实践证明,中国少数民族不仅有哲学,而且不少中国少数民族哲学与同期的汉族哲学或直接称为的中域哲学相比也毫不逊色,实际上达到了同期中域哲学的相应水平。

---

① 佟德富等编著:《维吾尔族哲学思想研究》,华南科技出版社,2004,第 12 页。
② 佟德富:《中国少数民族哲学概论》,中央民族大学出版社,1997。
③ 黄庆印:《壮族哲学社会思想史》,广西民族出版社,1996,第 7 页。
④ 肖万源、伍雄武、阿不都秀库尔主编:《中国少数民族哲学史》,安徽人民出版社,1992,第1页。
⑤ 格·孟和:《论邓小平理论与研究蒙古族哲学思想史方法论》,《玉溪师范学院学报》2004 年第 10 期,第 24—29 页。

二、中国少数民族哲学存在性问题的主要观点

关于中国少数民族哲学的存在性，有两个相互联系的重要问题：一是有无哲学的问题；二是中国少数民族有什么哲学？即中国少数民族哲学的特殊类型问题。从本质上说，中国少数民族哲学存在性问题的类型，也就是中国少数民族哲学与中国哲学的关系问题。目前有以下三种代表性学说：

（1）接受汉族哲学说。在蒙古族哲学、朝鲜族哲学等研究中都遇到过这类问题，"有的同志认为，少数民族即使有哲学思想，也是从汉族那里接受过来的，实际上是汉族的思想"①。

（2）中国哲学融合说或代表说。任继愈在《中国少数民族哲学思想史论集》中写道："中华民族的形成是多民族融合的结果，它还在不断发展中。中华民族的文化，也是多民族共同的创造，它也在不断发展中。""中国哲学史，是中华各民族共同创造的认识史。"②这说明：现在的中国哲学，本身就包括了中国少数民族哲学在内，即中国少数民族哲学已融入中国哲学中，讲中国哲学即亦代表了中国少数民族哲学。虽然他强调"因为中国是一个多民族的大国，虽说汉族人数众多，而少数民族是中华民族大家庭中的成员，少数民族的哲学应当成为中华民族的哲学的组成部分"，但他同时也强调"中华民族中汉族占多数，实际上，汉族是许多兄弟民族长期融合的结果，历史上并不存在'纯汉族'。中国哲学史上的优秀哲学家、思想家，不应当只看作汉族的，他们也是属于所有兄弟民族的哲学家和思想家"③。这一思想的更高认知，是人类思想代表说，即任继愈强调"哲学史上重要人物和学派的贡献，就在于他们曾经站在当时人

---

① 佟德富：《走近先民的智慧》，民族出版社，2002，第 7 页。

② 任继愈：《中国少数民族哲学思想史论集》，中国社会科学出版社，1985，序，第 1 页。

③ 任继愈：《任继愈学术文化随笔·如何看待中国古代哲学中的民族哲学家》，中国青年出版社，1996，第 49—50 页；又见《南京大学学报（哲学人文科学社会科学版）》1982 年第 4 期，第 49—53 页。

类认识世界的最前列,体现了当时的思想高度,他们把当时人类认识推进到了一个新水平,无愧于他们各自的时代。有贡献的哲学家们建立的哲学体系,不应仅仅看作他们个人的见解,他们是阶级的代言人、集体的代言人。他们代表着当时先进的阶级、先进的政治集团的集体智慧。每个具体的哲学家虽然属于一定的民族,但我们研究哲学史,却不应把他看作仅仅属于某一民族的哲学家,同时也要看到它代表着全人类的先进思想"[1]。

（3）中国哲学多元一体说。伍雄武认为:"多元一体是中国民族关系的实际,是中华民族结构（格局）的实际,从而也就是中国各民族哲学及社会思想的实际……在我看来……中华民族的多元一体关系实质就是民族文化的多元一体关系……核心是各民族哲学思想的多元一体关系;我们深入研究和理解了各民族哲学思想的多元一体关系,也就从深层的、核心的部分认识了各民族文化的多元一体关系,进而也就能认识和说明各民族多元一体的整个民族关系……目前我们应继续分民族地深入研究各民族哲学及社会思想史,继续撰写、出版各个民族的哲学思想史专著,力争在《中国少数民族哲学史》的基础上完成涵盖55个少数民族的《中国少数民族哲学思想史》,等等。同时,还应开展各民族思想关系史的研究,从中华民族多元一体关系的角度来研究少数民族哲学思想史。"[2]这一说法的基点是承认各民族有自己独立的哲学,如佟德富、金京振在《朝鲜族哲学思想史论集》中即强调朝鲜族有自己独立的哲学,因而批评非独立说,"有的同志认为,朝鲜族迁入中国的历史较短,因而没有形成自己独特的哲学思想。这种看法表面看来似乎有道理,但细想起来也有问题,因为这种看法否认了思想、文化的历史继承性"[3]。

---

[1] 任继愈:《任继愈学术文化随笔·如何看待中国古代哲学中的民族哲学家》,中国青年出版社,1996,第52页;又见《南京大学学报(哲学人文科学社会科学版)》1982年第4期,第49—53页。

[2] 伍雄武:《中华民族多元一体关系与少数民族哲学思想的研究》,《玉溪师范学院学报》2004年第1期,第32—35页。

[3] 佟德富、金京振编:《朝鲜族哲学思想史论集》,民族出版社,1996,第3页。

我们认为,要用一个统一的尺度来衡量少数民族哲学是困难的,我们也承认在中国哲学中并没有一个单一的汉族哲学,而是以"汉"为代表的中华民族哲学,这里是以文化尺度来考虑的,少数民族融入以后,即不再是"少数民族哲学",而是"中国哲学",从这个尺度认定,则我们所说的"中国少数民族哲学",可以用"前中国哲学"来称呼,即在"华夷之变"的框架下,"夷"变而为"华",则是"中国哲学",如老子、李贽等;相反也可能出现由"华"变而为"夷"的情况,如不少原来的汉族居民融入少数民族群众的情况。这样,在中国哲学研究中即发生了"中国哲学的多民族背景"与"中国少数民族哲学"的"前中国哲学背景"问题,解决这一问题即可解决"中国少数民族哲学"与"中国哲学"的关系问题。但这里要强调的是,我们所说的"华夷"之称或"前中国哲学"的"前"只是一种俗语借用,并没有价值上的好坏与水平方面的高低评价,不存在文明与野蛮的界定,只反映不同民族文化的相互影响与相互融合的问题,是一种哲学文化发生的先后顺序说明。这一问题的本来意义即是"华夷之变视阈的中国哲学"问题,所要解决的问题有三个基本方面:华夷之变——中华民族形成过程中的文化尺度,这里要解决"民族交融"与"文化融合"的问题;中国哲学的多民族文化渊源,这里要解决的是目前"中国哲学"中的多民族文化根基的问题;中国少数民族哲学的对象、性质等一般问题,这里要涉及哲学观的问题。不过,现在摆在中国少数民族哲学研究中的更为复杂的问题却是中国少数民族哲学自身的近现代转型问题。

三、思考中国少数民族哲学存在性问题的形式

中国少数民族哲学存在性问题的形式,实质上解决的是中国少数民族哲学在什么形式下存在的问题,目前有多种解决方案,即范式说、阶段说、层次说、广义狭义说等。

在"中国少数民族哲学何以可能"问题成为人们自觉关注的对象后,解决这个问题即可归结为两种理路:一种是改变范式,如"中学西范"等,初始阶段多取这种理路;一种是寻找内部支撑,如文化构成说等。而范

式说在本质上说是根据不同哲学观来评定中国少数民族是否有哲学的问题。黑格尔曾说过："哲学有一个显著的特点，与别的科学比较起来，也可以说是一个缺点，就是我们对于它的本质，对于它应该完成和能够完成的任务，有许多大不相同的看法。"①据此，笔者在《20世纪土家族哲学社会思想史》②中曾专门讨论了"中国少数民族哲学的合法性问题"，并区别了"不同哲学观对哲学合法性的讨论"。而传统的中国少数民族哲学研究，实可概括为三类范式：(1)传统教科书范式。其中"一种是不加'批判'地承诺少数民族拥有自己的哲学，然后用传统马克思主义哲学原理的理解模式和概念框架，按照世界观、辩证法、认识论、历史观等构成要素……牵强附会地贴上'唯物主义'或'唯心主义'、'辩证法'或'形而上学'的标签。另一种是从教科书关于哲学的定义出发，否认少数民族拥有自己的哲学，放弃从哲学的意义上对民族文化进行探究"③。(2)生存论范式，即把哲学理解为"以某种文化样式对关于自身存在的这种自我意识的表达"。从这个意义上讲，只要有人的存在，就会有某种形态的哲学存在。因此，少数民族哲学即"是存在于少数民族各种文化样式或'文本'形式之中，以少数民族哲学理解和把握世界的各种独特方式……为中介，所反映出来的他们关于自身存在的自我意识，以及他们对'思维和存在关系问题'的思索和'觉解'"④。(3)思想权力范式。宝贵贞强调"哲学是一个民族思想的权力"。如果说哲学是时代精神和民族精神的精华，那么，哲学必有其时代性和民族性。时代性是指哲学总是凝聚着一定时代的精神，传达一个时代的声音。正如现代西方哲学对所谓现代性和后现代性的探讨，体现着对现代西方时代精神的哲学意识一样。哲学的民族性就在于哲学是民族精神的结晶，换言之，民族精神的自觉认

---

① 黑格尔：《哲学史讲演录》第4卷，贺麟、王太庆译，生活·读书·新知三联书店，1956，第5页。
② 萧洪恩：《20世纪土家族哲学社会思想史》，中国书店，2010。
③ 李兵、吴友军：《少数民族哲学何以可能——兼论民族文化的哲学基础》，《学术探索》2002年第3期，第14—16页。
④ 伍雄武：《略论少数民族哲学及其意义》，《云南师范大学学报（哲学社会科学版）》1994年第3期，第17—20页。

识和理论表达就是一个民族所特有的哲学①。

普遍的形式是用"哲学"的层次关系求得少数民族哲学的存在性。这里面又有各种不同的情况,有的层次说具有哲学发展水平衡定的意义,有的则只是一种客观的事实评价。其中有两层次说者主张中国少数民族在数千年的历史中创造了丰富多样的物质财富和灿烂的精神文明,并形成了各民族鼓舞自己奋进的精神力量和维系民族群体的精神纽带。"这种精神力量和精神纽带,凝聚为观念,结晶为理论。有的,由理论而成体系,可谓之哲学;有的,虽未成体系,却深含哲理,亦可谓哲学思想。"②有四层次说者主张:哲学有层次性特点,层次性差别的主要原因在于哲学产生和发展诸条件的完备程度和哲学本身发展的水平不同,"其层次性表现为:哲学观念—哲学思想—哲学理论—哲学体系"③。肖万源在《中国少数民族哲学·宗教·儒学》一书的"前言"中写道:"强调以层次性方法分析中国少数民族哲学,认为不论哪一民族,处于哪个层次上就是哪个层次。这样,既可避免误认少数民族无哲学,也可实事求是地研究、评估少数民族哲学……用层次性方法分析,研究各个民族的哲学各处于哪一层次上,说明其发展程度、特点,不失为较为科学的、可行的方法。"④值得注意的是,笔者同样讲哲学的层次性,却是基于哲学问题来认定的,即哲学之思本身就具有层次性,第一个层面的问题即哲学本体论问题、哲学认识论问题;第二个层面即历史观和文化观上的问题;第三个层面即政治哲学层面,并强调不能用一个层面的问题来否定其他层面哲学的存在性⑤。不过要强调的是,肖万源讲的四层次涉及哲学的价值

---

① 宝贵贞:《从合法性到新范式——中国少数民族哲学研究困境与出路》,《内蒙古师范大学学报(哲学社会科学版)》2009 年第 1 期,第 76—79 页。

② 伍雄武:《中国少数民族哲学思想简史》,云南人民出版社,1996,第 1 页。

③ 格·孟和:《论邓小平理论与研究蒙古族哲学思想史方法论》,《玉溪师范学院学报》2004 年第 10 期,第 24—29 页。

④ 肖万源、张克武、伍雄武主编《中国少数民族哲学·宗教·儒学》,当代中国出版社,1995,第 2—5 页。

⑤ 萧洪恩:《中国少数民族哲学:可能与现实》,《江汉论坛》2004 年第 10 期,第 77—80 页。

与水平问题,而笔者的层次说只涉及哲学问题的展开领域与提问方式,当然可以就展开的问题本身作出价值与水平的评价。

与层次说同时存在的是广义狭义说,如一些学者从古今中外哲学史的比较中,特别是从哲学思想资料来源的分析中,首先把"哲学"分为理论专著形式的理论哲学、渗透在各种学科的著作或实际运用中的应用哲学、表现宗教理论思想的宗教哲学、表现在民间文学作品中的民间哲学,等等,并据此强调"哲学家们在理论专著中所阐明的哲学史称之为狭义哲学史,而用其他几种形式表现的哲学史称之为广义哲学史,广狭之分的主要区别在于思想资料的来源不同"。更进一步,中国少数民族哲学,如"可把蒙古族哲学史称之为广义哲学史。这样既可得出蒙古族有哲学思想史的结论,又能划清与先进民族哲学史之间的区别"[1]。与此说相应,笔者则以哲学理论的阐明有理论阐释和理论运用两种形式,哲学在存在形式上可分为学术的和日常的两部分来立论,强调不能用一种存在形式否认其他存在形式。[2]

与上述论说方式相异,还有一种哲学发展的社会阶段说,即夏里甫罕·阿布达里在《从诗歌民族向哲学民族转变》[3]一文中认为,从社会文化发展程度这一视角来看,诗歌民族大多处在传统社会、传统文化发展阶段或从传统向现代转型的社会文化阶段,与哲学民族比较,显然处于比较落后的阶段。中国各民族都还处于诗歌民族阶段。准确地说,处于从诗歌民族向哲学民族转型的漫长而复杂的阶段。他强调中华民族中的各民族都需要团结一心,奋发努力,去争取达到哲学民族的发展境界,真正跻身于世界先进民族之林。据此而言,整个中华民族都应该是还没有哲学的民族,是非哲学民族。与此相对,张天鹏在《从求善向求真的转

---

① 格·孟和:《论邓小平理论与研究蒙古族哲学思想史方法论》,《玉溪师范学院学报》2004年第10期,第24—29页。

② 萧洪恩:《中国少数民族哲学:可能与现实》,《江汉论坛》2004年第10期,第77—80页。

③ 夏里甫罕·阿布达里:《从诗歌民族向哲学民族转变》,《新疆艺术》1998年第3期,第4—11页。

变——兼评〈从诗歌民族向哲学民族转变〉》①一文中则又提出了另一种横向划分：中国目前正在进行的是哲学意义上的从求善向求真的转变，而不是从诗歌民族向哲学民族的转变。其中"求善"是中国传统哲学的最高宗旨，而"求真"是西方传统哲学的最高宗旨。

上述分析并不是探讨中国少数民族哲学存在形式的全部方面，如蔡茂生在《民族文化建设的哲学审视——"文化哲学与民族文化建设"研讨会纪要》②一文中，实际上提出了"文化哲学"的存在形式问题等，在这方面，关于侗族哲学研究即是文化哲学研究的讨论就十分明显③。土家族哲学的早期研究实际上坚持的也是文化哲学研究，不仅直接提出了"土家族文化哲学"的概念④，而且也出版了文化哲学研究的专著⑤，笔者强调"为了对这些研究成果进行综合评价，我们可以统称为'土家族文化哲学研究'"。而"要研究土家族的哲学，至少有以下几个方面，这就是四类文化哲学的研究：（1）学术上、书本上、严肃的哲学，可简称学者文化哲学，这本是一个大的类型，但鉴于土家族聚居地的实际，还没有形成一个大的研究类型。（2）民间口承文化中的哲学，可以称之为口承文化哲学。这通常是通过民间口耳相传的承继发展的文化形式，如《摆手歌》《梯玛歌》等，这个类型的文化，现在有许多整理成书面文字的成果，有的还有待进一步的整理，但无论是何种情况，它们都是口承文化。其哲学思维应是口承文化哲学思维。（3）仪典文化哲学，仪典应作广义的理解，比如

---

① 张天鹏：《从求善向求真的转变——兼评〈从诗歌民族向哲学民族转变〉》，《新疆艺术》1999 年第 2 期，第 32—35 页。

② 蔡茂生：《民族文化建设的哲学审视——"文化哲学与民族文化建设"研讨会纪要》，《广东社会科学》2001 年第 1 期，第 156—158 页。

③ 张世珊、杨昌嗣：《侗族文化哲学》，《贵州民族研究》1991 年第 1 期，第 9—19 页。

④ "土家族文化哲学"这个概念应该说是由陈正慧、熊家良在《1994 年土家族文化研究综述》一文中提出的，该文刊于《湖北民族学院学报（哲学社会科学版）》1995 年第 4 期，第 91—96 页。

⑤ 初步统计，这方面的成果有：萧洪恩：《土家族口承文化哲学研究》，中央民族大学出版社，1999；胡炳章：《土家族文化精神》，民族出版社，1999；邓红蕾：《道家与土家族文化》，民族出版社，2000；萧洪恩：《土家族仪典文化哲学研究》，中央民族大学出版社，2002；等等。还有众多论文涉及土家族文化哲学研究。

节日文化、哭嫁仪式、丧葬仪式等,这部分应从其实在的仪式中去理解和研究。(4)物态文化,这类通常是以实物形态存在的,比如居住的房舍、埋人的墓葬等。又例如,生产工具的变化及其所反映的文化形态。应该说,人的行为也应纳入这个研究领域"①。这些努力告诉我们:无论是范式说还是层次说,也无论是广义狭义说还是社会发展阶段说等,都在执着探讨中国少数民族哲学有无的问题,而关键在于找到一种中国少数民族哲学存在形式的恰当的表达方式。事实上,中国哲学研究的初起之时,学界有所谓哲学的实质与哲学的形式之辩,其基本诉求在于强调无论是中国哲学还是西方哲学,就其哲学的内容而论以及哲学的实质而论,都是探讨的所谓大问题、终极问题,具有人同此心、心同此理的哲学共性。但是,哲学在其存在形式上却又是多种多样的,这不仅是语言学上的差异,而且也是问题与范畴的差异,甚至是思维方式的差异,正所谓"天下殊途而同归,一致而百虑",从而显示出哲学存在形式上的民族形式与个人风格。

四、确认中国少数民族哲学存在性的根据

确认中国少数民族哲学存在性的根据,首先即是一个哲学观的问题。早在 1982 年,佟德富强调"少数民族有无哲学思想的争论,实质上是如何理解或看待哲学的问题,它也涉及少数民族哲学研究的对象和范围等问题"②。他由此强调哲学"是关于整个世界一般规律的自觉、完整、系统、严密的观点,即关于世界观的理论体系"③。这一思想在金京振撰写的《应当重视朝鲜族哲学及社会思想研究》④一文中也得到了体现。于是基于不同的哲学观,一些学者提出了确认中国少数民族哲学存在性的

① 萧洪恩:《20 世纪土家族哲学研究综述》,载胡茂成主编《土家族确认五十年》,湖北人民出版社,2008,第 7—16 页。
② 佟德富:《走近先民的智慧》,民族出版社,2002,第 2 页。
③ 佟德富:《走近先民的智慧》,民族出版社,2002,第 4 页。
④ 佟德富、金京振编:《朝鲜族哲学思想史论集》,民族出版社,1996,第 1 页。

根据,如佟德富提出了条件成熟说、存在形式说、社会贡献说、相互影响说;伍雄武强调了实践论证、文化核心论证、哲学事实论证;笔者则提出了客观依据、理论依据、现实依据、构成根据等论说。综合诸家所论,以下论证可以说是比较能被接受的。

(1) 实践论证说认为:"一个民族,不论其大小、历史长短……只要它战斗过、拼搏过,生存发展至今,它就一定有自己的民族精神之精华——哲学思想。当然,事物都有它发展的过程,事物之间会有发展程度的差别。哲学思想也如此,因此,不同民族的哲学思想,在发展程度、水平高低等方面是会有差别的,甚至有的民族,其哲学思想尚处于萌芽阶段。"[①]有学者还直接把哲学与人们的生活实践相联系提出论证,强调"哲学不是神秘的'玄哲',哪里有社会生活、有生产、有社会意识,哪里就有哲学。哲学史就是人们认识世界的历史"[②]。

(2) 文化核心论证说认为:"一个民族,它的文化总是多方面的、丰富多彩的,包括文学、艺术、宗教、道德、科学以及风俗习惯,等等。然而,这众多的方面绝不是互不相关的、散漫混乱的,而是由某些深层的、普遍的、核心的观念,把它们贯穿和联系起来,整合、建构成为有机的文化整体。我认为,这种贯穿各种文化形式中的深层、普遍、核心的思想观念,就是哲学思想和哲学观念。"[③]"哲学观念在文化整体中的地位和作用也互不相同,但是,贯穿着深层的哲学观念,这一点是各民族都相同的。"[④]如"我丝毫也不怀疑,在维吾尔族高度繁荣、发达的音乐、歌舞之中,应有深层的哲学观念";"古代傣族有繁荣、发达的叙事长诗,号称 500 部之多,对此,我也不怀疑其中自有某种深层的观念"。"藏族的佛教、维吾尔族和回族的伊斯兰教或傣族的佛教,它们和哲学的密切关系,都是十分

---

① 伍雄武:《中国少数民族哲学思想简史》,云南人民出版社,1996,第 2 页。
② 佟德富等编著:《维吾尔族哲学思想研究》,华南科技出版社,2004,第 12—13 页。
③ 伍雄武:《中国少数民族哲学思想简史》,云南人民出版社,1996,第 2—3 页。
④ 伍雄武:《中国少数民族哲学思想简史》,云南人民出版社,1996,第 3 页。

明白的事实。"①总之,"哲学既和科学相互渗透,相互包含,同时也和其他文化形式相互渗透、包含;我们既要从科学中,也要从文化中来发掘、认识和评价少数民族的哲学思想"②。

（3）哲学事实论证说认为:"经过各民族学者、专家的努力,目前,我国少数民族哲学思想的研究……取得了一大批引人注目的成果。如由民族出版社先后出版的关于蒙古族、彝族、纳西族、白族、藏族、傣族的五本哲学思想史论文集。特别要提出的是,作为哲学、社会科学国家重点研究项目的《中国少数民族哲学史》的出版,开始为世人展现出中国少数民族哲学绚丽多姿的总体面貌。至此,世人已经能够看到,中国少数民族哲学有悠久的历史……据此,我们可以肯定地说,少数民族哲学史有着丰富多彩的内容,研究它、认识它、向世人展示它,是极有意义的事情。"③至于各少数民族,如"蒙古族有无哲学史又不仅是理论问题,而且是实践的问题,也就是说,动手研究,拿出实际的研究成果,用事实来说话……（当然）,这里必须考虑到,某些民族的哲学由于种种原因没有形成为独立的、特殊的社会意识形式,他们的深刻的哲学思想往往表现于社会政治著作、法律著作、艺术作品和自然科学著作"④。

（4）哲学产生条件论证说认为:"能够形成这种理论体系的民族起码应当具备如下基本条件:这个民族已进入阶级社会,产生了体力劳动和脑力劳动的分工,有自己的语言和文字,并有一定发展程度的科学文化知识等。每一个民族,不论人数多少、发展程度高低,只要具备这些基本条件,在改造自然和社会的斗争实践中,在从事科学实验的活动中,肯定会产生对自然和社会的一定程度的认识,并对这两方面的知识进行某种程度的概括和总结,从而形成这个民族的某种哲学思想。当然,各个民

---

① 伍雄武:《中国少数民族哲学思想简史》,云南人民出版社,1996,第3页。
② 伍雄武:《中国少数民族哲学思想简史》,云南人民出版社,1996,第4页。
③ 伍雄武:《中国少数民族哲学思想简史》,云南人民出版社,1996,第4页。
④ 格·孟和:《论邓小平理论与研究蒙古族哲学思想史方法论》,《玉溪师范学院学报》2004年第10期,第24—29页。

族哲学思想系统化的程度,因各民族经济文化发展程度不同而各不相同,但只要对世界一般问题、一般规律有了一定的系统的认识,就不能否认某一民族哲学思想的存在。"①这一认识直到20世纪90年代,仍然是佟德富等坚持的观点,在《应当重视朝鲜族哲学及社会思想研究》一文中又给予了强调②。其他,也有学者分析蒙古族有没有哲学思想时,首先认真细致地分析马克思主义经典作家对哲学思想产生条件方面的论述,然后根据这些论述的基本精神,分析蒙古族社会是否具备了产生哲学的条件。如果具备了条件,那必然就有;反之亦然。这些条件包括进入阶级社会的历史实际及阶级和阶级斗争的状况,体力和脑力劳动分工的情况以及游牧社会的经济、政治、文化的特点,而蒙古族社会基本上具备了产生哲学的条件,因而应有自己的哲学思想。

(5)发展水平说认为:古希腊哲学反映了当时希腊人对世界一般问题的朴素、自发的看法或观点,并没有因其原始和朴素而否认古希腊哲学思想的存在,恰恰相反,大家都一致认为希腊古代的哲学思想是十分丰富的。例如可以在希腊哲学的多种多样的形式中,差不多都能找到以后各种观点的胚胎、萌芽。赫拉克利特关于火是世界的本原,它按一定规律燃烧和熄灭的那段论述,是对辩证唯物主义原则的绝妙说明。如果有人以现在关于哲学的科学定义为理由,来否定古希腊哲学思想的存在,那大家是不会赞同的。对古希腊哲学不能如此苛求,对中国少数民族哲学思想当然也不能这样苛求③。也就是说,不能把哲学发展的水平作为否定哲学存在的理由。这一学说也为金京振的《应当重视朝鲜族哲学及社会思想研究》一文所支持④。

(6)存在形式说认为:科学文化和理论思维比较发达的民族,可能产

---

① 佟德富:《走近先民的智慧》,民族出版社,2002,第4页。
② 佟德富、金京振编:《朝鲜族哲学思想史论集》,民族出版社,1996,第1—2页。
③ 格·孟和:《论邓小平理论与研究蒙古族哲学思想史方法论》,《玉溪师范学院学报》2004年第10期,第24—29页。
④ 佟德富、金京振编:《朝鲜族哲学思想史论集》,民族出版社,1996,第2页。

生了专门阐述本民族哲学思想及其发展历史的哲学著作。但是,有许多民族没有或很少有这种专门的哲学著作,能不能由此判断这些民族不可能有或者很少有什么哲学思想呢? 不能。中国汉族在古代历史上专门的哲学著作也不见得很多,但其哲学思想却很丰富。譬如,《论语》不是哲学专著,而是关于孔子言论的汇编,但我们并不因此否认它所包含的丰富哲理。春秋战国时代诸子百家的言论,情况也是如此。这实质上是阐明哲学思想的载体问题,笔者认为应分两个方面:一是以什么文献形式存在,一是以什么话语或符号存在,后者包括范畴、行为。中国许多少数民族都有着丰富的历史、文学等方面的著作或文献。在这些文献和著作中,也不乏有关哲学思想的论述。蒙古族的《蒙古秘史》《蒙古源流》,在中国北方草原上流行的《敕勒歌》,藏族的"因明学",维吾尔族的《福乐智慧》,彝族的《宇宙人文论》与《勒俄特依》,苗族的《古歌》和《佳》,纳西族的《东巴经》,等等,"都是关于少数民族哲学思想的珍贵典籍,也是我国哲学宝库中的一笔珍贵的财富"[1]。这一论证也为金京振的《应当重视朝鲜族哲学及社会思想研究》一文所支持[2]。总的结论是"哲学思想的理论特质不在于语言形式,而在于内容的科学性、深邃性和系统性,在于解决问题的正确性、应用性和方法论意义"[3]。

(7) 社会贡献说认为:哲学作为"时代精神的精华,总是自己的时代、自己的人民的产物。人民最精致、最珍贵和看不见的精髓都集中在哲学思想里"[4]。一个民族的哲学是这个民族文化发展的最高成就,是这个民族理论思维的最高发展。不可能设想,在中国各个时期的历史发展中,在各个领域、各个方面都作出过重大贡献的各少数民族竟没有自己的哲学思想作指导。否认少数民族存在哲学思想的看法,不仅贬低和抹杀了

---

① 佟德富:《走近先民的智慧》,民族出版社 2002 年版,第 4—5 页。
② 佟德富、金京振编:《朝鲜族哲学思想史论集》,民族出版社,1996,第 2—3 页。
③ 格·孟和:《论邓小平理论与研究蒙古族哲学思想史方法论》,《玉溪师范学院学报》2004 年第 10 期,第 24—29 页。
④ 马克思:《第 179 号"科伦日报"社论》,载《马克思恩格斯全集》第 1 卷,人民出版社,1995,第 220 页。

少数民族的重大贡献，否定了他们的文化，而且也无异于是对哲学的直接否定。就以实现多民族国家的空前统一的元朝为例，它是"疆域户数，远过汉唐"，被史籍誉为"汉唐之盛，所未有也"的一代封建盛世。起过如此历史作用的朝代，怎么可能没有自己的哲学思想作指导呢？这不仅在理论上是说不通的，在实践上也是站不住脚的①。应该说，从时代发展及其贡献的角度，认为应有哲学指导，这是以果求因的方法。

（8）文明生活必需品说认为：哲学究竟是为人们用来干什么的学问——是一般文明生活的必需品，还是高级文明生活的奢侈品？如果是前者，它在历史上形成和发展的基本条件是什么？它在历史上的各该条件下形成的外表形式是怎样的？这些问题弄清楚了，才可以求得本问题的正确答案②。作者坚持哲学是生活的必需品，因而各少数民族都应有自己的哲学。这正像日本著名作家中江兆民的一句名言："没有哲学的人民，不论做什么事情，都没有深沉和远大的抱负，而不免流于浅薄。"③

笔者认为，哲学作为一种特殊的把握世界的方式，其存在的前提条件取决于人们对哲学所应把握的对象世界作深度的关注。一方面，人们在自己的生产、生活实践中即在自己的生存与生成实践中，对于置身于其中的对象世界——自然的、社会的、身心的等，可以作出直接的价值评价或事实认知，形成所谓的科学知识等，把对象世界看成是"万物皆备于我"的功能对象、征服对象、猎取对象，一句话，以"适用"理性来看待对象世界。在这种情况下，人们便不可能有哲学。在现实社会中，这种情形比比皆是。另一方面，人们也可能超越这种"适用"领域，而对对象世界进行深度关注，探讨对象世界的一些终极问题，即进行所谓的哲学追问、宗教追问，从而反映出人们的宇宙观念、信仰体系、社会理想、人生体验、生死态度、精神境界、思考方式、行为模式、价值取向，等等④。当然，这种

---

① 佟德富：《走近先民的智慧》，民族出版社，2002，第 6 页。
②《蒙哲史论稿》编委会编：《蒙古族哲学及社会思想史论稿》，内部资料，1982，第 12 页。
③ 中江兆民：《一年有半，续一年有半》，吴藻溪译，商务印书馆，1979，第 16 页。
④ 郭齐勇：《中国哲学智慧的探索》，中华书局，2008，第 6 页。

生存与生成智慧、追求与终极追问根源于各民族的生存和生成样态,直接来源于人们的生存体验和生成感受。至于是否用系统化、理论化的尺度对此进行评价,那是另一个问题。事实上,系统本身是存在的,关键是我们如何去认知,比如人们可以从生物学、生态学、哲学、农学、医学、政治学、伦理学、经济学、社会学……多层面去认识任何一种文化现象,当然也可由此去认识中国少数民族的哲学文化现象,从而建构性地解释、创造性地"误读"出中国少数民族哲学来。

第三节 从哲学的经验与情感看中国少数民族哲学合法性

20世纪80年代以来,中国少数民族哲学研究开始起步,从而逐渐凸显了中国少数民族哲学的合法性、研究的方法论等问题。经过30多年的研究、探索,不仅在中国少数民族哲学研究的一般对象界定、思想梳理、概念清晰、方法探索等方面取得了可喜成效,形成了《中国少数民族哲学史》①《中国少数民族哲学专题研究》②《中国少数民族哲学思想简史》③等不同类型(通史类、专题类、综合类)的研究成果,而且在各民族哲学研究的特殊对象、民族形式与个人风格等方面也取得了长足的进步,形成了《蒙古族哲学史》④《白族哲学思想史》⑤《维吾尔族哲学思想研究》⑥等民族通史性论著、区域族群专史性论著,以及一大批论文集与单篇论文,其中,笔者在2009年出版的《土家族哲学通史》⑦,2010年出版

---

① 肖万源、伍雄武、阿不都秀库尔主编:《中国少数民族哲学史》,安徽人民出版社,1992。
② 佟德富、宝贵贞:《中国少数民族哲学专题研究》,中央民族大学出版社,2006。
③ 伍雄武:《中国少数民族哲学思想简史》,云南人民出版社,1996。
④ 苏和、陶克套:《蒙古族哲学思想史》,辽宁民族出版社,2002;乌兰察夫、宝力格、赵智奎:《蒙古族哲学思想史》,内蒙古大学出版社,1994;武国骥主编:《蒙古族哲学史》,内蒙古文化出版社,1994。
⑤ 龚友德:《白族哲学思想史》,云南人民出版社,1992。
⑥ 佟德富等编著:《维吾尔族哲学思想研究》,华南科技出版社,2004。
⑦ 萧洪恩:《土家族哲学通史》,人民出版社,2009。

的《20 世纪土家族哲学社会思想史》①,则被看成是中国少数民族哲学研究的又一新的收获,并在一定程度上提出了对中国少数民族哲学研究的进一步反思问题。在这些反思中,中国少数民族哲学合法性问题无疑仍然是首要的基本的问题,并在多篇评论中被提及。对此,本节以黑格尔《小逻辑》的哲学观为基础,从这位明确否认中国有哲学的哲学家的哲学观中去寻求中国少数民族哲学合法性的根据,并以此作为对学界观点的申论。

一、一个虚假而有意义的问题

同中国哲学研究面临着合法性问题一样,中国少数民族哲学研究也显然面临着合法性问题。如果借用俞吾金关于中国哲学的合法性问题是一个"虚假而有意义的问题"②的话,那我们同样可以说中国少数民族哲学的合法性问题也应作如是观。

在西方学界,中国少数民族哲学实质上面临着两种质疑:一种是哲学之外的民族学等学科的质疑,在这些学科视野下,中华人民共和国成立后经民族识别确认的民族曾因不符合斯大林的民族定义、某些西方学界的民族定义或西方的其他族群理论而被指认是国家构建的少数民族③,其中回族、彝族、苗族、瑶族、维吾尔族等少数民族被这些学科的研究所解构④。从中国少数民族哲学研究方法论的角度看,既然少数民族本身都是建构起来的,那研究中国少数民族哲学就当然只是一种建构而不是哲学研究本身。虽然这些学科并未谈及中国少数民族哲学的合法性问题,但既然中国少数民族都是建构起来的,那又何谈其哲学? 另一

---

① 萧洪恩:《20 世纪土家族哲学社会思想史》,中国书店出版社,2010。
② 俞吾金:《一个虚假而有意义的问题——对"中国哲学学科合法性问题"的解读》,《复旦学报(社会科学版)》2004 年第 3 期,第 27—34 页。
③ Dru C. Gladney, *Muslim Chinese*: *Ethnic Nationalism in the People's Republic*, Councilon East Asian Studies, Harvard University, 1991, p. 76.
④ 潘蛟:《解构中国少数民族:去东方学化还是再东方学化》,《广西民族大学学报(哲学社会科学版)》2009 年第 2 期,第 11—17 页。

种是哲学学科内部的否定,这种否定的肇始者至少可上溯至康德①,黑格尔步康德之后,把东方哲学归于简单贫乏的"表面的抽象游戏"之"无"的范畴,"造成以无开端(如中国哲学)"的"哲学"②。在他看来,孔子是"中国人的主要哲学家",但《论语》"在哪一个民族里都找得到,可能还要好些",因而"为了保持孔子的名声,假使他的书从来不曾有过翻译,那倒是更好的事"③。在此之后,"古代中国无哲学"之论实质上成了西方学界的合奏曲,直到德里达在 2000 年访华时还说"中国没有哲学,只有思想"④。这种否认虽然没有直接指认中国少数民族哲学,但从对东方哲学的否定来看,显然包括中国少数民族哲学在内都在否定之列。但是,如果要对以上的否定进行哲学原则上的概括,则不难发现,上述否定都基于肇始于古希腊罗马时期理性哲学的科学理性原则。这一原则热衷于探索大自然的内在和谐统一性、坚信知识的客观性、刻意探寻认识世界改造世界的行为准则和价值尺度,强调以对客观事物的科学分析、综合、判断、推理等为方法,并形成相应的哲学思维方式和价值观念,从而成为"当代西方科学哲学诸流派所依据的基本思维原则"⑤。然而吊诡的是,若据西方哲学的另一原则即人的主体性原则,则从文艺复兴时期的人本主义到当代的意志主义、生命哲学、存在主义哲学、历史主义哲学等,则又有另一种哲学文化风貌,如文德尔班即从文化哲学层面认可哲学的存在性,他研究哲学是"从逻辑内容方面说,或者从文化史方面说,或者从心理基础方面说"⑥,并且将"着重点就放在从哲学的观点看最有分量的东西的发展上,即放在问题和概念的历史上"⑦。这表明,单纯用某种西方哲学

① 成中英、冯俊主编:《康德与中国哲学智慧》,中国人民大学出版社,2009,第 52—67 页。

② 黑格尔:《逻辑学》下卷,杨一之译,商务印书馆,1976,第 90 页。

③ 黑格尔:《哲学史讲演录》第 1 卷,贺麟、王太庆译,生活·读书·新知三联书店,1956,第 119—120 页。

④《中国图书商报》,2000 年 12 月 13 日。

⑤ 李海荣:《社会现代化流程中的哲学变革——浅论全球性哲学走向的现实启示》,《学术论坛》 1999 年第 5 期,第 8—11 页。

⑥ 文德尔班:《哲学史教程》上册,罗达仁译,商务印书馆,1997,第 29 页。

⑦ 文德尔班:《哲学史教程》上册,罗达仁译,商务印书馆,1997,第 4 页。

原则来衡定中国哲学,从而衡定中国少数民族哲学,都是不恰当的。事实上,随着全球性现代化进程的加深,上述两大哲学原则已日益出现自我反思和互相融合渗透的趋势,从而从哲学原则内部动摇了中国无哲学、中国少数民族无哲学的哲学怀疑论。

在中国哲学界,中国哲学本身是从古代诸子百家或儒、释、道诸家的"家"学中脱胎出来的"科"学。尽管中国古代即有《庄子·天下》、《荀子·非十二子》、司马谈《论六家要旨》等研究先秦哲学史的专门学术作品,甚至还出现了黄宗羲的《明儒学案》《宋元学案》一类的系统性断代哲学史专著。再就是前辈学人冯友兰在他的名著《中国哲学史》中早已阐明,"哲学本一西方名词。今欲讲中国哲学史,其主要工作之一,即就中国历史上各种学问中,将其可以西洋所谓哲学名之者,选出而叙述之",并认为"西洋所谓哲学,与魏晋人所谓玄学,宋明人所谓道学,及清人所谓义理之学,其所研究之对象颇可谓约略相当"①,但也仍然免不了受西方哲学束缚而来否认中国哲学合法性的影响,使中国哲学合法性问题成了一个世纪的心病,21 世纪初几大刊物组织进行相关讨论即是一个信号。至于中国少数民族哲学,则除个别民族有了"家"学外,几乎都还没有达到"家"学的程度,以至于 20 世纪 70 年代末 80 年代初以降才开始有中国少数民族哲学研究的动议与实践,并相应产生了中国少数民族哲学的合法性问题。然而,由于中国少数民族的"民族"性,人们至少在文献上还没有发现有直接否认中国少数民族有哲学的学者,但在研究中国少数民族哲学的学者论述中,却屡屡提及这类"同志们"的否认说,这些学者于是也就先后提出了多种多样的中国少数民族哲学合法性的论证②。

人们在研究中国哲学合法性问题时,把这一问题的答案归纳为四种:中国存在着一种与西方相似的哲学;中国哲学是存在的,但却是一种与西方截然不同的哲学;中国哲学是不存在的,但却存在一种类似,甚至

① 冯友兰:《中国哲学史》,华东师范大学出版社,2000,第 1 页。
② 萧洪恩:《中国少数民族哲学合法性问题研究述评》,《湖北民族学院学报(哲学社会科学版)》2011 年第 1 期,第 116—121 页。

超过西方哲学的东西；中国哲学是不存在的，所以有必要参照西方哲学的模式，建立一种中国哲学①。以至于国内外都有学者在为谋求"中国哲学"的存在性而努力，像费正清中心在一次研讨会上即引入法国哲学家哈多德(Pierre Hadot)"作为生活方式的哲学"(philosophy as a way of life)的理念来处理中国早期思想②。然而，综观中国少数民族哲学的合法性问题，却并不那么简单，它实质上包含着四个层面的问题：一是从元哲学层面提出的"什么是哲学"或"哲学是什么"的问题，即据"哲学"的标准来讨论中国少数民族哲学是否存在的本原性问题，这就是"哲学观"的问题，这正像前辈学人胡适在《中国哲学史大纲》(卷上)的"导论"中定义哲学是研究人生切要的问题并从根本上予以解决的学问一样③，在中国少数民族哲学研究中，也多有从哲学再定义入手进行研究并认可中国少数民族哲学合法性的。二是依据何种"哲学"研究中国少数民族哲学才是科学的，或者说，中国少数民族哲学研究的科学"范式"是什么？在中国哲学界曾有"学着讲""接着讲""自己讲"等多种区别④；或者说形成了分别以胡适、冯友兰和侯外庐等中国哲学史研究最具代表性人物所体现的西方科学主义、人本主义和马克思主义三大思潮，从而在研究的指导思想、解剖问题的方法和所要解决的主题等方面表现出独特性⑤；或者说中国哲学史的研究在 20 世纪经历了"借鉴西方模式，研究中国哲学"(从本质上讲即"述学")，"以马克思主义为指导，研究中国哲学"，"改革开放后的中国哲学研究"(从本质上讲即"百花齐放"研究)三次大的变革等⑥。

① J. 托拉瓦尔：《从中国哲学到哲学中的"中国"》，江小平译，《国外社会科学》1994 年第 10 期，第 38 页。

② 郑家栋：《"中国哲学之合法性"问题的由来、实质及其对于相关讨论的期望》，《北京行政学院学报》2005 年第 1 期，第 69—71 页。

③ 胡适：《中国哲学史大纲》(卷上)，东方出版社，2004，第 1 页。

④ 张立文：《中国哲学：从"照着讲"、"接着讲"到"自己讲"》，《中国人民大学学报》2000 年第 2 期，第 7—9 页。

⑤ 臧宏：《中国哲学史研究百年反思》，《华东师范大学学报(哲学社会科学版)》2001 年第 1 期，第 52—56 页、第 126 页。

⑥ 周桂钿：《中国到底有没有哲学》，《社会科学战线》2010 年第 2 期，第 1—5 页。

与此相应,在中国少数民族哲学研究中则先后经历了两个阶段,前期以马克思列宁主义为指导进行研究,后期也进入了"百花齐放"阶段。三是所研究的中国少数民族哲学是何种哲学形态? 即与中国哲学、西方哲学是何类关系,中国少数民族哲学自身是否有形态变化等方面问题,从理论上说即是哲学的普遍与特殊的关系问题,或者更确切地说是中国少数民族哲学的独特性与普适性、事实与价值等问题,核心问题是中国少数民族有没有自己的独特而具普遍意义的哲学? 还是某种哲学只存在少数民族思想中? 从笔者《土家族哲学通史》一书中的研究来看,显然是承认中国少数民族有自己独特而具有普遍意义之哲学的。四是依据何种方法研究中国少数民族哲学才具有合法性? 即研究方法及方法论等方面的问题。上述这些问题的解决,学界曾进行过多种探索,并形成了不少的总结性论述,如:李兵的《少数民族哲学何以可能? ——兼论民族文化的哲学基础》[1]《少数民族哲学:意义及可能》[2]《少数民族哲学:何为?为何?》[3]等系列论文;宝贵贞的《从合法性到新范式——中国少数民族哲学研究困境与出路》[4]《中国少数民族哲学研究的回顾与展望》[5]《民族哲学20年》[6]《论中国少数民族哲学史写作范式问题》[7]等;笔者的《中国少数民族哲学:可能与现实》[8]《土家族哲学成立的可能与现实》[9]《中国少

---

[1] 李兵、吴友军:《少数民族哲学何以可能? ——兼论民族文化的哲学基础》,《学术探索》2002年第3期,第14—16页。

[2] 李兵:《少数民族哲学:意义及可能》,《曲靖师范学院学报》2003年第4期,第1—4页。

[3] 李兵:《少数民族哲学:何为? 为何?》,《云南民族大学学报(哲学社会科学版)》2004年第3期,第17—20页。

[4] 宝贵贞:《从合法性到新范式——中国少数民族哲学研究困境与出路》,《内蒙古师范大学学报(哲学社会科学版)》2009年第1期,第76—79页。

[5] 宝贵贞:《中国少数民族哲学研究的回顾与展望》,《中国民族报》2010年12月10日。

[6] 宝贵贞:《民族哲学20年》,《哲学动态》2001年第12期,第39—42页。

[7] 宝贵贞:《论中国少数民族哲学史写作范式问题》,见宝贵贞主编:《回顾与创新——多元文化视野下的中国少数民族哲学》,中央民族大学出版社,2013。

[8] 萧洪恩:《中国少数民族哲学:可能与现实》,《江汉论坛》2004年第10期,第77—80页。

[9] 萧洪恩:《土家族哲学成立的可能与现实》,《湖北民族学院学报(哲学社会科学版)》2004年第5期,第1—5页。

数民族哲学合法性问题研究述评》①等；伦玉敏、刘勇的《从合法性到研究范式的转型：中国少数民族哲学研究历程》等②，都对这些问题有所清理。

应该说，作为"一个虚假而有意义的问题"，始终存在着一种合理求解的问题，如前辈学人任继愈即在两个不同的场合有不同的阐述，20世纪80年代初，他既强调原始社会只有宗教而没有哲学③，因而不能说每一民族都有哲学，当然也就不能说每个民族都有哲学史④；又强调汉族本身是许多不同兄弟民族长期交融的结果，历史上并不存在"纯汉族"，因而中国哲学史上的优秀哲学家不应只看成是汉族的，应把他们看成是中国所有兄弟民族的哲学家⑤，他们的优秀哲学思想"既反映了汉族文化的先进水平，也反映了各兄弟民族的先进水平"⑥。笔者在《土家族哲学通史》《20世纪土家族哲学社会思想史》中都对这一问题有过深入讨论。笔者在前书中讨论了"土家族哲学所以可能"问题的前提论说，在后书中曾专辟一节，论中国少数民族哲学的合法性问题，其中阐述了"不同哲学观对哲学合法性的讨论""中国少数民族哲学的合法性问题""土家族哲学的合法性问题"等，目的显然企望推进中国少数民族哲学合法性问题的研究。但问题在于，这种论证是否就完全解决了问题？从目前的认识看，显然也并不能让人信服。张世保曾对此有所论释，认为这些论证虽较好地从外部解释了土家族哲学何以可能的问题，但并未从根本上解决土家族哲学何以可能的问题，因而"还必须从土家族哲学内部着手，要看

① 萧洪恩：《中国少数民族哲学合法性问题研究述评》，《湖北民族学院学报（哲学社会科学版）》2011年第1期，第116—121页。
② 伦玉敏、刘勇：《从合法性到研究范式的转型：中国少数民族哲学研究历程》，《商丘师范学院学报》2012年第4期，第30—34页。
③ 任继愈主编：《中国哲学发展史·先秦》，人民出版社，1983，第7页。
④ 任继愈主编：《中国哲学发展史·先秦》，人民出版社，1983，第5页。
⑤ 任继愈：《如何看待中国古代哲学中的民族哲学家》，《南京大学学报（哲学人文科学社会科学版）》1982年第4期，第49—53页。
⑥ 任继愈主编：《中国哲学发展史·先秦》，人民出版社，1983，第6页。

其自身的内容是否承载了一般意义上的哲学思想"①。这里的所谓一般意义,应是作为意义世界的"中国少数民族哲学",即意在发掘其中蕴含的终极意义、人生价值理念与境界,特别是其中蕴含的中国少数民族文化的根源性,总体的或分别的文化精神等,此即中国少数民族的精神信念、核心价值的层面,是活着的、流转的,在今天的世界与中国少数民族的社群人生中仍然起着安身立命积极作用的东西。事实上,笔者也一直在探讨这一问题。在《中国少数民族哲学合法性问题研究述评》②一文中,在分别阐明现有的论证以后,特别提出了基于对各少数民族哲学体验的层面,确立各少数民族自身的"哲学"类型;在《中国少数民族哲学研究方法论问题探析》③一文中则从哲学的再界定、价值的再阐释、路径的再选择、方法的再探索等方面进行了探讨。在《全球性现代化视域的中国少数民族哲学研究探析》④《哲学的经验与情感:从黑格尔那里寻求中国少数民族哲学的合法性》⑤《民族性与现代性:少数民族哲学视阈的马克思主义中国化》⑥等论文中也都进行了一定程度的申论。

二、哲学是"人人所直接固有的信念"

黑格尔的哲学观往往成为某些人否认中国哲学,从而否认中国少数民族哲学的重要根据。然而,若全面认识黑格尔对哲学的认识,特别是他对哲学史的认识,我们或许会对中国哲学,从而对中国少数民族哲学

---

① 张世保:《论少数民族哲学史的书写方式——以萧洪恩〈土家族哲学通史〉为讨论中心》,《中南民族大学学报(人文社会科学版)》2011 年第 5 期,第 92—96 页。

② 萧洪恩:《中国少数民族哲学合法性问题研究述评》,《湖北民族学院学报(哲学社会科学版)》2011 年第 1 期,第 116—121 页。

③ 萧洪恩:《中国少数民族哲学研究方法论问题探析》,《中南民族大学学报(人文社会科学版)》2012 年第 1 期,第 165—170 页。

④ 萧洪恩:《全球性现代化视域的中国少数民族哲学研究探析》,《武汉科技大学学报(社会科学版)》2011 年第 3 期,第 303—309 页。

⑤ 萧洪恩:《哲学的经验与情感:从黑格尔那里寻求中国少数民族哲学的合法性》,《武汉科技大学学报(社会科学版)》2011 年第 4 期,第 434—442 页。

⑥ 萧洪恩:《民族性与现代性:少数民族哲学视阈的马克思主义中国化》,《湖北民族学院学报(哲学社会科学版)》2012 年第 1 期,第 75—81 页。

有更进一步的认知。黑格尔的《哲学史讲演录》曾是否认中国哲学合法性的关键著作,笔者在《土家族口承文化哲学研究》中,曾专论黑格尔的哲学史观,从而阐明土家族哲学研究,算是"以子之矛,攻子之盾"①;黑格尔的《精神现象学》曾是黑格尔的哲学精神信仰,赵敦华据此"向黑格尔学习如何做中国哲学"以破解"古代中国无哲学"的魔咒②。黑格尔的《小逻辑》作为其哲学的一个主要环节,不仅强调了其哲学的界定,而且强调了"哲学与热情及实践联系之必要,坚持哲学有权过问关于信仰及感情方面的问题"③,因此,重新审视黑格尔《小逻辑》的哲学观对研究中国哲学,从而研究中国少数民族哲学合法性问题是有意义的。

在《小逻辑》中,黑格尔在不同的场合对哲学进行了不同的界定,但其基本精神是确定的,这就是哲学的思想性、具体性、现实性、反思性、理想性。第一,哲学的目标是探求真理,因而具有"思想"性。他强调在哲学中,重要的问题不是我们思维什么,而是我们"现实地思维什么";"思想的真正要素"不是它是否存在于你主观地、武断地选择的"符号"里,而是"从思想本身去寻求"④,像蒙古族哲学的格言、谚语符号,维吾尔族哲学的"智慧""真理"符号,侗族哲学的"款"式符号,苗族哲学的"佳"式符号,土家族哲学的"诗性"符号,中国哲学中的《论语》符号等,都不是问题的关键,关键仅在于这些符号中的"思想"本身。正是在这个意义上,黑格尔告诉"我们首先必须记着,整个哲学的任务在于由事物追溯到思想,而且追溯到明确的思想"⑤。在其他意义上,黑格尔强调这种对事物的思想追溯即探求真理,为此,他曾批评那种"独不是真理的探讨"的哲学⑥,

①　萧洪恩:《土家族口承文化哲学研究》,中央民族大学出版社,1999,第17—21页。
②　赵敦华:《向黑格尔学习如何做中国哲学——"古代中国无哲学"魔咒之解魅》,《北京大学学报(哲学社会科学版)》2010年第5期,第22—26页。
③　黑格尔:《小逻辑》,贺麟译,商务印书馆,2003,第5页。
④　黑格尔:《小逻辑》,贺麟译,商务印书馆,2003,第232页。
⑤　黑格尔:《小逻辑》,贺麟译,商务印书馆,2003,第230页。
⑥　黑格尔:《小逻辑》,贺麟译,商务印书馆,2003,第6页。

强调"真理不仅应是哲学所追求的目标,而且应是哲学研究的绝对对象"①,而且"这种真理探讨是意识到那联结着、规定着一切内容的思维关系的本性和价值"②。还有的情况下,黑格尔又把这种对事物的思想追溯说成是哲学所要揭示之对象的"必然性","因为在哲学里证明即是指出一个对象所以如此,是如何地由于自身的本性有以使然"③。事实上,我们随意翻开中国各少数民族的相关"文本"或选择相关的"符号",都可毫无疑义地发现对这种"思想""真理""必然性"的探寻,像维吾尔族的《福乐智慧》《真理的入门》本身就是直接的指认。

第二,哲学的内容有具体性与现实性特征。黑格尔强调可以把哲学定义为"对于事物的思维着的考察"④,因为"哲学所从事的只是具体的思想"⑤,并且"永远是具体的东西","是完全现在的东西"⑥。这就是说,哲学思维应直指现实对象,是从现实对象中去发现、思维、反思。同样,我们也会据此看到,无论是从哲学发生学层面分析中国少数民族的原始崇拜、灵魂观念、原始神话等,可以发现哲学萌芽于原始意识,还是从中国少数民族哲学的形成与发展层面探讨其中的宇宙论、认识论、方法论等哲学内容,都可以发现其中的"对于事物的思维着的考察"而形成的"具体的思想",并且也都是"完全现在的东西",如在原始神话、史诗、传说等故事中,除有大量的"神"用某种具体的物质性的东西创万物、造人类,也有相当数量的关于天地万物、人类等是由具体的物质性东西不断运动、演化而来的材料⑦。

第三,哲学以"反思"为思维形式,以理性为尺度,从而表现出一定程度的普遍性。一方面,在其表现形式上,哲学如果要具有方法论意义,哲

①黑格尔:《小逻辑》,贺麟译,商务印书馆,2003,第93页。
②黑格尔:《小逻辑》,贺麟译,商务印书馆,2003,第6页。
③黑格尔:《小逻辑》,贺麟译,商务印书馆,2003,第185页。
④黑格尔:《小逻辑》,贺麟译,商务印书馆,2003,第38页。
⑤黑格尔:《小逻辑》,贺麟译,商务印书馆,2003,第182页。
⑥黑格尔:《小逻辑》,贺麟译,商务印书馆,2003,第208页。
⑦伍雄武:《中国少数民族哲学思想简史》,云南人民出版社,1996,第1—8页。

学所揭示的真理要具有必然性，就应该把蕴含在概念中的道理明白地发挥出来①；另一方面，这种发挥是人所特有的，是人据理性而阐明的，因此，就哲学的内容而论，理性在空间上"不仅是哲学所特有的财产"，而且"是人人所同具"；在时间上则"无论在什么阶段的文化或精神发展里，总可在人心中发现理性"。所以他肯定自古以来把人称为"理性存在"的观点很有道理②。据此，他阐明了哲学思辨的实质，即"思辨的真理不是别的，只是经过思想的理性法则"③。正是在这种意义上，黑格尔强调了哲学的普遍性：一是强调人们是"天生的形而上学家"，并据此把"唯一纯粹的物理学者"当成"禽兽"，"因为唯有禽兽才不能思想"，而"人乃是能思维的动物"且是"天生的形而上学家"④。二是强调"反思"作为哲学思维的形式，是人人所固有的信念。黑格尔认为，"哲学的真正的基础"在于"精神上情绪上深刻的认真态度"，哲学所要反对的"是精神沉陷在日常急迫的兴趣中"和"意见的空疏浅薄"⑤，这就需要"反思"。因为一般经验科学所包含的普遍性或类等本身是空泛的、不确定的，是与特殊没有内在联系的纯外在和偶然的关系；所包含的特殊之间的关系也是外在的和偶然的。同时，一般的科学方法都是基于直接的事实、给予的材料或权宜的假设。一句话，所谓科学是"不能满足必然性的形式"，而"凡是志在弥补这种缺陷以达到真正必然性的知识的反思，就是思辨的思维，亦即真正的哲学思维。这种足以达到真正必然性的反思，就其为一种反思而言……这种思辨思维所特有的普遍形式，就是概念"⑥。或者更具体地说，哲学的任务就是为了"使人类自古以来所相信于思维的性质，能得到显明的自觉而已"。为此，黑格尔认为哲学并没有新的发明，它事实上

---

① 黑格尔：《小逻辑》，贺麟译，商务印书馆，2003，第 195 页。
② 黑格尔：《小逻辑》，贺麟译，商务印书馆，2003，第 182 页。
③ 黑格尔：《小逻辑》，贺麟译，商务印书馆，2003，第 183 页。
④ 黑格尔：《小逻辑》，贺麟译，商务印书馆，2003，第 215—216 页。
⑤ 黑格尔：《小逻辑》，贺麟译，商务印书馆，2003，第 32 页。
⑥ 黑格尔：《小逻辑》，贺麟译，商务印书馆，2003，第 48 页。

"已经是人人所直接固有的信念"①。据此,黑格尔阐明了哲学与宗教、哲学与普通人的关系:哲学应证明一般人的普通意识所特有的知识方式的需要,应唤醒一般人认识哲学的特有知识方式;应从哲学自身出发证明有能力认识宗教的对象,并辨明哲学的各种规定"何以异于宗教观念的理由"②以及认知哲学与热情及实践的联系。据此,黑格尔强调哲学是一种"人性中最伟大的无条件的兴趣"——追求"深邃和丰富的实质",如果人们失去了这一点,"宗教意识便会只得到没有内容的最高满足,于是哲学也只成为一种偶然的主观的需要了"③。如果是这样的话,那就是说,不仅中国哲学的存在性,而且中国少数民族哲学的存在性等,都是一个虚假问题,从而达到了"人人都是哲学家"的衡定层面,而哲学家的使命"首先就从批判'常识'"开始,即"首先利用这种常识作为基础,来证明'大家'都是哲学家,证明问题不是把某一门科学引入'大家'的个人生活里面来,而是在于对已经存在的思想活动加以更新,并且赋予它以批判的方向"④。这样,哲学的合法性问题即转化为哲学发展的水平问题,转化为是否有哲学自觉的问题等。

第四,作为一种对人的自我意识,哲学要求的表现形式具有多样性。黑格尔认为,哲学只是一种对人的自我意识,如果如此,那"哲学"的存在就具有普遍性,如情感作为精神、意识的一个最低阶段,不仅还是一个没有对象的内容,而且可以说是与禽兽有共同形式的灵魂。但是,"禽兽也是赋有灵魂的",只是在人类这里,"思维使灵魂首先成为精神",而"哲学只是对于这种内容、精神和精神的真理的意识,不过是意识到精神在使人异于禽兽并使宗教可能的本质性的形态里"⑤。更进一步,黑格尔分析了其具体的多样的表现形式:作为感觉和直观的精神以感性事物为对

---

① 任继愈主编:《中国哲学发展史·先秦》,人民出版社,1983,第78页。
② 黑格尔:《小逻辑》,贺麟译,商务印书馆,2003,第41页。
③ 黑格尔:《小逻辑》,贺麟译,商务印书馆,2003,第29页。
④ 安东尼奥·葛兰西:《狱中札记》,葆煦译,人民出版社,1983,第13页。
⑤ 黑格尔:《小逻辑》,贺麟译,商务印书馆,2003,第13页。

象;作为想象的精神以形象为对象;作为意志的精神以目的为对象。当然,哲学精神除此之外也还有更高的要求,即"要求它自己的最高的内在性——思维——的满足"。换句话说,哲学还"以思维为它的对象"①。事实上,也正是在这些方面,在感性事物、形象、目的、思维等各精神层次上,中国少数民族都有其哲学体现②。

第五,根据上面的界定,黑格尔一方面阐明了哲学精神的理想性,强调知性的无限是与有限平列的无限,本质上仍然是一种有限,或者说"是理想的有限""不真实的有限"。而事实上,"这种认为有限事物具有理想性的看法,是哲学上的主要原则。因此每一真正哲学都是理想主义"。③另一方面则阐明了哲学精神的超越性,强调哲学"要使人从那无穷的有限目的与个人愿望中解放出来,并使他觉得不管那些东西存在或不存在,对他简直完全无别"。当然,在哲学思想中,对象的实质内容始终"与别的存在、目的等等建立一种联系"④。黑格尔还据此强调:哲学的目的性、超越性会形成哲学的孤独——从事哲学研究的代价——"愈彻底愈深邃地从事哲学研究,自身就愈孤寂,对外愈沉默……以谨严认真的态度从事于一个本身伟大的而且自身满足的事业,只有经过长时间完成其发展的艰苦工作,并长期埋头沉浸于其中的任务,方可望有所成就。"⑤

不难看出,上述对哲学的界定恰好可以帮助我们认知中国少数民族哲学。无论从哲学的目标是探求真理因而具有思想性层面看,还是从哲学的内容有具体性与现实性特征看;无论从哲学以"反思"为思维形式、以理性为尺度从而表现出一定程度的普遍性看,还是从哲学作为一种对人的自我意识而要求的表现形式具有多样性看,抑或从哲学精神的理想性、超越性看,都可以在少数民族思想中得到确认。事实上,中国各少数

① 黑格尔:《小逻辑》,贺麟译,商务印书馆,2003,第 51 页。
② 萧洪恩:《土家族哲学成立的可能与现实》,《湖北民族学院学报(哲学社会科学版)》2004 年第 5 期,第 1—5 页。
③ 黑格尔:《小逻辑》,贺麟译,商务印书馆,2003,第 211 页。
④ 黑格尔:《小逻辑》,贺麟译,商务印书馆,2003,第 196 页。
⑤ 黑格尔:《小逻辑》,贺麟译,商务印书馆,2003,第 30 页。

民族也都十分重视自己哲学思维的发展,像明清时期土家族的《田氏一家言》中有"追踪先哲"之论,彝族哲学著作《彝族源流》中明确认定"哲理浅"为粗陋愚蠢之人的第一标志,维吾尔族学者那瓦依强调由"对哲学感兴趣"而生活久远,等等,正是这种智慧追求精神,使中国少数民族在各自的历史发展中创造了丰富的哲学思想,从而构成了中国哲学大家庭中的多元民族风格。

三、哲学是"普遍与特殊的真正规定"

黑格尔曾强调为知识进步与发展奠定基础的唯一方法"在于坚持结果的真理性"①。显然,中国少数民族哲学研究也必须有此诉求。但是,这是很困难的事。因为关涉中国少数民族哲学研究中的文本及其哲学解读问题,从更深层次讲则关涉中国少数民族哲学的经验与情感问题。正是在这个意义上说,一切哲学史研究都是基于研究者的经验与情感而对研究对象的创造性"误读"。据此,笔者在《土家族哲学通史》②和《20世纪土家族哲学社会思想史》③等书中曾强调,研究中国少数民族哲学,应运用李维武教授提出的人文科学研究的一般方法——解读文本、理解对象、体验生命④,也就是要从少数民族的生存体验中去理解少数民族哲学,从而确认各少数民族自身的哲学样态。一方面,承认"在不同的文明中,都存在着一个宗教、艺术和科学所无法取代的领域,只要这个领域存在,研究这个领域的学科也就获得了自己的合法性。至于人们用什么样的名称去指谓它,乃是一个与合法性无涉的问题"⑤,例如"哲学……乃是某种介乎神学与科学之间的东西"⑥。另一方面,对该哲学"文本"的解读

---

① 黑格尔:《小逻辑》,贺麟译,商务印书馆,2003,第20页。
② 萧洪恩:《土家族哲学通史》,人民出版社,2009。
③ 萧洪恩:《20世纪土家族哲学社会思想史》,中国书店出版社,2010。
④ 李维武:《人文科学概论》,人民出版社,2007,第265—301页。
⑤ 俞吾金:《一个虚假而有意义的问题——对"中国哲学学科合法性问题"的解读》,《复旦学报(社会科学版)》2004年第3期,第27—34页。
⑥ 罗素:《西方哲学史》,何兆武、李约瑟译,商务印书馆,1997,第11页。

应取体验的态度,即笔者在《土家族哲学通史》和《20世纪土家族哲学社会思想史》中都特别强调对少数民族的哲学生命体验,也就是要把中国少数民族哲学作为各少数民族生命体验的智慧追求。因为作为时代精神的哲学智慧追求,从本质上说首先即是哲学家生命体验的投射;从哲学根源上讲,"哲学的历史发展……不是单独依靠'人类'或者甚至'宇宙精神'的思维,而同样也依靠从事哲学思维的个人的思考、理智和感情的需要、未来先知的灵感,以及倏忽的机智的闪光"[1]。在这个问题上,西方哲学关于现代性体验的论述值得借鉴。因为现代哲学也正是基于现代人的现代性体验:"宗教信仰的泯灭,超生希望的丧失(天堂或地狱),以及关于人生有大限、死后万事空的新意识"[2],使现代人的主体心理体验结构发生了根本变革——没有了固定、永恒、神圣的东西,只有现在、当下、瞬间,因为"现代性就是过渡、短暂、偶然"[3]。与此相应,作为现代人的精神气质首要表现的现代性价值选择标准被置于变化无常、难以捉摸和转瞬即逝之物上,从而对哲学的形态变化产生了重大影响。同理,理解或研究中国少数民族哲学,仍然应坚持这种哲学体验观。

事实上,这种哲学的生命体验方法正是黑格尔强调的。黑格尔根据其哲学界定,首先,从阐明哲学史的任务即透视哲学精神的显与隐入手,为这一方法的运用确定了哲学研究的导向。为此,他既在总体上强调"哲学的历史就是发现关于'绝对'的思想的历史",从而阐明了哲学的历史文化风貌;又强调哲学研究的目标在于彰显哲学精神的隐显关系,揭示出哲学家对哲学思想的更深发展。"因为那些哲学家自己对于应该包含在他们的原则内的结论没有推演出来","没有明白畅说出来"。因而必须清除哲学史家的推论或发挥里的"武断地揣想"及"玷污和歪曲"[4]。

---

① 文德尔班:《哲学史教程》上册,罗达仁译,商务印书馆,1997,第20页。
② 丹尼尔·贝尔:《资本主义文化矛盾》,赵一凡等译,生活·读书·新知三联书店,1989,第94页。
③ 波德莱尔:《波德莱尔美学论文选》,郭宏安译,人民文学出版社,1987,第485页。
④ 黑格尔:《小逻辑》,贺麟译,商务印书馆,2003,第11页。

其次,黑格尔从阐明研究哲学史的意义,即强调从哲学史中、从外在历史特有的形态里"去揭示哲学的起源和发展",从而明确不同时代哲学内容之间的关系。为此,他既强调从外在的历史的偶然性中去发现"理念发展的阶段",继而从"根本原则的分歧"中、从"各哲学体系对其根本原则的发挥"中,去揭示历史中"哲学工程的建筑师"所阐明的"那唯一的活生生的精神",从而使人们"自己思维着的本性得到意识";又强调使精神自身成为思维的对象,超越自己"而达到它自身存在的一个较高阶段",从而准确把握哲学史上的种种哲学体系的阶段性特征,并据此揭示各哲学体系的特殊原则与思想整体的内在联系,特别是"那在时间上最晚出的哲学体系,乃是前此一切体系的成果,因而必定包括前此各体系的原则在内;所以一个真正名符其实的哲学体系,必定是最渊博、最丰富和最具体的哲学体系"[①]。这样,揭示哲学内容之间的精神联系即成了哲学史研究的根本任务。再次,是黑格尔从阐明不同哲学体系间的"普遍与特殊的真正规定"并加以区别入手,强调不能从形式方面去看普遍,那样会把普遍降为某种特殊[②],从而认定哲学研究中的形式描述等方面的非确定性。最后,黑格尔从阐明哲学发展水平的层次性问题入手,强调哲学自觉程度与哲学发展水平的多样性,事实上仍然可以作为评价少数民族哲学的根据。在这里,他一方面是通过内容与体系的关系阐明,强调哲学体系是哲学成为科学的前提。哲学理论没有体系,就只能是个人主观的特殊心情的表示,其内容也一定带有偶然性。因此,体系的重要性在于"哲学的内容,只有作为全体中的有机环节,才能得到正确的证明,否则便只能是无根据的假设或个人主观的确信而已"。在黑格尔看来,不少哲学著作都还处在"表示著者个人的意见与情绪的一些方式"阶段。但他同时又强调,不能把哲学体系"错误地理解为狭隘的、排斥别的不同原则的哲学",因为"真正的哲学是以包括一切特殊原则于自身之内为原

---

① 黑格尔:《小逻辑》,贺麟译,商务印书馆,2003,第 55 页。
② 黑格尔:《小逻辑》,贺麟译,商务印书馆,2003,第 55 页。

则"的①。另一方面他阐明表象和思想的区别,并强调这一区别的"更大的重要性",因为"哲学除了把表象转变成思想","把单纯抽象的思想转变成概念"之外没有别的工作②,这就需要理解思想与客体的关系,并强调要超越"思想对于客观性的"一种素朴的态度,因为"它还没有意识到思想自身所包含的矛盾和思想自身与信仰的对立"而相信"只靠反思作用即可认识真理",而"一切初期的哲学,一切科学,甚至一切日常生活和意识活动,都可说是全凭此种信仰而生活下去"③。概而言之,根据黑格尔的思想,中国少数民族哲学研究的目标与任务也即是基于思想对于客观性的态度,把表象转变成思想、把思想转变成概念,清理出历史上哲学思想家的哲学内容的内在精神关系,并进一步阐明不同哲学体系间的"普遍与特殊的真正规定"关系,从而透过历史偶然性去揭示哲学精神的历史发展。

换言之,中国少数民族哲学研究的一个关键问题即是如何破解哲学的内容与哲学精神的关系问题。之所以会出现中国少数民族哲学的合法性问题,也正在于人们不是偏重从中国少数民族哲学应有的内容及其精神的隐显上,而是从其作为一门学科所应有的形式出发去讨论合法性问题。这样,以西方哲学或"中国哲学"为参照,人们往往以内容的相同性作为其是否合法的根据,而不是以其相异性确认其存在的合法性,特别是轻视其内在的哲学精神及其关系。比如,黑格尔讲"变易是第一个具体思想,因而也是第一个概念"④,"变易既是第一个具体的思想范畴,同时也是第一个真正的思想范畴"⑤。我们就在各少数民族思想中去寻找"变易"的思想,从而讲出少数民族哲学:"古代哲学家根据太一〔或太极〕为不生不灭之说,因而认为生与灭,作为变易的两方面,是虚妄的规

---

① 黑格尔:《小逻辑》,贺麟译,商务印书馆,2003,第56页。
② 黑格尔:《小逻辑》,贺麟译,商务印书馆,2003,第70页。
③ 黑格尔:《小逻辑》,贺麟译,商务印书馆,2003,第94—95页。
④ 黑格尔:《小逻辑》,贺麟译,商务印书馆,2003,第198页。
⑤ 黑格尔:《小逻辑》,贺麟译,商务印书馆,2003,第199页。

定。"①我们也在少数民族文本中去探寻相关内容。从这个尺度看,中国少数民族哲学中当然多有论述者。显然,这只是一种内容相似的叙述方式,不足以揭示出"相异"的合法性。在中国哲学研究中,冯友兰通过普遍哲学模式和民族哲学模式阐明现代哲学视野下的中国古代哲学发展;张岱年通过普遍哲学形式和范畴分析方法阐明"中国哲学大纲";侯外庐通过普遍哲学的基本问题与阶级分析的基本方法从现实针对性出发理解中国哲学文本;牟宗三以超越康德的本体理论来揭示中国哲学的深度;等等,以上学者都在一定程度上体现了"内容相似"的叙述方式②。但是,黑格尔强调的是"哲学推演的进程"必须"把蕴含在概念中的道理加以明白的发挥"③,而这正是我们认识中国少数民族哲学所必需的。这一方法的本质即是阐明哲学的内容与哲学精神的关系,并特别强调哲学内容等方面的相异性对于哲学存在的重要性。

黑格尔关于哲学内容与哲学精神的关系,与哲学的话语同逻辑的关系相联系,并从两个层面体现:一个是纵向层面的历史与哲学的关系,另一个是横向层面的哲学史与文化史的关系。对于纵向层面,黑格尔强调哲学史上依次出现的哲学内容与哲学精神的关系,即哲学精神的不同发展阶段是以前后相继的不同的哲学体系或哲学内容的姿态出现的,其中每一哲学体系都有其对于其所面对的世界的一个特殊的阐明。但是应注意的是,当我们说到哲学史时,我们就一定应肯定哲学精神有一个不断丰富的过程,甚至可以说是"由抽象进展到具体"的过程。同样,在哲学史上,那些最早出现的哲学体系或哲学内容,往往也是最抽象的,因而也是最贫乏的。但这并不否认前后哲学体系或哲学内容的关系是一种不断发展的内在关系,"这就是说,早期的体系被后来的体系所扬弃,并被包括在自身之内"④。由此可见,一个哲学体系代替另一个哲学体系的

---

① 黑格尔:《小逻辑》,贺麟译,商务印书馆,2003,第201页。
② 赵峰:《中国哲学研究的四个范式》,《人文杂志》2009年第6期,第60—65页。
③ 黑格尔:《小逻辑》,贺麟译,商务印书馆,2003,第195页。
④ 黑格尔:《小逻辑》,贺麟译,商务印书馆,2003,第190页。

"真意义"并不是一种"抽象的否定",即认为"那被推翻的哲学已经毫无效用,被置诸一旁,而根本完结了"。相反,"我们应当承认,一切哲学都曾被推翻了,但我们同时也须坚持,没有一个哲学是被推翻了的,甚或没有一个哲学是可以推翻的"。只有这样,才能把哲学史的研究看成是快乐的工作,因为"每一值得享受哲学的名义的哲学",都有其内在的哲学精神,因而每一哲学体系都是哲学精神发展的一个特殊阶段或特殊环节。因此,代替一种哲学,只是突破了那种哲学的限制,并将其特定原则纳入一个更完备的体系中。正是从这个意义上说,哲学史研究并不只是研究过去,而是为了现在,为了"永恒及真正现在的东西"。由此,哲学史研究的成果,也并不是为了让"人类理智活动的错误陈迹"来"展览",而是"与众神像的庙堂相比拟",这些庙堂的"神像"就是理念或哲学精神在不同发展阶段的表现,而哲学史的任务就是确切地阐明"哲学内容的历史开展与纯逻辑理念的辩证开展一方面如何一致"与"如何有出入"。黑格尔同时还强调,"逻辑开始之处实即真正的哲学史开始之处","因为哲学一般是思维着的认识活动","并且以纯思维本身作为认识的对象"。①正是在这里,他又一次强调一个哲学体系为另一个哲学体系所代替的真正意义,即通过揭示其体系的内在矛盾,并把其相应的哲学精神纳入"一个较高的具体形式中组成的理想环节"②。他甚至认为,这是一种哲学思想发展自身所具有的内在动力或"思想的冲力",尽管有"时代意识形态"的限制,"但它总是自在自为地向着精神所形成的思想本身的至高处而迈进,并为着时代需要的满足"③。这一思想,即后来马克思主义经典作家强调的哲学是时代精神精华思想的先驱,而且也是马克思的"真正哲学"界定的基础,即强调任何真正的哲学都是自己时代的精神上的精华,若此,哲学就能变成文化的活的灵魂,而且使哲学世界化、世界哲学化。④

---

① 黑格尔:《小逻辑》,贺麟译,商务印书馆,2003,第 192 页。
② 黑格尔:《小逻辑》,贺麟译,商务印书馆,2003,第 200 页。
③ 黑格尔:《小逻辑》,贺麟译,商务印书馆,2003,第 7 页。
④《马克思恩格斯全集》第 1 卷,人民出版社,1995,第 219—220 页。

对于横向层面,即哲学与其他文化形式的关系,首先当然要承认"哲学知识与我们日常生活所熟习的知识以及其他科学的知识"的确不同类①,但这并不否认它们之间的内在关系,因为"哲学与别的科学和文化携手同行",这样一来,理智启蒙与需要宗教的信仰都可得到满足,天赋人权与现存国家和政治也相安无事,经验物理学则采取自然哲学的名称,等等,因此,哲学与感官经验知识、与法律的合理的现实性、与纯朴的宗教和虔诚等都不是"处于对立的地位","哲学不仅要承认这些形态,而且甚至要说明它们的道理","因为这些丰富的内容,只要为思想所把握,便是思辨理念的自身"。② 所以,从哲学与其他文化形式的关系中"我们看见了时代,我们又看见了这样一种核心的形成,这核心向政治、伦理、宗教、科学各方面广泛地开展,都已付托给我们的时代了"。据此,"我们的使命和任务就是在这青春化和强有力的实体性基础上培养其哲学的发展"③。黑格尔所举原子论的观点,很能说明哲学的内容与精神的关系,比如"在近代,原子论的观点在政治学上较之在物理学上尤为重要",因为照原子论的政治学,个人的意志本身就是国家的创造原则,个人的特殊需要和嗜好就是政治上的引力,共同体或国家本身只是一个外在的契约关系。④ 正是由于这种哲学与文化史的联系,笔者在《土家族哲学通史》和《20 世纪土家族哲学社会思想史》中强调以哲学史为中心的思想史研究⑤,并加以广泛运用。

四、基于经验与情感维度的哲学认知

如何透过哲学内容发现哲学精神?黑格尔指向了经验与情感,即笔者在前面阐明的哲学智慧的生命体验。对此,黑格尔曾强调"哲学是以

---

① 黑格尔:《小逻辑》,贺麟译,商务印书馆,2003,第 196 页。
② 黑格尔:《小逻辑》,贺麟译,商务印书馆,2003,第 4—5 页。
③ 黑格尔:《小逻辑》,贺麟译,商务印书馆,2003,第 33 页。
④ 黑格尔:《小逻辑》,贺麟译,商务印书馆,2003,第 215 页。
⑤ 李维武:《长江流域文化与近代中国哲学》,湖北教育出版社,2005,第 1—18 页。

经验为出发点的"①："我们可以在正确有据的意义下说,哲学的发展应归功于经验","哲学的发展实归功于经验科学",甚至对于科学也是这样,因为哲学赋予科学内容以思维的自由这一科学的"最主要的成分","赋予科学以必然性的保证",使人们坚信"对于经验中所发现的事实的信念,而且使经验中的事实成为原始的完全自主的思维活动的说明和摹写"②。事实上,中国少数民族哲学在很大程度上都体现着各民族的"经验",其中包括"直接的意识和抽象推理的意识"③。对此,黑格尔还具体地阐明了这种"经验"现实,这就是他首先肯定哲学的内容属于活生生的精神的范围、属于原始创造的和自身产生的精神所形成的世界,简言之"即属于意识所形成的外在和内心的世界"。因此,"哲学的内容就是现实"。在此基础上,他强调"我们对于这种内容的最初的意识便叫作经验"。更进一步,他认为,"就对于世界的经验的观察来看,也已足能辨别在广大的外在和内心存在的世界中……对于这个同一内容的意识,哲学与别的认识方式,既然仅有形式上的区别,所以哲学必然与现实和经验相一致。甚至可以说,哲学与经验的一致至少可以看成是考验哲学真理的外在的试金石。同样也可以说,哲学的最高目的就在于确认思想与经验的一致,并达到自觉的理性与存在于事物中的理性的和解,亦即达到理性与现实的和解"④。他还特别强调"法律的、道德的和宗教的情绪——这种情绪也就是经验——其内容都只是以思维为根源和基地"⑤。可以看到,既然哲学与经验的关系是这种关系,我们有何理由否认中国少数民族对"经验"的总结性反思呢?

　　基于哲学与经验的关系,黑格尔还较充分地论述了哲学研究与情感的关系,如在论述哲学与宗教的关系时,他强调两种语言的各自问题,像

---

① 黑格尔:《小逻辑》,贺麟译,商务印书馆,2003,第52页。
② 黑格尔:《小逻辑》,贺麟译,商务印书馆,2003,第54页。
③ 黑格尔:《小逻辑》,贺麟译,商务印书馆,2003,第52页。
④ 黑格尔:《小逻辑》,贺麟译,商务印书馆,2003,第43页。
⑤ 黑格尔:《小逻辑》,贺麟译,商务印书馆,2003,第48页。

一些星辰具有两个名字,即神灵的语言与世间人的日常语言,但"两者的内容实质却是一样的",而"真理的内容实质也可说是表现在两种语言里,一为感情的、表象的、理智的,基于有限范畴和片面抽象思维的流行语言,另一为具体概念的语言"。区别仅在于,"假如我们从宗教出发要想讨论和批评哲学,那么就还有比仅仅具有日常意识所习惯的语言更为需要的东西"。[1] 这即是说,"感情的、表象的、理智的"语言还未达到批评哲学或哲学批评的层面,但并不是说没有哲学。也正是在这种意义上说,"宗教很可以不要哲学,而哲学却不可没有宗教,其实毋宁应该说,哲学即包含有宗教在内"。[2] 在此基础上,黑格尔还特别阐明了哲学作为一种特殊的思维方式,虽然诉求"思维成为认识,成为把握对象的概念式的认识","总是与活动于人类一切行为里的思维,与使人类的一切活动具有人性的思维有了区别"。但这种区别是"基于思维、表现人性的意识内容""首先不借思想的形式以出现,而是作为情感、直觉或表象等形式而出现"[3],使哲学具有情感化表现、并表现于行为中。事实上,正是这种情感化表现,使我们关注哲学史研究中的情感问题[4],并以此为据进行中国少数民族哲学研究[5]。当然,我们这里所强调的情感是历史情感,它不是"个人的主观的非科学的偏爱偏恶,这是应该去掉的私情",而是"通过对历史的客观的冷静的科学分析,通观全局,综合许多侧面情况而产生的一种历史感情,一种有历史感的价值判断,即符合历史趋向,与历史固有前进性相一致的褒贬"[6]。正是在这里,研究者应"无强天下以必从其独见者",且应"宁为无定之言,不敢执一以贼道"[7]。

---

① 黑格尔:《小逻辑》,贺麟译,商务印书馆,2003,第 12 页。
② 黑格尔:《小逻辑》,贺麟译,商务印书馆,2003,第 13 页。
③ 黑格尔:《小逻辑》,贺麟译,商务印书馆,2003,第 37 页。
④《蒙哲史论稿》编委会编:《蒙古族哲学及社会思想史论稿》,内部资料,1982,第17页。
⑤ 萧洪恩:《20 世纪土家族哲学社会思想史》,中国书店出版社,2010,第 1—9 页。
⑥ 萧萐父:《吹沙集》,巴蜀书社,2007,第 410 页。
⑦ 王夫之:《读通鉴论》卷末,载《船山全书》第 10 册,岳麓书社,2011,第 1181 页。

第四节　全球性现代化视域的中国少数民族哲学研究

"可以从哲学史,从外在历史特有的形态里去揭示哲学的起源和发展。"①这是黑格尔对哲学史研究价值的深刻阐明。但是,如何研究中国少数民族哲学史却始终存在着一个方法论问题。近年来,随着全球化、现代化研究理论成果的方法论意义日益凸显,全球性现代化理论已日益成为哲学史研究的方法论,并引起了一些学者的关注,如张世保《全球化审视下的中国少数民族哲学》②等,虽然没有直接指认"全球性现代化",而用的是"全球化",但笔者认为,用"全球性现代化"更能凸显其哲学史方法论意义。因为全球性现代化并不是全球化与现代化的简单综合,而是表明二者一体两面的内在关系。一方面,全球化作为现代化的必然趋势与现实舞台,从一开始就成了现代化的宿命——从新大陆的开辟直到全球性的殖民掠夺,无不显示出现代化的全球性扩张本性③。另一方面,现代化作为全球化的内生机制与现实内容,从一开始就成了全球化的根据——从文艺复兴、启蒙运动到近现代的思想扩张,从工业革命、资产阶级革命到民族独立运动等政治、经济、文化变革,无一不显示出现代化的强大张力④。正是由于二者的内在关系,我们以全球性现代化来表明这样的八个方面内涵:全球性现代化的性质、全球性现代化进程、全球性现代化思维方式、全球性现代化运动、全球性现代化风格、全球性现代化标准、全球性现代化动力、全球性现代化的情感与体验,强调其"进程"的特征是为了凸显其历时性的"过程"特征,表明其无限的发展性;强调其"思维方式"的意义是为了凸显其对人们思想、观念等方面的深刻影响;强调其"运动"特性是为了凸显其影响的广泛性、深刻程度和不可避免性;强

---

① 黑格尔:《小逻辑》,贺麟译,商务印书馆,2003,第 54 页。

② 张世保:《全球化审视下的中国少数民族哲学》,《西部发展的理论与实践》,云南教育出版社,2005,第 279—286 页。

③《马克思恩格斯选集》第 1 卷,人民出版社,1995,第 273—276 页。

④ 艾伯特·马蒂内利:《全球现代化——重思现代性事业》,李国武译,商务印书馆,2010。

调其"标准"特性是为了凸显现代化的实施主体在世界范围内的选择性，并以"先进"为目的的诉求；强调其"动力"特性是为了凸显全球性现代化自身的动力机制，说明全球性现代化并不是从外部寻求动力，一旦启动，自身就是动力；强调其全球性现代化的情感与体验是为了彰显其对人们的生理、心理、生活的深度影响①。尽管"所有以后的现代化实例都是在某种不同的情势下发生的。在这种情势下，现代化的推动力主要是来自外部力量，即随着西欧初期的社会变迁而发展起来的崭新的国际政治、经济和思想体系的冲击力"。②

在全球性现代化视域下，中国少数民族作为后发现代化族群，因在全球性现代化运动中表现出自身的独特性，从而在哲学思想的发展上也显示出了自己的内在特色。因此，研究中国少数民族哲学，应有全球性现代化视野。比如在各民族近现代哲学发展中，由于自西而来的"他者"成了在相互比较中认识自己的基本参照物，成了自己体验自己生成状态的现实力量，因而从"他者"身上既发现自己的特性（优点、特长、不足），又发现自身所具有的"他者"因素。所以，全球性现代化虽然基本上是同质化运动，是"西化"运动，是对非西方一切民族的文化思想与哲学都有严重的压抑、削弱与伤害的方面，但也因此成了一种发展动力，其中包括哲学自觉与哲学自身发展的动力。

一、全球性现代化理论的哲学史方法论意义

"历史理论的认识论视野就具体化为方法论，确切地说是历史研究的方法学。"③全球性现代化理论的哲学史方法论意义，也就是彰显其在哲学史研究中的认识论视野，而其中最直接的表现在于全球性现代化运动对哲学发展产生的多方面影响。其首要影响即在于使哲学发生了形

---

① 萧洪恩等：《全球性现代化视野下的湖北民族地区村落文化建设研究》，《湖北社会科学》2007年第10期，第72—75页。
② S. N. 艾森斯塔德：《现代化：抗拒与变迁》，张旅平等译，中国人民大学出版社，1988，第77页。
③ 约恩・吕森：《历史思考的新途径》，来炯等译，上海人民出版社，2005，第3页。

态转变,即哲学转型。所谓哲学的形态,简言之即哲学在历史发展中所呈现的一定的思维方式。一定时期哲学的致思趋向、话语系统和哲学文化风貌都受制于这种思维方式,并因此使哲学呈现出明显代差。也正是在这种意义上,人们强调哲学的真正使命在于捕捉自己时代的迫切问题并以之作为哲学思考的聚焦点:"问题是时代的格言,是表现时代自己内心状态的最实际的呼声。"①哲学只有准确地捕捉和深刻地回答自己时代的迫切问题才能够成为"自己时代的精神上的精华"②。由于人类历史发展表现为三大历史形态,即"人的依赖关系""以物的依赖性为基础的人的独立性"和"建立在个人全面发展和他们共同的、社会生产能力成为从属于他们的社会财富这一基础上的自由个性"③,与此相应,哲学也就可以划分为相应的历史形态。

哲学形态能够在一个相当长的时间内保持基本不变,显示出较强的稳定性,从而彰显其时代特征,如黑格尔曾在《小逻辑》中多次论述近代哲学的形态特征,强调"近代哲学的主要兴趣"和特殊诉求在于对"思维的效果或效用加以辩护,所以考察思维的本性,维护思维的权能"④;强调"思想与事情的对立是近代哲学兴趣的转折点",是"到了近代才有人首先对于此点提出疑问,而坚持思维的产物和事物本身间的区别"⑤;认识矛盾并且认识对象的矛盾特性是近代哲学界一个最重要的和最深刻的一种进步⑥;不过,他也强调,近代哲学又被称为同一哲学,即"要认识一切特定存在着的事物之间的内在统一性"⑦。这种哲学的形态特征,无论在西方哲学发展中,还是在中国哲学发展中,都可找到明显的证据,如中国哲学自商周之际至明清之际都长期处于古代哲学形态中,形成了中国

---

①《马克思恩格斯全集》第 1 卷,人民出版社,1995,第 203 页。
②《马克思恩格斯全集》第 1 卷,人民出版社,1995,第 220 页。
③《马克思恩格斯全集》第 30 卷,人民出版社,1995,第 107—108 页。
④ 黑格尔:《小逻辑》,贺麟译,商务印书馆,2003,第 68 页。
⑤ 黑格尔:《小逻辑》,贺麟译,商务印书馆,2003,第 77 页。
⑥ 黑格尔:《小逻辑》,贺麟译,商务印书馆,2003,第 131—132 页。
⑦ 黑格尔:《小逻辑》,贺麟译,商务印书馆,2003,第 254 页。

哲学的传统形态。随着全球性现代化运动引发的中国社会历史的大变迁及相应的中西文化及其哲学的碰撞、交流与融会,中国哲学出现了哲学的近代形态,并于19世纪末20世纪初开始向现代形态转变①。因此,哲学形态也具有可变性。正是由于存在哲学形态的转变,所以造成了哲学发展的阶段性划分。从世界哲学发展的视域看,不同民族的哲学都有自己的转型。但这种转型,在西方哲学的发展中尤为鲜明和典型,呈现出由古代形态到近代形态再到现代形态的相当分明的发展阶段②。对此,冯友兰曾针对中国哲学的发展强调19世纪末以来在中国进入近代社会的过程中,中国哲学即产生了脱离古代形态的近代化的哲学,并且是指"近代化的"哲学,而不是哲学"在近代"③。

全球性现代化运动对哲学的另一深刻影响是使哲学的民族性得以彰显,即文德尔班强调的"因为有了近现代哲学,各特殊民族的特性才开始表现出决定性的影响"④。如果再向前延伸,我们看到,关注哲学形态的黑格尔也曾特别强调哲学的这一特性,认为"某一特定哲学之出现,是出现于某一特定的民族里面的。而这种哲学思想或观点所有的特性,亦即是那贯穿在民族精神一切其他历史方面的同一特性,这种特性与其他方面有很紧密的联系并构成它们的基础。因此,一定的哲学形态与它所基以出现的一定的民族形态是同时并存的;它与这个民族的法制和政体、伦理生活、社会生活、社会生活中的技术、风俗习惯和物质享受是同时并存的,而且哲学的形态与它所隶属的民族在艺术和科学方面的努力与创作,与这个民族的宗教、战争胜败和外在境遇———一般讲来,与受这一特定原则支配之旧国家的没落和新国家的兴起(在这新国家中一个较高的原则得到了诞生和发展)也是同时并存的"。⑤ 哲学的这种民族性,

---

① 李维武:《中国哲学的现代转型》,中华书局,2008,第1—16页。
② 李维武:《长江流域文化与近代中国哲学》,湖北教育出版社,2005,第1—18页。
③ 冯友兰:《中国现代哲学史》,(香港)中华书局,1992,第180页。
④ 文德尔班:《哲学史教程》上册,罗达仁译,商务印书馆,1997,第16页。
⑤ 黑格尔:《哲学史讲演录》第1卷,贺麟、王太庆译,生活·读书·新知三联书店,1956,第55页。

一方面给我们提供了研究少数民族哲学的明确方向和丰富的材料,这就是具有民族特色的文化现象,包括黑格尔列举的艺术、科学、风俗习惯、社会生活、伦理生活等都可成为民族哲学研究的材料;另一方面也应看到,由于这种民族特性,也会为我们研究少数民族哲学带来某些不方便的地方,比如中国许多少数民族哲学的分期研究,就是一个"剪不断,理还乱"的问题。如果把上述两个方面的影响结合,假如要研究近现代哲学,那就必须注意的是,研究的"不仅是'近代化的',而且是'民族化的'",是"现代化与民族化融合为一"的哲学①。

全球性现代化运动对哲学的影响,还表现在对哲学史的书写诉求上,这就是"哲学通史要包括所有民族的哲学",但是,也由此带来了非西方民族,其中包括中国哲学及中国少数民族哲学的合法性问题,因为在一些人看来,"不是所有的民族都已产生真正的思想体系,只有少数几个民族的思辨可以说具有历史","许多民族没有超过神话阶段"②。中国少数民族哲学的合法性问题首先来自中国哲学史学界,但随着"中国哲学的合法性"问题再次凸显,历史上对中国哲学的否定也再次成了确认中国少数民族哲学合法性的心病,如康德曾说孔子是"中国的苏格拉底"却不是哲学家,甚至整个东方都根本没有哲学;黑格尔在《哲学史讲演录》中虽然讲了中国哲学、东方哲学,但在总体上却强调能称为"哲学"的只有希腊哲学和日耳曼哲学③。文德尔班不仅否认东方哲学,甚至对"东方精神"都作出的是否定性评价④。海德格尔则明确说哲学是西方专利,"常听到的'西方—欧洲哲学'的说法事实上是同义反复。为何? 因为'哲学'本质上就是希腊的;'希腊的'在此意味:哲学在其本质的起源中就首先占用了希腊人,而且仅仅占用了希腊人,从而才得以展开自

---

① 冯友兰:《中国现代哲学史》,(香港)中华书局,1992,第204页。
② 梯利:《西方哲学史》,葛力译,商务印书馆,1995,第14页。
③ 黑格尔:《哲学史讲演录》第1卷,贺麟、王太庆译,生活·读书·新知三联书店,1956,第98—100页。
④ 文德尔班:《哲学史教程》上册,罗达仁译,商务印书馆,1997,第38页。

己……哲学本质上是希腊的,这话无非是说:西方和欧洲,而且只有西方和欧洲,在其最内在的历史过程中原始地是'哲学的'"。① 所以,虽然都诉求写出所有民族的哲学通史,却不得不面对着两个方面的参照系:中国传统哲学与现当代西方哲学,据此而产生了全面否定论和部分否定论两个层次的中国少数民族哲学否定论。中国少数民族哲学研究者自身,则先后就中国少数民族哲学存在性问题提出过接受汉族哲学说、中国哲学融合说或代表说、中国哲学多元一体说,等等,并根据思考中国少数民族哲学存在性问题的形式,提出了范式说、阶段说、层次说、广义狭义说等种种解决方案,而在确认中国少数民族哲学存在性的根据问题上,则先后提出了实践论证说、文化核心论证说、哲学事实论证说、哲学产生条件论证说、发展水平说、存在形式说、社会贡献说、文明生活必需品说等,总之是坚信中国少数民族哲学的存在性。②

最后,在全球性现代化进程中,由于后发现代化国家的民族民主革命等问题,还影响了对近现代哲学的历史研究中出现"革命史观"与"现代化史观"两种主要视野,具体表现在对哲学价值的评价上随即可能出现民族性、阶级性、现代性等多重复杂关系,难于进行客观公正的评价。人们通常认为,看一种哲学代表的阶级、民族,最基本的标志是看他的思想反映哪个阶级和哪个民族的利益,如犹太人马克思和资本家恩格斯的哲学代表的却是全世界无产阶级的利益,马克思与恩格斯是全世界被压迫民族的代言人;湖南人毛泽东,其思想已成为中华民族的共同精神财富;斯宾诺莎、笛卡儿、莱布尼茨各自代表的是时代精神和当时欧洲各族人民共同达到的先进认识水平;等等。总之,"每个具体的哲学家虽然属于一定的民族,但我们研究哲学史,却不应把他们看作仅仅属于某一民

---

① 马丁·海德格尔:《什么是哲学?》,载孙周兴选编《海德格尔选集》(上),生活·读书·新知三联书店,1996,第 591 页。
② 萧洪恩:《中国少数民族哲学合法性问题研究述评》,《湖北民族学院学报(哲学社会科学版)》2011 年第 1 期,第 116—121 页。

族的哲学家,同时也要看到它代表着全人类的先进思想"。[①]

二、全球性现代化视域的少数民族哲学自觉

如果把全球性现代化运动从西方文艺复兴运动算起,则西方近现代科技传入中国,就可看成是中国现代化运动的酵素,于此可从利玛窦1582年来华算作起点,这是以"西方中心论"为界标的划分;同样,如果以资本主义萌芽、以中国早期启蒙算作起点,则应从明清之际算起。也就是说,中国的现代化进程均可追溯到明清之际。但是,作为一种中国式的现代化运动,无论如何都应从1840年鸦片战争开始,正是那场战争将中国强行卷入了全球性现代化运动的历史进程。也正是在19世纪40年代,世界历史和中国历史都从此掀开了极为厚重的一页:1848年《共产党宣言》的发表宣告了马克思主义的共产主义理论的成熟,从而揭示了世界历史的科学社会主义前景;1840年鸦片战争拉开了中国现代化历史的序幕。从1840年以后的历次侵略与反侵略战争,一方面表现出了资本主义社会的巨大能量;另一方面也凸显了资本主义的残暴、贪婪本性。于是,中华民族就有了两大历史任务:一是实现现代化;二是反抗资本主义侵略。在这一过程中,中国人民遭受了西方资本主义的暴力压迫,并逐渐认识到"遭受这种暴力的民族只有在拥有有效的自卫手段(即自己的国家)的情况下才是安全的"[②]。为此,包括中国少数民族在内的整个中华民族都投入到了为新中国诞生而奋斗的历程中。从哲学思维发展的角度说,"中国向何处去"的问题即成了中国少数民族近现代哲学自觉的动力。

一般而论,全球性现代化进程开创了人类历史中的一个真正统一的

---

① 任继愈:《如何看待中国古代哲学中的民族哲学家》,《南京大学学报(哲学人文科学社会科学版)》1982年第4期,第49—53页;《任继愈学术文化随笔·如何看待中国古代哲学中的民族哲学家》,中国青年出版社,1996,第49—54页。
② 耶尔·塔米尔:《自由主义的民族主义》,陶东风译,上海译文出版社,2005,第2页。

时代,并为各个不同历史发展阶段的民族提供了同一个"现代的"参照系①,文化的民族地位、民族的文化地位,同时决定了民族的社会地位,甚至是"国际"地位。所以,"世界"作为一种文化或文明范畴生成了,相对落后的国家或地区追赶相对发达的国家或地区,甚至追赶最发达的国家或地区成为这种文化的最主要动力特征。在全球性现代化的进程中,不仅在地域上是全球性的,而且在政治制度、生活方式、价值取向、道德标准等方面,"世界"都成了各国或各地区的文化参照。在这种"世界"文化下,参照与追赶实际上成了一种普遍的机制性功能。也就是说,全球性现代化运动本身就是一种内生性动力,"现代化本身就是'内因',就是这个运动的规定性。因此,从运动性质来讲,现代化不可能由这个运动性质之外的东西(比如传统)来决定;当然,从真实空间来讲,也不可能由地球之外的东西(比如外星人)来决定"。②

就中国少数民族来说,全球性现代化运动给中国带来的是中国文化历史的巨大变迁,并提供了中西古今哲学碰撞与交流的宏大舞台,使得包括中国少数民族哲学在内的中国哲学必须面对近现代中国所遭遇的重大问题而作出深入的思考和有效的回答,如中国现代化道路的选择问题、中国文化传统与现代化的关系问题、中国向何处去的问题等。"与此同时,由于全球日益统一,西方的思想、制度和技术正以不断加快的速度传遍全球。"③正是全球性现代化进程,使中国的少数民族,从一般民众到乡土精英人物,再到国家和民族的社会精英人物,都以特有的时代感和强烈的问题意识,生成了现代意识,出现了哲学自觉,其中包括有对西方文化霸权性格的反思和对自己民族传统文化的再阐明,从而形成了各自民族的哲学自觉,并在 20 世纪 80 年代以后表现得特别明显。

从理论思维自身发展的动力来说,这种哲学自觉可以说同时来自国

---

① 郭赤婴:《民族哲学的现代化》,《北京第二外国语学院学报》1995 年第 4 期,第 105—109 页。

② 孙津:《打开视域——比较现代化研究》,社会科学文献出版社,2004,第 167 页。

③ 斯塔夫里阿诺斯:《全球通史:500 年以后的世界》,吴象婴等译,上海社会科学院出版社,1999,第 781 页。

际与国内两个方面。就国内而言,核心精神在于不满足于当时的"中国哲学史"只是"中国的汉族哲学史",因而强调从中国哲学史研究的现状即可看出开展少数民族哲学研究的必要性,即丰富中国哲学史的内容[1],填补中国哲学史的空白,使中国哲学史成为各民族共有的中国哲学史,从而依据中国少数民族哲学史研究成果写出一部从萌芽、形成到发展的内容全面、完整、系统的中国哲学史[2]。就国际而言,目的在于彰显中国少数民族哲学研究的国际意义,甚至本身就有一种中国少数民族哲学研究的世界化诉求,因为近百年来已有许多国家对中国少数民族进行了深入研究,如蒙古学在欧洲、亚洲、美洲的 40 多个国家或地区有专门的研究机构,且自 1959 年 9 月以来已经开过多次国际蒙古学学术会议;对维吾尔族哲学的研究,特别是对《福乐智慧》的研究也十分活跃;其他如对藏族、彝族、傣族、苗族、土家族、朝鲜族、回族等少数民族思想的研究,在国际上也很受重视。正是基于这一国际视野,"从提高我国的国际威望和加强国际文化交流的角度着想,我们也有必要大力开展少数民族哲学思想的研究工作。而且,这样做也有助于我们同各种错误观点和反动宣传作斗争,维护祖国的尊严"。[3]

从中国少数民族哲学自觉的表现来看,可以说形成了一个基本趋势,就是由各少数民族成员自己书写的本民族哲学史论著大量出现,并力求最终形成汇聚全部中国少数民族哲学的《中国少数民族哲学史》。具体表现在三个方面:第一,研究的深入与成果的突出。据初步统计,从 20 世纪 80 年代以来,中国少数民族哲学研究在全国自然形成了内蒙古地区、新疆地区、云贵川地区、北京地区、湘鄂渝地区五个中心,其中,内蒙古地区出版了《蒙古族哲学史》等著作、论文集 20 多部,发表了包括蒙古族、满族、朝鲜族、赫哲族、达斡尔族、鄂伦春族、鄂温克族等少数民

---

① 吴德希、佟德富:《谈谈少数民族哲学研究》,《中央民族大学学报(哲学社会科学版)》1982 年第 1 期,第 57—60 页,第 17 页。

② 佟德富:《中国少数民族哲学概论》,中央民族大学出版社,1997,第 22—24 页。

③ 佟德富:《中国少数民族哲学概论》,中央民族大学出版社,1997,第 22—24 页。

哲学思想史论文 100 余篇。新疆地区出版有《维吾尔族哲学思想史论》《法拉比和他的哲学体系》《维吾尔哲学史论集》等著作 10 余部,发表了包括维吾尔族、哈萨克族、俄罗斯族、塔塔尔族、锡伯族等少数民族哲学思想史论文 50 余篇。云贵川地区,云南出版了《天、地、人——云南少数民族哲学窥秘》等著作 13 部,发表了包括白族、彝族、纳西族、傣族、哈尼族、景颇族、布朗族、独龙族、佤族、拉祜族、普米族等少数民族哲学思想史论文 100 余篇;贵州出版了《苗族生成哲学研究》《苗族哲学社会思想史》等著作,发表了包括苗族、布依族、水族、瑶族、侗族等少数民族哲学思想史论文 30 余篇;四川出版了《南方少数民族哲学思想研究》《凉山彝族哲学与社会思想史》等著作,发表了包括藏族、彝族、羌族等少数民族哲学思想史论文 20 余篇。北京地区出版了包括 24 个少数民族的通史性哲学著作《中国少数民族哲学史》,并从 1982 年开始在中央民族学院政治系哲学专业本科生中开设了"中国少数民族哲学"课程,出版了研究生教材《中国少数民族哲学概论》等,并出版了《中国少数民族哲学·宗教·儒学》等一批相关著作,发表了包括蒙古族、满族、藏族、朝鲜族、壮族、维吾尔族、纳西族、彝族等少数民族哲学思想史论文 60 余篇。湘鄂渝地区出版了《土家族哲学通史》等著作 8 部,发表了包括土家族、苗族、侗族等少数民族哲学思想史论文 40 余篇。此外,关于藏族哲学思想史的出版物有《藏族生态伦理》《藏族哲学思想史论集》等著作,发表了论文 40 余篇;关于满族哲学思想史的出版物有《满族哲学思想研究》等著作,发表了论文 20 余篇;关于回族哲学思想史的出版物有《伊斯兰哲学史》《伊斯兰文化哲学》《伊斯兰哲学》等著作,发表了论文 90 余篇;关于壮族哲学思想史的出版物有《壮族哲学思想史》等著作,发表了论文 40 余篇。[①] 第二,许多少数民族哲学研究都开始进入了自觉的总结反思阶段,出现了研究综述一类总结性文献,如何金山的《评近代蒙古族哲学思想

---

① 佟德富:《以科学发展观为指导把少数民族哲学研究推向一个新的阶段》,载朝克等编《科学发展观与民族地区建设实践研究》,俄罗斯布里亚特科学中心出版社(Russian Buryat Scientific Center Press),2010,第 2 页。

研究》①、萧洪恩的《20世纪土家族哲学研究综述》②等，此外还形成了一批对中国少数民族哲学进行总体研究的论文，不仅着眼于总结成就、反思问题，而且面向未来，探索中国少数民族哲学自身的发展③。第三，谋求写出包括全部中国少数民族哲学在内的《中国少数民族哲学史》，并力求会通中华民族多元一体格局的思想关系④。总之，中国少数民族的哲学自觉，已在各方面得到了彰显。

　　问题还在于，光有自觉还只是初步的，深刻的问题是如何自觉。综合考稽20世纪80年代以来的中国少数民族哲学研究，事实上形成了不同的自觉路径，笔者此前曾概括为范式说与文化内部构成说两个方面，并提出了自己的哲学要素论证说⑤。有学者曾概括为要采取还是拒绝"以西解中（少）""以中解少""以少解少"的自觉⑥。实际上，目前存在的是三类自觉方式：第一类是传统教科书范式，坚定地承认少数民族有自己的哲学并用传统马克思主义哲学原理理解模式和概念框架分析问题，笔者也曾有过这种尝试。这种范式中还包括从教科书的哲学定义出发肯定少数民族有自己的哲学，从而在哲学意义上探究民族文化⑦。第二类是生存论范式，即把哲学理解为"以某种文化样式对关于自身存在的

---

① 何金山：《评近代蒙古族哲学思想研究》，《内蒙古社会科学（汉文版）》2001年第6期，第56—58页。

② 萧洪恩：《20世纪土家族哲学研究综述》，载胡茂成主编《土家族研究五十年》，湖北人民出版社，2008。

③ 宝贵贞：《从合法性到新范式——中国少数民族哲学研究困境与出路》，《内蒙古师范大学学报（哲学社会科学版）》2009年第1期，第76—79页。

④ 费孝通提出的"中华民族多元一体格局"命题，是从中华民族形成和发展方面立论的。目前，这一命题已为民族学界、考古界、文化学界所广泛接受。但也有不同意见，关键是如何认识民族关系中"多"和"一"的问题。参见陈连开：《怎样理解中华民族及其多元一体》（讨论综述），载费孝通主编《中华民族研究新探索》，中国社会科学出版社，1991，第406—424页。

⑤ 萧洪恩：《土家族哲学成立的可能与现实》，《湖北民族学院学报（哲学社会科学版）》2004年第5期，第1—5页。

⑥ 张世保：《论少数民族哲学史的书写方式——以萧洪恩〈土家族哲学通史〉为讨论中心》，《中南民族大学学报（人文社会科学版）》2011年第5期，第92—96页。

⑦ 李兵、吴友军：《少数民族哲学何以可能——兼论民族文化的哲学基础》，《学术探索》2002年第3期，第14—16页。

这种自我意识的表达"①。从这个意义上讲,只要有人的存在,就会有某种形态的哲学存在。所以,少数民族哲学"是存在于少数民族各种文化样式或'文本'形式之中,以少数民族哲学理解和把握世界的各种独特方式……为中介,所反映出来的他们关于自身存在的自我意识,以及他们对'思维和存在关系问题'的思索和'觉解'"②。第三类是思想权力说。宝贵贞即强调"哲学是一个民族思想的权力"。她以哲学是时代精神和民族精神的精华为前提,阐明特定时代、特定民族所特有的哲学思想。③

　　笔者认为,由于中国少数民族哲学发展的特殊性,在全球性现代化背景下,应以哲学与生存体验的关系来加以阐明,并坚持"以哲学史为中心的思想史研究"方法进行研究。这一方法可以说是石峻"宽领域哲学思想史研究"④的发展,特别是受到《哲学史研究中的纯化和泛化》⑤的启示。这里涉及哲学史与思想史的关系,在中国少数民族哲学思想研究中,如何使哲学史研究更多地吸取思想史研究的内容,使"思""史""诗"结合起来,使"思""情""意"统一起来,开展"以哲学史为中心的思想史研究",应是马克思主义哲学史观在当代的进一步发展,因而也应是中国少数民族哲学研究的正确方法。当然,还应强调的是,坚持"以哲学史为中心的思想史研究",还应坚持"以少数民族文化为中心的地域文化研究,以少数民族思想为中心的区域思想研究"的方法;根据少数民族哲学发展的实际,还应以全球性现代化运动为社会背景,以西方哲学中国化与中国哲学现代化两种哲学运动为哲学背景,以少数民族的传统哲学与文化性格为历史文化的背景,以少数民族地区的区域文化为地域文化背景

---

① 李兵、吴友军:《少数民族哲学何以可能——兼论民族文化的哲学基础》,《学术探索》2002 年第 3 期,第 14—16 页。
② 李兵、吴友军:《少数民族哲学何以可能——兼论民族文化的哲学基础》,《学术探索》2002 年第 3 期,第 14—16 页。
③ 宝贵贞:《从合法性到新范式——中国少数民族哲学研究困境与出路》,《内蒙古师范大学学报(哲学社会科学版)》2009 年第 1 期,第 76—79 页。
④ 《蒙哲史论稿》编委会编:《蒙古族哲学及社会思想史论稿》,内部资料,1982,第 1 页。
⑤ 萧洪恩:《土家族哲学通史》,人民出版社,2009,第 2 页。

等相结合的研究方法。①

三、全球性现代化背景下少数民族哲学研究的特殊价值

全球性现代化运动在使全球成为单一场所、形成所谓"地球村"的同时,也产生了全球性现代化运动中的一系列矛盾,其核心矛盾即是西方学者所提到的"普遍性的特殊化"与"特殊性的普遍化"的矛盾,即强调全球化的形成过程本是一个世界的和民族的、全球的(global)和本土的(local,或译在地的)、普遍的和特殊的两者的矛盾展开过程,如罗伯森(R. Roberson)用全球在地化(glocalize, glocalization)来说明全球化是一个相对自主的双向过程,其间存在着"普遍性的特殊化"和"特殊性的普遍化"的双向互动②;贝克(U. Beck)认为这是思维的悖论即自反性(reflexivity)③;吉登斯(A. Giddens)认为这是现代性的后果,即赋予对象与自己原来的理论、概念、论述以完全相反的性质④。尽管这些西方学者各自的出发点不尽相同,但都力求揭示全球性现代化过程中的这一思想文化矛盾的特质。

全球性现代化运动是起源于西方的,它本身就是一个"特殊性的普遍化"过程,按照罗伯森的理解,这一趋向意味着随着全球性现代化运动引发的社会差异的扩大,特定群体为特定目的提出的主张具有合法性,如女权主义、民族主义等;意味着具有特定意义的实践活动日益具有世界意义或影响,如"麦当劳化"等。同样,当全球性现代化成为"全球性"时,也同时意味着"普遍性的特殊化",如转向从男女差异方面寻求男女平等,标准化与当地经验结合等。正是由于这两种趋向的统一,决定在全球性现代化运动中,从思想文化发展看,就既不可能是同质化的,也不应该是两极或多极"对立"的。按照费孝通1990年在与日本学者的学术

---

① 萧洪恩:《土家族哲学通史》,人民出版社,2009,第38—48页。
② 罗兰·罗伯森:《全球化:社会理论与全球文化》,梁光严译,上海人民出版社,2000,第255页。
③ 乌尔里希·贝克等:《自反性现代化》,赵文书译,商务印书馆,2001,第12—17页。
④ 安东尼·吉登斯:《现代性的后果》,田禾译,译林出版社,2000,第2—3页。

交流中所言,应该是"各美其美,美人之美,美美与共,天下大同"①。当然,费孝通所说的只是一种理想的应然状态,要达于实然,则还需要各民族作出艰苦的努力。

在 1840 年鸦片战争以后,为因应全球性现代化进程,中国少数民族被卷入了全球性现代化运动进程中。随着现代化因素的增长,不仅中国少数民族传统文化的活力得到释放,转化成民族地区社会变迁和思想发展的动因,而且随着国家的军事斗争及军事现代化进程,随着作为现代市民社会基础的工商业生产力的发展及传统农业的进一步积累,新式教育等得以在民族地区推广,从而在 19 世纪末 20 世纪初产生了中国少数民族的近现代知识分子,生成了各民族的近现代意识,于是在 20 世纪,各民族知识分子得以前赴后继地探索着救国救民的真理,不断地接受和阐释体现着时代精神、民族形式和个人风格的新哲学,形成了 20 世纪的各民族思想英雄。他们的思考并不是传统思想的简单再现,而是体现了各民族从传统社会向现代社会转型过程中的整体的文化形态转换,从而体现了西方哲学的中国化与中国少数民族传统哲学的现代化两种哲学运动及其相因关系,具有了"普遍性的特殊化"与"特殊性的普遍化"相结合的现代社会特征。在这一转变过程中,先进的少数民族知识分子以各种近现代哲学精神为核心,建构各民族 20 世纪的时代精神,铸造各民族社会变迁的思想灵魂。也正是在这个意义上说,笔者并不满足于中国少数民族哲学研究的功能主义视角,而强调中国少数民族哲学研究的目的在于哲学自身的发展。笔者率先在中国少数民族哲学界提出中国少数民族哲学的现代转型问题,并发表一系列论文加以阐明,其意也正在于此。② 这样,在全球性现代化视野下,中国少数民族哲学研究的价值即转化为两个内在的关联层面。"一方面,它应当将历史思考与全球化进程

---

① 费孝通在日本召开的"东亚社会研究讨论会"上做题为《人的研究在中国》的演讲。会议结束时,他写下"各美其美,美人之美,美美与共,天下大同"的题词。
② 萧洪恩:《20 世纪上半叶土家族对儒家文化的反思与重构》,《武汉科技大学学报(社会科学版)》2008 年第 3 期,第 9—15 页、第 90 页。

联系起来,通过批判和反思使全球化进程参与历史思考,将历史思考转化为该进程的一种文化生产力;另一方面,它同时还应当将历史思考在全球化进程中的特殊任务清楚无误地表达出来:即让作为历史固有特性的众多的独特之处出现在该进程中(而不只是起反作用)。"①也就是说,全球性现代化理论要求中国少数民族哲学研究与中国哲学研究,与外国哲学研究处于一种创造性的、开放性的关系之中,从而促成一种跨文化的交流和中国少数民族哲学自身的创造性转化。

当然应该看到,跨文化交流和中国少数民族哲学的创造性转化必须以哲学史研究为基础。一方面,少数民族哲学思维作为少数民族对社会存在的反映,充分体现着各民族的意识形态、生活方式和行为方式,因而首先应该把握其民族性。另一方面,这并不否认少数民族哲学的一般性,只是由于"各个民族所占的地位,至少是在近代所占的地位,直到今天在我们的历史哲学中都阐述得很不充分,或者更确切些说,还根本没有加以阐述"②。因此,不少学者都对哲学的民族性与普适性加以特别关注③。结合上述中国少数民族哲学研究的价值诉求,这种关注的根据至少可从两方面进行,并且可以从否认中国有哲学的黑格尔的思想中获得启示。一是"思维使灵魂首先成为精神。哲学只是对于这种内容、精神和精神的真理的意识,不过是意识到精神在使人异于禽兽并使宗教可能的本质性的形态里"④。二是"我们可以在正确有据的意义下说,哲学的发展应归功于经验",因为"哲学的发展实归功于经验科学……哲学又能赋予科学以必然性的保证,使此种内容不仅是对于经验中所发现的事实的信念,而且使经验中的事实成为原始的完全自主的思维活动的说明和摹写"⑤。总之,应依据中国少数民族自身在全球性现代化背景下反思历

---

① 约恩·吕森:《历史思考的新途径》,来炯等译,上海人民出版社,2005,第6页。
②《马克思恩格斯选集》第1卷,人民出版社,1995,第19页。
③ 宋浩:《论哲学的民族性内涵》,《边疆经济与文化》2009年第6期,第43—44页。
④ 黑格尔:《小逻辑》,贺麟译,商务印书馆,2003,第13页。
⑤ 黑格尔:《小逻辑》,贺麟译,商务印书馆,2003,第54页。

史、经历现实,并通过"经验"面向未来。

第五节 《中国哲学通史·少数民族哲学卷》的研究思路

据 2010 年中国人口普查统计结果,全国各少数民族人口占全国人口总数的 8.49%,达到 1 000 万人以上的有壮族、回族、满族、维吾尔族等 4 个民族,达到 100 万人以上 1 000 万人以下的有苗族、彝族、土家族、藏族、蒙古族、侗族、布依族、瑶族、白族、朝鲜族、哈尼族、黎族、哈萨克族、傣族等 14 个民族,达到 50 万人以上 100 万人以下的有畲族、傈僳族、东乡族、仡佬族等 4 个民族,达到 10 万人以上 50 万人以下的有拉祜族、佤族、水族、纳西族、羌族、土族、仫佬族、锡伯族、柯尔克孜族、景颇族、达斡尔族、撒拉族、布朗族、毛南族等 14 个民族,达到 1 万人以上 10 万人以下的有塔吉克族、普米族、阿昌族、怒族、鄂温克族、京族、基诺族、德昂族、保安族、俄罗斯族、裕固族、乌孜别克族、门巴族等 13 个民族,1 万人以下的有鄂伦春族、独龙族、赫哲族、高山族、珞巴族、塔塔尔族等 6 个民族,其他未识别的民族人口尚有 64 万多人。仅从人口数量的角度看,研究中国少数民族哲学就是中华民族哲学文化建设的重要任务。若从民族历史考察,则这一任务更显艰巨。按照民族历史文化渊源,根据林惠祥的《中国民族史》,历史上的中国人按民族可分为华夏系、东夷系、荆吴系、百越系、东胡系、肃慎系、匈奴系、突厥系、蒙古系、氐羌系、藏系、苗瑶系、罗缅系、僰掸系白种与黑种等①。在中国少数民族哲学研究中,由于多种原因,各个民族在哲学文化关系上有紧密的联系。但是,这些紧密联系并不否认各自的特殊性。为了正确处理"中国少数民族哲学"的多种复杂关系,在数十年的研究过程中,中国少数民族哲学研究在哲学观念与研究方法、概念设定与体系构建等各个层面都发生了重大转变,民族性的揭示与现代性的翻新,使中国少数民族哲学研究同时承担着双重

---

① 林惠祥:《中国民族史》,商务印书馆,1995,第 8—16 页。

历史使命,在中国与西方、中国少数民族与汉族、传统与近现代、哲学与文化、个体与群体、文化多元与文化融合等方面,都作出了艰苦探索,甚至影响了中国少数民族哲学研究的资源配置、时空布局、功能定位、价值向度、话语系统、思维模式……正是在这些多样关系中,本书在研究思路上有必要就几个主要方面作些交代。

一、本书有所借鉴的几种哲学史观

前面提到,哲学史研究实质上是哲学研究,而研究者的哲学自然而然地即成为影响研究的基本标准。数十年来,指导笔者进行哲学研究并成为影响本研究的哲学史观,主要有以下四种,这些思想或多或少地在本卷中得以体现。从历史发展的角度说,本节介绍的几种哲学史观对本人的影响也具有历史顺序性,即黑格尔、文德尔班、罗素、列宁的哲学史观,都差不多可在本卷中找到印迹,故而分别交代如后,以便大家在阅读中有所明白。

(一)黑格尔:哲学用普遍的理智概念理解自然事物

在西方哲学发展中,自启蒙理性开始对人类社会进行理性建构以来,康德以其审慎的态度探讨了人类理性何以可能的问题。随着资本主义上升时期市民社会的蓬勃展开,人类认识也进入了系统整合阶段,黑格尔哲学则是这种系统整合的集大成者,其中对哲学存在性标准的预设则成了黑格尔哲学的重要内容。黑格尔在《哲学史讲演录》中指出:

> 在文明初启的时代,我们更常会碰见哲学与一般文化混杂在一起的情形。但是,一个民族会进入一个时代,在这时精神指向普遍的对象,用普遍的理智概念去理解自然事物,譬如说,去要求认识事物的原因。于是我们可以说,这个民族开始作哲学思考了。因为寻求因果与研究哲学一样,皆以思维为其共同内容。或者就精神方面看来,当关于伦理、意志(义务、人的主要关系)的普遍原则被说出来

了,而说出这些原则的人就被称为贤人或哲学家。①

黑格尔在这里所强调的哲学存在性,从时代上说的是"文明初启时代",在黑格尔的时代语境下,"文明初启"应是指氏族公社制度解体、文字的发明、以铁器等为支撑的个人生产力的出现、私有制的产生等为标志的文明社会初启之时,亦即奴隶社会初始之时;从存在的形式上说,哲学是"用普遍的理智概念去理解自然事物",即强调哲学从研究自然起步(自然哲学),以探索因果关系、揭示出普遍性为历史使命,也就是追求智慧;从哲学的水平来说,哲学的存在性在于其说出了某种普遍性,即说出了"关于伦理、意志(义务、人的主要关系)的普遍原则"。综观黑格尔的认识,哲学存在的标准在黑格尔那里表现为以下几个方面:

第一,哲学的理性意义。黑格尔强调,哲学是一种理性活动,要反对把那些"从人心的情感和经验得来的理论"也称为哲学②,哲学不是"基于感情、愿望和直观等主观的根据",而是"理性或理性的哲学",把握的是"最后的、绝对本质的东西",是"基于思想的信念,即由于洞见事物的概念和性质而产生的思想的信念"③。按照黑格尔的这一认识,当人们具有了理性,特别是依赖理性去思考事物的本质时,就可以认定为具有了产生哲学思维的可能。更进一步说,一旦运用了这种思维去作出一般性结论,则可以认定为其哲学产生了。正是在这里,黑格尔把感性、情感、意志等非理性诉诸哲学之外。从某种意义上说,后来的"后现代"哲学,正是从这里开始宣布哲学应该死亡的。当然,这里的问题在于,即使是理性尺度,在东方的中国与西方的古希腊、罗马也是有所分异的,西方的理性尺度能作为唯一的标准吗? 中国文化与西方文化之理性分野能作为

---

① 黑格尔:《哲学史讲演录》第 1 卷,贺麟、王太庆译,生活·读书·新知三联书店,1956,第 59—60 页。

② 黑格尔:《哲学史讲演录》第 1 卷,贺麟、王太庆译,生活·读书·新知三联书店,1956,第 59 页。

③ 黑格尔:《哲学史讲演录》第 1 卷,贺麟、王太庆译,生活·读书·新知三联书店,1956,第 19 页。

有无哲学的分野吗？这种分野也能作为评价中国少数民族有无哲学的标准吗？第二，主导原则的确定，哲学系统的形成，或者说是思维主题的确定，应当是哲学产生的重要标志。黑格尔强调，哲学的"每一原则在一定时间内都曾经是主导原则。当整个世界观皆据此唯一原则来解释时，——这就叫作哲学系统"①。第三，哲学把握对象的总体性。哲学要求我们在进入个别的事实以前必须有一个一般的概观，不然就会只见部分而不见全体，只见树木而不见森林②。第四，哲学的明确的目的性。黑格尔反对那种不承认哲学有共同目的的说法，强调哲学应有一个"单纯的目的作为共同的联系"③，这种目的即"在于用思维和概念去把握真理"④。"哲学的本质正在于消除理智的对立。"⑤也就是说，在哲学中"有一个单纯的目的作为共同的联系"，并据此消除了理智的对立。诚然，哲学的这种目的性并不否认哲学的多样性，而是要求"我们必须明白：哲学系统的分歧和多样性，不仅对于哲学本身或哲学的可能性没有妨碍，而且对于哲学这门科学的存在，在过去和现在都是绝对必要的，并且是本质的"⑥。第五，"哲学是认识具体事物发展的科学。"⑦黑格尔从研究"具体事物发展的科学"的角度来界定哲学，无疑表明哲学并不在各种具体科学之外，而在各种具体科学之中，是对各种具体科学的"概括或总结"，或反思。第六，思维形式的共有性。黑格尔强调："通行于各种特殊科学

---

① 黑格尔:《哲学史讲演录》第 1 卷,贺麟、王太庆译,生活·读书·新知三联书店,1956,第 41 页。
② 黑格尔:《哲学史讲演录》第 1 卷,贺麟、王太庆译,生活·读书·新知三联书店,1956,第 11 页。
③ 黑格尔:《哲学史讲演录》第 1 卷,贺麟、王太庆译,生活·读书·新知三联书店,1956,第 15 页。
④ 黑格尔:《哲学史讲演录》第 1 卷,贺麟、王太庆译,生活·读书·新知三联书店,1956,第 24 页。
⑤ 黑格尔:《哲学史讲演录》第 1 卷,贺麟、王太庆译,生活·读书·新知三联书店,1956,第 25 页。
⑥ 黑格尔:《哲学史讲演录》第 1 卷,贺麟、王太庆译,生活·读书·新知三联书店,1956,第 24 页。
⑦ 黑格尔:《哲学史讲演录》第 1 卷,贺麟、王太庆译,生活·读书·新知三联书店,1956,第 32 页。

之中,并构成其材料的最后支柱的思维形式,以及观点和原则,并不是它们所特有的,而是一个时代和一个民族的文化一般所共同具有的。这文化一般是由共同的观念和目的以及支配意识和生活的特定的精神力量所构成。"①也就是说,作为把握世界的基本方式,哲学思维具有民族思维的"共有性",是该民族共同遵守的思维的"格"。

依据以上标准,黑格尔认为哲学并不神秘:"哲学的特点,就在于研究一般人平时所自以为很熟悉的东西。一般人在日常生活中,不知不觉间曾经运用并应用来帮助他生活的东西,恰好就是他所不真知的,如果他没有哲学的修养的话。"②换句话说,若从现实生活考察,从对日常生活要素的反思开始即有了哲学。当然,"一个民族的精神文明必须达到某种阶段,一般地才会有哲学。亚里士多德曾说过:'首先要生活上的需要得到满足,人们才开始有哲学思想。'"③以此为尺度的哲学史研究就必须抓住这种对常识、生活普遍性的关注并实现超越,"因为历史里面有意义的成分,就是对于'普遍'的关系和联系。"④"哲学史上的事实和活动有这样的特点,即:人格和个人的性格并不十分渗入它的内容和实质……在哲学史里,它归给特殊个人的优点和功绩愈少,而归功于自由的思想或人之所以为人的普遍性格愈多,这种没有特异性的思想本身愈是创造的主体,则哲学史就写得愈好。"⑤

依据上述标准,黑格尔还分析了哲学的产生所包括的两种情况:一是哲学的一般产生,一是某特殊哲学的产生。作为一般的产生,即:"哲学作为一个时代的精神的思维和认识,无论是怎样先验的东西,本质上

---

① 黑格尔:《哲学史讲演录》第 1 卷,贺麟、王太庆译,生活·读书·新知三联书店,1956,第 58 页。
② 黑格尔:《哲学史讲演录》第 1 卷,贺麟、王太庆译,生活·读书·新知三联书店,1956,第 25 页。
③ 黑格尔:《哲学史讲演录》第 1 卷,贺麟、王太庆译,生活·读书·新知三联书店,1956,第 53 页。
④ 黑格尔:《哲学史讲演录》第 1 卷,贺麟、王太庆译,生活·读书·新知三联书店,1956,第 11 页。
⑤ 黑格尔:《哲学史讲演录》第 1 卷,贺麟、王太庆译,生活·读书·新知三联书店,1956,第 7 页。

却也是一种产物;思想是一种结果,是被产生出来的,思想同时是生命力、自身产生其自身的活动力。这种活动力包含有否定性这一主要环节,因为产生也是消灭。当哲学自身产生出来时,是以自然的阶段作为它加以否定的出发点的。哲学是在这样一个时候出发:即当一个民族的精神已经从原始自然生活的蒙昧混沌境界中挣扎出来了,并同样当它超出了欲望私利的观点,离开了追求个人目的的时候。精神超出了它的自然形态,超出了它的伦理风俗,它的生命饱满的力量,而过渡到反省和理解。其结果就是它攻击并摇动了现实的生活方式、伦理风俗和传统信仰。因而出现了一段破坏的时期。再进一步于是思想又集中向内。我们可以说,当一个民族脱离了它的具体生活,当阶级地位发生了分化和区别,而整个民族快要接近于没落,内心的要求与外在的现实发生了裂痕,而旧有的宗教形式已不复令人满足,精神对它的现实生活表示漠不关心,或表示厌烦与不满,共同的伦理生活因而解体时,——哲学思想就会开始出现。"①至于哲学的特殊产生,则应据不同哲学的具体时代而论,这就是黑格尔和马克思都十分强调的"哲学是时代精神的精华"之说。

(二) 文德尔班:哲学的涵义经受着本质的变化

黑格尔关于哲学的存在性标准只表明黑格尔的哲学观。而在哲学发展史上,不同哲学观导致的不同哲学史认定是多样的。文德尔班是德国著名的新康德主义哲学家,是新康德主义弗赖堡学派的创始人。《哲学史教程》是他的一部用文化哲学思维方法研究哲学的颇有影响的哲学史著作,并以哲学问题和哲学概念的形成和发展史为线索研究哲学的历史发展。

由于《哲学史教程》"是一部严肃的教科书"②,而"教科书不是提出研究本身,而是把研究的成果集中起来"③。因此,我们可以从其叙述方法

---

① 黑格尔:《哲学史讲演录》第1卷,贺麟、王太庆译,生活·读书·新知三联书店,1956,第53—54页。
② 文德尔班:《哲学史教程》上卷,罗达仁译,商务印书馆,1997,第3页。
③ 文德尔班:《哲学史教程》上卷,罗达仁译,商务印书馆,1997,第30页。

中去发现其哲学观及相应的哲学史研究方法。这种哲学观及研究方法，如果从其对黑格尔等的哲学批判中考察，即可发现这是另一种哲学观及研究方法——文化哲学观及其研究方法。

文德尔班给自己提出的任务是"全面而精炼地描述欧洲哲学种种观念的演变，其目的在于表明：我们现在对宇宙和人生作科学的理解和判断所依据的原理原则，在历史发展过程中，由于什么动机，为人们所领悟并发展起来"①。这一任务决定了他的文化哲学观及其方法的一些特征：

（1）研究资料："研究的文史依据和传记、文献资料"②；"为了证实事实，哲学史必须进而对原始资料作细致而全面的检验。这些原始资料因时代的不同在透彻性和完整性方面也大相径庭"③；"在此我们特别感觉到的是信件中出现的偶尔词句的重要性，因为它们适合于更好地说明哲学历史发展中的个人因素。"④

（2）叙述方法："从逻辑内容方面说，或者从文化史方面说，或者从心理基础方面说。"⑤

（3）研究重点："着重点就放在从哲学的观点看最有分量的东西的发展上，即放在问题和概念的历史上。"⑥

（4）哲学根源："事实上，哲学的历史发展……不是单独依靠'人类'或者甚至'宇宙精神'的思维，而同样也依靠从事哲学思维的个人的思考、理智和感情的需要、未来先知的灵感，以及倏忽的机智的闪光"⑦；应该"注意哲学家的品格和私人关系"⑧。

（5）研究对象："确信这个问题要得到解决不能靠先天的逻辑结构，

① 文德尔班：《哲学史教程》上卷，罗达仁译，商务印书馆，1997，第3页。
② 文德尔班：《哲学史教程》上卷，罗达仁译，商务印书馆，1997，第3页。
③ 文德尔班：《哲学史教程》上卷，罗达仁译，商务印书馆，1997，第25页。
④ 文德尔班：《哲学史教程》上卷，罗达仁译，商务印书馆，1997，第26页。
⑤ 文德尔班：《哲学史教程》上卷，罗达仁译，商务印书馆，1997，第30页。
⑥ 文德尔班：《哲学史教程》上卷，罗达仁译，商务印书馆，1997，第3—4页。
⑦ 文德尔班：《哲学史教程》上卷，罗达仁译，商务印书馆，1997，第20页。
⑧ 文德尔班：《哲学史教程》上卷，罗达仁译，商务印书馆，1997，第5页。

而只能靠对事实作全面的,毫无偏见的调查研究。"①

　　文德尔班对自己的文化哲学观及其方法有一种自我认定,强调这是一种"纲领式的批判方法"②。这种文化哲学观及其方法,一方面是"强调了考虑文化史和个别科学问题的重要性"③。"因此在哲学史中,除开对于对象的基本特性有经常性的依赖性(内在联系因素)以外,起作用的还有从文化史中或从当代的文化现状中产生的一种必然性,此必然性说明了:为什么思维结构本身的历史存在权利不是持久不变的。"④来自文化史的影响限制着对哲学问题的提出和解决,并在多数情况下解释了对于理解历史发展非常重要的极端有趣的现象,即问题的复杂性或问题的相互交织。另一方面是"建立一些原则,据此对个别学说作出批判性的哲学评价。哲学史,像所有历史一样,是一门批判的科学。它的职责不只是记录和阐述,而且还是,当我们认识和理解历史发展过程时,我们要估计什么可算作历史发展中的进步和成果。没有这种批判观点,就没有历史。一个历史学家是否成熟,其根据就在于他是否明确这种批判观点。因为如果不是这样,在选材和描述细节时他就只能按本能从事而无明确的标准"⑤。

　　这种方法是从对"哲学"的重新界定开始的。在他看来,"哲学"的内涵是随时代而演进的,从最初的"追求智慧",到"哲学"获得"科学"的意义,使"一般哲学"成为"我们认识'现存'事物的井井有条的思想工作,而个别'哲学'指的是特殊科学,在这些特殊科学里我们要研究和认识的是现存事物的个别领域"⑥。他还认为,"同'哲学'一词的上述第一种理论意义很早就结合在一起的是第二种理论意义",即"不仅使有关人的天职和使命问题变得愈来愈有必要作科学的调查研究,而且使有关正当的生

① 文德尔班:《哲学史教程》上卷,罗达仁译,商务印书馆,1997,第4页。
② 文德尔班:《哲学史教程》上卷,罗达仁译,商务印书馆,1997,第5页。
③ 文德尔班:《哲学史教程》上卷,罗达仁译,商务印书馆,1997,第28页。
④ 文德尔班:《哲学史教程》上卷,罗达仁译,商务印书馆,1997,第23页。
⑤ 文德尔班:《哲学史教程》上卷,罗达仁译,商务印书馆,1997,第28页。
⑥ 文德尔班:《哲学史教程》上卷,罗达仁译,商务印书馆,1997,第8页。

活行为的教导成为首要目标,最终成为哲学或科学的主要内容。因此,希腊化时期的哲学便获得了基于科学原则的生活艺术的实践意义"①。也正是在这里,"哲学的涵义就经受着本质的变化。"②而到了"18世纪的哲学像希腊哲学一样,确信它能胜任这项任务,并认为它的权利和义务是向人们阐明事物真相,并从这种认识的高度去处理个人生活和社会生活"③。"与此相联的是康德所谓的哲学的宇宙的概念——哲学在生活实践方面的使命。"④

依据上述对哲学的重新定义,文德尔班对哲学进行了一些具体界定:"哲学"一词的涵义在时间的进程中变化多端,从历史的比较中要想获得哲学的普遍概念是不现实的;追求历史方法是所有哲学不变的特征,但公认的历史方法却没有;哲学对于其他科学之间没有一种亘古不变的固定关系,而且,二者的互相作用是一种促进还是妨碍,取决于哲学处理包括在特殊科学中的问题时为解决问题贡献出的有价值的因素;哲学对于其他文化活动的关系并不比哲学对各门科学的关系更不密切,哲学对一般文化的关系既是"受"的关系,也是"给"的关系;有了近代哲学,各特殊民族的特性才开始表现出决定性的影响。

在对哲学进行新的界定以后,文德尔班提出了一个更为深刻的问题:"把思维产物与历史性的研究和阐述结合起来,还有什么意义呢?"⑤为解决这个问题,文德尔班从以下思维路径展开论述。

第一,从不同学科的划分中提出哲学的时代性。他强调哲学问题与哲学史的情况不同于其他任何科学。因为对其他任何科学来说,研究领域至少是固定的;但是哲学没有这种各时期都共有的对象,哲学的"历史"表现不出朝着有关对象的知识不断前进和逐渐接近。相反,哲学的

---

① 文德尔班:《哲学史教程》上卷,罗达仁译,商务印书馆,1997,第8页。
② 文德尔班:《哲学史教程》上卷,罗达仁译,商务印书馆,1997,第9页。
③ 文德尔班:《哲学史教程》上卷,罗达仁译,商务印书馆,1997,第11页。
④ 文德尔班:《哲学史教程》上卷,罗达仁译,商务印书馆,1997,第11页。
⑤ 文德尔班:《哲学史教程》上卷,罗达仁译,商务印书馆,1997,第16页。

每一伟大体系一开始着手解决的都是新提出的问题,好像其他哲学体系几乎未曾存在过一样。所以,"每一种哲学,向着某一方向,以某一种方式,在或大或小的广阔的领域里,力图将世界上和生活中直接表现出的材料用概念明确地表达出来;就这样,在这些艰苦尝试的历史过程中,理智生活和精神生活的结构也就逐步地显露出来了。"①

第二,正是由于哲学的这种意义,哲学史具有了必要性。所以,"这也是为什么哲学史知识是必需的,不仅是对于所有的学术教育是必需的,而且对于无论何种文化也是必需的原因。因为哲学史告诉我们,概念和形式是怎样创造出来的;我们大家在日常生活中以及在各特殊科学中,都用这些概念和形式去思维、去判断我们的经验世界。"②所以,"哲学问题是人的头脑不能逃避的问题。"③

第三,哲学受制于文化或文明。在这里,文德尔班特别分析了哲学与文明形态的关系,并以此来批判黑格尔主义。他认为"内在联系的线在哲学史上经常被打断。特别是问题本身出现的历史次序,差不多完全缺乏这样一种内在的逻辑必然性。相反,在此,另一种因素突出来了,这种因素最好称为来自文明史的因素。因为哲学,从时代的一般意识的观念和从社会需要获得问题,也获得解决问题的资料。各特殊科学的重大战果和新产生的问题,宗教意识的发展,艺术的直观,社会生活和政治生活中的革命,——所有这些都不定期地给予哲学以新的动力,并限制哲学兴趣的方向;此兴趣时而突出这些问题,时而突出那些问题,并暂时把另一些问题排斥在一边;所有这些也同样限制着问题和答案在历史进程中所经受的种种变化。在这种依赖性表现得特别明显的地方,在某种条件下,我们就发现有某种哲学体系出现,它准确地代表着特定时代对自我的正确认识;或者我们可能发现,存在于时代的一般文化中的种种矛

---

① 文德尔班:《哲学史教程》上卷,罗达仁译,商务印书馆,1997,第18页。
② 文德尔班:《哲学史教程》上卷,罗达仁译,商务印书馆,1997,第18页。
③ 文德尔班:《哲学史教程》上卷,罗达仁译,商务印书馆,1997,第21页。

盾明显地在哲学体系斗争中显露出来"①。

第四,哲学与哲学家个人因素具有极大关联。他强调,哲学历史进程之所以形形色色,多种多样,是由于这样一种情况:"观念的发展以及一般信仰成为抽象的概念,都只有通过个别人物的思维才能完成;而这些个别人物,虽然他们的思想深深地扎在该历史时期的逻辑联系和流行观念之中,然而他们总用他们自己的个性和生活行为添上某种特殊因素。"②"所以很清楚,上述问题的复杂性之所以产生,在更大程度上,是由于个别哲学家所处的主观状态,而不是由于表现于一个时代、一个民族以及诸如此类的一般意识中的种种原因。没有一种哲学体系脱离得了它的创始人的这种品格方面的影响。因此,所有的哲学体系都是个性的创造物。在这方面哲学与艺术作品有某种相似之处,而且也必须从创始人品格的观点来作如是的理解。每个哲学家的世界观的要素产生于永远不变的现实问题,也产生于旨在解决这些问题的理性;但除此之外,还产生于他的人民、他的时代的观点和理想。然而,体系中的结构、布局、关联和评价都受限于哲学家的出身、教育、活动、生活命运、品格和经验。因此,在这里,其他两种因素的普遍有效性往往不见了。在这些纯属个人的创作中,美感必然代替了永恒知识的价值,而哲学史上许多杰出人物使人印象深刻事实上完全出于他们的'理念诗'的魅力。"③

第五,直接提出哲学史的科学性质。他认为,哲学史研究要完成下列任务:"(1)准确地证实从各个哲学家的生活环境、智力发展和学说的可靠资料中可以推导出什么东西来;(2)从这些事实,重建出创始的发展过程,以便就每个哲学家来说,我们可能了解他的学说哪些来自前人的学说,哪些来自时代的一般观念,哪些来自他自己的性格和所受的教育;(3)从考虑全局出发来估计,这样创立的、根据根源来阐述的这些理论对于哲学史总的成果来说,具有多大价值。关于前两点,哲学史是语文——

---

① 文德尔班:《哲学史教程》上卷,罗达仁译,商务印书馆,1997,第22—23页。
② 文德尔班:《哲学史教程》上卷,罗达仁译,商务印书馆,1997,第24页。
③ 文德尔班:《哲学史教程》上卷,罗达仁译,商务印书馆,1997,第24页。

历史的科学,关于第三个因素,哲学史是批判—哲学的科学。"①

第六,把哲学问题分为理论问题、实践问题。由此也就把哲学史的划分与通常流行的政治史的划分区别开来。因为按照哲学发展的性质一定还可以找到其他一样重要的分段法。于是他划分为希腊哲学、希腊化—罗马哲学、中世纪哲学、文艺复兴时期哲学、启蒙时期哲学、德国哲学、19 世纪哲学。

(三)罗素:哲学是社会生活与政治生活的组成部分

应该说,文德尔班的文化哲学观及其方法给我们研究哲学,特别是从文化哲学层面研究哲学提供了必要的理论参照,向我们打开了另一片哲学史研究的广阔天地。然而,除此之外,我们还可看到另一些有影响的哲学观及其研究方法,如在《西方哲学史》中,罗素阐明了自己的哲学史观,并强调与唯物史观的关系,即认为:"我个人并不原封不动地承认这个论点,但是我认为它里面包含有极重要的真理成分,而且我意识到这个论点对本书中叙述的我个人关于哲学发展的见解有了影响。"②事实上,把哲学看成是文化的一部分,并强调决定哲学的多因素,的确与唯物史观相应。不过,他误解了唯物史观,认为"马克思的唯物论实际上成了经济学"③。

罗素哲学史观的重点是特别强调了一种对哲学的特殊界定,即根据哲学问题来界定,认为"事情的真相其实颇简单。大家习惯上所说的'哲学',是由两种极不同的要素组成的。一方面,有一些科学性的或逻辑性的问题,这些问题能够用一般人意见一致的方法处理。另一方面,又有一些为很多人热烈感兴趣、而在哪一方面都没有确实证据的问题。后一类问题中有一些是不可能超然对待的实际问题"④。

根据这一界定,罗素特别强调哲学与文化背景的关系,强调"哲学,

① 文德尔班:《哲学史教程》上卷,罗达仁译,商务印书馆,1997,第 25 页。
② 罗素:《西方哲学史》下卷,马元德译,商务印书馆,1997,第 340 页。
③ 罗素:《西方哲学史》下卷,马元德译,商务印书馆,1997,第 339 页。
④ 罗素:《西方哲学史》下卷,马元德译,商务印书馆,1997,第 342 页。

从远古以来，就不仅是某些学派的问题，或少数学者之间的论争问题。它乃是社会生活的一个重要部分，我就是试图这样来考虑它的。如果本书有任何贡献的话，它就是从这样一种观点得来的"①。"哲学乃是社会生活与政治生活的一个组成部分：它并不是卓越的个人所作出的孤立的思考，而是曾经有各种体系盛行过的各种社会性格的产物与成因。"②据此，他认为，"就造成哲学家们的时代而言，以及哲学家们对于其形成也与有力焉的那些时代而言"，对哲学家哲学的产生有巨大的影响，如"经院哲学的大时代乃是 11 世纪改革的产物，而这些改革又是对于前一个时期的颓废腐化的反作用。如果对于罗马灭亡与中古教权兴起之间的那几个世纪没有一些知识的话，就会难于理解十二三世纪知识界的气氛。"③"如果没有关于希腊化时代的一些知识，就没有人能够理解斯多葛派和伊壁鸠鲁派，如果不具备一些从第五世纪到第十五世纪基督教发展的知识，就不可能理解经院哲学。"④所以他认为，"若想对哲学家有同情的理解时，有必要加以叙述的一般历史。"⑤据此，他在安排哲学史的内容时，都对哲学的时代给予了相当的关注，如在讲柏拉图哲学时，对"斯巴达的影响"即作了专门研究；"为理解文艺复兴运动，有必要先简单回顾一下意大利的政治情势。"⑥在描述中世纪哲学时"要触及较多的教会史和政治史"，虽然"也许这些历史与哲学思想发展的关系不是那么直接明显"；在描述近现代哲学时，自由主义、浪漫主义也作为文化背景来处理，"因为这种观点乃是我们眼下要涉及的一段时期中大部分哲学思想的文化背景。"⑦所以，"在适当处理当前课题的同时，叙述一番有关这些人物

---

① 罗素：《西方哲学史》上卷，何兆武、李约瑟译，商务印书馆，1997，第 9 页。
② 罗素：《西方哲学史》上卷，何兆武、李约瑟译，商务印书馆，1997，第 5 页。
③ 罗素：《西方哲学史》上卷，何兆武、李约瑟译，商务印书馆，1997，第 5 页。
④ 罗素：《西方哲学史》上卷，何兆武、李约瑟译，商务印书馆，1997，第 9 页。
⑤ 罗素：《西方哲学史》上卷，何兆武、李约瑟译，商务印书馆，1997，第 5 页。
⑥ 罗素：《西方哲学史》下卷，马元德译，商务印书馆，1997，第 8 页。
⑦ 罗素：《西方哲学史》下卷，马元德译，商务印书馆，1997，第 213 页。

以及其时代的重要事实乃是不可缺少的"①,如在研究马克思的哲学时,特别强调了马克思主义产生的文化背景,像马克思"生于特里尔,特里尔在法国大革命和拿破仑时代曾受到法国人很深的影响,在见解方面世界主义色彩比德意志大部分地区浓厚得多";"他通过恩格斯得以了解到英国的劳工状况和英国的经济学。他因而在 1848 年革命以前得到了一种异常国际性的修养。就西欧而论,他毫不表露民族偏见。对于东欧可不能这么讲,因为他素来是轻视斯拉夫人的。"②这使马克思主义本身具有了世界性。

但是,时代背景的分析并没有使他只见树木不见森林,而是统分结合,如既认为各自与时代的关系,强调"可以说直到亚里士多德为止的希腊哲学表现城邦制所特有的思想情况;斯多葛哲学适合世界性的专制政治;经院哲学是教会组织的精神表现;从笛卡尔以来的哲学,或者至少说从洛克以来的哲学,有体现商业中产阶级偏见的倾向;马克思主义和法西斯主义是近代工业国家所特有的哲学。我觉得,这一点既真实也很重要"③。又从宏观的角度进行系统评述,像强调"现代的欧洲和美洲因而在政治上和意识形态上分成了三个阵营。有自由主义者,他们在可能范围内仍信奉洛克或边沁,但是对工业组织的需要作不同程度的适应。有马克思主义者,他们在俄国掌握着政府,而且在其他一些国家很可能越来越有势力。这两派意见从哲学上讲相差不算太远,两派都是理性主义的,两派在意图上都是科学的和经验主义的。但是从实际政治的观点来看,两派界线分明。""在政治上以纳粹党和法西斯党为代表的第三派现代见解,从哲学上讲同其他两派的差异比那两派彼此的差异深得多。这派是反理性的、反科学的。它的哲学祖先是卢梭、费希特和尼采。这一派强调意志,特别是强调权力意志;认为权力意志主要集中在某些民族

---

① 罗素:《西方哲学史》上卷,何兆武、李约瑟译,商务印书馆,1997,第 382 页。
② 罗素:《西方哲学史》下卷,马元德译,商务印书馆,1997,第 337 页。
③ 罗素:《西方哲学史》下卷,马元德译,商务印书馆,1997,第 340 页。

和个人身上,那些民族和个人因此便有统治的权利。"①同时,他还从自由主义与浪漫主义区分的角度进行了评论。

此外,依据与文化背景的联系,他特别强调应承认历史上出现的各哲学家的价值与意义:"假使谁认为全部哲学仅仅是不合理的偏见的表现,他便不会从事哲学的研究。"②这就是承认哲学史上诸哲学的真理性!

罗素还特别分析了影响哲学的两方面因素,即强调"'哲学的'人生观与世界观乃是两种因素的产物:一种是传统的宗教与伦理观念,另一种是可以称之为'科学的'那种研究,这是就科学这个词的最广泛的意义而言的。至于这两种因素在哲学家的体系中所占的比例如何,则各个哲学家大不相同;但是唯有这两者在某种程度上同时存在,才能构成哲学的特征"③。

就哲学的具体学术论域而言,他认为"哲学……乃是某种介乎神学与科学之间的东西。它和神学一样,包含着人类对于那些迄今仍为确切的知识所不能肯定的事物的思考;但是它又像科学一样是诉之于人类的理性而不是诉之于权威的,不管是传统的权威还是启示的权威"。他强调一切确切的知识都属于科学,一切涉及超乎确切知识之外的教条都属于神学,介于神学与科学之间且受双方攻击的无人之域就是哲学;思辨的心灵所最感兴趣的一切问题,几乎都是科学所不能回答的问题,而神学家们信心百倍的答案也不再像它们在过去的世纪里那么令人信服了,因此,"对于这些问题的研究……就是哲学的业务了。"这些问题如:(1)世界是分为心和物吗?如果是这样,那么心是什么?物又是什么?心是从属于物的吗?还是它具有独立的能力呢?(2)宇宙有没有任何的统一性或者目的呢?它是不是朝着某一个目标演进的呢?(3)究竟有没有自然律呢?还是我们信仰自然律仅仅是出于我们爱好秩序的天性呢?(4)人是不是天文学家所看到的那种样子,是由不纯粹的碳和水化合成

---

① 罗素:《西方哲学史》下卷,马元德译,商务印书馆,1997,第345页。
② 罗素:《西方哲学史》下卷,马元德译,商务印书馆,1997,第340页。
③ 罗素:《西方哲学史》上卷,何兆武、李约瑟译,商务印书馆,1997,第11页。

的一块微小的东西,无能地在一个渺小而又不重要的行星上爬行着呢?还是他是哈姆雷特所看到的那种样子呢? 他同时是两者吗? (5)有没有一种生活方式是高贵的,而另一种是卑贱的呢? 还是一切的生活方式全属虚幻无谓呢? 假如有一种生活方式是高贵的,它所包含的内容又是什么? 我们又如何能够实现它呢? (6)善,为了能够受人尊重,就必须是永恒的吗? 或者说,哪怕宇宙是坚定不移地趋向于死亡,它也还是值得加以追求的吗? (7)究竟有没有智慧这样一种东西,还是看来仿佛是智慧的东西,仅仅是极精炼的愚蠢呢?"对于这些问题,在实验室里是找不到答案的。各派神学都曾宣称能够作出极其确切的答案,但正是他们的这种确切性才使近代人满腹狐疑地去观察他们。"①

与对哲学的界定相联系,罗素认为评价哲学家的贡献也应有独特的标准,即"给予一个哲学家的地位,往往并不就是他的哲学的优异性所应得的地位",他以斯宾诺莎、洛克为例,认为"斯宾诺莎是比洛克更伟大的哲学家,但是他的影响却小得多",有些人"虽然在学术的意义上完全不是什么哲学家,但是他们却是如此深远地影响了哲学思潮的气质,以至于如果忽略了他们,便不可能理解哲学的发展";有些"纯粹的行动家们有时也具有很大的重要性",如"很少哲学家对于哲学的影响之大是能比得上亚力山大大帝、查理曼或者拿破仑的"②等。正是在这个层面,他特别强调"哲学家们既是果,也是因。他们是他们时代的社会环境和政治制度的结果,他们(如果幸运的话)也可能是塑造后来时代的政治制度信仰的原因"。他的目的就是要"在真相所能容许的范围内","试图把每一个哲学家显示为他的环境的产物,显示为一个以笼统而广泛的形式,具体地并集中地表现了以他作为其中一个成员的社会所共有的思想与感情的人。"③

这种哲学观直接影响了罗素对于哲学史史料的筛选,并确立了"大

① 罗素:《西方哲学史》上卷,何兆武、李约瑟译,商务印书馆,1997,第11—12页。
② 罗素:《西方哲学史》上卷,何兆武、李约瑟译,商务印书馆,1997,第5—6页。
③ 罗素:《西方哲学史》上卷,何兆武、李约瑟译,商务印书馆,1997,第8—9页。

刀阔斧的选择原则"：一是注意对一些人物作简略处理，即"把那些我以为似乎不值得详尽处理的人物（除了极少数的例外）完全略过不提"；二是关注那些"看来是与他们的生气以及他们的社会背景有关的东西"，"甚至于把某些本身无关重要的细节也记录下来，只要我认为它们足以说明一个人或者他的时代。"①

罗素还特别强调了一种哲学史的叙述方法问题，这就是由一个个有思想统一性的人来叙述，认为"许多作者的合作是有其缺点的。如果在历史的运动中有任何统一性，如果在前后所发生的事件之间有任何密切联系，那么，为了把它表述出来，对前后不同时代所发生的事情就应在一个人的思想中加以综合"②。他的"目的正是要显示这样的关系，而这一目的只有通过进行广泛范围的考察才能完成"③。据此，罗素强调哲学史家应是哲学家，强调"自从人类能够自由思考以来，他们的行动在许多重要方面都有赖于他们对于世界与人生的各种理论，关于什么是善什么是恶的理论"，而"要了解一个时代或一个民族，我们必须了解它的哲学；要了解它的哲学，我们必须在某种程度上自己就是哲学家。这里就有一种互为因果的关系，人们生活的环境在决定他们的哲学上起着很大的作用，然而反过来他们的哲学又在决定他们的环境上起着很大的作用。这种贯穿着许多世纪的交互作用就是本书的主题"④。

关于哲学的必要性，罗素强调："科学告诉我们的是我们所能够知道的事物，但我们所能够知道的是很少的；而我们如果竟忘记了我们所不能知道的是何等之多，那么我们就会对许多极重要的事物变成麻木不仁了。另一方面，神学带来了一种武断的信念，说我们对于事实上我们是无知的事物具有知识，这样一来就对于宇宙产生了一种狂妄的傲慢。在鲜明的希望与恐惧之前而不能确定，是会使人痛苦的；可是如果在没有

① 罗素：《西方哲学史》上卷，何兆武、李约瑟译，商务印书馆，1997，第6页。
② 罗素：《西方哲学史》上卷，何兆武、李约瑟译，商务印书馆，1997，第8页。
③ 罗素：《西方哲学史》上卷，何兆武、李约瑟译，商务印书馆，1997，第8页。
④ 罗素：《西方哲学史》上卷，何兆武、李约瑟译，商务印书馆，1997，第12页。

令人慰藉的神话故事的支持下，我们仍希望活下去的话，那么我们就必须忍受这种不确定。无论是想把哲学所提出的这些问题忘却，还是自称我们已经找到了这些问题的确凿无疑的答案，都是无益的事。教导人们在不能确定时怎样生活下去而又不致为犹疑所困扰，也许这就是哲学在我们的时代仍然能为学哲学的人所作出的主要事情了。"①

（四）列宁：人民的创作反映了各个时代他们的世界观

列宁的哲学观具有多层面的意义，其总体精神是强调哲学史是人类的一般认识或整个人类认识的历史。但列宁的界定必须结合两方面的前提来思考：一方面是强调概念、范畴的意义，即："从逻辑的一般概念和范畴的发展和运用的观点出发的思想史——这才是需要的东西！"②另一方面则强调"哲学的历史，各门科学的历史、儿童智力发展的历史……简单地说，就是整个认识的历史，这些就是认识论和辩证法应当从中形成的知识领域"③。前者强调哲学的理论性，后者强调哲学表现形式的多样性。据此可知，研究哲学史、思想史都必须涉及整个人类认识的领域。以此为基础，列宁阐述了对民族民间哲学研究的必要性及方法，并成为可以引领我们进行哲学史研究的另一重要理论范式。故他在论口头文学时即强调口承文化也是哲学的重要表现形式，因为这也是人类认识领域之重要组成部分："许多世纪以来，人民的创作反映了各个时代他们的世界观。"④而研究他们的这种世界观，了解他们的真正历史，揭示其中最重要的内容，即其中"都有一些民主主义的和社会主义的即使是不发达的文化成分"⑤，"最重要的，那就是不要忘记基本的历史联系，考察每个问题都要看某种现象在历史上怎样产生，在发展中经过了哪些主要阶

---

① 罗素：《西方哲学史》上卷，何兆武、李约瑟译，商务印书馆，1997，第 12—13 页。
②《列宁全集》第 55 卷，人民出版社，1990，第 148 页。
③《列宁全集》第 55 卷，人民出版社，1990，第 302 页。
④ 邦奇—布鲁耶维奇：《列宁论民间口头文学》，刘辽逸等译，载中国民间文艺研究会编《苏联民间文学论文集》，作家出版社，1958，第 6 页。
⑤《列宁选集》第 2 卷，人民出版社，1995，第 336 页。

段,并根据它的这种发展去考察这一事物现在是怎样的。"①本着这一精神,列宁还曾批判了一种错误倾向:"这是令人惊讶的事情,我们的学者,所有讲师和教授们,就会研究那些哲学小册子,研究那些突然想过哲学瘾的冒牌知识分子写的毫无意义的文章。其实,这②才是真正的人民创作,可是他们忽视它,没有人知道它,谁对它也不发生兴趣,也不写文章评述它。不久前我翻阅了一下考鲁包夫斯基的俄国哲学史目录以及他的俄国哲学图书目录。那里应有尽有。俄国哲学家的著作的书单子一指厚,洋洋大观,可是富有人民哲学思想的作品书目却一点也没有。要知道,这比起我们许许多多的资产阶级知识分子出生的哲学家的所谓'哲学的'胡说八道要有趣得多。难道马克思主义的哲学家之中竟找不到一个愿意研究这一切和对这一切写出有系统的论文的人吗? 这件事情必须做。因为许多世纪以来,人民的创作反映了各个时代他们的世界观。"③从这里不难看出:第一,劳动人民的口头文艺创作(即通常所说的口承文化)是劳动人民世界观的反映。所以,应该作为哲学世界观来加以研究。第二,不同时代劳动人民的口头创作反映的是不同时代的劳动人民的世界观及相应的社会生活,应加以断代的、历史的研究。第三,无产阶级的、马克思主义的哲学家和理论研究工作者有责任和义务对这种哲学世界观加以系统研究,这是一个历史任务。总之,列宁的论述,也可为我们研究中国少数民族哲学史提供理论依据。

综上所述,依据上述不同的哲学观,人们在研究历史上的各种哲学时,特别是在研究哲学史时就会形成不同的哲学史系统。黑格尔重视概念的逻辑系统,文德尔班重视哲学的思想观念系统,罗素重视哲学是文化的一部分,列宁则强调两种哲学传统,前三者都写出了自己的哲学史专著。黑格尔根据自己的标准在《哲学史讲演录》中事实上形成了欧洲

---

① 《列宁选集》第4卷,人民出版社,1995,第26页。

② 指列宁谈到的无名作者的手抄作品,说到底就是民间文学作品。

③ 邦奇—布鲁耶维奇:《列宁论民间口头文学》,刘辽逸等译,载中国民间文艺研究会编《苏联民间文学论文集》,作家出版社,1958,第5—6页。

哲学中心论,对中国哲学有相当的否定;文德尔班的《哲学史教程》与罗素的《西方哲学史》则以其特有的方式获得了成功。若是列宁也写出了一部哲学史,又会是一种什么情形呢? 20 世纪 80 年代以后在中国大陆出版了多部不同的《中国哲学史》,都体现着自己的哲学及哲学史观。而笔者在研究中国少数民族哲学史时,便综合学习了不同的哲学史观,而上述四种哲学史观及其哲学史研究成果的影响又更为突出。

二、中国少数民族哲学史的内生与外生

在中国,无论是学术史还是政治史,"少数民族哲学"都是一个全新的概念和话语系统,说它"全新",是因为虽然早在 20 世纪 30 年代已有"民族哲学"概念的提出及"民族哲学"专著的问世,但是没有产生大的影响;20 世纪 50 年代苏联出版的《苏联各民族哲学及社会思想史》一书被译成中文,也没有在国内产生大的影响,更没有形成"少数民族哲学"或"民族哲学"这一概念与话语体系。直到 1979 年,在济南召开的全国哲学社会科学规划会上,才有少数民族学者蒙和巴图(蒙古族)、果吉宁哈(彝族)提出这一问题,尽管当时主要是从政治或道义层面提出时下的中国哲学史(通史性著作)中因没有"少数民族哲学"而成了"汉族哲学史",由于其中涉及民族平等的政治原则等尖锐问题,因而得到了有关方面的高度重视与积极回应。如 1979 年 6 月 28 日,《光明日报》即发表了邓祥的《建议重视我国少数民族的哲学思想研究》一文,强调"研究我国少数民族的哲学思想,是摆在哲学工作者面前的一项光荣而艰巨的任务,对于繁荣我国的学术,增强各民族之间的团结,是非常必要的";"无视或轻视少数民族的哲学思想,既不符合我国的历史实际,也不符合各族人民的愿望。"到了 20 世纪 80 年代,中国"少数民族哲学"问题得到了更为广泛的重视与回应。先是一些地方如内蒙古自治区成立了蒙古族哲学研究室、中国哲学史学会云南省分会积极开展了云南少数民族哲学思想研究,一些民族的哲学思想得到了学界重视,其中包括了各少数民族学者。特殊标志是 1981 年、1983 年,先后成立了"中国北方少数民族哲学及社

会思想史学会"和"中国南方少数民族哲学及社会思想史学会",尽管没有直接称为"中国少数民族哲学史学会"而显得自信心不足,但两个学会的成立本身,却使中国"少数民族哲学"进入了组织化研究阶段。1992年,南北方两个学会合并成立了"中国少数民族哲学及社会思想史学会",更进一步促进了中国"少数民族哲学"的研究。此后出版的《中国大百科全书·哲学卷》《哲学大辞典》等大型哲学工具书中都设立有中国少数民族哲学的条目,中国"少数民族哲学"正式成了一个全新的学术概念与研究方向。到2009年,学会已动议改名为"中国民族哲学研究会","民族哲学"的概念自20世纪30年代在中国提出并体现于著作中后,终于在80多年后的21世纪第一个十年得到了组织化回应,反映出中国少数民族哲学研究已进入了新的境界,同时也说明多元化哲学世界的精神诉求已成为时代的大趋势。

但是,研究中国少数民族哲学毕竟是一种后发的科学研究活动,在某种程度上说,这种研究从一开始就自觉或不自觉地受到了先发哲学研究的制约,这种制约尤其是表现在中国少数民族哲学研究中形成了多重"格义"——"格义是一种类比理解的方法,是个哲学概念。'格'有'比较'或'度量'的意思,'义'的含义是'名称''项目'或'概念'。顾名思义,就是用比较和类比的方法来解释和理解跨文化背景的概念。"①颇类中国古代的"重译来朝"一般。第一重是把西方哲学的概念、方法、思维方式、话语系统等,或直接或间接地"中国化";第二重则是把那种"中国化"的东西,无论是传统的或现代的东西都再进行"少数民族化",并更进一步具体到某一个中国少数民族文化中。问题在于,所有这种"化"都已经"长迁而不反其初"②了,特别是用现代理念来译释少数民族的哲学概念、

① 王硕丰:《"格义"与"合儒"》,载赵建敏主编《天主教研究论辑》第十辑,宗教文化出版社,2013,第253页。

②《荀子·不苟》:"夫诚者,君子之所守也,而政事之本也,唯所居以其类至。操之则得之,舍之则失之。操而得之则轻,轻则独行,独行而不舍,则济矣。济而材尽,长迁而不反其初,则化矣。"

话语、方法、思维方式,比如"苗族生成哲学认为宇宙万事万物都由'搜媚若''各薄港搜''玛汝务翠'三位一体有机结合生成。也就是说苗族生成哲学的宇宙观是:'千万事物同一理,事物生成共源根。头号重要搜媚若,第二是各薄港搜,第三是玛汝务翠,三条缺一不得生。'苗语,'搜媚若'相当于汉语的'能量',是第一位的;'各薄港搜'相当于汉语的'物质',是万物生成的基础;'玛汝务翠'相当于汉语的'结构',是万物生成的关键。"①很显然,如果没有原来苗语词汇作铺承,已经是十足的"现代性"了。这就提出了一个"格义"中的尖锐问题——如何不过度比较、阐释的问题。这种问题,不仅发生在"中西"之间,而且也发生在"汉少"之间,比如《西南彝志》的相分相配思想,在普遍性和抽象程度方面的提高,表现在概念上,就是对'父''母'这两个概念的抽象运用。在《西南彝志》的汉译本中,经常把'父母'译为'阴阳',即译者认为,《西南彝志》彝文的'父母'概念已具有汉文'阴阳'概念的哲学涵义了。如在第三卷《天地形成时的景况》篇中有两处把'父母'译为'阴阳'的。在此情况下,阳未上升,阴还未降时,在高天上,在大地上,天未产生福,地未产生禄,它是这样的。宇宙的东方,以哎阳为主;宇宙的西方,以哺阴为主。这两个地方的'阳'都是彝文(父)的汉语意译;'阴'都是彝文(母)的汉语意译,直译都应译为'父母'。在同卷的《叙哎哺根源》篇中也有如此的译法……译者认为彝文的'父母'与汉文的'阴阳'具有同样的哲学意义。这样做恰当吗? 我们认为,《西南彝志》中的'父母'概念确实比《梅葛》中的'雌雄'概念要更抽象一些,并且有了更为丰富的哲学涵义,但是它与汉文的'阴阳'概念还是有区别的。这种区别,一方面在于它还未完全脱离感性具体,另一方面在于它表现了彝族对立统一思想的民族特点。就后一方面来说,中原汉族古代哲学的'阴阳'概念,在很大程度上是渊源于日照的向阳与背阴,这就是《诗经·大雅·公刘》所说:'笃公刘,既溥

---

① 雷安平:《论苗族生成哲学"三位一体"的宇宙观》,《湘潭大学学报(哲学社会科学版)》1994 年第 3 期,第 49—51 页。

既长,既景乃冈,相其阴阳,观其流泉。'而彝族的对立统一观念主要渊源于动物的雌雄、人类的男女。因此,不应急于将彝文的'父母'等同于汉文的'阴阳',否则就会忽略了彝族思想史的特点。此外,本篇中有几处把'父母'译为'阴阳',在我们看来似乎不易理解。如:'清阳生美髻,浊阴戴华勒'。因为,'美髻'是彝族男子的发式,'华勒'是彝族女子的头饰,说阴阳生它、戴它,不易理解,但是,如直译为'清父美髻生,浊母华勒戴',就比较容易理解了。"①毫无疑问,这种"格义"造成了一定的"隔",比如在少数民族《易》学研究中,甚至把盘瓠与"羿射九日"神话、"接龙"与"椎牛合鼓"等民族风俗、端午节等民族节日、"刘三姐"等民族人物也都进行《易象》解释②,虽然说得"头头是道",但也的确太过"'易'化"! 对此,笔者曾有专文就这一倾向进行辩驳。③

上述这种情况即发生了研究中国少数民族哲学史或少数民族思想史的内生与外生问题,最核心的是是否按"哲学"来写出"中国少数民族哲学史""××族哲学史"。前辈学人冯友兰提供了处理"中国哲学史"的两种方案:其一是坚持以西方哲学为标准,来严格地筛选中国义理学史料,而获得"中国哲学史";其二是不必理会西方哲学,中国义理学我行我素,而获得"中国义理学史"④。如果我们坚持"中国少数民族哲学(思想)史的内生",则当然应按照中国少数民族传统来写。因为在中国哲学(思想)史上,早就有对前代学术思想成果进行总结性评述的学术(哲学或思想)史论著,《庄子·天下》《荀子·非十二子》《韩非子·显学》、司马谈《论六家要旨》、宗密《华严原人论》、朱熹《伊洛渊源录》,直到黄宗羲主编的《宋元学案》《明儒学案》,等等,都可算成是各自的学术(哲学或思想)史论著。唐宋以后,则更是形成了中国哲学(思想)史上的"道统"论,这

---

① 伍雄武、普同金:《彝族哲学思想史》,民族出版社 1998 年版,第 187 页。

② 江凌:《易学视野下的呈现——少数民族文化的另类解读之(1—18)》,《中国民族》系列文章。

③ 萧洪恩:《易学研究的纯化与泛化——中国少数民族易学研究问题申论》,《武汉大学学报(人文科学版)》2014 年第 4 期,第 15—22 页。

④ 参阅陈来:《世纪末"中国哲学"研究的挑战》,载《现代中国哲学的追寻》,人民出版社,2001,附录,第 350 页。

些事实说明,在中国学术思想史上形成了一种内生的中国哲学(思想)史观。虽然"这些论著,按不同的时代要求,从不同的思想角度,辨章学术,考镜源流,至今对哲学史研究仍有参考价值,但是由于古代社会分工和学术分类的局限,哲学还与其他非哲学的社会意识形态混沌未分,被包容在所谓'内圣外王之道''天人性命之学'的庞杂体系之中。哲学史还不可能成为独立的学术部门"①。如果坚持外生,则应走前一条路径。事实上,在 20 世纪的中国哲学史研究中,第一条路径几乎成了中国哲学界的普遍选择,因为"自我放弃、退出、拒绝""哲学"的做法,"既不合现代学科分类的时宜,亦迁就了西方哲学中心主义"②。虽然也有人认为中国没有"狭义的哲学"而应称作"中学"或"中国的古学"者③。在国外学界,被公认是当代最著名的哲学家之一的德里达(Jacques Derrida)即言:"说中国的思想、中国的历史、中国的科学等没有问题,但显然去谈这些中国思想、中国文化穿越欧洲模式之前的中国'哲学',对我来说则是一个问题。""哲学本质上不是一般的思想,哲学与一种有限的历史相联,与一种语言、一种古希腊的发明相联:它首先是一种古希腊的发明,其次经历了拉丁语与德语'翻译'的转化等,它是一种欧洲形态的东西,在西欧文化之外存在着同样具有尊严的各种思想与知识,但将它们叫作哲学是不合理的。"④海德格尔等人则通过"发现"东方的"思想"有补于西方"哲学"或"形而上学",思索以下的问题"是不是有朝一日一种'思想'的一些古老传统将在俄国和中国醒来,帮助人能够对技术世界有一种自由的关系

---

① 萧萐父:《中国哲学史方法论问题刍议》,载《吹沙集》,巴蜀书社,2007,第 361 页。
② 张立文:《〈朱陆之辩——朱熹陆九渊哲学比较研究〉序》,载彭永捷《朱陆之辩——朱熹陆九渊哲学比较研究》,人民出版社,2002,第 1 页。
③ 张祥龙:《从现象学到孔夫子》,商务印书馆,2001,第 190 页。
④ 德里达是在《书写与差异》中译本的"访谈代序"中,专门对中国读者说这番话的,所以非随口说出,而是经过了深思熟虑,且有很强的针对性。参见雅克·德里达:《书写与差异》,张宁译,生活·读书·新知三联书店,2001,第 9—10 页。

呢？我们之中有谁竟可对此作出断言吗？"①因此，关于中国哲学（思想）史的内生与外生的问题，就自然而然地成了一个问题。

显然，中国少数民族哲学史或思想史的研究也同样有这种内生与外生的问题。为了解决这个问题，我们力求在"内生"上用力，但不排除对"外生"的借鉴。自然，要完成这个任务是相当困难的。为此，笔者确立了以下原则：

第一，发扬前辈学人的"通"史家风，力求以一人之力，按照一个标准对全国55个少数民族哲学做一通观，并以汉族哲学、西方哲学作必要的参照，防止只见树木不见森林的情况。在这里，前述罗素的要求即强调："许多作者的合作是有其缺点的。如果在历史的运动中有任何统一性，如果在前后所发生的事件之间有任何密切联系，那么，为了把它表述出来，对前后不同时代所发生的事情就应在一个人的思想中加以综合。"②实际上，这也正是笔者所谋求努力做到的。为此，笔者在具体的研究实践中，即使在手头没有任何资料的情况下，也通过各种途径，其中包括用手抄录、注释、眉批，如此经历了近五年的努力，完成了对各民族哲学资料的初步搜集，并根据前述的各哲学史观确立了一个基本标准。自然，在研究过程中得到了不少前辈学人及时贤的强力指导，他们还都曾提出过宝贵的建议。

第二，积智先行，评述现有中国少数民族哲学研究成果。中国早期启蒙思想家方以智于《通雅·考古通说》（《通雅》卷首）中曾说："古今以智相积，而我生其后，考古所以决今，然不可泥古也。古人有让后人者……生今之世，承诸圣之表章，经群英之辩难，我得以坐集千古之智，折衷其间，岂不幸乎！"有鉴于此，笔者的研究即先从"积智"入手，结合笔者坚持的"以哲学史为核心的思想史研究"等方法，特别地在中国知网上

---

① 《"只还有一个上帝能救渡我们"——1966年9月23日〈明镜〉记者与海德格尔的谈话》，载北京大学外国哲学研究所编译：《外国哲学资料》第5辑，商务印书馆，1980，第159页，转引自俞宣孟：《本体论研究》，上海人民出版社，1999，第526页。

② 罗素：《西方哲学史》上卷，何兆武、李约瑟译，商务印书馆，1997，第8页。

对各民族现有研究成果做各民族的"主题"检索,了解各民族文化的研究范围、领域、问题及各民族文化关系。尽管不少民族都还没有直接地以"哲学"为题的研究成果,但根据传统中国哲学研究的实际并结合现当代哲学研究的领域,按照笔者研究各少数民族哲学的需要,然后把有关"哲学"及相关观念研究、伦理道德研究、生态思想研究、美学研究、宗教信仰研究、习惯法律研究、革命斗争史研究,以及文化内涵揭示,特殊文化现象探讨,社会形态、性质剖判等相关论文成果进行比对,再结合民族历史及已出版的五大集成、文化大观、各种文史资料进行评论,综其论点,评其得失,借以寻找自己立论的出发点,以阐明各民族哲学的形态特征、历史进程、主要内容、研究重点等,从而阐明各民族自身的"哲学"思想发展。

第三,坚持科学世界观的指导,以历史解释迷信,以科学精神反思历史,力求从各少数民族的"现实"文化情境理解其"现实"的哲学文化,实现"会当凌绝顶,一览众山小"的目标。例如,在现实生活中,毛南族、壮族、侗族、仫佬族等民族的居住习俗几乎完全相同,有学者甚至考证,仫佬族的自称仫佬、伶、谨即分别表现出与仡佬族同源、壮族的"俍"及侗族的"金"之文化交流与融合①;更有学者以"凿齿"为例说明仡佬族、仫佬族两族的历史文化联系②。而在语言、风俗习惯以及文化传统等方面,毛南族和壮族、侗族、水族、仫佬族等民族的关系也非常密切。同时,壮族、布依族与僰掸系民族的关系十分密切,也被认为有系属关系;畲族则被认为属于百越族系,畲族、瑶族被认为同源于汉晋时期的长沙"武陵蛮";京族的主体部分是越族,自然属古代百越系后裔。苗族是史书上"五溪蛮"或"五陵蛮"的一部分,且长期分别与汉族、土家族、侗族、布依族、水族、彝族、壮族、黎族等民族杂居,而土家族主要源于古代巴人,但与濮人、越

---

① 潘世雄:《仫佬族族称考略——兼论仡佬族、侗族族称含义》,《广西民族研究》1991年第3期,第47—50页。

② 罗青松:《从"凿齿"观察贵州仡佬族与仫佬族的民族源流》,《贵州民族研究》2010年第4期,第135—139页。

人都有极深的渊源关系,学界已考证出土家族人与周边民族的多重文化关系①;而瑶族,或认为源于"山越",或以为源于"五溪蛮",但大多数人认为瑶族与古代的"荆蛮""长沙武陵蛮""莫瑶""蛮瑶"等在族源上有渊源关系;仡佬族的先民则被直接指明为殷周时代的"濮人";高山族是祖国大陆对台湾少数民族的认知,据介绍,台湾南岛语族群现在已由台湾地区当局认证的是 14 个族群,而有 6 个族群是从原来的 9 个族群中分化出来的。这 9 个族群是泰雅人、布农人、赛夏人、雅美人、卑南人、阿美人、排湾人、鲁凯人、邹人。目前的文化研究也已经指明,"布农人和泰雅人,甚至包括赛夏人、鲁凯人、邹人,他们的来源都是祖国大陆,当处于原始父系社会阶段,他们来到台湾岛,由于台湾土地肥沃,物产丰富,地广人稀,与世隔绝,他们便一直保持这种原始社会的生活状态至今。"②正是基于以上这样的民族关系场域,我们才能理解各系民族的一般哲学文化特征。

第四,对历史的还原。这不是一仍旧贯,而是如实地对其思想实质或学术发展水平的质、量、度加以揭示,从难上见功夫,力图在其庞杂体系与古老玄语的外壳中,找到其相互关联的、具有表现于特殊运用(个性)中的带有普遍(共性)意义的东西,找到其原有的而不是代造的命题、范畴,以及逻辑的思维模式(思维的格)等。如在中国各少数民族的原初思想材料中,有很多神话史诗传说都叙述了本民族与汉族是"同源"的,如阿昌族、傈僳族、彝族、佤族、基诺族、怒族等。也有很多神话史诗都叙述了本民族与其他少数民族同源,在笔者所研究的中国少数民族中,布依族的《洪水潮天》讲到了伏哥和羲妹为了重新发展人类,繁衍子孙后代,在洪水消退后成了亲,接连生下了五个儿子,即彝族、汉族、布依族、苗族、藏族的祖先;哈尼族的《兄妹传人类》中讲到了大哥哈尼族、二哥彝族、三哥汉族、四哥傣族、五哥瑶族的同源性;黎族《螃蟹精》讲到了黎族、

---

① 段超:《土家族文化史》,民族出版社,2000,第 13—34 页。
② 方芳:《台湾海峡两岸射日神话比较研究》,博士学位论文,中央民族大学,2010,第 143 页。

苗族、汉族的同源性；毛南族《创世歌》叙唱以盘妹、古哥为中心人物的五代神，其中叙述了壮族、瑶族、毛南族的同源性；仡佬族的《阿仰兄妹制人烟》则讲了现在的苗族、彝族、仡佬族、布依族、侬家人、蔡家人等都是同源共祖的；水族《开天辟地造人烟》则讲了苗族、水族、侗族、布依族的同源性；佤族古典史诗《葫芦的传说》讲"各民族是亲兄弟"——佤族、景颇族、傣族、拉祜族等，其中还讲到了分手的原因及分手时的痛苦；在其他的少数民族神话，如土家族、纳西族、苗族等民族的神话中也都有各自的同源现象。从历史还原的角度，的确可以解释不少的同源民族，但从哲学文化精神的角度，则说明了中华民族的多元一体文化关系，在本质上是为和谐的民族关系进行的"哲学"论证。

　　第五，在研究过程中，采取撒大网、迂回战、包围战的形式；而在具体的写作过程中，采用拧拳头、打攻坚战、堡垒战的形式，攻其一点，试图突破。因而在写作过程中，去枝蔓、显主干，最后凝结成自己的研究主题。比如，恩格斯指出："中世纪是从粗野的原始状态发展而来的，它把古代文明、古代哲学、政治和法律一扫而光，以便一切从头做起……政治和法律都掌握在僧侣手中，也和其他一切科学一样，成了神学的分枝，一切按照神学中通行的原则来处理。教会教条同时就是政治信条，圣经词句在各法庭中都有法律的效力。甚至在法学家已经形成一种阶层的时候，法学还久久处于神学控制之下。神学在知识活动的整个领域中的这种无上权威，是教会在当时封建制度里万流归宗的地位之必然结果。""由此可见，一般针对封建制度发出的一切攻击必然首先就是对教会的攻击，而一切革命的社会政治理论大体上必然同时就是神学异端。为要触犯当时的社会制度，就必须从制度身上剥去那一层神圣外衣。"[①]但是，我们在对中国少数民族哲学文化的研究中却发现与此并不完全一致，原因在于中国少数民族的历史发展进程不一致。我们之所以特别强调全球性现代化理论的方法论意义，就在于发现许多少数民族由于没有经过甚至

---

① 《马克思恩格斯全集》第 7 卷，人民出版社，1959，第 400—401 页。

没有达到"中世纪",有的还是"直过"民族,因而通过其历史进程的跳跃性发现其哲学文化观念的历史跳跃性。也正是在这一点上,我们阐明在中国少数民族哲学发展中,有的民族哲学是传统形态哲学与近现代哲学都处于萌芽形态,有的民族是传统哲学处于萌芽、形成阶段而近现代哲学处于萌芽阶段,有的民族则与汉族走过了大致相同的历史进程……应该说,这些结论正是在笔者研究过程中凝结并书写出来的。这些论述都表现在我们对每个民族哲学研究的概观中。

三、中国少数民族哲学史的史料来源

中国少数民族哲学研究的一个重要难题是史料来源问题。这有两个方面的原因特别重要,也因而特别困难。其一,中国少数民族语言文字的复杂性。据统计,在中国已确认的 55 个少数民族中,虽然比较多的是一个民族说一种语言,但也有不少的民族说两种以上的语言,使中国少数民族语言的总数在 80 种以上。在中国已确认的 56 个民族中,汉族、回族、满族等民族早已通用汉文,语言文字除历史文献外较为单一;蒙古族、藏族、维吾尔族、哈萨克族、柯尔克孜族、朝鲜族、彝族、傣族、拉祜族、景颇族、锡伯族、俄罗斯族等民族均有自己的文字且大都有较长的使用历史,其中有的民族如傣族还存在 4 种不同的傣文,即傣仂文、傣哪文、傣绷文和金平傣文;信仰基督教的部分傈僳族群众使用较为特殊的傈僳族文字或"竹书",苗族、佤族、壮族、白族、瑶族等也有自己特色的语言文字系统。据调查,中华人民共和国成立以前已使用自己民族文字的民族有 21 个 24 种,加上中华人民共和国成立后创立的各民族文字,已近 40 种。也就是说,各民族是否有自己的书写文字、各民族书写文字方式的统一性等,直接影响着中国少数民族哲学研究的史料来源及史料搜集方法。

其二,各民族文化发展极不平衡,导致各民族的文化形式千差万别,有些民族有丰富的书面文献,而有些民族基本没有书面文献。因此,在中国少数民族哲学研究中,如何尽可能地涵盖基本的文献形式,以至于

各民族的哲学分析在一个大体相同的尺度上,以及哪些"文献"可以进入中国少数民族哲学视阈的研究,则是特别复杂的问题。笔者认为,我们虽然不能禁止规定说"哪些不能用",但却应该说"哪些应该用",因为多种文化形式都能反映民族精神,并且用更广泛的"文献"形式来反映其民族精神,会更有说服力,而不是孤立用某种"文献"证明,或者以某种哲学观点作为孤立证据。据此,宜把进入少数民族哲学研究的"文献"分为几类,如果相应的文献都进入了,就能避免五花八门的史料选材,或导致遗漏重要的哲学文化材料。

有学者说可以把中国少数民族的典型哲学文献分为三类:第一类是可以确定具体名称、著者、时代的文献。这些通常是作为精英与经典存在的,如鸠摩罗什(344—413)的《注维摩经》《大乘大义章》[1],优素甫·哈斯·哈吉甫(1019—1085)的《福乐智慧》,阿赫麦德·玉克乃克(具体生卒年不详)的《真理的入门》,保巴(?—1311)的《易源奥义》《周易原旨》,萨囊彻辰(1604—?)的《蒙古源流》,李元阳(1497—1580)的《李中溪全集》,李贽(1527—1602)[2]的《焚书》《续焚书》《藏书》《续藏书》,高奣映(1647—1707)的《太极明辨》《增订来氏易注》《金刚慧解》《心印经解》,王崧(1752—1837)的《乐山集》《说纬》《乐山制义》,王岱舆(约1570—1660)的《正教真诠》《清真大学》《希真正答》,刘智(约1660—1730)的《天方性理》《天方典礼》,马注(1640—1711)的《清真指南》,马德新(1794—1874)的《大化总归》《天理命运说》《性命宗旨》,等等。第二类是知其书但不明

---

[1] 鸠摩罗什,梵语 Kumarajiva,音译为鸠摩罗耆婆,又作鸠摩罗什婆,简称罗什,父鸠摩罗炎,母耆婆,鸠摩罗什为父母名合称,汉语意为"童寿"。鸠摩罗什父鸠摩罗炎,出生于印度,后到龟兹(今新疆库车县),与龟兹王妹结婚生罗什。《大乘大义章》,近人邱檗先生(希明)为之校勘,改名为《远什大乘要义问答》。

[2] 关于李贽的回族族属,或有异议,见《李贽祖籍南安考略》一文,据新华网·福建频道南安在线 ww·fj·xinhuanet·com/dszx/2006_08/04。根据冯契主编《哲学大辞典·中国哲学史卷》(上海辞书出版社,1985)、肖万源等主编《中国少数民族哲学史》(安徽人民出版社,1992)等文献以李贽为回族,这里从其说。

作者和时代的文献。如:《东巴经》《咋雷蛇曼蛇勐》①《沙夏纳桑坛》(《信仰三阶段》)《宇宙人文论》《宇宙源流》②《传扬诗》《蒙古秘史》《斯巴问答歌》《礼仪问答写卷》,等等。第三类是带有综合性特征的文献。如:《哇雷麻约甘哈傣》(《论傣族诗歌》)③《西南彝志》④《蒙古秘史》,等等。

学界还分析了中国少数民族的非典型哲学文献,这些文献被界定为"不是集中以哲学问题(包括宗教)为研究内容,或者是非自觉地形成的反映本民族哲学观念、哲学思想萌芽和哲学理论思维的典籍文献"。"这类文献史料大多不是专人专著的典籍,而是广泛流传于民间的创世史诗、神话、传说、谚语、格言等非哲学专著的文化形式,是非典型的文献专著,具有口头流传、无文字记载等特点。"⑤如《奥色密色》《哈尼阿培聪坡坡》《创世纪》《木刮基》《司岗里》《牡帕密帕》《扎奴扎别》《达古达楞格莱标》《密洛陀》《盘王歌》《过山榜》《布依族古歌》《穆播董》《柔番沃番钱》《社洛介》(汉译为《鸡卦书》)《侗族古歌》《款词》《水书》《宦谱》《巴塔麻嘎捧尚罗》《嘎里罗嘎里坦》《布算兰》《苗族古歌》《议榔词》《理词》《查姆》《梅葛》《阿细的先基》《勒俄特依》《劳谷和劳泰》(《人类和万物的起源》)《打歌》等。

笔者认为,对于中国少数民族哲学研究所确认的史料来源,应从对文化的再界定开始。如何界定哲学人类学的文化?从哲学人类学的意义上来说,文化应该涵盖整个社会。因此,笔者认为,哲学人类学意义上

① 根据岩温扁的汉译,意译为《谈寨神勐神的由来》,简称为《寨神勐神》,见伍雄武、岩温扁:《傣族哲学思想史》,民族出版社,1995,第184—1185页。

② 《宇宙源流》是彝族古代哲学著作,用彝文写成,汉文又译做《训书》《说文》,1936年由丁文江编辑出版的《爨文丛刊》收入,见伍雄武、普同金:《彝族哲学思想史》,民族出版社,1998,第158页。

③ 《哇雷麻约甘哈傣》是汉语音译,意译为《论傣族诗歌》,见伍雄武、岩温扁:《傣族哲学思想史》,民族出版社,1975,第197页。

④ 《西南彝志》是彝族古代文献的宏大汇编,用彝文写成,原名音译为《哎哺啥额》,或意译为《影形及清浊二气》,根据罗国义选编,陈长友、王仕举、王运权修订,贵州民族出版社1991年版,名为《西南彝志》,见伍雄武、普同金:《彝族哲学思想史》,民族出版社,1998,第175、177页。

⑤ 徐初霞:《论中国少数民族哲学文献的特点》,《新疆社会科学》2012年第3期,第12—15页。

的文化应是整体上的"文化",即人及其创造性行为与成果。具体地说,应包括以下三个方面:(1) 主体文化,即参加社会活动的人,人本身带有时代的文化烙印,人本身即是一种文化,包括人的物质性的身体和精神性的思想、品德等,因为人是自然生命与文化生命的统一。(2) 行为文化,即人的社会行为,包括人认识和改造客观世界(含人自身)的各种物质生产和精神生产活动。(3) 作为成果的文化,即社会活动的结果,包括物质成果和精神成果,这两种成果形式相互渗透,联系紧密。这种对于文化含义的界定,是从社会的角度考虑的,并且是将社会活动作为一个过程,而文化则渗透在社会活动的过程中,更进一步说,文化体现在人的社会化过程的每个阶段,即"化人"。

基于以上认识,我强调的文化定义即是:文化即人们对自然、社会及至人自身的万千世象的领悟、创造及其成果。也就是说文化是人化;文化是化人;文化是模式;文化活动是一种"艺术"。

(1) 文化即人化。人可谓宇宙之精华,万物之灵长,是文化的创造者,强调人对自然、社会及至人自身万千世象的领悟和创造。人们在生产、生活过程中对自然、社会及至人自身万千世象的领悟和创造,也可以说是在追求人文景观中的文化创造力并解读其内涵。"自然"也具有人化的"文化"意义,这有如马克·吐温在《密西西比河上的生活》中所言:"水面马上变成了一部奇妙的书——这书的语言,不通文墨的过客是不知其所以然的,但它却把心事毫无保留地告诉了我;那些最堪玩味的秘密,和用声音说出来一样清晰……其实,能读得懂这书的旅人看到的不是别的,而是水面上一幅幅漂亮的画面,阳光为之敷色,云朵使其明暗,可对训练有素的眼光来说,那就没什么画面,有的只是不折不扣、一丝不爽的读书的事儿。"

(2) 文化即化人。哲学人类学上的社会化,说到底就是"文化化",是一种文化的扩散或文化对人们的塑造;人与人、社会与社会之间的交流,说到底是文化的交流,这不仅因为外来者可带来外面的文化,而且也因为他们会把当地的文化带出去。所以,交流,说到底是在寻找文化差异、寻找文化特色,并且,这些文化不是被调查、研究、观光、欣赏的被动对象,而是寻古探幽者发掘意义可能性的无穷源泉,哪怕是"纯"自然景观,也是因为人们对其进行了意义赋值或科学揭示。再如,作为文化扩散载体的旅游,也不只是注意描述当地的"文化"特质,而是放入了更大的文化场景,进行一定的"对比"。人们因为对异地或异质文化的求知、求新与求异,希望离开自己的生活环境,通过观察、感受、体验异地或异质文化,满足文化介入或参与需求,这些文化只要得以传承,都总会使文化交流者隔着时空在不同的背景、视界融合下,产生丰富的联想意义与思幽情怀,领略文化"化人"的魅力。旅游如此,进行文化研究,特别是进行哲学文化研究就更是如此了。

(3) 文化即模式。文化即模式是从个人、社会与文化的关系而言的。人与人之间因为文化模式的影响而调节自身的关系尺度,最典型的如在方言中,北京方言有"我容易吗我",南方人方言有"你再逼我,我就死给你看",长沙方言有"你要怎么着?"由此也可明显地反映出不同地方文化模式的影响。北京方言"我容易吗我",一般是在一个人处于劣势时,向人申辩用的,用意是让人理解自己的苦衷,说话人有无辜和被人误解的前提。一个北京人这么说的时候,自身委屈和苦衷已经明白无误地摆在对方面前。说话的人却话语里有解脱的意思,还有潇洒的成分。南方人方言"你再逼我,我就死给你看",虽然同样是那种情形,却像是被人逼急了,就狗急跳墙般地讲出的,于是往往就把对方给愣怔住。哪怕那人是压根儿不想死、天天一个劲儿寻长寿秘方的主儿,但人家虚张声势的那样,再逼人家也就无趣。相比之下,长沙方言"你要怎么着?"却缺少一种语言的情趣,与人有了干系,倒是像会刺刀见红的一样。这也就是我们所体认的模式。露丝·本尼迪克特在《文化模式》中曾对此有深入阐明,风俗与行为、文化的差异、文化的整合、社会的本质等都可反映出文化的"模式"意义,人们乐于适应一种模式。"一种文化就像是一个人,是思想和行为的一个或多或少贯一的模式。每一种文化中都会形成一种并不必然是其他社会形态都有的独特的意图。在顺从这些意图时,每一个部族都越来越加深了其经验。与这些驱动力的紧迫性相适应,行为中各种不同方面也取一种越来越和谐一致的外形。由于被整合得很好的文化接受了那些最不协调的行为,也往往由于那些最靠不住的变态而具有这种文化的特殊目的所具有的个性,这些行为所取的形式,我们只有靠首先了解那个社会的情感上的和理智上的主要动机才能理解。"①

（4）文化活动是一种"艺术"。这里强调的是,只要"领悟与创造",则一切活动都可认为是"文化"活动,从而升华为"艺术"活动。讨论社会发展中的"艺术"活动,将之作为一种创新与创意文化,当然必须要有丰厚的品味,诸如品类的丰富、味道的厚重、展示的精美、内涵与形式的统一和谐等。这一切艺术活动的创造以及人们的传承领悟,独到地形成了不同地区的文化,使其不是被动的存在,而是被人认识、欣赏,满足人们灵感的品味。

根据以上情形,笔者将中国少数民族哲学文献分为两类文献:一种是学术性的,书本上的,庄严而堂皇的书面文献;另一种是日常的、家常的、平常的口承文献或行为文献等。由于很多少数民族古代没有文字,因而主要是第二类文化哲学文献。而第二类事实上又可分为四个子类,这就是:

① 民间文学类——神话、传说、故事、谚语、格言、歌谣……

② 民间仪典类——各种仪典如丧事仪典、婚事仪典、乡规民约……

③ 民间物态类——服饰、建筑、工具、仪器……

④ 民间娱乐类——节庆、体育……

根据各民族的实际情况,书面文献比较充分的,应概括其他方面的(第二类)文献,从中揭示其民族精神,借以体现其丰富的文化形式与文化精神;书面文献较少的,口承文化、仪典文化、物态文化、娱乐文化(是否可以作为一类?)应作较为全面的阐明。这样,各民族的哲学分析即可大致形成一种基本相同的分析基础——通过各种文化形式揭示民族精

---

① 露丝·本尼迪克特:《文化模式》,王炜等译,社会科学文献出版,2009,第32页。

神,并从而研究其哲学,可以称为以文化哲学为基础的民族精神研究。本卷的选材范围即据此而来。

第六节 中国少数民族哲学史的书写问题

中国少数民族哲学研究,实际上是随着中国哲学研究的起步阶段而兴起的,比如在中国哲学创设过程中对回族思想家李贽的研究等即为其例。但是,那时并没有全球性现代化意义上的中国少数民族哲学自觉,最多只是在"中华民族"的意义上确立了"汉、满、蒙、回、藏"等层次的民族自觉。中华人民共和国成立后,由于在革命历程中很多少数民族革命家作出了巨大的贡献,在革命史观的指导下,对这些少数民族的革命家,如向警予(1895—1928)、邓恩铭(1901—1931)、赵世炎(1901—1927)、乌兰夫(1906—1988)、韦拔群(1894—1932)等进行研究,显然也会涉及他们的哲学思想,但没有从整个少数民族哲学的层面进行讨论。现代中国著名的马克思主义哲学家艾思奇(1910—1966),云南腾冲人,蒙古族,人们对他的哲学思想研究显然也应包括在中国少数民族哲学研究之中,但当时也没有从整个中国少数民族哲学层面进行该项研究。政治意识形态意义上的中国少数民族哲学研究始于20世纪70年代末,此前并未出现"少数民族哲学"这一概念;同样,学科意义上的中国少数民族哲学研究亦兴起于20世纪70年代末的改革开放。在经过一段时期的思想、观念积累以后,到20世纪80年代则明确地提出了中国少数民族哲学研究的问题,此前该研究方向从未在中国学术史上出现过。从20世纪50年代苏联出版的《苏联各民族哲学及社会思想史》一书在中国没有引起太大的民族性反响,到20世纪80年代中国少数民族哲学研究的兴起与发展,笔者明显感到一种哲学发展的内在趋势。因为无论人们对于哲学有何种不同的理解,与常识、科学、文学、宗教等把握世界的方式相比,哲学的世界虽然同样是属人的世界,但它不应是人们站在世界之外看世界,而应是人们立定在包括自身在内的世界之中观察世界,即从人与世界的关系层面来分析和观察世界,从而体现出哲学思维方式的内在前提:"我们的主观的思维和客观的世界遵循同一些规律,因而两者在其结果中最终不能互相矛盾,而必须彼此一致,这个事实绝对地支配着我们的整个理论思维。这个事实是我们的理论思维的本能的和无条件的前提。"①因此,哲学是以反思为基础的思维方式。

一、兴盛中的中国少数民族哲学研究

20 世纪 70 年代末党的十三届三中全会以后,随着民族政策的落实,少数民族的平等权利得到充分保障。一个重要标志是中国少数民族成分的再确认,有的要求恢复民族成分,如土家族;有的要求修正民族成分,如崩龙族(德昂族的原称);有的要求像一些 1979 年后确认的少数民族那样,也确认本民族的成分;等等。② 与这种民族自觉相对应的是中国少数民族的哲学自觉,反映出中国少数民族在人与对象关系中的世界观发展。于是,1979 年在济南召开的全国哲学社会科学规划会议上,少数民族学者蒙和巴图(蒙古族)、果吉宁哈(彝族)直接提出了"少数民族哲学"这一问题及相应的研究方向,这是一种集政治、道义、学术于一体的提问。"中国哲学史"中没有"少数民族哲学",显然是学术意义的问题,但在中国这一特殊背景下,显然又极具政治性与道义性。对这一问题的回应除了当时会议上的反响外,便是《光明日报》上发表了邓祥的《建议重视我国少数民族的哲学思想研究》一文,文中先从政治上立论,引述毛泽东关于"各个少数民族对中国历史都作过贡献"之论,要求重视研究和如实反映中国少数民族的哲学思想,特别是从"历史实际"和"民族愿望"两个方面看,显然是道义与政治论证。不过,他又继续从哲学学科建设的层面强调中国少数民族哲学研究的"园地""空白"等问题,在引证实例

---

① 《马克思恩格斯选集》第 4 卷,人民出版社,1995,第 364 页。
② 黄光学、施联朱主编:《中国的民族识别——56 个民族的来历》,民族出版社,2005,第 3—7 页。

后再提出了建议与对策,认为"研究我国少数民族的哲学思想,是摆在哲学工作者面前的一项光荣而艰巨的任务,对于繁荣我国的学术,增强各民族之间的团结,是非常必要的""无视或轻视少数民族的哲学思想,既不符合我国的历史实际,也不符合各族人民的愿望"①。该文后来被编入《民族哲学论文选》②作为该书的首篇。应该说,1979 年的动议,是笔者目前所知道的中国少数民族哲学自觉的最早的文字材料上的反映。此后的一切进步,都应是以此为基础的。"万事开头难",中国少数民族哲学研究的迟到的开篇和迟到的春天,似都因此动议而具有了坚实的进步基础。现在,中国少数民族哲学研究已是"万紫千红"、生机勃勃的世界了。

（一）中国少数民族哲学研究的组织化

初始提出中国少数民族哲学的直接而明确的起因,虽然是从学术上追问于当时的中国哲学史著作为什么没有写中国少数民族哲学而仅成了"汉族哲学史",但更重要的是上升为政治上的"少数民族群众是不是中国人"的问题,因而是一个集政治、道义与学术为一体的问题。在一个高度组织化的社会,组织起来显然是完成这一任务的基本条件,于是经过筹备,1981 年 1 月 9 日,在内蒙古师范学院成立了蒙古族哲学史研究室并举行了首届学术报告会,会上经民主选举,格·孟和、李凤鸣成为研究室负责人,他们一开始就在成立大会上报告了自己的研究成果:《试论蒙古族谚语中的哲学思想》《试论近代进步思想家罗布桑却丹的哲学和社会政治思想》,而且他们后来也实际上成了蒙古族哲学思想研究的领军人物。与此同时,"中国北方少数民族哲学及社会思想史学会"于 1981年成立;"中国南方少数民族哲学及社会思想史学会"于 1983 年成立,在少数民族群众比较集中的省区也各自成立了自己的少数民族哲学研究机构,从而使中国少数民族哲学思想研究进入了组织化阶段。在南北学

---

① 邓祥:《建议重视我国少数民族的哲学思想研究》,《光明日报》1979 年 6 月 28 日。
② 中央民族学院民族研究论丛编委会编:《民族哲学论文选》,中央民族学院出版社,1987。

会的组织下,以年会或其他学术会议的形式,大大地推动了中国少数民族哲学研究,如"中国南方少数民族哲学及社会思想史学会"与"中国北方少数民族哲学及社会思想史学会"即前后组织过数届学术年会,直到南北两会于 1992 年合并为"中国少数民族哲学及社会思想史学会"。正是由于这种组织化的重要性,在佟德富、宝贵贞的《中国少数民族哲学专题研究》中有"中国少数民族哲学研究的兴起与发展"①一小节,即专门讲的这一问题。

目前,"中国少数民族哲学及社会思想史学会"有学会会员 500 多人,基本上荟萃了全国从事这方面研究的专家、学者。仅中国少数民族哲学研究一项,该学会即完成了《中国少数民族哲学史》《儒学与中国少数民族思想文化》等学术论著,搜集、发掘、抢救、整理、翻译和出版了大量少数民族哲学及社会思想史的研究资料,如:维吾尔族古典巨著《福乐智慧》,蒙、汉文的《哲学及社会思想史资料》,汉文的《哲学及社会思想史研究资料》、《成吉思汗军事思想资料》(一、二辑),汉文《蒙古风俗鉴》,还有南方少数民族的《侗款》《古歌》等其他许多资料。至于由会员出版的各民族哲学研究论述则更多。经过 30 多年的发展,中国少数民族哲学研究的组织化已进入了一个崭新的阶段。一是在"全国内陆腹地少数民族聚居地区和谐稳定与生态文明建设研讨会暨中国少数民族哲学及社会思想史学会 2009 年年会"上已初步确认学会更名为"中国民族哲学研究会",去除了原有名称上的某种不自信。二是近 40 个民族 70 位专家学者集体攻关的国家社会科学基金重大项目"中国少数民族哲学史"最终成果将集成为一套 4 卷本约 380 万字的专著《中国少数民族哲学思想史》,目前已取得阶段性成果②。三是对中国少数民族研究由原来的个案研究深化到历史梳理,一方面在表现个案研究优势的基础上,通过历史

---

① 佟德富、宝贵贞:《中国少数民族哲学专题研究》,中央民族大学出版社,2006,第 1 页。

② 近 40 个民族的学者集体攻关"中国少数民族哲学史",http://news.163.com/11/0319/17/6VHCLTHC00014JB5.html。按:笔者作为参与者,成为该项目的 4 卷本主编之一并承担其中一卷主编的任务,主编的这一卷含 14 个少数民族,目前已初步成书。

梳理展现中国各少数民族哲学的总体性,并力求揭示各民族哲学发展的历史联系、内在规律和总体风貌,并更进一步展现整个中国哲学的民族风格与个性化特征。另一方面是通过对哲学总体特征的把握与对各民族哲学个性的揭示、研究形式与研究内容的有机统一,在全球性现代化视野下,根据民族性与现代性这一互为表里的双重尺度,诉求中国少数民族哲学自身具有的以民族性为现代性的动力;同时使民族性成为具有现代性的民族性,超越封闭、狭隘的民族主义民族性,从而使中国少数民族哲学的民族性发展成为具有现代性的、开放的、面向世界面向未来的、多元共融的民族性。因此,中国少数民族哲学研究的组织化,具有极为严肃而科学的理论意义与实践意义。

(二) 丰富的中国少数民族哲学研究成果

中国少数民族哲学研究自兴起以来,一直走着一条统分结合的发展之路。

在统的方面看,一是循着总体上反映和表现中国少数民族哲学发展的思路,推动少数民族哲学及其研究进入中国哲学发展的主流。在《中国大百科全书·哲学卷》《哲学大辞典》等大型工具书中设立“中国少数民族哲学”条目。在中国哲学的通史性论述中反映中国少数民族哲学,如:1980 年孙叔平在《中国哲学史稿》中提出中国少数民族哲学进入《中国哲学史稿》的问题①;1981 年在全国性宋明理学讨论会上交流中国少数民族哲学研究成果,并进入最终论文集②;1983 年任继愈主编的《中国哲学发展史·先秦》第一章《中国原始社会思维的发展和世界观的早期形态》③,即运用了丰富的中国少数民族哲学文化资料;刘文英的《中国哲学史史料学》④第一次将少数民族哲学史料以专章的形式列入;等等,这

---

① 孙叔平:《中国哲学史稿》,上海人民出版社,1980,第 19 页。
② 田光辉:《彝族著作〈宇宙人文论〉的哲学思想初探》,载《论中国哲学史——宋明理学讨论会论文集》,浙江人民出版社,1983,第 348 页。
③ 任继愈主编:《中国哲学发展史·先秦》,人民出版社,1983,第 41—70 页。
④ 刘文英:《中国哲学史史料学》,高等教育出版社,2002,第 261—295 页。

些都可看作步入主流的有效形式。在这种形式上，有关的中国哲学研究总论性文献也对中国少数民族哲学研究有所讨论，如：李宗桂的《二十世纪中国哲学研究的审视和新世纪的展望》①即论述了中国少数民族哲学，认为这是"可喜的"事，并介绍了肖万源等主编的《中国少数民族哲学史》②《彝族哲学思想史论集》③《纳西族哲学思想史论集》④等；在2011年出版的郭齐勇主编的《当代中国哲学研究（1949—2009）》⑤中，不仅在总体上承认了"关于少数民族的哲学研究还比较薄弱"，还反思了"我们研究的主要是汉语或汉族的哲学史"，分析了产生这种现象的原因。既肯定目前的"中国哲学""即是历史上中华各民族间与文化间融合的产物"，又肯定"少数民族哲学表现了中华民族这个民族主体的多样性。我们应当充分尊重与重视不同时期蒙古族、藏族、维吾尔族、回族、彝族、苗族、土家族等民族哲学与宗教的特色，下力气搜集、整理、研究各民族哲学的资料，培养少数民族哲学史研究专家，充分发挥他们的积极性、主动性。"该书还用专章介绍了中国少数民族哲学研究方面的问题。

二是寻求中国哲学界名人名刊的支持，以加强中国少数民族哲学研究。在著名刊物方面，如《中国哲学史研究》在发表李国文的《纳西族古代哲学思想初探》时即加"编者按"，强调"少数民族的哲学思想，是中国哲学史的重要组成部分，积极开展这一方面的研究是建立完整的系统的中国哲学史体系的必要条件。由于种种原因，30年来这一工作没有得到应有的开展，致使这一研究课题至今还是空白"⑥。又如1984年《哲学研究》编辑部和云南省社会科学院、中国哲学史学会云南省分会、云南师范大学在昆明联合召开"原始思维研究座谈会"，会后《哲学研究》杂志在

① 李宗桂：《二十世纪中国哲学研究的审视和新世纪的展望（上、下）》，《学术界》2002年第1,2期。
② 肖万源、伍雄武、阿不都秀库尔主编：《中国少数民族哲学史》，安徽人民出版社，1992。
③ 伍雄武主编：《彝族哲学思想史论集》，民族出版社，1990。
④ 伍雄武主编：《纳西族哲学思想史论集》，民族出版社，1990。
⑤ 郭齐勇主编：《当代中国哲学研究（1949—2009）》，中国社会科学出版社，2011。
⑥ 李国文：《纳西族古代哲学思想初探》，载郭大烈、杨世光编《东巴文化论集》，云南人民出版社，1985，第271页。

"原始思维研究"标题下发表一组论文,并在"短评"中写道:"由于原始社会还没有文字,而且距今年代久远,要研究和把握原始人类的思维结构和方式,只能依靠考古学、人类学、民族学方面的资料和研究成果;只能凭借于少数民族中残留下来的原始思维的痕迹。"①应该说,名刊对于推动中国少数民族哲学研究功不可没。现在,发表中国少数民族哲学研究成果的刊物较多,但在当时来说,这却是特殊的资源。在知名专家方面,如:1982 年 8 月中国北方少数民族哲学及社会思想史学会举行第一届年会和学术讨论会,这次会议的论文集于 1983 年出版时请任继愈作序,任继愈先生在序中坦陈 1949 年以来中国哲学史这门学科"美中不足的是对少数民族的哲学史研究得很不够,它不能如实地反映我国各民族的哲学史现状,显得中国哲学史的内容不够充实。中国哲学史,是中华各民族共同创造的认识史,民族有大小,各族人口有多有少,但各民族都对中华民族的文化建设作出了各自的贡献……对各民族的哲学思想研究得越彻底,思想资料掌握得越丰富,将来我们写出的中国哲学史的内容就越充实,从而做到名符其实的'中国哲学史'"②。又如:1982 年 5 月 21日,蒙古族哲学及社会思想史研究会成立大会在呼和浩特市举行,中国哲学史学会副会长石俊于 22 日在会上就蒙哲史研究的几个问题作了题为《继承蒙古族的优良传统　开展哲学史的科学研究》③的报告,论述了"蒙哲史研究是社会主义新文化的一项重要内容""哲学思想史的研究范围应是宽广的""蒙古族哲学史研究的重要特点""哲学史研究的科学化问题",等等。还有,萧萐父的《吹沙集》中收有《马克思主义哲学史观与蒙古族思想史研究》④一文,是他在 1983 年 5 月参加蒙古族哲学思想史首次学术年会上发表的讲话,文章在通观中国哲学研究的基础上,探讨

---

① 钟哲:《加强原始思维的研究(短评)》,《哲学研究》1985 年第 1 期,第 48 页。
② 中国北方少数民族哲学及社会思想史学会编:《中国少数民族哲学思想史论集》,中国社会科学出版社,1985,第 1—3 页。
③《蒙哲史论稿》编委会编:《蒙古族哲学及社会思想史论稿》,内部资料,1982,第 1—3 页。
④ 萧萐父:《吹沙集》,巴蜀书社,2007,第 379—408 页。该文同时刊于内蒙古社会科学院哲学研究所蒙哲室编:《蒙古族哲学思想史研究》,《内蒙古社会科学》杂志社,1985,第 1—14 页。

"蒙古族哲学研究的意义和它的立足点问题","为了建设中国式的社会主义精神文明,今天来研究、继承、整理各民族的文化遗产,研究我们各民族的哲学史、思想史,研究各族文化交流史的时候,是不是应该立足于这一点,紧紧地把握住这样一个主流,克服一些旧观念,防止各种各样的片面性。"以此为基础,他提出了"马克思主义的哲学史方法论原则与蒙古族思想发展的具体历史特点相结合的问题"。当时,石俊、萧萐父都是以中国哲学史学会负责人的身份与会并讲话的。这些情况表明中国少数民族哲学研究在入主流、上水平方面作出的努力与成功。

中国少数民族哲学在统的方面,自身也作出了重要成就。一是出现了三种类型的中国少数民族哲学通史性论著。第一类是以分民族论各民族哲学史而统名之为《中国少数民族哲学史》,这就是 1986 年立项、1992 年出版的肖万源等主编的《中国少数民族哲学史》①。该书由"前言与绪论"承担总论中国少数民族哲学的任务,探讨中国少数民族哲学的起源、形成与发展、思想渊源与特点及其历史地位,然后分编、章、节研究了 24 个民族,即:哈尼族、傈僳族、拉祜族、阿昌族、德昂族、佤族、鄂伦春族、鄂温克族、达斡尔族、瑶族、布依族、侗族、水族、纳西族、傣族、苗族、彝族、壮族、白族、满族、蒙古族、藏族、维吾尔族、回族等,论述民族哲学是大体按照哲学思想萌芽、形成、发展而成系统的顺序。由于该书是由15 个民族的 27 位作者共同完成,并形成了一些中国少数民族哲学史研究的原则和方法,因而对此后的少数民族哲学思想史的研究和撰写影响很大。第二类是按照中国哲学研究的通行对象认知,将中国少数民族哲学按照绪论、本体论、认识论、方法论、伦理思想、无神论思想、政治思想等分类进行描述,把各民族的相关内容分入各问题之中,这就是佟德富、宝贵贞的《中国少数民族哲学专题研究》②,该书最初以《中国少数民族哲学概论》的形式于 1997 年 8 月在中央民族大学出版社出版,其中的综述

---

① 肖万源、伍雄武、阿不都秀库尔主编:《中国少数民族哲学史》,安徽人民出版社,1992。
② 佟德富、宝贵贞:《中国少数民族哲学专题研究》,中央民族大学出版社,2006。

篇承担的是中国少数民族哲学研究总论或绪论的任务。该书的特点在于:"……在专题研究和讲座中,尽可能做到既讲'史',又概述各个民族……如此坚持数年,就写成了这本中国少数民族哲学专题研究,作为我系(中央民族大学哲学系——引者按)研究生教材奉献给读者。"①第三类是在 1995 年出版的伍雄武著的《中国少数民族哲学思想简史》,该书具有一定的综合性,结合了上述两类的特点,但也形成了自己的长处。一方面是有了自己的哲学观认知,这就是从生存实践和文化结构两个方面来理解少数民族哲学。在生存实践方面强调"在数千年的历史中,与自然斗争、与社会斗争,战胜各种艰难、险阻而生存和发展,创造了丰富多样的物质财富和灿烂的精神文明。此中,各民族一定有鼓舞自己奋进的精神力量,一定有维系民族群体的精神纽带。这种精神力量和精神纽带,凝聚为观念,结晶为理论,有的,由理论而成体系,可谓之哲学;有的,虽未成体系,却深涵哲理,亦可谓哲学思想。"②该书在文化结构方面强调"一个民族,它的文化总是多方面的、丰富多彩的,包括文学、艺术、宗教、道德、科学以及风俗习惯,等等。然而,这众多的方面决不是互不相关的、散漫混乱的,而是由某些深层的、普遍的、核心的观念,把它们贯穿和联系起来,整合、建构成为有机的文化整体。我认为,这种贯穿各种文化形式中的深层、普遍、核心的思想观念,就是哲学思想和哲学观念……哲学既是一种科学,和科学一起成长,同时,哲学也是一种文化,它也和文艺、宗教、道德等文化现象一起成长。因此,哲学既和科学相互渗透,相互包含,同时也和其他文化形式相互渗透和包含;我们既要从科学中,也要从文化中来发掘、认识和评价少数民族哲学思想。"③另一方面是形成了自己的体例,这就是根据统分结合、思想研究与问题研究等相结合,对此,作者在《后记》中指出:在总体结构上,分专题来讲,在专题中讲"史",在专题中概述各个民族的哲学;在内容上,一些重要人物和著作,力求直

---

① 佟德富:《中国少数民族哲学概论》,中央民族大学出版社,1997,第 440—441 页。
② 伍雄武:《中国少数民族哲学思想简史》,云南人民出版社,1995,第 1 页。
③ 伍雄武:《中国少数民族哲学思想简史》,云南人民出版社,1995,第 2—4 页。

接研读原著而后提出看法,如《福乐智慧》《米拉日巴传》等,但是,有许多原著却一时无法找到,只能借助和援引其他学者的论著。为此,本书有一些优点,就一个人通达中国少数民族哲学史的角度来讲,这是一个不错的体例。当然,就目前的情况看,上述三种类型都未能普及到全部中国少数民族哲学研究。

二是出版了一批不分民族的哲学思想研究论文集、论著和资料集,尽管在各集著内部有民族之分,但在总体上却是立足于整体的。论文集方面,自 20 世纪 80 年代以来出版的有:西南民族学院科研处等编写的《西南少数民族哲学社会思想史论文集》①、《云南少数民族哲学思想史论文选集》第 1 集②、《云南少数民族哲学思想史论文选集》第 2 集③、《民族哲学论文选》④、《中国少数民族哲学思想史论集》⑤、《中国北方少数民族哲学及社会思想史论集》(二)⑥、《民族思想研究集》⑦、杨明与刘德仁主编的《中国南方少数民族哲学思想研究》⑧,等等,这些论文集都分别研究了不少民族的哲学思想。论著方面有:伍雄武的《智慧奇彩——云南民族哲学思想》⑨、李国文等合著的《智慧的曙光——民族宗教哲学探》⑩、佟德富的《走进先民的智慧》⑪、李国文的《天地人——云南少数民族哲学

---

① 西南民族学院科研处等编:《西南少数民族哲学社会思想史论文集》,内部资料,西南民族学院,1983。
② 《云南少数民族哲学思想史论文选集》第 1 集,内部资料,中国哲学史学会云南分会,1983。
③ 《云南少数民族哲学思想史论文选集》第 2 集,内部资料,中国哲学史学会云南分会,1984。
④ 中央民族学院民族研究论丛编委会编:《民族哲学论文选》,中央民族学院出版社,1987。
⑤ 中国北方少数民族哲学及社会思想史学会编:《中国少数民族哲学思想史论集》,中国社会科学出版社,1985。
⑥ 《中国北方少数民族哲学及社会思想史论集》(二),中国北方少数民族哲学及社会思想史学会 1987 年编印。
⑦ 《民族思想研究集》,中国南方少数民族哲学及社会思想史学会 1985 年编印。
⑧ 杨明、刘德仁主编:《中国南方少数民族哲学思想研究》,四川大学出版社,1992。
⑨ 伍雄武:《智慧奇彩——云南民族哲学思想》,云南教育出版社,2000。
⑩ 李国文、龚有德、杨国才:《智慧的曙光——民族宗教哲学探》,云南人民出版社,1990。
⑪ 佟德富:《走进先民的智慧》,民族出版社,2002。

窥秘》①、杨学政的《原始宗教论》②、龚友德的《儒教与南方少数民族文化》③、牙含章与王友三主编的《中国无神论史》(其中有论中国少数民族文化的)④、《中国各民族宗教与神话大词典》⑤、何星亮的《新疆民族传统社会文化》⑥,等等。资料选集方面有:《云南少数民族哲学社会思想资料选编》(1—6集)⑦、《贵州少数民族哲学及社会思想资料选编》⑧、《中国少数民族神话汇编》⑨、民族院校公共哲学课教材编写组的《中国少数民族哲学和社会思想资料选编》⑩、中国北方少数民族哲学及社会思想史学会编印的《中国北方少数民族哲学及社会思想史资料选辑》(1—2辑)、李杰的《中国少数民族文献探研》⑪、包和平的《中国少数民族文献学概论》⑫,等等。这些成果充分表明中国少数民族哲学研究的整体性加强,虽然有的著作并不仅是为了中国少数民族哲学研究。

此外,还整理出版了一系列的原典文献、论著,可供学者进行各个少数民族的哲学研究,如:《崇搬图》⑬《阿细的先基》⑭《彝族古歌》⑮《牡帕密

---

① 李国文:《天地人——云南少数民族哲学窥秘》,云南人民出版社,1992。
② 杨学政:《原始宗教论》,云南人民出版社,1991。
③ 龚友德:《儒教与南方少数民族文化》,云南人民出版社,1993。
④ 牙含章、王友三主编:《中国无神论史》,中国社会科学出版社,1992。
⑤《中国各民族宗教与神话大词典》,学苑出版社,1990。
⑥ 何星亮:《新疆民族传统社会文化》,商务印书馆,2003。
⑦《云南少数民族哲学社会思想资料选编》,中国哲学史学会云南分会编印,1981—1986。
⑧《贵州少数民族哲学及社会思想资料选编》,贵州省哲学学会编印,1984。
⑨《中国少数民族神话汇编》,内部资料,中央民族学院少数民族古籍整理出版及规划领导小组办公室编印,1984。
⑩ 民族院校公共哲学课教材编写组编:《中国少数民族哲学和社会思想资料选编》,天津教育出版社,1998。
⑪ 李杰:《中国少数民族文献探研》,民族出版社,2002。
⑫ 包和平:《中国少数民族文献学概论》,民族出版社,2004。
⑬《崇搬图》,丽江县文化馆,1963,石印本。
⑭《阿细的先基》,云南人民出版社,1978。
⑮ 康健等整理:《彝族古歌》,王子尧译,贵州人民出版社,1989。

帕》①《仡佬族古歌》②《盘王大歌》③《苗族古歌》④《密洛陀》⑤《傣族古歌》⑥《论傣族诗歌》⑦《查姆》⑧《梅葛》⑨《侗款》⑩《壮族民间故事选》⑪《遮帕麻和遮米麻》⑫《傈僳族民间故事》⑬《西南彝志选》⑭《宇宙人文论》⑮《彝族诗文论》⑯《布依族古歌·叙事歌选》⑰《东乡族、保安族、裕固族民间故事选》⑱《水族民间故事选》⑲《鄂伦春族民间故事选》⑳《佤族民间故事选》㉑，等等。一些地方性文献则涉及多个少数民族文献，如杨利先主编的《云南民族民间文学典藏·云南民族民间故事》㉒，师宗县文联编的《云南民间文学集成·师宗县卷》㉓，等等。至于《中国少数民族神话汇编》㉔，则属于综合性资料，仅其中的"开天辟地篇""洪水篇""人类起源篇"等三篇即涉及了44个少数民族。而民族院校公共哲学课教材

---

①《牡帕密帕》，云南人民出版社，1979。

②《仡佬族古歌》，贵州民族出版社，1991。

③《盘王大歌》，岳麓书社，1988。

④《苗族古歌》，贵州人民出版社，1979。

⑤《密洛陀》，莎红整理，广西人民出版社，1981。

⑥《傣族古歌》，中国民间文艺出版社，1981。

⑦ 祜巴勐：《论傣族诗歌》，岩温扁编译，中国民间文艺出版社，1981。

⑧《查姆》，云南人民出版社，1981。

⑨《梅葛》，云南人民出版社，1959。

⑩《侗款》，岳麓书社，1988。

⑪ 农冠品、曹廷伟编：《壮族民间故事选》，广西人民出版社，1982。

⑫《遮帕麻和遮米麻》，云南人民出版社，1983。

⑬《傈僳族民间故事》，云南人民出版社，1984。

⑭《西南彝志选》，贵州人民出版社，1982。

⑮ 罗国义：《宇宙人文论》，陈英翻译，民族出版社，1984。

⑯《彝族诗文论》，贵州人民出版社，1988。

⑰《布依族古歌·叙事歌选》，贵州人民出版社，1987。

⑱ 郝苏民编：《东乡族、保安族、裕固族民间故事选》，上海文艺出版社，1987。

⑲ 祖岱年、周隆渊编：《水族民间故事选》，上海文艺出版社，1988。

⑳ 隋书金编：《鄂伦春族民间故事选》，上海文艺出版社，1988。

㉑ 尚仲豪等编：《佤族民间故事选》，上海文艺出版社，1989。

㉒ 杨利先主编：《云南民族民间文学典藏·云南民族民间故事》，云南人民出版社，2009。

㉓ 师宗县文联编：《云南民间文学集成·师宗县卷》，云南民族出版社，1993。

㉔《中国少数民族神话汇编》，内部资料，中央民族学院少数民族古籍整理出版及规划领导小组办公室编印，1984。

编写组的《中国少数民族哲学和社会思想资料选编》①则完全覆盖了全国55个少数民族的哲学文化资料，尽管有详略取舍不同。通过这些初步罗列，即可见成果之丰、基础之厚、影响之宽。当然，单纯靠某个人的智慧与精力来应对整个中国少数民族哲学研究，一定会是终生事业。不过，怀着"只在势之必然处见理"，"宁凿五丁之间道，不假邯郸之野马"的信念，支持笔者走出这艰难的一步。

（三）高度的少数民族哲学自觉

历史上中国各民族的民族性都十分强烈，但现代性的民族性却是与中国现代化进程紧密相连的。由于中国原生的现代化进程在明、清之际出现了历史回流，直至19世纪被强行卷入全球性现代化进程，使中国的现代化进程在总体上呈现为后发现代化形态。在这种后发现代化进程中，中国各民族除汉族、满族、蒙古族、回族、藏族、土家族、壮族等不多的民族同步同期被卷入而外，许多少数民族都是后发中的后发。因此，在诉求民族特色的现代化过程中，现代性的民族性即成了一个重要动力，"民族自觉"则是这一民族性的基础内容。所以，吉登斯说："为了解释现代社会的性质，我们必须抓住民族国家的具体特征。"②

"民族自觉"是一个内涵十分丰富的概念，从民族身份的觉悟到民族哲学的觉悟显然处于不同的层次上。中华人民共和国成立之初，在1953年的全国第一次人口普查时，全国自报登记下来的"民族"多达400多个，到1954年经国家确认的即达38个。从1954年到1964年，经过10年的努力，又新确认了15个民族，此后在1965年确认了珞巴族，1979年确认了基诺族等，同时还对一些民族更名，如1963年改"佧佤族"为"佤族"、1965年改"僮族"为"壮族"、1985年改"崩龙族"为"德昂族"、1986年改"毛难族"为"毛南族"等，应该说这就是一种"民族自觉"。在民族身份

---

① 民族院校公共哲学课教材编写组编：《中国少数民族哲学和社会思想资料选编》，天津教育出版社，1998。
② 安东尼·吉登斯：《现代性的后果》，田禾译，译林出版社，2000，第11页。

自觉的过程中，文化自觉，继而"哲学自觉"当然会成为一种必然趋势。因此，中国少数民族哲学研究一开始就是基于一定的"民族自觉"而兴起的。可是，随着问题的深入，便进入了"哲学自觉"的新阶段。这就是中国少数民族哲学合法性问题的提出与讨论、中国少数民族哲学书写方式的探讨与摸索，等等。正是在这个意义上，我们说中国少数民族哲学研究的兴起，既有历史根基和历史主义依托，又有时代精神的续写与民族精神的塑造；既有民族发展的本质主义诉求，又有全球性现代化背景下民族性的新特质、现代性的新视野、民族哲学价值的新追求，因而这样的民族自觉、这样的中国少数民族哲学研究，本身即获得了中国文化复兴及中国梦的本体意义。

本来，在中国少数民族哲学研究中，随着哲学史资料的发掘，哲学思想的阐述，民族哲学英雄的推介，中国少数民族哲学的合法性并不是问题，如通过研究阐明的各民族重要的、有代表性的哲学思想及哲学英雄，如成吉思汗（1162—1227）、忽必烈（1215—1294）、尹湛纳希（1837—1892）、罗布桑却丹（1875—?）、玄烨、李元阳、高奣映、保巴，等等，加上对少数民族哲学原始思维的阐明，像刘文英从《创世纪》看纳西族的原始宇宙观念[1]，李国文从象形文字看古代纳西族时间观念的形成[2]等，已在学科上、学术上证明了中国少数民族哲学的合法性，并且以事实说明了中国少数民族哲学的存在性。

但是，正像中国哲学研究一直面临着合法性问题一样，中国少数民族哲学研究从 20 世纪 80 年代一兴起即面临着合法性问题：少数民族究竟有没有哲学思想？吴德希、佟德富即在初起之时说："在我国，开展少数民族哲学思想的研究是一项新课题。两年多来，我们在着手开展这项

---

[1] 刘文英：《从〈创世纪〉看纳西族的原始宇宙观念》，《哲学研究》1982 年第 11 期，第 66—71 页、第 25 页。

[2] 李国文：《从象形文字看古代纳西族时间观念的形成》，《哲学研究》1983 年第 1 期，第 66—72 页。此文及《纳西族古代哲学思想初探》等相关文章，均收入《李国文纳西学论集》，民族出版社，2006。

研究工作时,碰到了一些亟待解决的问题,比如,我国少数民族有无哲学思想? 开展这项研究工作有没有意义? 许多同志对这些问题都持肯定意见,但也有些同志抱怀疑乃至否定的态度。"①这个问题到 21 世纪初则以更尖锐的形式表现,以至于长期从事中国少数民族哲学研究并卓有成效的李国文即在 2007 年和 2008 年的学术讨论会上说:"我这些年搞的东西算什么我不知道,你说是什么就算什么!"②在中国少数民族哲学研究方面,李国文曾出版过《东巴文化与纳西哲学》③、《天地人——云南少数民族哲学窥秘》④、《先民的智慧——彝族古代哲学》⑤等专著,以及《纳西族古代哲学思想初探》⑥等著名论文,他在思想观念上的"动摇"实际上反映了一种倾向,这就是中国少数民族哲学研究者本身从"民族自觉"向"哲学自觉"的转化。

事实上,关注这一问题的学者甚多,据初步统计,研究中国少数民族哲学并关注过此类问题的专家有:任继愈⑦、孙叔平⑧、伍雄武⑨、

---

① 吴德希、佟德富:《谈谈少数民族哲学研究》,《中央民族大学学报(哲学社会科学版)》1982 年第 1 期,第 57—60 页,第 17 页。
② 2007 年"少数民族哲学理论及编写工作会"(云南景洪),2008 年"少数民族哲学—宇宙观及其人类学意义讲座研讨会"(北京)。
③ 李国文:《东巴文化与纳西哲学》,云南人民出版社,1991。
④ 李国文:《天地人——云南少数民族哲学窥秘》,云南人民出版社,1992。
⑤ 王天玺、李国文:《先民的智慧——彝族古代哲学》,云南教育出版社,2000。
⑥ 李国文:《纳西族古代哲学思想初探》,载郭大烈、杨世光编《东巴文化论集》,云南人民出版社,1985,第 271 页。
⑦ 任继愈:《中国少数民族哲学思想史论集·序》,载中国北方少数民族哲学及社会思想史学会编《中国少数民族哲学思想史论集》,中国社会科学出版社,1985,第 1 页。《如何看待中国古代哲学中的民族哲学家》,《南京大学学报(哲学人文科学社会科学版)》1982 年第 4 期;另见《任继愈学术文化随笔》,中国青年出版社,1996,第 49—53 页;任继愈主编《中国哲学发展史·先秦》,人民出版社,1983。
⑧ 孙叔平:《中国哲学史稿》,上海人民出版社,1980,序言,第 1—19 页。
⑨ 伍雄武:《中华民族多元一体关系与少数民族哲学思想的研究》,《玉溪师范学院学报》2004 年第 1 期,第 32—35 页;《中国少数民族哲学思想简史》,云南人民出版社,1996;《纳西族哲学思想史论集》,民族出版社,1990;《略论少数民族哲学及其意义》,《云南师范大学学报(哲学社会科学版)》1994 年第 3 期,第 17—20 页。

蔡茂生[1]、孙俊萍[2]、何金山[3]、佟德富[4]、宋浩[5]、张天鹏[6]、张世保[7]、李兵[8]、李维武[9]、杨志明[10]、肖万源[11]、苏和[12]、乌兰察夫[13]、宝贵贞[14]、夏里甫

[1] 蔡茂生：《民族文化建设的哲学审视——"文化哲学与民族文化建设"研讨会纪要》，《广东社会科学》2001年第1期，第156—158页。

[2] 孙俊萍：《伊儒合璧的回族哲学思想》，宁夏人民出版社，2008。

[3] 何金山：《评近代蒙古族哲学思想研究》，《内蒙古社会科学（汉文版）》2001年第6期，第56—58页。

[4] 佟德富、宝贵贞：《中国少数民族哲学专题研究》，中央民族大学出版社，2006；佟德富、金京振：《朝鲜族哲学思想史论集》，民族出版社，1996；佟德富等编著：《维吾尔族哲学思想研究》，华南科技出版社，2004；《中国少数民族哲学概论》，中央民族大学出版社，1997；《走近先民的智慧》，民族出版社，2002；吴德希、佟德富：《谈谈少数民族哲学研究》，《中央民族大学学报（哲学社会科学版）》1982年第1期，第57—60页、第17页。

[5] 宋浩：《论哲学的民族性内涵》，《边疆经济与文化》2009年第6期，第43—44页。

[6] 张天鹏：《从求善向求真的转变——兼评〈从诗歌民族向哲学民族转变〉》，《新疆艺术》1999年第2期，第32—35页。

[7] 张世保：《全球化审视下的中国少数民族哲学》，载王天玺主编《西部发展的理论与实践》，云南教育出版社，2005，第279—286页；《论少数民族哲学史的书写方式——以萧洪恩〈土家族哲学通史〉为讨论中心》，《中南民族大学学报（人文社会科学版）》2011年第5期，第92—96页。

[8] 李兵、吴友军：《少数民族哲学何以可能——兼论民族文化的哲学基础》，《学术探索》2002第3期，第14—16页；《少数民族哲学：何为？为何？》，《云南民族大学学报（哲学社会科学版）》2004年第3期，第17—20页；《少数民族哲学：意义及可能》，《曲靖师范学院学报》2003年第4期，第1—4页。

[9] 李维武：《土家族哲学通史·序》，载萧洪恩：《土家族哲学通史》，人民出版社，2009，第1页。

[10] 杨志明：《对少数民族文化作哲学阐释的必要性》，《云南师范大学学报（哲学社会科学版）》2004年第1期，第9—13页；《论民族哲学、文化研究统一的必要性》，《思想战线》2002年第3期，第52—55页、第90页。

[11] 肖万源、伍雄武、阿不都秀库尔主编：《中国少数民族哲学史》，安徽人民出版社，1992。

[12] 苏和、陶克套：《蒙古族哲学思想史》，辽宁民族出版社，2002。

[13] 乌兰察夫、宝力格、赵智奎：《蒙古族哲学思想史》，内蒙古大学出版社，1994。

[14] 宝贵贞：《从合法性到新范式——中国少数民族哲学研究困境与出路》，《内蒙古师范大学学报（哲学社会科学版）》2009年第1期，第76—79页。

罕·阿布达里①、格·孟和②、郭赤婴③、萧洪恩④、黄庆印⑤、龚友德⑥、潘蛟⑦,等等。2011—2012 年,笔者紧紧围绕这一问题先后发表了五篇文章⑧,即:《中国少数民族哲学合法性问题研究述评》《全球性现代化视域的中国少数民族哲学研究探析》《哲学的经验与情感:从黑格尔那里寻求中国少数民族哲学的合法性》《中国少数民族哲学研究方法论问题探析》《民族性与现代性:少数民族哲学视阈的马克思主义中国化》,对这一问题进行了深入分析。

事实上,中国少数民族哲学合法性问题在本质上是中国少数民族哲学的定位问题,在一些尚处于原始社会的民族中,或在一些处于社会发展较低阶段的民族中,是否真正存在一种可称之为"哲学"的学问? 这一点甚至是中国哲学都存在的合法性问题,在中国少数民族那里存在就自

---

① 夏里甫罕·阿布达里:《从诗歌民族向哲学民族转变》,《新疆艺术(汉文版)》1998 年第 3 期,第 4—11 页。

② 格·孟和:《论邓小平理论与研究蒙古族哲学思想史方法论》,《玉溪师范学院学报》2004 年第 10 期,第 24—29 页。格·孟和 1979 年在济南召开的全国哲学规划会议上率先提交了《蒙古族哲学史片断》的科研课题,该课题载入《全国 1979—1985 年哲学规划科研项目总表》。

③ 郭赤婴:《民族哲学的现代化》,《北京第二外国语学院学报》1995 年第 4 期,第 105—109 页。

④ 萧洪恩:《20 世纪上半叶土家族对儒家文化的反思与重构》,《武汉科技大学学报(社会科学版)》2008 年第 3 期,第 9—15 页、第 90 页;《20 世纪土家族哲学社会思想史》,中国书店出版社,2010;《20 世纪土家族哲学研究综述》,载胡茂成主编《土家族确认五十年 1957—2007》,湖北人民出版社,2008;《土家族口承文化哲学研究》,民族出版社,1999;《土家族哲学成立的可能与现实》,《湖北民族学院学报(哲学社会科学版)》2004 年第 5 期,第 1—5 页;《土家族哲学通史》,人民出版社,2009;《中国少数民族哲学:可能与现实》,《江汉论坛》2004 年第 10 期,第 77—80 页。

⑤ 黄庆印:《壮族哲学社会思想史》,广西民族出版社,1996。

⑥ 龚友德:《白族哲学思想史》,云南人民出版社,1992。

⑦ 潘蛟:《解构中国少数民族:去东方学化还是再东方学化》,《广西民族大学学报》2009 年第 2 期,第 11—17 页。

⑧ 萧洪恩:《中国少数民族哲学合法性问题研究述评》,《湖北民族学院学报(哲学社会科学版)》2011 年第 1 期,第 116—121 页;《全球性现代化视域的中国少数民族哲学研究探析》,《武汉科技大学学报(社会科学版)》2011 年第 3 期,第 303—309 页;《哲学的经验与情感:从黑格尔那里寻求中国少数民族哲学的合法性》,《武汉科技大学学报(社会科学版)》2011 年第 4 期,第 434—442 页;《中国少数民族哲学研究方法论问题探析》,《中南民族大学学报(人文社会科学版)》2012 年第 1 期,第 165—170 页;《民族性与现代性:少数民族哲学视域的马克思主义哲学中国化》,《湖北民族学院学报(哲学社会科学版)》2012 年第 1 期,第 75—81 页。

然而然了。由于中国少数民族哲学研究与全球性现代化运动相因应,因而中国少数民族哲学合法性问题讨论的关键是既不想以西方哲学为中心、标准来衡量,也不想以中国哲学为中心、标准来衡量。因此,中国少数民族哲学的合法性问题,实质上即是中国少数民族的"哲学自觉"问题,所以学界已不是简单地讨论中国少数民族哲学研究的价值与意义,而是讨论中国少数民族哲学自身的转型问题。借用中国哲学合法性问题的讨论,中国少数民族哲学合法性的问题,表面上看似是中国少数民族哲学研究所面临的一次危机,而其背后所包含的则是学科意识的高度自觉和彰显中国少数民族哲学主体性的诉求:"对于'中国哲学合法性'问题的探讨以及其他一系列的相关论说,都可以说是反省与检讨'如何建立中国哲学主体性'这一问题的不同层面与不同角度的表现"①。

不过,这里要特别强调的是,尽管已具有了中国少数民族的哲学自觉,尽管也启动了完成 55 个少数民族哲学思想的研究和探讨的中国少数民族哲学的整体工程,但在这一工程完成之前,中国少数民族哲学研究在目前已公开出版的或发表的成果中,都还有不少民族哲学研究呈"空白"状态,即如目前反映中国各民族文化研究最新成果的"中华民族全书丛书"②也都有这方面的空白。据统计,该套著作涵盖了包括中国汉族③在内的 56 个民族,其中的中国少数民族除哈萨克族、蒙古族、苗族、纳西族、维吾尔族等五个民族,笔者尚未见其著作外,其余的 50 个少数民族均已出书。从"哲学"研究层面看,如果把包括"宇宙观"研究在内均算为直接的"哲学"研究,则达到了 34 个民族。在书写了直接"哲学"研究成果的民族中,多数是专门用一节书写"哲学思想"的,但有特殊的处理方式,这就是《中华民族全书·中国水族》④(以下丛书名省略)把"哲学

---

① 彭国翔:《合法性、视域与主体性:当前中国哲学研究的反省与前瞻》,《江汉论坛》2003 第 7
　期,第 38—40 页。
② 杨宏峰主编:《中华民族全书》(共 57 册),宁夏人民出版社,2012。
③ 徐杰舜、徐桂兰编著:《中华民族全书·中国汉族》,宁夏人民出版社,2012。
④ 韦学纯:《中华民族全书·中国水族》,宁夏人民出版社,2012。

思想与伦理道德"列为一节,《中国傣族》①用"思想"作为一节阐明包括哲学思想在内的傣族思想并列有"哲学宗教著作"一节,《中国羌族》②以"哲学特征"为题进行叙述,《中国珞巴族》③点明"原始信仰中的哲学思想",《中国独龙族》④讲"古朴的天地宇宙观"等。应该说,仅从标题来看,就说明中国少数民族哲学研究又大大地向前推进了一步。不过,这套丛书中另有 16 个民族分册没有直接提到"哲学",其中回族、满族、壮族有其民族"哲学"研究专著问世,并在《中国少数民族哲学史》⑤中得到充分展现,但在《中国回族》⑥、《中国满族》⑦、《中国壮族》⑧等分册中未出现相应的民族"哲学";在《中国少数民族哲学史》⑨中已写了"哲学"的民族,但在《中国鄂温克族》⑩、《中国瑶族》⑪、《中国达斡尔族》⑫、《中国傈僳族》⑬、《中国阿昌族》⑭等分册中也未出现;在 2010 年前早已有"哲学"研究成果问世的民族,在《中国普米族》⑮、《中国柯尔克孜族》⑯、《中国黎族》⑰、《中国布朗族》⑱等分册中还是未有出现,均没有写"哲学"思想研究;另有《中

---

① 柯少林、白云:《中华民族全书·中国傣族》,宁夏人民出版社,2012。
② 张曦、黄成龙:《中华民族全书·中国羌族》,宁夏人民出版社,2012。
③ 格桑、王蕾:《中华民族全书·中国珞巴族》,宁夏人民出版社,2012。
④ 杨将领:《中华民族全书·中国独龙族》,宁夏人民出版社,2012。
⑤ 肖万源、伍雄武、阿不都秀库尔主编:《中国少数民族哲学史》,安徽人民出版社,1992。
⑥ 丁克家:《中华民族全书·中国回族》,宁夏人民出版社,2012。
⑦ 关凯:《中华民族全书·中国满族》,宁夏人民出版社,2012。
⑧ 梁庭旺:《中华民族全书·中国壮族》,宁夏人民出版社,2012。
⑨ 肖万源、伍雄武、阿不都秀库尔主编:《中国少数民族哲学史》,安徽人民出版社,1992。
⑩ 朝克:《中华民族全书·中国鄂温克族》,宁夏人民出版社,2012。
⑪ 潘玉阁:《中华民族全书·中国瑶族》,宁夏人民出版社,2012。
⑫ 齐勤:《中华民族全书·中国达斡尔族》,宁夏人民出版社,2012。
⑬ 欧光明:《中华民族全书·中国傈僳族》,宁夏人民出版社,2012。
⑭ 熊顺清:《中华民族全书·中国阿昌族》,宁夏人民出版社,2012。
⑮ 和向东:《中华民族全书·中国普米族》,宁夏人民出版社,2012。
⑯ 阿地里·居玛吐尔地:《中华民族全书·中国柯尔克孜族》,宁夏人民出版社,2012。
⑰ 文明英、文京:《中华民族全书·中国黎族》,宁夏人民出版社,2012。
⑱ 陶玉明:《中华民族全书·中国布朗族》,宁夏人民出版社,2012。

国锡伯族》①、《中国俄罗斯族》②、《中国乌孜别克族》③、《中国东乡族》④
等分册也未提及"哲学"。虽然在2010年后有关锡伯族、俄罗斯族的一
些"哲学"研究成果问世，但有关乌孜别克族、东乡族至今仍然未有发现
直接的"哲学"研究成果，具体情况我们将在后面对各民族哲学研究做一
大体描述。同时还应注意的是，该套丛书在对中国民族文化进行的研
究，特别是在对精神文化的研究中，最大的特点在于各分册都力求阐明
各民族的精神气质，并突出了各民族对伟大祖国的贡献。而在对"哲学
思想"的阐述中，将"哲学思想"归入"信仰文化"中，这种"信仰"归类法是
极有特色的。另外，一些民族完全具备形成一部通史性哲学研究著作的
条件，如维吾尔族、哈萨克族、瑶族、水族、侗族⑤等民族，可现在还没有出
现公开出版的汉文的通史论著；中国少数民族哲学应在中国哲学史中得
到反映，可目前还没有实现，特别是在"中国哲学史"教材中……另外，中
国各少数民族文化相互影响的关系特别明显，哲学文化也是一样，但现
在一方面是各民族哲学自身的研究还有待深化，另一方面则是各民族哲
学文化之间的互融互通研究方面还应加强。在这方面，中国少数民族的
几大族系之各民族之间、几大族系民族的大系之间、各少数民族与汉族
之间的哲学文化关系，等等，都是值得研究的。何况有些民族的哲学研
究，离开互融互通，就很难进行，如纳西族、白族、藏族、汉族哲学文化的
相互关系，维吾尔族、哈萨克族、乌孜别克族等民族哲学思想史的关系，
回族、保安族、东乡族哲学思想史的关系等也是如此。另外一些哲学问
题，若不从互融互通的角度也很难理解，如在云南，爨氏统治时期的《爨
龙颜碑》《爨宝子碑》，南诏时期的《德化碑》等即属此例。因此，有学者提

---

① 贺灵：《中华民族全书·中国锡伯族》，宁夏人民出版社，2012。
② 苏闻宇、马璐璐、罗意：《中华民族全书·中国俄罗斯族》，宁夏人民出版社，2012。
③ 米娜瓦尔·艾比布拉·努尔：《中华民族全书·中国乌孜别克族》，宁夏人民出版社，2012。
④ 马福元：《中华民族全书·中国东乡族》，宁夏人民出版社，2012。
⑤ 目前，有关侗族的哲学已出版了相关专著，如陈应发《哲理侗文化》（中国林业出版社，2012）、
石干成《侗族哲学概论》（中国文联出版社，2016），但都不能算通史性著作，只能算成是断面
研究作品。

出文化圈研究方法问题①,笔者多次强调以民族哲学研究为基础的地域文化研究方法也是如此。当然,这些问题并不是本书所要解决的。下面各节的分析,于是就显得与整个中国少数民族的发展水平不很适应,这既有研究成果本身的原因,也有本书容量的原因,当然还有作者自身的能力与水平的问题。

(四)百花争艳的民族哲学研究领域

中国少数民族哲学的初期研究,在 20 世纪 80 年代的成果,甚至包括 20 世纪 90 年代的成果,在总体研究范式上仍然坚持的是中国哲学研究的通行范式,特别是以哲学基本问题为主线,哲学上的"两个对子"为骨架,本体论、认识论、方法论、政治思想、伦理思想、无神论思想等为空间布局的结构。因而有学者认为,中国少数民族哲学研究在这方面存在着两种极端倾向:一方面,是不加"批判"地承认少数民族哲学,机械式地套用传统马克思主义哲学原理的理解模式和概念框架,按照世界观、辩证法、认识论、历史观等构成要素,从哲学的角度对少数民族文化分门别类,将其填充到哲学框架内;另一方面,是从教科书关于哲学的定义出发,否认少数民族拥有自己的哲学,放弃从哲学的意义上对民族文化进行探究②。而笔者根据目前的研究成果,看来这一评价是实事求是的。前些年有学者③说中国少数民族哲学与其他哲学研究领域相比,发展十分缓慢,通过总结分析有关中国少数民族哲学的研究成果发现,其合法性问题、史料选择问题,以及研究范式问题是困扰其发展的重要因素。也正是由于上述问题,因而使中国少数民族哲学研究的基本领域也就由此划定。不过,在此基础上还因为中国少数民族哲学发展的特殊性而应关注其历史尺度,特别是原始思维与哲学萌芽等问题。郭齐勇在《当代

---

① 宝贵贞:《从合法性到新范式——中国少数民族哲学研究困境与出路》,《内蒙古师范大学学报(哲学社会科学版)》2009 年第 1 期,第 76—79 页。

② 李兵、吴友军:《少数民族哲学何以可能?——兼论民族文化的哲学基础》,《学术探索》2002 第 3 期,第 14—16 页。

③ 伦玉敏、刘勇:《从合法性到研究范式的转型:中国少数民族哲学研究历程》,《商丘师范学院学报》2012 年第 4 期,第 30—34 页。

中国哲学研究(1949—2009)》[①]的第九章第二节中作了基本概括。

1. 原始意识、原始思维与哲学的萌芽研究

这是中国少数民族哲学研究一开始即十分强调的。主要文献有：1981年《云南少数民族哲学思想史论文选集》(第一集)中伍雄武的一篇文章,研究云南少数民族原始意识以探索哲学萌芽[②],以及他的另一篇文章论及原始意识和哲学、宗教、道德、文艺、科学的起源[③]；佟德富论中国少数民族原始意识与哲学宇宙观之萌芽[④],概说中国少数民族早期哲学宇宙观[⑤]；周凯模论民族宗教乐舞与神话哲学[⑥]；姜国柱论中国少数民族哲学的原始思维[⑦]；张胜冰从少数民族民间史诗看艺术类型的演进以考释原始艺术哲学[⑧]；王军从文化神话学的角度看中国上古神话与中国哲学的关系以阐明神话与哲学的互渗[⑨]；田清旺对我国西南少数民族创世神话的哲学审视[⑩]；章建刚与杨志明论艺术的起源[⑪]；雷昀与雷希论道德

---

① 郭齐勇主编:《当代中国哲学研究(1949—2009)》,中国社会科学出版社,2011,第275—280页。

② 伍雄武:《对哲学萌芽的探索——云南少数民族原始意识研究之一》,载《云南少数民族哲学思想史论文选集》(第一集),内部资料,1983,第7—31页。

③ 伍雄武:《原始意识和哲学、宗教、道德、文艺、科学的起源——云南少数民族原始意识研究》,《云南社会科学》1987年第2期,第25—32页。

④ 佟德富:《中国少数民族原始意识与哲学宇宙观之萌芽》,《中央民族大学学报(哲学社会科学版)》1995年第4期,第14—24页。

⑤ 佟德富:《中国少数民族早期哲学宇宙观概说》,《中央民族大学学报(哲学社会科学版)》1999年第5期,第120—127页。

⑥ 周凯模:《民族宗教乐舞与神话哲学》,《民族艺术》2000年第3期,第157—172页。

⑦ 姜国柱:《中国少数民族哲学的原始思维》,《云南教育学院学报》1995年第3期,第12—18页。

⑧ 张胜冰:《原始歌谣的艺术社会学透视——原始艺术哲学考释之一》,《民间艺术研究》2002年第2期,第4—8页、第80页;《从少数民族民间史诗看艺术类型的演进——原始艺术哲学考释之二》,《民间艺术研究》2003年第1期,第32—38页。

⑨ 王军:《神话与哲学的互渗——从文化神话学的角度看中国上古神话与中国哲学的关系》,《复旦学报(社会科学版)》1990年第3期,第58—62页。

⑩ 田清旺:《我国西南少数民族创世神话的哲学审视》,《吉首大学学报(社会科学版)》2006年第1期,第73—76页。

⑪ 章建刚、杨志明:《艺术的起源》,云南大学出版社,1996。

的起源①,等等。我们这里没有列出各少数民族哲学研究中的单一民族哲学起源的相关论文,如果这样列举,那实在太多。关于这方面的研究,总体上是为了从"少数民族现实的和不久前的生活中,我们可以得到许多关于哲学、宗教、伦理、审美等观念以及逻辑思维发生、发展的直接而生动的材料……如果把这些材料和地下发掘出来的殷商以前的文物作一番比较研究,很可能会得出许多有启发的结论。"②这一问题的研究,基本点是要区分原始思维与原始意识,相应的文献有:伍雄武论原始思维和云南少数民族的原始意识③,刘文英关于原始思维的特点④、以"漫长的历史源头"为题新探原始思维与原始文化⑤、论中国古代的时空观念⑥,等等。

2. 宗教思想研究

中国少数民族哲学与宗教的关系极为紧密,宗教研究因而成为中国少数民族哲学研究的应有领域。从总体研究来看,这方面的文献有:佟德富概述中国少数民族原始宗教⑦,于锦绣论原始宗教观念的发展及其表现形式⑧,熊胜祥与高志英论云南少数民族传统宗教信仰中的和谐思想⑨,李天纲述中国民间宗教研究二百年⑩,王庆德回顾中国民间宗教史研究百年⑪,吴真述民间信仰研究三十年⑫,王铭铭综述中国民间宗教的

---

① 雷昀、雷希:《道德的起源》,云南人民出版社,1999。
② 伍雄武:《谈谈开展云南少数民族哲学、社会思想研究工作的意义》,《中国哲学史研究》1982年第6期。
③ 伍雄武:《原始思维和云南少数民族的原始意识》,《哲学研究》1985年第1期,第54—55页。
④ 刘文英:《关于原始思维的特点》,《哲学研究》1985年第1期,第48—50页。
⑤ 刘文英:《漫长的历史源头——原始思维与原始文化新探》,中国社会科学出版社,1996。
⑥ 刘文英:《中国古代的时空观念》(修订本),南开大学出版社,2000。
⑦ 佟德富:《中国少数民族原始宗教概述》,《世界宗教研究》1997年第3期,第135—143页。
⑧ 于锦绣:《原始宗教观念的发展及其表现形式》,《思想战线》1985年第5期,第74—82页。
⑨ 熊胜祥、高志英:《云南少数民族传统宗教信仰中的和谐思想》,《中国民族报》2009年6月2日。
⑩ 李天纲:《中国民间宗教研究二百年》,《历史教学问题》2008年第5期,第33—37页。
⑪ 王庆德:《中国民间宗教史研究百年回顾》,《文史哲》2001年第1期,第30—37页、第127页。
⑫ 吴真:《民间信仰研究三十年》,《民俗研究》2008年第4期,第40—54页。

国外人类学研究①,等等。这些研究都在总体上与中国少数民族宗教相关,而且与中国少数民族哲学研究相关。除了总体论述而外,中国少数民族差不多都有自己的独特的宗教信仰,因而在一些少数民族哲学研究中,宗教哲学成了研究的重点,如回族、维吾尔族等 10 个民族的相当一部分群众信仰的伊斯兰教的哲学思想,蒙古族、藏族等民族的藏传佛教哲学思想,以及傣族等民族的南传佛教思想等,这方面的研究我们放在各民族哲学研究中去论述。不过,冯今源的《中国的伊斯兰教》②、王怀德与郭宝华的《伊斯兰教史》③、郭淑云与王宏刚主编的《活着的萨满——中国萨满教》④等则可算是一般研究。除总体上的研究而外,还有对各民族自生的、传统"宗教"的研究,如萨满教、毕摩教、东巴教、苯教⑤、本主崇拜、寨神勐神崇拜,等等,像关小云与王宏刚著的《鄂伦春族萨满教调查》⑥即是典型,这些成果都应放入各民族哲学研究中去论述。

　　这里要特别提出的是关于萨满教的哲学研究。在中国知网上,直接以萨满教为主题进行检索,得到有关萨满教研究的标题条目 1 000 多篇,主要涉及北少数民族的原始宗教研究,其中的哲学研究方面可以略分几类:(1) 直接从宇宙观方面研究,成果特别丰富,主要包括:冯恩学试论萨满教宇宙观对解读考古现象的重要性⑦,刘宁波论萨满教的宇宙观⑧,汤惠生考述神话中之昆仑山以阐明昆仑山神话与萨满教宇宙观⑨,谢继胜

① 王铭铭:《中国民间宗教:国外人类学研究综述》,《世界宗教研究》1996 年第 2 期,第 125—134 页。
② 冯今源:《中国的伊斯兰教》,宁夏人民出版社,1991。
③ 王怀德、郭宝华:《伊斯兰教史》,宁夏人民出版社,1992。
④ 郭淑云、王宏刚主编:《活着的萨满——中国萨满教》,辽宁人民出版社,2001。
⑤ "苯教",或写作"本教""本波教"等,本书正文中一律用"苯教"以示统一。
⑥ 关小云、王宏刚:《鄂伦春族萨满教调查》,辽宁人民出版社,1998。
⑦ 冯恩学:《试论萨满教宇宙观对解读考古现象的重要性》,《贵州社会科学》2012 年第 6 期,第38—40 页。
⑧ 刘宁波:《萨满教的宇宙观》,《黑河学刊》1990 年第 4 期,第 108—115 页。
⑨ 汤惠生:《神话中之昆仑山考述——昆仑山神话与萨满教宇宙观》,《2000 年青海海峡两岸昆仑文化考察与学术研讨会会议论文集》,西宁,2000;汤惠生:《神话中之昆仑山考述——昆仑山神话与萨满教宇宙观》,《2001 年山岳文化国际学术研讨会国际会议论文集》,大同,2001,第 118 页。

论藏族萨满教的三界宇宙结构与灵魂观念的发展①,乌峰论蒙古族萨满教宇宙观与草原生态②,等等。(2)直接进行哲学研究,主要成果有:郭淑云论萨满教宇宙观及其哲学思想③,萨满教灵魂观及其哲学思想④;色音作关于一种民间思想的哲学人类学探讨以论中国少数民族萨满教哲学的滥觞⑤;孟慧英论萨满教的认识论基础⑥;曹杏初探文化人类学视野下的先知⑦;李凤鸣比较研究蒙古萨满教的腾格理(天)和哲学范畴的腾格理(天)⑧;等等。(3)直接从世界观方面研究,主要成果有:巴干简论蒙古族萨满教及其世界观⑨,满都夫论蒙古萨满教的性质与世界观⑩,祖科夫斯卡娅(N. Zhukovskaya)、马克斯、阮氏芳簪论作为布里亚特人世界观形成因素的佛教与萨满教⑪,安娜-莉娜·希克拉、户晓辉论芬兰岩画、动物祭祀仪式与萨满教世界观⑫,吉日嘎拉论萨满教的观念世界及其

---

① 谢继胜:《藏族萨满教的三界宇宙结构与灵魂观念的发展》,《中国藏学》1988 年第 4 期,第 96—108 页。

② 乌峰:《蒙古族萨满教宇宙观与草原生态》,《中央民族大学学报(哲学社会科学版)》2006 年第 1 期,第 75—82 页。

③ 郭淑云:《萨满教宇宙观及其哲学思想》,《社会科学战线》2002 年第 2 期,第 181—189 页。

④ 郭淑云:《萨满教灵魂观及其哲学思想》,《云南社会科学》2001 年第 3 期,第 67—72 页。

⑤ 色音:《论中国少数民族萨满教哲学的滥觞——关于一种民间思想的哲学人类学探讨》,《宗教学研究》1999 年第 3 期,第 73—79 页。

⑥ 孟慧英:《萨满教的认识论基础》,《中央民族大学学报(哲学社会科学版)》2000 年第 6 期,第 66—71 页。

⑦ 曹杏:《文化人类学视野下的先知初探》,《牡丹江教育学院学报》2011 年第 3 期,第 13—14 页。

⑧ 李凤鸣:《蒙古萨满教的腾格理(天)和哲学范畴的腾格理(天)之比较研究》,《内蒙古师范大学学报(哲学社会科学版)》2002 年第 6 期,第 3—7 页。

⑨ 巴干:《蒙古族萨满教及其世界观简论》,《内蒙古社会科学(文史哲版)》1993 年第 4 期,第 38—43 页。

⑩ 满都夫:《论蒙古萨满教的性质与世界观》,《内蒙古社会科学》1986 年第 5 期,第 18—23 页、第 29 页。

⑪ 祖科夫斯卡娅(N. Zhukovskaya)等:《作为布里亚特人世界观形成因素的佛教与萨满教》,《共识》2011 年秋刊第 6 期,第 25—29 页。

⑫ 安娜-莉娜·希克拉等:《芬兰岩画、动物祭祀仪式与萨满教世界观》,《民族艺术》1997 年第 1 期,第 172—182 页。

演变①,孟慧英论萨满教的精灵世界②,彼德·奈克特、刘大先论"无萨满"时代的萨满③,高景森从"萨满"的遗存看现代人的天命观④,姚素秋从三首萨满佛调中得到的启示⑤,齐经轩从萨满教世界观看萨满的社会角色及其昏迷术⑥,等等。与此相应,苏鲁格论蒙古萨满教神灵观的形成和发展⑦,阿拉坦巴根浅析蒙古萨满教"腾格里"⑧,郭淑云论萨满教灵魂观与北方葬俗⑨及论萨满教天穹层次构想与神秘数字⑩、萨满教星辰崇拜与北方天文学的萌芽⑪,郭淑梅论东北土著文化的自然观及当代价值⑫,孟慧英论萨满教的二元神论⑬、萨满教的灵魂观念⑭、萨满教的人熊关系⑮、萨满教的天神与天命⑯、萨满教的自然神与自然神话⑰、萨满教与

---

① 吉日嘎拉:《萨满教的观念世界及其演变》,《内蒙古大学学报(人文社会科学版)》2001年第3期,第49—53页。

② 孟慧英:《萨满教的精灵世界》,《民族艺术》1999年第2期,第63—75页。

③ 彼德·奈克特、刘大先:《"无萨满"时代的萨满》,《萨满文化辩证——国际萨满学会第七次学术讨论会论文集》,长春,2004,第28—33页。

④ 高景森:《从"萨满"的遗存看现代人的天命观》,《学问》2003年第2期,第9—10页。

⑤ 姚素秋:《从三首萨满佛调中所得到的启示》,《艺术探索》1997年第S1期,第45—47页。

⑥ 齐经轩:《从萨满教世界观看萨满的社会角色及其昏迷术》,《内蒙古社会科学(汉文版)》1995年第2期,第42—47页。

⑦ 苏鲁格:《蒙古萨满教神灵观的形成和发展》,《内蒙古社会科学(文史哲版)》1995年第6期,第43—47页。

⑧ 阿拉坦巴根:《蒙古萨满教"腾格里"浅析》,《黑龙江民族丛刊》1987年第2期,第35—39页。

⑨ 郭淑云:《萨满教灵魂观与北方葬俗》,《满族研究》1999年第1期,第60—68页。

⑩ 郭淑云:《萨满教天穹层次构想与神秘数字》,《西域研究》2004年第3期,第94—101页、第124页。

⑪ 郭淑云:《萨满教星辰崇拜与北方天文学的萌芽》,《世界宗教研究》2003年第1期,第122—131页、第155页。

⑫ 郭淑梅:《东北土著文化的自然观及当代价值》,《"中华文化与和谐社会建设"国际学术研讨会论文集》,广州,2008,第356页。

⑬ 孟慧英:《萨满教的二元神论》,《满族研究》1999年第2期,第74—79页。

⑭ 孟慧英:《萨满教的灵魂观念》,《青海社会科学》1999年第4期,第95—99页、第72页。

⑮ 孟慧英:《萨满教的人熊关系》,《黑龙江民族丛刊》1999年第4期,第81—84页。

⑯ 孟慧英:《萨满教的天神与天命》,《内蒙古社会科学(汉文版)》2000年第1期,第59—64页。

⑰ 孟慧英:《萨满教的自然神与自然神话》,《社会科学战线》1999年第4期,第132—138页。

萨满神话中的火神及盗火英雄①、萨满文化中的风神②,王纪潮研究瑜伽、萨满和神秘主义埃里亚德和他的瑜伽、萨满③,金秀乃、于果研究韩国萨满传说和仪式中生命和死亡的宇宙戏剧④,等等,也可纳入世界观方面的研究,并且是从一般世界观的角度进行了阐明。(4)直接从思维方式方面进行的研究,成果主要有:洪玉范论古代蒙古族的思维与萨满教⑤,黄任远论萨满神话类型与原始思维特色⑥,蒋理论萨满神话类型与原始思维特色⑦,张思宁解析萨满文化对思维和心理的作用⑧,汤惠生论萨满教二元对立思维及其文化观念⑨,等等。与此相应,观念研究可纳入此类,这方面的研究成果有:黄中祥论哈萨克英雄史诗中所反映的萨满教观念⑩,田艳秋初探现代蒙古人深层意识中的萨满教宗教观念⑪,班玛更珠比较宗教学视野中的苯教、祆教与萨满教的宗教观念⑫,富育光初考萨满教天穹观念⑬及探考萨满教天穹观念与神话⑭,郭淑云论北方丧葬面

---

① 孟慧英:《萨满教与萨满神话中的火神及盗火英雄》,《满族研究》1998 年第 1 期,第 77—81 页。

② 孟慧英:《萨满文化中的风神》,《民俗研究》2000 年第 3 期,第 72—77 页。

③ 王纪潮:《瑜伽、萨满和神秘主义埃里亚德和他的瑜伽、萨满研究》,《博览群书》2002 年第 4 期,第 34—37 页。

④ 金秀乃、于果:《韩国萨满传说和仪式中生命和死亡的宇宙戏剧》,《萨满文化辩证——国际萨满学会第七次学术讨论会会议论文集》,长春,2004,第 593—608 页。

⑤ 洪玉范:《古代蒙古族的思维与萨满教》,《黑龙江民族丛刊》1995 年第 2 期,第 86—91 页。

⑥ 黄任远:《萨满神话类型与原始思维特色》,《黑龙江民族丛刊》1999 年第 3 期,第 119—121 页。

⑦ 蒋理:《萨满神话类型与原始思维特色》,《满语研究》1999 年第 2 期,第 125 页。

⑧ 张思宁:《解析萨满文化对思维和心理的作用》,《满族研究》2009 年第 1 期,第 68—72 页。

⑨ 汤惠生:《萨满教二元对立思维及其文化观念》,《东南文化》1996 年第 4 期,第 34—43 页。

⑩ 黄中祥:《哈萨克英雄史诗中所反映的萨满教观念》,《民族文学研究》2002 年第 3 期,第 76—80 页。

⑪ 田艳秋:《现代蒙古人深层意识中的萨满教宗教观念初探》,《解放军外国语学院学报》2003 年第 3 期,第 114—117 页。

⑫ 班玛更珠:《比较宗教学视野中的本教、祆教与萨满教的宗教观念》,《西北民族大学学报(哲学社会科学版)》2008 年第 1 期,第 33—43 页。

⑬ 富育光:《萨满教天穹观念初考》,《黑龙江民族丛刊》1987 年第 3 期,第 35—42 页。

⑭ 富育光:《萨满教天穹观念与神话探考》,《学术交流》1987 年第 4 期,第 98—104 页。

具与萨满教灵魂观念①，胡卫军、付黎明论萨满教思想观念对萨满教艺术的影响②，刘钻、曹天慧以萨满神灵造型与观念为旨论萨满神灵造型的艺术观③，色音论萨满教的观念体系及其特征④，等等。（5）直接从原始崇拜的层面研究，成果主要有：包海青以萨满教猫头鹰崇拜文化传统与族源传说为旨探讨蒙古族猫头鹰始祖型族源传说起源⑤，李云霞论蒙古族萨满教信仰的发展与变化⑥，曹丽娟论满族萨满舞蹈的古崇拜意识⑦及萨满舞蹈体现的古崇拜意识⑧，李中和、祝辉试论回纥萨满教原始信仰崇拜⑨，刘孟子探析满族萨满创世神话《天宫大战》与太阳崇拜⑩，韩香试论早期鲜卑族的原始萨满崇拜⑪，黄任远思考赫哲族神话阐明萨满神话与萨满崇拜⑫，李秀华、黄儒敏论赫哲族萨满教信仰的形成及其对自然崇拜

① 郭淑云：《北方丧葬面具与萨满教灵魂观念》，《北方文物》2005 年第 1 期，第 29—34 页。
② 胡卫军、付黎明：《萨满教思想观念对萨满教艺术的影响》，《美术大观》2010 年第 8 期，第 70 页。
③ 刘钻、曹天慧：《萨满神灵造型与观念——萨满神灵造型的艺术观》，《文艺评论》2011 年第 7 期，第 122—124 页。
④ 色音：《萨满教的观念体系及其特征》，《内蒙古社会科学（汉文版）》1992 年第 4 期，第 95—102 页。
⑤ 包海青：《萨满教猫头鹰崇拜文化传统与族源传说——蒙古族猫头鹰始祖型族源传说起源探讨》，《内蒙古民族大学学报（社会科学版）》2010 年第 5 期，第 45—81 页。
⑥ 李云霞：《蒙古族萨满教信仰的发展与变化》，《满族研究》2008 年第 4 期，第 98—103 页。
⑦ 曹丽娟：《满族萨满舞蹈的古崇拜意识论》，《满族研究》1992 年第 3 期，第 49—57 页。
⑧ 曹丽娟：《萨满舞蹈体现的古崇拜意识》，《社会科学战线》1991 年第 3 期，第 329—330 页。
⑨ 李中和、祝辉：《试论回纥萨满教原始信仰崇拜》，《青海社会科学》2007 年第 5 期，第 85—87 页。
⑩ 刘孟子：《满族萨满创世神话〈天宫大战〉与太阳崇拜探析》，《吉林省教育学院学报》2010 年第 1 期，第 144—145 页。
⑪ 韩香：《试论早期鲜卑族的原始萨满崇拜》，《黑龙江民族丛刊》1995 年第 1 期，第 86—91 页。
⑫ 黄任远：《萨满神话与萨满崇拜——对赫哲族神话的思考》，《黑龙江省中华炎黄文化研究会2006 年会暨第五届学术研讨会论文集》，哈尔滨，2006，第 164—176 页；《萨满神话与萨满崇拜——对赫哲族神话的思考之五》，《佳木斯大学社会科学学报》2002 年第 1 期，第 84—87 页。

神话的影响①，吴来山论满族萨满文化中柳崇拜的形成②，汪立珍论鄂温克族萨满教信仰与自然崇拜③，宋长宏等论布里亚特蒙古萨满教中的铁匠崇拜④，萧兵论灵石崇拜和祈雨巫术兼谈萨满教的札达仪⑤，曹琳论童子・萨满⑥，富育光考析萨满神柱崇拜⑦，桂丽论萨满教信仰体系下北方游牧民族造型艺术中的鹰崇拜⑧，郭淑云论萨满教动植物崇拜与生物认知⑨，金宝忱论萨满教中的绳条崇拜⑩，李枫等以《河柳图》为例论迟子建小说的柳意象和萨满教的柳崇拜⑪，孟慧英论萨满教的石崇拜⑫，汤惠生论北方游牧民族萨满教中的火神、太阳及光明崇拜⑬，王海冬论萨满教的

① 李秀华、黄儒敏：《赫哲族萨满教信仰的形成及其对自然崇拜神话的影响》，《佳木斯大学社会科学学报》2005 年第 1 期，第 93—94 页。
② 吴来山：《论满族萨满文化中柳崇拜的形成》，《辽宁师范大学学报(社会科学版)》2004 年第 3 期，第 121—122 页。
③ 汪立珍：《鄂温克族萨满教信仰与自然崇拜》，《中央民族大学学报(哲学社会科学版)》2000 年第 6 期，第 72—77 页。
④ Г. Р. 加尔达诺娃、宋长宏：《布里亚特蒙古萨满教中的铁匠崇拜》，《民族译丛》1993 年第 3 期，第 35—37 页、第 59 页。
⑤ 萧兵：《灵石崇拜和祈雨巫术——兼谈萨满教的札达仪》，《民族艺术》1997 年第 3 期，第 46—58 页。
⑥ 曹琳：《童子・萨满》，《萨满文化辩证——国际萨满学会第七次学术讨论会论文集》，长春，2004，第 425—435 页。
⑦ 富育光：《萨满神柱崇拜考析》，《萨满文化辩证——国际萨满学会第七次学术讨论会论文集》，长春，2004，第 236—241 页。
⑧ 桂丽：《萨满教信仰体系下北方游牧民族造型艺术中的鹰崇拜》，《艺海》2012 年第 2 期，第 121—122 页。
⑨ 郭淑云：《萨满教动植物崇拜与生物认知》，《青海民族大学学报(社会科学版)》2004 年第 1 期，第 41—43 页。
⑩ 金宝忱：《萨满教中的绳条崇拜》，《黑龙江民族丛刊》1989 年第 1 期，第 57—59 页。
⑪ 李枫、隋琳：《迟子建小说的柳意象和萨满教的柳崇拜——以〈河柳图〉为例》，《中国新时期文学 30 年国际学术研讨会暨中国当代文学研究会第 15 届学术年会论文集》，济南，2008，第 55 页；李枫：《迟子建小说的柳意象和萨满教的柳崇拜》，《黑龙江社会科学》2008 年第 6 期，第 105—108 页。
⑫ 孟慧英：《萨满教的石崇拜》，《民族艺术》1998 年第 2 期，第 200—206 页。
⑬ 汤惠生：《北方游牧民族萨满教中的火神、太阳及光明崇拜》，《青海社会科学》1995 年第 2 期，第 87—93 页。

女性英雄崇拜①,王宏刚论萨满教的英雄崇拜与北方民族的崛起②,王其格论红山诸文化"神鸟"崇拜与萨满"鸟神"③,魏纲论图腾崇拜对中国北方民族萨满教的文化影响④,乌兰杰论萨满教文化中的生殖崇拜观念⑤,闫超从萨满教的崇拜看其生态环保因素⑥,等等。盖吉米论 13 世纪蒙古人的萨满教及其宗教观⑦等则是从萨满教的历史发展中探讨其哲学观念的发展。(6)直接进行伦理思想研究的,成果主要有:杨晗论北方民族萨满教的生态伦理关怀⑧,宝贵贞论萨满教伦理观与满族社会价值观⑨,姜小莉论萨满教对满族社会伦理观的影响⑩,陈旭论中国北方民族萨满文化所体现的生态伦理价值观念⑪,等等。(7)直接从原始信仰方面进行的研究,成果主要有:崔亚虹、李福论达斡尔族的萨满教信仰与神话传说⑫,程大力论萨满信仰与满族体育⑬,麻健敏论清代福州满族萨满信仰

① 王海冬:《论萨满教的女性英雄崇拜》,《东北史地》2011 年第 6 期。
② 王宏刚:《萨满教的英雄崇拜与北方民族的崛起》,《社会科学》2007 年第 12 期,第 149—157 页。
③ 王其格:《红山诸文化"神鸟"崇拜与萨满"鸟神"》,《大连民族学院学报》2007 年第 6 期,第 96—99 页。
④ 魏纲:《图腾崇拜对中国北方民族萨满教的文化影响》,硕士学位论文,天津师范大学历史文化学院,2011。
⑤ 乌兰杰:《萨满教文化中的生殖崇拜观念》,《民族文学研究》1995 年第 1 期,第 77—82 页。
⑥ 闫超:《从萨满教的崇拜看其生态环保因素》,《东北史地》2006 年第 4 期,第 48—52 页。
⑦ 盖吉米:《13 世纪蒙古人的萨满教及其宗教观》,硕士学位论文,内蒙古大学历史与旅游文化学院,2007。
⑧ 杨晗:《北方民族萨满教的生态伦理关怀》,《黑龙江民族丛刊》2008 年第 4 期,第 139—144 页。
⑨ 宝贵贞:《萨满教伦理观与满族社会价值观》,载朝克等编《科学发展观与民族地区建设实践研究》,俄罗斯布里亚特科学中心出版社(Russian Buryat Scientific Center Press)2010,第 528—536 页。
⑩ 姜小莉:《萨满教对满族社会伦理观的影响》,《沈阳师范大学学报(社会科学版)》2005 年第 2 期,第 37—38 页。
⑪ 陈旭:《中国北方民族萨满文化所体现的生态伦理价值观念》,《宗教学研究》2007 年第 2 期,第 150—155 页。
⑫ 崔亚虹、李福:《达斡尔族的萨满教信仰与神话传说》,《大连民族学院学报》2007 年第 6 期,第 78—80 页。
⑬ 程大力:《萨满信仰与满族体育》,《体育文史》1991 年第 6 期,第 7—10 页。

与本土巫文化的结合①，张莉、王丽伟重识萨满信仰与满族舞蹈②，韩晟以满族等东北亚少数民族的田野考察为例考证满族音乐逻辑的归纳及其源自萨满信仰活动③，姜小莉试论满族萨满教对东北民间信仰的影响④，李莉研究当代满族萨满信仰习俗中的汉满文化关系⑤，刘明新浅析满族萨满教信仰的式微⑥，刘小萌论满族萨满教信仰中的多重文化成分⑦，汪丽珍从满族萨满神歌中的神名看满族的宗教信仰⑧，苑杰论满族石姓穆昆记忆中的萨满教信仰体系⑨，周丽娜论萨满信仰在满族共同体形成过程中的作用⑩，周喜峰论清代黑龙江少数民族的萨满教信仰⑪，阿布都力江·赛依提考察哈萨克人信仰中的萨满教遗迹⑫，毕桪论萨满教信仰与哈萨克民间文学⑬，迪木拉提·奥迈尔以仪式及其变迁为旨论当

① 麻健敏：《清代福州满族萨满信仰与本土巫文化的结合》，《中央民族大学学报(哲学社会科学版)》2007年第1期，第54—59页。

② 张莉、王丽伟：《重识萨满信仰与满族舞蹈》，《赤峰学院学报(汉文哲学社会科学版)》2012年第9期，第224—225页。

③ 韩晟：《关于满族音乐逻辑的归纳及其源自萨满信仰活动的考证——以满族等东北亚少数民族的田野考察为例》，《音乐生活》2012年第10期，第74—76页。

④ 姜小莉：《试论满族萨满教对东北民间信仰的影响》，《吉林师范大学学报》2011年第3期，第23—26页。

⑤ 李莉：《当代满族萨满信仰习俗中的汉满文化关系研究》，硕士学位论文，吉林大学哲学社会学院，2007。

⑥ 刘明新：《浅析满族萨满教信仰的式微》，《中央民族大学学报(哲学社会科学版)》2008年第1期，第70—76页。

⑦ 刘小萌：《满族萨满教信仰中的多重文化成分》，《中国社会科学院研究生院学报》1989年第3期，第68—74页。

⑧ 汪丽珍：《从满族萨满神歌中的神名看满族的宗教信仰》，《满语研究》1997年第2期，第83—88页。

⑨ 苑杰：《满族石姓穆昆记忆中的萨满教信仰体系》，《满语研究》2008年第1期，第114—122页。

⑩ 周丽娜：《萨满信仰在满族共同体形成过程中的作用》，硕士学位论文，黑龙江大学满族语言文化研究中心，2012。

⑪ 周喜峰：《论清代黑龙江少数民族的萨满教信仰》，《历史教学(下半月刊)》2010年第11期，第33—36页。

⑫ 阿布都力江·赛依提：《哈萨克人信仰中的萨满教遗迹》，《西域研究》2005年第3期，第117—120页、第130页。

⑬ 毕桪：《萨满教信仰与哈萨克民间文学》，《中央民族大学学报(哲学社会科学版)》1990年第4期，第86—90页。

代哈萨克族的萨满教信仰①,古力扎提浅谈哈萨克族萨满教信仰中的禁忌行为——禳解②,黄任远、于晓飞、王威从伊玛堪看赫哲族萨满教的信仰观③,艾丽曼论蒙古族宗教信仰从萨满教到藏传佛教变迁的历程④,达尔罕论科尔沁蒙古萨满信仰之祭天仪礼⑤,赵永太、周翔以以色列西奈山圣约共同体和韩国葛梅洞都堂赛神为中心比较研究犹太教与韩国萨满教的信仰共同体⑥,努尔古丽从考古文化看新疆突厥语族各民族萨满教信仰⑦,钟进文论萨满教信仰与裕固族民间文学⑧,佐佐木宏干、岷雪研究欧美及日本萨满信仰⑨,鄂·苏日台比较研究萨满(博)服饰与原始信仰⑩,金士友论浸染着宗教信仰与历史文化的萨满神歌⑪及依附于宗教信仰的萨满祭祀音乐⑫,景超、景体渭以萨满信仰的文化核心论析惧感文

---

① 迪木拉提·奥迈尔:《当代哈萨克族的萨满教信仰:仪式及其变迁》,《新疆社会科学》2007 年第 5 期,第 44—48 页、第 111 页。

② 古力扎提:《浅谈哈萨克族萨满教信仰中的禁忌行为——禳解》,《西北民族大学学报(哲学社会科学版)》2005 年第 3 期,第 37—40 页。

③ 黄任远等:《从伊玛堪看赫哲族萨满教的信仰观》,《佳木斯大学社会科学学报》2004 年第 6 期,第 93—95 页。

④ 艾丽曼:《从萨满教到藏传佛教——蒙古族宗教信仰变迁的历程》,《青海师范大学民族师范学院学报》2011 年第 1 期,第 1—7 页。

⑤ 达尔罕:《论科尔沁蒙古萨满信仰之祭天仪礼》,《内蒙古民族大学学报》2011 年第 6 期,第 118—119 页。

⑥ 赵永太、周翔:《关于犹太教与韩国萨满教的信仰共同体的比较研究——以以色列西奈山圣约共同体和韩国葛梅洞都堂赛神为中心》,《萨满文化辩证——国际萨满学会第七次学术讨论会论文集》,长春,2004,第 486—494 页。

⑦ 努尔古丽:《从考古文化看新疆突厥语族各民族萨满教信仰》,硕士学位论文,中央民族大学民族学与社会学院,2006。

⑧ 钟进文:《萨满教信仰与裕固族民间文学》,《西北民族大学学报(哲学社会科学版)》1993 年第 1 期,第 94—100 页。

⑨ 佐佐木宏干、岷雪:《欧美及日本萨满信仰研究之研究》,《民族艺术》1998 年第 1 期,第 170—180 页。

⑩ 鄂·苏日台:《萨满(博)服饰与原始信仰比较研究》,《内蒙古社会科学(汉文版)》2000 年第 5 期,第 43—46 页。

⑪ 金士友:《浸染着宗教信仰与历史文化的萨满神歌》,《文艺争鸣》2012 年第 8 期,第 137—139 页。

⑫ 金士友:《依附于宗教信仰的萨满祭祀音乐》,《文艺争鸣》2011 年第 13 期,第 158—160 页;马宝艳、金士友:《浸染着宗教信仰与历史文化的萨满音乐》,《社会科学战线》2011 年第 1 期,第 273—274 页。

化①并诠释萨满信仰的文化学②,刘帅研究黑龙江下游通古斯语族萨满教信仰③,刘伟试析历史上中国北方萨满教信仰群体宗教信仰的特点及成因④,孟慧英论东北部地区少数民族萨满教信仰中的祖先神⑤及中国东北部地区少数民族萨满教信仰中的巫祖祖先神⑥,乔天碧论《尼山萨满传》中的满族信仰民俗⑦,热妮娅论俄罗斯布里亚特族的萨满教信仰⑧,容观夐论东山嘴红山文化祭祀遗址与中国古代北方民族的萨满教信仰⑨,余雁论萨满信仰文化中的造型艺术⑩及北方萨满信仰文化中造型艺术的象征性⑪,吴疆比较萨满教与中国传统信仰模式⑫,胡小双等浅谈东胡族系萨满信仰研究的现状及意义⑬,等等。在一定程度上说,把握了萨满教中的宗教哲学,基本上即可把握诸多北方少数民族原始宗教哲学的基础方面。

---

① 景超、景体渭:《萨满信仰的文化核心——惧感文化论析》,《吉林师范大学学报(人文社会科学版)》2007年第6期,第52—54页。
② 景超、景体渭:《萨满信仰的文化学诠释》,《满族研究》2007年第4期,第105—110页。
③ 刘帅:《黑龙江下游通古斯语族萨满教信仰研究》,硕士学位论文,中央民族大学历史文化学院,2012。
④ 刘伟:《试析历史上我国北方萨满信仰群体宗教信仰的特点及成因》,《理论月刊》2010年第1期,第60—63页。
⑤ 孟慧英:《东北部地区少数民族萨满教信仰中的祖先神》,《文化多样性背景下的宗教和谐——国际人类学民族学联合会第十六届大会文集》,昆明,2009,第45—61页。
⑥ 孟慧英:《中国东北部地区少数民族萨满教信仰中的巫祖祖先神》,《民族研究》2009年第6期,第34—43页、第108页。
⑦ 乔天碧:《〈尼山萨满传〉中的满族信仰民俗》,《满族研究》1998年第3期,第70—76页。
⑧ 热妮娅:《俄罗斯布里亚特族的萨满教信仰》,《山西长治赛社与乐户文化国际学术研讨会论文集》(下册),长治,2006,第188—190页。
⑨ 容观夐:《东山嘴红山文化祭祀遗址与我国古代北方民族的萨满教信仰》,《民族研究》1993年第1期,第38—40页。
⑩ 余雁:《萨满信仰文化中的造型艺术》,《中国宗教》2009年第2期,第75页;又见《艺术评论》2009年第1期,第84—87页。
⑪ 余雁:《北方萨满信仰文化中造型艺术的象征性》,《文艺评论》2012年第7期,第109—112页。
⑫ 吴疆:《萨满教与中国传统信仰模式之比较》,《黑龙江社会科学》1995年第2期,第43—46页。
⑬ 祝贺、胡小双:《浅谈东胡族系萨满信仰研究的现状及意义》,《白城师范学院学报》2011年第4期,第18—20页。

3. 伦理思想和人学研究

这方面既有总体论述,也有对各民族伦理道德的分民族论述,这方面的专著有:郑英杰的《中国少数民族伦理文化通论》①、贺金瑞等的《民族伦理学通论》②、熊坤新的《民族伦理学》③、龚友德的《中国少数民族道德史》④、张哲敏的《民族伦理研究》⑤、高发元的《中国西南少数民族道德研究》⑥、刘明华等主编的《贵州省少数民族传统伦理道德研究》⑦、杨树美的《彝族古代人学思想研究》⑧、苏克明等的《凉山彝族道德研究》⑨、杨国才的《白族传统道德与现代文明》⑩,等等,可以说对中国少数民族的伦理思想有了基本把握。此外,在中国少数民族哲学的通史性论著中,也都阐明了其中的伦理思想。另外,也发表了不少的各民族伦理思想的论文,尤其以熊坤新、郑英杰等为代表的一批学者,在这方面用力深厚。比如以熊坤新为第一作者的民族伦理学论文即有:概述维吾尔族伦理思想⑪、蒙古族伦理思想⑫,综述汉族伦理思想⑬、回族伦理思想⑭、裕固族

---

① 郑英杰:《中国少数民族伦理文化通论》,中国文史出版社,2002。
② 贺金瑞等:《民族伦理学通论》,中央民族大学出版社,2007。
③ 熊坤新:《民族伦理学》,中央民族大学出版社,1997。
④ 龚友德:《中国少数民族道德史》,云南人民出版社,1998。
⑤ 张哲敏:《民族伦理研究》,云南民族出版社,1990。
⑥ 高发元:《中国西南少数民族道德研究》,云南民族出版社,1990。
⑦ 刘明华等主编:《贵州省少数民族传统伦理道德研究》,贵州教育出版社,1991。
⑧ 杨树美:《彝族古代人学思想研究》,人民出版社,2008。
⑨ 苏克明等:《凉山彝族道德研究》,四川大学出版社,1997。
⑩ 杨国才:《白族传统道德与现代文明》,当代中国出版社,1999。
⑪ 熊坤新、康基柱:《维吾尔族伦理思想概述》,《新疆师范大学学报(哲学社会科学版)》2006年
　 第1期,第5—12页。
⑫ 熊坤新、曹冬、张勇:《蒙古族伦理思想概述》,《新疆师范大学学报(哲学社会科学版)》2006年
　 第2期,第58—65页。
⑬ 熊坤新、李建军、严庆:《汉民族伦理思想综述》,《新疆师范大学学报(哲学社会科学版)》2006
　 年第1期,第13—23页。
⑭ 熊坤新、曹冬、陈丽明:《回族伦理思想综述》,《新疆师范大学学报(哲学社会科学版)》2006年
　 第2期,第51—57页。

伦理思想①,述评哈萨克族伦理思想②、柯尔克孜族伦理思想③,面面观满族伦理思想④、保安族伦理思想⑤,概论锡伯族伦理思想⑥、乌孜别克族伦理思想⑦、塔塔尔族伦理思想⑧,管窥塔吉克族伦理思想⑨、东乡族伦理思想⑩,综论达斡尔族伦理思想⑪,述论俄罗斯族伦理思想⑫,析论羌族伦理思想⑬,等等。

4. 中华民族精神研究

哲学与民族精神的关系,使中国少数民族哲学研究十分关注民族精神,而伍雄武又最为代表。从 1991 年发起和主持召开"中华民族精神——各民族精神的融汇与凝聚全国学术讨论会"后,伍雄武即致力于中华民族精神研究,1992 年在云南召开了"中华民族精神——各民族精

---

① 熊坤新、于潜驰:《裕固族伦理思想综述》,《新疆师范大学学报(哲学社会科学版)》2007 年第 3 期,第 26—33 页。

② 熊坤新、上官文慧:《哈萨克族伦理思想述评》,《新疆师范大学学报(哲学社会科学版)》2006 年第 1 期,第 24—29 页。

③ 熊坤新等:《柯尔克孜族伦理思想述评》,《新疆师范大学学报(哲学社会科学版)》2006 年第 2 期,第 66—72 页。

④ 熊坤新等:《满族伦理思想面面观》,《新疆师范大学学报(哲学社会科学版)》2006 年第 3 期,第 33—38 页。

⑤ 熊坤新、于潜驰:《保安族伦理思想面面观》,《新疆师范大学学报(哲学社会科学版)》2007 年第 2 期,第 37—43 页。

⑥ 熊坤新、田芳、吕劭男:《锡伯族伦理思想概论》,《新疆师范大学学报(哲学社会科学版)》2006 年第 3 期,第 39—46 页。

⑦ 熊坤新、吕劭男:《乌孜别克族伦理思想概论》,《新疆师范大学学报(哲学社会科学版)》2006 年第 4 期,第 37—43 页。

⑧ 熊坤新、吕劭男:《塔塔尔族伦理思想概论》,《新疆师范大学学报(哲学社会科学版)》2007 年第 1 期,第 29—34 页。

⑨ 熊坤新等:《塔吉克族伦理思想管窥》,《新疆师范大学学报(哲学社会科学版)》2006 年第 3 期,第 47—53 页。

⑩ 熊坤新等:《东乡族伦理思想管窥》,《新疆师范大学学报(哲学社会科学版)》2007 年第 2 期,第 29—36 页。

⑪ 熊坤新、吕劭男:《达斡尔族伦理思想综论》,《新疆师范大学学报(哲学社会科学版)》2006 年第 4 期,第 44—49 页。

⑫ 熊坤新、吕劭男:《俄罗斯族伦理思想述论》,《新疆师范大学学报(哲学社会科学版)》2007 年第 1 期,第 35—40 页。

⑬ 熊坤新、丁乙:《羌族伦理思想析论》,《新疆师范大学学报(哲学社会科学版)》2007 年第 3 期,第 34—41 页。

神的融汇与凝聚全国学术讨论会"，出版了《中华民族精神新论——各民族精神的融汇与凝聚》论文集①。此后伍雄武于 2000 年出版了专著《中华民族的形成与凝聚新论》②，随后即提出了他自己的研究少数民族哲学的"哲学—民族精神—民族文化"模式，在 2007 年于呼和浩特举办的中国少数民族哲学及社会思想史学会年会上，他以《哲学、民族精神与构建和谐社会》为题，系统阐明了自己的主张：

> 哲学除了时代性和阶级性之外，还有民族性。哲学有民族性，要义不在于说：哲学的普遍原理、范畴在不同的民族中表现出特殊的民族形式。所谓"民族特色、民族性只是形式的问题，科学的、普遍的原理才是内容"，以这样的观点来理解民族性，我以为没有抓住民族性的要点。哲学的民族性就在于哲学是民族精神的结晶，或者说，民族精神的自觉认识和理论表达就是该民族特有的哲学。任何一个民族都有自己的民族精神，但是，有的民族能自觉地认识和理论地把它表达出来，于是她就有自己的哲学（哲学学说）；有的民族尚未做到，或没有完全做到这一点，从而她只有哲学思想……民族精神贯穿在一个民族的全部文化生活中，决定着一个民族的文化模式的性质、特点，决定着它的未来趋向和前途。这样，当我们理解了一个民族的民族精神的时候，那才可能把握这个民族各种文化形态的精髓和根本特征，反之，我们又只有从一个民族的各种文化形态中，才可能深切地体会和认识到该民族的民族精神。而哲学是民族精神的结晶和自觉表达，由此也就形成了"哲学—民族精神—民族文化"的认识模式，即从哲学或哲学思想去认识民族精神，再从民族精神去认识民族文化，以及整个民族的历史与现实。或反过来，从民族文化的各个表现形态，如宗教、道德、文学、艺术、习俗、制度……去理解和概括民族精神，再从民族精神去理解和认识一个民

---

① 伍雄武主编：《中华民族精神新论——各民族精神的融汇与凝聚》，云南人民出版社，1994。
② 伍雄武：《中华民族的形成与凝聚新论》，云南人民出版社，2000。

族的哲学或哲学思想……回顾 20 多年来我们对中国少数民族哲学、社会思想的研究，大体上接近上述研究模式。在我们的研究论著中，引述了许多诗篇（创世史诗、叙事长诗等）、文学著作、历史著作，根据它们以及宗教、道德的制度、习俗来论述少数民族的哲学和哲学思想。有的人认为这不是哲学史或哲学思想史的研究。我认为，他们之所以如此偏见，乃因其不理解我们的研究模式。再有人认为，哲学是科学，它研究的是普适的科学原理和原则，因此哲学原理和数学原理一样的，没有什么民族性的问题，而只有水平高低的问题。由此，他们认为少数民族哲学的研究只有历史的价值，而没有现实的意义，因为少数民族哲学只是人类认识的早期的、低级的阶段。我认为，他们作这样的看法乃因其不理解民族精神的重要地位和历史作用，不理解哲学与民族精神的关系。我们对少数民族哲学及社会思想的研究，需要不断地改进、提高、创新，但是，我们已有的正确而有开拓性的观点和方法，则要继续坚持、发展，这样才能保持学科的健康发展。

对于民族精神的研究，在各民族哲学研究中也同样得到了重视，如在土家族研究中，笔者即较早地研究了土家族的文化精神，并于 1990 年 10 月在湖北省召开的首届巴文化研讨会上发表了《论土家族文化精神》[1]一文，此后胡炳章出版了《土家族文化精神》[2]一书，蔡元亨出版了《大魂之音——巴人精神秘史》[3]一书等，其他相关著作也都有这方面的阐明。

5. 儒学及其他方面研究

儒学与少数民族哲学的关系实质上是汉族与少数民族的文化关系，各少数民族差不多都与儒学发生过深刻联系，甚至是人心向儒。因此，

---

① 萧洪恩:《论土家族文化精神》,《湖北民族学院学报（哲学社会科学版）》1990 年第 2 期。
② 胡炳章:《土家族文化精神》,民族出版社,1999。
③ 蔡元亨:《大魂之音——巴人精神秘史》,中央民族大学出版社,2001。

在中国少数民族哲学研究中，这个问题得到了较多研究，主要文献有：肖万源、张克武、伍雄武主编的《中国少数民族哲学·宗教·儒学》①，肖万源论中国少数民族哲学与儒学②，肖万源主编的《儒学与中国少数民族思想文化》③，龚友德的《儒学与云南少数民族文化》④，黄昀试论儒学在少数民族文化整合中的变迁⑤及略论少数民族文化对儒学的影响⑥，杨翰卿论儒学对云南少数民族哲学的影响⑦并简论儒学在中国南方少数民族哲学和文化中的传播影响⑧、论儒学与北方少数民族思想的互动及其意义⑨、论儒学与我国少数民族哲学和文化的交融互动⑩、彝族哲学与汉代天人儒学的同异关系⑪，桑德诺瓦论汉族流官与丽江纳西族儒学礼乐的形成及分期⑫，周俊华论元明清时期"纳儒"对话的历史轨迹⑬，李小艳以广东顺德的"姑婆屋"和纳西族的"殉情"为例研究儒教婚姻文化及其与异地非儒文化的冲突⑭，等等。笔者也曾对土家族与儒学的关系作过深

---

① 肖万源、张克武、伍雄武主编：《中国少数民族哲学·宗教·儒学》，当代中国出版社，1995。

② 肖万源：《中国少数民族哲学与儒学》，《孔子研究》1995 年第 2 期，第 89—95 页。

③ 肖万源主编：《儒学与中国少数民族思想文化》，当代中国出版社，1996。

④ 龚友德：《儒学与云南少数民族文化》，云南人民出版社，1993。

⑤ 黄昀：《试论儒学在少数民族文化整合中的变迁》，《民族论坛》2008 年第 2 期，第 21—23 页。

⑥ 黄昀：《略论少数民族文化对儒学的影响》，《玉溪师范学院学报》2004 年第 9 期，第 45—48 页。

⑦ 杨翰卿：《儒学对云南少数民族哲学的影响》，《西南民族大学学报（人文社会科学版）》2011 年第 7 期，第 57—62 页。

⑧ 杨翰卿：《简论儒学在我国南方少数民族哲学和文化中的传播影响》，《西华大学学报（哲学社会科学版）》2011 年第 1 期，第 72—76 页。

⑨ 杨翰卿、徐初霞：《儒学与北方少数民族思想的互动及其意义》，《实学研究》（第 1 辑）2011 年卷，第 342—352 页。

⑩ 杨翰卿：《儒学与我国少数民族哲学和文化的交融互动》，《哲学研究》2011 年第 11 期，第 70—76 页。

⑪ 杨翰卿：《彝族哲学与汉代天人儒学的同异关系》，《西南民族大学学报（人文社会科学版）》2014 年第 4 期，第 65—70 页、第 2 页。

⑫ 桑德诺瓦：《论汉族流官与丽江纳西族儒学礼乐的形成及分期》，《中国音乐》2005 年第 2 期，第 68—73 页、第 98 页。

⑬ 周俊华：《元明清时期"纳儒"对话的历史轨迹》，《云南民族大学学报（哲学社会科学版）》2006 年第 6 期，第 81—85 页。

⑭ 李小艳：《儒教婚姻文化及其与异地非儒文化的冲突——以广东顺德的"姑婆屋"和纳西族的"殉情"为例》，《湖北民族学院学报（哲学社会科学版）》2002 年第 6 期，第 7—10 页。

入讨论,发表了不少这方面的论文,如:以脱蛮入儒为旨论 19 世纪土家族的文化认同与社会转型①,论 20 世纪上半叶土家族对儒家文化的反思与重构②,以入世与超越为旨论 15—17 世纪土家族的文化选择与哲学转型③,以中心与边缘为旨论土家族历史转型中的事件隐喻与哲学逻辑④,等等。儒学研究的丰富性,我们将在各民族哲学研究概观中有所论及。

中国少数民族哲学的其他方面研究内容还很多,比如方法论研究、少数民族的价值观问题、审美观问题、法理思想、军事思想,等等,正是这些非常广泛的研究领域,构成了中国少数民族哲学研究的宏大场域,为研究中国少数民族哲学拓宽了阵地,积累了成就。不过,哲学研究的方式是多种多样的,比如关于中国少数民族哲学史料的研究,目前即形成了不少的研究成果,像李国文在"中国少数民族哲学及社会思想史学会第四届理事会成立及学术报告会"上的发言即强调少数民族哲学思想研究必须高度重视资料工作⑤、徐初霞论中国少数民族哲学文献的特点⑥、李斌初探少数民族哲学文献史料的若干问题⑦,等等。其实,即使是这一问题,都还隐含有文献分类(即少数民族哲学的表现形式)、叙事框架、话语方式的研究,甚至还包括思想交流的办法和思维训练的途径等。

---

① 萧洪恩:《脱蛮入儒:19 世纪土家族的文化认同与社会转型》,《中南民族大学学报(人文社会科学版)》2006 年第 5 期,第 45—50 页。
② 萧洪恩:《20 世纪上半叶土家族对儒家文化的反思与重构》,《武汉科技大学学报(社会科学版)》2008 年第 3 期,第 9—15 页、第 90 页。
③ 萧洪恩:《入世与超越:15—17 世纪土家族的文化选择与哲学转型》,《湖北民族学院学报(哲学社会科学版)》2008 年第 6 期,第 11—16 页。
④ 萧洪恩:《中心与边缘:土家族历史转型中的事件隐喻与哲学逻辑》,载李申、陈卫平主编《哲学与宗教》第三辑,上海人民出版社,2009,第 32—47 页。
⑤ 李国文:《少数民族哲学思想研究必须高度重视资料工作——在"中国少数民族哲学及社会思想史学会第四届理事会成立及学术报告会"上的发言》,载朝克等编《科学发展观与民族地区建设实践研究》,俄罗斯布里亚特科学中心出版社(Russian Buryat Scientific Center Press),2010,第 177—184 页。
⑥ 徐初霞:《论中国少数民族哲学文献的特点》,《新疆社会科学》2012 年第 3 期,第 12—15 页。
⑦ 李斌:《少数民族哲学文献史料的若干问题初探》,硕士学位论文,云南师范大学经济政法学院,2006。

二、如何撰写中国少数民族哲学史

如何写好中国少数民族哲学史,其中包括各少数民族之单一民族的哲学史,目前还处在艰苦的探索中,这一问题主要有以下一些方面值得研究。

（一）写作中国少数民族哲学史的主体

根据笔者对文化内涵的界定和对文化内容的分类,主体即人本身即是一种文化。就写作中国少数民族哲学史的主体而言,这一问题关心的是作为写作中国少数民族哲学史主体的人是什么人? 是团队? 还是个人? 这两种情况都是存在的。笔者主张向老一辈学人,如冯友兰、张岱年等那样的"通史"家学习,由个人来完成一个民族的哲学史书写任务,这当然是一个很艰巨的任务。笔者接受《中国哲学通史·少数民族哲学卷》这一任务,目的也是想延续中国哲学研究的这一传统,何况前面已有伍雄武的《中国少数民族哲学思想简史》[1]等开其端呢! 因此,笔者分两个层次来强调写作中国少数民族哲学史的主体:一个层次是先写出各少数民族哲学史或哲学思想史,特别是一些足以写成哲学史或哲学思想史的民族,应该努力完成这种任务;另一个层次是书写包括整个中国 55 个少数民族的中国少数民族哲学史,并进而完全包括中国 56 个民族哲学在内的中国哲学史(理想的书名应是《中华民族哲学史》),实现哲学通史要包括所有民族之哲学[2]的任务。这两个层次的理想状态都应是由个人来完成,这里的个人可以是各民族自己的学者(尤其是第一个层次),也可以是任何一个民族,甚至包括外国人来完成。

（二）写作中国少数民族哲学史的形式

这一问题关心的是以什么形式来写中国少数民族哲学史,即写通史、写专题史,还是综合……目前有三种体例,事实上有三种写法:

---

① 伍雄武:《中国少数民族哲学思想简史》,云南人民出版社,1996。
② 梯利:《西方哲学史》,葛力译,商务印书馆,1995,第 14 页。

第一种体例是《中国少数民族哲学专题研究》的写法。根据 1997 年出版的《中国少数民族哲学概论》中的"后记",用这种写法的原因有三:一是教学与研究的经验,二是个人的能力与水平,三是中国少数民族哲学的实际,特别是后两者,作者曾说:"在教学和著述过程中,我深感就我现在的能力和水平是很难写出一部中国少数民族哲学史的。……于是,我就开始进行专题研究。"①这一思想,在新出版的修订版中得到了坚持,即"经过多年的使用,我深感这部教材叫'概论'二字有些欠妥,因为,这部教材不能概述中国少数民族哲学的全貌"②。因此,佟先生坚信:"我认为少数民族哲学专题研究,是一条研究少数民族哲学的有效途径。"③

第二种体例是肖万源、伍雄武、阿不都秀库尔共同主编的《中国少数民族哲学史》。可以概括为由各民族哲学发展组合成的《中国少数民族哲学史》,即"组合的中国少数民族哲学史",基本特点是根据中国各少数民族哲学发展的历史实际,大致划分出萌芽期的中国少数民族哲学,该书第一编六章,"主要是考察、分析哈尼、傈僳、佤、拉祜、阿昌、德昂、达斡尔、鄂温克、鄂伦春、瑶、布依、侗、水诸民族哲学的萌芽,或哲学趋于形成阶段,基本上属于原始哲学范畴,真正的哲学尚未形成。"④第二编五章,"主要考察、评价了纳西、傣、苗、彝、壮诸民族哲学的萌芽,以及由萌芽到哲学形成的各具特色的哲学思想。就是说,他们的哲学产生了。"⑤到了第三编六章,"主要是考察、阐述了白、满、蒙古、藏、维吾尔、回诸民族的哲学思想。其中,除考察、分析了诸民族哲学的萌芽,及由萌芽到哲学形成的过程",该书还有一个总结,即"如果说,第一编的特点在于哲学的萌芽及其滋长,第二编的特点重在哲学的形成,那么,第三编的特点就是哲

---

① 佟德富:《中国少数民族哲学概论》,中央民族大学出版社,1997,第 440 页。

② 佟德富、宝贵贞:《中国少数民族哲学专题研究》,中央民族大学出版社,2006,第 438 页。

③ 佟德富、宝贵贞:《中国少数民族哲学专题研究》,中央民族大学出版社,2006,第 3—4 页。

④ 肖万源、伍雄武、阿不都秀库尔主编:《中国少数民族哲学史》,安徽人民出版社,1992,第 41 页。

⑤ 肖万源、伍雄武、阿不都秀库尔主编:《中国少数民族哲学史》,安徽人民出版社,1992,第 226 页。

学的形成及其后的发展,且具有相当高的理论思维水平。理出这样的线索,是分编(章)顺序的意图。"①

第三种体例是伍雄武的《中国少数民族哲学思想简史》体例。该书认为"在总体结构上,分专题来讲,在专题中讲'史',在专题中概述各个民族;在内容上,一些重要人物和著作,力求直接研读原著而后提出看法,如《福乐智慧》《米拉日巴传》等。"其中"在专题中讲'史'"是比佟德富、宝贵贞的《中国少数民族哲学专题研究》有优势的方面,"在专题中概述各个民族"又是比肖万源、伍雄武、阿不都秀库尔的《中国少数民族哲学史》有优势的方面。②

根据笔者所见,目前集各民族学者的集体优势来写一部包括55个民族的中国少数民族哲学史的条件已经成熟,伍雄武教授已经组织力量在进行这方面的工作,下一步应该是由某位学者根据自己个人的哲学观来写出中国少数民族哲学史任务的提出并实施。笔者在这里真诚地希望能有这样的埋头做学问而不只是做研究的学者出现。这样的哲学史既是一部包括全部中国少数民族的哲学史,也是具有各民族哲学自身发展进程的哲学史。自然,其中有个别民族可能有自己的特殊情况,不宜作出漫长的历史叙述。

(三) 写作中国少数民族哲学史的标准

这一问题关心的实质是按什么标准的体例和模式来写中国少数民族哲学史,这里面首先是一个哲学观的问题,在一定程度上即中国少数民族哲学的合法性问题。因此在研究少数民族哲学的过程中,有些学者后来出现了一定的动摇,如李国文即出现了这种状况,在2007年和2008年的两个学术讨论会即说:"我这些年搞的东西算什么我不知道,你说是

---

① 肖万源、伍雄武、阿不都秀库尔主编:《中国少数民族哲学史》,安徽人民出版社,1992,第584页。
② 伍雄武:《中国少数民族哲学思想简史》,云南人民出版社,1996,第232页。

什么就算什么!"①但佟德富却是越搞越坚定,即如他所说:"通过多年的科研和教学实践,我更加坚定了中国少数民族有哲学思想的观点。中国少数民族不仅有哲学思想,而且在许多哲学领域有十分深刻十分丰富的哲学思想,到目前为止已经陆续出版的少数民族哲学专著和专论,就是极好例证。"②不过,佟德富的坚定是有前提的,这就是:承认中国少数民族有哲学,是从以下具体情况出发的,即"也不要将问题简单化,以为有些民族如蒙古族、满族、维吾尔族、壮族、白族、苗族、彝族等出版了哲学专著,就认为每个少数民族都能写出一部系统、完整的哲学专著,这是因为我国少数民族发展不平衡,有些民族几乎与汉族同步发展,有些民族直至中华人民共和国成立前还处于农奴制或奴隶制社会,有些甚至还在阶级社会门槛徘徊,没有经过人类社会历史发展的各个阶段,加之这些民族没有文字,很难写出像上述少数民族那样较为系统的哲学思想,更不要说按中国哲学史的体例和模式,完整系统地总结这些民族的哲学思想史了"③。

根据笔者多年来研究中国少数民族哲学,特别是土家族哲学的体会,各少数民族应有自己的哲学思想萌芽,有的民族的哲学还经过萌芽、产生、形成与发展,甚至达至近现代哲学转型的历程。但是应该强调的是,相比于传统的《西方哲学史》或传统的《中国哲学史》那种精英与经典阵容来讲,似乎有"某种局限",但是若要问:那些精英、经典真的影响那么大吗? 尤其是在"当代社会"? 比如,西方的苏格拉底被处死了,中国的孔子并不被当时接受,王充的著作在当时流行度低,程、朱理学在元明清时代才有大的影响,有多少人读过王夫之的著作? 思想家的孤独不正说明作为时代精神、民族精神精华的哲学不应只是那种精英或经典吗?相比而言,中国某些少数民族哲学却恰恰相反正好缺乏这种精英与经典

---

① 2007 年"少数民族哲学理论及编写工作会"(云南景洪),2008 年"少数民族哲学——宇宙观及其人类学意义讲座研讨会"(北京)。

② 佟德富、宝贵贞:《中国少数民族哲学专题研究》,中央民族大学出版社,2006,第 3 页。

③ 佟德富、宝贵贞:《中国少数民族哲学专题研究》,中央民族大学出版社,2006,第 3 页。

（部分少数民族除外），当精英或经典中讨论"中庸"的高深时，他们只说"适可而止"四字即清楚明白了；当精英或经典中讨论"信任"的深刻时，他们只一句"防人之心不可无，害人之心不可有"即清楚明白了；当精英或经典中讨论"不真，故空"的深妙时，他们只"万事只在人心"一言即清楚明白了……即使是所谓儒家，历经中国历代统治者提倡推扬，深藏在人民心中的也只是那些日常道德，而作为那些提倡者的精英本身或即正是违犯者，而《易经》的高深哲学或许正因为来自民间，而与民间关系甚深，因而具有更为广泛的社会接受性——尽管是以其独特的方式——算命、看相、风水、卜筮……我们无意贬低精英或经典，只是想明确是哪些思想与民族的一般思维方式契合，借用人类学家的话说，是什么东西成了民族的"法典"。这样，我们即可以看到，中国少数民族哲学表现形式的非精英或非经典化——各民族的神话、史诗、传说、故事、谚语、仪式、建筑样式、生活习惯……及至像苗族的议榔词、侗族的款词，不少民族所具有的规约……却是那样的具有民族性、普遍性，又是那样深刻地影响着中国少数民族的生活，如果说精英或经典是思想的"少数"的话，那么少数民族哲学的这种表现却真正是"多数"，并且还不是"代表"的多数，而是本身的"多数"。或许有人认为，这样的"哲学"是不系统的、非体系化的，而事实上，这样的系统、体系是指这些思想是一个整体吗？是指思想之间的内在联系吗？如果是这样的话，我们说这些"哲学"的确是整体的、系统的、有机的，而且是文、史、哲、法等浑然一体的，不然的话，一个一字不识的农民，只通过其所接受的口承文化，却能成长为一代代"新"农民，原因就在于这些民众总是针对特定的"情境"说出他们的"哲学"，与其说这些"哲学"是思想汇聚，倒不如说这些"哲学"是"情境"聚合，对此，笔者曾有一篇博客文章《在母亲的谚语中成长》，对母亲的日常教育做过初步总结……因此，我们特别强调的是，书写中国少数民族哲学史，恰恰相反要发挥的是中国少数民族哲学史上的非精英或非经典化的优势，千万不能因为这些东西在社会存在方面所具有的普遍性而犯"世多有，故不论"的错误。更不能无视中国哲学的思维模式是直接袭取"百姓日用"之间,及至直接承袭神话思维模式的传统,而套用扬弃了神话思维模式之后发展起来的西方哲学思维模式来观察中国的问题①。比如,有学者即强调:"早期的中国哲学家如老子、庄子等在很大程度上表现出神话思维的特征,而中国哲学中的基本范畴,如太极、道、阴、阳、五行、变、易等,几乎无一不是从神话思维的具体表象中抽象出来的。"②

三、如何写各少数民族哲学史

马克思在谈到经济学研究方法时,曾强调"哪怕是最抽象的范畴,虽然正是由于它们的抽象而适用于一切时代,但是就这个抽象的规定性本身来说,同样是历史条件的产物,而且只有对于这些条件并在这些条件之内才具有充分的适用性。资产阶级社会是最发达的和最多样性的历史的生产组织。因此,那些表现它的各种关系的范畴以及对于它的结构的理解,同时也能使我们透视一切已经覆灭的社会形式的结构和生产关系。资产阶级社会借这些社会形式的残片和因素建立起来,其中一部分是还未克服的遗物,继续在这里存留着,一部分原来只是征兆的东西,发展到具有充分意义,等等。人体解剖对于猴体解剖是一把钥匙。反过来说,低等动物身上表露的高等动物的征兆,只有在高等动物本身已被认识之后才能理解"③。显然,这一说法同样适用于研究和书写中国少数民族哲学。但是,中国少数民族哲学研究与书写一开始就面临着一种研究方法论的考量,这就是根据什么方式来研究中国少数民族哲学史,这一问题是中国哲学学科创建过程中遇到的老问题,中国少数民族哲学研究也不例外。

（一）历史上哲学史书写方法的简单梳理

在世界哲学史上存在着多种多样的哲学史书写方式,根据笔者的运

---

① 叶舒宪、俞建章:《符号:语言与艺术》,上海人民出版社,1988,第 4 章《神话思维》,第 120 页。
② 叶舒宪:《中国神话哲学》,陕西人民出版社,2005,导言,第 3 页。
③《马克思恩格斯选集》第 2 卷,人民出版社,1995,第 23 页。

用与选择,以下的几种方式影响较为特殊。

黑格尔之哲学观念发展的历史与逻辑相统一的方法是我们曾长期使用的方法,也是对笔者影响最大的方法,其前提是按照哲学史研究者的哲学确立一种"真正"的哲学观念,然后据此筛选哲学文化史料,并据以写出自己的哲学史。在黑格尔看来,"只有当我们能够提出一个确定的史观时,历史才能得到一贯性"①。于是,"只有真的哲学概念,才能使我们理解那些根据哲学的真概念从事工作的哲学家的著作"②。而且,"因为一门学问的历史必然与我们对于它的概念密切地联系着。根据这概念就可以决定那些对它是最重要最适合目的的材料,并且根据事变对于这概念的关系就可以选择那必须记述的事实,以及把握这些事实的方式和处理这些事实的观点"③。这种方法被描述为:"从笔者设想的哲学观点出发",将"哲学上那些基本问题在一开始便提了出来,接着指明确定和解答这些问题所采取的每一步聚;凡与主要问题无关的东西,均置之度外,不管它们在一些哲学家的心目中可能多么重要"④。显然,这种方法的最大问题在于,你的"真"哲学是什么? 黑格尔已经发现:"哲学有一个显著的特点,与别的科学比较起来,也可说是一个缺点,就是我们对于它的本质,对于它应该完成和能够完成的任务,有许多大不相同的看法。"⑤而且更为严重的是,如果按照某种哲学观,还可能在中国少数民族哲学研究中,"我们什么东西都可以找得到,就是找不到我们所了解的哲学。"⑥也有可能根据某种哲学观写出的中国少数民族哲学仅仅是某种哲学观的少数民族例子,成了"某种哲学在少数民族",而不是"中国少数民族哲学"。这样,不仅出现了研究者哲学观的"片面性的责难"⑦,而且还

---

① 黑格尔:《哲学史讲演录》第1卷,贺麟、王太庆译,生活·读书·新知三联书店,1956,第5页。
② 黑格尔:《哲学史讲演录》第1卷,贺麟、王太庆译,生活·读书·新知三联书店,1956,第5页。
③ 黑格尔:《哲学史讲演录》第1卷,贺麟、王太庆译,生活·读书·新知三联书店,1956,第4页。
④ 索利:《英国哲学史》,段德智译,山东人民出版社,1992,第1页。
⑤ 黑格尔:《哲学史讲演录》第1卷,贺麟、王太庆译,生活·读书·新知三联书店,1956,第5页。
⑥ 黑格尔:《哲学史讲演录》第1卷,贺麟、王太庆译,生活·读书·新知三联书店,1956,第4页。
⑦ 黑格尔:《哲学史讲演录》第1卷,贺麟、王太庆译,生活·读书·新知三联书店,1956,第5页。

"易于因强调某些特征而忽略其他一些特征从而失去历史的比例关系"，因此，其"结果往往是片面的，易引出误解的"①。

相比较而言，罗素撰写《西方哲学史》的方法倒是一种较为适宜的方法，其方法也是一种历史研究法，特别突出哲学思想主题的提出背景，彰显哲学思想与其社会历史文化的关系，强调"哲学乃是社会生活与政治生活的一个组成部分：它并不是卓越的个人所作出的孤立的思考，而是曾经有各种体系盛行过的各种社会性格的产物与成因"②。在特定的社会历史时代，"哲学家们既是果，也是因。他们是他们时代的社会环境和政治制度的结果，他们（如果幸运的话）也可能是塑造后来时代的政治制度信仰的原因。"③据此，罗素的《西方哲学史》力求"在真相所能容许的范围内"，"试图把每一个哲学家显示为他的环境的产物，显示为一个以笼统而广泛的形式，具体地并集中地表现了以他作为其中一个成员的社会所共有的思想与感情的人。"④真正说来，如果能做到这一点的话，只要把罗素的"哲学家"换成"哲学文化事象"，就足可进行中国少数民族哲学研究。但事实上，这对于目前的中国少数民族哲学研究是很困难的事，比如在中国少数民族历史上长期流传的不少文化事象，其历史文化关系就特别复杂，甚至是很难确定其时代的，我们在研究中只能根据其哲学的"形态"特征而进行描述。另一复杂情形是，即使在近现代有"哲学家"，其哲学却未必是近现代的哲学"形态"，出现了时代的断裂与错位情形。因此，罗素的方法是一个适宜而不可套用的方法。

在西方哲学界，书写哲学史，还有所谓的传记体方法，"从哲学家本人的哲学观点出发"⑤，对哲学家的个人生活经历、气质、主要著作、主要观点进行历史梳理，以此为基础，更进一步"依主题依次显现给每个哲学

---

① 索利：《英国哲学史》，段德智译，山东人民出版社，1992，第 1 页。
② 罗素：《西方哲学史》上卷，何兆武、李约瑟译，商务印书馆，1963，第 5 页。
③ 罗素：《西方哲学史》上卷，何兆武、李约瑟译，商务印书馆，1963，第 8—9 页。
④ 罗素：《西方哲学史》上卷，何兆武、李约瑟译，商务印书馆，1963，第 9 页。
⑤ 索利：《英国哲学史》，段德智译，山东人民出版社，1992，第 1 页。

家的情况来处理它,那些明确的概念和清楚的争端将随着史实的进展而逐渐呈现出来"①。很显然,在中国少数民族哲学中,不可能按照这种方法来书写。一方面,中国不少民族哲学史研究主要的不是以"哲学家"为研究对象,而更多的是以各种"文化事象"为研究对象;另一方面,中国少数民族历史发展中长期存在着历史停滞性(不少民族直到中华人民共和国成立前还处于原始社会等)与历史跳跃性(随某种大的民族关系变动而很快进入另一种社会形态,如近现代的历史跳跃等),使其哲学"史实"既有普遍的"叠加"现象,又有严重的"断裂"现象,因而不可能有传记体式的连续的哲学思想发展的总体图景。

目前在中国少数民族哲学研究中,专题史方法较受关注,这种方法应该是哲学史上的问题史方法、范畴史方法的延伸,比如问题史方法即把哲学看成是系列问题的展开史,据此可撇开哲学与其他社会文化形式之间的联系、舍弃哲学家的个人特质,只专注于哲学问题的提出与回答;范畴史研究则专注于哲学范畴的上述情况。在国外,德国著名的新黑格尔主义者理查德·克洛纳的两卷本巨著《从康德到黑格尔》运用的是问题史方法。在国内,《中国少数民族哲学专题研究》运用的也是这种问题史方法,至于范畴史的著作则更多。

显然,哲学史书写还有其他方法。我们认为在中国少数民族哲学研究中应有超越精神。

(二)中国哲学史书写方法的"金岳霖问题"

中国哲学史书写过程中有所谓"金岳霖问题",即把中国哲学史书写问题归结为哲学的实质与形式问题:"哲学有实质也有形式,有问题也有方法。如果一种思想的实质与形式均与普遍哲学的实质与形式相同,那种思想当然是哲学。如果一种思想的实质与形式都异于普遍哲学,那种思想是否是一种哲学颇是一问题。有哲学的实质而无哲学的形式,或有哲学的形式而无哲学的实质的思想,都给哲学史家一种困难。'中国哲

---

① 索利:《英国哲学史》,段德智译,山东人民出版社,1992,第1页。

学'这名称就有这个困难问题。所谓中国哲学史是中国哲学的史呢？还是在中国的哲学史呢？如果一个人写一本英国物理学史，他所写的实在是在英国的物理学史，而不是英国物理学的史；因为严格地说起来，没有英国物理学。哲学没有进步到物理学的地步，所以这个问题比较复杂。写中国哲学史就有根本态度的问题。这根本态度至少有两个：一个态度是把中国哲学当作中国国学中之一种特别学问，与普遍哲学不必发生异同的程度问题；另一种态度是把中国哲学当作发现于中国的哲学。"①

　　老实说，中国少数民族哲学研究开始也的确是从这个角度来思考问题的，即根据一定的"实质"的哲学，来甄别哲学与非哲学的史料，把少数民族的各种文献中属于"哲学"的部分，从其他文化史，如文学史、伦理学史、宗教学史等中区别出来，编辑出版了不少这方面的少数民族哲学研究资料，如《云南少数民族哲学社会思想资料选编》(1—6辑)②、《贵州少数民族哲学及社会思想资料选编》③、民族院校公共哲学课教材编写组的《中国少数民族哲学和社会思想资料选编》④，等等。这一思路的问题在于我们必须以一种"普遍哲学"为依据，而潜意识中的普遍哲学又都是我们熟知的某种哲学，并以此为据，把中国少数民族哲学当作发现于中国少数民族文化中的哲学，中国少数民族哲学史就是在中国少数民族的哲学史，而一旦这种普遍哲学的标准动摇了，或者有某些人并不认可这种标准，那就会使整个中国少数民族哲学研究基础发生根本性毁损。同时，这样做的结果，就会完全失去中国少数民族哲学的民族性、族群性（在各民族内部族群差异上使用这一概念），使其成为像物理学、化学等

① 冯友兰：《中国哲学史》下册《审查报告二》，中华书局，1961，第7页。
②《云南少数民族哲学社会思想资料选编》，内部资料，中国哲学史学会云南省分会编印，1981—1986。
③《贵州少数民族哲学及社会思想资料选编》，贵州省哲学学会编印，1984。
④ 民族院校公共哲学课教材编写组编：《中国少数民族哲学和社会思想资料选编》，天津教育出版社，1998。

自然科学那样的非历史科学,从而成了"哲学"上的"唯科学主义"①。

我们认为,书写中国少数民族哲学史的所谓共性,并不是去寻找某种都能接受的哲学。一方面,是站在现代哲学思想发展的高度来研究中国少数民族哲学史,去寻找历史上少数民族的哲学文化现象与现代中国各少数民族,和整个中华民族的哲学文化联系,这也就是黑格尔的哲学史研究所强调的:"如果我们要想把握哲学史的中心意义,我们必须在似乎是过去了的哲学与哲学所达到的现阶段之间的本质上的联系里去寻求。"②理由很简单——"我们的哲学,只有在本质上与此前的哲学有了联系,才能够有其存在,而且必然地从前此的哲学产生出来。因此,哲学史的过程并不昭示给我们外在于我们的事物的生成,而乃是昭示我们自身的生成和我们的知识或科学的生成。"③正是在这个意义上说:"哲学是在发展中的系统,哲学史也是在发展中的系统。"④"哲学史的研究就是哲学本身的研究。"⑤也只有这样,我们从所写出的哲学史中才会发现,"每一哲学曾经是,而且仍是必然的,因此没有任何哲学曾消灭了,而所有各派哲学作为全体的诸环节都肯定地保存在哲学里……各派哲学的原则是被保持着的,那最新的哲学就是所有各先行原则的结果,所以没有任何哲学是完全被推翻了的。那被推翻了的并不是这个哲学的原则,而只不过是这个原则的绝对性、究竟至上性。"⑥这里必须研究的是,当代中国少数民族到底需要什么哲学? 这也就是笔者在前面提到的研究中国少数

① 目前在中国少数民族哲学研究中,不少人都坚持哲学是"科学",这种看法即是一种"唯科学主义"的表现。事实上,哲学问题不可能有一个定论,这就是"哲学无定说",一旦形成定论,那就不是哲学,而是科学了。哲学的本质在于永远的智慧追求。

② 黑格尔:《哲学史讲演录》第1卷,贺麟、王太庆译,生活·读书·新知三联书店,1956,第7页。

③ 黑格尔:《哲学史讲演录》第1卷,贺麟、王太庆译,生活·读书·新知三联书店,1956,第9页。

④ 黑格尔:《哲学史讲演录》第1卷,贺麟、王太庆译,生活·读书·新知三联书店,1956,第33页。

⑤ 黑格尔:《哲学史讲演录》第1卷,贺麟、王太庆译,生活·读书·新知三联书店,1956,第34页。

⑥ 黑格尔:《哲学史讲演录》第1卷,贺麟、王太庆译,生活·读书·新知三联书店,1956,第40—41页。

民族哲学应着眼于哲学自身的发展,而不只是从功能主义的意义上去看问题。

另一方面,中国少数民族哲学研究应着眼于揭示其哲学文化精神,或说揭示其民族精神,这种精神在黑格尔那里表现为一定的"哲学理念",即:"历史上的那些哲学系统的次序,与理念里的那些概念规定的逻辑推演的次序是相同的。"①"如果我们能够对哲学史里面出现的各个系统的基本概念,完全剥掉它们的外在形态和特殊应用,我们就可以得到理念自身发展的各个不同的阶段的逻辑概念了。反之,如果掌握了逻辑的进程,我们亦可从它里面的各主要环节得到历史现象的进程。不过我们当然必须善于从历史形态所包含的内容里去认识这些纯粹概念。"②在马克思那里表现为所谓的"真正的精华":"哲学史应该找出每个体系的规定的动因和贯穿整个体系的真正的精华,并把它们同那些以对话形式出现的证明和论证区别开来,同哲学家们对它们的阐述区别开来……哲学史应该把那种像田鼠一样不声不响地前进的真正的哲学认识同那种滔滔不绝的、公开的、具有多种形式的现象学的主体意识区别开来……在把这种意识区别开来时应该彻底研究的正是它的统一性,相互制约性。"③在恩格斯那里则表现为一定的思想进程中"前后一贯的反映":"历史从哪里开始,思想进程也应当从哪里开始,而思想进程的进一步发展不过是历史过程在抽象的、理论上前后一贯的形式上的反映;这种反映是经过修正的,然而是按照现实的历史过程本身的规律修正的,这时,每一个要素可以在它完全成熟而具有典型性的发展点上加以考察。"④

事实上,我们如果把握住了这两个方面,就能够正确处理好金岳霖问题。

---

① 黑格尔:《哲学史讲演录》第1卷,贺麟、王太庆译,生活·读书·新知三联书店,1956,第34页。
② 黑格尔:《哲学史讲演录》第1卷,贺麟、王太庆译,生活·读书·新知三联书店,1956,第34页。
③《马克思恩格斯全集》第40卷,人民出版社1982年版,第170页。
④《马克思恩格斯选集》第2卷,人民出版社,1972,第43页。

（三）中国少数民族哲学史书写的具体问题

根据笔者对目前存在的中国少数民族哲学研究成果的把观，中国少数民族哲学史书写方法的具体问题是：

其一，是不是所有民族都能写出"×××族哲学史"？答案是值得研究的。如果按肖万源、伍雄武、阿不都秀库尔主编的《中国少数民族哲学史》，则据其第一编共六章的考察、分析，哈尼族、傈僳族、佤族、拉祜族、阿昌族、德昂族、达斡尔族、鄂温克族、鄂伦春族、瑶族、布依族、侗族、水族等民族就无法写出自己的民族哲学史[①]，因为这些民族的哲学尚处于萌芽阶段。但从实际而言，其实涉及所谓哲学观问题，根据笔者对这些民族的了解，侗族、水族等民族哲学都经过出现萌芽、形成而具有了近现代转型意义，因而都能写出了自己的哲学思想史，只不过还应作更进一步深入研究而已。

其二，如果要写"×××族哲学史"，是按什么标准或模式来写自己民族的哲学史，佟德富提供了两个标准，即蒙古族、满族、维吾尔族、壮族、白族、苗族、彝族等出版了哲学专著的那些模式，以及类同中国哲学史的体例和模式，这两个层次，佟德富是分得很清楚的。

佟德富基于中国少数民族哲学发展的不平衡性，认为有些民族无法写出"×××族哲学史"，因而分民族写出 55 个民族的中国少数民族哲学史很困难。这些不平衡性表现在：虽然"不能因此就说这些（不能写出"×××族哲学史"的）民族没有哲学，只能说这些民族的哲学思想发展不平衡，比如有些民族哲学萌芽阶段的思想和资料十分丰富，但在其他方面不太突出，只有一般表现；有些民族早期宇宙观念十分发达；有些民族辩证思想特别丰富；有些民族社会伦理思想很系统；有些民族社会认知观很独特，而其他方面较一般或受汉族及周边民族影响较大，等等，情

[①] 肖万源、伍雄武、阿不都秀库尔主编：《中国少数民族哲学史》，安徽人民出版社，1992，第41页。

况较为复杂"①。目前,伍雄武概括了各民族哲学史的三种体例,见本章第一节中的"(一)丰富的少数民族哲学研究成果"里的介绍。

这里应特别提出的是,目前的中国少数民族哲学的写法,通常是用"×××哲学思想史",这种提法是否有问题? 有学者即说"思想史是人们的观念与感受的历史","观念"可能可以被哲学史容纳,但"感受"就不仅仅是精英的和经典的,也包括一般民众;不仅仅是理智思考的,也可能只是一种气氛构成的思想背景,精英的和经典的文献可能可以描述古代曾经有过的"哲理",但是却未必能描述哲理背后的"历史";可以表达人们的"观念",但是却难以表现人们的"感受"。同样,那些"正统"的、可以称为"哲学"的东西,常常是属于悬浮在精英和经典世界中的,它们和实际社会生活中支配性的制度、习惯和常识之间,其实还有一段不小的距离②。更为重要的是,依据一种什么"哲学"来研究中国少数民族的思想文化,是像人类学、民族学运用"元语言"["指用来分析和描写另一种语言(被观察的语言或对象语言)的语言或一套符号,如用来解释一个词的词或外语教学中的本族语"③],因而也运用某种"元哲学"来研究和分析少数民族哲学文化? 还是直接根据少数民族的生存境遇,从少数民族的思想文化中分析其所蕴含着的意义、象征、价值和观念系统,从而揭示其民族精神或时代精神? 显然,我们应该倡导的是后者。

比如,许多少数民族,甚至包括中国汉族在内,在其哲学时空观上,都是时空混元的,并没有西方哲学上的那种纯粹时间或纯粹空间,这正如金春峰先生所说:"在西方,古希腊很早就产生了纯时间与空间观念。亚里士多德在其范畴表中,分析了时间与空间范畴,提出时间与空间本身加以界说。时空单位是客观的时空的量度。这种时空观对近代自然

---

① 佟德富、宝贵贞:《中国少数民族哲学专题研究》前言,中央民族大学出版社 2006 年版,第 3 页。

② 葛兆光:《为什么是思想史? ——"中国哲学"问题再思》,《江汉论坛》2003 年第 7 期,第 24—26 页。

③ 哈特曼、斯托克:《语言与语言学词典》,黄长著等译,上海辞书出版社,1984,第 213 页。

科学的发展无疑起了极其有利的作用。但在'月令'图式中,时间却是与空间结合的。东方与春季相结合,由木主持;南方与夏季相结合,由火主持;西方与秋相结合,由金主持;北方与冬相结合,由水主持。土兼管中央与四季。作为地上及地上皇权的代表,土在天人关系中,实际是人的代表。因此,不仅没有脱离特定空间的纯时间观念,亦没有脱离特定时间的纯空间观念。"①显然,历史似乎又形成了一个圆圈——相对论的时空观——"爱因斯坦的相对论,如果我没有理解错的话,空间只有以时间为基准,才能考察和测定。相反,时间只有以空间为基准,才能考察和测定。就是说,时间和空间,不管它是存在,还只是人的思考中错觉的范畴,都是不可分割的统一体。"②如果我们以相对论为元语言或元哲学,那么是否中国古人,其中包括中国少数民族先民都早已有了相对论呢? 其实,我们与其说是少数民族如何高明,倒不如说这种时空观或者本身即是人的本能认知。

四、各民族哲学研究的基本评价

中国少数民族哲学研究发展 30 多年来,的确是成果丰硕,异彩纷呈。仅按照目前已见的三史,即佟德富、宝贵贞的《中国少数民族哲学专题研究》③、肖万源、伍雄武、阿不都秀库尔的《中国少数民族哲学史》④及伍雄武的《中国少数民族哲学思想简史》⑤及一些综述性文献,即可知目前的中国少数民族哲学研究:一是已经弄清了中国少数民族哲学的特点,即文史哲合璧;朴素直观性;神话和史诗是中国少数民族早期哲学最主要的表现形式;鲜明的民族特色;中国少数民族哲学内容丰富,形式多

---

① 金春峰:《"月令"图式与中国古代思维方式的特点及其对科学、哲学的影响》,载深圳大学国学研究所主编《中国文化与中国哲学》,东方出版社,1986,第 129 页。

② 汤因比、池田大作:《展望 21 世纪:汤因比与池田大作对话录》,荀春生等译,国际文化出版公司,1985,第 340—341 页。

③ 佟德富、宝贵贞:《中国少数民族哲学专题研究》,中央民族大学出版社,2006。

④ 肖万源、伍雄武、阿不都秀库尔主编:《中国少数民族哲学史》,安徽人民出版社,1992。

⑤ 伍雄武:《中国少数民族哲学思想简史》,云南人民出版社,1996。

样,流派杂多;中国少数民族哲学与宗教关系密切,受宗教影响较深;等等。尽管这些特点只是就中国少数民族传统哲学而言,没有兼及中国少数民族哲学的近现代转型,但毕竟形成了一套成型的认知。二是已经形成了一套行之有效的中国少数民族哲学研究方法,包括掌握史料的原则、途径、方法与研究中国少数民族哲学的方法等。三是已形成了一大批成型的研究成果,其中包括100万以上人口的中国少数民族,除布依族、朝鲜族、瑶族、哈萨克族、黎族等五个民族外,都有了自己的哲学史研究专著并形成了一批论文,100万人口以下的民族中,水族等也有了自己的哲学研究专题论文。截至2013年底,就目前已进行直接哲学研究并发表公开成果的达到了近40个民族,其他的民族也都有相应的间接研究成果。四是形成了一支中国少数民族哲学研究的队伍,特别是各民族自己的哲学研究队伍。从上述我们知道,凡是各民族哲学研究成果丰硕的差不多都有自己的研究骨干队伍⋯⋯对于这些成绩,宝贵贞的《民族哲学 20 年》[①]《中国少数民族哲学研究的回顾与展望》[②]两文分别对中国少数民族哲学研究有过 20 年、30 年两个总结,而伍雄武则在郭齐勇主编的《当代中国哲学研究(1949—2009)》[③]第九章中对整个中国少数民族哲学研究进行了更为深入的总结。在上述这些总结与评论的基础上,笔者认为以下几个方面也应引起重视并得到肯定。

(一)重视研究范式转换

初始的中国少数民族哲学研究,基本上是按照传统的、中国人所熟知的马克思主义哲学教科书体系来研究或解释的,但到 20 世纪 90 年代,即开始发生了中国少数民族哲学研究的范式转换,开始关注民族文化精神,从文化哲学层面研究中国少数民族哲学,如早在 1989 年,黄汉江、陈纪鸾论现代认识论与少数民族哲学思想研究以谈研究少数民族哲

[①] 宝贵贞:《民族哲学 20 年》,《哲学动态》2001 年第 12 期,第 39—40 页。
[②] 宝贵贞:《中国少数民族哲学研究的回顾与展望》,《中国民族报》2010 年 12 月 10 日。
[③] 郭齐勇主编:《当代中国哲学研究(1949—2009)》,中国社会科学出版社,2011。

学的方法①,提出"文化哲学认识论对我们深入研究少数民族的哲学思想,有着不容忽视的作用和意义"。1990 年 8 月 6 日至 10 日,在湖南省湘西土家族苗族自治州首府吉首市隆重举行中国南方少数民族哲学及社会思想史学术讨论会。这次会上即讨论了"文化哲学"问题②,在会上还研究了侗族文化哲学,被认为是开辟了民族文化哲学研究的新领域,该文即张世珊、杨昌嗣发表的《侗族文化哲学》③。此后,笔者出版了《土家族口承文化哲学研究》④《土家族仪典文化哲学研究》⑤等文化哲学研究专著。进入 21 世纪以后,既有会议讨论,又有论文发表,还有哲学研究的实践,如:蔡茂生以民族文化建设的哲学审视为旨作"文化哲学与民族文化建设"研讨会纪要⑥;杨志明以云南少数民族文化哲学为旨谈研究云南少数民族传统文化现代化问题的一种思路⑦,论民族哲学、文化研究统一的必要性⑧,申论对少数民族文化作哲学阐释的必要性⑨;等等。尽管其中的论述并没有划清哲学文化学与文化哲学的界限,从而影响了对中国少数民族哲学性质的界定:是哲学的"文化学"还是文化哲学,前者应属民族学科,后者应是哲学学科。

　　除了文化哲学研究的范式外,2002 年有学者又提出了生存论范式,即把哲学理解为"以某种文化样式对关于自身存在的这种自我意识的表

① 黄汉江、陈纪鸾:《现代认识论与少数民族哲学思想研究——谈研究少数民族哲学的方法》,《实事求是》1989 年第 5 期,第 25—28 页。
② 杨昌嗣:《中国南方少数民族哲学及社会思想史学术讨论述评》,《贵州民族研究》1991 年第 1 期,第 167—170 页。
③ 张世珊、杨昌嗣:《侗族文化哲学》,《贵州民族研究》1991 年第 1 期,第 9—19 页。
④ 萧洪恩:《土家族口承文化哲学研究》,中央民族大学出版社 1999 年版。
⑤ 萧洪恩:《土家族仪典文化哲学研究》,中央民族大学出版社 2002 年版。
⑥ 蔡茂生:《民族文化建设的哲学审视——"文化哲学与民族文化建设"研讨会纪要》,《广东社会科学》2001 年第 1 期,第 156—158 页。
⑦ 杨志明:《云南少数民族文化哲学——研究云南少数民族传统文化现代化问题的一种思路》,《云南民族大学学报(哲学社会科学版)》2001 年第 5 期,第 156—159 页。
⑧ 杨志明:《论民族哲学、文化研究统一的必要性》,《思想战线》2002 年第 3 期,第 52—55 页、第 90 页。
⑨ 杨志明:《对少数民族文化作哲学阐释的必要性》,《云南师范大学学报(哲学社会科学版)》2004 年第 1 期,第 9—13 页。

达"。从这个意义上讲,只要有人的存在,就会有某种形态的哲学存在。所以,少数民族哲学即"是存在于少数民族各种文化样式或'文本'形式之中,以少数民族哲学理解和把握世界的各种独特方式……为中介,所反映出来的他们关于自身存在的自我意识,以及他们对'思维和存在关系问题'的思索和'觉解'"①。

到 2009 年,还有人提出人性论范式,这是由玛西毕力格简论关于蒙古哲学研究中几个理论问题②时提出来的,作者认为,从蒙古族哲学分析来看,"人性分析方法从《蒙古秘史》为代表的各种历史文献和蒙古族文化各种物质的、非物质的精神产品中寻找蒙古族文化创造和发展的精神之路时大有裨益。正是基于人性分析,从蒙古族历史文化颇有影响力的历史遗产英雄史诗中可以发现以善恶内觉为基础的道德人类学文化工程开始(即精神建构的文化工程)的某种历史轨迹。"

2012 年,笔者撰文认为研究中国少数民族哲学,要有自己的哲学观,强调坚持黑格尔的哲学史研究就是哲学研究的原则,主张中国少数民族哲学研究即是研究者的哲学情感与体验结合研究对象的情感与体验,这样,中国少数民族哲学研究实际上成了研究者自己哲学观的投射。事实上,本来的中国少数民族哲学研究就是这样,比如,我们所说的少数民族哲学研究,在本质上即是一种研究者对少数民族原始文献的创造性误读。比如我们翻译的中国各少数民族文献,从本质上说,那已不是少数民族原来意义上的了,我们现在来看有些翻译的少数民族的东西,用的差不多就是中国化的马克思主义哲学语言,或者现代科学语言,比如我们看苗族的生成哲学研究即有此种情形。事实上,只要不是对少数民族历史文献、各民族哲学思想资料的抽象的、超历史的、粗暴的、望文生义的解读,这种误读都是允许的。也正是在这个意义上,我们想起了本杰

---

① 李兵、吴友军:《少数民族哲学何以可能——兼论民族文化的哲学基础》,《学术探索》2002 年第 3 期,第 14—16 页。

② 玛西毕力格:《简论关于蒙古哲学研究中几个理论问题》,《内蒙古科技与经济》2009 年 13 期,第 78—80 页。

明·史华慈在《古代中国的思想世界》①中所写的："超越了语言、历史和文化以及福柯所说'话语'障碍的比较思想研究是可能的。这种信念相信：人类经验共有同一个世界。"如果是这样的话，中国少数民族哲学也有了广义与狭义的区分。广义的中国少数民族哲学已包括少数民族及其学者消化、吸收，甚至翻译任何其他民族哲学；狭义的即是中国少数民族的"传统哲学"及近现代哲学。但不管是哪种情形，研究者自身也凸显于其中。所以，现在仍然谈范式转型方面的问题，实际上应坚持的是中国少数民族哲学自身的主体性②。

（二）重视方法论的锤炼

研究方法论的重要性一开始就为中国少数民族哲学研究所重视。无论研究专著还是研究论文，都有不少这方面的讨论。像佟德富、宝贵贞的《中国少数民族哲学专题研究》强调"就总的指导思想而言，研究少数民族哲学必须遵循的理论和方法，是对所要研究的每一个问题都应作缜密的、具体的、历史的、辩证的分析"即是方法论问题③。对于这个问题，笔者述评中国少数民族哲学合法性问题研究、探析全球性现代化视域的中国少数民族哲学研究、以哲学的经验与情感为旨从黑格尔那里寻求中国少数民族哲学的合法性、探析中国少数民族哲学研究方法论问题、以民族性与现代性为旨论少数民族哲学视阈的马克思主义中国化等论文即已作了专门介绍。特别是其中强调的作为中国少数民族哲学研究方法论的四个方面，全球性现代化理论的方法论意义等，都是近年研

---

① 本杰明·史华慈：《古代中国的思想世界》，程钢译、刘东校，江苏人民出版社，2004，第12页。
② 宝贵贞：《从合法性到新范式——中国少数民族哲学研究困境与出路》，《内蒙古师范大学学报（哲学社会科学版）》2009年第1期，第76—79页；伦玉敏、刘勇：《从合法性到研究范式的转型：中国少数民族哲学研究历程》，《商丘师范学院学报》2012年第4期，第30—34页。
③ 佟德富、宝贵贞：《中国少数民族哲学专题研究》，中央民族大学出版社，2006。

究中国少数民族哲学的切身体会①。

笔者特别强调的是,我们研究中国少数民族哲学,最基本的研究方式应该是从中国少数民族文化内部特别是以传统语言及历史情感与经验去研究,从而获得一种具有强烈历史真实与生存体验的哲学情感与体验,这样就能尽可能地避免"现代化""哲学化""问题化"。当然我们也并不排除所谓的"反向格义",不过必须以自己的民族的历史经验与情感为基础,这是非常重要的。当然,如何进入自己民族的历史经验,并以此为基础运用某种他者的哲学范式,自己民族的哲学才能解释清楚。"庄子注郭象"与"郭象注庄子"、"六经注我"与"我注六经"、刘笑敢的"两种定向"、"格义"与"反向格义"等,都必须以自己民族的历史经验与历史情感为基础。

（三）重视推进整体研究

按照民族史的一般分类,中国民族史有族别史、民族关系史、通史体中国民族史、中华民族形成史、民族考古、民族地区历史地理等部分②,而在具体研究中,族别史研究又是基础的基础。就整个民族史研究看,现在已到了在各族别史基础上进入对中华民族历史进行整体研究的发展阶段③。这一规律对于中国少数民族哲学研究来说,似乎并不完全适用。因为从中国少数民族哲学研究一开始兴起就有一种整体推进的目标,从目前所见的 1988 年出版的民族院校公共哲学课教材编写组编的《中国

① 萧洪恩:《中国少数民族哲学合法性问题研究述评》,《湖北民族学院学报(哲学社会科学版)》2011 年第 1 期,第 116—121 页;《全球性现代化视域的中国少数民族哲学研究探析》,《武汉科技大学学报(社会科学版)》2011 年第 3 期,第 303—309 页;《哲学的经验与情感:从黑格尔那里寻求中国少数民族哲学的合法性》,《武汉科技大学学报(社会科学版)》2011 年第 4 期,第 434—442 页;《中国少数民族哲学研究方法论问题探析》,《中南民族大学学报(人文社会科学版)》2012 年第 1 期,第 165—170 页;《民族性与现代性:少数民族哲学视阈的马克思主义中国化》,《湖北民族学院学报(哲学社会科学版)》2012 年第 1 期,第 75—81 页。
② 陈连开:《中国民族史纲要》,中国财政经济出版社,1999,第 1 页。
③ 陈连开:《中国民族史研究的基本特点和发展三阶段》,《西北民族研究》1993 年第 2 期,第 1—8 页。

少数民族哲学和社会思想资料选编》①中把中国 55 个少数民族的文化资料从当时理解的哲学内容的各个方面进行分类整理即可看出这种整体性。到 1992 年出版的肖万源、伍雄武、阿不都秀库尔的《中国少数民族哲学史》②，虽然只写了其中的 24 个民族，但中国少数民族的历史整体与空间整体都得到了充分体现。到 1997 年出版的佟德富的《中国少数民族哲学概论》，其中的一段十分动情的话，为我们理解这种整体性提供了鲜活的证据：

> 随着教学科研的不断深入，我想编写一部少数民族哲学史教材，于是，开始搜集资料，组织人力编写大纲，经过几年的努力，写出了一本《中国北方少数民族哲学思想史》，也只包括蒙古族、藏族、满族、回族、朝鲜族五个民族的哲学思想，在教学和著述过程中，我深感就我现在的能力和水平是很难写出一部中国少数民族哲学史的。中国有 55 个少数民族，要写出他们的哲学思想史，不广泛动员各民族从事此项研究的学者和热心于此项研究的同仁的共同努力，任何个人都是很难担当如此浩大的历史重任的，更何况一些边远山区的少数民族，没有完整地经历过人类历史的各个阶段，按着中国哲学史的模式，完整系统地总结出这些民族的哲学思想史几乎是不可能的。于是，我就开始进行专题研究，并把研究成果作为选修课给研究生讲，在专题研究和讲座中，尽可能做到既讲"史"，又概述各个民族，并坚持成熟一个专题就讲一个专题，如此坚持数年，就写成了这本中国少数民族哲学专题研究，作为我系研究生教材奉献给读者。③

这一思想在新版《中国少数民族哲学专题研究》中仍然得到了体现。这一整体诉求不仅促成了 2010 年度国家社科基金重大招标项目《中国

---

① 民族院校公共哲学课教材编写组：《中国少数民族哲学和社会思想资料选编》，天津教育出版社，1988。
② 肖万源、伍雄武、阿不都秀库尔主编：《中国少数民族哲学史》，安徽人民出版社，1992。
③ 佟德富：《中国少数民族哲学概论》，中央民族大学出版社，1997，第 440—441 页。

少数民族哲学史》的立项、实施,而且也直接促成了本书的写作。

当然,中国少数民族哲学研究还有其他一些值得肯定的有价值的探索,如重视"哲理"研究,张炯论少数民族哲学思想史研究中的几个问题①,肖万源、伍雄武、阿不都秀库尔主编的《中国少数民族哲学史·绪论》②,伍雄武的《中国少数民族哲学思想简史·绪论》③,吴德希、佟德富谈少数民族哲学研究④等都有这方面的坚守。又如强调研究中国少数民族的思维方式,如笔者在《土家族口承文化哲学研究》《土家族仪典文化哲学研究》中,杨昌嗣在论侗族的文化哲学中,都特别关注民族思维方式的问题。

正是在上述这些研究成果的基础上,笔者并不同意有的学者所说:"中国少数民族哲学自 20 世纪 80 年代兴起发展至今,并未受到学术界足够的重视,与其他哲学研究领域相比,发展十分缓慢。通过总结分析有关中国少数民族哲学的研究成果发现,其合法性问题、史料选择问题以及研究范式问题是困扰其发展的重要因素。只有处理好以上问题,才能开拓出少数民族哲学研究的新局面。"⑤

---

① 张炯:《少数民族哲学思想史研究中的几个问题》,《中央民族大学学报(哲学社会科学版)》1986 年第 4 期,第 37—39 页。
② 肖万源、伍雄武、阿不都秀库尔主编:《中国少数民族哲学史》,安徽人民出版社,1992。
③ 伍雄武:《中国少数民族哲学思想简史》,云南人民出版社,1996。
④ 吴德希、佟德富:《谈谈少数民族哲学研究》,《中央民族大学学报(哲学社会科学版)》1982 年第 1 期,第 57—61 页。
⑤ 伦玉敏、刘勇:《从合法性到研究范式的转型:中国少数民族哲学研究历程》,《商丘师范学院学报》2012 年第 4 期,第 30—34 页。

第二章　中国少数民族传统哲学的起源

　　一切民族都有其哲学之思,而一切民族的哲学之思都有其直接的起源。在中国各少数民族哲学中,除中国回族、京族、俄罗斯族等因形成过程的特殊性而使其哲学形态具有传统哲学起源的跳跃性外,其他各少数民族哲学都有其独特的起源类型。在中国,各少数民族传统哲学的起源包括两种尺度:一是在时间尺度上,即使某些少数民族长期处于原始社会,但在全球性现代化运动的推动下,特别是在 1840 年的鸦片战争以后,中国各少数民族差不多都被从整体上卷入了近现代社会的历史进程,形成了社会历史与思想历史的跳跃性发展,因而在总体上开启了近现代的社会与思想转型。所以,传统哲学的起源研究在总体上应止于 1840 年的历史尺度。不过应看到的是,虽然几乎所有的中国少数民族哲学在发展总体水平上都经过了"起源"阶段,如哈尼族、傈僳族、佤族、拉祜族、阿昌族、德昂族、鄂伦春族、鄂温克族、达斡尔族、塔塔尔族、珞巴族、门巴族、怒族等民族的哲学思想,但部分民族的哲学直到近现代都还处在萌芽时期,这类民族哲学在近现代具有历史跳跃性,形成了所谓跨时代的进步;另一部分民族的哲学已经过"起源"阶段而形成了定型的民族哲学,如土家族、蒙古族、满族、壮族、回族、藏族、维吾尔族、苗族、彝族等。在这里,研究中国少数民族神话、宗教仪式、史诗(古老的民族史诗)中的哲学思想的萌芽,可以作为研究中国少数民族哲学起源的基础,特别是通过研究还可以发现中国少数民族哲学起源与中域哲学起源的关系,其中尤其是哲学与神话的先后关系次序,即以汉族哲学为核心的中域哲学的大规模发展是在诸子百家哲学形成之后,而中国少数民族哲学的形成则不同。在一定程度上说,正是由于中国少数民族神话进入中域文化,才推动了中域神话的大发展,形成所谓的文明神话,汉族历史上的"累层创史说"中的史前英雄,在一定程度上说,都可从中国少数民族神话中找到一定的依据,具有一定的渊源关系。正是从这个意义上说,阐明中国少数民族哲学的起源,并不只是为提供中国哲学起源的素材,而是一种提供哲学起源的特殊类型的哲学探索,并可从基于哲学与神话关系的维度进行考察。

第一节 中国少数民族哲学起源的民族文化基础

哲学是一个民族基于其社会文化环境的生存或生成体验与情感而形成的民族文化的核心精神。从哲学起源的层面研究,有关中国少数民族哲学思想萌芽的材料相当丰富,它不仅给研究中国哲学思想萌芽的产生以及如何由萌芽成长到形成提供了不可多得的宝贵资料,而且还有益于探寻哲学思想萌芽以及由萌芽到哲学思想形成的民族文化基础。事实上,民族文化基础的丰富性,提供了中国少数民族哲学起源的真正土壤。不过在这一时段,中国少数民族哲学的萌芽期还可分成几个具体环节,如原始宗教阶段,主要由图腾崇拜、自然崇拜、灵魂崇拜、祖先崇拜等方面构成,这一阶段,人们讨论的是人类如何在自然界中安置自己的问题,借用罗蒂的话说,是赋予自然以魅力的过程,"应该重新重视杜威的看法,即把世界重新赋予魅力,宗教所曾提供给我们祖先的,我们重新加以恢复……哲学如果能够与事物的力量配合,并且把日常生活的意义说得清楚而一致,科学与情感就会紧密相连,生活实践和想象就会密不可分。这时,诗歌和宗教的情感就会成为生活中自然绽放的花朵。"[1]又如

---

[1] 理查德·罗蒂:《哲学和自然之镜》,李幼蒸译,生活·读书·新知三联书店,1987,第9页。

神话与史诗的相继出现,使初民由神灵崇拜过渡到英雄崇拜,其观念自然也会随之演进,并能反映古代初民哲学思维的萌芽。一方面,"史诗以及全部神话"是"由野蛮时代带入文明时代的主要遗产"①。另一方面,史诗也是艺术生产成为独立部门之前的不发达阶段的产物,"就某些艺术形式,例如史诗来说,甚至谁都承认:当艺术生产一旦作为艺术生产出现,它们就再不能以那种在世界史上划时代的、古典的形式创造出来;因此,在艺术本身的领域内,某些有重大意义的艺术形式只能在艺术发展的不发达阶段上才是可能的"②。前者表明了"史诗"超越"神话"而对"神"有了首次否定,神话中的主人翁——神,让位于史诗中的主人翁——人,这即是一种思维的进步。正是从这个意义上说,可以把神话、史诗、传说,当成是哲学思维萌芽的三个阶段。史诗表明,个人还未从集体中分离出来单独地进行艺术创作,他的展现只是作为人类的整体思维活动,是集体的思维形式,因而有所谓的"民族性"。并且,史诗的精神都是正向的,即它作为民族精神的传承方式,可以通过仪式、选举、征战、抢婚等多种方式传承,能够反映那一时期历史、地理、军事、医学、天文、体育、音乐等初民的物质和精神生产生活的方方面面,在本质上说是一个民族的历史和祖先的遗教,更是一个民族人民早期生产生活的百科全书。更为重要的是,史诗是作为一个民族的胜利凯歌、自信和自豪旗帜而存在的,在总体精神取向上,它不是失败和痛苦的哀歌。所以,在史诗中,我们发现的是初民充满高昂热情和永不退却的乐观精神、必胜信念和强大力量的精神状态,因而在人格上即最为庄严、气魄上最为宏大。正是因为这种情形,我们可以把神话中的射日与史诗中的射日相对比,再现出各民族的思想发展进程。像壮族和水族的口承文化,都有这种思想进程上的反映。

---

① 《马克思恩格斯选集》第 4 卷,人民出版社,1995,第 23 页。
② 《马克思恩格斯选集》第 2 卷,人民出版社,1995,第 28 页。

一、中国少数民族哲学起源的类型

中国少数民族哲学起源，可以从类型学的角度进行区分。这种区分表明，在整个中国哲学的起源中，中国少数民族哲学的起源长期在"中国哲学"之外，比如胡适于 1919 年出版的《中国哲学史大纲》(卷上)从第二篇开始对中国哲学史进行叙述，标题是"中国哲学发生的时代"，其中的第一章为"中国哲学结胎的时代"，第二章为"那时代的思潮"，不仅对诸子前的思想接触极少，而且主要集中于春秋时代，更不要说涉及中国少数民族的哲学起源了。冯友兰于 1930 年出版的《中国哲学史》第一篇即冠以"子学时代"的标题，虽然其中也考察了鬼神、术数、天以及部分的开明思想等，但均未涉及中国少数民族哲学的起源问题。这个问题直到 20 世纪 80 年代，1983 年出版的由任继愈主编的《中国哲学发展史·先秦》一书，在"中国原始社会思维的发展和世界观的早期形态"中，大量使用中国少数民族的文献，从中考察中国哲学的起源，初步统计即有佤族、纳西族、鄂温克族、傈僳族、布朗族、彝族、高山族、怒族、景颇族、白族、苗族、瑶族、黎族、壮族、布依族、哈尼族、侗族等民族的资料进入了研究中国哲学起源的范围，自此而后，至少在哲学发展的学科层面，中国少数民族哲学的起源属于中国哲学的起源问题。直到目前，中国哲学的通史性教材仍然未见中国少数民族哲学史。不过在众多中国哲学史料学专著中，已有刘文英的《中国哲学史史料学》第一次将少数民族哲学史料以专章的形式列入，尽管其中所涉及的少数民族的面还较窄，在内容安排方面对以断代还是以族别为划分标准的问题缺少成熟的思考，但毕竟是一种突破。

尽管在承认中国少数民族哲学属中国哲学的类型上已初步形成了中国哲学界的共识，但并不能就此否认中国少数民族哲学又是中国哲学的相对独立的类型，其起源也有其独特性(从这个意义上说，"中国哲学史"宜更名为"中华民族哲学史"更恰当)。这种独特性表现在：各少数民族基本上都走着自己相对独立的发展道路，并在各自的发展道路上适应各自的环境而形成了自己独特的哲学类型,如作为哲学起源阶段的思维成果,各民族即形成了自己独具特色的原始宇宙演化观,这些宇宙演化观不仅较汉族宇宙观突出而鲜明,而且就是各少数民族自身之间、各民族内部各族群之间等,都有其特殊性。如彝族、纳西族先民认为在有形的天地万物及人类产生之前,先出现的是天地万物及人的"影子",有了"影子"后,才有真正的有形的天地万物及人①。土家族先民则认为在天地万物产生以前,"宇宙间一片黑暗,昼夜不分,无天无地",突然间一阵狂风把黑暗吹散,出现了一片片、一团团的白云。白云在飘荡、涌动中逐渐形成了天地万物。因而在宇宙原初并没有天地万物,只是"黑暗""混沌",后来由于某种特殊原因才由具体的物质(诸如火、土、水、风、大气……)运动、演化而成现在的宇宙。应该说,这些宇宙演化观是有相当特色的。

除了宇宙的演化外,人的演化同样显示出中国少数民族哲学的独特性,其哲学起源也一样。如纳西族先民说:"最初期间,上面高空有声音震荡着,下面地里有气体蒸酝着。声音和气相互感应,化育为三滴白露,由白露化育,变成三个黄海,一滴露水落在海里,就生出了'恨时恨蕊'",演化到第十代的"崇蕊利恩"时代,才有了人类②。侗族的《人类起源歌》中说:"起初天地混沌,世间还没有人,遍地是树苑,树苑生白菌,白菌生蘑菇,蘑菇化河水。河水里生虾,虾子生额荣,额荣生七节,七节生松恩。松恩真好运,生得十二子。"③土家族的《开天辟地与伏羲姊妹》中的"卵生"说则写道:"古时候,无天无地,突然一阵狂风,出现了一朵白云,白云里面有一个卵,卵白似天形,卵黄似地形,卵生下无极,无极生下太极,太极生两仪,两仪有阴有阳,就像两个人,他俩自己取名。阴就自称李古娘,阳就自称张古老……"其他还有如各少数民族在原始神话、史诗、传说等故事中关于人类的来源的思想。

---

① 丽江调查队搜集翻译整理:《创世纪》,云南人民出版社,1978。
② 《崇搬图》,云南省丽江县文化局,1963,石印本,第26—27页。
③ 《贵州少数民族哲学及社会思想资料选编》第1辑,贵州省哲学学会编印,1984,第310页。

　　不过,应当特别强调的是,由于中国少数民族形成过程的特殊性,这种哲学的多元独特性也有其相对的意义,这就是其中所具有的各民族文化的相互影响,既包括汉族与各少数民族之间的相互影响,也包括各少数民族之间的相互影响。其多元性在于:由于地域限制及历史上相对的社会封闭,各少数民族与外界很难有物质和文化信息交流,导致其文化相对缺少外来文化的辐射和浸润,因而走上一条独立的发展道路。上述材料中的各种宇宙论及人类起源论即可见出其特殊性和相对独立性。但是,一方面是汉族等各民族文化的相互交流,因而形成了各民族文化相影响的基础,像许多少数民族神话、史诗中在讲到人类起源的时候,都是讲诸民族共同起源的,其中会特别提到汉族,从而反映出各民族文化的影响,这在哲学上反映得特别明显。另一方面,如中国少数民族关于日月起源的神话,数量多、内容多,且雷同少,即反映出其中的相对独立性,在这方面,有学者统计了 13 个民族的创世神造日月的说法,包括阿昌族、布依族、蒙古族、苗族、侗族、哈萨克族、珞巴族、满族、畲族、土家族、彝族、瑶族、壮族等。如:阿昌族创世史诗《遮帕麻与遮米麻》讲"天公遮帕麻捏金沙银沙为日月,用赶山鞭播下千万颗星星,创造了天空、日月和星辰"[1];布依族创世神布灵则"用红白岩石造成了日月,并叫黄龙把日月托到天上去安放"[2],其创世史诗《开天辟地》则说"祖先力嘎把自己的两只眼珠挖出来,钉在蓝天上,变成了太阳和月亮"[3];蒙古族神话却说太古天上没有日月,玉皇大帝的女儿牡丹青姆用金镜在海面上磨了三千六百下,跳出了太阳,用银镜在海面上磨了三千六百下,跳出了月亮;苗族神话讲到太初大神列老史·格密·炎觉郎努遣六铜匠炼铜造撑天柱、炼金造太阳、炼银造月亮;土家族的《制天造地》则讲盘

---

[1]《中国各民族宗教与神话大词典》编审委员会编:《中国各民族宗教与神话大词典》,学苑出版社,1990,第 3 页。

[2]《中国各民族宗教与神话大词典》编审委员会编:《中国各民族宗教与神话大词典》,学苑出版社,1990,第 44 页。

[3]《中国各民族宗教与神话大词典》编审委员会编:《中国各民族宗教与神话大词典》,学苑出版社,1990,第 44 页。

古制造了十二个太阳；哈萨克族创世神迦萨甘用自身的光和热创造了日月，并置之于天地之间；拉祜族的天神厄莎、满族的天神阿布卡赫赫双目化为日月；布依族、瑶族、壮族等9个民族都有盘古双目化生日月的说法；畲族则说是盘古的左右手分别化为日月；彝族创世史诗《葛梅》说是老虎的左右眼化作日月；畲族还有神话说一只叫"金鸡"的三足乌脚一点地，飞到高空变成了太阳，一只玉兔四脚跳起，跳到高空变成了月亮；在维吾尔族乌古斯庆典中东西各立一根高竿，金鸡悬挂在东竿，银鸡悬挂在西竿，分别象征日月①……这类起源观念本身就既说明了其相对独立性，又说明了相互影响，如盘古神话等的渗入及流传的广泛性即是证明。

承认中国少数民族哲学起源及其哲学本身的类型，具有重要的理论与实践意义。一方面是能发扬各民族的优秀文化传统，激发各民族人民的自信心，能在维护和加强民族团结、共同进步等方面起到一定的积极作用；另一方面则能丰富整个中国哲学起源的内涵。这不仅因为中国少数民族哲学颇具民族特色，内容丰富，流派众多，甚至还有各种宗教哲学，从而给中国古代哲学增添了新内容、新形式、新流派、新人物，是中国古代哲学内容丰富、形式多样的重要表现之一②，而且还提供了一种新的中国哲学起源的类型，即神话与哲学先后关系的特殊类型，也是一种新的中国哲学的特殊起源模式。

二、中国少数民族哲学起源的基础

20世纪80年代以来，对中国哲学起源的研究出现了越来越多的新成果，其中一个重要方面就是拓宽了研究的领域与研究思路，诸如宗教史、伦理史、社会思想史、礼制史、观念史等，不一而足。事实上，研究中

---

① 《中国各民族宗教与神话大词典》编审委员会编：《中国各民族宗教与神话大词典》，学苑出版社，1990，第357页。

② 肖万源、伍雄武、阿不都秀库尔主编：《中国少数民族哲学史》，安徽人民出版社，1992，第36—37页。

国哲学的起源,特别是中国少数民族哲学的起源,必须要研究影响其起源的一些基本要素。按照过去的一般分析,即从社会历史条件等方面着手,而这一研究又易于简单化。比如,中国少数民族的分布区域十分广阔,其人口虽然只占全国总人口的8.49%,但民族自治地方的陆地国土面积却占全国陆地总面积的64%,相当于全国2/3的陆地国土;中国少数民族聚居地区的资源极为丰富多样,全国大部分耕地、森林、水能、草原、畜牧、矿产资源等都分布在少数民族聚居地区;在已确认的55个中国少数民族中,有30多个是跨界民族,民族自治地方占全国135个边境县的79%、占全国2 000多千米的陆地边界线的91%,少数民族同胞占全国2 100多万边境人口的45%;中国少数民族居住地方也高低悬殊,但又主要集中在高原地带……这样的自然地理环境,当然影响着少数民族的哲学思考,因而少数民族哲学起源中的思维,多集中在各少数民族聚居区的各种资源里。因此,这一特点说明,在研究中国少数民族哲学起源时,很难用抽象的地理环境观念来加以说明。在一些地方,针对一些民族,甚至会陷入地理环境决定论。不过,其实,在中国哲学史上,齐国之于阴阳家、鲁卫之于儒家、宋国之于墨家、秦国之于杨朱、楚蔡之于道家,等等,在西方哲学史上,古希腊伊奥尼亚之于米利都学派、爱利亚之于爱利亚学派、克罗顿之于毕达哥拉斯学派,显然都有其地理环境的影响因素。

考察中国少数民族哲学的起源还必须关注中国少数民族社会发展的历史进程。人类社会的发展是一个自然历史过程,这个过程自然有其客观性,人们的认识当然不能超越其时代。在历史上,各少数民族并没有完全经历原始社会、奴隶社会、封建社会等经典作家所认为的历史发展全程,虽然有少部分少数民族大体都经历过这些历史过程,但并不充分;相当一部分少数民族都没有走完或经历这些历史发展阶段,并且各民族内部还因居住地域、环境等关系而存在着处于几种不同社会形态的族群。中国的许多少数民族直到中华人民共和国成立前仍处于原始社会末期向奴隶制社会过渡阶段,或存在着浓厚的原始公社制的残余,有的又保留着较为典型的奴隶制或存在着封建农奴制……这些状况不仅影响着中国少数民族自身的发展,而且也影响着人们对中国少数民族哲学的认识。前者反映出中国少数民族聚居地区与中域地区的发展差距,至今,有的研究还表明,在经济水平上,各民族之间经济收入差距巨大,主要体现在汉族同胞的人均国内生产总值远高于少数民族同胞,东部发达地区各民族人均国内生产总值远高于中西部欠发达地区;在文化水平上,各民族人均受教育程度天差地别,高等教育在学人数、毛入学率、本专科在校生规模、研究生发展等,都存在较大差距;在民族心理水平上,部分民族已经跟上了全球性现代化的步伐,思想意识极端超前,而不少少数民族同胞却没有机会接触电脑、乘坐飞机,没听过"高铁"为何物,他们的认知、情感、行为还一直停留在封闭的村寨文化之中,承续着古老的传统……

后者影响着人们对中国少数民族哲学的认识,以至于长期不承认中国少数民族有自己的哲学。中国少数民族哲学的研究者也特别关注少数民族哲学产生的条件,认为各民族能够形成哲学的基本条件是已进入阶级社会、有了体力和脑力劳动的分工、有了自己的语言和文字及一定发展程度的科学文化知识,等等。这一思想直到20世纪90年代,仍然被学界坚持。如有的学者分析蒙古族有没有哲学思想问题时即强调了马克思主义经典作家对哲学思想产生条件的分析,基本内容与上述略同。不过,仔细分析在中国少数民族哲学中,有不少民族的哲学思想萌芽产生得早、形成晚且发展缓慢,其本质上即是由于各该民族长期处在较低的历史发展阶段、生产力低下、经济不发达等原因所致。因此,在中国少数民族哲学研究中发现,除了少数的民族外,大多数都没有形成自己多样而独特的成熟、完备、系统的哲学思想体系。当然,这并不否认,在中国少数民族哲学中,也产生了自己的哲学家、思想家,他们都已形成了自己较为完备的哲学思想体系,有的甚至与同时代的汉族哲学家处于同一发展水平上,如鸠摩罗什、李贽、法拉比、优素甫·哈斯·哈吉甫、保巴、李元阳、高奣映、玄烨、王岱舆……因此不得不承认,在中国传统哲学中,从整体上说,中国少数民族哲学的发展程度在国内与汉族相比要落后一些,在世界上与其他一些古老而发达的民族相比也有一定的距离,但从整个世界来说,其地位是不低的。在全球性现代化出现以前的古代社会,中国少数民族中已有一些民族超越了哲学思想萌芽(即原始哲学)的阶段而产生了自己的哲学,有的民族哲学的理论思维水平还较高,与中世纪西欧、古代印度等相比并不逊色,甚至在中国哲学内部也极具特色和魅力。

如果要对产生中国少数民族哲学的基础作深入研究,以下几个方面是值得重视的,这些方面甚至就是影响哲学思维萌芽的要素。

一是对"知识"的强调,这是处理人与自然关系的核心。有了知识,人们就能充分利用自然、利用社会为自己服务。如:彝族古歌《天地论》中即强调"美好的知识,传入天地间。天地传知识,知识愈美好";强调"大地知识大,大地知识美。大地产知识,知识壮大地。红雁落大地,心与灵最美。心灵成知识,心灵是一对。心灵知识来,知识如鲜花,鲜花遍地开。遍地开鲜花,美呀美大地,繁荣是知识"。其他,如:维吾尔族认为"知识极为高尚,理智极为珍贵","学会了知识,事业才会昌盛"[1]"没有知识将一无所得","任何财宝都比不上知识的宝藏","思考而后说话语言精辟"[2];蒙古族认为"多思考会成功",要懂得"经济和生产的深刻道理"[3];彝族认为"世间谁最大? 世间知识大,君是第二名,臣只算第三","人类管天地,完全靠知识。世上无知识,万物没有用"[4]。因此,"要学习

---

① 优素甫·哈斯·哈吉甫:《福乐智慧》,郝关中等译,民族出版社,1986,第858—859页。

② 阿赫麦德·玉克乃克:《真理的入门》,魏萃一译,新疆人民出版社,1981,第13页、第12页、第14页。

③ 罗布桑却丹:《蒙古风俗鉴》,赵景阳译,管文华校,辽宁民族出版社,1988,第116页、第112页。

④《贵州少数民族哲学及社会思想资料选编》第1辑,贵州省哲学学会编印,1984,第405页、第486页。

知识""追求知识"[①]"寻求知识"[②]。彝族史诗《居次勒俄》[③]肯定祭司知识多;纳西族《创世纪》强调"屋前住着斯,去向斯请教",斯即是有知识的人;壮族《布洛陀》中的神"布洛陀"本身即具有知识的意义;佤族《司岗里传说》则强调智慧、思维能力、创造性等。其实,中国少数民族的神话、史诗、传说、故事、寓言、格言、谚语等,都是作为百科全书而得以存在的。比如,史诗作为人类"由野蛮转入文明所带过来的主要遗产",在苗族那里有极充分的表现——已公开整理出版的即有《苗族古歌》《苗族史诗》《苗族古老话》《西部苗族古歌》,等等,这些史诗对于诸如宇宙的初始、万物及人类的起源、天人关系等一些带有根本性的问题均作出了自己的回答,充满了先民的智慧和哲学之光。其他各民族也都有自己的这方面的百科书。其实,图腾崇拜、自然崇拜,本身即被人类学家称为原始的"自然哲学",甚至也可以称为原始的"自然科学",因而本身即是原始人的一种知识系统,例如,"图腾制实际上只是一般分类问题的一种特殊情况,是在进行社会分类时往往赋予特定项目的作用的一个例子。"[④]据此可以认为,这种对生物和自然现象加以分类组合的原始人类的智力在本质上与现代文明人的思维并无区别,因而也可称之为一种"自然哲学"。"土著人的分类法不仅是有条有理的,而且还以精心建立的理论知识为根据。从一种形式的观点来看,有时它们满可以与动植物学中尚在运用的分类法相比。"[⑤]

二是对"信仰"的坚定,这是处理人的自我身心关系的核心。有了信仰,人们就能克服各种困难,最终战胜敌人。虽然中国少数民族居住的区域现在被描写得诗情画意:白云朵朵的莽莽草原、云雾缭绕的高原群山、景色秀丽的山川河谷、湖光水色的鱼米之乡……这些环境在古代,特

---

① 优素甫·哈斯·哈吉甫:《福乐智慧》,郝关中等译,民族出版社,1986,第 23 页、第 519 页。

② 阿赫麦德·玉克乃克:《真理的入门》,魏萃一译,新疆人民出版社,1981,第 11 页。

③ 《居次勒俄》系彝语音译,亦称《勒俄特依》或简称《勒俄》,意为历史书。

④ 列维-斯特劳斯:《野性的思维》,李幼燕译,商务印书馆,1987,第 73 页。

⑤ 列维-斯特劳斯:《野性的思维》,李幼燕译,商务印书馆,1987,第 53 页。

别是在文明时代到来之前,作为哲学思想萌芽的土壤、环境,却由于绝大多数少数民族生产力发展迟缓,经济落后,科学知识缺乏,人们"还没有获得自己的人的自我意识和自我感觉"①,因而需要有建筑在万物有灵论观念上的信仰,"在想象里并借助想象以征服自然力,支配自然力,把自然力加以形象化"②。以至于每一件新工具的发明创造,每一次征服自然的胜利,都是"神的力量"与人的力量的进步。人类征服自然斗争的不断胜利,唤起了他们的安全感、自豪心和对新胜利的希望,并且激发他们去创作英雄史诗。柯尔克孜族的《玛纳斯》,藏族的《格萨尔》,蒙古族的《江格尔》《英雄希林嘎拉珠》《阿拉坦嘎鲁》,希腊的史诗《伊利亚特》等都可以从坚定的信仰上去进行研究。

三是对生态环境的亲爱。中国少数民族哲学的起源从总体上说是生态友好型的。几乎在所有关于中国少数民族哲学起源的文献中,我们都能看到的是人与自然的对话,不仅动物、植物可以与人对话,就是天神、地神、精灵、鬼怪等都可以与人对话,显示出一种可爱的和谐世界。从哲学思维发展的层面说,图腾崇拜、自然崇拜、原始宗教等,提供的都是一种对生态环境的喜爱。这种思维直接促成了中国各少数民族聚居地区的良好生态之思,并得以与中域文化传统的天人合一思想相契合,成为中国各少数民族接受中域文化的思想基础之一。目前,这方面的研究成果已十分丰富,在此只略加提出,以表明中国少数民族哲学起源时代的基本特征。

三、中国少数民族哲学起源的主要成果

原始崇拜与原始宗教,神话、史诗与原始仪式等作为人类最早的文化形式,同时也是哲学思维萌芽的主要基础,中国少数民族哲学萌芽也应作如是观。

---

① 《马克思恩格斯选集》第 1 卷,人民出版社,1972,第 1 页。
② 《马克思恩格斯选集》第 2 卷,人民出版社,1972,第 113 页。

（一）少数民族原始意识中的哲学思想萌芽

在多元一体的中华民族大家庭中，共同生活着已经确认的 56 个兄弟民族及一些有待更进一步确认的少数民族族群，其中除汉族外，其他55 个民族及相关族群"因其人口所占比例较小，习惯上一般统称少数民族"①。从社会历史发展的一般规律而论，在 56 个兄弟民族中，只有汉族及部分少数民族经历了原始社会、奴隶制社会、封建社会等典型的历史发展阶段，许多少数民族的历史发展进程都异常特殊，且发展极不平衡，有的少数民族大体上走完了各自的自然历史过程，有的少数民族并没有走完或经历以上这几个历史发展阶段，有的少数民族直到中华人民共和国成立时仍处在原始社会末期或向奴隶制社会过渡阶段，"存在着浓厚的原始公社制的残余"②，等等。

1. 原始意识与哲学的萌芽

从思想渊源上说，任何民族或国家的哲学都"萌芽"于原始意识中，没有哲学的这种"萌芽"，哲学就是无源之水、无本之木。所谓原始意识，是指原始人在生活和生产劳动中产生的关于自然、社会、人，以及他们之间关系的人类最初级的认识。这种认识，主要是直观的、具体的、习惯的、经验的，富于猜测、幻想，随意性、神秘性较浓，带有最简单的类比、联想、概括、抽象等特点。而作为主观的意识，它主要通过口头传说、神话、史诗等形式表现出来，内涵为原始道德、原始艺术、原始崇拜、原始科学、原始神话、原始宗教、原始哲学等方面。而且，上述这些方面还相互影响、相互渗透，既有错综复杂的联系，又浑然一体于原始意识之中，并于阶级社会产生后，逐一从原始意识中分化出来，成为独立的学科。作为世界观之学问的哲学，就思想渊源上说，也是从原始意识中萌生、分化、综合和发展而来的。③

---

① 《中国大百科全书·民族》，中国大百科全书出版社，1986，总论，第 2 页。

② 刘先照、韦世民：《民族文史论集》，民族出版社，1985，第 4 页。

③ 肖万源、伍雄武、阿不都秀库尔主编：《中国少数民族哲学史》，安徽人民出版社，1992，第 8 页。

原始意识是原始人为适应环境、改造自然，在生活和生产劳动中关于自然、社会、人本身的种种认识。主要内容包括：（1）原始人在征服自然、利用自然、改造自然及和谐自然的过程中积累的原始经验和提炼的原始知识，如摩擦生火、水来土掩、绿树遮阴等经验，如在战洪水、斗猛兽、观天象、辨气候、觅食物、造工具等实践中积累的认识。（2）原始人的自然崇拜、图腾崇拜、祖先崇拜等原始崇拜意识，这是人类最早的一种自然观。由于原始人不能真正认识自然、征服自然，也完全不了解自己身体的构造和人脑的性能，误以为某些自然之物、力、现象为"精灵"或有"精灵"存在并加以崇拜而出现了自然崇拜；认为人与某种动物、植物等有血缘关系，以之作为氏族或部落的标记而有了图腾崇拜。所以，原始崇拜的思想基础是"万物有灵"观念，而"万物有灵"的核心则为"精灵"观念。（3）原始人的灵魂和鬼神观念，这是人类对形神关系的最早的思考和探索。灵魂观念的产生是在原始崇拜的基础上，原始人对梦、病、死亡等生理现象进行思考的结果。原始人对不断出现的梦境进行反复的思考，并与人的生与死联系起来，就误认为他们之所以做梦，人之所以有生有死，是因为有一种附于人体而又能离开并独立于人体的"灵魂"起作用，进而产生了灵魂不死的观念。（4）原始神话、史诗、传说中关于宇宙的原始、天地万物的产生、人类的来源等意识，是原始意识中的最精彩部分。对此，马克思主义经典作家曾就神话与世界观等的关系作出经典说明，并以古希腊艺术同神话的关系为例强调："希腊神话不只是希腊艺术的武库，而且是它的土壤。成为希腊人的幻想的基础、从而成为希腊［神话］的基础的那种对自然的观点和对社会关系的观点……任何神话都是用想象和借助想象以征服自然力，支配自然力，把自然力加以形象化；因而，随着这些自然力之实际上被支配，神话也就消失了。"①从思维水平的角度说，原始意识所体现的原始思维（有人称之为史前时期的人类思维，或称之为"潜逻辑思维"，以之与"逻辑思维"相区别）同样经历了一个萌

①《马克思恩格斯选集》第 2 卷，人民出版社，1972，第 113 页。

生发展的过程,而原始神话、史诗、传说等的出现,则是原始思维的发达时期。但是,原始意识还不是哲学,只能说是哲学的萌芽。因为它们远没有达到关于整个世界的最一般的观点、认识,也远没有形成并达到理论化、系统化的理论高度。

2. 原始神话与哲学的萌芽①

"原始人的思维虽然简单,却喜欢攻击那些巨大的问题。例如:天地缘因而始,人类从何而来,天地之外有何物,等等,他们对这些问题的回答便是天地开辟的神话,便是他们的原始哲学,他们的宇宙观。"②因此,神话被称为哲学之父。

作为哲学源头的"神话",关键在于其体现了"哲学"的"问题"——世界怎么样、怎么来;人怎么样、怎么来,即起源问题与样态问题。因此,马克思主义认为原始神话是哲学、艺术等的"武库""土壤""母胎",其本质是"把自然力加以形象化",是"通过人民的幻想用一种不自觉的艺术方式加工过的自然和社会形式本身"③;其所体现的"哲学"精神在于原始神话充分显示了原始人不安于现状、征服自然、奋发向上的英勇精神,即"用想象和借助想象以征服自然力、支配自然力"的精神,是原始人在与自然、社会的斗争中所产生的理想生活,并对之向往的思想的反映;从"哲学"内容上说,是原始人的"幻想的基础",是他们"对自然的观点和对社会关系的观点"。

在中国少数民族的原始神话中,足以表现哲学思想萌芽的主要有两方面的内容:一是说"神"用某种具体的物质性的东西,创万物、造人类;二是说天地万物、人类是由具体的物质性东西不断运动、演化而来的,甚至把"鬼神"也说成是由某种具体的物质性的东西在演化的过程中产生的。前者是宇宙起源论或宇宙完善论,后者是宇宙样态论或宇宙结构

① 本节内容主要参考了佟德富:《中国少数民族原始意识与哲学宇宙观之萌芽》,《中央民族大学学报(哲学社会科学版)》1995 年第 4 期,第 14—24 页。
② 茅盾:《神话研究》,百花文艺出版社,1981,第 150 页。
③ 《马克思恩格斯选集》第 2 卷,人民出版社,1972,第 113 页。

论。应特别注意的是：由于不同的物质环境、生产方式，对于这些问题的回答，不仅不同的民族有不同的说法，甚至同一个民族的不同族群也有好几种说法。

其一，关于天地、万物、人类产生与完善的意识。从哲学思维发展的角度来说，即使在人类思维发展处于极为简单的阶段也都喜欢探索和追问一些重大的"世界疑谜"问题，其中最具有哲学意义的即天地缘何而始、宇宙万物从何而来，这也反映了初民的思考。正是在这些问题上，中国各少数民族先民对这些问题具有天才般的猜测与回答，并孕育着极为丰富的哲学本体论思想的萌芽。（1）气本原说。中国的布依族、傣族、土家族和壮族等民族以气本原说来回答天地缘何而始的问题，但又各具特色。其中，布依族认为在天地万物产生之前，世上只有清气和浊气，天地万物就是由清、浊二气运动、变化而产生的。纳西族《古歌》则说："清气浊气两分离，清气'呼呼'往上升，浊气'朴朴'往下沉，清气上升变青天，浊气下沉变大地。"[1]纳西族先民还提出过"佳音""佳气"（或译为"妙音""瑞气"，下同）说，认为"很古很古的时候，天和地还没有奠定，日、月、星辰还没有出现，山川还没有形成"的时候，"在上方出现了佳音，在下方出现了佳气"，"佳音佳气结合变化"，产生了天地和日、月、星辰[2]。傣族先民则把宇宙万物的起源归之为烟雾、气团、狂风和水，其创世史诗开篇就说："相传古时候，天地还未形成，没有日月星辰，没有鬼怪和神。只有烟雾在滚动，只有叭月烈在沸腾，只有狂风在汹涌，烟雾和气体的下层，是白茫茫的一片水。"壮族先民中也有相近似的气本原说，如在《天地分家》的神话中说："在天地未分家时，先有一团大气在宇宙中旋转，最后变成一个圆蛋，圆蛋爆开分三片，一片飞到上边成为天，一片下地底下成为海，留在中间的就成为大地。"（2）雾罩、雾露说。苗族等一些少数民族提出了与雾相关的宇宙起源说，如苗族的雾罩说、彝族的雾露说、侗族的大

---

[1]《布依族古歌叙事歌选》，贵州人民出版社，1982，第18页。

[2] 傅懋勣：《丽江麽些象形文〈古事记〉研究》，武昌华中大学，中华民国27年（1938年）7月，第44页。

雾说、土家族的白云说和瑶族的浮云说,等等。苗族先民提出雾罩说阐明宇宙的本原,其中《开天辟地歌》中说,在天地万物产生之前,整个宇宙只有一片片、一团团的雾气,天地万物就是雾气演化而来的。《古歌》中追问"掉脸看古时候","哪个生来最早?"回答是:"雾罩生最早,雾罩生白泥,白泥生成天;雾罩生黑泥,黑泥变成地","天地才又生万物"①。或说:"我们看最古,看造田造地;雾罩尺头亮,它来生天上……水气心头亮,它来生地下","雾罩水气心头亮,它们生天地,生日出高山,生水冒地层,生地乃开田,生寨子生人烟"。② 彝族先民则主张雾露本原说:在远古的时候,"只有雾露一团团,只有雾露滚滚翻。雾露里有地,雾露里有天。时昏时暗多变幻,时清时浊年复年"。彝族先民还认为,雾露和云彩是不分的,故在《阿细的先基》中说,在最古最古没有天地的时候,只有"云彩分两层,云彩分两张。轻云飞上去,就变成了天","重云落下来,就变成了地"。侗族先民则认为天地混沌未开之初,"大雾笼罩",云开雾散,把天地分。"天在高上,地在低层,天有日月星辰,地有万物生灵"③,把大雾看作原初物质。瑶族先民中则提出了"浮云生盘古","盘古生万物"的神话④。(3)混沌说(浑沌说)。混沌说是中国少数民族神话的一个十分普遍且十分具有代表性的学说。如:阿昌族的《史诗》提出"混沌"的"白光"是宇宙的开端和万物的起源:"混沌中忽然闪出一道白光,有了白光,也就有了黑暗,有了黑暗,也就有了阴阳。阴阳相生诞生了天公遮帕麻和地母遮米麻。"侗族的《人类起源歌》说:"起初天地混沌。"彝族的《勒俄特依》说:"混沌演出水是一,浑水满盈盈是二,水色变金黄是三,星光闪闪亮是四,亮中偶发声是五,发声后一般是六,停顿后又变七,变化来热猛是八,下方全毁是九,万物全尽是十,此为天地变化史。"从诸神话与史诗

---

① 《苗族古歌·开天辟地歌》,载《民间文学资料》第4集,中国作家协会贵阳分会筹备委员会编印,1958。

② 《民间文学资料》第71集,中国民间文艺研究会贵州分会编印,1985。

③ 《盘王歌》,载《瑶族文学资料》第8集,广西壮族自治区民间文学研究会编印,1962,第8页。

④ 赵安贤、杨叶生、智克:《遮帕麻和遮米麻》,《华夏地理》1981年第2期,第26—33页。

来看,"混沌"既是无边无际,无始无终的空间,又是原初物质。(4)卵生说和"本无空"说。藏族苯教经典《黑头矮子的起源》中提出卵生世界的观点。该典籍中说,世界最初"本无空"。由"空"到"如镜三湖",然后产生卵,卵中孵出二鸟,二鸟生出三卵,三卵演化为人类、天神和动物。或只指认"本无空"为宇宙之源:"世界最初是本无空,由空稍起本有,由本有略生洁白之霜,由霜略生似酪之露。"①即没有混沌状态的"本无空"发展为"本有",再发展为万物。(5)茶叶是万物的阿祖。德昂族的《古歌》提出了独具特色的茶叶是宇宙万物本原的思想,"在很古很古的时候,大地一片浑沌,水和泥巴拢在一起,土和石头分不清楚。没有人的影子,只有雷、风呼呼,到处是茂盛的茶树,翡翠一样的茶叶,成双成对把树抱住。茶叶是茶树的生命,茶叶是万物的阿祖"②。(6)"二宗"本原说。"二宗"是指善与恶、光明与黑暗。袄教和摩尼教主张世界有两个各自独立、相互对立的本原,善与恶、光明与黑暗就是这种最初存在的精神实体。袄教认为,善与恶是宇宙中存在的两个对立的本原,善的最高神是阿胡拉·玛兹达,是智慧和主宰之神,代表光明、清净、创造等,人就是阿胡拉·玛兹达用泥土做成的。恶的最高神是安格拉·曼纽,代表黑暗、虚伪、恶劣和愚昧。善恶双方不断对立和斗争,最后善战胜恶。摩尼教则认为,光明与黑暗是互为相邻的两个王国,二者始终存在,谁也不创造谁,谁也不消灭谁。整个世界就是二者相互斗争、合力创造的。袄教的圣书《阿维斯塔》和摩尼教的经典《摩尼教残经》中,对上述二元本体论观点均有详论。(7)神创论。在宇宙本原问题上的神创思想。如:佤族利吉神辟地、路安神开天、木依吉神造人说,拉祜族关于厄莎神造天地万物的思想,瑶族的密洛陀创造天地万物说,布依族的龙造说,侗族和苗族的盘古开天辟地的造人说,水族的女神牙巫创造天地万物说,以及彝族的格兹天神创世说,等等。

---

① 土观·罗桑却季尼玛:《土观宗派源流》,刘立千译注,西藏人民出版社,1984。
② 赵腊林、陈志鹏:《达古达楞格莱标》,《华夏地理》1981年第2期,第50—55页。

综观中国少数民族先民关于宇宙本原、万物起始的思想,可以发现其中所包含的丰富的哲学前史。关于宇宙本原的思想,内容丰富,形式多样,除上述之外,还有:壮族的"古本原"说、纳西族的"阴阳"说、侗族的"树苑"说、独龙族的"日月交配生万物"说,以及维吾尔族的"四素"、"四性"说等极其丰富的内容;而且,即使在同一个民族先民中,也有多种宇宙本原说,如:阿昌族有"混沌"说、"白光"说和"天公遮帕麻造天,地母遮米麻织地"说,瑶族有"浮云"说、"盘古生万物"说、"密洛陀"是始原说,纳西族有"佳音""佳气"说和"阴阳"说,侗族有"大雾是本原"说和"树苑"说,彝族有"雾露"说、"彩云"说、"混沌"说和"二元"本体说,藏族有"卵生"说、"本无空"说,维吾尔族有"善、恶"二元说、"二宗"本体论和"四素"说,等等。此外,中国少数民族先民在探索宇宙本原中,不仅有丰富的朴素本体论思想萌芽,而且还充满了方法论的思想萌芽。如:水族有"匹配成对""各与阴阳""参差不齐"和"相依相靠"等思想。纳西族有"佳音佳气变化"产生万物的思想。彝族有"万物在动中生,万物在动中演变,不动嘛不生,不动嘛不长。这就是天地的起始,这就是万物的来源"的思想和"万物在相分相配中繁衍"的思想。布依族有"清气浊气相粘"以及"清气'呼呼'往上升,浊气'朴朴'往下沉"等清浊二气相互对立、运动变化产生天地万物的思想。侗族有天地是雾气自然演化而成、万物则随天地的分化经一系列运动变化而成的思想。阿昌族有"阴阳相生""明暗相间"生天地万物的思想。此外,还有各民族都共有的关于宇宙发生、发展的思想等。这些多姿多彩的变化、发展的思想,生动地说明了原始意识的群体性、直观性和随意性等特点,可以说,这些思想恰恰是千变万化的大自然现象在原始人头脑中的直接反映,这种朴素本体论和朴素方法论思想萌芽的自然结合,直接导致了少数民族早期哲学综合性特点的产生。

其二,人类自身的来源。中国少数民族先民对于人类自身的来源也有极其浓厚的探索兴趣,并作出种种天才的猜测和解释。(1)某一植物演化为人之说。如苗族的"枫树生人"说,阿昌族、拉祜族、佤族等民族的"葫芦生人"说,怒族的"南瓜变人"说,白族的"瓜生人"说。(2)某一动物变人之说。这除了各民族大都将动物图腾看作本民族的祖先(这方面的例子,不胜枚举)外,值得指出的是藏族、彝族、纳西族等民族的"猴子变人"说。(3)蛋卵生人说。如苗族、侗族、土家族、黎族、纳西族、哈尼族等民族的"卵生"说。(4)非生命物质变人说。如瑶族的"云彩结成人"说,佤族的"石洞"说。(5)"神"用某一物质材料造人之说。如:壮族的"泥土造人"说,傣族的"黄泥造人"说,景颇族的"泥巴捏人"说,回族的"用血块创造人"说,彝族的"用雪造人"说、用白泥造女人和用黄泥造男人之说,鄂伦春族的用飞禽的骨肉和泥造人说,等等。这些人类来源的种种说法,除了神用物质材料造人之说外,其他均非神创造,或是由生命物质(动植物)自然演化的,或是由无生命物质自然化生的,尤其是"猴子变人"说,表现了少数民族先民的天才的猜测,具有丰富的想象力。

(二)少数民族民间宗教中的哲学

在"民间宗教"研究领域,事实上还没有一个统一的认知,有主张两层次说的学者强调,"与其将中国人的宗教生活分为儒、释、道三部分,还不如将它分为两个层次来得正确。这两个层次一个是寻常百姓的层次,一个是知识已开者的层次。"其中"寻常百姓的层次"即是民间宗教①。有主张宗教的两种基本形式者划分制度型(institutional)和普化型(diffused),其中普化型宗教则表现为其宗教要素密合无间地扩散到一种或多种世俗社会制度之中并变成后者观念、仪式及结构的一部分而并无明显的独立存在,且"宗教成分渗透于中国所有主要社会制度内及所有乡里的有组织的生活之中,是通过普化形态,民众与宗教保持着极为密切的接触"②。再有的则强调"采用'民间宗教'一词与其说是基于它是一种有别于为上层所接受和信奉的正统、贵族宗教(佛教、道教)而流行于下层民间社会的宗教组织,毋宁说是基于它是一种更能迎合下层民间

① 陈荣捷:《现代中国的宗教趋势》,台湾文殊出版社,1987,第137页。
② Yang,C. K. *Religion in Chinese Society*:*A Study of Contemporary Social Functions of Religion and Some of Their Historical Factors*. Berkeley,1961,pp. 294—295. 转引自王庆德:《中国民间宗教史研究百年回顾》,《文史哲》2001年第1期,第30—37页。

社会人士心理需要的宗教教义和信仰。换言之,我们所谓的民间宗教不仅是就其传播流行的对象和范围而言,而且更重要的是就其教义信仰更具有为下层民间社会人士所接受和信奉的功用而言。"①还有的则认为"所谓民间宗教,是指流行于社会中下层、未经当局认可的多种宗教的统称"。并且,"就宗教意义而言,民间宗教与正统宗教之间没有隔着不可逾越的鸿沟……民间宗教与正统宗教虽然存在质的不同,但差异更多地表现在政治范畴,而不是宗教本身。前者不为统治秩序所承认,被污称为邪教、匪类,屡遭取缔镇压,往往只能在下层潜行默运;后者从整体上属于统治阶层的意识形态,受到尊崇、信仰和保护"②……

为了便于研究,我们采纳王铭铭的意见,认为中国民间宗教文化包括信仰(神、祖先和鬼),仪式(家祭、庙祭、墓祭、公共节庆、人生礼仪、占验术)和象征(神系的象征、地理情景的象征、文字象征、自然物象征)三大体系③。但在具体分析时,我们分这样几个层次讨论中国少数民族的民间宗教:

1. 制度化宗教的民间化

在中国的宗教文化体系中,被称为制度化宗教的,主要是指伊斯兰教、佛教、天主教、基督教、道教等,一定程度上还包括儒教(家)。伊斯兰教、佛教、天主教、基督教等均作为外来宗教,在传入中国以后,都已中国化、地方化,在一定程度上已是中国少数民族民间宗教的一部分。

佛教形成了藏传佛教、汉传佛教、南传上座部佛教等三大体系,且内部又存有不同派别。其中藏传佛教形成于雪域高原并得到广泛传播,元代还曾被奉为国教,不仅被藏族相当一部分群众信仰,而且还为蒙古族、土族、裕固族、达斡尔族、普米族、门巴族,以及部分纳西族群众所信仰,从而形成了以藏族、蒙古族为中心的青藏高原和蒙古高原藏传佛教文化

① 徐小跃:《罗教·佛学·禅学》,江苏人民出版社,1999,第2页。
② 马西沙、韩秉方:《中国民间宗教史》,上海人民出版社,1992,第5页。
③ 王铭铭:《中国民间宗教:国外人类学研究综述》,《世界宗教研究》1996年第2期,第125—134页。

圈;汉传佛教虽然在汉族聚居的地区较为流行,但在朝鲜族、白族、布依族、壮族、京族、毛南族等少数民族中也有影响;云南地区一些少数民族的相当一部分群众则信仰南传上座部佛教。因此,有学者认为,"中国的民间宗教在其形成、发展过程中,佛教的影响举足轻重。南北朝时期的大乘教、弥勒教,发端南宋初年的白云宗、白莲教,肇始于明中叶的罗教,等等,无不受佛教启迪,或成为佛教世俗化教派,或成为其流衍、异端,乃至下层民众对这类教派风行景从、云合相应,信仰之炽烈,往往又超过了对正统佛教膜拜"①。

伊斯兰教在我国西北地区的一些少数民族群众中有相当影响。回族、维吾尔族、塔塔尔族、柯尔克孜族、哈萨克族、乌孜别克族、塔吉克族、东乡族、撒拉族、保安族等 10 个少数民族,有相当一部分群众信仰伊斯兰教,形成了中国西北少数民族伊斯兰教文化圈。但是应看到,其中的地方化、民间化也十分明显,如回族相当一部分群众所信仰的伊斯兰教属于逊尼派,在哈乃裴派、马立克派、沙费尔派和罕伯里派等四大宗教法学派中,中国回族伊斯兰教属于其中的哈乃裴派;此外,还形成了三大教派四大门宦。

基督教最早在唐代传入中国,当时来的是基督教聂斯脱利派,即景教,后来,元代、明代也有基督教传入,其中的天主教、新教势力逐步传入到彝族、布依族、朝鲜族、景颇族、拉祜族、土家族、佤族、壮族、藏族等民族中,维吾尔族、哈萨克族中的部分群众都曾信仰景教;散居我国西北、东北等地的俄罗斯族,有很少一部分群众信仰东正教。此外,中亚、西亚地区一些民族的古老宗教也曾影响过中国的少数民族,如维吾尔族、乌孜别克族、塔吉克族的部分群众曾信仰过祆教(拜火教);维吾尔族、乌孜别克族以及裕固族的一部分群众曾信仰过摩尼教等。

至于中国的本土宗教道教,不仅在瑶族、仫佬族、壮族、土家族、白族、阿昌族、毛南族等民族中得到了较为广泛的传播,而且始终与民间宗

---

① 马西沙、韩秉方:《中国民间宗教史》,上海人民出版社,1992,第 36 页。

教紧密联系，"中国宗教有许多不同的形态，而道教正是中国宗教在民间层面的显现。"这并"不是说道教即民间宗教"，但的确"道教是综合各民间宗教形态的最有影响的一派宗教"[①]。《中国民间宗教史》第一章甚至直接用"汉末民间道教及其形态的演变"作标题，最终结论即是强调"近两千年的道教史是一部由民间走向正统，再由正统走向民间的历史"[②]。

2. 相对固定化的民族民间宗教

在中国各少数民族民间宗教文化体系中，许多少数民族已发展出了自己较为固定的宗教形式，展现了中华民族宗教文化的多元一体格局，如：纳西族的东巴教、摩梭人的打巴教、普米族的韩归教、彝族的西波教、壮族的师公教（亦称中国大教）等，其他的如19世纪60年代前后在朝鲜族中流行的一些新的本民族宗教，即东学教系的天道教、侍天教、济愚教、水云教和青林教，檀君教系统的檀君教、大倧教和元倧教等，虽然没有形成朝鲜族全民性的统一的宗教，但却也可归入相对固定化的民族民间宗教一类。

民族民间宗教应特别提到的是曾经在中国北方地区形成的一个少数民族萨满教文化圈，在蒙古族、鄂温克族、鄂伦春族、达斡尔族、满族、锡伯族、朝鲜族、裕固族等民族群众中都曾有人信仰。萨满教信仰虽然也是一种原始宗教信仰，起源于万物有灵的信仰，但就其较为固定等特征来看，显然可归入相对固定化的民族民间宗教一类。

此外，藏族聚居地区的原始信仰苯教（也称本波教），也是一种类似于萨满教的宗教信仰，是藏化了的萨满教，同样可归入相对固定化的民族民间宗教一类。

3. 民族民间的原始宗教信仰

在中国大陆的西南、中南、东南地区及沿海岛屿生活的少数民族较为普遍地保持着以万物有灵为中心的原始宗教信仰。

保持着自然崇拜的有：基诺族、德昂族、拉祜族、傈僳族、珞巴族、怒

---

① 秦家懿、孔汉思：《中国宗教与基督教》，吴华译，生活·读书·新知三联书店，1990，第127页。
② 马西沙、韩秉方：《中国民间宗教史》，上海人民出版社，1992，序言，第5页。

族、羌族、彝族、侗族、毛南族、哈尼族、畲族、高山族等民族。

保持着动物崇拜的有：布依族、独龙族、德昂族、佤族、怒族、侗族、傈僳族、哈尼族、壮族、高山族等民族。

保持着鬼神崇拜的有：景颇族、苗族、侗族、布依族、阿昌族、布朗族等民族。

保持祖先崇拜的有：拉祜族、苗族、仫佬族、土家族、黎族、布朗族、德昂族、侗族、哈尼族、高山族等民族。

保持着图腾崇拜的有：羌族、彝族、畲族、高山族、苗族、仫佬族、珞巴族、布朗族等民族。

保持着神灵崇拜即多神信仰的有：阿昌族、布朗族、侗族、独龙族、仡佬族、哈尼族、景颇族、门巴族、苗族、仫佬族、土家族、怒族、畲族、佤族、彝族等民族。

保持着灵物崇拜的有：阿昌族、傈僳族、苗族、毛南族、羌族、彝族、畲族、普米族、佤族、土家族等民族。

保持着英雄崇拜的有：京族、侗族、毛南族、土家族、彝族、布依族等民族。

此外，白族的本主崇拜也可以划入原始崇拜的范畴。

从哲学思维发展的角度，各层次的民族民间宗教都可作出哲学解剖，如对个人心灵的慰藉、社会善恶的明示；对个人与社会的"需求"和"希望"意义，使人们并不完全放弃勇气和希望等，这具有明显的功利意义。同时，民族民间宗教信仰所体现的人与人、人与自然、人与社会，甚至人的自我身心的关系，都无不宣示着民族民间宗教的哲学意义，正如有的学者认为："中国社会的底层信仰是一个巨大的空间，它是由民间宗教以及道教和佛教共同组成的。这样一个信仰层面就基本性质而言与原始宗教或巫术有着密切的关系，因此它有着明显的低端信仰的色彩或特征。另一方面，这样一个层面的信仰也包含了对心灵的慰藉，对希望的追求以及对善恶的划分，所有这些又是积极的和合理的。"①

---

① 吾淳：《中国社会的宗教传统——巫术与伦理的对立与共存》，上海三联书店，2009，第124页。

第二节　起源期中国少数民族哲学的思维内容

在哲学史研究中,通过哲学问题研究与通过哲学范畴研究会形成不同的研究指向,关注哲学范畴,必然会凸显哲学观念之间的历史联系;重视哲学问题,则必然凸显哲学观念与文化历史的关系。显然,研究中国少数民族哲学,特别是研究中国少数民族哲学的起源,只能采用重视哲学问题的思路。按照这一思路,我们可以把哲学观念分解为一般与特殊两种类型。哲学观念的一般类型,是哲学自身的提问方式和自身提出的问题,如本体论、认识论、方法论等,这类哲学观念一旦形成,便起着过滤器的作用,使经验世界的内容经过其间的过滤而升华为哲学的内容。这就是我们为什么能在少数民族的神话传说中看到宇宙起源、人类起源等共性问题的原因。哲学观念的特殊类型,是不同时代、不同民族的特殊提问方式及其提出的问题,这里不仅有基于时代和传统的对哲学自身的提问方式和问题的不同理解,而且还有直接来自具体时代、具体民族的文化历史的特殊提问方式和特殊问题,这也就是我们从少数民族的哲学文本中看到不同时代内容和不同民族性格的原因,甚至是少数民族神话也在不断增加新内容的原因。事实上,研究中国少数民族哲学起源的思维内容,也就是要把握其思维的主题。

一、宇宙与人类起源的本体探索

研究哲学的起源,自然会有不同的观点,如按照进化论的观点,哲学应该是人类进入文明时代以后,特别是发展到相当于西方古希腊文明阶段之后出现的,因而非希腊民族自然不会有什么哲学产生。但是,按照所谓"轴心时代"的理论,至少在"轴心时代"的各主要文明都有了自己的哲学。因此,从 20 世纪 90 年代以来,中国学界已习惯于用雅斯贝斯的"轴心时代"概念作为当然的一种设定:作为与希腊、印度差不多同时并行的古代中国,也处在这个"轴心"之中并拥有轴心期文明的基本特征①。很显然,这是两种不同的文明观。之所以"轴心时代"历史观影响更大,一个重要原因在于它更符合中国人的认识,这是一种超越欧洲中心论,发展到文明轴心论的进步,这是一个重要的转折。其意义一方面在于批判了欧洲中心论,强调"在西方世界,基督教信仰缔造了历史哲学。在从圣·奥古斯丁到黑格尔的一系列鸿篇巨制中,这一信仰通过历史而具体化为上帝的活动。上帝的启示活动相当于决定性的分界线。因此,黑格尔仍能说,全部历史都来自耶稣基督,走向耶稣基督。上帝之子的降临是世界历史的轴心。我们的年表天天都在证明这个基督教的历史结构。但是,基督教仅是基督教徒的信仰,而非全人类的信仰。因此,这一普遍历史观的毛病在于,它只能为虔诚的基督徒所承认"②。据此,雅斯贝斯肯定"最不平常的事件集中在这一时期。在中国,孔子和老子非常活跃,中国所有的哲学流派,包括墨子、庄子、列子和诸子百家,都出现了。像中国一样,印度出现了《奥义书》和佛陀,探究了怀疑主义、唯物主义、诡辩派和虚无主义等各类哲学认识的可能性。伊朗的琐罗亚斯德传授一种挑战性的观点,认为人世生活就是一场善与恶的斗争。在巴勒斯坦,从以利亚经由以赛亚和耶利米到以赛亚第二,先知们纷纷涌现。希腊贤哲如云,其中有荷马,哲学家巴门尼德、赫拉克利特和柏拉图,许多悲剧作者,以及修昔底德和阿基米德。在这数世纪内,这些名字所包含的一切,几乎同时在中国、印度和西方这三个互不知晓的地区发展起来。"③另一方面,则强调了去神话的理性时代的到来,强调"神话时代及其宁静和明白无误,都一去不返。像先知们关于上帝的思想一样,希腊、印度和中国哲学家的重要见识并不是神话。理性和理性地阐明的经验向神话发起一场斗争(理性反对神话),斗争进一步发展为普天归一的上帝之超然存在,反对不存在的恶魔,最后发生了反对诸神不真实形象的伦理的反

---

① 参见卡尔·雅斯贝斯:《历史的起源与目标》,魏楚雄、俞新天译,华夏出版社,1989。
② 卡尔·雅斯贝斯:《历史的起源与目标》,魏楚雄、俞新天译,华夏出版社,1989,第7页。
③ 卡尔·雅斯贝斯:《历史的起源与目标》,魏楚雄、俞新天译,华夏出版社,1989,第7、8页。

抗。""这一人性的全盘改变可称之为精神化。""哲学家首次出现了。人敢于依靠个人自身。中国的隐士和云游哲人,印度的苦行僧,希腊的哲学家和以色列的先知,尽管其信仰、思想内容和内在气质迥然不同,但都统统属于哲学家之列。人证明自己有能力,从精神上将自己和整个宇宙进行对比。他在自身内部发现了将他提高到自身和世界之上的本原。"①从上述内容可以看出,雅斯贝斯提出"轴心时代"理论,具有严肃的历史分界意义,"在前数千年中,历史具有不同的意义,它缺乏后来轴心期首次感受到的精神作用力,这种作用力此后一直起着作用,它探究人类的全部活动,赋予历史以新的意义。""在所有地方,轴心期结束了几千年古代文明,它融化、吸收或淹没了古代文明……前轴心期文化,像巴比伦文化、埃及文化、印度河流域文化和中国土著文化,其本身规模可能十分宏大,但却没有显示出某种觉醒的意识……与轴心期光辉的人性相比,以前最古老的文化十分陌生,似乎罩上了面纱。"只有当"古代文化的某些因素进入了轴心期,并成为新开端的组成部分,只有这些因素才得以保存下来"②。

问题在于,此前的前文明时代(沿用原有的说法),真的就是非理性的吗? 当人们强调人类文明始于神话,把约在公元前 1000 年至公元前 800 年的时期称之为神话时期,强调在这一时期人类从蒙昧走进自己的童年,并相应地产生了特定的文化形式——神话,古希腊神话、东方神话等都可以看成这一时期的产物。于是,人们强调神话的产生就是人类文明的产生,并进而把神话看成是哲学之父。因此,"哲学深信,神话创作功能的产物一定具有一个哲学的,亦即一个可理解的'意义';如果神话在所有各种图像和符号之下隐匿起了这种意义,那么把这种意义揭示出来就成了哲学的任务。"③

事实上,从哲学起源的角度说,神话要解决的哲学问题就是人类如

---

① 卡尔·雅斯贝斯:《历史的起源与目标》,魏楚雄、俞新天译,华夏出版社,1989,第 9、10 页。
② 卡尔·雅斯贝斯:《历史的起源与目标》,魏楚雄、俞新天译,华夏出版社,1989,第 13 页。
③ 恩斯特·卡西尔:《人论》,甘阳译,上海译文出版社,1985,第 94 页。

何产生的问题,而要解决人类产生的问题,又必须先解决宇宙天地如何产生的问题。全部哲学方面的问题,如认识论问题、本体论问题,甚至方法论问题等,都可以从神话中找到它的原始形式,如在中国少数民族的神话、史诗中,例如:水族的《水书》,侗族的《款词》,布依族的《乡规碑》《祖训八条》《社洛介》《柔番沃番钱》《穆播董》,瑶族的《密洛陀》《盘王歌》《过山榜》,等等,都有这方面的内容。而且,这些神话、史诗还阐明了宇宙发生论,如傣族的《论傣族诗歌》、彝族的《宇宙人文论》及《西南彝志》等古文献中说:"却说天地产生之前,清气熏熏的,浊气沉沉的。清、浊二气互相接触,一股气、一路风就兴起来了,两者又接触,形成青幽幽、红彤彤的一片,清的上升为天,浊的下降为地。"这段文字描述了一个天、地由清、浊二气不断地运动、接触形成的过程,把日月星辰、风云雨露、霜雪雷电、地上万物等也都是清、浊二气的"接触",或"充溢",或"相搏",或"凝结"的产物,从而确认的是万物的统一性,并进而确认人类对自然的一种信念——战胜、利用的信念。

人们在讲到西方哲学起源时特别强调了其"休闲"与"惊异"的意义,其实那是从功能上的评价。不过还应强调的是,任何科学的最初源起或许都因在"休闲"中有"惊异",只不过哲学应更深入一层,这就是它是对"惊异"的"惊异"。因为真正来说,哲学对于人来说,应是根源的意义,所以古往今来的真正思想家都极为重视哲学意识的树立,像柏拉图认为"唯有哲学才是人应寻求的东西""哲学是最高的财富"[1];亚里士多德认为"其他的知识可能是比哲学更为需要的,但没有一种是比哲学更优越的"[2];黑格尔说哲学在丰富的民族精神中"是最盛开的花朵,它是精神的整个形态的概念,它是整个客观环境的自觉和精神实质,它是时代精神、作为自己正在思维精神,这多方面的全体都反映在哲学里面,以哲学作

---

[1] 黑格尔:《哲学史讲演录》第 2 卷,贺麟、王太庆译,生活·读书·新知三联书店,1956,第172 页。

[2] 黑格尔:《哲学史讲演录》第 2 卷,贺麟、王太庆译,生活·读书·新知三联书店,1956,第287 页。

为它们单一的焦点,并作为这个全体认识其自身的概念"①。不仅在西方,在中国也同样如此,如史学家司马迁在谈到治史宗旨时即强调"亦欲以穷天人之际,通古今之变,成一家之言"②;西汉初期的左丞相陈平强调自己要"上佐天子理阴阳,顺四时,下育万物之宜,外镇四夷诸侯,内亲附百姓,使卿大夫各得任其职",其中重要的职能即是哲学工作;南宋朱熹写道德修养书要从"无极而太极"的哲学之时写起,强调要有所谓"洒扫应对以至于性命"的哲学思考等,这些都说明了哲学之思的根源意义。事实上,正像笔者在分析土家族神话时所强调的,那是一种人类自身在寻找自己在宇宙中的应有地位。

二、个体与人类生存的终极关怀

人类为什么需要哲学? 因为人类的心灵需要哲学来慰藉。试想,在那远古的洪荒时代,面对陌生的自然及其他的他者,人性中最原始的感觉、最潜在的本能是什么? 显然是害怕孤独、害怕无助。于是为了消除这种孤独与无助,人们总是要找个理由来依托,这样活着才心里光明、活得才心里踏实。于是,神话产生了,史诗产生了,传说产生了。所以,可以说,我们说哲学起源的问题,说到底是探讨先民对人类终极关怀的最初探索。比如说,我们人的自然生命是受客观规律支配的,我们从一出生就是"宿命"的,生老病死谁也拦不住,试图修炼出不死的功夫那是邪教。在自然生命这里,它不需要说道理而只需要物质交换,因而人们首先必须吃穿住,必须关注死亡及相关问题,所以神话传说中这方面的内容特别多。但是,人的心灵、人的文化生命并不只受客观规律支配,它不只是需要物质而特别需要道理来滋润,并且它一形成就是自由的,唯一受到规矩的,就是它总试图为自己的思想与行为找一个理由。正是从这

---

① 黑格尔:《哲学史讲演录》第 2 卷,贺麟、王太庆译,生活·读书·新知三联书店,1956,第56 页。
② 司马迁:《报任少卿书》。

个意义上说,人类本来就是一个找理由的动物。所以,高尔基说:"要把费尽一切力量去为生存而斗争的两脚动物想象为离开劳动过程、离开氏族和部落的问题而抽象地思想的人,这是极端困难的。"[①]这一点,我们从一则珞巴族神话似可得到恰当的说明。珞巴族神话多次提到天地结婚后,大地母生了许多孩子。这些神话有一个共同的情节即关于生殖与生长的人格想象结构:"这怎么行呢? 天和地商量,我们太孤单了,要造出一些东西来才是啊! 于是天和地结了婚。……太阳和月亮呀,树木和花草呀,鸟兽和虫鱼呀,都是大地母诞生的孩子,天地间终于有了生气。"天地当然也害怕寂寞,因此它们才结婚生孩子。这里的天地已具有人的复杂性格,是人的自觉,即自我意识的泛化和物化。在这个想象的规定情节中,有一种强烈的自我欣赏和自我安置意味。

当我们打开少数民族哲学萌芽期的文献,我们会不断地看到人类所寻出的理由,一种说明自己思想与行为合法性的理由。藏族的《创世传说》给出我们现在的人存在并居住于"中界"的理由:"天也有了,地也有了,动物、植物都有了,就是没得人住在中间。"在经过了"一寸人""立目人""八尺人"等过程以后,最后才出现了我们现在的"人"。《苗族古歌》中的"开天辟地歌"为人类自给自足的生存状态所寻的理由是从开天辟地讲起,然后明确了现在生成状态的根据是:"天已撑稳了,地已支好了。爸爸走下山,犁田种麦稻;妈妈转回屋,重新架锅灶;后生吹芦笙,姑娘围着;歌声和笑声,阵阵冲云霄。"彝族《勒俄特依》在"开天辟地"中找到的理由是:"制造九把钢铁斧,交给九个仙青年,随同约祖去造地。司慈约祖呵,为着平整地面事,上午的时候,你说我说争着说,下午的时候,你做我做争着做,遇高山就劈,遇深谷就打。一处打成山,作为牧羊的地方;一处打成坝,作为放牛的地方;一处打成平原,作为栽秧的地方;一处打成坡,作为种荞的地方;一处打成垭口,作为打仗的地方;一处打成沟谷,作为流水的地方;一处打成山坳,作为住家的地方……"

[①] 高尔基:《文学论文选》,孟昌等译,人民文学出版社,1958,第320页。

可以看出，虽然这些"哲学"研究的是宇宙大问题，可实际要处理的却是人类自身的问题，是人生的终极问题。在人类起源的问题上，中国少数民族的神话、传说表现得更为明显。在该问题上有多种多样的观点，如：藏族、布依族等主张猕猴变人说，侗族、纳西族等主张卵生说，苗族、瑶族、纳西族等主张气生说、水生说和人兽兄弟说等。就其本来意义而言，最终还是要为人类找到存在的根据。如哈尼族的"天、地、人的传说"讲兄妹俩成婚这一问题，人类的生存责任与伦理道德的冲突成为主题，然而最终是人类生存的责任超越伦理责任，这已不是一般的事宜从权的问题。"兄妹俩又深深陷入苦恼。阿直神再次来到他们身边，在佐罗心里种下了情，在佐卑心里投下了爱，要佐罗和佐卑配对成双。兄妹俩虽然因此有了爱情，但是他们说要他们做夫妻，还得抛树叶、扔木刻、滚磨盘，看看天地的旨意。兄妹俩找到两座相隔九条沟的高山，佐罗站在东边的高山，佐卑站在西边的高山。第一次他们各抛一片树叶，两片树叶飘飘落落，粘在一起了。第二次他们各扔一半木刻，两半木刻飞飞扬扬，合在一起了。第三次他们各滚一扇磨盘，两扇磨盘翻翻滚滚，重在一起了。看到粘在一起的树叶，合在一起的木刻，重在千起的磨盘，想到繁衍人类的事情，佐罗和佐卑不得已哟，只有做了夫妻，人类才传下来了。"

作为对个体与类生存终极关怀的例证，莫过于有众多的大地女神出现。作为族源性女神，大地女神直接表明的是她与人类的渊源关系，即大地创造和孕育了人类。中国少数民族中的珞巴族、门巴族、哈尼族等民族的族源神话中都包含有这一主题的丰富内容。珞巴族神话《天和地》叙述了天与地结合孕育了珞巴族始祖阿巴达尼，从而繁衍了珞巴族的过程；珞巴族神话《肯库》描述了混沌初开之时，有一怪物名叫肯库，她生下泥球样的名叫禅图的乌佑，禅图又生下珞巴族的祖先阿巴达尼，禅图垂死化生，创造万物，以供阿巴达尼创造的人类生存；门巴族神话《创世说》将创世与造人两大母题结合在一起，讲述两位男神兄弟拉旺布加钦与拉旺布拉钦倍感创世前的孤独，就用法棍在大海里搅拌，结果搅出了太阳、月亮以及装有太阳火种的陶罐，数千个小天神围绕着陶罐鞠躬。时间一久，他们化作天上无数的星辰。天神兄弟劝说太阳和月亮结婚，他们光芒照耀着大地，天和地于是结婚生下了草、树、人和动物；哈尼族神话《它朋然夏阿玛》讲述女神它朋然夏阿玛被一阵奇妙的风吹得全身都怀了孕，后来生下77种飞禽走兽和人……

其他的还有：苗族、土家族、满族、朝鲜族、瑶族、鄂温克族、蒙古族、仫佬族、傈僳族、基诺族、布依族、景颇族、哈尼族、黎族、白族、羌族、傣族、毛南族、佤族、普米族、怒族、德昂族、水族、藏族、回族等25个少数民族的族源神话中都有救世女神出现，强调在人类生存的关键时刻，如大旱降临、魔鬼来袭、火种缺乏等大灾难时期，为保证民族持续繁衍而出现了神圣性的佑护。如：苗族神话《落天女的子孙》讲的是很古老的时候，天与地创生了一位女神，人们称呼她为"落天女"。她来到凡间，因为吞吃了老人送给她的红果子，生下七个儿子，他们被玉皇大帝任命为雷公，专门监督人类要行善尽孝，否则将受到惩罚。最小的两个儿子戈生与戈瑟脾气都很暴躁，他们之间发生了冲突，戈瑟用计将戈生囚禁起来。戈瑟的子女伏羲兄妹受骗，给了戈生水与火，结果戈生用雷电炸开锁链逃走，并降下洪水报复。后面即是著名的再创世神话母题，戈瑟的子女伏羲兄妹结合，繁衍了苗族子孙，成为苗族先祖。土家族神话《八部大王》讲一只仙鹤种的楠树爆出两位大神，她传白虎娘娘的命令，让他们下凡结为夫妻，繁衍人类，后来，女神阿妮喝了白虎娘娘派神送来的喜药，生下了土家族的八位英雄。满族神话《天女浴躬池》、朝鲜族神话《坛君神话》、蒙古族神话《天女之惠》、瑶族神话《日月成婚》、鄂温克族神话《鄂温克人的起源》、仫佬族神话《伏羲兄妹的传说》、傈僳族神话《洪水》及《岩石月亮》、基诺族神话《祭祖的由来》、苦聪人①神话《人类起源》、布依族神话《洪水滔天》、景颇族神话《人类始祖》、哈尼族神话《俄八美八》、黎族神

---

① 苦聪人主要分布在哀牢山中部地区，1987年经云南省人民政府批准，苦聪人归属为拉祜族称谓。

话《人类的起源》、白族神话《人类是从哪里来的》及《氏族的来源》、羌族
神话《黄水潮天》、傣族神话《布桑戛西与雅桑戛赛》、毛南族神话《盘兄和
古妹》、哈尼族神话《天、地、人的形成》、佤族神话《谁敢做天下万物之
王》、纳西族神话《人类迁徙记》、景颇族神话《宁冠哇》、普米族神话《洪水
滔天》、怒族神话《腊普和亚妞》、德昂族神话《人与葫芦》、水族神话《阿日
亘送火种》、藏族神话《人的由来》、回族神话《阿丹好娃》《阿丹和海尔
玛》,等等,都说明了这一终极问题。其中还有些神话是将创世与造人两
大功能结合起来,如:瑶族神话《密洛陀》、彝族神话《创造万物的巨人尼
支呷洛》、阿昌族神话《遮帕麻与遮米麻》、苗族神话《创世纪》,等等。当
然,也有直接诉求于祖先的,如:黎族神话《黎母山》、高山族神话《神鸟的
启示》、哈萨克族神话《迦萨甘创世》,等等。这些关于人类起源的神话,
甚至是天地起源与人类起源的复活型神话,都在探寻人在宇宙中的位置
及人类自身的其他终极问题,属于基于自己民族特殊场景的哲学之思。

三、自然生命与文化生命的终极选择

哲学家尼采说"存在——除'生命'而外,我们没有别的关于存在的
观念"[1]。可是,如何理解人的生命却有不同的认识。"人为万物之灵",
人的生命存在不同于其他有机体的生命存在,这就是他除了一切生物机
体都具有的自然生命而外,还有人所特有的文化生命。对此,中国古代
哲学家荀子在谈到人与无机物、植物、动物的区别时就说道:"水火有气
而无生,草木有生而无知,禽兽有知而无义,人有气有生有知亦且有义,
故最为天下贵也。"[2]在他看来,无机物("水火")只是由物质性的元气构
成的,而没有生命性;植物("草木")在元气构成的基础上具有了生命性,
但这种生命性没有感知能力;动物("禽兽")在元气构成的基础上具有了

---

[1] 弗里德里希·尼采:《权力意志——重估一切价值的尝试》,张念东、凌素心译、商务印书馆,
　　1991,第186页。
[2] 《荀子·王制》。

生命性及其感知能力,但这种生命性及其感知能力没有文化规范("义")作为指导;只有人才既在元气构成的基础上具有了生命性及其感知能力,又具有了指导这种生命性及其感知能力的文化规范。"气"与"生"或"气"与"生""知"所构成的是自然生命,这是植物或动物这些生物机体所具有的;而"义"则是文化生命的产物,唯有人才具有。正是这种"义",这种文化生命,赋予了人生命的特征,使人的生命不同于其他有机体的生命,形成了人的生命存在与其他有机体的生命存在相区别的人类本质。

在中国少数民族哲学的起源期,我们看到,中国少数民族哲学虽然重视人的自然生命的生存,但更重视人的文化生命的生成。在关于人类进化的序列里,中国少数民族是将自然生命的演进与文化生命的逐渐丰富联系起来的。如彝族史诗《查姆》中认为人类的进化经历了"独眼睛时代""直眼睛时代"和"横眼睛时代"三个时代;《阿细的先基》则认为人类社会经历了"蚂蚁瞎子那一代""蚂蚱直眼睛代""蟋蟀横眼睛代"和"筷子横眼睛代"四个时代,并且各时代都是一个人的自然生命不断变化而文化生命不断丰富的进化过程。史诗《查姆》说:

> 人类最早那一代,他们的名字叫拉爹;
> 他们只有一只眼,独眼生在脑门心。
> 拉爹下一代,名字叫拉拖;他们有两只直眼睛,两只直眼朝上生。
> 拉拖的后一代,名字叫拉文;他们有两只横眼睛,两眼平平朝前生……
> 独眼睛这代人,不会说话,不会种田,像野兽一样过光阴。
> 今天跟老虎打架,明天跟豹子硬拼;人吃野兽,野兽也吃人。
> 常常互相争斗,有时还会人吃人。
> 独眼睛这代人,深山老林做房屋,野岭岩洞常栖身。
> 石头作工具,木棒当武器,在风雨雷电中穿行。
> 独眼睛这代人,树叶做衣裳,乱草当被盖,渴了喝凉水,
> 饿了吃野果,草根树皮来充饥。他们不知酸甜味,他们苦辣不

能分······

独眼睛这代人啊,慢慢认识野兽习性······

用石头敲硬果,溅起火星星······

聪明的独眼人,把火的好处记在心。

用火来御寒冷,用火来做伴侣,用火来烧东西,

从此冷暖能分辨,从此生熟能分清①。

特别是"独眼睛这代人心不好,要换掉这代人。要找好心人,重新繁衍子孙",更彰显了人的道德生命的意义。在独眼睛人中选出了一个好心人,并由此进化到了直眼睛人时代。直眼睛人具有丰富的知识。如一个阿妹唱到:"阿哥啊阿哥,世上只有我一个女人。我有话儿问问你,要是答对了,我俩做夫妻。"最后是直眼睛人全都答对了,所以结成了夫妻。虽然直眼睛时代的人:

他们都有两只眼睛,两只眼睛亮晶晶,

不到一月会说话,不到二月能走路,一年就能扛犁耙······

世上只有这群兄妹,兄妹只好成亲做一家。

上节口袋生的四十个,配成二十家,去高山种桑麻;

中节口袋生的四十个,配成二十家,去坝子种谷、种瓜;

下节口袋生的四十个,配成二十家,去河边打鱼捞虾。

兄妹一百二十人,配成六十家,一家住一处,一处一寨隔有篱笆。

过了九千七百年,世上住不下,直眼睛人一天比一天增多,

地方一天比一天窄狭。

但是,这一代人的文化生命仍然有待丰富,因而说

直眼睛这代人呀,他们不懂道理,他们经常吵嘴打架。

各吃各的饭,各烧各的汤。一不管亲友,二不管爹妈。

---

① 陶立璠等编:《中国少数民族神话汇编·人类起源篇》,内部资料,中央民族学院少数民族古籍整理出版及规划领导小组办公室编印,1984,第47—73页。

爹死了拴着脖子丢在山里,妈死了拴着脚杆抛进沟凹……

树多不砍嘛,看不见青天,草多不割嘛,看不见道路,

不讲道理的人不换嘛,看不见善良和纯朴。

要重发一代芽,要重开一次花,要重结一次果,要重换一代人。

于是再继续进化发展,进入了横眼睛时代,而这就是现在各民族的来源。此外,《阿细的先基》《梅葛》等史诗也都讲到了人类的不断变化过程。如《阿细的先基》记载:天地形成之后,地上没有人,于是男神阿热、女神阿咪便来造人类,他们"称八钱白泥,称九钱黄泥,白泥做女人,黄泥做男人。两手造成了,两脚造成了,眼睛鼻子造成了,嘴巴耳朵造成了,完全像人的样子,脑壳光秃秃的。一天看一次,一天变一次……天上刮起大风,大风吹进泥人的嘴,肚子里刮刮地响,泥人会说话了。天上有太阳,太阳晒得暖洋洋;晒了七天七夜,泥人晒活了,泥人会走路了……坡头白草多,他们养儿养女也多;天下四个方面,处处都住满了。"在《宇宙人文论》中说:"人体的根本,也是形成天的青清之气与凝成地的红浊之气。""清气往上升,浊气往下行,日、月、星、云出现了,人类产生并繁衍了。""天地产生之后……天象地象又不断起变化,便产生了爱和哺。爱是天子,属阳;哺是地女,属阴。阴和阳都是长远存在的。爱、哺的子孙,像云雾那样多得数不清,他们就是天地间的'实勺'。千千万万的人群,有如百川归海,汇集融合,成为'六祖'①的后代,到处繁衍。"在《勒俄特依》中则讲:最初,神仙们想尽一切办法来造人都告失败,后来还是因为地上的一棵梧桐树"起了三股雾,升到天空去,降下三场红雪来,降在地面上。九天化到晚,九夜化到亮,为成人类化,为成祖先化……结冰成骨头,下雪成肌肉,吹风来做气,下雨来做血,星星做眼珠,变成雪族的种类。"雪族的子孙共分为十二种:"有血的六种,无血的六种。"有血的是蛇、蛙、鹰等,无血的是草、树、藤等,这实际上是对动物与植物的划分,在动物的六种中,又是依着此蛙→蛇→鹰→熊→猴→人的次序演变发展

---

① "六祖"指彝族先民第一代祖先的六个部落。

的。当动物演化到猴时,"猴类分三家,住在森林与岩上,猴类繁殖无数量。人为第六种,人类分布遍天下。"从这段描述中我们可以看到,彝族先民在这里把"人类"的产生描述为一个进化过程,并由进化而成为人类自身进取心的动力。

此外,在傣族哲学文献《咋雷蛇曼蛇勐》(《谈寨神勐神的由来》,另有《寨神勐神》之称)①中则提出了傣族历史三阶段进化说:第一是"篾桓蚌"(竹虫集中)时期,即傣族刚刚产生的群居时期,住在北方的"冷森林"里。由于没有火,"不会用刀,不会弯弓射箭",不得不挤在一起来取暖,因而,那是一个"我们祖先整天为着填饱肚子而奔波的时期",是"靠天然物产,即觅食野菜野果、树皮树根为生"的时期。第二是狩猎时代,由于"子孙后代的增多,山上的野菜野果不够吃",进入了狩猎时期,起初人们群集追赶野兽,后来又进入"向各地森林移居、追捕野兽的大分散时期"。分散开来,一群人推举一个"盘巴"即首领,不同的人群在各自盘巴的率领下,为争夺猎物而相互残杀,这就是"赖盘赖乃"(多首领)的痛苦时代。第三是农耕和定居时代。为结束"多猎首、大分裂的痛苦时代",出了一个聪明无比、智慧超群的民族英雄叭桑木底,倡导友爱团结,于是《咋雷蛇曼蛇勐》说:"蜂子集中有蜂窝,蜂子友爱有蜂王。针织鸟虽小,它们有窝窠,风来不怕吹,雨来不怕淋……我要学蜂王,当人类之主,把人们叫来,上山砍木材,立寨盖房子,风雨不害怕,挖地种野瓜,子孙不游动,胜过满山跑。"这样,叭桑木底教会人们盖房子和种地,从此,进入了农耕定居时代。

傣族哲学不仅认为人类社会是不断发展的,而且认为人们获得食物的方式采集、狩猎和农耕及人们的生活方式穴居、游猎、建房定居,是社会变化的基础,这是物质生产决定社会发展思想的萌芽。在傣族《沙夏纳桑坛》(《信仰三阶段》)则提出了另外的三阶段划分:"滇腊沙哈"为第一个时期,意为食野菜野果时期,这一时期的特点是"没有首领、没有佛寺,没有负担"(指没有徭役);"慕腊沙哈"为第二个时期,意为食兽肉和

①祜巴勐:《论傣族诗歌》,岩温扁编译,中国民间文学出版社,1981,第 89 页。

谷子时期,其特点是"有首领、没有佛寺,没有负担";"米腊沙哈"为第三个时期,意为有制度、受约束时期,其特点是"有首领、有佛寺、有负担"。值得注意的是,书中还提出了与此三个时期相应的信仰三阶段,即信仰"披"(鬼)、"盘"(狩猎头领)和佛。如书中对前面两个阶段的信仰做如下描述:"滇纳沙哈末期,我们祖先中出现了沙罗,历史进入了沙罗时代,这一时期是信仰的童年时代。这个'童年时代'的崇拜代表是'猎神'。历史向前发展,祖先在动荡中进入'慕纳沙哈'即帕雅桑木底时代。这一时期,是我们祖先的信仰由童年走向'成熟年代'的时代。到'成熟年代'信仰的则是'帝娃拉曼,帝娃拉励'(寨神、勐神)。"

进化论所关注的思维重点是自然生命的生存,技术能人、英雄成为少数民族原始神话关注的重点。从中也可以看出少数民族原始文化的"哲学"问题,这是典型的哲学问题意识。这种进化的自然结果是随着人类自然生命改进的过程,人类的文化生命也在不断地得到丰富。因此,中国少数民族哲学对人类生命的终极关怀,成为一条思维主线而得以延续。甚至可以说,中国少数民族哲学本来就是中国少数民族生命进程的终极之思。

第三节　起源期中国少数民族哲学的民族特色

哲学作为世界观的学问,本身曾经历过长期的孕育、萌芽、形成过程,特别是作为理论化、系统化的世界观及其相应的智慧追求,作为人类把握世界本质的方式,其萌芽、产生、发展更是经历了一些复杂的过程。考察哲学起源的思路,事实上可以沿着多条路径进行,有代表性的路径,一是通过地下考古"文献"研究,笔者曾作《史前期土家先民哲学思维的萌芽》①一文,算是这方面的一种探讨;二是沿着人类学、民族学路径,像

---

① 萧洪恩:《史前期土家先民哲学思维的萌芽》,《湖北民族学院学报(社会科学版)》1995 年第 1 期,第 30—33 页。

姜国柱《中国少数民族哲学的原始思维》①一文即走的此一路径;三是从传世文献中去探寻,这方面的研究则更多。不过,就现在来看,通常都是多条路径相结合的。正是通过对这个问题的考察,反映出中国少数民族哲学起源在整个中国哲学起源与西方哲学起源的分析框架中,都有其特殊性。

一、哲学起源的漫长历史过程

虽然本卷名为"中国少数民族哲学",其实这只是从中华民族多元一体格局的意义上阐明中国哲学基本精神的统一性而已。事实上,无论是从空间意义上,还是从时间意义上讲,都没有一个"统一"的中国少数民族哲学。研究表明,中国少数民族哲学在起源的时间向度上,不仅同一民族经历着由石器时代到文明时代的历史演进,而且不同民族在同一起跑线上(漫长的原始社会)跑出了不同的进程,有的已大体走完了相应的历史进程,有的则还迈步不远,直到中华人民共和国成立时还处于原始社会末期或阶级社会初期,从而展现出哲学起源的不同阶段性,分别处于萌芽期、形成期等,更不用说后世哲学形态的多样性转型了。因此,对于不少中国少数民族的传统哲学来说,阐明到哲学起源阶段,似已完成了历史使命,而一旦进入新的社会形态以后,其哲学形态已实现了"跨越式发展",直接接受了近现代哲学,有的甚至形成了所谓后现代哲学。可以说,研究中国少数民族哲学起源,关注中国少数民族哲学的"跨越式发展",应看成是中国少数民族哲学发展的独特特色和基本规律。

从空间向度说,中国少数民族哲学虽然存在着大致相同的思维内容,但却是多元发生、多线发展的。一方面,中国的 55 个少数民族及其他待确定族群,并无一个统一的各民族或族群哲学,如土家族有酉水流域、清江流域、乌江流域等地域差别;彝族先民既和白族、拉祜族、哈尼族

---

① 姜国柱:《中国少数民族哲学的原始思维》,《云南教育学院学报》1995 年第 3 期,第 12—18 页。

等民族先民共处于一个母体之中,相互促进,相互影响,共同发展,在哲学上形成一定的共性,但又分别居住于今云南、四川、贵州、广西四省(区)而有不同的哲学特色,仅从其流行于不同地区的史诗《梅葛》《阿细的先基》《勒俄特依》《查姆》《尼苏夺节》《阿黑西尼摩》《洪水泛滥史》《英雄支格阿龙》,以及叙事长诗《阿诗玛》《妈妈的女儿》《南诏国的宫灯》《我的么妹》《逃到甜蜜的地方》等即可看出其哲学起源的复杂性,其他民族如蒙古族、回族、藏族、维吾尔族、苗族、壮族、布依族、满族、侗族、瑶族、白族、哈尼族、傣族、傈僳族、佤族、拉祜族、水族、纳西族、达斡尔族、阿昌族、鄂温克族、德昂族、鄂伦春族等民族的哲学起源,也都有这种情况。

研究中国少数民族哲学的起源,除地下考古提供的研究资料外,我们这里沿着神话、史诗、传说故事、哲学文献的历史顺序阐明中国少数民族哲学起源的历史进程。

关于中国少数民族神话,既有总体上的多种研究成果,又有比较研究成果。这些研究成果表明,中国少数民族神话具有极端的丰富性。仅中央民族学院少数民族古籍整理出版规划领导小组办公室编印的《中国少数民族神话汇编》,即分为九册,包括开天辟地篇、人类起源篇、洪水篇、万物篇、日月篇、创造发明篇、英雄篇、族源篇、迁徙篇等,共收入中国14个民族的韵文体和散文体神话作品约300多万字。代表性的作品除上述彝族的神话外,还有:拉祜族的《牡帕密帕》《扎努扎别》,哈尼族的《奥色密色》《阿扎》《哈尼祖先过江来》,纳西族的《黑白之战》《创世说》,高山族的《九隆神话》《开天辟地的传说》,苗族的《苗族古歌》,傣族的《厘俸》,怒族的《女猎神》,藏族的《格萨尔王传》《西藏王统记》,维吾尔族的《十二木卡姆》,柯尔克孜族的《玛纳斯》,哈萨克族的《迦萨甘创世》,蒙古族的《江格尔》《吉雅其夫妇》《保牧乐》《天女之惠》,等等。

从神话理论上说,尽管对神话研究形成了不同的理论,但进化学派似更近于历史真实,如德国学者阿道夫·巴斯蒂安认为神话是一种"人的观念",每个民族"自身会发展一定的思想"。英国学者爱德华·泰勒在其名著《原始文化》中提出了著名的"万物有灵论",认为"万物有灵实际上是野蛮人和文明民族的宗教哲学基础"①。安德鲁·兰认为各种族或民族"在观念、幻想、习俗和欲望上惊人的相似"②,是各民族神话呈现相似性的原因和基础。詹姆斯·弗雷泽认为各民族的文化是通过以下类似的轨道向前发展的,人类智力的发展经历了巫术→宗教→科学这样三个发展阶段③。

在中国,袁珂在他的《古代神话的发展及其流传演变》④一文中把古代神话的演变归纳为两种结果:一种是历史化,一种是仙话化。事实上,各民族神话会从两个方面走向哲学,成为哲学的源头,当然不是唯一的源头。"一种是神话继续在文学艺术领域里,以其本身所寓含的劝谕、训诫和认识意义的不断增长,使一部分神话逐渐哲理化而最后演变为寓言;一种是从神话与原始宗教的关系导致而来的宗教对神话的利用,使一部分神话宗教化。"这两个方面的进步又通过神话的历史化得到强化:"一方面可能朝着历史传说和信史的方向发展和演化,以一部分神话最终退出文学艺术的领域,演变为历史为其结局;另一方面,它也可能以文学艺术的形式继续发展,使一部分神话逐渐系统化、人话化而演变为史诗,成为艺术化的历史"。⑤

从哲学起源的角度说,神话提供了中国少数民族哲学萌芽的土壤,其表现形式即是多种多样的原始意识,其中原始崇拜意识是人类最早的一种自然观,反映出人们对自然的最初解释,因而鲁迅在《中国小说史略》中说:"昔者初民,见天地万物,变异不常,其诸现象,又出于人力所能以上,则自造众说以解释之,凡所解释,今谓之神话。"游国恩主编的《中

---

① C. A. 托卡列夫:《外国民族学史》,汤正方译,中国社会科学出版社,1983,第44页。
② 阎云翔:《泰勒、兰、弗雷泽的神话学理论述评》,《云南社会科学》1989 年第 6 期,第 83—95 页。
③ 詹姆斯·弗雷泽:《金枝》上册,徐育新等译,新世界出版社,2000,第 560—561 页。
④ 袁珂:《古代神话的发展及其流传演变》,《民间文学论坛》1982 年第 1—2 合期(创刊号),第11—23 页。
⑤ 武世珍:《再论古代神话的发展和演变》,《西北师范大学学报(社会科学版)》1983 年第 4 期,第 149 页。

国文学史》亦认为："神话是远古时代的人民,对其所接触的自然现象、社会现象,幻想出来的具有艺术意味的解释和描述的集体口头创作。"灵魂和鬼神观念则是人类对形神关系的最早的思考和探索,正如恩格斯所说:"在远古时代,人们还不完全知道自己身体的构造,并且受梦中景象的影响,于是就产生了一种观念:他们的思维和感觉不是他们身体的活动,而是一种独特的、寓于这个身体之中而在人死亡时就离开身体的灵魂的活动。"[①]从其有对肉体与精神关系问题的思考来看,这应即哲学思维的萌芽。至于原始神话、史诗、传说里面关于宇宙的原始、天地万物的产生、人类的来源等意识,虽然还不是哲学,但都可看成是哲学的萌芽,反映出中国少数民族哲学起源的漫长过程。

二、哲学与原始文化的接榫点

从哲学起源的层面研究哲学与神话、史诗的先后顺序,会揭示出一个民族哲学的内在特性。就中国中域哲学与中国少数民族哲学的比较来说,就主体层面而言,中域的哲学明显先于神话、史诗,而使中域神话多成为文明神话。这里的"文明神话"是相对于"原始神话"而言的。所谓"文明神话",一般是指文明时代少数文化落后地区滋生的新生原始神话,除了产生时间的滞后性外,其余特征与原始神话毫无二致,在一定意义上说,中国少数民族的神话即兼有原始神话与文明神话的双重意义。但是,就通常意义而言,"文明神话"指的是文明社会统治阶级的某些明显反科学、反理性的政治意识形态,或现代社会意识形态中某些具有虚幻性和欺骗性的具体形式。相比较而言,中国中域神话多数属于后一种意义的文明神话。正是在这个意义上说,中国曾被指为没有或很少有神话的国家。

由于"任何神话都是用想象和借助想象以征服自然力,支配自然力,把自然力加以形象化,因而,随着这些自然力之实际上被支配,神话也就

消失了。"①这里实际上承认了不断产生神话的可能性,因为自然力的实际被支配永远都只具有相对的意义,当"这些自然力"被支配以后,"那些"自然力却还没被支配,因而必然会产生一类新的神话。不过,神话的这种产生过程,不仅使神话自身可以显示出历史性,出现上古神话亦即原始社会、奴隶社会的神话及古代神话、新的神话等不同历史形态,而且通过与哲学等其他文化形式的关系反映并影响着民族的思维方式。其中最明显的是神话与哲学思想的关系,不仅中国各民族有不同的关系顺序,而且与西方社会哲学思想的源起也有不同的顺序。

根据历史发展的一般进程,人类对自身本性及其生存环境的第一次认识或发现,即体现在神话之中,然后依次递进为史诗等,再后来则体现在哲学等思想文化形式中。在西方文化史上,我们可以发现,从古希腊神话、史诗行进到哲学的历史进程,即使是犹太—基督教文化也基本上经历了这一历史过程。但在中国中域则不尽然。作为中华文明的主体,中域文明的哲学大发展、"思想文化的大突破"都发生在先秦诸子百家的争鸣中,但真正完备的创世神话体系却是出现于两汉以后,特别是出现在汉代纬书之中。所以,美国研究中国神话的汉学家 D. 波德认为如果不把盘古神话考虑在内,则中国应为几大文明古国中唯一没有名符其实的创世神话者。不过,这句话只说对了一部分,因为中国的中域并不代表整个中国。若加上中国少数民族神话,则中国还存在另一种类型的神话系统,并与哲学发展呈现出不同的先后顺序。

先于哲学的古希腊神话从一开始就有了自己的创世说,如宇宙生下俄斯(混沌)、盖娅(地母)、塔尔塔罗斯(地狱)、埃罗斯(爱)等,后来他们又生下了太空、大海、高山等,天空乌拉诺斯成为世界的主宰,形成奥林匹斯神系,这种创世宇宙论对后来的西方哲学影响巨大。而承袭巴比伦神话传说的希伯来人在《圣经》的开始也记载了耶和华七天之内创造世

---

① 米海伊尔·里夫希茨:《马克思恩格斯论艺术》第 1 卷,曹葆华译,人民文学出版社,1960,第195 页。

界的故事,其他民族也以创世为神话的开始。而中国中域神话则一直到三国时期才出现盘古开天的故事:"天地混沌如鸡子,盘古生其中。万八千岁,天地开辟,阳清为天,阴浊为地,盘古在其中,一日九变,神于天,圣于地,天日高一丈,地日厚一丈,盘古日长一丈。如此万八千岁,天数极高,地数极深,盘古极长,后乃有三皇……"①"……首生盘古,垂死化身,气成风云,声为雷霆,左眼为日,右眼为月,四肢五体为四极五岳,血液为江河,筋脉为地理,肌肉为田土,发露为星辰,皮毛为草木,齿骨为金石,精髓为金玉,汗流为雨泽,身之诸虫,因风所感,化为黎氓。"②中域神话后于哲学,少数民族神话先于哲学,形成了中国少数民族哲学与中域哲学的不同风貌。中域哲学对宇宙起源关注较少,而中国少数民族哲学则产生了不少的直接来源于神话、史诗、传说的宇宙起源思想。像维吾尔族、哈萨克族、回族等有土、水、气、火"四素"说,壮族的"一团大气"说、"岩石"说,苗族的"雾罩"说,彝族的"雾露"说、"云彩"说,布依族、水族等民族的"清浊二气"说,纳西族的"佳音佳气"(或译为"妙音瑞气")说,阿昌族、彝族、纳西族、土家族等民族的"混沌"说,傣族的"水汽、烟雾、大风"说,哈尼族的"雾"说,瑶族的"浮云"说,土家族的"白云"说,德昂族的"茶叶"说,蒙古族、藏族的"阴阳二气"说;等等。还有如土家族先民认为,天地万物产生前,"宇宙间一片黑暗,昼夜不分,无天无地",突然间一阵狂风把黑暗吹散,出现一片片、一团团的白云;白云在飘荡、运动中逐渐形成了天地、万物。其他如关于人的起源、万物的起源与发展等,在中国少数民族哲学中也随处可见。就此而论,中国少数民族哲学倒是同西方哲学与神话的关系具有一致性,并在哲学风格上有相应关系,只是在发展形态上有所差别而已。

神话与哲学起源的这种关系还直接影响到各民族的历史认知,比如,无论是中域神话还是西方神话,都有倒退的历史观,像中域神话中的

---

① (三国)徐整:《三五历纪》(原书已佚),《太平御览》卷二引。
② (三国)徐整:《五运历年纪》(原书已佚),《绎史》卷一引。

文化英雄是"三皇步,五帝趋,三王驰,五霸骛"所显示的"皇帝王霸"的神话历史观;犹太—基督教的创世纪神话及古希腊神话中人类有史以来经历的黄金世纪、白银世纪、青铜世纪、英雄世纪、黑铁世纪等都是如此;其他如摩尼教"二宗三际论",以人类史前为"初际",光明国与黑暗国相分离,"中际"为人类的历史状态或文明状态,光明与黑暗、美好与邪恶混合在一起,从初际到中际的过程即是一种堕落;在佛教中亦有所谓正、象、末三法时期,佛法每况愈下、日益衰败的说法。可以说,在进化论产生之前,这种退化和堕落的神话历史观都支配着相应民族的文化历史观念。然而,中国少数民族神话,由于其特殊的自然环境及其他多种因素影响,却很少有这种倒退史观,相反倒是有一种"进化论"思想。如壮族先民认为,宇宙中原初只存在"一团大气",在不停地旋转中,收缩、凝聚成一个大圆蛋,内有三个蛋黄,蛋壳爆开分成三片,一片上飞成为天空,一片落下成为海洋,一片居中成为人类居住的地方,形成宇宙上、中、下三界。大地形成后,生出一朵花,花朵中长出一个女人,叫姆洛甲,这就是人类的始祖。她用自己的尿和泥捏成许多小泥人,用草盖起来,经过四十几天都变成了活人。这就是壮族原始的宇宙生成论和"泥土造人"说。苗族先民认为,宇宙万物中,"雾罩生得最早,雾罩生白泥,白泥变成天,雾罩生黑泥,黑泥变成地";有了天和地,"天地才生万物";天地"生游走天下的东西","生钻山涉水的东西","生昆虫","生鬼神","生草木","生撵山的狗","生犁田的牛","生报晓的鸡","生我们和你们",[①]就是说,不仅天地、万物、人类是"雾罩"不断运动、演化成的,就是"鬼神"也是在天地出现后,与万物、人类一样,是由天地"生"出来的,其本原都是"雾罩"。这种说法虽幼稚而不合科学,却鲜明地体现了"进化"思想。据笔者研究,形成这种"进化"思想的原因,主要应是中国中域文化先进性的导引所致。

---

① 《开天辟地》,载《贵州少数民族哲学及社会思想资料选编》第 1 辑,贵州省哲学学会编印,1984,第 11—12 页。

在家庭伦理类型上，包括中国少数民族神话在内的中国神话似又与西方神话形成了完全不同的特性。希腊神话作为西方精神文明中最古老的内容，其中几个著名的家庭人物形象对西方人后来的家庭观、人性观、道德观，以及其他相关的人生观念有深远的影响。比如赫西阿德《神谱》中的作为众神之王的宙斯家系的传承：宙斯的那位可以看成其祖父的先辈是天神尤兰那斯，与其产生者盖娅具有母子关系，但二人却母子乱伦地结合生下了几个子女，其中包括克罗诺斯。因为尤兰那斯厌恶其子女而把他们都关在盖娅体内，盖娅动员子女起而报复并得到克罗诺斯的响应，克罗诺斯用弯刀割断了尤兰那斯的睾丸，在其血泊中篡夺了其父的王位，并使天地相分离。这是西方文化遗产中最早的父子相残、夫妻反目、家人变仇人的故事之一。此后，杀父篡位的克罗诺斯娶了自己的姐姐雷娅为妻，因吞食子女而遭儿子宙斯赶走，成为上一代家庭悲剧的一个几乎完整的重复……希腊神话中的这类家庭类型十分普遍。由于熟知神话中行为的人，容易降低他们对于人的道德能力的期望值，并直接影响到哲学，以至于柏拉图为西方哲学确立的传统将爱分解为三种："爱欲"之爱、"优雅"之爱、"宗教"之爱，但就是没有家庭之爱。相比之下，中国神话的家庭类型却完全是另一种风格——家庭伦理性风格，即使是兄妹成婚，往往也是出于道义，是人类种族繁衍责任的超越性。

在社会理想上，中国神话以桃花源为社会理想，而西方以乌托邦为社会理想，这反映出中国神话的现实取向。如陶渊明的名作《桃花源记》、唐代李公佐的《南柯太守传》，以及许多少数民族神话中的理想社会都是这样。这些文献承认现实的苦难，因而产生了一种理想的追求，但这种追求是很有中国少数民族风格的，笔者甚至认为《桃花源记》本身即出自中国少数民族神话，其特点是：虽然是现实所无，却离现实不远，都能达到；虽然现实所无，但并不是不存在的，因为有人达到过；虽然可以达到，但却只有一条隘路，像渔夫钻山洞，淳于梦穿槐树树洞等。这里面的关键还是人自身的修养，包括能力、品德等方面。应该说，这是包括中国少数民族神话在内的中国神话的共性。

三、文化精神与哲学特质

哲学在本质上说,是一种文化的核心精神。因此,黑格尔认为哲学并不神秘:"哲学的特点,就在于研究一般人平时所自以为很熟悉的东西。一般人在日常生活中,不知不觉间曾经运用并应用来帮助他生活的东西,恰好就是他所真不知的,如果他没有哲学的修养的话。"[1]换句话说,若从现实生活考察,从对日常生活要素的反思开始即有了哲学。当然,"一个民族的精神文明必须达到某种阶段,一般地才会有哲学。亚里士多德曾说过:'首先要生活上的需要得到满足,人们才开始有哲学思想'。"[2]以此为尺度的哲学史研究就必须抓住这种对常识、生活普遍性的关注,"因为历史里面有意义的成分,就是对于'普遍'的关系和联系。"[3]"哲学史上的事实和活动有这样的特点,即人格和个人的性格并不十分渗入它的内容和实质。与此相反……在哲学史里,它归给特殊个人的优点和功绩愈少,而归功于自由的思想或人之所以为人的普遍性格愈多,这种没有特异性的思想本身应是创造的主体,则哲学史就写得愈好。"[4]依于上述标准,黑格尔还分析了哲学的产生所包括的两种情况:一是哲学的一般产生,一是某特殊哲学的产生。作为一般的产生即:"哲学作为一个时代的精神的思维和认识,无论是怎样先验的东西,本质上却也是一种产物;思想是一种结果,是被产生出来的,思想同时是生命力、自身产生其自身的活动力。这种活动力包含有否定性这一主要环节,因为产生也是消灭。当哲学自身产生出来时,是以自然的阶段作为它加以否定的出发点的。哲学是在这样一个时候出发:即当一个民族的精神已经从

---

① 黑格尔:《哲学史讲演录》第 2 卷,贺麟、王太庆译,生活·读书·新知三联书店,1956,第 25 页。
② 黑格尔:《哲学史讲演录》第 2 卷,贺麟、王太庆译,生活·读书·新知三联书店,1956,第 53 页。
③ 黑格尔:《哲学史讲演录》第 2 卷,贺麟、王太庆译,生活·读书·新知三联书店,1956,第 11 页。
④ 黑格尔:《哲学史讲演录》第 2 卷,贺麟、王太庆译,生活·读书·新知三联书店,1956,第 7 页。

原始自然生活的蒙昧浑沌境界中挣扎出来了,并同样当它超出了欲望私利的观点,离开了追求个人目的的时候。精神超出了它的自然形态,超出了它的伦理风俗,它的生命饱满的力量,而过渡到反省和理解。其结果就是它攻击并摇动了现实的生活方式、伦理风俗和传统信仰。因而出现了一段破坏的时期。再进一步于是思想又集中向内。我们可以说,当一个民族脱离了它的具体生活,当阶级地位发生了分化和区别,而整个民族快要接近于没落,内心的要求与外在的现实发生了裂痕,而旧有的宗教形式已不复令人满足,精神对它的现实生活表示漠不关心,或表示厌烦与不满,共同的伦理生活因而解体时,——哲学思想就会开始出现。"①至于哲学的特殊产生,则应据不同哲学的具体时代而论,这就是黑格尔和马克思都十分强调的"哲学是时代精神的精华"之说。

根据上述思想,我们完全可以从中国少数民族哲学中看到这种本质的"产生",即不同环境中的哲学反思。例如,在历史文献资料中,中国少数民族先民根据各自的环境反思宇宙创始、万物生成、人类起源等本体论问题,提出了各自的认识与诉求。如:蒙古族成吉思汗的天力论、保巴的"太极运化"说、罗布桑却丹的驳佛教"一切皆空"思想,维吾尔族的思想家法拉比的存在论等的自然哲学体系、哈吉甫的道德论与理想社会观、阿赫麦德·玉克乃克的知识论与道德论,白族李元阳的"性心意情"说,满族玄烨(1654—1722)的"真理学"、章佳·阿克敦(1685—1756)的"体用"说,回族李贽的"童心"说,壮族郑献甫(1802—1872)的"二教论",藏族伽苯(苯教的一个派别)的"本无空"哲学、宗喀巴(1357—1419)的"一切法皆自性空"论等佛教哲学,龟兹鸠摩罗什的非有非无的"毕竟空"论,回族王岱舆的"真一、数一、体一"论,马德新的"大化总归"论……

一般来说,哲学思考的是终极问题,而宇宙观又最为真切,因而更能体现文化精神。中国各少数民族差不多都有自己关于开天辟地、日月形

---

① 黑格尔:《哲学史讲演录》第 2 卷,贺麟、王太庆译,生活·读书·新知三联书店,1956,第 53—54 页。

成以及万物起源的神话或者传说。如在人类起源方面,苗族有"枫树生人"说,阿昌族、拉祜族、佤族、土家族等民族有"葫芦生人"说①,怒族有"南瓜变人"说,藏族、彝族、纳西族等民族有"猴子变人"说,苗族、侗族、土家族、黎族、纳西族、哈尼族等民族有"卵生"说,瑶族有"云彩结成人"说,佤族有"石洞"②说,壮族、土家族等民族有"泥土造人"说,傣族有"黄泥造人"说,景颇族有"泥巴捏人"说,回族有"用血块创造人"说,彝族有"用雪造人"说和用白泥造女人和用黄泥造男人之说,鄂伦春族有"用飞禽的骨、肉和泥造人"说③……通观这些说法,不难发现其中有一种基本的文化精神——基于环境认知的天人合一精神,并且我们看到,在所有这些起源思想中,都没有退步史观,总体说是一种进步诉求。

　　我们这里可以侗族古歌及民间传说中关于万物的形成所反映出来的观念为例加以说明。在侗族的相关文献中,人体化生与万物自生是同时存在的,其中的人体化生如《戛冷顺》中说到万物的形成,是由一个名叫冷顺的人在他的身体化解后,变成许多与人们生活十分密切的物种:

> 从前有件稀奇事:有对夫妻生个怪娃娃。
>
> 给他起名叫冷顺,哪个见了都害怕。
>
> 夫妻生气把他来砍死,尸体丢在河沙坝。
>
> 说来真奇怪,第二天冷顺尸骨全搬家,
>
> 鼻子变成狗,嗅觉灵敏通天下。眼睛变成鹤,捕雀捉鸟眼不眨。
>
> 嘴巴变鹭鸶,潜入深潭把鱼抓。心变老鹰,空中盘旋扑鸡鸭。
>
> 牙齿变耗子,牙利齿快毁庄稼。耳朵变菌子,团团长在深山洼。
>
> 脑浆变豆腐,最白最嫩要算它。脑壳变葫芦,摇头摆脑像傻瓜。
>
> 胆变成了酒,苦凉香千家。骨头变成牛,身强力壮把田耙。

---

① "葫芦"在南方少数民族文化中具有特殊重要地位,据笔者的看法,汉字"南"即应是葫芦形象,其原因在于指认南方各少数民族大多数都认为出自葫芦,且以葫芦作为基本生活用具之一。不过,学界另有认为南即指南针、盐器或杆栏建筑之形,故葫芦说算是聊添新说吧。

② 关于"司岗里"的解释之一,另有说是出自葫芦,还有说是要求团结,此仍从石洞说。

③ 肖万源:《中国少数民族哲学的形成和发展》,《社会科学辑刊》1992年第2期,第7—12页。

下巴变青蛙,脑壳扁扁躲在岩底下。脚杆和手杆——

变成黄瓜和丝瓜,吊在架下密麻麻。手肢指甲变螺蚌,坚甲硬壳任水打。

头发胡须变青苔,河里池塘都有它。肠变泥鳅和黄鳝,又细又长个不大。

血变成鱼,江河湖海去安家。口水变云雾,彩云朵朵罩天下,

鼻涕变黄蜂,泥巴底下把营扎。屎变成了雨,洒遍高山和平坝。

屎变成了菜种,年年春天发新芽。冷顺全身都变化——

天上地下,万物来源都是它。①

这首古歌表明了一种以人为中心的世界观,由人的身体衍化成为许许多多的物种,这些物种反映了侗族社会及自然环境的不同侧面,如饲养鹭鸶以捕鱼,饲养鹰鹞以捉鸟,是侗族社会渔猎生活的一种形式;黄瓜、丝瓜、葫芦瓜、青苔、菌子、豆腐是侗族人民喜爱和常用的食物;泥鳅、黄鳝、螺蚌和鱼是侗族群众食物的珍品;特别是鼻涕变黄蜂更是反映了侗族社会生活的特色。在侗族群众生活的地区,每到夏末秋初时节,黄蜂产卵生仔,幼蜂在成虫以前是一种既白又嫩的蜂蛹,它是人们喜爱的野味。"破蜂窝"是侗族采集野生食物的一种手段,在歌词里把黄蜂也列入人体变成的一种物品,这显然具有鲜明的侗族生活特色②。

四、历史跳跃与哲学转型

中国各少数民族在中华人民共和国成立之前,除极少数民族大致经历了与汉族相近的历史发展过程以外,基本上都还处于相对落后的社会形态阶段。从经济形态来看,属于藏缅语族的民族,如藏族、门巴族、珞巴族、彝族、傈僳族、纳西族、拉祜族、哈尼族、阿昌族等大都是从游牧民

---

① 《民间文学资料集》第1集,黔东南苗族侗族自治州文学艺术研究室编印,1981。
② 向零:《侗族哲思想述略》,载贵州省侗学研究会编:《侗学研究》(3),贵州民族出版社,1998,第11—12页。

族转化而为农牧并重的民族；属于壮侗语族的民族，如壮族、布依族、傣族、侗族、水族、仫佬族、毛南族、黎族等大多是以水田农业为基础的农耕民族；属于苗瑶语族的民族，如苗族、瑶族大多是以山地农业为基础的山地农耕民族；属于通古斯—满语族的民族，如满族、锡伯族、赫哲族、鄂伦春族、鄂温克族等也基本上处于从游牧民族转化而为农牧并重的民族阶段，还有一些民族的经济形态则更为原始。

　　各民族的经济状况与各自所处的社会形态阶段关系密切。首先，是部分民族的社会发展阶段相对滞后，有的已进入封建地主经济阶段，有的尚处在封建领主经济阶段，有的仍停留在奴隶经济阶段，有的还保留着若干原始社会残余，而且各阶段的长短不同、发展程度也不同。像独龙族的"克恩"、拉祜族的"卡"和布朗族的"嘎滚"在性质上都还处于父系家庭公社阶段，而且三者还处于父系家庭公社的不同发展阶段上，其中"克恩"保留了许多母系氏族社会的残余，而以一夫一妻制结合而成的"卡尔信"还包孕在父系大家庭之中，属于父系家庭公社的初期阶段；"卡"所保留的母系氏族社会的残余已经不多，小家庭已经成为单独的消费单位，但又不时回到"卡"内参加"共产"，处于由父系大家庭向父系小家庭的过渡阶段；"嘎滚"是由一个父系祖先传下来的子孙组成，它包括若干由祖孙三代构成的"拆甲"，而在"拆甲"内又有若干一夫一妻制的小家庭，处在父系家庭公社的晚期阶段。据学者研究，中华人民共和国成立前，在中国南方少数民族中尚保存家长奴隶制的有佤族、黎族、珞巴族、傈僳族、怒族、景颇族等，尚处于奴隶社会的有四川大凉山和云南小凉山的彝族。就封建社会而论，仅就南方少数民族而言，即有五种类型的封建社会制度形式：由农村公社直接发展起来的西双版纳傣族的封建领主制；以溪洞组织为基础建立起来的壮族、布依族亭目制；以家支组织为特征的黔西北彝族的则溪制；西藏的封建领主庄园制；阿坝藏族牧区的初期封建领主制等。① 显然，研究中国少数民族哲学的发展，必然离不

---

① 史继忠：《南方少数民族社会形态比较研究》（一至四），《贵州民族研究》1989 年第 1—4 期。

开各民族所处的不同发展阶段及其社会形态下的多种表现形式。其次，各民族的内部差异性明显，甚至存在多种社会形态因素并存的现象。就某一个民族来说，其社会形态处于一种极为复杂的交替时期，例如中华人民共和国成立前的凉山地区，奴隶主所有制显然占据了统治地位，但其属于原始社会父系家庭的家支制度不仅存在，而且还与奴隶制融为一体形成以"诺合家支"为特征的奴隶社会；不仅如此，在凉山还随着封建因素的增长而出现了大量的租佃关系，"曲诺"等级在总人口数中占了很大比重。这种状态在中国其他少数民族中也同样存在，像珞巴族等即是。再次，各民族还因外界影响而出现"包夹"与"跳跃"社会形态的现象，使一些处于落后状态的民族在某种历史浪潮的冲击下，突然改变社会发展的正常历程而进入另一种社会形态，但其内部却又依然如旧，例如中华人民共和国成立前在贵州荔波的瑶山生活的"白裤瑶"，虽然其内部还盛行着原始社会的"瑶老"制和"油锅"组织，但由于周围的布依族已进入到封建领主社会，"白裤瑶"在布依族领主向外扩张的过程中被迫作为一个整体沦为布依族领主统治下的农奴，从而跨进了封建社会的门槛，但其内部的原始社会因素，却直到中华人民共和国成立前夕还都没有明显的阶级分化。这种现象，在中国少数民族中比比皆是，黔西北的"大花苗"等即如此。

另一个重要的历史事实是，无论各民族历史上的社会形态、思想状况如何，在全球性现代化运动中，中国各少数民族都发生了历史性的跳跃。我们如果将西方文艺复兴作为现代化运动的起点，则西方近现代科技传入中国，就可算是中国现代化的酵素，于是可从利玛窦1583年来华算起，这是以"西方中心论"为界标的划分；同样，如果以资本主义萌芽产生、中国早期启蒙为起点，那么应从明清之际算起。也就是说，中国的现代化进程均可追溯至明清之际。但是，作为一种中国式的现代化运动，只能从1840年鸦片战争开始，正是那场战争将中国强行卷入了全球性现代化运动的历史进程。也正是在19世纪40年代，世界历史和中国历史都从此掀开了极为重要的一页：1848年《共产党宣言》的发表宣告了马克思主义的诞生,从而揭示了科学社会主义的历史前景;而1840年鸦片战争则拉开了中国现代化历史的序幕。从1840年以后的历次侵略与反侵略战争,一方面表现出了资本主义社会的巨大能量,另一方面也凸显了资本主义的残暴、贪婪本性。于是,中华民族就有了两大历史任务:一是实现现代化;二是反抗西方资本主义。在这一过程中,中国人民遭受了西方资本主义的暴力压迫,并逐渐认识到"遭受这种暴力的民族只有在拥有有效的自卫手段(即自己的国家)的情况下才是安全的"①。为此,包括中国少数民族在内的整个中华民族都投入到了为新中国诞生而奋斗的历程中。

1840年鸦片战争后清朝的失败,很多中国人在一定程度上却将其归于偶然,保持了平静。然而,第二次鸦片战争以后,西方侵略者的魔鬼面像促使了更多中国人普遍的奋起反抗,实现了由"抱着东方宿命论的态度屈从于敌人的暴力"向发起"保卫社稷和家园的战争"转变,发起了"保存中华民族的战争"。这场战争所用的手段,马克思主义经典作家根据中英两个民族不同的文明程度来衡量,并十分肯定地说"旧中国的死亡时刻正在迅速临近",从此已"看到整个亚洲新纪元的曙光"②。此后,很多中国人的观念发生了一系列重大变化,如与国外订条约,用的是"中国",表明那种"家天下"观念的失落;承认外国的地位,清除了那种自大的心理;鸦片战争使中国陷入了"既购买商品又购买毒品"的双重困境③,在一定程度上加快了中国人对西方现代文明的全面认识,看到了西方文明本身的内在矛盾。此后的洋务运动则是自觉以"西学"为范本的中国现代化运动;甲午中日战争的失败使中国人在更深刻的意义上认识了西方文明,开启了维新运动,成为中国现代化运动的内在必然。此后的中国在现代化运动的主流进程上,总体体现出某种"西化"而非本土化的特质。

---

① 耶尔·塔米尔:《自由主义的民族主义》,陶东风译,上海译文出版社,2005,第2页。
②《马克思恩格斯选集》第1卷,人民出版社,1995,第706—712页。
③《马克思恩格斯选集》第1卷,人民出版社,1995,第714页。

正是在全球性现代化运动的这一历史转折中,中国各民族与整个中国近现代历史进程表现出了高度一致,体现了适应中国现代化进程的历史转折。各民族在捍卫民族和国家独立主权的斗争中,形成近现代民族国家意识,使各民族哲学思考的问题发生了重大变化,从而形成了具有近现代历史意义的哲学思想形态。例如:北方各少数民族进行了坚决的反抗俄国侵略的斗争及反抗英法联军及日本侵略的斗争,其中东北各族人民还展开了保护矿权的斗争;西北少数民族则奋起反击俄国、英国的侵略运动,其中回族、东乡族、保安族等少数民族将士曾英勇地抗击了八国联军;南方少数民族英勇地反抗英、法等国的侵略……中国共产党成立后,中国少数民族儿女更是积极参加了中国共产党领导的革命斗争,其中不少民族的优秀分子还成为中国共产党的创始人或中国共产党领导的革命斗争的骨干,如邓恩铭、赵世炎、向警予、韦拔群等。

从哲学层面分析,近现代各少数民族哲学思考的主要问题,直接或间接地与全球性现代化运动有关,全球性现代化运动的意义在于:"世界"作为一种文化或文明范畴生成了,相对落后的国家或地区追赶相对发达的国家或地区,甚至追赶最发达的国家或地区成为这种文化的最主要动力特征。在现代化的进程中,不仅在地域上是全球性的,而且在政治制度、生活方式、价值取向、道德标准等各方面,"世界"都成了各国或地区的文化参照。在这种"世界"文化下,参照与追赶实际上成了一种普遍的机制性功能。所以,全球性现代化运动本身就是一种内生性动力,"现代化本身就是'内因',就是这个运动的规定性。因此,从运动性质来讲,现代化不可能由这个运动性质之外的东西(比如传统)来决定;当然,从真实空间来讲,也不可能由地球之外的东西(比如外星人)来决定。"[①]关于现代化的这一动力机制,马克思主义经典作家以一种宏大的世界历史视野对由资产阶级引发的现代化发展类型进行了经典阐释。在马克思主义经典作家看来,生产力的大发展是欧化国家现代转型的首要标

---

① 孙津:《打开视域比较现代化研究》,社会科学文献出版社,2004,第167页。

志,即"资产阶级在它的不到一百年的阶级统治中所创造的生产力,比过去一切世代创造的全部生产力还要多,还要大……过去哪一个世纪料想到在社会劳动里蕴藏有这样的生产力呢?"①其次是全面改造了以往社会的生产关系、政治关系、家庭关系、职业关系、民族关系、宗法关系,等等,即改变了以往社会的社会结构②。总之,"资产阶级社会是历史上最发达的和最复杂的生产组织。因此,那些表现它的各种关系的范畴以及对于它的结构的理解,同时也能使我们透视一切已经覆灭的社会形式的结构和生产关系。"③从中不难看出:整个资本主义以前的社会都是被代替、被改造的对象,资本主义社会则是一种全新的社会,并在这种社会改造中使"现代社会则随着……发展起来"。同时,马克思主义经典作家还认为:这种社会为人的全面发展创造了必要条件,打下了基础④。在此基础上,这种社会实现了人们的观念革命,在这里,"一切固定的僵化的关系以及与之相适应的素被尊崇的观念和见解都被消除了,一切新形成的关系等不到固定下来就陈旧了。一切等级的和固定的东西都烟消云散了,一切神圣的东西都被亵渎了。人们终于不得不用冷静的眼光来看他们的生活地位、他们的相互关系。"⑤当然,马克思主义经典作家也同时揭露了这种资本主义社会的种种罪恶。正是马克思主义经典作家揭示的这种情形,再现了中国少数民族近现代新哲学思想产生的根源。正是在全球性现代化运动中,中国的一些少数民族实现了哲学思想的历史跳跃,如:土家族在20世纪前半叶生成了现代意识,形成了自由主义、马克思列宁主义、资产阶级民主主义哲学形态;侗族在近现代形成了自己具有民族特色的新哲学思想表现;近代以来,水族人民不仅形成了"天大地大,国事为大"⑥的民族国家意识,而且产生了邓恩铭这样的马克思主义

---

① 《马克思恩格斯选集》第1卷,人民出版社,1995,第277页。
② 《马克思恩格斯选集》第1卷,人民出版社,1995,第274—277页。
③ 《马克思恩格斯选集》第2卷,人民出版社,1995,第23页。
④ 《马克思恩格斯全集》第46卷上,人民出版社,1979,第104页。
⑤ 《马克思恩格斯选集》第1卷,人民出版社,1995,第275页。
⑥ 杨浩青编:《贵州少数民族谚语选》,中国民间文艺出版社,1989,第1页。

者、工人运动的领导人；近代以来，傣族人民中的先进分子为寻求挽救国家、民族危亡的道路，接受了孙中山为代表的革命民主主义思想，刀安仁（1872—1913）便是其中代表之一[①]；张秀眉（约 1822—1872）领导了清朝咸丰同治年间在贵州黔东南清水江畔爆发的苗民大起义，形成了具有近代民主思想特质的新哲学思想；近代白族的哲学既表现了近代白族自身文化、教育的发展，及白族与其他民族（特别是汉族）文化方面的融合进一步加深，与汉族哲学在研究对象上取得了更大的一致，又与白族聚居地及全国急剧变化的社会历史现实相映衬，社会政治问题成了近代白族哲学集中研究的对象，具体来说，即反帝爱国、社会改革及其推动社会进步的主要力量等问题，是其主要内容和中心议题；近代以来，彝族、汉族、苗族、回族、哈尼族、傈僳族、傣族等各族人民在 1856—1868 年期间的团结战斗中曾提出了"驱逐满贼，除汉庄主"的反封建思想、"汉与夷为敌者，豪强也，贫无与焉"的民族团结思想，以及"贵在得民"的思想；近代蒙古族思想史上有一批重要人物，诸如裕谦、倭仁、哈斯宝、尹湛纳希、贡桑诺尔布、罗布桑却丹等，他们的政治思想倾向尽管不同，但大多带有近代哲学特征……

　　总之，无论是 1840 年以前的中国各少数民族的社会形态处于何种社会发展阶段，也无论其哲学处于萌芽期的何种发展程度，但都不能否认的是，中国各少数民族哲学都有其特殊的形式。但是，这种哲学并不是一种僵化的研究对象，而是一条不断发展的长河，这条长河在经历了全球性现代化运动的冲击以后，几乎各民族都出现了哲学发展的历史跳跃。因此，揭示中国少数民族哲学的起源、萌芽，显然有利于更进一步地彰显中国少数民族哲学的近现代发展。

[①] 刀安禄、杨远生编著：《刀安仁年谱》，德宏民族出版社，1984；曹成章：《傣族的民主革命先行者——刀安仁》，《云南社会科学》1985 年第 1 期。

第三章　中国少数民族哲学的形成

　　一般来说,哲学的形成要各民族相继进入阶级社会以后才会发生。然而,不但各民族在整体上进入阶级社会的历史进程不同,而且各民族内部也存在着明显的区域差异;加上各民族创生与接受的文化状况、地理环境等因素,因而在哲学思想的形成方面也有历史差别。不过可以肯定的是,萌芽期的各民族哲学意识或观念,在进入阶级社会后仍然通过人们的口耳相传等多种形式继续流传、发展着,成为各民族人民的文化精神。在此基础上,各民族形成了自己的一些口承文献或书写文献,汉族正史也记载了一些少数民族的思想文字,因此,我们可以据此考察较为系统的各民族哲学思想。蒙古族、回族、藏族、维吾尔族、土家族、彝族、满族、苗族、布依族、侗族、白族、纳西族、傣族、壮族等民族都形成了自己的哲学思想体系,如:傣族的《阿雅兴安龙召片领》(《召片领的法律大典》),《嘎里罗嘎里坦》(教规、格言),《布算兰》(爷爷教育子孙),《嘎牙桑嘎雅》(人体名称),《咋雷蛇曼蛇勐》《谈寨神勐神的由来》,《哇雷麻约甘哈傣》(《论傣族诗弦》),《沙夏纳桑坛》(《信仰三阶段》)等;彝族的《宇宙人文论》《训书》《西南彝志》等;壮族的《传扬诗》等;蒙古族的《蒙古秘史》《蒙古天文学》等;土家族的《田氏一家言》《答猿诗草》《叠岫楼诗草》等;藏族的《土观宗教原流》《萨迦格言》《四部医典》等;维吾尔族的《福乐智慧》《真理的入门》等；回族的《正教真诠》《清真大学》……都有自己丰富的自成体系的哲学思想。

第一节　中国少数民族哲学的形成过程

哲学的形成是一个历史过程。我们这里所说的哲学的形成是从整体上说的。我们承认各民族都有自己的哲学思想，只不过各民族的"精神力量和精神纽带，凝聚为观念，结晶为理论，有的由理论而成体系，可谓之哲学；有的虽未成体系，却深涵哲理，亦可谓哲学思想"①。目前，虽然各民族哲学都已进入了学界的研究领域，但从已公布的成果来看，特别是通过中国知网及其他一些检索工具，可以确认的中国少数民族哲学研究成果并不全面，有的民族还没有相应的直接的哲学研究成果见诸媒介。通过笔者的考察，虽然在总体上应肯定中国少数民族哲学都有其萌芽阶段，但在具体环节上却不得不承认有些民族直到中华人民共和国成立前尚在总体上处于原始社会。这些民族，以及那些较晚正式确认成为中国少数民族的民族尚未形成自己的哲学思想，其哲学尚处于萌芽状态，如傈僳族、佤族、高山族、拉祜族、东乡族、景颇族、仫佬族、布朗族、撒拉族、毛南族、阿昌族、普米族、怒族、俄罗斯族、鄂温克族、德昂族、保安族、裕固族、独龙族、鄂伦春族、赫哲族、门巴族、珞巴族、基诺族等 24 个民族的哲学思想。根据笔者所见，那些已进入阶级社会诸相应阶段的民族，不少已形成了自己的哲学思想，如蒙古族、回族、藏族、维吾尔族、苗族、彝族、壮族、布依族、满族、侗族、瑶族、白族、土家族、哈尼族、傣族、纳西族、羌族、朝鲜族、水族、哈萨克族、黎族、畲族、柯尔克孜族、土族、达斡尔族、仡佬族、锡伯族、塔吉克族、乌孜别克族、京族、塔塔尔族等 31 个民族，这些民族哲学都或多或少地进入了传统哲学的形成期。本节考察各民族哲学形成的过程即据此而论。这里应特别强调的是，这种结论并不

---

① 伍雄武：《中国少数民族哲学思想简史》，云南人民出版社，1996，第 1 页。

一定完全切合各民族哲学发展的历史实际,它只是笔者的一孔之见。这正如上一章已经指出的那样,各民族哲学在全球性现代化进程中,都已处于近现代哲学的历史发展进程中。

一、中国少数民族哲学的形成概述

关于中国少数民族哲学的形成研究,早在 1992 年出版的《中国少数民族哲学史》中,即研究了 24 个民族的哲学思想,其中对相关民族哲学萌芽期研究的包括哈尼族、傈僳族、佤族、阿昌族、德昂族、拉祜族、鄂伦春族、鄂温克族、达斡尔族等 9 个民族,而研究相关民族哲学形成与发展期的则涉及了瑶族、布依族、侗族、水族、傣族、纳西族、苗族、彝族、壮族、白族、满族、蒙古族、回族、藏族、维吾尔族等 15 个民族。学界认为这一著作"基本包括了我国主要的少数民族"的哲学,按照哲学史的"进化"路径,该书第一编讲的 9 个民族是处于哲学思想萌芽阶段的民族,第二编讲的纳西族、傣族、苗族、彝族、壮族 5 个民族是哲学思想基本形成并有一些发展的民族,第三编讲的白族、满族、蒙古族、藏族、维吾尔族、回族等 6 个民族则是有较丰富的哲学思想和系统发展过程的民族。作为第一本较为系统地进行历史论述的中国少数民族哲学史著作,算是以当时的认识对中国少数民族哲学思想的基本类型与发展水平作了一个基本界定,既较为充分地反映了中国少数民族哲学思想的丰富性和多样性,也在一定程度上描述了中国少数民族哲学思想发生、发展的总体过程,特别是对其中的 11 个民族哲学思想发展的历程进行了通史性论述,还着力探讨了其中一些民族哲学的特点,如中国少数民族的宗教哲学思想,书中探讨了佛教、伊斯兰教和各民族的传统宗教等。

从历史进程的"进化"尺度对中国少数民族哲学进行总体研究的还有伍雄武所著的《中国少数民族哲学思想简史》[①],其中除了论述中国少数民族哲学思想的萌芽外,也论及了中国少数民族哲学思想的形成与发

---

① 伍雄武:《中国少数民族哲学思想简史》,云南人民出版社,1996。

展,特别是对纷繁复杂的宗教哲学思想与古朴多样的伦理道德思想进行了阐明,其中还论及了唐宋时期少数民族哲学家和哲学著作,如《南诏德化碑》、《宇宙人文论》、优素甫·哈斯·哈吉甫的《福乐智慧》;元明时期少数民族哲学家和哲学著作,如保巴、李元阳、李贽,《咋雷蛇曼蛇勐》(《谈寨神勐神的由来》)、《哇雷麻约甘哈傣》(《论傣族诗歌》);清朝及近代少数民族哲学家和哲学著作,如王岱舆、马德新、艾哈默德·阿拜都拉·哈拉巴蒂(1638—1736)、玄烨、阿克敦、尹湛纳希、罗布桑却丹,《西南彝志》,刘定逌(1720—1806)、郑献甫、高奣映、赵式铭等,可以说让人们对中国少数民族哲学有一个基本的了解。

与上述通史性论述相对,各少数民族哲学研究也迅速发展起来,对各民族哲学的形成与发展作出了深入研究。最初是龚友德的《白族哲学思想史》①,以中国的历史朝代为线索,研究了白族哲学思想的历史进程。另有伍雄武、杨国才主编的《白族哲学思想论集》②,对于白族哲学思想的形成也作了一定程度上的探讨。

在对各民族哲学形成的研究中,继白族哲学思想研究之后,相继有1994 年出版的《蒙古族哲学思想史》③《蒙古族哲学史》④、1996 年出版的《壮族哲学思想史》⑤、1997 年出版的《傣族哲学思想史》⑥、1998 年出版的《彝族哲学思想史》⑦、2004 年出版的《维吾尔族哲学思想研究》⑧、2005年出版的《中国苗族哲学社会思想史》⑨、2008 年出版的《伊儒合璧的回

① 龚友德:《白族哲学思想史》,云南人民出版社,1992。
② 伍雄武、杨国才主编:《白族哲学思想论集》,民族出版社,1992。
③ 乌兰察夫、宝力格、赵智奎:《蒙古族哲学思想史》,内蒙古大学出版社,1994。
④ 武国骥主编:《蒙古族哲学史》,内蒙古文化出版社,1994。
⑤ 黄庆印:《壮族哲学社会思想史》,广西民族出版社,1996。
⑥ 伍雄武、岩温扁:《傣族哲学思想史》,民族出版社,1997。
⑦ 伍雄武、普同金:《彝族哲学思想史》,民族出版社,1998。
⑧ 佟德富等编著:《维吾尔族哲学思想研究》,华南科技出版社,2004。
⑨ 石朝江、石莉:《中国苗族哲学社会思想史》,贵州人民出版社,2005。

族哲学思想》①、2009 年出版的《土家族哲学通史》②,等等;另有《东巴文化与纳西哲学》③、《成吉思汗哲学思想研究》④、《满族哲学思想研究》⑤、《先民的智慧——彝族古代哲学》⑥、《诗性的智慧——哈尼族传统哲学思想研究》⑦、《天地人——云南少数民族哲学窥秘》⑧、《哲理侗文化》⑨、《侗族哲学概论》⑩,等等,这些学术著作都有对各少数民族哲学形成进行论述。有学者认为,"分民族的通史专著""应当被视为 30 年来学科建设最重要的成绩"⑪。

总体来说,目前已有哲学著作问世并进行了较为广泛研究的包括:壮族哲学,除了一批研究论文外,已有黄庆印的《壮族哲学社会思想史》⑫一书面世,书中对壮族哲学社会思想萌芽以后的形成与发展进行了深入研究,其中阐明了秦汉至南北朝、唐宋、元明、明末清代等各个时期的壮族哲学思想,就其内容来说,都可以说是壮族哲学社会思想的形成历程。蒙古族哲学,研究起步早,成果丰富,除形成了大批学术论文外,还形成了一批学术专著或论文集,像蒙古族哲学及社会思想史论稿编委会编的《蒙古族哲学及社会思想史论稿》⑬,苏和、陶克套合著的《蒙古族哲学思想史》⑭,乌兰察夫、宝力格、赵智奎合著的《蒙古族哲学思想史》⑮,内蒙

---

① 孙俊萍:《伊儒合璧的回族哲学思想》,宁夏人民出版社,2008。
② 萧洪恩:《土家族哲学通史》,人民出版社,2009。
③ 李国文:《东巴文化与纳西哲学》,云南人民出版社,1991。
④ 格·孟和:《成吉思汗哲学思想研究》,辽宁民族出版社,2005。
⑤ 宋德宣:《满族哲学思想研究》,辽宁大学出版社,1994。
⑥ 王天玺、李国文:《先民的智慧——彝族古代哲学》,云南教育出版社,2000。
⑦ 李少军:《诗性的智慧——哈尼族传统哲学思想研究》,民族出版社,2006。
⑧ 李国文:《天地人——云南少数民族哲学窥秘》,云南人民出版社,1992。
⑨ 陈应发:《哲理侗文化》,中国林业出版社,2012。
⑩ 石干成:《侗族哲学概论》,中国文联出版社,2016。
⑪ 伍雄武:《中国少数民族哲学史研究 30 年述评》,载宝贵贞主编:《回顾与创新:多元文化视野下的中国少数民族哲学》,中央民族大学出版社,2011,第 25 页。
⑫ 黄庆印:《壮族哲学社会思想史》,广西民族出版社,1996。
⑬ 蒙古族哲学及社会思想史论稿编委会编:《蒙古族哲学及社会思想史论稿》,内部资料,1982。
⑭ 苏和、陶克套:《蒙古族哲学思想史》,辽宁民族出版社,2002。
⑮ 乌兰察夫、宝力格、赵智奎:《蒙古族哲学思想史》,内蒙古大学出版社,1994。

古社会科学院哲学研究所蒙哲室编的《蒙古族哲学思想史研究》①等，都对蒙古族哲学萌芽后的形成过程作了历史描述。其中苏和、陶克套的《蒙古族哲学思想史》分英雄文化时期(前2世纪—10世纪)、汗权文化时期(10世纪—18世纪中)、民众文化时期(18世纪中—20世纪中)三个时期进行论述，后两个时期应主要是蒙古族哲学的形成期。依据前述，在对其他各民族哲学形成的研究中，形成了不少的论文集及一些相关著作，如：《蒙古族哲学思想史论集》《藏族哲学思想史论集》《朝鲜族哲学思想史论集》《彝族哲学思想史论集》《白族哲学思想史论集》《纳西族哲学思想史论集》《傣族哲学思想史论集》《中国南方少数民族哲学思想研究》《西南少数民族哲学社会思想史论文集》《云南少数民族哲学思想史论文选集》，等等。

通过对各民族哲学形成的研究，不少学者都概括了中国各少数民族哲学形成时期的主要成果，代表性的如在《中国少数民族哲学史·绪论》②中的阐述。作者以"中国少数民族哲学的形成与发展"为题进行了专题论述，认为各少数民族由于在进入阶级社会的时间上有先有后，以及其文化背景、环境条件有别，从而使他们的哲学思想内容、理论水平、表现形式，以及形成和发展的过程也不同。正因为如此，各民族哲学形成期产生了具有各自特色的哲学思想。如：蒙古族有"天力论"哲学，虽然学界认识不同，有的学者称"长生天的气力"，有的则称"天佑论"，或"天命论"，以及"天、佛、汗合"说，反佛教"一切皆空"思想等；回族有儒家心学(以回附儒阶段)、伊斯兰教哲学(汉文译著活动及其后阶段)等；藏族有苯教哲学、藏传佛教哲学；维吾尔族哲学有前伊斯兰教时期的各种宗教哲学(主要为萨满教哲学、佛教哲学)，伊斯兰教哲学等；彝族有清浊二气说；满族有"循与革"的历史观，太极、理气观的理本体论；苗族、布依

---

① 内蒙古社会科学院哲学研究所蒙哲室编：《蒙古族哲学思想史研究》，内蒙古社会科学杂志社，1985。

② 肖万源、伍雄武、阿不都秀库尔主编：《中国少数民族哲学史》，安徽人民出版社，1992，绪论，第1—42页。

族、侗族等民族有政治伦理哲学；白族有"本主"哲学、以儒为主的儒释道融合论哲学；纳西族有精威五行说和宇宙发生论；土家族等民族有独特的诗性智慧等。

在中国少数民族哲学的形成时期，还产生了不少的少数民族哲学家。如：蒙古族有成吉思汗、保巴、罗布桑却丹，回族有李贽、海瑞（1514—1587）、王岱舆、马注、马德新，维吾尔族有法拉比、哈吉甫、阿赫麦德·玉克乃克（约生活在 12 世纪至 13 世纪之际），壮族有刘定逌（1720—1806）、郑献甫，满族有玄烨、阿克敦，白族有李元阳、高奣映（族属还有彝族、汉族之说）……

在中国少数民族哲学的形成时期，还产生了丰富的宗教哲学。如：回族王岱舆的"真一、数一、体一"论马德新的"大化总归"论；刘智的"无称"本原论等的伊斯兰教哲学；藏族的"本无空"论的苯教哲学、藏族宗喀巴的"一切法皆自性空"论等的佛教哲学；龟兹鸠摩罗什的非有非无的"毕竟空"论等的佛教哲学；等等。

在中国少数民族哲学的形成时期，还产生了丰富的哲学著作或具有哲学内容的相关文献。如：《蒙古秘史》、《蒙古源流》、《礼仪问答写卷》、《宇宙文文论》、《西南彝志》、《训书》（又译为《宇宙源流》）、《南诏德化碑》、《咋雷蛇曼蛇勐》（《谈寨神勐神的由来》）、《哇雷麻约甘哈傣》（《论傣族诗歌》）、《水书》、《东巴经》，以及众多的乡规、民约、宗谱、地方志，等等。①

二、不同民族哲学的形成过程

中国各少数民族哲学的形成时期各不相同，各有特色。这里应强调的是，中国各少数民族哲学所经历的萌芽、形成、发展等各个时期，虽然在总体上可以作出明确的划分，但在本节的论述过程中，我们把形成与

---

① 肖万源、伍雄武、阿不都秀库尔主编：《中国少数民族哲学史》，安徽人民出版社，1992，第 27—30 页。

发展作一个统一体论述。

(一)壮族哲学思想的历史进程

早在旧石器时代,现今壮族聚居地区的土地上就已有人类生息。目前在壮族聚居地区发现的古人类即有:"柳江人""甘前人""麒麟山人""荔浦人""干淹人""九楞山人""白莲洞人""都乐人""宝积岩人""定模洞人""灵山人",等等。其中,1973 年于广西桂林市甑皮岩洞穴内发现的"桂林甑皮岩人",距今一万年前,属新石器时代时期的南方蒙古人种,其体质形态承继"柳江人",与现代壮族人有着较明显的相似特征,反映出壮族聚居地区壮族人的历史连续性。到了新石器时代,距今 7000—6000 年前的顶蛳山文化遗址、距今 4900—4700 年的石峡文化遗址、距今 4000 年左右的钦州独料遗址等,都具有自己的文化独特性,尤其是石峡文化遗址与史传的苍梧古国的活动、地域时间相符。《尚书·尧典》《史记·五帝本纪》《礼记·檀弓下》等古代文献也都记载有苍梧古国之迹。夏商周三代,壮族聚居地区存在着大批"方国",《逸周书·王会解》中记载有"瓯、邓、桂国、损子、产里、百濮、九菌,请令以珠玑、玳瑁、象齿、文犀、翠羽、菌鹤、短狗为献"。然而其零星的史料,无法承载我们的哲学研究。据考古发现,广西武鸣县元龙坡、安等秧坡古墓群遗址提供的信息,以及流传的史料反映的在兼并战争中逐步强大的西瓯、骆越、句町等方国,使我们对春秋战国时代壮族先民地区在这一时段的文化发展有了一定的了解。从青铜文明的发展来看,约在秦朝统一以前,壮族聚居地区社会已处于原始社会末期向奴隶制社会过渡阶段,壮族哲学的形成应在这一时期。以后壮族聚居地区经历了秦统一后的郡县制,唐、宋时代在壮族聚居地区实行"羁縻制度",元、明推行的土司(土官)制度,明中叶后始实行"改土归流"等。可以说,壮族聚居地区及壮族经历了比较完整的历史进程,其传统哲学也有较为成熟的发展形式。其哲学研究情形,我们已在前面论及,这里仅就其哲学形成发展的简要历程略加介绍。

在壮族哲学的萌芽时期,原始宗教的观念,如自然神崇拜、鬼神观念、灵魂观念等,普遍存在,并得到长时期的延续。同样,壮族也存在图腾崇拜观念,其花图腾崇拜观念把花作为图腾加以崇拜,显示出壮族先民独特的生命体验。其他还有蛙图腾崇拜观念、鸟图腾崇拜观念等。其中较能反映萌芽期壮族哲学的文献是《壮族麽经布洛陀》,简称《麽经布洛陀》[①],学界对此的研究已较深入,比较有代表性的是其"三界"说的宇宙观,这基本上是中国少数民族原始哲学的共同思想,但其具体结构又有所不同;同时,其主张进化的历史观及带有系统整体思考的思维方式,也较有特色。到了秦汉时期,壮族哲学思想业已形成,标志是中域文化大规模的传入,并形成了佛、道、儒兼容而杂以壮族传统思想文化的思想格局。隋唐时期的壮族哲学思想在《大宅颂》《智城碑》等碑文中有所体现,其"文武全备""人皆礼义""耕农尽力"思想,可以看成是一种社会哲学。而广泛使用的"阴阳""元气""无边""无极"等思维范畴说明中域哲学已与壮族哲学实现了有机结合。到了宋明时期,壮族已出现了自己的哲学英雄,如李璧、瓦氏夫人等。到明末清初,《传扬歌》[②]已把壮族哲学的基本特征彰显出来。此后的哲学英雄及其作品包括:刘定逌的《三难通解训言述》,张鹏展的《峤西诗抄》《女范》《离骚经注》《谷贻堂全集》《读鉴绎义》《兰音山房诗草》《正人心疏》《宾州志》等,蓝景章的《地理辩序》,韦天宝的《士先器识论》、《存悔堂遗集》(共6卷,现仅存1—3卷)、《今是山房吟余琐记》等,郑献甫的《四书翼注》、《愚一录》、《补学轩诗集》(16卷)、《补学轩散骈体文集》(12卷)、《补学轩文集外编》(4卷)、《象州志》等,以及黄焕中(1832—1912)、黄诚沅(1863—?)和民主革命时期壮族群众领袖韦拔群等。这些人物与作品反映出壮族哲学发展的整体线索。

(二)回族哲学思想形成的特殊性

回族,是回回民族的简称,是中国少数民族中人口较多、分布最广、经济文化较发达的一个民族,在一定程度上说,是最类似于汉族居住状况的中国少数民族。回族在中国形成,虽然可远溯至7世纪中叶,但真

---

① 张声震主编:《壮族麽经布洛陀影印译注》(1—8卷),广西人民出版社,2004。
② 梁庭望、罗宾译注:《壮族伦理道德长诗传扬歌译注》,广西民族出版社,2005。

正形成一个民族则是在元代以后,明代则是其形成的关键时期,明末清初其获得了明显的发展。

回族在中国形成的特殊性在于,回族的先民一进入中域地区就是在较高的文化形态上,而且与中域文化交融,因而其哲学的形成与发展很难说有一个原始哲学的发展阶段。从中国历史发展的角度说,回族形成于中国封建社会中晚期,其哲学思想也就直接适应了这一时代;由于回族人民的基础文化受伊斯兰教影响较大,因而其哲学形成又具有了儒伊合璧的特征。一般认为,回族哲学思想在元代已开其端,明代则成其流,清代则总其成,近现代则大转型。不同时代的代表人物包括:赛典赤·瞻思丁(1211—1279)①、瞻思(1277—?)、萨都剌(1272—?)、马哈麻、扎马鲁丁、郑和、李贽、海瑞(1514—1587)、丁鹤年、胡登洲、王岱舆、刘智、马注、马德新,等等。从总体上看,回族哲学以崇拜真主独一、永恒、万能的安拉为基本精神,并运用天文学、数学、医学等多方面的知识进行自然哲学的论证,运用中国传统哲学文化进行诠释;以认主、奉主为哲学思辨的基本目标,且儒伊结合,把中国传统哲学的"格物致知"统一于认主哲学中,并将儒家人性论思想与伊斯兰教的道德学说结合起来。因此,回族哲学无论是在中国哲学发展的类型方面,还是在中国哲学发展的内容方面,都有其独特贡献,并在一定程度上体现了中国社会历史发展与哲学思想发展的高度一致性。

(三)满族哲学思想的形成

满族形成期的哲学首先表现为在自然崇拜、图腾崇拜、祖先崇拜的基础上形成了自己的宗教——萨满教,并贯穿于他们日常生活中的祭祀、喜庆、治病、丧葬等活动中,且一直延续到清代,仍在民间占有非常重要的地位和发生广泛的影响。在渤海国时期,根据由散见史料编写出的《渤海国志》《渤海国志长编》等记载,满族哲学思想已有了一定的抽象思维资料。这一时期的重要哲学思想成果是在统治者中间形成了崇尚中

---

① "瞻思丁",亦有译为"赡思丁",本书从前者。

域儒家文化的风气,并逐步由上至下地传播到各个阶层,如渤海的政治机构依唐制设有六部,取名为忠、仁、义、礼、智、信;王公贵族多取名元义、言义、明忠、仁秀、贞惠、贞孝、义信、诚庆、诚慎、昭顺、禹谟、谒德、高仁、文德、文信、孝慎、居正、成规,等等,即可证明。其间,还传入了佛教文化,渤海国并曾派王子到长安,请求入佛寺礼拜,当然萨满教仍然居于主导地位并成为形成期满族哲学的底色。

金朝时期是满族哲学思想形成期的重要时段。这一时期儒、释、道等思想在满族先民中继续传播,其中儒家思想可能是他们从政的指导思想,因而对儒家典籍极为重视,像"太宗入乘汴州,取经济图书"①即可证明。不过这一时期的佛教、道教也得到了广泛传播,"浮图之教,虽贵戚望族,多舍男女为僧尼"②;"金国崇重道教与释教同,自奄有中州之后,燕南燕北皆有之。"③因此,萨满教已逐渐降到次要的地位。

金朝时期,满族哲学的重要成果是出现了一批具有哲学思想意识的学者,如完颜亶、完颜亮、完颜雍、完颜璟。作为金朝的第三代皇帝金熙宗,完颜亶(1119—1148)不仅在当政期间提倡儒学,"贯综经业,喜文辞……"④,认为"孔子虽无位,其道可尊,使万世景仰"。因而强调"大凡为善,不可不勉。自是颇读《尚书》《论语》及五代史诸书,或以夜继焉"。为此,他主张并实行"可则循,否则革"的原则,强调"唯兹故土之风,颇尚先民之质,性成于习,遽易为难,政有所因,姑宜仍旧,渐祈胥宫,翕致大同"⑤,显示了一定的进步历史意识。完颜亮(1122—1161),即海陵王以弑君夺得王位,虽然表现出对"天"的蔑视,但却认同了儒家"天命无常,唯德是辅"的思想,因而特别重视"德":"国家吉凶,在德不在地,使桀纣居之,虽卜善地何益;使尧舜居之,何用卜为。"⑥从宗教信仰上看,完颜亮

① 张博泉:《金史简编》,辽宁人民出版社,1984,第 374 页。
② 宇文懋昭撰:《大金国志校证》(下)卷三六《浮图》,崔文印校证,中华书局,1986,第 517 页。
③ 宇文懋昭撰:《大金国志校证》(下)卷三六《道教》,崔文印校证,中华书局,1986,第 518 页。
④ 宇文懋昭撰:《大金国志校证》(上)卷九《纪年九》,崔文印校证,中华书局,1986,第 135 页。
⑤ 张金吾编纂:《金文最》卷四《更定官制诏》,中华书局,1990,第 48 页。
⑥ 《金史》卷五《海陵》,中华书局,1975,第 97 页。

虽然崇佛,但却只是以其为思想工具,也与儒家对鬼神的态度一致。所以在未取得统治地位时他"赐诸寺僧绢五百匹,彩五十段,银五百两"①,可为了他的统治利益,他却毁寺兴农,"命会宁府毁旧宫殿,诸大族宅第及储庆寺,仍夷其址而耕种之"②。也就是说,他并不信佛,而是强调信佛"以希福利,皆妄也",至于老妇"迫于死期,多归信之"等则是可以理解的。相比而言,金世宗完颜雍(1123—1189),主张读书"必须行之"的"任实"思想,更显示出儒家文化的深刻影响。完颜雍特别强调"人治",主张"知在能行",反对知与行脱节,"经籍之兴其来久矣,垂教后世,无不尽善。今之学者,既能诵文,必须行之,然知而不能行者,多矣。苟不能行,诵之何益"。③ 为此,他特别强调了"知"得"任实"去伪:"事当任实,一事有伪则丧百真,故凡事莫如真实也。"④为此,他强调自己虽然是天子,但也有认识的局限性,需要大家提醒,"朕居深宫,岂能悉知外事,卿等尤当注意"。⑤ "凡已经奏断,事有未当,卿等勿谓己行,不为奏闻改正。朕以万几之繁,岂无一失,卿等但言之,朕当更改,必无吝也"⑥。据此,他充分肯定了老百姓的意见,"百姓上书陈时政,其言犹有所补,卿等位居机要,略无献策,可乎?"⑦由于有了这种求实态度,因而他认为信佛、道神学,不只无益,还有害民生,"闻愚民祈福,多建佛寺,虽已条禁,尚多犯者,宜申约束,无令徒费财用"。⑧ 相比之下,金章宗完颜璟(1168—1208),由于系统地接受了儒家思想的教育,因而重孝义贬佛道。他曾下"诏购求崇文总目内所阙书籍",继"置弘文院,译写经书"⑨,并令臣下学习儒家经典,

①《金史》卷五《海陵》,中华书局,1975,第106页。
②《金史》卷五《海陵》,中华书局,1975,第108页。
③《金史》卷七《世宗》,中华书局,1975,第163页。
④《金史》卷八《世宗》,中华书局,1975,第191页。
⑤《金史》卷六《世宗》,中华书局,1975,第148页。
⑥《金史》卷七《世宗》,中华书局,1975,第165页。
⑦《金史》卷六《世宗》,中华书局,1975,第128页。
⑧《金史》卷七《世宗》,中华书局,1975,第161页。
⑨《金史》卷十《章宗》,中华书局,1975,第231—232页。

"诏亲军三十五以下令习《孝经》《论语》"①。甚至以孝义二字作为择人任官的标准，"孝义之人素行已备，稍可用即当用之，后虽有希觊作伪者，然伪为孝义，犹不失为善。可检勘前后所申孝义之人，如有可用者，可具以闻"②。据此，他驳斥并限制佛教、道教的流行，"尚书省奏：言事者谓释道之流不拜父母亲属，败坏风俗，莫此为甚。礼官言唐开元三年敕云：'闻道士、女冠、僧尼不拜二亲，是为子而忘其生，徽亲而绚于末。自今以后并听拜父母，其有丧纪轻重及尊属礼数，一准常仪。'臣等以为宜依典故行之。制可"③。

　　元明时期是满族哲学思想形成的重要时期，其中元朝女真人的哲学思想有的因为南迁与汉人共同生活而逐渐接受了汉族文化，其哲学思想的发展同中域传统哲学渐趋于一致；或迁入内蒙古地区而与蒙古族相近，思想文化的发展几与蒙古族同步；或留居于"白山黑水"的而略显滞后。其中的赵良弼、夹谷之奇等人的思想较有特色。到了明朝中后期，满族哲学思想有了一定的发展，努尔哈赤、皇太极等人形成了自己较有特色的哲学思想，如"天佑"有德者为王思想："为恶者天谴之，其国衰败；为善者天佑之，其国炽昌。总之，主宰在天……"④"自古天下，非一姓所常有，天运循环，几人帝，几人王，有未成而中废者，有既成而复败者。岂有帝之裔常为帝，王之裔常为王者哉。独不见辽金元亦曾君临天下，后复转而属之明。可见皇天无亲，善则培之，否则倾之，乃不易之理也。"⑤为此，他们特别强调"皇天无亲，善则培之，恶则倾之"的思想："天下者非一人之天下，唯有德者能居之，亦唯有德者可称为天子。今朕蒙天佑为国主，岂敢遂为天之子，为天所亲乎。倘不行善道，不体天心，天厌朕躬，

①《金史》卷十《章宗》，中华书局，1975，第270页。
②《金史》卷九《章宗》，中华书局，1975，第220页。
③《金史》卷九《章宗》，中华书局，1975，第220页。
④《太祖高皇帝实录》卷六。
⑤《太宗实录》卷四七。

更择有德之人,君主是国。"①"皇天无亲,有德者受命,无德者废弃。"②又如他们提出了"兵民是赖"思想:"天运循环,但易其君,不易其民。若天意所与者,即其民也。"③"从古以来,国君与贝勒未有以衣食竭尽而败亡者,唯所行纵恣至于败亡耳……凡人溺于非僻不自省改,犹大厦将倾而坐中悬,岩欲崩而立其下也。而贝勒诸臣若骄恣不逊,则自丧其德;过失不改,则自辱其身。凌侍从,虐仆隶,则禄不保。"④从文化信仰上,他们都重儒学而贬佛道:"人皆称仙佛之善,然仙佛虽善,而居心不善者不能为也。必勤修善行,始能与之相合。人君奉天理国,修明政教,克宽克仁,举世享太平之福,则一人有道,万国数宁,胜于仙佛矣。"⑤

到了清朝前期,满族哲学思想已进入体系化阶段,如:玄烨的理本体论和"真理学"、阿克敦的太极阴阳五行说、永增的哲学思想、昇寅的反鬼神迷信思想,等等,使满族哲学进入了一个新的发展阶段,具体内容我们将在后面加以论述。

(四)苗族哲学思想的形成

秦汉以后,苗族先民逐渐进入阶级社会。形成期的苗族哲学,既有苗族知识分子,如杨岳斌(1822—1890)、满朝荐(1561—1629)、吴鹤(约略晚于王阳明)、龙绍纳(1793—1873)、龙凤翔(1862—1945)等的思想贡献,又有苗族民间的哲学思考。就民间而论,在苗族哲学中保持了大量的鬼神观念,崇信筮卜迷信,甚至直接受到了汉族有神论思想的影响。当然也存在怀疑鬼神的无神论意识,比如怀疑和否定筮卜迷信及灵魂说、转生说等。

议榔词和理词是苗族哲学思想的重要表现形式,其中隐含着许多社会哲学思想。"议榔"或称"构榔""埋岩会议""合款""里社会议"等,是苗

---

① 《东华录》,天聪九年五月,转引自孙文良、李治亭:《清太宗全传》,吉林人民出版社,1983,第367页。
② 《太宗文皇帝实录》卷五九。
③ 《太宗文皇帝实录》卷九。
④ 《太祖高皇帝实录》卷五。
⑤ 《太祖高皇帝实录》卷五。

族聚居地区维持正常的生产、生活的一种社会组织形式。"议榔"上所定的公约叫"榔规",是大家应遵守的规章法度。因此,它特别强调规范和公约的法制意义,崇尚基本的道德规范,如:要求"烧山遇到风,玩狗雷声响。烧完山岭上的树干,死完谷里的树根。地方不依,寨子不满,金你郎来议榔,罗栋寨来议榔。封河才有鱼,封山才生树。"[①]"穿衣同疋布,做活同一处,地方才繁荣,人口才兴旺"。[②]"人多力量大,柴多火焰清。踏地如山倒,拍手像雷鸣。天宫能降服,龙王也低头。"[③]"我们团拢才成寨子,团结才成地方。合作做活路,互教砍柴烧。这样地方才好,这样人口才多。"[④]凡此等等,不一而足。从哲学上讲,议榔词、理词的哲学意义在于其提供了日常生产、生活的方法论原则。如:强调事物的特殊性——"一种鱼是一种鳞,一种鸟是一种毛,一种汤是一种味";"牛屎各一团,马屎各一堆";"一桩纠纷是一样古理"。[⑤]强调认识的全面性——"我们只听见一方的申诉,没有听见双方的理由",就等于"只看见布的一面,没有看见布的两面",那就"不好""不正"[⑥],"佳就会干僵,理就会枯萎。"[⑦]强调事物的根源——理的探索,"在太古的时候,歌在什么地方? 理在什么地方?""歌在堰边水流里,理在堰边水流里。""理在夜空月亮的肚脐","理是地下的鬼,大家去不到,我们的老人也走不到,"[⑧]"挖理像拖木条","挖理像牵纱",[⑨]"抽理好比缲丝,绩理有如绩麻"。[⑩]强调事物的相互联系——

　　你浑什么? 水:蝌蚪跑动我才浑。

---

① 《民间文学资料》第 14 集,中国作家协会贵阳分会筹委会编印,1959,第 165、176、164 页。

② 《民间文学资料》第 14 集,中国作家协会贵阳分会筹委会编印,1959,第 165、176、164 页。

③ 《民间文学资料》第 14 集,中国作家协会贵阳分会筹委会编印,1959,第 165、176、164 页。

④ 《民间文学资料》第 14 集,中国作家协会贵阳分会筹委会编印,1959,第 165、176、164 页。

⑤ 《民间文学资料》第 61 集,中国民间文艺研究会贵州分会编印,1983,第 146 页。

⑥ 《民间文学资料》第 6 集,中国作家协会贵阳分会筹委会编印,1959,第 23 页。

⑦ 《民间文学资料》第 61 集,中国民间文艺研究会贵州分会编印,1983,第 150 页。

⑧ 《民间文学资料》第 14 集,中国作家协会贵阳分会筹委会编印,1959,第 115、112、113 页。

⑨ 《民间文学资料》第 6 集,中国作家协会贵阳分会筹委会编印,1959,第 1 页。

⑩ 《民间文学资料》第 23 集,中国作家协会贵阳分会筹委会编印,1959,第 98 页。

你跑什么？蝌蚪：石头滚来我才跑。

你滚什么？石头：野鸡刨土我才跑。

你刨什么？野鸡：我刨板栗填肚皮。

你为什么落？板栗：大风吹来我才落。

你吹什么？风：不吹不了季节，我吹才了季节。

不然冬天老在人间，冷得直抱头。①

关于苗族文人的哲学思想，如满朝荐、龙绍纳等人的哲学思想，我们将作专门讨论，这里不再论述。

（五）彝族哲学思想的形成

彝族哲学研究的成果具有异常的丰富性。如：冯利略论古代彝族的自然哲学②，李延良初探彝族哲学著作《宇宙人文论》③，龙厚华初探《宇宙人文论》哲学思想的源流④，普同金论《宇宙人文论》的哲学思想⑤，田光辉初探彝族著作《宇宙人文论》的哲学思想⑥，王路平试论古代彝族的八卦哲学⑦、探析古代彝族宇宙生成论⑧，冯利、覃光广论八卦哲学与彝族⑨，王路平、傅责中试论古代彝族宇宙论的产生和形成⑩，司亚勤、王路

---

① 《民间文学资料》第 23 集，中国作家协会贵阳分会筹委会编印，1959，第 181 页。
② 冯利：《略论古代彝族的自然哲学》，《西南民族大学学报（哲学社会科学版）》1981 年第 4 期，第 13—20 页。
③ 李延良：《彝族哲学著作〈宇宙人文论〉初探》，《哲学研究》1982 年第 4 期，第 69—72 页。
④ 龙厚华：《〈宇宙人文论〉哲学思想源流初探》，《贵州民族研究》1983 年第 4 期，第 118—125 页。
⑤ 普同金：《〈宇宙人文论〉的哲学思想》，《云南民族大学学报（哲学社会科学版）》1989 年第 2 期，第 47—51 页。
⑥ 田光辉：《彝族著作〈宇宙人文论〉的哲学思想初探》，载《论中国哲学史——宋明理学讨论会论文集》，浙江人民出版社，1983，第 348—362 页。
⑦ 王路平：《试论古代彝族的八卦哲学》，《贵州民族大学学报（哲学社会科学版）》1991 年第 1 期，第 13—18 页、第 24 页。
⑧ 王路平：《古代彝族宇宙生成论探析》，《贵州社会科学》1990 年第 6 期，第 19—25 页。
⑨ 冯利、覃光广：《八卦哲学与彝族》，《西南民族大学学报（人文社科版）》1986 年第 4 期，第 36—46 页。
⑩ 王路平、傅责中：《试论古代彝族宇宙论的产生和形成》，《云南社会科学》1991 年第 5 期，第 48—57 页。

平论古代彝族的宇宙论①,梁勤星、吉克曲日初探彝族古代哲学思想特点②,普同金论彝族传统思想文化中的死亡观③,等等。可以说,彝族哲学研究的论文不仅数量多,而且很有深度,其中还包括硕士、博士学位论文。除论文外,还产生了大批学术专著或编著的作品,如:伍雄武、普同金的《彝族哲学思想史》④,易谋远的《彝族古宇宙论与历法研究》⑤,苏克明等著的《凉山彝族哲学与社会思想》⑥,以及伍雄武主编的《彝族哲学思想史论集》⑦,等等。另外在肖万源、伍雄武、阿不都秀库尔主编的《中国少数民族哲学史》第十章设有专论,佟德富、宝贵贞在《中国少数民族哲学专题研究》中则有部分专题论述。

根据研究,彝族先民约在西汉前后已进入奴隶制社会并延续到唐初,达 600 多年的时间。其间,魏晋阶段为蜀汉治下的"南中大姓"实际管理,南北朝时期则为爨氏统治 300 余年。唐初为蒙舍诏(即南诏)所取代,公元 8 世纪前后在滇西洱海地区形成了六诏(六个民族集团),"诏"即是当时夷语对王、首领的称谓。"南诏于公元 737 年建立、902 年灭亡,先后存在近二百年(在这约二百年的时间里,南诏始终是奴隶制社会),作为一个存在时间较长的发达的地方政权,对云南地方史和彝白两族发展史有巨大的影响……南诏文化是彝族文化的一个源头,是彝族文化史的一个环节。"⑧南诏时期,彝族"积极向唐王朝学习先进思想,使儒家重仁德而远鬼神的思想,传统的朴素唯物主义思想传入彝族统治阶层,形成了南诏初期具有朴素唯物主义倾向的世界观和较进步的社会政治思

---

① 司亚勤、王路平:《论古代彝族的宇宙论》,《贵州民族研究》2002 年第 2 期,第 73—80 页。
② 梁勤星、吉克曲日:《彝族古代哲学思想特点初探》,《天府新论》1998 年第 1 期,第 59—61 页。
③ 普同金:《彝族传统思想文化中的死亡观》,《中南民族大学学报(人文社会科学版)》2001 年第 3 期,第 35—38 页。
④ 伍雄武、普同金:《彝族哲学思想史》,民族出版社,1998。
⑤ 易谋远:《彝族古宇宙论与历法研究》,科学出版社,2006。
⑥ 苏克明等:《凉山彝族哲学与社会思想》,四川人民出版社,1999。
⑦ 伍雄武主编:《彝族哲学思想史论集》,民族出版社,1990。
⑧ 伍雄武、普同金:《彝族哲学思想史》,民族出版社,1998,第 76—77 页。

想,这种思想突出地表现在《南诏德化碑》之中"①。

彝族约在唐末时期,与滇池地区的白族、汉族一起步入封建社会,其中的《彝族源流》可看成是极具哲学内涵的彝文经典。该书是一部彝族历史文献汇编,汇集了彝族社会从远古开端直到明末清初的文献,全书共收入 30 余万字彝文文献,内容十分复杂,以封建社会时期的思想内容为主。通观全书内容,学界认为其各个篇章的原作者应是历史上众多的毕摩(布摩),而最后成书的编纂者则可能是明代以后的许多人②。

在彝族哲学形成期的文献中,《训书》具有重要地位。《训书》出自贵州省大方县彝区。该书"在原《爨文丛刻》本罗文笔为《宇宙源流》所作的序例中称:'是篇《说文》始于宓阿迭所造',宓阿迭是彝族先民的部落首领,根据彝族史书的记载,他曾'教人作斋,以供奉祖先'。推测约为公元前一千多年前的人。自然这一记载的时间太久,可靠程度值得研究。但《宇宙源流》是在彝族内部长期流传的一部著作,则是无可怀疑的"。③"我们从《训书》的内容,如五行说来看,则应是唐宋以后的作品,是水西地区封建领主制时期的重要著作。"④按照书中的内容,学界已从古代彝族的宇宙观、人生观、政治经济生活以及社会伦理道德等方面进行了深入研究。

这一时期彝族的哲学文献还包括《宇宙人文论》《西南彝志》等。《西南彝志》原名《哎哺啥额》,意译为《影形及清浊二气》,是一部彝族古代文献的宏大汇编。"根据书中所记载的历史事件推断,全书大约于公元1664—1729 年之间编纂完成。但是,书中许多篇章选自远古的彝族文献,许多内容是千百年来水西彝族所积累的思想财富。先存的彝文原本是贵州省大方县陈朝光家所藏的古抄本。"⑤《宇宙人文论》是以彝族毕摩

① 林超民主编:《中华地域文化大系——滇云文化》,内蒙古教育出版社,2003,第 324 页。
② 伍雄武、普同金:《彝族哲学思想史》,民族出版社,1998,第 198 页。
③ 伍雄武:《彝族哲学思想史论集》,民族出版社,1990,第 213 页。
④ 伍雄武、普同金:《彝族哲学思想史》,民族出版社,1998,第 158 页。
⑤ 伍雄武、普同金:《彝族哲学思想史》,民族出版社,1998,第 175 页。

笃仁、鲁则对话的形式,用彝文写成的一部哲学、天文、历法著作,具体的成书年代亦无从确考,现有罗国义、陈英据 1939 年抄本整理、翻译,民族出版社于 1984 年出版的《宇宙人文论》。"从其内容来看,《宇宙人文论》似乎像是宋以后的作品,大约在明代或宋明之间成书。这时,水西地区已从奴隶制向封建领主制转变了。"①

(六) 土家族的哲学的形成

土家族群众基本分布在湘、鄂、渝、黔四省市边界地区(以下简称为土家族聚居地区)。在土家族聚居地区有一条自成系列的文化发展线索,考古学成果可以从新旧石器时代的联系及与现今土家族聚居地区文化传承的关系来证明。土家族先民曾以虎为图腾。根据考证,以虎为图腾的族群可上溯至传说中的伏羲时代,且至迟在黄帝时代已与中原各族有交往。秦统一后,在土家族聚居地区设有巴郡、黔中郡、南郡,汉代改黔中郡为武陵郡。三国时,"武陵蛮"又称为"五溪蛮"。元代至元十二年(1275)以后建立了土司制度,清代雍正五年(1727)至乾隆二十七年(1762),因全面实行"改土归流",在土家族聚居区结束了长达 400 余年的土司制度。

从汉文文史的记载看,除对土家族的称谓有一个由"蛮夷"到"熟夷"又到"土民"再到"土家"的变化过程外,更多的是反映土家族独特的文化性格。土家族的文化性格与土家族的生存环境有必然的联系,在总体风貌上表现为一种抗争精神,其对外形象表现为一种开放融合的宽容精神,它每接受一种新的文化因子以后,都经过了一段长时间的消化融汇,借以变成自己的文化传统。

土家族传统哲学的特征与土家族的文化性格紧密相连。在特定的文化建构中,土家族人民追求一种理想的生活状态,正是这种现实环境与理想状态的冲突形成了土家族传统哲学的特殊性,并通过其特定的思维方式和理性工具构成了传统哲学形态。从历史发展的角度说,土家族

---

① 伍雄武、普同金:《彝族哲学思想史》,民族出版社,1998,第 151 页。

传统哲学同样经历了由朴素形态向近现代形态逐步转型的过程。在土家族传统哲学形态下,本体论和认识论并不发达,实践活动中的创造性、探索性受到广泛重视,并因此而体现了土家族传统哲学的实践特征;到了元明清时代,社会政治经济问题成了土家族文人及一般民众关注的焦点,因而在文人作品及民间传说故事、民间叙事长诗中都明显关注着与生存相关的社会政治、经济问题,并塑造了相应的人物形象。与上述哲学价值取向相联系,形成了土家族传统哲学的特殊思维方式。具体表现在:关注人类生存是土家族传统哲学思维方式的价值取向,实际上是把"生存"问题上升到哲学本体论的高度。土家族传统哲学思维模式的独特性,包括:历史追寻的叙事模式,人神共营的发展模式,社会和谐共存的生存模式,仁义认同的人格模式,在对人生际遇的认知中坚持寓达于穷的变通模式,等等。在以后的历史发展中,土家族哲学在总体上以趋于中心化为总体特征,并形成坚持自我与开放纳新的两条基本线索。

（七）侗族哲学思想的形成

侗族的哲学思想研究成果已较为丰富,主要有:向零述略侗族哲学思想[1],杨昌嗣初探侗族古代哲学思想[2],张世珊、杨昌嗣论侗族文化哲学[3],垒珊论侗族哲学思想[4],何龙清初探古代侗族哲学思想[5],侗川探析侗族先民的哲学思想[6],石佳能、廖开顺论侗族神话与侗族先民的哲学观[7],萧川论析侗族创世神话与史诗的哲学思想[8],欣哲浅析侗族神话故

[1] 向零:《侗族哲学思想述略》,载贵州省侗学研究会编:《侗学研究》(3),贵州民族出版社,1998,第8—47页。
[2] 杨昌嗣:《侗族古代哲学思想初探》,《吉首大学学报(社会科学版)》1984年第2期,第75—80页。
[3] 张世珊、杨昌嗣:《侗族文化哲学》,《贵州民族研究》1991年第1期,第9—19页。
[4] 垒珊:《侗族哲学思想》,《民族论坛》1995年第3期,第50—62页。
[5] 何龙清:《古代侗族哲学思想初探》,《贵州民族研究》1986年第1期,第86—90页。
[6] 侗川:《侗族先民的哲学思想探析》,《中南民族大学学报(人文社会科学版)》1987年第1期,第85—89页。
[7] 石佳能、廖开顺:《侗族神话与侗族先民的哲学观》,《民族论坛》1996年第1期,第76—78页。
[8] 萧川:《侗族创世神话与史诗的哲学思想论析》,《怀化信仰学报》1991年第4期,第9—13页。

事发展的思想渊源及其哲学观①,杨玉琪初探侗族祖先的社会历史观②,吴能夫论侗族创世款的进化思想③,等等。

　　总体而论,形成期的古代侗族的哲学思想发展非常迟缓,并且主要是通过《款词》、民歌以及文人著述表现出来的。从现有的研究成果来看,侗族哲学还显得不是很系统,因而研究成果的"历史"感不强。比如《款词》,学界考证"款"产生的历史下限最晚也应当在 7 至 10 世纪,但却一直延续到了清末。"款"是集立法、司法、军事、礼仪、教育为一体的社会组织体系,《款词》主要提出的是一些社会规范,属社会政治哲学,其中的《侗族古规起源的传说及古规十二条》《从前我们起大款》强调的主要是社会生活规范:"古时候,侗族寨上无法可依,无章可循",因此"合千家为大众,汇小河成大江,大家聚拢来议定条款","八万侗乡的人们,邀请了各处侗寨九十九个有威望的'林劳'(老人)开了个款会,共同商议了款约十二条。"④除《款词》外,在一些民歌和传说中则显示出了丰富的社会伦理思想,如:《懒汉变忙人》《父母歌》《戒懒汉》《懒人做活路》《点勉》《吉妮》《呵罗湖》《长寿塘》《风雨桥的传说》,等等,其中即如此。不过到了明清时代,侗族中出现了有一定哲学思想的文人,如生活于清嘉庆道光年间的吴文彩即有丰富的哲学思想。吴文彩是贵州黎平县人,具体生卒年月不详。作为侗戏之祖,他一生编写了许多歌谣和剧本,其中继承和吸取了创世古歌中的"混沌"演化意识,发展为具有哲学自觉的万物起源思想,例如:"远古时代混混沌沌,直到朦胧初开才分天地。风云雷雨归天,土石人兽归地。"⑤他吸取汉族的哲学思想,并以诗歌、剧作等方式传播社会进化思想,如在《盘古开天地》中说:"古时没有屋,野果当饭菜,树叶做衣裳,猎物都生吃,不会烧火烫……有位燧人氏,生的吃不惯,钻木来取

① 欣哲:《浅析侗族神话故事发展的思想渊源及其哲学观》,《当代小说(下半月)》2009 年第 6 期。
② 杨玉琪:《侗族祖先的社会历史观初探》,《怀化学院学报》1991 年第 6 期,第 6—10 页。
③ 吴能夫:《侗族创世款的进化思想》,《民族论坛》1992 年第 3 期,第 65—67 页。
④《民间文学资料》第 1 集,中国作家协会贵阳分会筹委会编印,1959,第 380、384 页。
⑤《民间文学资料》第 1 集,中国作家协会贵阳分会筹委会编印,1959,第 374 页。

火,火焰闪闪亮,火种红彤彤,挨村挨户散,从此吃熟食,味道更香甜。伏羲皇帝治婚姻,男婚女嫁结良缘。有巢教人起屋住,鲁班巧手架桥梁。神农皇帝尝百草,驱(祛)除百病保安康。轩辕皇(黄)帝更聪明,造出罗盘指方向。他还叫人造戥称,轻轻重重看斤两。缧祖教人纺纱线,织出布匹做衣裳。炎帝教人做生意,宋帝教人读文章,后稷教人种田地,先撒种子后栽秧。"①应该说,这些思想在一定程度上反映了侗族哲学在明清时期的形成与发展水平。

(八)布依族哲学思想的形成

目前,还没有形成有关布依族的通史性哲学研究成果,但是包括以下文章:伍文义试论布依族《古歌》中的哲学思想②、邱靖论布依族原始宗教信仰及其哲学思想的产生③、罗正副以生死哲学与魂归祖地为旨论摩经视域下的布依族思想信仰世界④、王鸣明浅谈布依族神话和民间故事中的哲学思想⑤,等等,这些文章研究了该民族哲学。在肖万源、伍雄武、阿不都秀库尔主编的《中国少数民族哲学史》第四章设有专论,而佟德富、宝贵贞在《中国少数民族哲学专题研究》⑥中则有部分专题论述。总体来说,布依族哲学思想的形成时期应是春秋战国时代,其时布依族先民处于奴隶社会时期,是夜郎国的主体民族,其中布依族古代祈祷丰收、防止虫灾的宗教经典——《穆播董》中有关于从原始社会进步到阶级社会的历史记叙,反映了阶级产生、统治形成、个体家庭等内容。布依族的著名史诗《柔番沃番钱》中把"王权"和"神权"联系起来,强调"国王'兴'

① 《民间文学资料》第1集,中国作家协会贵阳分会筹委会编印,1959,第374—375页。
② 伍文义:《试论布依族〈古歌〉中的哲学思想》,《贵州社会科学》1983年第3期,第1—7页、第12页。
③ 邱靖:《布依族原始宗教信仰及其哲学思想的产生》,《兴义民族师范学院学报》2007年第4期,第27—31页。
④ 罗正副:《生死哲学与魂归祖地——摩经视域下的布依族思想信仰世界》,《贵州大学学报(社会科学版)》2012年第1期,第29—34页。
⑤ 王鸣明:《浅谈布依族神话和民间故事中的哲学思想》,《贵州民族研究》2001年第4期,第101—105页。
⑥ 佟德富、宝贵贞:《中国少数民族哲学专题研究》,中央民族大学出版社,2006。

啊！在天上,恩德播四方,恩德撒四面";肯定"王啊,您分下的粮食给我吃。您留下稻种我赎买。我要赎到十一、十二层天里,赎到四面八方的地面,赎来谷子奶样白,赎来田地和种子,赎来豆种和荞麦。"这段材料表明阶级统治观念、至上神观念和天命观念的形成,也表明布依族先民抽象思维水平的提高。《社洛介》(汉译为《鸡卦书》,作占卜用),可以说是布依族的《周易》,其中共有鸡卦 130 余图,有"介加""介三""介荣""介要""介肖"等卦名,其卦词涉及天文、农事、疾病、婚嫁、丧葬、交友、战争等内容。例如:"介肖卦"卦词:"敌方攻阵,我方撤退;我方进攻,敌方溃逃;我方追击,抓获敌兵。""介要卦"卦词:"奴隶整主人,难如上天;主人整奴隶,易如放田水。""介荣卦"卦词:"不日病好转;交友情谊长久,出行平安,巳、酉、丑诸日得此卦大吉;其他日得此卦凶。""介加卦"卦词:"多吉。然寅、午、戌日得此卦敬神不吉,出行可能漏财。"[1]其中的敌我、进退、主奴、吉凶等对应范畴,显示出了较高的理论思维水平。但是,由于历史原因,封建社会是布依族哲学比较混沌的历史时期,似乎直到明清以后,才又可以发现一些哲学文化来反映其哲学发展水平。如一些布依族大姓所制定的《族谱》中表现的忠君与爱民的思想、封建伦理观念,以及《乡规碑》等提出的社会规范一类。相比而言,哲学思想似略显缺乏。不过从总体上看,反映出布依族已基本接受中域文化,到明清时期已完全认同了中华民族大家庭。然而,这一过程走了两千多年。

（九）白族哲学思想的形成

目前,形成期的白族哲学研究也很深入。例如:龚友德初探白族学者高奣映哲学思想[2],即认为白族学者高奣映的思想同顾炎武、黄宗羲、王夫之、颜元等人"有相近的地方",也有自己的特色,"是清初云南唯物主义者的一面旗帜"。龚友德还在《民族工作》1983 年第 9、10、11 期上著文论述了白族哲学、社会思想史,并于 1992 年由云南人民出版社出版了

---

① 任文义、王开吉、王国沛翻译:《兴仁县屯脚区布依族鸡卦》。
② 龚友德:《白族学者高奣映哲学思想初探》,《云南社会科学》1985 年第 6 期,第 51—56 页。

专著《白族哲学思想史》①。此外,杨国才、伍雄武主编有《白族哲学思想史论集》②,其中收有关于白族哲学思想史的论文17篇,关于形成时期的白族宗教、哲学方面的论文有8篇。其他的论文如李薇论明代白族学者李元阳的心性说③、李乾夫探析南诏大理国时期白族主要哲学思想及其特点④,等等。在肖万源、伍雄武、阿不都秀库尔主编的《中国少数民族哲学史》第12章设有专论,而佟德富、宝贵贞在《中国少数民族哲学专题研究》中则有部分专题论述。

白族形成期的哲学应起于两汉,时间可延续至清代。其间,白族经历了滇国、爨氏、南诏、大理国几个地方政权统治及元、明、清等全国性统治时代。

在白族形成期的哲学思想中,作为思想底色的应是白族的本主崇拜及其他宗教信仰。本主崇拜由白族先民的原始宗教信仰逐渐演变而来。"本主"即本地区的主宰神,是掌管本地区居民生死祸福的神灵,能保佑本地区的风调雨顺,五谷丰登,人畜兴旺。即使后来佛教和道教的逐渐传入,本主崇拜也仍然长期存在于白族群众之中,直到近现代仍然如此。据徐嘉瑞1944年赴大理的调查资料所载:"今大理之七十村中几皆各有本主庙一……有本主庙之神祇,共六十神,其中女神有二十一,男神有三十九。"⑤可见白族本主崇拜的内容很复杂,有的是自然神灵,如苍山神、水泉女王、龙王、龙母等;有的是为民除害消灾的英雄人物,如周城本主杜朝选;有的是烈女、孝子;还有许多是帝王将相,如唐朝大将李密、明朝大将李定国等。学界的共识是:本主崇拜虽然是白族特有的宗教,但是它又能和白族聚居地区的各种宗教相融合,并由此得以生存和发展。不

---

① 龚友德:《白族哲学思想史》,云南人民出版社,1992。
② 杨国才、伍雄武主编:《白族哲学思想史论集》,民族出版社,1992。
③ 李薇:《论明代白族学者李元阳的心性说》,硕士学位论文,云南师范大学,2005。
④ 李乾夫:《南诏大理国时期白族主要哲学思想及其特点探析》,《黑河学刊》2011年第6期,第21—23页。
⑤ 徐嘉瑞:《大理古代文化史》,转引自肖万源、伍雄武、阿不都秀库尔主编:《中国少数民族哲学史》,安徽人民出版社,1992,第601页。

过应注意的是:许多本主不是令人畏惧的神灵,而是人们所热爱、尊敬的历史人物和祖先,因为他们中的绝大多数都是有益于人民、为人民有过功绩或有高尚道德情操的,由此可见本主信仰的社会基础与理想诉求。更为重要的是,白族的本主并不弃绝和否定现实的社会生活,也不超越和鄙视七情六欲,而恰好诉求的是社会现实理想,吃喝住穿、结婚成家、生儿育女、走亲访友等,因此是十分现实的宗教。

形成时期的白族宗教哲学还包括南诏初期,即 8—9 世纪开始传入白族聚居地区的佛教和道教,另外还包括南诏、大理时期传入白族聚居地区的儒家、道家思想,像南诏即派子弟前往成都"习孔子之诗书",大理国时期中原文化更为广泛地传入。具体可从《护法明公德运碑赞》、兴宝寺《德化铭》与《嵯肃灵峰明帝记》等中可见。

元明清时期的白族哲学思想进入了一个新的阶段,其中一个显著标志是出现了白族的学者哲学,产生了一大批白族的知识分子及学术著作,其中李元阳的《云南通志》、高奣映的《鸡足山志》、王崧的《云南通志》等具有代表性,反映出白族哲学思想在元明清时期有了独立发展的特色。另一个标志是白族哲学与中域哲学思想的联系进一步密切,发展渐趋一致,典型表现即是儒家哲学思想在白族聚居地区居于正统地位,白族知识分子中出现了"理学名儒,项背相望"[1]的盛况。另外的标志是对儒、佛、道三者的关系作了自觉的思考和认识,信儒释儒,以理抗佛、道,强调修齐治平等成为一种学术风气。因此,元明清时期的白族哲学已达到了较高水平,代表人物有:爱民忧民的杨南金、杨士云,融释儒思想的哲学家李元阳,得理学深旨的哲学家高奣映,主张"先气化后形生"的哲学家王崧,等等。所以,学界认为白族于明清时代的哲学思想已接近或达到同时期汉族哲学思想的水平[2]。

---

[1] 黄元治纂修:《大理府志》卷十二《风俗》,民国 23 年(1940 年),大理严镇专重印本。

[2] 肖万源、伍雄武、阿不都秀库尔主编:《中国少数民族哲学史》,安徽人民出版社 1992 年版,第584 页。

（十）傣族哲学思想的形成

傣族哲学思想已得到了较为充分的研究。目前已出版了伍雄武、韩培根主编的《傣族哲学思想史论集》①和伍雄武、岩温扁合著的《傣族哲学思想史》②，在肖万源、伍雄武、阿不都秀库尔主编的《中国少数民族哲学史》第八章设有专论，此外，佟德富、宝贵贞在《中国少数民族哲学专题研究》中也有部分专题论述。

作为哲学形成的社会基础，傣族何时开始进入阶级社会还未形成统一意见。一种意见认为1世纪前后傣族先民建立的掸国已属初期的阶级社会③，另一种意见则认为直到10世纪前后的庸那迦国和播赏弥国时期，傣族才向阶级社会过渡④；还有学者根据唐代樊绰的《云南志》中有"茫蛮部落，并是开南杂种也，茫是其君之号，蛮呼茫诏"⑤之说而推测大约在唐代傣族（或部分傣族）已进入阶级社会。确切的认知是承认1180年建立的景龙金殿国作为傣族进入阶级社会的确凿时间，到14—15世纪时则已进入发达的封建领主制社会。与此相应，傣族哲学形成期的思想基本上属于封建领主制社会的上层建筑，其基本内容体现在傣族的多种多样的文化形式中，其中包括傣族的佛教、丰富多彩的叙事长诗等，当然也有不少傣族的哲学理论著作，如已发现并汉译出版的《咋雷蛇曼蛇勐》（《谈寨神勐神的由来》）和《哇雷麻约甘哈傣》（《论傣族诗歌》）⑥等。

傣族信仰的佛教是南传上座部佛教，该宗教传入傣族聚居地区后成为傣族全民信仰的宗教并形成了有自己特色的民族宗教形式，还形成了佛教与政权相结合的政教合一体制。傣族宗教哲学的特点，一是出现了具有傣族文化特点的佛教文献，如佛教即在傣族中长期流传，并且形成了号称84 000部之多的傣族佛经，若加上众多的佛教故事、寓言、格言

---

① 伍雄武、韩培根主编：《傣族哲学思想史论集》，民族出版社，1993。
② 伍雄武、岩温扁：《傣族哲学思想史》，民族出版社，1997。
③《傣族简史》编写组：《傣族简史》，云南人民出版社，1985，第48页。
④ 江应樑：《傣族史》，四川民族出版社，1983，第171—174页。
⑤ 樊绰撰：《云南志补注》卷四，向达原校，木芹补注，云南民族出版社，1995，第66页。
⑥ 祜巴勐：《论傣族诗歌》，岩温扁编译，中国民间文学出版社，1981。

等,则构成一种独特的傣族佛教文化现象。二是形成了傣族佛教的独特标志性思想——"赕",这是傣语的音译梵语 Dana(汉语音译为"檀""檀那"),其意为布施、贡献。傣族佛教把"赕"推到特别重要的地位,几乎所有的宗教活动都贯穿着赕佛,而群众为了赕佛则竭尽全力,甚至不惜倾家荡产。

叙事长诗不仅是傣族哲学的重要表现形式,而且是傣族哲学思想形成的特殊标志之一。在 16—17 世纪时,傣族叙事长诗的创作已十分繁荣。380 多年前的《哇雷麻约甘哈傣》(《论傣族诗歌》)说"我们的叙事长诗已经确切达到整整五百部了"①。关于《哇雷麻约甘哈傣》(《论傣族诗歌》)一类的傣族长诗,已有不少学者进行了哲学研究。我们将在后面有所论述,在此从略。

根据伍雄武的研究,形成时期的傣族哲学,在思想渊源上,一方面受到内地各兄弟民族的影响,另一方面又受到以南传佛教为代表的东南亚文化的影响,特别是自秦汉以降,傣族聚居地区作为祖国的一个有机组成部分和内地其他省区,以及云南各兄弟民族建立了紧密的政治、经济、文化联系,因而在哲学精神上具有了相互联系与共同的认知。在哲学内涵上,由于南传佛教始终在傣族的意识形态中占据统治地位,不论哲学思想或伦理道德思想以至文学、医学无不受到佛教思想的渗透和影响,并且形成了傣族佛教思想。不过,傣族的传统哲学思想仍然与佛教哲学并行发展着,如对寨神、勐神的崇拜和信仰,《咋雷蛇曼蛇勐》(《谈寨神勐神的由来》)、《哇雷麻约甘哈傣》(《论傣族诗歌》)等内容就表现了传统哲学思想。在哲学的存在形式上,叙事长诗始终成为傣族哲学最重要的代表。

(十一)纳西族哲学思想的形成

相比较而言,纳西族哲学得到了较为充分的研究,早在 1990 年就出

---

① 祜巴勐:《论傣族诗歌》,岩温扁编译,中国民间文学出版社,1981,第 61 页。

版了伍雄武主编的《纳西族哲学思想史论集》①,1991 年又出版了李国文的《东巴文化与纳西族哲学》②,加上其他著作中所涉及的相关论文,人们对纳西族哲学已能有一个清晰的了解。此外,在肖万源、伍雄武、阿不都秀库尔主编的《中国少数民族哲学史》第七章设有专论,佟德富、宝贵贞在《中国少数民族哲学专题研究》中也有部分专题论述。不过,由于纳西族社会的总体发展状况较封闭而相对滞后,纳西族哲学形成期的基本线索并不是很清晰,甚至可以说还处于较初始阶段。

纳西族经历了漫长的原始社会,约在 3 世纪以后开始过渡到阶级社会,但直到 9 世纪末,纳西族社会的总体发展水平都不是很高。10 世纪至 16 世纪中叶,在纳西族社会内部出现了木氏家族统治,并形成了统摄麽些诸部的局面。但由于元明至清的土司统治,整个社会都显得封闭而落后,及至改土归流后,纳西族部分地区才开始与周围汉族、白族一样进入封建地主制的社会形态。这样的历史进程使纳西族哲学包含了某种混杂因素。

从总体上看,纳西族哲学思想形成于宋元时期,其显著标志是在宋代出现的东巴教。在这一时期,不仅形成了东巴教的祖师,而且形成了东巴教的经书。"纳西族巫师称为东巴,意即'智者',社会地位很高,在统治者左右,祈神、禳鬼,还能看星、推历、祈年、卜课,以宗教为手段,赞助统治者筹谋划策。""纳西族开始有象形文字的年代可能很早,是为社会生活需要,约定俗成的通行,不能指出何时、何人所造……可以推测纳西族很早时期已有文字,也有巫教,到社会政治、经济、文化发展到一定阶段,巫师应用文字为宗教服务,宗教和文字都有所发展,东巴教奉萨勒为祖师,有祭萨勒作道场的经书,造许多神异传说,未必可信,唯他虽不是宗教和文字的创造者,而对宗教和文字的发展有贡献,就奉为祖师。从社会基础来看,萨勒的时代在可能是在 11 世纪中叶,这时已用文字写

---

① 伍雄武:《纳西族哲学思想史论集》,民族出版社,1990。
② 李国文:《东巴文化与纳西族哲学》,云南人民出版社,1991。

经书了。"①到了明清时期,纳西族哲学思想得到更进一步的提升,在东巴教的基础上,藏传佛教、汉传佛教、道教(道家),以及儒学在纳西族社会中都有反映。据杨福泉《纳西族文化史论》②所论,东巴教的形成本来就与藏传佛教有关,是纳西族接受藏传佛教思想因素影响的结果。到了明代,木氏统治集团与藏传佛教噶玛噶举派建立了良好关系,藏传佛教的噶玛噶举红帽系得以广泛传播,特别是明末格鲁派(黄教)取得西藏政教统治权之后,"木氏土司为在西藏地区受压的噶玛噶举派在康滇川地区的传播和弘扬起了关键的作用。"③此外,"木氏土司统治时期,大力弘扬藏传佛教,而木氏则禁止在民间进行汉文化教育,因此,东巴教和藏传佛教是纳西民众的重要的精神寄托和文化生活的主干,对纳西人的生产生活、精神世界有重要的影响"④。同期,汉传佛教也随之传入纳西族聚居地区,故元代李京《云南志略》记末些蛮"不事神佛,唯正月十五登山祭天"⑤;另据《明末滇南纪略》所载,明代木氏土司倡导汉传佛教,如"丽江土官自明朝开国以来,俗多好佛"⑥。除佛教外,道教也在明代传入纳西族聚居地区,乾隆《丽江府志》曾载明武宗正德年间始有道士入纳西地区,木氏土司亦即信奉道教:"艺客遥将访我楼,岭云湖鹤共悠悠。醉余说尽延生诀,袖拂苍髯不肯留。"⑦另外,同期传入的儒学则对纳西人的信仰、价值观念、政治思想等方面产生了深刻影响,产生了如木公、木增一类儒家精英。例如:木公《述怀》云:"胸中恒运平蛮策,阃外常开捍虏戈。忧国不忘驽马志,赤心千古壮山河。"又诗云:"国丰唯我愿,民乐此心康。"⑧木增则云:"每爱潜夫论,其如东事何! 主忧臣与辱,师众饷尤多。

---

① 方国瑜编撰:《纳西象形文字谱》,和志武参订,云南人民出版社,1981,第42—44页。
② 杨福泉:《纳西族文化史论》,云南大学出版社,2006。
③ 杨福泉:《纳西族文化史论》,云南大学出版社,2006,第164页。
④ 杨福泉:《纳西族文化史论》,云南大学出版社,2006,第194—195页。
⑤ 李京:《云南志略》,王叔武校注,载《大理行记校注・云南志略辑校》,云南民族出版社,1986,第93页。
⑥ 杨福泉:《纳西族文化史论》,云南大学出版社,2006,第213页。
⑦ 杨福泉:《纳西族文化史论》,云南大学出版社,2006,第227页。
⑧ 和钟华、杨世光主编:《纳西族文学史》,四川民族出版社,1992,第502页。

愚贡点涓滴,天恩旷海波。狼烟看扫尽,木石葆天和"①。以至于《明史·土司传》也说"云南诸土官,知诗书好礼守义,以丽江木氏为首"。至清代,"康熙三十九年(1700),在丽江府设儒学署,置教授、训导各一名,掌管全府学务及学署教学事宜,开创了平民子弟入学之先河。""乾隆年间,丽江知府管学宣和万咸燕重修书院,资助学校,购置图书,还请内地名师到丽江教学。继雍正年间设立白沙、兰州、下井等三个义学馆后,又在各个乡里设立忠义、束河、白马、喇沙、吴列、七河、九河、巨甸、通甸等 18 个义学馆,吸收平民子弟入学。"②

形成期的纳西族哲学有一种诸教融合的特征,这在木高所撰的一篇碑文中得到了最为集中的体现:

> 佛即天矣,天即君矣。
>
> 仁君(寿),天下安矣;天下安,世官永矣;世官永,边土宁矣;边土宁,人民乐矣;人民乐,五谷丰矣;五谷丰,仁义兴矣;仁义兴,礼乐作,人神和矣;人神和,天地位焉,万物教③育焉,盛矣哉!且夫天地之视听亦从于民,子子孙孙世官此土,恒于忠孝,笃于仁爱,忠君报本,育民乐道。夫如是,佛天保佑,鬼神默助,加官增禄,延寿康身,随心所愿,无有不应者,而四夷欣服,万民乐仰,绵绵相继,与天地同久矣。是岁也,建此万德宫,立金相有三:中位大孝释迦牟尼文佛,左位炽盛光王佛,右位药师光王佛。敬释迦体孝德也,敬紫微体忠心也,敬药师体仁义也。所谓:"人能弘道,非道弘人。"是故我皈依,愿子孙长久之计。若人禁心、索性、宝身,崇满腔春意充塞乎天地,君子道长小人道消矣。歌曰:
>
> 北岳之崇,尊五岳中;雪莹古今,玉光凌空。
>
> 来龙万里,血脉充隆;嵬峨崒嵂,西来盛风。

---

① 和钟华、杨世光主编:《纳西族文学史》,四川民族出版社,1992,第 511 页。
② 杨福泉:《纳西族文化史论》,云南大学出版社,2006,第 254—255 页。
③ 笔者按:"教"字衍。

文笔之阳，万德之宫；无思无为，豁然遂通。

水环仁义，山环忠孝；木氏之丰，天地随同。

如月之初，如日之东；集善云仍，如斯阜蠡。

木本水源，万代无穷。①

　　该文写于明嘉靖三十五年(1556)丙辰六月九日吉，是丽江军民中宪大夫世袭土官知府木高紫金尊者所作。从文章中认定对"佛即天矣，天即君矣"，强调"佛天保佑，鬼神默助"，要求"敬德保民"且兴忠孝仁义等看，其"敬释迦体孝德也，敬紫微体忠心也，敬药师体仁义也"，显然是一种文化大融合的哲学信仰。

　　(十二)羌族哲学思想的形成

　　羌族是中国最古老的民族之一。《史记·六国年表》记"禹兴于西羌"，说明夏禹时代羌人文明已极为发达。甲骨文中多有"羌方"记载，在周武王时代曾与周人及其他族群结成的联盟发动了牧野之战，并最终消灭了商王朝。两汉时期已有羌人与中域汉人融合，另一部分羌人则以畜牧兼农，开始定居。魏晋南北朝时期羌人姚氏建立了后秦(384—417)政权，儒学、佛学等相继传入并被接受。隋唐时期活跃着党项、白兰、哥邻、白狗、南水诸羌人群落。党项羌人在宋朝时期建立了西夏政权，将儒释学说融会贯通以治国。元以后行土司制度，直到清朝改土归流。中华人民共和国成立后，羌族聚居地区实行了民族区域自治制度。

　　羌族哲学同样经历了萌芽、形成的漫长过程。在悠久的历史与长期闭塞的生活环境中，古代诗歌与古代神话得以长期传承，《开天辟地》《山沟和平坝的形成》《造人类》《斗安珠和木姐珠》等著名神话中所说的姐弟成婚、射落八个太阳的故事，曲折地反映了羌族原始社会的生活及其哲学思想的萌芽。古老的民间故事传说，如《泽祺格布》《木姐珠》《大战戈几人》等也极具哲学意义。"混沌"说的自然观、"发展"论的历史观等是这一时期的重要哲学观念。大禹治水的实践催生了"五行"思想；姜子牙

①　在瑞：《万德宫——徐霞客传授文化的地方》，载《丽江文史资料》第3辑，第101—102页。

待时而动的寻机意识,可以看成是军事哲学的先声,以至于产生了托名之作《六韬》——《文韬》《武韬》《龙韬》《虎韬》《豹韬》《犬韬》;到了党项羌人建立的西夏王朝,儒家思想即与其民族文化有机地结合起来,开创一代治国之思,实现了哲学信仰上的转变,当然,同期也有佛教等宗教信仰。不过应看到的是,羌族哲学思想的独特性是其集大成者"释比"及其经典,这是集原始宗教信仰、释比"木吉卓""羌戈大战"等口承文献、释比祭山法事为一体的独特的民族哲学形式。其间,也形成了自己独特的伦理思想和宗教信仰等。

(十二) 水族哲学思想的形成

关于水族哲学研究,目前的成果不是很丰富,其中仅发现有唐建荣等解读水书蕴含的水族哲学思想①,蒙耀远、文毅略论水书中的阴阳五行②思想,主要研究了其中的阴阳哲学。不过,在肖万源、伍雄武、阿不都秀库尔主编的《中国少数民族哲学史》第六章设有专论,佟德富、宝贵贞在《中国少数民族哲学专题研究》中也有部分专题论述。

由于对古代水族哲学形成期的研究很不充分,因而一般都把《水书》作为重点对象,借以探讨水族的哲学思想。一般认为,水族哲学的形成时期大体从汉代开始直到清末鸦片战争止,其中《水书》大致形成于秦汉之际或早于该时期。从哲学思想发展来看,其中既有较为原始的鬼神观念,体现出"水家的鬼多",仅水族信仰的鬼神竟有七八百个之多。但是,《水书》中的时空观念、成对观念却具有极深的哲学意义,如在《水书》中对年、季、月、日、时都有清楚的划分,且以水历为依据划分时间,水历按月相变化周期定月份,把一年分春夏秋冬四季 12 个月、一天一夜各为六个时辰;《水书》中还有丰富的东西南北上下等方位观念,表明水族空间观念已初步形成。

---

① 唐建荣等:《水书蕴含的水族哲学思想解读》,《贵州民族大学学报(哲学社会科学版)》2010 年第 5 期,第 10—13 页。
② 蒙耀远、文毅:《略论水书中的阴阳五行》,《三峡论坛(三峡文学·理论版)》2011 年第 6 期,第91—93 页、第 149 页。

从哲学本身的角度看,阴阳观念是《水书》的基本哲学观念,这就是其表现为一系列成对范畴——阴阳、水火、金木、生死、吉凶、文武、贪廉、夫妇、父母等。按照蒙耀远、文毅略论《水书》中的阴阳五行的论述,《水书》的本质与核心是阴阳五行,在对比《水书》阴阳五行与汉文化的阴阳五行的基础上,作者认为"《水书》与汉文化同源共生"。而按照唐建荣等解读水书蕴含的水族哲学思想,则《水书》是水族的"易经""百科全书",其中比较系统化地反映了水族丰富的哲学思想,尤其是阴阳五行、对立统一、物极必反、否极泰来等观念得到充分展现。其广博的阴阳观念认为阴阳五行体系有着完全不同于鬼神体系的本体论内核,把世界归结为阴阳两个相反而又相承的方面,归结为金、木、水、火、土五种互相制约的要素或性质,它是在自然界中,而不是在超自然的鬼神世界中去寻找事物现象的原因。在《水书》中,将阴阳以公母的形式直接作为《水书》条目的名称,如招致贫穷疾病的《阴》《阳》,引来官灾口舌的《公沙朋》《母沙朋》与《公堂华》《母堂华》,导致丧亡遍野的重丧《公涌恒》《母涌恒》,易发恶性伤亡的《公引贯》《母引贯》,推动事态连续发展的《公梭项》《母梭项》,多发命案灾难的《公头》《母头》,麻风病威胁的《公别库》《母别库》,也有带来福泽吉利的《公壬辰》《母壬辰》,等等。其对立统一观念则贯穿于《水书》的始终,无处不在,而其五行生克观念则表现为强调"阴家住阴家,阳家住阳家,留下祖宗冷清的屋基。""金家住金家,水家住水家,没有片碗使用。""阴换得,穿戴银子白花花一片;阳换得,养的鹅鸭遍野灰扑扑。"此外,还有丰富的物极必反、否极泰来观念,其《天烟》《歹耿》《当凝》等有这方面的丰富论述。而且,在水族故事、歌谣、寓言及谚语中,也隐含了丰富的哲理思想和朴实的伦理思想。

各少数民族哲学的形成还有极为丰富的内容,如藏族哲学、回族哲学的形成主要是宗教哲学的形成问题,我们将在宗教哲学中论述;维吾尔族哲学与宗教的关系也极大。至于蒙古族哲学的形成,由于蒙古族哲学研究是中国少数民族哲学研究中起步最早的民族哲学研究之一,目前的研究队伍最大,成果也最丰富。在肖万源、伍雄武、阿不都秀库尔主编的《中国少数民族哲学史》第 14 章中,对蒙古族哲学思想的形成作了较为充分的论述。一般认为,蒙古族的第一部典籍《蒙古秘史》即突出反映了蒙古族哲学形成初期思想的主要内容,包括崇天观念和天力论(或天命论)思想,其中"腾格里"(天)是当时蒙古族的最高观念。成吉思汗时期,伦理观念"诚"和崇天观念结合起来,形成了"以诚配天"的天命论思想。从天人关系而言,反映了人的主体意识的增强。到了忽必烈时期,忽必烈提出了"至诚应天",使蒙古族天命论思想趋于完善化。这一时期,蒙古族的哲学思想除强调天力,"以诚配天"的天命论思想外,还有朴素的宇宙论、伦理思想、"祖述变通"的历史观、军事辩证法思想等内容。

三、中国少数民族哲学的主要文献

中国少数民族留下了丰富的历史文献,成为中国少数民族哲学研究的基本资料。按照中国少数民族哲学思想发展的实际情况,可以分为三期进行描述,即萌芽期、形成期、发展期。但严格说来,所谓萌芽期是指在中华人民共和国成立前尚处于哲学萌芽阶段的诸民族的哲学文献所处的时期,形成期则是进至形成期而包括了萌芽期,发展期则包括了萌芽期与形成期而进至发展期。因此,萌芽期、形成期、发展期是指依据中华人民共和国成立前的社会历史实际而作出的划分,其划分基本上是依据肖万源等主编的《中国少数民族哲学史》。

谈到中国少数民族哲学的主要文献,徐初霞的《论中国少数民族哲学文献的特点》①一文有较详细的讨论,应注意参阅。该文从非严格意义上把中国少数民族的哲学文献和与哲学相关的文献大致分为中国少数民族典型哲学文献、中国少数民族非典型哲学文献和中国少数民族蕴含哲学思想或观念的其他文献三类。其中,中国少数民族典型哲学文献又细分为三类,即有具体而确定的文献名称、著者、时代的少数民族哲学文

---

① 徐初霞:《论中国少数民族哲学文献的特点》,《新疆社会科学》2012 年第 3 期,第 12—15 页。

献;反映中国某少数民族哲学思想但具体作者和时代均不详的哲学文献;带有综合性特征的少数民族哲学文献。中国少数民族的非典型哲学文献,即不是集中以哲学问题(包括宗教)为研究内容,或者是非自觉地形成反映本民族哲学观念、哲学思想萌芽和哲学理论思维的典籍文献;中国少数民族蕴含哲学思想或观念的其他文献,这些文献具有突出的综合性、融汇性、通俗性、交叉性,是文学、文化学、宗教、民族学、民俗学、历史学、哲学,还包括科技、农医等多种文化元素和内容的渗透、集汇。以上分类极具价值与启发意义。笔者在本小节从历史的角度作一大致描述。

(一)民族哲学萌芽期的文献

前面提到,所有中国少数民族都有其哲学思想的萌芽期。《中国少数民族哲学史》一书对此作了进一步的划分,认为哈尼族、傈僳族、佤族、拉祜族、阿昌族、德昂族等民族的哲学仍处于萌芽、滋长状态的阶段,达斡尔族、鄂温克族、鄂伦春族等民族的哲学在私有制和阶级出现后意识形态领域有了新的变化,而瑶族、布依族、侗族、水族等民族的哲学则由萌芽而渐趋形成。这一时期的哲学文献十分丰富,如哈尼族重要的史诗和传说有《奥色密色》《合心兄妹传人种》《古老时候的人》《哈尼阿培聪坡坡》《哈尼祖先过江来》《不愿出嫁的姑娘》《十二月生产调》等。其中"奥色密色"是哈尼语音译,意译为"开天辟地"。《奥色密色》源于远古,流传至今。《哈尼阿培聪坡坡》[①]以"哈尼哈八"(哈尼族酒歌)的形式讲述哈尼族先祖的迁徙史,包含着哈尼族传统的社会历史思想。傈僳族口头流传的创世史诗有《创世纪》《木刮基》等,民间传说有《天地和人的来历》《洪水滔天和兄妹成家》《横断山脉的传说》等,民歌有《逃婚调》《生产调》《重逢调》[②]等,其中《重逢调》是一首优美动人的叙事长诗,极具哲学意义。

---

① 朱小和演唱:《哈尼阿培聪坡坡》,史军超、芦朝贵、段贶平、汤叔孔翻译,云南民族出版社,1986。
② 参见《逃婚调,重逢调,生产调》(傈僳族民间长诗三首),周忠枢等翻译、整理,云南人民出版社,1980。

《司岗里》是佤族的创世史诗,"司岗"意为"石洞"或意为"葫芦","里"意为"出来",故"司岗里"意即"从石洞里出来"或"从葫芦里出来",指佤族,甚至整个人类以及各种动物都是从石洞或葫芦里出来的,它是一部民族起源史诗。拉祜族史诗《牡帕密帕》,"牡帕密帕"意为"太阳、月亮",它是拉祜族的一部创世史诗,是研究拉祜族哲学思想的基本资料之一;英雄扎努扎别的故事在拉祜族中广为流传,遂成长诗《扎努扎别》,有的地区则作为民间故事讲述①。阿昌族有丰富的口头文学作品,著名史诗《遮帕麻和遮米麻》②被阿昌族人民称为"我们历史的歌"。德昂族有《葫芦的故事》《天王地母》《龙女的传说》等,尤其是《先祖的传说——达古达楞格莱标》③是研究德昂族历史和哲学思想的重要资料,包含着德昂族先民对天地万物和人类起源的认识,叙述了远古时代德昂族的历史发展。鄂伦春族有古老的史诗《英雄格帕欠》④,还有《喜勒特很》《阿勒塔聂》⑤等英雄传说。鄂温克族有《猎手和汗的姑娘》《汗的第七个女儿的故事》⑥等。达斡尔族有叙事诗《乌春》、幻想性较强的魔法故事《孟贡胡》⑦、揭露社会矛盾的故事《伊玛迪》⑧等。瑶族有大量的歌谣、史诗、故事、寓言、谚语、谜语,其中以历史文献《评皇券牒》(《过山榜》)和创世史诗《密洛陀》《盘王歌》⑨等最为著名,这是研究瑶族人民哲学思想的主要资料。布依族将本

---

① 《扎努扎别》,王松搜集整理、汉译,《民间文学》1959 年 10 月号。长诗《扎努扎别》附于《牡帕密帕》第三部分中,但非《牡帕密帕》原有的内容,而是晚于《牡帕密帕》的独立诗篇。

② 《遮帕麻和遮米麻》正式发表的有散文体和诗体两种,均系赵安贤演唱,杨叶生翻译,兰克、杨智辉整理。散文体《遮帕麻和遮米麻》载于《华夏地理》1981 年第 2 期;诗体《遮帕麻和遮米麻》由云南人民出版社 1983 年出版。《云南少数民族哲学社会思想资料选辑》第 4 辑第 91—92 页收录有散文体《遮帕麻和遮米麻》。

③ 赵腊林唱、译:《先祖的传说——达古达楞格莱标》,陈志鹏整理,《华夏地理》1981 年第 2 期。

④ 参见《黑龙江民间文学》第 17 集,中国民间文艺研究会黑龙江分会 1986 年编印。

⑤ 参见《鄂伦春族社会历史调查》第 2 集,内蒙古人民出版社,1985。

⑥ 参见《中国少数民族社会历史调查资料丛刊》修订编辑委员会编:《鄂温克族社会历史调查》,民族出版社,2009。

⑦ 《达斡尔族文学资料汇编》第 1 辑,内蒙古语言文学研究所铅印本,第 36—45 页。

⑧ 《中国少数民族社会历史调查资料丛刊》修订编辑委员会编:《达斡尔族社会历史调查》,民族出版社,2009。

⑨ 参见《密洛陀》,莎红整理,广西人民出版社,1981。

民族长期流传的《史诗》和《宗教祭祀诗》记录成册，或刻于石碑，留下大批典籍，世代相传至今，如《古谢经》八卷、《巷王经》四卷、《分王》四卷、《谷种经》一卷、《边元经》一卷，以及其他《杂经》数十卷，等等，其中自清嘉庆至咸丰同治年间布依族村寨出现了《安民碑》《晓谕碑》《垂芳千古碑》《禁革碑》《联防合同碑》等多种形式的数十块乡规碑，这也具有重要哲学意义；布依族原始神话《祭寨龙歌》等、原始史诗《古歌》等，产生于阶级社会的《穆播董》、《柔番沃番钱》(译意为《赎买稻种和钱根》)、历史久远的《社洛介》(汉译为《鸡卦书》)，以及一些谱书中的相关文献，如《黄氏宗谱》及其《祖训八条》等，都是重要的哲学文献。侗族的原始史诗被称为"嘎登"，意译为"古歌"，著名的有《人类的起源》《侗族祖先哪里来》等"嘎登"；《款词》和民歌也是侗族的重要哲学资料，《懒汉变忙人》《父母歌》《戒懒汉》《懒人做活路》《点勉》《吉妮》《呵罗湖》《长寿塘》《风雨桥的传说》等都具有丰富的哲学内容，其中《侗族大歌》更应引起重视。水族哲学思想萌芽主要反映在创世神话和古歌中，其中，《开天辟地造人烟》《开天辟地》《开天立地》《开天辟地歌》《恩公开辟地方》《拱恩总恒》等较有代表性。而《水书》中则蕴含有丰富的哲学观念，《水书》约有 400 个单字，已编纂成 30 多卷典籍。按照《中国少数民族哲学史》的观点，上述民族的哲学基本上处于"起源"阶段，属哲学萌芽期的哲学文献。不过，根据上面的论述，不少民族的哲学已进入到了形成时期，如侗族、布依族、瑶族，等等。

（二）民族哲学形成期的文献

《中国少数民族哲学史》认为纳西族、傣族、苗族、彝族、壮族等民族的哲学处于从萌芽期到形成期这一历史时段，其中彝族、苗族、壮族等民族的哲学由萌芽而形成，且又缓慢地演进的线索较为清晰。按照中国少数民族哲学发展的实际，有 31 个民族的哲学已经到了形成期。

纳西族早已有古代的奇文《白狼歌》三章；《远夷乐德歌》《远夷慕德歌》《远夷怀德歌》；还有历史中形成的《东巴经》；其他的文献有具体描述天地、万物起源的《崇搬图》《懂述战争》等书，这些书中的精威五行说和宇宙发生论很有代表性。傣族现今仍流传着一部13 000余行的创世史诗《巴塔麻嘎捧尚罗》(又名《南师巴塔麻嘎帕萨傣》)①;还有民间故事《阿銮》《朱腊波提的故事》《艾苏和艾西的故事》《甘达莱的故事》等,另有《召树屯》这些书中的《兰嘎西贺》;傣文法典有音译为《阿雅兴安龙召片领》(意译为《召片领(最高领主)的法律大典》);傣族格言、训条的汇集包括:《嘎里罗嘎里坦》(教规)、《布算兰》(爷爷教育子孙)、《土司对百姓的训条》、《教训儿子处世的道理》、《教训妇女做媳妇的礼节》等;傣族医学理论科学著作有《嘎牙桑嘎雅》(人体名称)等,这些文献都具有丰富的哲学思想。此外,《咋雷蛇曼蛇勐》(《谈寨神勐神的由来》)、《哇雷麻约甘哈傣》(《论傣族诗歌》)、《沙夏纳桑坛》(《信仰三阶段》)等,这三部文献中的哲学思想也十分丰富。傣族的宗教和鬼神观、朴素认识论较有代表性。苗族的原始史诗即古歌有《爬山涉水》《开天辟地歌》《枫木歌》《古老话》《苗族古歌》,等等;另有议榔词和理词,"议榔"有"构榔""埋岩会议""合款""里社会议"等不同名称,是一个社会组织及其规范,它以联合集议制订公约并执行公约的方式,来规范人们的行为,维持正常的生产和生活。苗族的伦理道德哲学较有影响力。苗族已有自己的哲学英雄及其文献。彝族史诗有《梅葛》《阿细的先基》《勒俄特依》《查姆》《尼苏夺节》《阿黑西尼摩》《洪水泛滥史》《英雄支格阿龙》,等等,已整理出来的叙事长诗就有《阿诗玛》《妈妈的女儿》《南诏国的宫灯》《我的么妹》《逃到甜蜜的地方》等20多部,有《码本特衣》《尔比尔吉》《人生哲理》等丰富的谚语和格言诗等,有著名的传世古碑《爨宝子碑》《爨龙颜碑》等,有直接的哲学和文学理论著作《彝族诗文论》②(其中包括举奢哲的《彝族诗文论》、阿买妮的《彝语诗律论》、布独布举的《纸笔与写作》、布塔厄筹的《论诗的写作》、举娄布佗的《诗歌写作谈》等五位古代彝族思想家和诗人的论著);彝族封建社会的哲学文献则有《宇宙人文论》、《训书》(又译为《宇宙源流》)、《西

---

① 参见《巴塔麻嘎捧尚罗》,岩温扁据西双版纳勐欣的手抄本汉译,云南人民出版社,1989。
② 参见《彝族诗文论》,康健、王子尧、王冶新、何积全等整理并汉译,贵州人民出版社,1988。

南彝志》,等等。彝族以清浊二气为核心的宇宙论、朴素辩证法思想较有代表性。壮族有神话故事《天地分家》《布洛陀和咪咯甲》《保洛陀》《陆驮公公》《布伯的故事》《特康射太阳》等,还有著名的伦理教科书——《传扬诗》,全诗用五言勒脚体写成,共20章,2 100余行,10万多字。壮族的军事辩证法思想、人生哲学、伦理道德思想等较有代表性。在《中国少数民族哲学史》看来,上述民族已形成了自己的哲学思想。不过,我们这里强调的是民族哲学从萌芽到形成的全过程。

（三）民族哲学发展期的文献

《中国少数民族哲学史》认为,白族、满族、蒙古族、藏族、维吾尔族、回族等民族的哲学已经历了由萌芽到哲学形成的过程,其中白族、满族于明清时代的哲学思想接近或达到同时期中域哲学思想的发展水平。因此,这些民族哲学的特点就是哲学的形成及其后来的发展,具有相当高的理论思维水平。

根据云南省民间文学集成办公室编《白族神话传说集成》[1]与李星华记录整理的《白族民间故事传说集》[2],白族丰富的创世神话有《人类和万物的起源》(又名《劳谷和劳泰》或《古千古洛创世纪》)、《开天辟地》、《石明月》、《氏族来源的传说》等篇,另有《打歌》[3]("打歌",白语音译,即游戏、娱乐的意思)、《护法明公德运碑赞》、兴宝寺《德化铭》、《嵇肃灵峰明帝记》等。此外,白族在元明以后已出现了体系化的哲学家。

文通的《百一三方解》、奇克唐阿的《厚德棠集验方萃编》,以及许多神话、传说、故事都可以作为满族哲学研究文献。相关学者著述则更多,如满族纳兰性德的《侧帽集》《饮水词集》,曹雪芹的《红楼梦》,等等。

---

① 参见云南省民间文学集成办公室编:《白族神话传说集成》,中国民间文艺出版社,1986。
② 参见李星华记录整理:《白族民间故事传说集》,中国民间文艺出版社,1982。
③ 李康德、王晋臣口述:《打歌》,杨亮才、陶阳记录整理,载《白族民歌集》,人民文学出版社,1985,第255页。

蒙古族的哲学文献自成一个基本完整的历史系统。如《格斯尔》《江格尔》《勇士谷诺干》①《敕勒歌》等可算是远古文献;天文学家乌鲁别克的《乌鲁别克表》,呼和浩特五塔寺蒙文星宿图、佚名《蒙古天文学》、《甘露之泉》、《蒙药正典》,17世纪著名学者明安图的《割圆密率捷法》及翻译的108函巨著《甘珠尔经》,这些是科学文献;蒙古族的第一部典籍《蒙古秘史》,随着16世纪藏传佛教格鲁派的传入而出现的《黄史》②、《蒙古源流》,从清代至近现代出现的《青史演义》《蒙古风俗鉴》等著述,这些文献基本构成了完整的历史序列,其他的如《一层楼》《泣红亭》等也极为珍贵。

藏族的哲学文献极为丰富。除苯教、藏传佛教的经典外,藏族史诗《格萨尔王传》《米拉日巴道歌》《诗镜论》等较为有名,在敦煌发现的用古藏文书写的《四种医疗术》《五种占卜治病法》《起阳二十八》《起阴二十二》等药物著述,以及后来的藏族医学家宇妥·云丹贡布的《四部医典》(即《医方四续》),名医帝马·丹增彭错的《晶珠本草》,构成藏族的医药科学体系,其中《四部医典》的哲学思想内容丰富,是祖国医学中的一份宝贵遗产;藏族还在历史、文学、佛学、因明学、语言文学、历算、艺术等方面有丰富的著述,包括:著名的《青史》、《红史》、《智者喜宴》、《布顿佛教史》、苯教《大藏经》和佛教《大藏经》、《斯巴问答歌》③、苯教经典《黑头矮子的起源》,公元五六世纪成书的《礼仪问答写卷》、藏族格言诗《萨迦格言》,等等。以上文献基本上可反映藏族哲学的整体状况。藏传佛教空宗的本体论较有代表性。

维吾尔族哲学被划分为三个时期,即原始社会的自然神论、前伊斯兰教时期的各种宗教哲学、伊斯兰教哲学等,因而以宗教哲学为主。不过需要说明的是,前伊斯兰教时期的各种宗教哲学属维吾尔族形成前的前民族哲学,在此我们暂不作明确区分。维吾尔族哲学文献十分丰富,

---

① 参见《勇士谷诺干》,霍尔查译,内蒙古人民出版社,1980。
② 参见《黄史》,格日乐译注,内蒙古教育出版社,2007。
③ 毛星主编:《中国少数民族文学·斯巴问答歌》上册,湖南人民出版社,1983。

哲学人物英雄辈出。如影响深远的神话传说和英雄史诗《乌古斯纳玛》《沁斯达尼智慧王》《艾甫拉夫·西亚夫》《乌古斯可汗的传说》①等,爱情传说《阿塔迪达与扎尔西》,维吾尔族人民同中亚其他民族群众反抗阿拉伯军事侵略的民间史诗《阿衣苏鲁》《古尔吾格勒》,还有远播中外的《阿凡提的故事》,这些文献均可作为哲学研究资料。至于哲学英雄文献,如成书于喀喇汗王朝的优素甫·哈斯·哈吉甫的长篇巨著《福乐智慧》,西辽时期的阿赫麦德·玉克乃克的《真理的入门》,察合台汗国时期的卢提菲的《光源考》《古丽与诺茹孜》、赛卡基的《诗集》、那瓦依的《五部史诗》,叶尔羌汗国时期的女诗人阿曼尼沙汗的《美的道德》,清朝时期的《麦西来甫》和则力里的《诗集》,等等,其他的还有:穆罕默德·哈拉孜米的《爱情篇》,米尔咱·马黑麻·海答尔的《拉失德史》,沙·马合木·扎剌思的《编年史》,穆罕默德·沙迪克·喀什噶尔的《和卓传》,穆罕默德·依瓦孜的《麦赫杜姆·艾扎木与和卓·伊斯哈克家族传》,19世纪在中亚问世的一部《歪斯传》等历史巨篇,以及元代农学家鲁明善《农桑衣食撮要》(简称《农桑撮要》,又名《养民月令》),等等,这些文献都可作为哲学研究资料。

中国其他各少数民族也都有其丰富的哲学文献,如土家族的《田氏一家言》《答猿诗草》《叠岫楼诗草》等,在这里不再加以论述。

四、中国少数民族哲学的主要人物

在中国少数民族哲学发展中,同样产生了自己的哲学英雄,有的已形成了自己的哲学体系,有的有丰富的哲学思想。

侗族已产生了自己的哲学英雄,像生活于清朝嘉庆道光年间的贵州黎平县人吴文彩,即具有较鲜明的哲学思想意识。傣族在近代则有革命民主主义者刀安仁,字沛生,又名郗安仁,傣语名为帕荫法,他曾于光绪十七年(1891)率领傣族、景颇族、傈僳族、汉族等各族人民组成的军队英

---

① 《乌古斯可汗的传说》,耿世民译,新疆人民出版社,1982。

勇抗击侵略者,采取"七里蜂护窝"的丛林战术,重创侵略军,保卫了神圣的国土。水族聚居地区近现代以来则出现了由民主主义者成长为共产主义者的邓恩铭。苗族也产生了自己的哲学英雄,如明朝末年的湖南麻阳县兰里镇人满朝荐,字汝杨,号振寰;清朝中期的贵州锦屏县亮司村人龙绍纳,字木斋,撰有《亮川前集》二卷、《亮川续集》二卷。苗族在近代则有湖南凤凰县人龙凤翔,名桥喜,字岐山,为诗人哲学英雄,坚持"衣食足礼义兴"思想;湖南凤凰县人龙骧(1859—1936),字云生,坚持自己的教育哲学;贵州省台拱厅(今台江县)养刚寨人张秀眉,为清朝咸丰同治年间苗民起义的卓越领导人,具有太平社会理想。彝族近代以来也有自己的哲学英雄,其中李文学的反封建和民族团结思想较为著名。

壮族在奴隶社会与封建社会产生了不少的哲学英雄,其中有产生于宋代的侬智高兵法,形成于明代的岑家兵法,运用岑家兵法的瓦氏夫人;清代壮族著名学者刘定逌,字叙臣,一字叔达,号灵溪,广西武鸣县人,著有《刘灵溪诗稿》《四书讲义》《读书六字诀》等,现仅存诗数十首,散文《三难通解训言述》《罗衣古寺碑记》《重修武缘县儒学碑记》《灵水庙碑记》等,其作品中富含人生哲学;广西平南人黎建三(1748—1806),字谦亭,广西武鸣县人黄彦埍,字汝陶,号竹山,此二人都具有无神论思想;鸦片战争至五四运动时期,壮族则出现了广西象州县人郑献甫,原名存纻,别号小谷,著有《四书翼注》《愚一录》《补学轩诗集》《补学轩散体文》《补学轩骈体文》《补学轩文集外编》,并纂有《象州志》、编有《车营百八叩答说合编》,其主张二教论;广西宜山永泰里人蓝景章,字汉星,号烟柳,著有《地理辨序》;广西上林县人李维坊,字春亭,著有《续葬论》;广西宁明人黎申产,号嵩山,一字蠡庵,著有《菜根草堂吟稿》二卷、《宁明州志》二卷、《宿缘小名录》一卷、《医案》一卷、《菜根草堂读书记》四卷,等等。

元明清时期白族哲学社会思想的发展已进入一个新的阶段,重要标志即出现了本民族的哲学家和专门的哲学著作。例如:邓川(今大理白族自治州洱源县邓川镇)人杨南金,字本重,明代中期著名的白族学者,具有同情民众疾苦的思想,著有《禅乡集》《守土训》《三教论》等,现仅有

《重修河堤记》《崇正祠记》《旧志序》等三篇散文,以及《土著变》《玉泉》等五首诗传世。明代中期著名的白族学者、大理喜洲(今大理白族自治州大理市喜洲镇)人杨士云(1477—1554),字从龙,号弘山,又号九龙真逸,具有同情民众疾苦和反巫术的思想,著有《皇极》《天文》《咏史》等,后人集为《杨弘山先生存稿》(12卷)。明代白族的著名思想家、融释儒思想于一体的哲学家李元阳,云南大理太和人,字仁甫,号中溪,编纂有《云南通志》,并与杨士云同修《大理府志》,著有《心性图说》《中溪漫稿》《艳雪台诗》等,被汇集为《中溪家传汇稿》,1913年此书由李根源重刊为《李中溪全集》,并收入《云南丛书》,李元阳主张"性心意情"说。云南姚安(今楚雄彝族自治州姚安县)人,得理学深旨的哲学家高𣲖映,字雪君,别号问米居士,清初白族的思想家、学者,著作达81种之多,民国《姚安县志》引"清季北平名流有谓,清初诸儒应以顾、黄、王、颜、高五氏并列",对其评价甚高,其著作现在仍可看到的有《太极明辨》《增订来氏易注》《金刚慧解》《心印经解》《迪孙》《禁邪巫惑众议》等,高𣲖映主张"太极包得先后天理、气之全体"说。清代著名的白族史学家和经学巨擘,浪穹(今大理白族自治州洱源县)人,主张"先气化后形生"的哲学家王崧,字伯高,号乐山,原名藩,号酉山,修纂过《云南通志》《云南备征志》,著有《乐山集》两卷、《说纬》六卷(民国三年刻本)、《乐山制义》一卷(清嘉庆十五年刻本)、《布公集》、《江海集》、《提钩集》,以及《乐山诗集》,等等。此外,还有近代旧民主主义革命时期白族的哲学思想家杨绍霆、赵辉壁、赵藩、张耀曾、赵式铭等人。另有白族诗人杨奇鲲的《途中》、杨义宗的《题大慈寺芍药》《洞云歌》等也可资为哲学研究资料,可以说是群星闪烁的思想世界。

满族哲学发展中的哲学英雄也是群星灿烂。作为满族人的祖先,女真人及其代表人物金朝的第三代皇帝金熙宗完颜亶持变易历史观,提倡儒学、尊孔;海陵王完颜亮推崇"天命无常,唯德是辅"的儒家思想,认为向佛求福利"皆妄";金世宗完颜雍提倡读书"必须行之"的"任实";金章宗完颜璟把传播、翻译汉文典籍经常化、制度化;赵良弼(1293—1363),字辅之,以儒者自居,重经学的推广运用,借赞襄之便,劝元世祖设学开科。到了明末,满族哲学的发展中出现了努尔哈赤、皇太极二人,其"天佑"有德者为王的思想影响很大。清朝时,康熙皇帝玄烨的理本体论和"真理学";阿克敦的太极阴阳五行说与"体用"说;永增的诗性哲学;昇寅的反鬼神迷信思想;成瑞、奕䜣、载滢等都各有自己的哲学思想,使满族哲学思想在一定程度上达到了中域哲学的一般水平。

蒙古族的哲学英雄主要有:成吉思汗,名铁木真,姓孛儿只斤,乞颜氏,生于蒙古贵族世家,其"天力"与"一统之制"思想,"天无二日,地无二罕"思想等极有影响;忽必烈,即元世祖,成吉思汗之孙,蒙古族著名的政治家、军事家、思想家,继承和发展了蒙古族传统的天命论思想,其"祖述变通"思想,"至诚应天"观影响较大;保巴,字公孟,号普庵,元代前期人(《元史》作保八,《续资治通鉴》作保巴),蒙古族(一说色目人)哲学家,受儒家文化影响颇深,在《易源奥义》《周易原旨》两本书中,保巴探讨了宇宙万物的起源,提出了太极为理的本体论思想,主张"太极运化";17世纪鄂尔多斯地区的著名的政治人物、学者萨囊彻辰,著《蒙古源流》一书,该书与《蒙古秘史》被史家称之为蒙古族古典文献的"双璧",萨囊彻辰的汗权政治思想影响较大。近现代时期蒙古族哲学思想异常丰富,裕谦、倭仁、哈斯宝、尹湛纳希、贡桑诺尔布、罗布桑却丹等群星灿烂。

八思巴(1235—1280),藏族著名的思想家、宗教领袖,《彰所知论》的宗教哲学及其对蒙古族思想的影响巨大,其思想与蒙古族关系极深;藏族哲学家宗喀巴,本名罗桑扎巴,生于今青海省湟中县塔尔寺地方,其父母都是虔诚的佛教徒。从1402年始著书立说,先后撰写了《菩提道次第广论》《密宗道次第广论》《菩提戒品释》《密宗十四根本戒释》《中论广释》《辨了义不了义论》等书,提倡先显后密,显密兼修,成就了自己的佛教哲学体系,即"一切法皆自性空"论等的佛教哲学。

维吾尔族哲学哲人辈出，已被研究的包括①：

前伊斯兰教的各种宗教哲学阶段。佛图舌弥，东晋时期龟兹高僧，小乘佛教大师，唐僧祐《出三藏·记集》及其他一些佛教典籍中可以窥见他的一些佛学思想；鸠摩罗什，东晋时期西域著名的大乘佛教学者和佛经翻译家，他与真谛、玄奘、不空号称中国佛教史上的四大译经家，《高僧传》等僧传、经录为其中立有专传，非有非无的"毕竟空"论是其代表性的佛教哲学观点。

伊斯兰教哲学为主的阶段，唐朝后期到明朝前期。法拉比，早年生活在中亚地区喀喇汗王朝统治下的法拉比城，后曾到过阿拉伯帝国都城巴格达游历，他一生写了165部以上的著作，最主要的有《论文明城居民的观点》《科学的分类》《逻辑大全》《化学的必要性》《论人体的构造》，等等，他还注释过亚里士多德和托勒密、欧几里得等人的著作，他的存在论、统一论和上升论的自然哲学体系较有代表性；优素甫·哈斯·哈吉甫，喀喇汗王朝时期著名的诗人、思想家，著有著名的哲理长诗——《福乐智慧》，另有《百科书》和《政策书》两部著作，其道德论与理想社会观较有代表性，《福乐智慧》中体现了较为明显的泛神论、自然哲学观；阿赫麦德·玉克乃克，约生活在 12 世纪至 13 世纪之际，大概是西辽末期到元朝初期，他著有《真理的入门》（或译为《真理的献礼》），他的知识论、道德观等具有代表性；贯云石（1266—1324），元代维吾尔族思想家，著有《酸斋诗文》《翰林侍读学士贯父文集》《直解孝经》等，《直解孝经》将维吾尔族固有的道德传统与孔子的仁学结合起来，其伦理思想值得重视。阿鲁浑萨里，元代政治家，曾受学国师八思巴，后被元世祖忽必烈选入内朝，其哲学思想是儒家、佛教、藏传佛教兼而有之，但儒家思想在其哲学思想中则居主导地位；艾拜都拉·鲁提菲（1366—1465），东察合台汗国时期的维吾尔族诗人，他的爱憎观极具哲学意义；艾里什尔·那瓦依（1441—

---

① 这里指学术界已经指认为维吾尔族哲学哲人的那些学者。事实上，包含了在整个西北各民族形成的"前民族"时期的不少学者，也有宗教高僧等。这里只是暂时归入某一民族，以为叙述方便。

1510),是继优素甫·哈斯·哈吉甫之后,维吾尔族文学史和文化思想史上又一个最有名的代表人物,他一生留下了《深邃的宝库》《五部诗集》等15 卷文学和学术巨著,现在研究那瓦依的文学和学术遗产已成为专门的学科,称为"那瓦依学"。

明清时期。阿赫麦特·耶塞维,明代西域地方政权叶尔羌汗国维吾尔族诗人、思想家,他的哲学思想属于伊斯兰教中的苏非主义派,其神人合一的思想集中在他的著作《哲理诗集》中;穆罕默德·斯地克·则力里,也是明代西域地方政权叶尔羌汗国时期的一位维吾尔族思想家,他崇尚各种各样的学科,甚至包括柏拉图的哲学,主要著作有《诗集》和《全诗集》;艾哈默德·阿拜都拉·哈拉巴蒂,清初西域地方政权和卓政权统治时期的维吾尔族诗人和思想家,留下来的著作主要是《哈拉巴蒂双行诗全集》,由 2130 首双行诗构成,书中提出了 112 个社会政治、道德问题,含有丰富的哲学思想;巴巴拉赫木·麦西来甫(1646—1733),是清朝初期维吾尔族哲学史上的一位重要的思想家,他的大量诗作收集在《麦西来甫传》中,这些诗作反映了其人文主义哲学思想。

近代时期。阿不都·哈迪尔·大毛拉(1862—1924),维吾尔族现代文学的奠基人之一,勇敢的爱国者和启蒙主义者,他提倡团结,发展新文化,实行新教育,编有《依里米·依萨甫》(数学)、《萨力甫· 仍夫依》(语法和辞法学)、《莫夫塔伊里 · 阿达甫》(文学导论)、《台力姆·色必亚尼》(儿童教育)等课本,他有许多佳作流传于社会公众之中,其哲学名作《伽瓦赫茹勒·赫汗》(信仰的精华)现保存于新疆大学图书馆和埃及爱资哈尔大学图书馆。阿不都·哈迪尔·大毛拉因反对当时外国侵略势力在喀什的分裂及宗教活动,被勾结外国势力的封建统治者以及叛徒、顽固分子于 1924 年 8 月阴谋杀害。

回族是元明时期形成的中国少数民族,元末明初出现了"以回附儒"的初步倾向,即有《定州礼拜寺元碑碑记》传世。赛典赤·瞻思丁是元代回族中卓有声誉的政治家,曾得出"因俗利导,抚以威惠"的政治观,其中"赛典赤"意为荣耀的后裔,"瞻思丁"意为宗教的太阳;瞻思丁,字得之,

是元代后期一位博通经史、地理、河防、老庄之学的回族学者兼政治家,
有《帝王心法》一书,并修纂《经世大典》,具有"厥疑""思问"的批判怀疑
精神;萨都剌是元代著名的回族诗人,著有《雁门集》20 卷刊行于世,主张
"男耕女织天下平"的社会史观。此外,马哈麻的《回回天文书》"序"、扎
马鲁丁的《万年历》等,都具有回族的自然哲学思想。到了明代,回族哲
学的代表人物有:海瑞,字汝贤,自号刚峰,著有《海瑞集》①,持心学思想
立场。李贽,原姓林,名载贽,中举后改姓李,字卓吾,是中国思想史上的
杰出思想家,著有《李氏藏书》68 卷、《续藏书》26 卷、《焚书》6 卷、《续焚
书》5 卷,以及《李氏文集》20 卷、《李氏丛书》11 种,并为一百回《忠义水浒
传》、120 回本《忠义水浒全传》和《三国演义》作了详细批注,李贽的"童
心"说较有代表性。从明末至清中叶,回族出现了一批哲学代表人物,
如:王岱舆,又名"真回老人",著有《正教真诠》《清真大学》《希真正答》②,
现有宁夏人民出版社 1987 年版合刊点校本行世,以"真一"哲学为特色。
刘智,字介廉,自号一斋,著有《天方性理》、《天方典礼》20 卷、《天方至圣
实录》20 卷、《五功释义》63 章、《天方三字经》、《天方字母解义》与《五更
月偈》,以"无称"哲学为特色。马注,字文炳,号仲修,经名郁速馥,为赛
典赤·瞻思丁的 15 世孙,自称"圣裔",马注赞同苏非主义哲学,著有《经
权集》和《樗樵录》两部文集,在探究伊斯兰教义与宗教哲学方面有《清真
指南》10 卷 20 余万言、《左道通晓》等,其中《清真指南》包括伊斯兰和回
族的哲学、历史、经义、教律、天文、传说,现有宁夏人民出版社 1988 年版
《清真指南》③的新标点本行世,该书以"八赞"哲学为特色。马德新,字复
初,著有《朝觐途记》《礼法启爱》《环宇述要》《道行究竟》《天方历原》《尔
勒壁春秋》《礼拜真功》《据理质证》《理学折衷》《觉世宝箴》《爱思乐路》
《幽冥秘语》《母哈克勒》《满退古》《欲望归宿》《信德之维持》《纳哈五》《算
来夫》,等等;较有哲学意义的著作有《宝命真经〈古兰经〉直解》《大化总

---

① 参见《海瑞集》,陈义钟编校,中华书局,1962。
② 参见王岱舆:《正教真诠·清真大学·希真正答》,余振贵点校,宁夏人民出版社,1987。
③ 马注:《清真指南》,余振贵标点,宁夏人民出版社,1988。

归》《四典要会》《会归要语》《天理命运说》《性命宗旨》《天方信源蒙引歌》《祝天大赞》,等等,其作品以"大化总归"哲学为特色。回族近代则出现了杜文秀的社会政治理想,体现了回族哲学与社会思想的近现代转型。

第二节　中国少数民族哲学形成期的主要特征

中国少数民族哲学的形成与各少数民族的社会发展阶段、与各少数民族的生存环境等密切相关。从民族文化发生学的角度看,中国少数民族哲学的形成,当然只能发生在具有哲学形成条件的民族中,而阶级社会似又为形成哲学的基础条件。然而问题的复杂性在于,中国各少数民族又与周边各民族有文化交流,各民族内部又存在明显的族群差异,从而使中国少数民族哲学的形成具有多样性。本节以研究中国少数民族哲学形成期的发生学特征(动力学特征)为基础,探讨中国少数民族哲学的问题意识及思维方式等问题。

一、中国少数民族哲学形成期的发生学特征

分析中国少数民族哲学的形成,一定会发现中国少数民族思想文化发展的两个精神传统。一个是始终坚持本民族的自我意识,保持民族"自性"的传统;另一个是不断在开放纳新中进行文化再创造,吸收、消化、运用其他民族文化,其中特别是中域先进文化的传统。究其原因,即中国少数民族的生存地域一直处于相对的边缘地区,处于与中域或其他民族文化的交汇点上。此外,除各民族先民本身即为一个多族群复合体而外,还因四周之民与各族先民有不同的文化传统,特别是中域文化传统。各族人民正是在这种文化环境下,必然面对着文化发展的双重任务:既要坚守民族自我的文化传统,又要消化吸收周边的民族文化,特别是中域文化,于是形成了各民族文化发展的两种思想传统。而这也正是中国少数民族哲学形成期的发生学特征。

通观已出版的各民族简史简志丛书,我们看到各主要少数民族聚居

地区都有自己的远古先民,形成了各民族的考古学文化传统,并得到了长期流传的神话、传说、史诗等口承文化的佐证,后来又由于各民族文化交流,在中国少数民族文化发展中又大致形成了几个大的文化圈系。例如从宗教上来看:在中国西南、中南、东南(包括台湾地区)的广大南方地区生活的少数民族,较为普遍地保持着以万物有灵为中心的原始宗教信仰,并因不同的信仰而形成了不同的原始宗教信仰圈系;在中国东北地区存在着一个东北少数民族萨满教文化圈,包括鄂温克族、鄂伦春族、达斡尔族、满族、锡伯族等民族,以及朝鲜族和西北地区的裕固族中的一部分;佛教传入中国后与不同地区的民族文化相互吸收和融合,形成了汉传佛教、藏传佛教、南传佛教三大体系,其中,藏传佛教被藏族、蒙古族、土族、裕固族、达斡尔族、普米族、门巴族以及纳西族的相当一部分群众信仰,汉传佛教在朝鲜族、白族、布依族、壮族、京族、毛南族等民族的部分群众信仰中影响较大,中国南传佛教的影响主要在云南省,为傣族等少数民族相当一部分群众信仰;西北民族地区受到伊斯兰教的影响较大,回族、维吾尔族、哈萨克族、柯尔克孜族、塔塔尔族、乌孜别克族、塔吉克族、东乡族、撒拉族、保安族等 10 个民族的相当一部分群众信仰伊斯兰教,形成了西北少数民族伊斯兰教文化圈;天主教、基督教新教逐步传入了彝族、布依族、朝鲜族、景颇族、拉祜族、土家族、佤族、壮族、藏族等民族中……有学者曾就此划分为原生型萨满教文化圈、藏传佛教文化圈、伊斯兰教文化圈、西南地区原生型宗教文化圈,等等①。

哲学当然具有普遍性,这种普遍性一是所有哲学所讲的概念或道理或哲学中的真理都是普遍的,二是说不同族群、不同时空的哲学形态中有共同的问题或方法的抽象。因此,就哲学的存在形式上讲,它总是特殊的、民族的、族群的或个人的,但却总有一些共同的道理,这就是我们研究中国少数民族哲学的一个基本原则或方法,即在中国少数民族哲学

---

① 宝贵贞:《从合法性到新范式——中国少数民族哲学研究困境与出路》,《内蒙古师范大学学报(哲学社会科学版)》2009 年第 1 期,第 76—79 页。

中去发现那种哲学一般,那种哲学差异中的一般。但这种一般是与中国少数民族哲学的特殊发生学相联系的。例如:属于汉藏语系藏缅语族的民族,包括彝族、藏族、哈尼族、白族、拉祜族、纳西族、土家族、羌族,以及壮侗语族的壮族、布依族、侗族、傣族、黎族、水族等民族,皆出自古代的"氐羌",且大多是从游牧民族转化为农牧并重、以水田农业为基础的民族,他们的民族文化虽然都发源于古羌戎,有一定的历史共性,但各民族在自己形成、发展的历史长河中,既继承和发扬了古羌戎族群的若干文化,又根据各自生产生活的特点创造了各自的文化,同时也吸收了汉族和其他民族的先进文化,从而形成了共性与个性相统一的各民族哲学文化。其他语族的民族,例如:属于壮侗语族的民族,部分来自古代的"百越",包括壮族、布依族、傣族、侗族、水族、仫佬族、毛南族、黎族等;属于苗瑶语族的民族,部分来自古代的"南蛮",有苗族(或说苗语属汉藏语系苗瑶语族,其中包括苗语、勉语、布努语等)与瑶族,他们大多是以山地农业为基础;属于阿尔泰语系突厥语族的维吾尔族、哈萨克族、柯尔克孜族、东乡族、达斡尔族、土族;属于蒙古语族的蒙古族、东乡族、达斡尔族、土族;属于朝鲜语族的朝鲜族等民族,其哲学文化也都有各自的族群文化联系,并形成了相应的共性与个性。还有一些其他语族的民族,例如:属于满—通古斯语族的锡伯族、鄂温克族,属于南亚语系孟—高棉语族的佤族、德昂族、布朗族等民族,属于印度尼西亚语族的高山族;属于印欧语系塔吉克语族的塔吉克族,属于俄罗斯语族的俄罗斯族等,也都有相类的哲学文化发生学特征。

哲学作为对宇宙、社会、人生的终极关怀,宇宙、社会、人生的本源、存在、发展过程及规律,宇宙、社会、人生的价值、功能及其意义,在哲学那里,既是对象化的,又是民族或族群主体性的,是哲学主体在宇宙中、在社会上、在人生的体验或经验中的问题追问与解释。这一点在中国少数民族哲学的早期形态中表现得非常明显。屈原的《天问》、各少数民族的盘歌等在探索这些问题时,都以"问答"的形式存在,即提供了很好的例证。大致来说,中国各少数民族可分为苗蛮集团、羌戎集团、通古斯集团、伊斯兰信仰集团等,这些不同的族群集团是在不同的历史时期形成的,各自的生存样态与生存体验既相类似又有不同,因而在哲学探索上同中有异、异中有同,以至于现在还可据此划分出不同的"哲学"集团。当然这并不否认各民族仍然坚持自己特殊的观念体系、问题类型、思维方法、探索进路,从而形成了不同的哲学情感与哲学体验。正是在这个意义上,我们说"中国少数民族哲学",是指中国少数民族的千姿百态的哲学及其传统,而不是去找一个普遍的哲学;是承认所有民族、所有哲学家的哲学形态、问题、提问方式、话语系统、思想体系、承载样态等都是特殊的、个性化的。也正是在这个意义上,我们大可不必以西方或中国某个或某些"哲学家"说中国、说中国少数民族没有哲学而放弃对中国或中国少数民族哲学的探索。

"但凡思考宇宙、人生诸大问题,追求大智慧的,都属于哲学的范畴。关于人在宇宙中的地位、人的尊严与价值、人的安身立命之道,等等,都是哲学的题中应有之义。"①在中国少数民族哲学的思考中,特别是在中国少数民族哲学的早期形态中,这样的思考都是为着人类自身而存在的,宇宙的本源与样态是因"人"而改变的,因而需要一种合适的"天人合一"的人,从而推动"人"的进化,这就是中国各少数民族的神话、传说、史诗"哲学"思考的核心,是那一时代"时代精神"的精华。为了完成这种进程,出现了追求大智慧的人类英雄,他们都特别强调"知识"的重要性,这甚至成了中国少数民族哲学的一种传统,因而各少数民族在文化上具有充分的开放性,以至于现在的各少数民族文化之间虽然界限分明,但却也似曾相识。如果不是有充分的情感与体验,是很难理解中国少数民族哲学的这种精神气质的②。从这个意义上说,按照康德式哲学的宇宙性、学院式划分,那中国少数民族哲学无疑都是宇宙性的,与中国传统哲学的儒家精神一致,这或许也是中国少数民族哲学在后来崇儒的原因之一。

---

① 郭齐勇:《中国哲学史》,高等教育出版社,2006,导言,第1页。
② 萧洪恩:《哲学的经验与情感:从黑格尔那里寻求中国少数民族哲学的合法性》,《武汉科技大学学报(社会科学版)》2011年第4期,第434—442页。

在中国少数民族哲学的自性上如此,但这却并不否认中国少数民族哲学的开放性,即对周边"先进"文化的吸收,特别是对中域文化的吸收。这一点,几乎在所有少数民族的文化中都能发现,在已经进入阶级社会,具有形成期哲学思想发展的民族那里更是如此。我们仅以儒学为例即可证明。目前,学界已证明少数民族哲学与儒学的关系是"互相吸收","双向的","相通、相济、相助",儒学易于为众多民族所接受,对这些民族哲学的形成、发展有着重要的促进作用。而兄弟民族对儒学也有积极的影响,其思想家对儒学思想的阐发,则丰富了儒学的思想内容,从东汉以后各少数民族地区地方政权的统治者,乃至元、清两代帝王,习汉文、尊孔崇儒,则促进了儒学的发展①。这种现象诚如本杰明·史华慈在《古代中国的思想世界》中所说:"超越了语言、历史和文化以及福柯所说'话语'障碍的比较思想研究是可能的。这种信念相信:人类经验共有同一个世界。"②

二、中国少数民族哲学形成期的问题意识③

中国少数民族哲学作为中国哲学的一部分,既在思维方式、话语系统、问题意识等方面有别于以汉语、汉族哲学为主体的目前之"中国哲学传统",也有别于西方哲学传统,而且各民族哲学内部也有很大的差异。但是,三者之间也有"哲学"的共性,即作为意义世界的哲学,探索人生终极意义、人生价值理念与境界,并回答相关的世界终极问题。不过应特别强调的是,这些问题基本上是从哲学萌芽期即已形成并传承下来,而在形成期凝聚成哲学共识的。

(一)本体论问题

在哲学自身的提问方式方面,本体论的提问是宇宙怎么来的、人类

---

① 钟少哲:《中国少数民族文化与哲学全国学术讨论会综述》,《孔子研究》1995年第3期,第125—128页,第59页。
② 本杰明·史华慈:《古代中国的思想世界》,程钢译、刘东校,江苏人民出版社,2004,第12页。
③ 本小节多参阅佟德富、宝贵贞:《中国少数民族哲学专题研究》,中央民族大学出版社,2006。

怎么来的、宇宙如何构成、人类如何进步等问题。中国少数民族哲学从起源到形成,产生了丰富的自然哲学与相关的起源论、构成论、进化论、完善论,并据此确立人在宇宙中的位置及其终极意义。

在演化论方面,相较于西方,中国少数民族由于民族文化的多元性,既有与西方文化同源同宗的宗教信仰,信仰将一元外在超越的上帝、纯粹精神、不变的实体作为宇宙的创造者。例如:回族哲学与信仰基督教的民族哲学,在人与神、此岸与彼岸、灵魂与肉体、身体与心灵等方面显示出强烈的宗教情结;但又在哲学上舍弃了其自然与超自然、心与物、精神与物质、主体与客体、价值与事实、理性与情感等方面的二元划分,体现了"中国哲学传统"的统一性。其他的少数民族则与"中国哲学传统"保持着巨大的一致性,其间虽然有神创宇宙论的族群提出了形形色色的神创说,但在总体取向上坚持的是宇宙生成论,并坚持"中国哲学传统"所不具备的构成论,在总体精神上又同样具有"中国哲学传统"主流的自然生机主义的倾向,如苗族的生成哲学等,肯定世界是自己产生出来的。中国少数民族哲学中的宇宙生成论,如阿昌族的宇宙混沌未开时白光生万物思想,壮族的石本原思想,德昂族的茶叶本原思想,彝族与水族的混沌说,瑶族、侗族、傣族、苗族、彝族的云雾说(大雾说、烟雾说、雾罩说、雾露说等),布依族和彝族的清浊二气说,等等,在这里,根本没有凌驾于世界之上、之外的造物主或上帝。从哲学发生学的角度说,"一个民族的物质生产实践方式与这个民族的生存环境密切相关。人类最初之实践活动的客观条件并不是劳动的产物,而是自然界本身。彼时,人的活动对环境条件直接依赖性很强。从理论上说,环境条件作为人的活动的基本因素的差异,决定了人的活动方式和活动内容的差异,亦导致地域性文化传统的逐渐萌芽。"[①]而在人类起源与进化方面,虽然同样有形形色色的神创说,但在总体精神上却是生成说。例如:在动物变人说中包括彝族的"猴子变成人"说、纳西族的"猴子和人本是一个宗族的后裔"说、鄂

---

① 朱炳祥:《土家族文化的发生学阐释》,中央民族大学出版社,1999,第9页。

伦春族的天神用飞禽造人说、傈僳族的天神木布帕用泥土捏一对猴子再由猴子繁衍人类说、苗族的龙变人说,此外,苗族、水族、彝族等还有人兽是兄弟的说法;卵生说中包括侗族的龟婆孵蛋说、纳西族的人脱胎于卵的猜测、藏族的卵生说,以及苗族的蝴蝶妈妈生 12 个蛋的传说,等等;植物变人说中包括树变人说和葫芦变人说两类;非生命物质变人说中包括瑶族的浮云生盘古、盘古生万物说,壮族的气(或石头)生天、地、海等最终经过一个过程而生人说,苗族的雾罩生泥变成天地万物及蝴蝶妈妈生人类说,傣族的烟雾、气团、狂风和水生成英叭神从而生天地万物和人类说,德昂族的"茶叶是阿祖"说,阿昌族的混沌生白光继生天公地母并再生人类说,等等。一句话,这些少数民族的起源观点完全与环境相关,显示了人在宇宙中的位置,并根据这种位置探寻人类自身发展的动力。

在变化观方面,中国少数民族通过进化论的提问方式确认自己的地位,关注人的终极意义。中国少数民族神话差不多都有这方面的体现,例如:土家族话语系统下的"初劫人"与"二劫人"的进化序列;彝族诗史《查姆》中提出人类经历了"独眼睛时代""直眼睛时代""横眼睛时代"三个时代;彝族诗史《阿细的先基》认为人类社会经历了"蚂蚁瞎子那一代""蚂蚱直眼睛代""蟋蟀横眼睛代"和"筷子横眼睛代"四个时代;傣族哲学著作《寨神勐神》[①]中提出傣族产生后经历了"篾桓蚌"(竹虫集中)、狩猎时代、农耕和定居时代等三个发展时期;佤族《司岗里传说》同样阐明数代人的历史进化过程……这些进化论思想突出的是在进化中人类自身的能力提升,这种能力即人类利用与和谐自然的能力。这种思想与中国哲学"气的哲学"相似而区别于西方原子论哲学,强调宇宙与人的连续性存在,强调宇宙即人类自己创造自己、变动不居、永恒运动、生机无限,因而能提示各民族之永恒的生存(成)信念。

在结构论方面,中国少数民族哲学从"生态友好"的层面提出问题,对天、地、人、物、我之间的相互感通、动态和谐、整体圆融提出解释,突出

---

① 参见祜巴勐:《论傣族诗歌》,岩温扁编译,中国民间文学出版社,1981。

人是自然的一部分,强调尽管人有智慧,但也不能超越。这方面最典型的是彝族史诗《勒俄特依》的雪族说,该学说声称:"天上降下桐树来,霉烂三年后,起了三股雾,升到天空中,降下三场红雪来,降在地面上……结冰成骨头,下雪成肌肉,吹风来做气,下雨来做血,星星做眼珠,变成雪族的种类。雪族子孙十二种,有血的六种,无血的六种。"其中,无血的六种是:草、木树、杉树、毕子(水劲草)、铁灯草、勒洪(藤子);有血的六种是:蛙、蛇、鹰、熊、猴、人。① 既然是同源共宗,相互的矛盾关系即好处理。正是在这个意义上,人与天地万物是一个整体,天人、物我、主客、身心之间,人与超自然、人与自然、人与他人、人与内在自我之间都是统一的。如果不在中国少数民族生活的特殊环境中体验,是很难理解这些深刻思想的。而这些思想又在总体精神上符合了整个中国哲学的传统,体现了中国哲学文化的多元一体格局。

(二)知识论问题

在中国少数民族哲学中,"知识"是人确立在宇宙中位置的关键要素。《彝族古歌·天地论》可以说是一篇知识专论,其中论述了知识对于人类的必然性、必要性,这篇古歌说道:"远古的时候,人们无知识。人们有智慧,人人造知识,后来有知识。远古的时候,未造知识时,天地分不清,万物难起名,人类无分晓。人们造知识,先从影开始,影升天下明。先从地开始,地形万物生。""天未生之时,地未产之时。知识也没有,什么也不分,什么也不明。""苏纳那夔里,他来传知识……要不是这样,天君难分天,地君难分地。君臣无知识,万物不能论。这样论好后,君臣有知识。""天地分两层,天地两层分。天地的根源,不说人不知。说来有道理,人类要知识。有了知识后,能分天和地,分明日和月,说到这里止。""地下的知识,慢慢就产生。知识产生后,慢慢识万物。雾罩和雾根,慢慢来认清。知识传遍地。"这篇古歌还强调知识使世界变得美好,说道:

---

① 中央民族学院少数民族古籍整理出版及规划领导小组办公室编印:《中国少数民族神话汇编·人类起源篇》,内部资料,1984,第114—117页。

"美好的知识，传入天地间。天地传知识，知识愈美好。""知识生在此，百花开遍山。""大地知识大，大地知识美。大地产知识，知识壮大地。"它还说知识使人的心灵变得美好，说道："红雁落大地，心与灵最美。心灵成知识，心灵是一对。心灵知识来，知识如鲜花，鲜花遍地开。遍地开鲜花，美呀美大地，繁荣是知识。"当然知识也是逐渐演变而来的，它说道："清气和浊气，清浊是一对。二者又在变，它变成万物。变来天地间。有的变成风，有的变雾罩。有的变知识，有的变心灵。美化着大地。雁毛来做笔，红石来当墨。"这篇古歌也强调了知识具有巨大的力量，它说道："知识传世间，知识传大地。知识九山聚，知识掌君权，知识明大地。师来管知识，繁荣在九山。九山又下传，传遍大地间。代代用知识，一切知识记。知识记九山，它是这样的。"①其他民族中，水族《古双歌》也论说了，人造出来以后，解决了吃穿问题接着是解决"知识"的问题，其中说道："造得穿，也造得吃。有穿了，还不识字。有吃了，还没知识。官和王，要谁来当。仙开路，天师下来。出孔圣，才定律法。大的教，小的认字。咱们吃，靠书圣来，教人读书。"②

可以看出，知识的历史、功能、价值与意义等，说到底就是使世界美的工具。由于中国少数民族的多元性，特别是中国少数民族哲学的多元性，在"知识论"方面也显得同样的多元。一种观点肯定人生能知而无知，说明人本身是无知的，但却具有知的能力，如清代蒙古族思想家哈斯宝认为人的认识能力是天赋的，"凡是生在世上的生灵都具有一知。知是天赋的，所以无伪。"③彝族毕摩认为"人生一口气，有气有智慧。天地有万物，智者是人类"④。再有一种观点认为人必须学习才能获得知识，如彝族《指路经》说："人要学三次。从小要学好，全凭父母教。长大成人

---

① 中央民族学院少数民族古籍整理出版及规划领导小组办公室编印：《中国少数民族神话汇编·开天辟地篇》，内部资料，1984，第102—153页。
② 中央民族学院少数民族古籍整理出版及规划领导小组办公室编印：《中国少数民族神话汇编·开天辟地篇》，内部资料，1984，第300页。
③ 哈斯宝：《新译红楼梦》回批，亦邻真译，内蒙古人民出版社，1979，第19页。
④ 《赊豆榷濮叙祖白》，朱琚元、张兴等翻译，云南民族出版社，1987，第4页。

时,要受官来教。老来学一次,死后鬼来教,海荣(毕摩)来指导。"另有观点主张"思想来自眼见和感觉",如《论傣族诗歌》强调"眼见和感觉是思想的基础","思想是语言的基础"①;或主张"眼有所见,心有所知",如彝族哲学著作《宇宙人文论》强调"眼睛看到的,心里有印象,鼻子嗅到的,能辨出气味来。运用心思,可以寻求到知识……不这样做就不好,做了才符合并掌握天地之气的自然规律。"②还有观点认为人的知识通过智慧而成,如维吾尔族的古代思想家法拉比在其《论智慧》中说:"人通过智慧而形成知识,通过感官而获得感性形象。在感官的帮助下而产生形象思维。"③

应该特别强调的是,由于中国少数民族的特殊社会发展阶段,情感、经验等在中国少数民族知识论中具有重要地位。如达斡尔族叙事诗《乌春》对四季的变化与庄稼生长之规律的经验,瑶族《十二月节气歌》④根据季节变化规律指导农事活动,土家族《摆手歌》中造船的过程与经验积累等都提供了不少这方面的证据。但这并不否认学习、读书等获得知识的途径,如哈斯宝说:"不学弹琴便不能和弦,不学做诗便不能和韵。"他还强调"只有去蔽,才能致知"。其他民族的经验,如蒙古族的《巴拉根仓的故事》、维吾尔族的《阿凡提的故事》、傣族的《朱腊波提的故事》等都提供了这方面的佐证。不过,即使强调情感、经验,却并不是要感情用事,如由傣族格言、训条汇集而成的《嘎里罗嘎里坦》即提出不要感情用事,做到制怒和谨慎,"不应发怒的不发怒,不该做的事不去做,不管是平民百姓还是有知识的人,都应该避免,即使是一勐之主,而且管理着成千上万的臣民,有时也会因一件小事而发怒,有时不假思索就讲出去,致使失去

---

① 祜巴勐:《论傣族诗歌》,岩温扁编译,中国民间文学出版社,1981。

② 罗国义:《宇宙人文论》,陈英翻译,民族出版社,1984,第 96 页。

③ 海如拉也夫:《法拉比的时代和学术》,塔什干,1975 年俄文版,转引自肖万源、伍雄武、阿不都秀库尔主编《中国少数民族哲学史》,安徽人民出版社,1992,第 941 页。

④ 肖万源、伍雄武、阿不都秀库尔主编:《中国少数民族哲学史》,安徽人民出版社,1992,第142 页。

臣民"。① 为此,需要注意的是:"耳闻了还必须用眼去看,眼看了还必须用脑去思考,只有思考好了才能用嘴讲出去。"②在一定程度上说,这也就是"学与思并用",像晚清满族思想家奕䜣(1833—1898)所说:"心者身之主也,心之所司以思为职,生知之圣不思而得,非人所能企及。至于学者,由学而入,思则得之,不思则不得也。故学与思不可偏废也。"

正是由于强调经验、情感,因而在知行关系上即特别重视知在能行,如作为满族先人的女真思想家完颜雍所说:"今之学者,既能诵文,必须行之,然知而不能行者,多矣。苟不能行,诵之何益。"③其必然结果即是"言行相符,毕竟行重"。在这方面,清朝康熙皇帝玄烨不仅强调"凡事必须亲历乃知","习焉而后知也"④,还强调"凡事皆如此,必亲见亲历始得确实。若闻之他人,或书中偶见,即据以为言,必贻于有识之人矣。"⑤而且强调"言行相符,毕竟行重","凡人读书,宜身体力行,空言无益也。"⑥再强调知需要通过行来检验"必亲履其境,然后知之"⑦。

同样基于情感、体验等,所以强调"学要得宜",如乾隆时代的满族思想家永增(1745—1768)强调"人之心智""由生质之有定",所以"宜在涵养之得宜","养之以善,则心地光明;养之以恶,则志气昏愦。故明则日近于阳,昏则日近于阴,此皆养之有素也。若今日近于善而明日返于恶,此养之不得其宜。而阴胜于阳,其智岂能不锢哉。"⑧

当然,在知识论方面,中国少数民族还有不少的受宗教影响的认知

---

① 《中国贝叶经全集》编辑委员会:《中国贝叶经全集》第 10 卷《创始史 嘎里罗嘎里坦 佛教格言》,人民出版社,2008,第 283 页。
② 《中国贝叶经全集》编辑委员会:《中国贝叶经全集》第 10 卷《创始史 嘎里罗嘎里坦 佛教格言》,人民出版社,2008,第 283 页。
③ 《金史》卷七,第 163 页。
④ 《清圣祖实录》卷一一四,《康熙御制文集》第一集,卷一,第 21 页。
⑤ 《庭训格言》。
⑥ 《康熙起居注》,第一册。
⑦ 《康熙御制文集》第四集,卷 26、卷 28。
⑧ 肖万源、伍雄武、阿不都秀库尔主编:《中国少数民族哲学史》,安徽人民出版社,1992,第 724 页。

观，如回族哲学中的一些观点等，这些认知理论同样显示出人在宇宙中的位置及其终极意义。

（三）人际论问题

人与人的关系即人际关系，其中涉及多种层面的关系，如父子、夫妇、兄弟、姊妹、朋友、亲友等。人际关系的本质是社会如何维系。对此，中国各少数民族作出了不同的思考，就社会如何可能的问题阐明了自己的人际关系之思。

早在原始社会，由于氏族生存的需要与个人生存的需要具有直接同一性，因而同劳动、讲互助、均分配的原始道德观成为普遍规范，人们以民族生存为最高原则，强调氏族内部的凝聚力和团结，"同氏族的人必须相互援助、保护，特别是在受到外族人伤害时，要帮助报仇。"[1]水族民间故事《潘公金与阳歌井》、苗族古歌《开天辟地》、哈尼族迁徙史诗《哈尼阿培聪坡坡》、蒙古族《蒙古秘史》、土家族《梯玛歌》，等等，几乎所有中国少数民族反映原始社会面貌的文献，都会有这方面的体现。其基本依据是氏族的利益高于一切，要求谦让、和谐与友谊至上，赞勤斥懒等，在民间流传有很多类似《懒汉变忙人》《戒懒汉》《懒人做活路》等民谣和故事，充分体现了这样的文化精神。其他如苗族古歌《开天辟地》、纳西族东巴经《崇搬图》等，都在这方面提供了充分的佐证。因此，在原始社会，"它的全体成员都是自由人，都有相互保卫自由的义务，在个人权利方面平等，不论酋长和军事首领都不能要求任何优越权；他们是血族关系结合起来的同胞。自由、平等、博爱，虽然从来没有表达为公式，却是氏族的根本原则，而氏族又是整个社会制度的单位，是有组织的……社会的基础。"[2]

进入阶级社会以后，形成了中国少数民族之广泛的人际关系规范，有些规范与中域文化的规范基本一致，如重礼、讲义、守信、孝亲，这些规范并不能简单地说是中域文化规范的复制，而应看成是有相互影响的一

---

①《马克思恩格斯选集》第 4 卷，人民出版社，1995，第 85 页。
②《马克思恩格斯选集》第 4 卷，人民出版社，1995，第 87 页。

面,但更多的可能应是各民族的自我体验。蒙古族的"五箭训子故事"与土家族的"一把筷子的故事"在主题精神上同出一辙——强调团结的重要性;"人靠礼,桶靠箍","人们要有礼,牲畜要有圈","有理走遍天下,无理寸步难行"等谚语,已很难说是哪个民族的谚语,诸如此类。因此,我们有必要说人际关系中的终极问题,实质上是社会何以可能的问题,而这一问题又是各民族人民心同此理的。

从衡量人际关系的标准方面,不同社会的不同发展阶段有不同的表现,但在进入阶级社会以后,中国少数民族之质朴的善恶观已明显地与其他民族文化的善恶观互渗,如儒家的善恶观、宗教善恶观等,但同时也有中国少数民族自己的善恶观上的特点,如明代白族学者艾自新、艾自修兄弟"以孔子为师,以颜、曾、思、孟为友",著《希圣录》《家教录》《励志十条》《敬字三簿》《治心四说》《家范四则》等,即体现出一种明显的互渗。清末云南回民领袖儒士杜文秀,"效法三皇,志继唐虞",同样可证。为此,学界认为:"中国各少数民族在长期历史发展中,在各自的地域和各自的文化背景下形成了自己的传统的伦理道德规范和善恶观。在各民族的善恶观中有一个共同点,就是主张修德、行善,反对行恶、缺德。'行善便是仙童请,行恶便是大鬼拿','积善得过钢桥上,积恶无修沉下江。'他们把热爱劳动、勤劳俭朴、诚实坦率、热情忠厚、信守诺言、孝敬父母、尊老爱幼、正直无私、乐于助人、同情贫弱、重义轻利等行为视为善或作为善的道德准则;把自私懒惰、贪得无厌、出卖朋友、忘恩负义、妒贤嫉能、欺长鄙幼、损人利己、偷盗抢劫、说谎行骗、自私自利等行为视为恶并予以唾弃。"①

为了维系社会团结,中国各少数民族通过民谣、故事、箴言、格言、谚语等,在民间广泛传颂相应规范,如13世纪流传下来的格言集《智慧的钥匙》即十分典型。此外,在民约、乡规与法典中也都有规定相应的内容,如南方一些民族地区的《乡规碑》《安民碑》《乡约碑》,成吉思汗大扎

① 佟德富、宝贵贞:《中国少数民族哲学专题研究》,中央民族大学出版社,2006,第306页。

撒法、《卫拉特法典》和苗族"榔规"、《西双版纳封建法规和礼仪规程》等，都有这方面的内容。同时还形成了一批中国少数民族的相关著作，如布依族的《黄氏宗谱》中的《祖训八条》、侗族的《款词》、壮族的《传扬诗》、藏族的《礼仪问答写卷》等。

（四）人神论问题

人神论问题或者说人与神的关系问题，应是一个宗教问题，但却同样是人的终极意义问题。"任何神话都是用想象和借助想象以征服自然力，支配自然力，把自然力加以形象化；因而，随着这些自然力之实际上被支配，神话也就消失了。"①从这段话中可以看出，人神关系实际上反映的是人在宇宙中的实际地位，"把自然力加以形象化"，实际上也"就是已经通过人民的幻想用一种不自觉的艺术方式加工过的自然和社会形式本身"②；显示人们"用想象和借助想象以征服自然力、支配自然力"的精神。问题在于"这些自然力"被支配以后，又有新的"那些自然力"会出现而未被支配，因而宗教、神等将会不断出现。于是我们在科学昌明的社会看到了"上帝的报复"，因为自启蒙运动以来，科学的兴起似乎成了宗教衰亡的宿命，可是结果却是当理性主义和实用主义还在为一定程度上消除了构成现存宗教核心的迷信、神话、非理性和宗教仪式而欢呼时，吉利斯·凯伯尔所称的"上帝的报复"却遍及了所有大陆、所有文明③，基督教（包括东正教）、犹太教、伊斯兰教、印度教、佛教都掀起了信奉、传播教义和举行仪式的新浪潮，原始宗教也在一定程度上得到了某种复兴。从根本上说，"自然力之实际上被支配"提供了这一问题的终极解释。

正是由于这一问题，因而在中国少数民族的人神关系上，有神与无神、人与神的关系等成了一种十分重要的终极问题。原始宗教当然是有神论的，但原始宗教中却同时有无神论思想的萌芽，神的存在意味着"人

①《马克思恩格斯选集》第2卷，人民出版社，1995，第29页。

②《马克思恩格斯选集》第2卷，人民出版社，1995，第29页。

③ 塞缪尔·亨廷顿：《文明的冲突与世界秩序的重建》，周琪等译，新华出版社，1998，第93页。

首先依赖于自然"①。"自然界起初是作为一种完全异己的,有无限威力和不可制服的力量与人们对立的,人们同自然界的关系完全像动物同自然界的关系一样,人们就像牲畜一样慑服于自然界"②。但是,随着"自然力之实际上被支配",又会萌芽无神论思想。所以,"古代一切宗教都是自发的部落宗教和后来的民族宗教,它们从各民族的社会和政治条件中产生,并和它们一起生长。"③这种情形在中国少数民族先民提出的物质本原说和宇宙模式论中、在关于人类起源说的动物变人或植物变人思想中,甚至在神创论中都存在。不用说在自然崇拜中存在,就是在图腾崇拜中也同样存在,而最突出的则是英雄史诗中表现的英雄崇拜,如哈尼族的创世史诗《奥色米色》《哈尼阿培聪坡坡》,佤族的创世史诗《司岗里》,拉祜族的《牡帕密帕》,阿昌族的《遮帕麻和遮米麻》,瑶族的《密洛陀》,布依族的《古谢经》《柔番沃番钱》,傣族的《巴塔麻嘎捧尚罗》,彝族史诗《查姆》《梅葛》《阿细的先基》《勒俄特依》,藏族和蒙古族的《格萨尔》(《格斯尔》),蒙古族的《江格尔》,柯尔克孜族的《玛纳斯》《英雄托西吐克》《库尔曼别克》,维吾尔族的《乌古斯传》,哈萨克族的《英雄托斯提克》《阿勒帕米斯》《阔布兰德》,乌孜别克族的《阿勒帕米西》,等等,都"是这样一种历史事件的理想化的表现,这种历史事件必须有全民族参与其间,它和民族的宗教、道德和政治生活融在一起,并对民族的命运有着重大的影响"④。

由于"自然力之实际上被支配"是一个永恒的过程,因而人与神的关系也永远会相伴而生。在中国少数民族哲学发展中则形成了一种特殊的文化景观:宗教无神论。笔者曾就土家族的《还坛神》作有专论——

---

① 《马克思恩格斯全集》第 27 卷,人民出版社,1975,第 63 页。
② 《马克思恩格斯选集》第 1 卷,人民出版社,1995,第 81—82 页。
③ 《马克思恩格斯全集》第 19 卷,人民出版社,1963,第 333 页。
④ 维沙里昂·格利戈列维奇·别林斯基:《别林斯基论文学》,梁真译,新文艺出版社,1958,第197 页。

"还坛神"无神①，强调对神与人的关系，人们的争论是曲折而复杂的。"还坛神"为我们提供了理解这一关系的实例，即"还坛神"无神（典型的原始宗教无神论）。一方面，"还坛神"中的神的作用局限于证明、沟通等人的作用上，神的品行局限于人的世俗化上；另一方面，人的作用是巨大的，甚至超越神的。综观整个"还坛神"过程，驳倒的是天国——神的世界，论证的是人间真实——人的无穷力量。应该说，这种变化过程体现的正好是"自然力之实际上被支配"的过程。中国少数民族哲学中的人定胜天思想，如拉祜族的神话《扎努扎别》，蒙古族的英雄史诗《罕哈冉贵》和《可爱的哈尔》《江格尔》《史集》等都有这方面的思想。有的甚至直接反天命鬼神，如侗族的《琵琶歌》，明代白族思想家杨士云的《花甸水洞》《旱》《月食》，满族政治家奕䜣与蒙古思想家罗布桑却丹等也都有这方面的思想。

　　同样，对于与灵魂不灭等观念相应的否定论，实际上也体现出这一过程。毫无疑问，在中国少数民族中认为存在灵魂的民族极为广泛。例如：傈僳族的"杀魂"习俗，佤族把灵魂称为"破"并有"叫魂"和"驱鬼"习俗，拉祜族的精灵（"尼"），阿昌族的"赞灵"，傣族的81种"招魂"法及《招魂词》，苗族的多魂信仰，彝族的灵魂主宰思想，以及蒙古族、满族、藏族、维吾尔族、土家族等民族也都有各具特色的灵魂信仰和祭祈灵魂的仪式与习俗。但同样也有否定论存在。例如：傣族的《引路经》、苗族的民间歌谣、壮族思想家郑献甫的观点、土家族的《背鬼》等即属不信灵魂不死之说的否定论。至于对鬼神的怀疑和否定，则有苗族《焚巾曲》《走客歌》《打魔鬼》《竹筒巫师》《算命如神》《几抄狗动，几嘟哩缈》《找脑壳》《贵法老师和大头鬼》，等等，在整个西南民族地区流行的《干鱼庙》故事则更为典型，"去时野鸡吊，回来干鱼庙，不是神灵显，两个钱发闹"。诸如此类，不一而足。

---

① 参见萧洪恩：《论"还坛神"无神——"还坛神"的神人关系问题试说》，《湖北民族学院学报（哲学社会科学版）》1996年第3期，第43—46页、第72页。

其他的如反卜筮、风水的思想，不仅在民间，而且在知识精英、哲学英雄那里也得到反映，如壮族民谣《讲多二尺布够我做条裤》《坐糍粑》《驴子蛋》《松谷克忍的故事》等中即有此类思想。近代壮族文人黎申产（生卒年不详）的《乞禁女巫呈吴风楼明府用韩昌黎〈合江亭〉诗韵》、白族思想家高奣映的《禁邪巫惑众议》、清代宜山人兰景章的《地理辨》等，则属文化精神与哲学英雄之思。至于其他的与宗教相关的一些思想认知，则取专文论述，此处不作申论。

（五）政治论问题

政治是阶级社会特有的现象。按照马克思主义的理解，政治的实质是阶级关系，政治的核心是国家政权，政治的根源是经济，政治的活动是艺术。作为哲学问题，政治哲学是为解决现实社会最迫切问题而形成的应用哲学层次，同样对于人来说具有终极意义。

中国各少数民族在进入阶级社会以后，同样形成了自己的政治哲学之思，其基本的前提是如何看社会，并由此建构自己的理想社会。例如：壮族《传扬诗》提出了"虽说同种又同宗，为何有富又有穷"的尖锐问题；苗族提出"为打官家而议榔，为打官兵而议榔"[1]；布依族认识到："官家对百姓压榨多了，百姓就要起来反抗"；侗族在《苦歌》中控诉"乡长吃人肉，保长吃人骨，甲长逼百姓，百姓没活路"[2]；壮族《传扬诗》还强调"百思不解理何在，举旗造反上京城"[3]……一句话，这反映少数民族对现实不平社会的控诉与反抗。

传统社会是一个农耕社会，"耕者有其田"是农民典型的理想，因而"打倒大户来分田"成了反抗的目的诉求。近代侗族思想家姜映芳（一作"应芳"，1833—1862）的认知即是，他在民歌《姜映芳歌》中尖锐地问道：

---

[1]《民间文学资料》第 14 集，内部资料，中国作家协会贵阳分会筹委会编印，1959，第 169—172 页。

[2]《侗族文学资料》第 1 集，内部资料，贵州省文联民研会编印，1984，第 7 页。

[3] 肖万源、伍雄武、阿不都秀库尔主编：《中国少数民族哲学史》，安徽人民出版社，1992，第 546 页。

"天柱地方坝子宽,土肥水足米粮川。侗家为何吃不饱,财主盘算没有完。"①后来他领导了农民起义。苗族农民领袖张秀眉领导起义时,同样要建立一个人人有耕田、没有官僚和徭役的平等社会。在壮族《传扬诗》中,政治上人人平等,人伦关系上友爱互助,在经济上"须以上补下,搭配才公平"。维吾尔族思想家法拉比提出以人为核心的联合、互助的文明道德的社会;优素甫·哈斯·哈吉甫以人文主义观点为指导,在《福乐智慧》中专辟一章《贤明论·国君应具备的条件》,要求"国君以知识引导黎民,国君以智慧处理国事"②,认为国君"莫危害庶黎,要造福于民,要品德优良,要剪除坏人","须推行良法,保护黎民"。白族思想家李元阳强调统治者应"其扶吾民也,若慈母之于赤子,先其意于赤子之所不能言,而予为吾民图"③,并且是民族平等和民族团结的社会,"万里边氓,亦国家之赤子",因而"不谋利,不记功,吏之事也","吏而政事,皆一诚之所为"④。回族思想家杜文秀不仅主张"驱逐鞑虏,恢复中华",而且"祖述于唐尧虞舜","效法于汉祖明宗","遥奉太平天国南京之号召,革命满清","救劫救民"等;在经济方面他还主张发展生产,"轻徭薄赋","出民水火";在民族关系方面主张各民族"出入相友,守望相助"。

理想社会可以通过革命实现,也可以通过改革实现,所以有改革论者。如"一代之制者"忽必烈"遵用汉法""祖述通变",他认识到"帝中国当行中国事",坚持"以儒治国,以佛治心",对不同地方"因其俗而柔其人",以"实现和平、幸福之道"为己任,"新弘远之规,祖述通变","务施实德"……忽必烈成为一代圣帝名王。金熙宗完颜亶以儒治国,强调"太平之世,当尚文物,自古致治,皆由是也"⑤。元代回族思想家赛典赤·瞻思丁提出"因俗利导,抚以威惠"的社会思想,成为一名在中国历史上卓有

① 贵州省文联民研会编印:《侗族文学资料》第1集,内部资料,1984,第235页。
② 优素甫·哈斯·哈吉甫:《福乐智慧》,郝关中等译,民族出版社,1986,第257页。
③ 李元阳撰:《李中溪全集》卷六,云南图书绘刻本,1913。
④ 李元阳撰:《李中溪全集》卷七《送方伯左使狮冈陈公述职序》。
⑤《金史》卷四,第77页。

声誉的少数民族政治家。白族思想家张耀曾(1884—1938)以全球性现代化眼光看问题,认识到"世界进步,一泻千里。不进则退,不奋不起。保守迟疑,沦亡难免。绝影而驰,庶几不远"①的社会趋势,提出"物竞酷烈,势强者胜"的社会法则,落实到"强弱存亡,责任在己"和"不奋不起"的实践认知,倡导"改良图强"为"万事之根本也","今日而策救亡,亦唯改良思想之一法而已"。近现代白族思想家赵式铭(1873—1942)同样以世界的眼光来观中国:"莽乾坤是一大的舞台,是强的生杀予夺随安排,是劣的奴隶牛马也应该。"②"直到今日之下,地方被人占了,权利被人夺了,人民被人欺侮了,再要听天,再要安命,那洋人就要搬进屋里了。""当国家多事日,切磋砥砺,莫作支那熟睡人"!

在中国历史上,一些少数民族领袖曾是某一地区的统治者,也有的曾统一过全中国,从而形成了自己的帝王政治之思。布依族史诗《柔番沃番钱》③中已出现了"王"的概念和"王权"思想,并把地上的王和天上的神联系起来,"国王'兴'啊!在天上,恩德播四方,恩德撒四面"。而且认为"上天"为最高主宰神。彝族古代哲学著作《训书》,汉译为《宇宙源流》,共八章,其中第四章治国之道强调"君民一体"和"修德"治国的原则,"后世的君王,谁要掌好权令呢,(要坚守)君民一体的原则。没有仁圣之君,不能理好民事;没有贤良之民,不能守好君墓。君主能施春露之恩,民奴就蒙受嘉禾之运。君之譬如人身的元首,民奴则是手足四肢,身首四肢不可分离;若是分离呢,人体就变成残废啦。""君长要万世掌权呢,应以治国为首要……用善政能治理国土,施恩义可奠定基业。有贤明的人居官治理,恶人也会远避(而不敢触犯科律)。君权不巩固,修德就巩固了;君民不相悦,修德就相悦了。只有修德才能使上天感应,远民归依……要知机审势,良机不可失。(当民奴们)苦难深重的时候,如溺

---

① 《〈云南杂志〉发刊词》,载中国科学院历史研究所第三所编《云南杂志选辑》,科学出版社,1958,第1页。

② 赵衍荪:《〈丽江白话报〉简介》,《玉龙山》1981年第2期。

③ 《柔番沃番钱》,意译为《赎买福种和钱根》,是布依族著名史诗。

于水中,如焚在火里,如何不施仁政呢?"①

清朝的奠基者努尔哈赤和皇太极即认为"天佑"有德者为王,努尔哈赤坚信"为恶者天谴之,其国衰败;为善者天佑之,其国炽昌。总之,主宰在天"②。皇太极强调:"皇天无亲,善者培之,否则倾之。"据此,他要求"行善道","体天心","天下者非一人之天下,唯有德者能居之,亦唯有德者可称为天子。今朕蒙天佑为国主,岂敢遂为天之子,为天所亲乎。倘不行善道,不体天心,天厌朕躬,更择为德之人,君主是国"。③ 在这个前提下,他强调了"不论国之大小,只论理之是非"的治国原则。

上述原则不仅体现在国家治理上,而且也体现在民族发展上。清代蒙古族思想家尹湛纳希即提出了"承天启运"的民族自生思想,为此,他用"天裔之族,以诚配天"的理论来反对"印藏蒙同源"说,认为蒙古族"基业"是"应天命而生"的成吉思汗经过"讨还父仇,征战四方","降服四色五夷"而创建的"一统天下";他用"天无二日,地无二主"的英雄史观突出了成吉思汗"上与圣天同尊,下与乞丐共坐"的长生天"派到人间的圣主"地位,由此得到的生成原则即是"顺之则留,逆之则亡"的"天道"观。其实,这一思想也是蒙古族的思想传统,《蒙古秘史》卷一第 21 节中的"感光生子"故事,成吉思汗天力论思想的汗权天授、代天行职、恭行天罚、得天赞助等都有所反映,在一定程度上说这也是蒙古族哲学的自性与自信。不过,这却如恩格斯所说:"一切宗教都不过是支配着人们日常生活的外部力量在人们头脑中的幻想的反映,在这种反映中,人间力量采取了超人间力量的形式。"④

从本质上看,政治统治的核心关系是君民关系,一些少数民族思想家对此也有认识。满族思想家奕䜣提出"天道有所不足,人补救之,气化之衰也,戕人生者为天下害,惑人心者尤为天下害,天不能使害之不作,

---

① 以上引文均引自王天玺:《宇宙源流论:彝族古代哲学》,云南人民出版社,1999。
②《太祖实录》卷 6。
③《清太宗全传》,《华东录》,天聪九年五月。
④ 恩格斯:《反杜林论》,人民出版社,1970,第 311 页。

而有人焉,出而拯之。三代以上,功在帝国;三代以下,功在圣贤"①。于是他强调:"治国家者,其经邦也恃有权,其行政也,恃有人,不有治人,何有治法乎?"②在此基础上更进一步强调"君与民一体","足国必先足民","天生民而树之君使司牧之,君与民一体也,足国必先足民"。③ "君以民为本。治安之道,安天下之民而已……国之所以废兴盛衰者于民觇之。故曰:民为邦本。"④白族思想家李元阳提出了具有边疆民族特色的民本思想:"夫黎元者,国之元气也。"⑤"其抚吾民也,若慈母之于赤子。"⑥"一民之饥犹己饥之,一民之寒犹己寒之。"⑦"以不忍人之心,行不忍人之政,则仁覆天下矣。"⑧"万里边氓,亦国家之赤子"。白族思想家高奣映则强调:"岁者,民之天。民者,国之体……侧知先岁而后民,先民乃及君,诚为得理也。"⑨蒙古族思想家裕谦(1793—1841)更要求"欲求保民,必先课吏";"治民之道,教民为先";"兵民协力"。清康熙帝玄烨则强调"人事未尽,天道难知","人事尽而天理见"⑩。因而"人君唯敬修其德,以与天意相感","居官之善与不善,到任不过数日,人即知之。故曰:天视我民视,天听我民听,民意即天意也。"⑪在此基础上,玄烨显示出了充分的自信:"天地者,生民之本也。教养者,王道之原也。圣人者,功化之极也。民非天何以生,非地何以养。然天地能生养民,而不能入督其孝弟,户赐以衣食也。唯圣人出而节民之性,阜民之财,然后长幼得遂其宜,出入得安其命。故曰:天地育万物,而圣人经天地,然其道要不越于教养。"⑫

---

① 《乐道堂文钞》卷一《孟子之功不禹下论》。
② 《乐道堂文钞》卷二《为政以人才为先论》。
③ 《乐道堂文钞》卷三《有若请专行靶法论》。
④ 《乐道堂文钞》卷四《文王视民如伤论》。
⑤ 《李中溪全集》卷七《寿国堂记》。
⑥ 《李中溪全集》卷七《迎郡尊丹崖先生考满复任序》。
⑦ 《李中溪全集》卷五《赠王通守序》。
⑧ 《李中溪全集》卷七《迎郡尊丹崖先生庄考满复任序》。
⑨ 高奣映《迪孙》《知体》,芮增瑞校注,云南人民出版社,2006。
⑩ 《庭训格言》。
⑪ 《九朝圣训》卷四六。
⑫ 《御制文集》第一集,卷二十一。

三、中国少数民族哲学形成期的思维方式

思维方式被认为是对民族的文化和历史发展产生过深远影响的文化基因,因而是世界上每个民族都具有的自己特殊的历史文化形式之一。作为各民族心里底层结构的一种外在表现,思维方式同时是民族特殊性的重要标志。虽然目前还很难对思维方式下一个准确的定义,但却不能否认在各民族的历史发展中确实存在着一种长久地、稳定地、普遍地起作用的思维习惯。作为思维习惯,思维方式决定了人们对待事物的审视趋向,因而会渗透到科学、道德、宗教、艺术、法律、哲学等各个不同的精神领域,贯穿于政治、经济、外交、生产以及一切日常生活的实践活动之中,因而它不是哪一个人、哪一个学派、哪一个阶级的,而是全民族共有而普遍地起作用的。正因如此,思维方式有特强的继承性、恒常性、渗透性。从这个意义上说,思维方式也同时是该民族的方法论。"由于哲学包含较多的方法论内容,所以哲学与思维方式有更为紧密的联系。一个民族的哲学,往往更充分更强烈地体现民族的思维方式,但是哲学显然并不等于思维方式。哲学有自己特殊的对象和内容。"[①]

自 19 世纪以来,学界已对东方与西方、中国与欧洲的思维方式作过充分的比较,形成了一系列的成果,特别是对中国传统思维方式的研究成果更是丰富,仅 20 世纪 80 年代以来的成果就特别多。例如:陈志良论中国传统思维方式的基本特点[②]、郑晓江对中国古代思考原则的现代反思[③]、吾敬东质疑中国传统思维混沌说[④]、刘国荣谈中国传统思维方式

---

① 刘长林:《中国系统思维:文化基因探视》(修订本),社会科学文献出版社,2008,第 1 页。
② 陈志良:《论中国传统思维方式的基本特点》,《社会科学战线》1992 年第 1 期,第 74—81 页。
③ 郑晓江:《中国古代思考原则的现代反思》,《南昌大学学报(人文社会科学版)》1989 年第 1 期,第 1—6 页。
④ 吾敬东:《中国传统思维浑沌说质疑》,《上海师范大学学报(哲学社会科学版)》1991 年第 3 期,第 74—75 页。

及其阻滞力①、李志林论中国传统思维方式的两重性及变革的艰巨性②、王虹与刘英谈中国传统思维方式的现代化改造③、李宗桂略议中国传统思维方式④、李明华论中国传统思维方式的致思倾向、思维特征和思维格局⑤、李英姿等论中国传统思维方式与西方思维方式的差异⑥、郭宁试论中国传统思维方式的成就与不足⑦,等等。

中国少数民族思维方式也曾得到研究,如韦启光浅论贵州少数民族传统思维方式⑧。不过更多的研究成果则是在 20 世纪 90 年代以后出现。例如:鲁燕生论少数民族美术的创新与思维方式的改变⑨、周俊华论纳西族先民思维方式的主要特点⑩,等等。像周俊华即在文中认为纳西族惯用类比的思维特征,有经验主义的思维特征及辩证的思维倾向,善于借助、依托具体形象来把握事物的抽象属性,并具有原始的系统思维特征等。此外,还有相关专著对此有所反映,如笔者的《土家族仪典文化哲学研究》⑪就特别强调了思维方式意义。根据笔者所见,思维方式在本质上即是观察与思考思维对象的格,它可以体现在不同的层面,朱伯崑

---

① 刘国荣:《中国传统思维方式及其阻滞力》,《青海民族大学学报(社会科学版)》1986 年第 4 期,第 35—40 页。
② 李志林:《论中国传统思维方式的两重性及变革的艰巨性》,《哲学研究》1989 年第 7 期,第 20—27 页。
③ 王虹、刘英:《中国传统思维方式的现代化改造》,《世纪桥》2008 年第 3 期,第 141—142 页。
④ 李宗桂:《中国传统思维方式略议》,《四川师范大学学报(社会科学版)》1989 年第 1 期,第 27—32 页、第 37 页。
⑤ 李明华:《中国传统思维方式的致思倾向、思维特征和思维格局》,《湖北社会科学》1988 年第 9 期,第 57—61 页。
⑥ 李英姿等:《中国传统思维方式与西方思维方式的差异》,《中共山西省委党校学报》1992 年第 5 期,第 19—22 页。
⑦ 郭宁:《试论中国传统思维方式的成就与不足》,《实事求是》1990 年第 4 期,第 47—50 页。
⑧ 韦启光:《贵州少数民族传统思维方式浅论》,《贵州民族研究》1990 年第 3 期,第 16—22 页、第 30 页。
⑨ 鲁燕生:《少数民族美术的创新与思维方式的改变》,《中央民族大学学报(哲学社会科学版)》2001 年第 6 期,第 83—84 页。
⑩ 周俊华:《论纳西族先民思维方式的主要特点》,《云南社会科学》2004 年第 1 期,第 88—90 页。
⑪ 参见萧洪恩:《土家族仪典文化哲学研究》,中央民族大学出版社,2002。

即认为"有形式逻辑思维,如演绎思维、类推思维、形式化思维;有辩证思维,如整体思维、变易思维、阴阳互补思维、和谐与均衡思维;有直观思维,如模拟思维、功能思维;有形象思维,如意象合一、象数合一等"①。取象运数的象数思维模式则是《易经》思想的一个显著特征和主要构成②。笔者曾专门研究《易纬》的思维模式,在《易传》等先辈思想的基础上,比较全面而系统地论述了以"象、数"为中心,以明"道"、释"理"为目的的较为典型的象数思维模式③。

就中国少数民族哲学来说,"发生"与"物变"思想是起基础作用的基本思维方式,并由此而形成具有进化之思的思维方式,它反映的是事物内在的历史关系,如各民族的多种多样的关于宇宙的本原、万物的起始以及人类来源的思想,就是一个永恒的"发生"思想;这种思想与"寻根"意思结合起来,就形成了"万物在动中生"的思想,如彝族史诗《查姆》即强调:"万物在动中生,万物在动中演变。不动嘛不生,不动嘛不长。这就是天地的起始,这就是万物的来源。"④这一思想的必然结论即是"物变"思想和"无常"观念,像瑶族先民的《十二月节气歌》,彝族史诗《查姆》的人类社会三时代划分及《阿细的先基》的四时代划分,《蒙古风俗鉴》中的"宇宙变化之道,日落则星出,四时变化之理,按日月累计为年。政局安定则和平……和平和幸福达到极点就要生乱;而乱世达到极点则又回到和平与安宁的状态。文明之邦并非不出恶人,乱世之中也并非不出圣贤……凡败事者,都是在时运较佳时倚仗有财有勇,一时高兴而为,其事必无成就,冰冻三尺,非一日之寒。成事全在于自始至终的周全安排……如今,世界上的人都在往更开化的方向发展变化",等等。这一思想强调的是变化,因为变化,所以"无常"。如维吾尔族思想家优素甫·

① 朱伯崑:《易学哲学史》上,昆仑出版社,2005,第3页。
② 倪南:《论〈周易〉的象数图示结构》,《南京师大学报(社会科学版)》2001年第4期,第66—70页、第137页。
③ 参见萧洪恩:《易纬文化揭秘》,中国书店,2008。
④ 《查姆》,郭思久、陶学良整理,云南人民出版社,1981,第14页。

哈斯·哈吉甫在《福乐智慧》中强调的"幸福无常如流水,这宇宙在转动永不会停止","人们说我的缺点是无常,他们逢人便讲。无常对我来说不算缺点,我喜欢说更新。一切旧物都十分可怜,可怜的东西则令人讨厌"。蒙古族则提出了"邀尔其朗"(宇宙)概念,其中"邀尔其"是动词词根,具有"旋转""循环""旋回"之意;"朗"是词尾,属构词附加成分,如将其附加在动词词根上,就构成了一个专用名词,表示"永久的、规律性的整体"之意。其他的少数民族哲学文献,如《蒙古秘史》、彝族史诗《勒俄特依》及《宇宙人文论》等也都坚持了这一思维方式。正因为变化的永恒性,因而各少数民族能因时而动,甚至呈现出哲学文化发展的历史跳跃性。

在事物之间的关系上,"相分相配"与"阴阳合而生万物"思想是对中国少数民族起核心作用的基本思维方式之一,并由此而形成事物联系的思维模式,它反映的是事物之间的历史关系。例如:水族古歌《花妮配》中的"匹配成对"思想,"开天地,有个花妮养育了她的儿女。自从她生下我们,将万物匹配成对"。[①]彝族史诗《阿细的先基》中的"相分相配"繁衍万物的思想,"要想造嘛,山就要分雌雄,树就要分雌雄,石头就要分雌雄,草就要分雌雄。不分出雌雄来嘛,就不能造人……"彝族史诗《梅葛》中的观点,"天有天的规:白云嫁黑云,月亮嫁太阳,天嫁给地,男女相配,人间才成对。""没有不相配的树木花草,没有不相配的鸟兽虫鱼,没有不相配的人;样样东西都相配,地上的东西才不绝"[②],等等。这些思想被认为是一种辩证的矛盾观,在《西南彝志》中表现得十分明显。另外,还有布依族鸡卦书《社洛介》中有130余图,其卦词中关于敌与我、进与退、主人与奴隶、凶与吉等成对的矛盾概念;纳西族的《崇搬图》中提出男女、天地、洛神(阳神)色神(阴神)"会唱合";彝族的《玛姆特依》(意译为《教育经典》)强调事物双双对应的"星云两面合,日月两面交","仲牟之子孙,

---

① 《民间文学资料》第45集,贵州省民族文物委员会、中国民间文艺研究会贵州分会编印,1981,第315页。花妮:意为天母,是牙巫之另一称呼。

② 《梅葛》,云南人民出版社,1960,第123页。

君王无困难。不苦也不实,知德差,政事乖,丑行观,力促露,君王遇到就要苦。天地变化了,冰雹加猛雨;彝蜀(汉)逼近,淑女带枷锁;与仇敌逼近,养子难见亲戚"①,等等。这种思想还被少数民族的学者深化。如:白族思想家高奣映认为"阴阳、动静、五行、万物、精粗、本来皆发明太极",是"无形无象"的原生本体,"太极而生阳,阳动极而静,静极而生阴。"②并强调矛盾双方的相互依存和相互转化,"消而息生焉,息而盈持焉;盈而则虚,虚用息,而息以生盈则归消,而消因息而渐至于盈,其漩之神若发机,其环之远若转轮。""静极复动,动极复静,循环无端,流动不穷"③,"故损者益之几,益者损之著也"④。回族思想家王岱舆为论证"真主独一"和解决"二元忠诚"问题,提出"忠于真主,更忠于君父,方为正道",巧妙地解决了一与多的矛盾。满族思想家永增提出"事有相形而宜见其优,乃相较而反见其细"⑤;强调"朴诚以践道","不敢舍实而务虚"等。元代蒙古族哲学家保巴在《易源奥义》和《周易原旨》中对于自然界的"一而二,二而一"的深刻理解,他提出:"一分为二,在天则有阴阳焉;在地则有刚柔焉。二者可以相有而不可以相无。要其归则一而二,二而一则也。"⑥……这些观点应该说都反映了对事物结构关系的辩证认知。

　　不过,这里要强调的是,对事物结构关系的辩证认知,在中国少数民族哲学中还有另一种思路,这就是"苗族生成哲学"所体现的"一分为三"的认识,并由此形成了一个中国少数民族哲学的特殊形式,反映出中国少数民族的特殊的世界观与方法论,并与宇宙三界说呈现相依关系。在这里,苗族以自己的特殊方式论述了事物生成、结构及相互关系,在《事物生成共源根》一书中,苗族先民提出了独具特色的"三位一体"生成论,即:"万事万物同一理,万物生成共源根,头号重要搜媚若,第二是各薄港

---

① 《教育经典》,岭光电译,中央民族学院语言研究所彝族历史文献编译室编印。
② 《太极明辨》卷十。
③ 《太极明辨》卷二。
④ 《迪孙》《勿亢》。
⑤ 《四不如辩》。
⑥ 《周易原旨》卷八。

搜,第三是玛汝务翠,三样缺一不得生。"这里生成事物的第一要素"搜媚若",是指"事物生成之能量",苗族先民认为,"能量"是"事物生成的性能高度发挥的综合产物,是物质固有的特点的表现";生成事物的第二要素"各薄港搜",是指"事物生成之物质基础",是事物"能量产生之源泉";生成事物的第三要素"玛汝务翠",是指"事物生成的良好结构",是由生成事物的物质基础合理组织所构成的,是事物生成的能量和物质基础的"联合体","它对事物的生成变化能起到客观的决定作用。"总之,一切事物都是"三位一体"的产物,其中"能量""是事物的生成形态,又是事物生成之原动力";生成事物之"物质基础"是"事物生成之基础,是事物的物质形态";生成事物的"良好结构""是事物的组合形态,是事物生成的客观决定因素"。"能量""物质基础"和"良好结构"三者辩证统一生成一切事物,由"三位一体"的宇宙生成论进而发展为"一分为三"的宇宙发展观。苗族先民认为,"事物主于能量,基于物质,宜于良好结构","生成相资、生成相制、生成相征和相夺",是构成事物三大要素之间关系的表现形式和关系之基础,也是事物发展的内在动力。三者相资、相制、相征、相夺的结果是"优劣相斗有胜负,生成难全古到今,增多变好无穷尽,人类前途最光明"[1]。这就是说三者相资、相制、相征、相夺的结果是胜负、生成难全、生成增多变好,永无止境。

在人与事物的对象性关系上,中国少数民族哲学同样坚持了具体事物具体分析的思维方式。例如:苗族理词说"一种鱼是一种鳞,一种鸟是一种毛,一种汤出一种味";"一桩纠纷是一样古理";等等。藏族《萨迦格言》中则更普遍地认为"山和水、马和牛、木柴和火焰、宝石和石头、男子汉和妇女等,虽然同类,优劣各异",因而"对一方有利的事情,对另一方可能有害;当月亮出来的时候,睡莲开花,荷花却闭敛。对某些人有利的事情,对别人就不一定适用;蒜头治风寒有疗效,对胆病来说就有毒性。"所以,作为方法论,"无论做什么事情,都要考虑到利弊。""马车不能在水

---

[1] 吴荣臻总主编:《苗族通史》5,民族出版社,2007,第382页。

里走动,船舶怎么在陆地上航行。""对狡猾者要狡猾,对老实人要老实,对动摇者要坚定,这是过去的遗训。"藏族的《四部医典》则在这方面提出并体现了具体分析具体情况的九种特殊的治疗原则……总之,人类与事物的对象性关系是具体的。

系统思维方式作为中国传统哲学思维方式,同样在中国少数民族哲学中得到了深刻体现,"天人合一""心物合一"等在中国少数民族哲学中虽然没有明确的提法,但却具有明确的思想。其他如此要素方面的系统思想,则普遍地存在于中国少数民族哲学中,如宋代壮族人民起义领袖侬智高在建立与发展"大历国"过程中,把军事与政治结合起来,以军事手段实现政治目的;在对外关系中,一面抗击交趾,一面请求内附宋廷,通商互市,共同抗击交趾侵略,并在未达目标时说:"今吾既得罪于交趾,中国又不我纳,无所容,止有反耳!"[1]他还在战争中特别强调重视士气在战争中的作用,重视情报与麻痹战术等,都显示出明显的系统思维。古代壮族土司中最强大的岑氏编制的岑家兵法,明人邝露在《赤雅》中说:"岑氏兵法,一人为伍,每伍自相为命。四人专主击刺,三人专主割首,所获首级七人共之,割首之人,虽有熠护之责,但能奋杀向前,不必武艺绝伦也。"显然也是一种系统思维指导下的用兵结构。至于成吉思汗,"深沉而有大略,用兵如神",也全赖于其系统思维,如他以联合为主,利用矛盾,各个击破;实施远交近攻战略,先取四周,孤立敌国,最后夺取敌人心脏;他以敌制敌,以"聚"攻"散",甚至坚持无后方作战等。

在中国传统科学中,最充分显示中国系统思维特色的肯定要算医学了。中医学具有十分完整而且庞大的理论体系,是至今仍然屹立于世界科学之林并被越来越多的世人所承认的传统学科。传统的系统思维对于说明系统性极强极明显的人体有着特殊的优越性,有力地推动了医学的发展。中国古代哲学以生命的观点研究宇宙系统的发生与演化,对系统性原则有着相当深刻的理解,从本质上说是一种生命哲学,因而对医

---

[1] 司马光:《涑水记闻》。

学产生了巨大影响,同时也从医学生理学中吸取了许多思想资料。这就是为什么在所有传统的自然学科中,中医学与哲学的关系最为紧密的原因①。这一点,在中国少数民族医学中也同样得到了体现,如8世纪初著名藏医学家宇妥宁玛·元丹贡布(708—?)的杰作——藏医名著《四部医典》强调,人体是一个包括三大要素、七种物质基础、三大排泄物的有机体,"疾病、体质、排泄物,体态正常身健在,体态失常生病患。病有朗、赤和培根;维命、上行及遍布,助火、清下诸风窜;消食色泽多变化。令草、令眼、令明颜,肝胆湿热及赤巴;恃、嚼、味、足、满五种。糜液、血、肉和脂肪,骨骼再加髓和精,人身体质七要素。秽物汁有粪尿汗,叶子数至二十五片。人体还有味能行,要与二五相协调,调则全身得发育,不调诸损把病招。"②因而在医治过程中必须通过"问诊、望诊、触诊"以看出本质。"诊断法问为先,此乃听觉所及说为诠","问诊察病其术在耳境,何症何因何处又何往,特别病因病点表象全。病因病人病点之门槛,表象乃是病类区分点"③。"望诊用眼查舌尿","目境形量与颜色,特别舌与尿情要查诊。此乃视线所及察病源"④,触诊则"男诊左脉女诊右脉。首先病人左手医师右,寸脉之下心与小肠主,关脉之下脾与胃腑求,尺脉之下左肾三焦诊,病人右手医师左手看,寸下肺与大肠关肝胆,尺下可诊右肾和膀腕"⑤。在上述基础上对症下药,"养病诊治有善方,食行药诊有四桩"。⑥"特殊医理共计分九种:未识起疑信心不足症,如猫隐伏捕鼠试摸索;得以识病信心又充足,譬之山顶插旗直接治;未得良策就想执病路,其治犹如驯服野马般。前治病症过于低超反,治法鱼鹞捕鱼骤然间;实症药器食行共四法,犹如狭路逢仇可擒拿。虚症行食药器顺序反,犹如登梯自下依次攀。单疾治如勇士降敌顽,如是无损于他合为治。二合聚合平调

---

① 刘长林:《中国系统思维:文化基因探视》(修订本),社会科学文献出版社,2008,第225页。
② 宇妥宁玛·元丹贡布:《四部医典》,李永年译,人民卫生出版社,1983,第8页。
③ 宇妥宁玛·元丹贡布:《四部医典》,李永年译,人民卫生出版社,1983,第67页。
④ 宇妥宁玛·元丹贡布:《四部医典》,李永年译,人民卫生出版社,1983,第10、67页。
⑤ 宇妥宁玛·元丹贡布:《四部医典》,李永年译,人民卫生出版社,1983,第404页。
⑥ 宇妥宁玛·元丹贡布:《四部医典》,李永年译,人民卫生出版社,1983,第11页。

善施治,主为克生紊乱平调之。诸般均将体等十法系,牛驮羊驮视情各相宜。"①其实,不仅《四部医典》,其他少数民族医学理论,如蒙医三要素论和五行说,傣医"四塔"理论与"五蕴"范畴,土家医学与苗家医学,等等,都坚持的是系统思维。

第三节　中国少数民族哲学的思想渊源

探讨中国少数民族哲学的思想渊源,与切实把握中华民族的多源一体格局有相因关系。据统计,在中国统一多民族国家的大家庭中,经过国家确认的除汉族外还有 55 个少数民族,除此之外,尚有等待识别民族成分的西藏夏尔巴人,四川西番人、白马藏人,云南苦聪人、克木人、鲜刀人,广东临高人,等等。由于长期的历史发展,这些民族或族群,共同形成了"中华民族多元一体格局",正如 1988 年费孝通在香港中文大学发表讲演时所说:"我将把中华民族这个词用来指现在中国疆域里具有民族认同的 11 亿人民。它所包括的 50 多个民族单位是多元,中华民族是一体,它们虽则都称为'民族',但层次不同。"②

"中华民族多元一体格局"深刻地影响着中国少数民族哲学的起源、形成与发展。正是在"中华民族多元一体格局"形成的过程中,各民族都吸收和融合了其他兄弟民族的思想和文化,形成了富有民族特色的多元文化。但是,这并不否认中国少数民族的思想文化对中华民族文化的整体认同性。作为思想和文化精华的哲学当然也不例外。

一、民族传统的拓展

中国少数民族哲学的民族传统是与中国各少数民族的历史发展紧密联系的。在"中华民族多元一体格局"中,除汉族等少数几个民族有较

---

① 宇妥宁玛·元丹贡布:《四部医典》,李永年译,人民卫生出版社,1983,第 71 页。
② 费孝通等:《中华民族多元一体格局》,中央民族大学出版社,1989,第 1 页。

为完整的历史经历走过了马克思主义经典作家所认为几种典型的历史形态外(包括原始社会、奴隶社会、封建社会、资本主义社会),各少数民族的历史发展都具有自己的独特经历,其中一部分民族大体走完了上述自然历史过程,但在经历的时间长短及所处的历史时期方面呈现特色;一部分民族不仅没有走完或经历上述完整的历史发展阶段,而且其内部因居住环境等因素而呈现出严重的发展不平衡状态,使一个民族的不同族群同时处于不同的社会发展阶段上,有的民族甚至直到中华人民共和国成立前仍处于原始社会末期或向奴隶社会过渡阶段,"存在着浓厚的原始公社制的残余"①,有的则保留着较为典型的奴隶制或存在着封建农奴制……

中国少数民族社会历史发展的不平衡性表明中国各民族在中华人民共和国成立前的社会经济情况,就是一部活生生的、丰富的社会发展史,并存在着从原始公社制到近代资本主义的各种经济形态②。从哲学文化研究的角度说,中国少数民族历史发展的独特性决定了中国少数民族哲学之思发展的独特性,从而形成了中国哲学的多元特色。在一定程度上说,中国少数民族哲学的思想渊源之一,正来源于中国少数民族自身民族传统的拓展。比如,由于社会历史发展的相对落后性,使得中国少数民族文化中保留了大量的神话、史诗,像彝族的《梅葛》《尼苏夺节》《希木鸟鸟图》,佤族的《司岗里》,等等,其中的"哲学萌芽"通过不同时代、不同历史发展阶段的不断添加、加工,形成了带有浓厚神话色彩的、丰富的原始宇宙生成论、原始宇宙演化观。这些极为原始的哲学之思,不仅成为中国少数民族哲学的一大特色,而且也在一定程度上铸就了各民族的哲学文化精神,如土家族神话、史诗中的非倒退史观、趋中心化趋势、尚力传统等,直到现在还深刻影响着土家族的民族精神。研究表明,许多少数民族的哲学之思都是在神话、史诗、传说基础上形成了具有民族特点的传统哲学,像蒙古族哲学的"天力"论,彝族哲学的"清浊二气"

---

① 刘光照、韦世民:《民族文史论集》,民族出版社,1985,第 4 页。
② 李维汉:《中国各少数民族和民族关系》,载国家民族事务委员会政策研究室编:《中国民族关系史论文集》,民族出版社,1982,第 110 页。

说,傣族哲学的"气体、烟雾、狂风"说,等等。因此,我们可以证明,由于神话的思维方法是想象与联想,其思维目标是解释现实中的矛盾,其中包括对宇宙、对人类的终极解答;其思维的依据就像现代科学相信宇宙秩序一样,来自对对象世界存在秩序的坚信。因此,神话中的"哲学"之思就是后世哲学文化的基因,它为哲学的产生提供了丰富的思想资料,中国哲学史上的阴阳五行学说、八卦起源学说等可以作为例证加以阐释。除此之外,古代神话思维的特点在一定程度上也影响了后世哲学的特点。中国古代神话在一定程度上说,形成了后世哲学的人伦中心观,如土家族的神话,在一定程度上反映了土家族哲学的达观向上的精神取向。至于说最初的哲学,往往不能脱离神话表达方式的窠臼,即柏拉图所谓:"对于这个对象,很难表达出来,因此就要用神话来表达。"①所以,黑格尔也曾强调,对于哲学研究来说,"思维的精神必须寻求那潜伏在神话里面的内容、思想和哲学原则。""说那些哲理的内容没有潜伏在神话中,却未免有些可笑。民间的宗教及神话,无论表面上如何简单和笨拙,作为理性的产物,无疑地它们同真正的艺术一样包含有思想、普遍的原则、真理"。② 正是基于对历史上的神话研究的综论,苏联学者叶·莫·梅列金斯基认为"神话具有这样一种特性,即将一般的概念体现于具体的、可感的形式,即本身的形象性……最古老的神话,作为某种浑融的统一体……孕育着宗教和最古老的哲学观念的胚胎"③。

从中国少数民族哲学之思对民族文化传统的拓展来看,一是表现在具有本原意义的哲学之思上,即在接受相应的新哲学之思前,其原始宇宙观将世界形成、万物产生、人类来源看作一个由某种原初物质或其他什么东西不断演化、相继产生的渐进过程,其中包括人本身的形成也有

---

① 黑格尔:《哲学史讲演录》第 1 卷,贺麟、王太庆译,生活·读书·新知三联书店,1956,第170 页。
② 黑格尔:《哲学史讲演录》第 1 卷,贺麟、王太庆译,生活·读书·新知三联书店,1956,第81 页。
③ 叶·莫·梅列金斯基:《神话的诗学》,魏庆征译,商务印书馆,1990,第 2 页。

一个渐进的过程,像纳西族《崇搬图》中的"人类原始说"即认为人一开始并非真正的人,经过不断完善,直到第十代才被看成是真正的人,从而成为人类的祖先。在中国少数民族哲学发展史上,关于宇宙本原及宇宙模式的猜测,对天地万物产生的朴素认识,对人类起源的种种猜测,原始崇拜中宇宙有机联系的思想,"动中生"与"相分相配"的流变观念,以及原始的理想国和太平社会的思想等,无不孕含在这一早期哲学之中①。二是表现在根源于少数民族的日常生活、经济状况、社会制度、思维方式、自然环境,以及性格气质等方面的鲜明民族特色之中。如蒙古族的"天、佛、汗"合一论,"天力"论反映了草原般的粗犷与深沉的蒙古族特点;回族的"以儒诠经""伊儒互补"的哲学体现了回族形成、发展的特点;"雾罩""雾露""云彩""茶叶""卵生""瓜生人""猴子变人"等自然与人类起源说,都无不同各少数民族生存的环境及各民族自身的特性有关,特别是与少数民族的农业和畜牧经济有关。三是形成了具有民族特色的哲学流派及大批成熟的哲学家,如苯教哲学、东巴(达巴)教哲学、佛教哲学、伊斯兰教哲学,等等。

二、民族文化的交融

各民族之间的相互交往,并不只是一般意义上的人际交流行为,而是由此形成一种趋势、一种标准、一种思维方式。一方面,交往一旦形成,就会成为一种习惯,一种各民族无所逃离的历史发展过程,以至于可以用"被卷入"来加以形容,像西域各民族与华夏民族的交流、长江流域诸民族的交流等都可以此来加以说明。另一方面,通过这种民族交流,使人们获得了一种标准,即选择相应的"先进"生活,从而形成"用夏变夷"或"学乎夷狄"的文化风貌。最后,基于上述两个方面,使人们形成一种思维方式,即在多种交往中实现文化选择。如 15 世纪以后,直至 19 世纪中叶,无论是从中域正史记载还是土家族聚居地区的方志记载,都

---

① 佟德富:《中国少数民族哲学概论》,中央民族大学出版社,1997,第 5 页。

可看到土家族由中华民族历史边缘走向文明中心的历史。土家族思想界对民族关系的理性省思都有一个主题，即土汉关系，问题的内涵则是中心与边缘、文明与野蛮、先进与落后的差异性，其具体表现形式则是见诸不同历史时期的相关标识之词，如承认汉土有别的"汉土界限""汉土各别""汉土攸分""汉土之界限愈益分明"，等等①，其隐喻的终极诉求则是民族的强盛化、文化的中心化、社会的文明化。因此，现存于十分偏远之地的利川市鱼木寨上的建筑石刻就有言："纵学不得程夫子道学齐鸣，也要学宋状元联科及第；再不能够，也要学苏学士文章并美，天下听知。"②从中就不难看出当时土家族的趋中心化信念是多么强烈。这种强烈性表明了一种学习"先进"的信念。在这方面，北魏孝文帝改革、蒙元入主中原后的崇儒与习用汉法、清朝满族的习用汉族文化等都可以作为证明。

从总体上看，中国各少数民族及其与汉族的交往与所引发的哲学之变可以划分为三个阶段。第一阶段是趋中心化的文化认同，这是华夷之辨的核心。其时代可以划定为从远古开始直至春秋战国时代，部分少数民族的时代限定则有相当的伸缩性。这一阶段的基本标志是华夏族的形成以及由华夏文明为核心、四夷五方（东夷、西戎、南蛮、北狄、中华夏）相互关联为基本格局的"中华民族多元一体格局"在萌芽期的发展，这一时期，我们通观土家族先民鹖冠子的思想，即可发现其书《鹖冠子》反映的正好是一名土家族知识分子从边夷之地进入中域文化视域后的综合文化选择。作为边夷之地的一名"隐"或"士"，鹖冠子有一段关于贤人处乱世的讨论，即恰好与土家族先民对于中域文化及自身生成的基本态度。趋中心化及综合取舍自认为比较先进的文化成果，从鹖冠子关于自己文化总纲的《学问》篇即可看出这一点。其他许多少数民族，因自己历史发展的进程各不相同，很难用一个统一的历史尺度来界定。但也不容否认，各少数民族都有趋中心化的历史发展阶段。

---

① 参见鄂西土家族苗族自治州民族事务委员会编：《鄂西少数民族史料辑录》，内部资料，1986。
② 谭宗派：《鱼木寨研究》，国际文化出版公司，2001，第 24 页。

第二阶段是华夏衣冠诉求的族体认同,这是寻祖于华夏共祖认知的结果及其所反映的思想。这一阶段大约从秦汉到隋唐的 1000 多年,部分少数民族的历史进程同样具有相当的伸缩性。在这一阶段上,秦汉统一的历史事实与《史记》等历史文献提供了一个中华民族的共祖史观,促成了中华各民族多元一体格局的基本形成。这一时期形成的中华各民族生活疆域的丰富性与多元性既提供了各民族特色形成的地理基础,也提供了各民族经济生活的优势互补、相互依存的整体性条件;同时,除魏晋南北朝和五代十国时期的短暂分裂外,统一多民族国家提供了强有力的文化交流的政治历史条件,宏观的文化交流与融合包括了众多少数民族的文化,如匈奴、鲜卑、突厥等民族的文化,甚至外域文化,如印度或西域的佛教文化也发展为中华文化的一部分。微观的、中观的民族文化交流与融合则在现今的各少数民族聚居地区逐渐形成了"中华民族多元一体格局"的大杂居而小聚居情况,并发生了丰富的哲学文化交流,正是由于各民族之间的长期相互交流、相互学习、相互影响,从而发生了各民族哲学之思的相互吸收与融合。纳西族"精威五行"说,原始的"青蛙八卦";彝族的"人体气凝成,由五行决定,取法于天地"的思想;白族本主崇拜中本主的复杂成分;等等,这些都能明显地看出各民族哲学思想的影响①。据专家学者考证,不少这类的文化影响都是在这一时期发生的。这一阶段的重要思维成果是现今仍然保留在中国少数民族神话中的中华民族多元共祖神话及百家姓来源的传说故事,相关的汉史文献对归化的记载也可说明。

第三阶段是多元一体格局的形成,并促成现代民族、国家认同。这一阶段应是宋元明清时期的大约 1000 年,其中大的文化交流融合事件既包括少数民族入主中原而成为统治民族或主导民族,推动各民族文化交流与融合,如辽、西夏、金、元、清等政权的建立,特别是元和清两个全国性统一政权的建立,极大地调整了中国各民族之间的文化关系;又包

---

① 佟德富:《中国少数民族哲学概论》,中央民族大学出版社,1997,第 5 页。

括在中华民族多元一体格局中,汉族主体地位进一步加强,蒙古族、藏族、维吾尔族、回族、土家族等各民族内聚力进一步增强,逐渐成为中华民族大家庭中的确定性成员。正是在此基础上,逐渐形成了具有近现代民族国家意义上的中华民族及其各民族成员。如 1903 年梁启超在《政治学大家伯伦知理之学说》一文中即有了某种明确认知:"吾中国言民族主义者,当于小民族主义之外,更倡大民族主义。小民族主义者何? 汉族对于国内他族是也。大民族主义者何? 合国内本部属部之诸民族对于国外他族是也。"梁启超又说:应当"合汉、合满、合蒙、合回、合苗、合藏组成一大民族"。1906 年他又在《历史上中国民族之观察》一文中始用"中华民族"一词:"现今之中华民族自始本非一族,实由多数民族混合而成"。此后,孙中山在《中华民国临时大总统宣言书》中庄严宣告:"国家之本,在于人民。合汉、满、蒙、回、藏诸地为一国,合汉、满、蒙、回、藏诸族为一人——是曰民族之统一。"①

　　"中华民族多元一体格局"形成的过程为各兄弟民族间的相互影响和吸收提供了广阔的条件,如纳西族和藏族,彝族和白族,德昂族、布朗族和傣族等之间的哲学文化的相互影响即十分明显。这不仅表现在中国各少数民族之间,而且还表现在各少数民族与汉族间,甚至还表现在中华民族与世界上其他各民族之间。在中华各民族内部,由于各种历史原因,各民族间的发展呈现出极大的不平衡性,如有的民族长期从事原始农业经济,沿用刀耕火种、广种薄收的原始耕作方式。南方的土家族、瑶族、畲族、苗族、黎族、高山族、傈僳族、彝族、纳西族、阿昌族、景颇族、普米族、独龙族等山地民族,历史上都长期从事刀耕火种的经济生产。这样的经济状况当然对其思想文化状态有所制约。与此相对,汉族的哲学文化虽然也受到各少数民族哲学文化的影响,但相对而言,无论是在资料的取材、概念的使用、思想的吸收等方面,汉族的哲学文化之思更多地影响了各少数民族的哲学文化,如天命观、气一元论、阴阳五行说、太

---

① 孙中山:《孙中山选集》,人民出版社,1981,第 90 页。

极说、儒学、理学、心学、老庄思想等方面都可在中国少数民族哲学文化中找到印迹。据研究,这种影响既有民族全体意义上的,又有哲学家个体意义上的,像白族的李元阳、高葊映等,满族的玄烨、阿克敦等,回族的海瑞、李贽、王岱舆等,蒙古族的保巴、忽必烈等,壮族的刘定逌、郑献甫等,土家族的鹖冠子、向警予、赵世炎等也都如此。"总之,由于中国各民族居住环境与民族的多源多流,各民族的迁徙杂居与相互融合,经济文化上的相互交融,以及各民族发展的不平衡性,就决定了每个民族都既保留有本民族特色浓厚的哲学思想,又有受汉族和周边民族影响的部分,至于保留的多与少,要视各民族形成与发展的历史而定,要具体分析,不可一概而论。"[1]

三、宗教思想的渗透

"哲学最初在意识的宗教形式中形成。"[2]研究中国少数民族哲学,不得不关注其宗教根源。我们这里所说的宗教,既包括人为宗教,也包括原始宗教。从理论上说,人为宗教中隐含有丰富的哲理性,如宇宙生成论、哲学本体论等,像佛教的"本无空"论、"毕竟空"论、"一切法皆自性空"论,伊斯兰教的"真一、数一、体一"论,等等,都可以作为证明。原始宗教中则有丰富的哲学思维萌芽。

其一,少数民族哲学思想有不少直接来源于原始宗教意识。前面提到中国各民族由于种种历史和社会原因,只有汉族和部分少数民族经历过整个社会历史进程的各阶段,许多少数民族,如大、小凉山的彝族直至新中国成立时仍处于奴隶社会,部分少数民族像云南的独龙族、基诺族、傈僳族、怒族、布朗族等基本上还处在原始社会末期向阶级社会过渡的历史阶段;永宁地区的摩梭人在家庭婚姻制度方面甚至还保留着母系原始社会的残余。这样的社会历史条件,形成了中国少数民族原始宗教内

---

① 佟德富、宝贵贞:《中国少数民族哲学专题研究》,中央民族大学出版社,2006,第3页。
② 《马克思恩格斯全集》第26卷第1册,人民出版社,1973,第26页。

容丰富、形态多样、仪式繁杂、各具特色的局面。从哲学文化发展的层面说，原始宗教是在原始社会自然产生的以灵魂信仰为特征、以自然崇拜及其与之相关的巫术、禁忌仪式等为主要内容的宗教形式。因此，原始灵魂观念既是原始宗教的标志，也是最初的形神关系论说。在中国少数民族历史发展中，灵魂观念可以追溯到原始人类时代，灵魂观念表明人类已在思考人生的目的、意义问题，是人的一种自我意识。从哲学的层面上讲，灵魂观念隐含了一个重要的哲学方法——对立面的统一性方法，其具体思维目标在于解决感官所见的死人与梦境中出现的同一个活人之统一的根据问题，从而合理地解释"梦"与"死"等令人疑惑的问题。例如，随葬品，既可能是生前喜欢的某种物品死后也跟着随葬，也可以是把生前的美的观念带入死后，对生人、对死人都是设想一种界限，这就是肉体和灵魂的界限。正如恩格斯所说："在远古时代，人们还不完全知道自己身体的构造，并且受梦中景象的影响，于是就产生了一种观念：他们的思维和感觉不是他们身体的活动，而是一种独特的、寓于这个身体之中而在人死亡时就离开身体的灵魂的活动。"①从其有对肉体与精神关系问题的思考来看，这应即哲学思维的萌芽。恩格斯在谈到人的思维发展时曾强调了思维与对象世界的关系及其中介，"人的思维的最本质和最切近的基础，正是人所引起的自然界的变化，而不仅仅是自然界本身；人在怎样的程度上学会改变自然界，人的智力就在怎样的程度上发展起来"。② 俄国马克思主义者普列汉诺夫曾在《论俄国的所谓宗教探寻》中也说：神话的思维方式是万物有灵，是唯灵论，而"认为自然界中······部感官所不能感触到的或只能在······起的，一······来。这听······

①《马克思······
②《马克思······

引起人们的唯灵论思想"①。如果反观,还可以看到,中国各民族初民的神话的确是原始社会即传说时代的产物,其中"还凝聚着人们的正面认识和实践经验,这些经验在解开世界的奥秘中是真正的思想进步"②。

其二,人为宗教对相当多的少数民族哲学产生了深刻影响。对此,《中国少数民族哲学史》一书分析了主要的四种情况。一是有的民族的哲学主体思想(或者说处于主导地位的哲学思想),就是某种宗教哲学,如本民族的相当一部分群众信仰某一宗教(佛教或伊斯兰教等)的民族,大都属此类。如藏族,有相当一部分群众信仰藏传佛教,所以,佛教哲学思想就几乎成为占主导地位的藏族哲学思想。二是以某一宗教哲学为基础,吸收儒学、理学某些内容而形成的一种独特的新哲学思想,如回族的王岱舆、马德新等学者的哲学(基本上也是宗教哲学),这类哲学是以伊斯兰教为基础,吸收、融合了汉族儒家思想,形成了"以儒诠经""伊儒互补"为特征的回族哲学。三是在承认宗教神学并受其影响下产生的哲学,这是在吸收某种或某几种宗教的一些思想来丰富和补充本民族的哲学思想,比如维吾尔族伦理道德思想、蒙古族的天命观念、白族的本主崇拜等,其中《福乐智慧》《真理的入门》中所表现出的知识论、道德观、理想社会观等即可作为代表。四是反佛教中产生的哲学,如罗布桑却丹通过批评藏传佛教危害蒙古族的进步和发展,批驳佛教"一切皆空"思想,强调灵魂不能离开肉体;反对"听天由命,靠天赐物",主张对人民进行文化、科学知识教育,发展经济。还有傣族《论傣族诗歌》的认识论、文艺

宗教观等。这种种哲学,有的虽是宗教哲

这种假想在人

起来像是奇谈

恩格斯选集》第 4 卷

恩格斯选集》第 3 卷

类和分析,大体上概括了中国少数民族哲学与宗教的关系类型,并可成为中国少数民族哲学研究的重要方法论,用以分析中国少数民族哲学。

四、中域文化的诱引

在中国少数民族哲学发展中,"中域"哲学始终是一个取法对象。研究表明,中国少数民族哲学事实上具有双轨互动的趋向,并形成了两条哲学发展线索,一条线索是受中域文化影响的各民族哲学,其哲学思想事实上已成为中域文化的一部分,如土家族的鹖冠子、范长生、焦定等,回族的李贽、海瑞等,蒙古族的保巴等这些学者的思想。另一条线索则是各民族一般民众的哲学思想发展及部分哲学英雄之哲思,其中心史料可通过中域文献、各民族民间口承文化、仪典文化、物态文化及哲学英雄之诗文等来再现,因为"人民不仅是创造一切物质价值的力量,人民也是精神价值的唯一的永不枯竭的源泉。无论就时间、就美和就创造天才来说,他们总是第一个哲学家和诗人"[1]。他们的创造,我们可称之为民间文化哲学[2]。

按照学界的研究,吸收、消化、发展中域哲学思想,从而形成具有自己特色的民族哲学思想,是中国少数民族哲学发展中的一种普遍现象。像鹖冠子,他是土家族先民賨人中的重要的哲学家、军事理论家、天文学家、文学家。长期以来,人们从不同的角度对他进行研究,特别是对《鹖冠子》一书的研究,更是百家异说。如学界对《鹖冠子》的思想归依有道家说、兵家说、杂家说、黄老道家说、法家说等多种说法,但笔者的研究表明,《鹖冠子》坚持的是从边地出发的综合文化取向。鹖冠子的《学问》篇主要是讨论学习问题的,核心问题是:"圣人学问服师也,亦有终始乎,抑其拾诵记辞,阖棺而止乎。"鹖冠子的回答是:"始于初问,终于九道。若不闻九道之解,拾诵记辞,阖棺而止,以何定乎。"因此,对"九道"进行了

[1] 高尔基:《论文学(续集)》,曹葆华等译,人民文学出版社,1979,第 54 页。

[2] 高尔基:《论文学(续集)》,曹葆华等译,人民文学出版社,1979,第 55 页。

阐明:"一曰道德,二曰阴阳,三曰法令,四曰天官,五曰神徵,六曰伎艺,七曰人情,八曰械器,九曰处兵。"具体说即是:"道德者,操行所以为素也;阴阳者,分数以观气变也;法令者,主道治乱,国之命也;天官者,表仪祥兆,下之应也;神征者,风采光景,所以序怪也;伎艺者,如胜同任,所以出无独异也;人情者,小大愚知贤不肖,雄俊豪英相万也;械器者,假乘焉,世用国备也;处兵者,威柄所持,立不败之地也。九道形心,谓之有灵,后能见变而命之,因其所为而定之。若心无形灵,辞虽搏捆,不知所之,彼心为主,则内将使外,内无巧验,近则不及,远则不至。"[1]这一思想与"四至""五正""天曲日术""素皇内帝之法"等,不仅反映出鹖冠子的社会治理思想,而且也反映出鹖冠子的杂取"先进"文化之道,这正是一种边夷之民的趋中心化取向。在其他的民族哲学发展中,有直接继承、发挥汉族哲学思想以成己说的,如保巴、阿克敦等人的哲学。保巴字公孟,号普庵,撰有《易源奥义》《周易原旨》等著作,其中提出的太极动静生阴阳,而后生万物,强调万物的产生"皆不出乎一太极也"[2],是"太极之运化"[3]的结果。"无极而太极者,乾坤之元也"[4],但太极"既不堕于形器,亦不流于虚无"[5],"太极理也,无外,故曰形而上者谓之道","阴阳气也,气变则有质矣,故曰形而下者谓之器"[6],"物物各有一太极,一本而万殊。万物体统于太极,万殊而一本。"[7]又有杂以中域传统哲学且出入于儒、释、道之间,李贽、李元阳、高奣映等人可作为明证。李元阳自谓"予主儒,不主释,但主理"[8],"唯以灵明到手,即可了事,初不计为孔为释为老也"[9]。他认为性、心、意、情四者地位悬殊,状相迥别;"天命之谓性",即

---

[1] 黄怀信:《鹖冠子汇校集注》,中华书局,2004,第321—326页。

[2]《周易原旨》卷一。

[3]《易源奥义》。

[4]《周易原旨》卷一。

[5]《周易原旨》卷七。

[6]《周易原旨》卷七。

[7]《周易原旨》卷七。

[8]《中谿文集》卷五。

[9]《中谿文集》卷十。

观,《谈寨神勐神的由来》中的宗教观
学,或以神学为支架(或外衣),但其理
哲学高,且有的强调现实政治、世俗生活

---

[1] 普列汉诺夫:《普列汉诺夫哲学著作选集》第3
    373页。

[2] 亚·泰纳谢:《文化与宗教》,杨雅彬等译,中国社会

[3] 肖万源、伍雄武、阿不都秀库尔主编:《中国少数
    31页。

"真我""本觉""道体",非"耳目鼻口,四肢百骸";"性之神识,动而为心。心者,感物而动之谓也",心本无形;"心识发而为意。意者,乃物所感之谓也";"意识流而为情。情者,为物所蔽之谓也"①。他说:"格物者,非格去外物,乃格去我交物之识也。使此识不我蔽、不我惑、不我动也。"这就是说,他也不否认"外物""躯壳"的存在,但认为格物就是正心诚意,"复性即是致知,性复即是知至"②。所以他又说:"圣贤在世,只为教人复性而已。性复,则天地世界,如观掌中物耳。"③高奣映通过考证,认为宋以前儒家有太极之名,没有无极之说,言无极盖多见老庄之说,因而反对"自无极而为太极"之说。他认为:"太极以前只可名'混沌'。不可举以名'无极'。"④他说:"以天地未判,清浊而不上下也;阴阳未分,乾坤之理与道无从适也。未判未分,只一个混沌。混沌久,久而至混沌之极处……混沌极而分阴阳,阳极而生阴,阴极而生阳,莫不从其极为生化之互根者。"⑤他又说:"因混沌极而有将判之机,其所以极者,曰:'太极'。"⑥而"阴阳互根之本,始悉蕴秘于混沌中,此即为太极本体"⑦,宇宙中"事事、化化、理理、气气即须于此太极里面理会,此中正仁义实学"⑧。太极之所贵,在于"以有之为用"说,"并极得之归于乌有"⑨,这就如同人睡死,"呼吸尽断使去死尸"⑩一样,或说"使无阴阳动静,是混沌已为死狗,况了无此极,则开辟混沌又以何者为主"⑪? 他还认为,太极"至清""至善""至醇""常真",然一落阴阳五行则有清有浊、有善有恶、有醇有

---

① 《中谿文集》卷一八。
② 《中谿文集》卷一八。
③ 《中谿文集》卷六。
④ 《太极明辨》卷一。
⑤ 《太极明辨》卷一。
⑥ 《太极明辨》卷一。
⑦ 《太极明辨》卷二。
⑧ 《太极明辨》卷二。
⑨ 《太极明辨》卷一。
⑩ 《太极明辨》卷二。
⑪ 《太极明辨》卷一。

驳、有成有坏。但混沌有开辟，是"阴阳五行为之也"，"混沌后闭而终于不息者，太极至真之常道为之也"。所以他又说，天地立，万物生，"自然之妙，不仅安排者也"①。这就是他关于混沌、太极及二者关系的思想②。

又如满族哲学人物康熙帝玄烨尊儒学崇理学，主尽性循理，但不是完全照搬。他要求儒学、理学"体之身心，验之政事"，"见诸实事"。他反对"书生坐观立论"，强调人为，重视知识，提倡并带头学习自然科学；认为"知"是从"亲见亲历"、考验、征验、测验得来，等等。这都是与朱熹及其后的理学家不同的。我们虽还不便说他加入了明清实学思潮行列，但作为帝王，在他统治中国的 60 年期间，其思想不会不对当时及其后的中国学术思想发生作用。唐以后的许多少数民族学者，不只是在封建中央王朝做官（地方官或京官），在哲学或学术文化等方面也都作出了各自的贡献③。

五、西学传导的接合

中国少数民族哲学的一个极大传统是对"西学"的接受。这里，我们对"西学"取极广泛的意义，既包括在全球性现代化运动以来的"西学东渐"过程中，中国各少数民族学者对近现代思想传统的接受，从而开启了中国少数民族哲学文化近现代转型的新传统，如在 20 世纪的中国革命和建设过程中，为因应全球性现代化运动的双重趋势，中国各民族学者都作出了巨大努力，其中包括土家族马克思主义者在马克思主义哲学中国化双重内涵的拓展方面进行的艰苦探讨和不断创获，还包括历史时期中国各少数民族向国外先进知识的学习并创获自己民族特色的哲学之思，这可以从更为广泛的领域得到说明。

---

① 《太极明辨》卷一。
② 肖万源、伍雄武、阿不都秀库尔主编：《中国少数民族哲学史》，安徽人民出版社，1992，第 31—32 页。
③ 肖万源、伍雄武、阿不都秀库尔主编：《中国少数民族哲学史》，安徽人民出版社 1992 年版，第 33 页。

以整个民族的形成而导致的西学传导,回族哲学思想文化的形成与发展可以作为一个典型的个案。7世纪中叶以后信仰伊斯兰教的阿拉伯人和波斯人陆续来中国经商并在广州、泉州、扬州和长安等城市定居成为"蕃客",中国回族初起于此,之后又有不少人在当地娶妻生子而形成"土生蕃客"。正是这种民族交往,伊斯兰教宗教生活被带入了中国。当时,通过具有政教合一性质的蕃坊组织及其由中国政府任命的"最有德望者"——"蕃长""管勾蕃坊公事",并按照伊斯兰教的法典和宗教规定兼理穆斯林之间的教务。蕃坊不仅是在华穆斯林客商的社会行政单位,而且是自然形成的宗教文化组织,并建有永久性的宗教建筑清真寺。在此基础上逐渐形成的中国回族,其哲学思想文化一开始就具有一种"中西汇通"特色。一方面,在民族形成过程中,回族具有信仰伊斯兰教的思想基础,尽管在长时期内并不重视对教义的研究、宣传,但其民族文化与伊斯兰教密不可分。另一方面,回族毕竟是中国化的民族,在民族共同体形成过程中必然大量吸收中国传统文化,特别是在明代回族共同体的最后形成过程中,回族人民通过以儒家思想来注释伊斯兰教义,从而实现两者的妥协、融会、贯通,并进而形成了一种新的民族思想文化,其中包括经堂教育的兴起、汉文译著的盛行、教派的分化及民间文学的滋生……除回族外,在中国本民族有相当一部分群众信仰伊斯兰教的还有维吾尔族、哈萨克族、东乡族、柯尔克孜族、撒拉族、塔吉克族、乌孜别克族、保安族、塔塔尔族等民族。其哲学思想文化都或多或少地受到了相应的影响。

从西学传导对个人哲学的影响看,法拉比可以作为典型个案。据传,法拉比于870年生于锡尔河畔法拉比城的一个相信摩尼教的葛罗禄部的骑士家庭,893年因萨曼王朝侵占喀喇汗朝的法拉比等城而全家改信伊斯兰教,法拉比还曾到过阿拉伯哈里发国家阿跋斯王朝的都城伊斯兰教东方文化中心——巴格达,且到过哈马丹汗国。在长期的学习探索中,法拉比接触了不少伊斯兰教、基督教学者和思想家、诗人的著作,以及亚里士多德的学说,一生写了大量作品。从哲学思想的层面看,他的一生主要是宣传亚里士多德的哲学,企图把它和新柏拉图主义因素调和起来,因而获得了"东方亚里士多德式的自然泛神论哲学体系的主要奠基人"的荣誉,足见亚里士多德哲学对他的影响之深。20世纪70年代以来,学术界已开始把法拉比及其著作作为一个学科即"法拉比学"来研究,已经取得了一些成果。俄罗斯、东欧、法国、埃及、叙利亚等很多国家和地区的学者都写了许多论文、专著,有些国家和地区还出版了法拉比的论著目录,有些国家还同时翻译发表了法拉比的不少著作。①

佛教的多渠道传入并中国化,应看成是西学传导的典型文化现象。其中南传佛教从古代传入西南民族地区以后,日渐成为在傣族等少数民族中占统治地位的宗教,甚至在傣族等一些民族中得到几乎全民信仰,佛教与政权相结合,这种情况一直保持到中华人民共和国成立后的一段时间。因此,南传佛教对西南民族地区人民的哲学思想文化发展有着重大的影响。当然,南传佛教在西南民族地区中的传播和长期流传也不可避免地受当地民族传统文化的影响,典型的例子如傣族哲学关于人体的"四塔"理论就是借用印度佛教哲学风、火、土、水四素说或"四大""四界"说来说明人体生命的生成、发展以及强弱变化的等。除南传佛教外,藏传佛教、汉传佛教对中国少数民族哲学文化的影响也同样巨大而普遍,如藏传佛教曾在蒙古族上层建筑和意识形态占主导地位,甚至在元朝统治的整个时期,整个蒙古草原意识形态的上空都为藏传佛教思想所笼罩。在中国各少数民族中,有的民族有相当一部分群众信仰藏传佛教,如藏族、蒙古族、土族、普米族、裕固族、门巴族等民族。

在开启于西方的全球性现代化运动兴起以后,近现代意义上的"西学"开始东渐。据研究,"西学"一词似出自《西学凡》,此为艾儒略编写的欧西大学课程纲要,署"西海耶稣会士艾儒略答述",书前有许胥臣引,书后有熊士旗跋、杨廷筠《刻西学凡序》,1623年刊印,介绍西洋文、理、医、

---

① 肖万源、伍雄武、阿不都秀库尔主编:《中国少数民族哲学史》,安徽人民出版社,1992,第939页。

法、教(指教律)、道(指基督教神学)等六科,向中国人提供了有别于经、史、子、集四部分类的学科系统,是早期西书中较全面评述西洋学术的著作。此书较早地以"西学"概括欧西神学、经院哲学及某些科技知识。以后,西方传教士译介欧西知识的书籍多以"西学"命名,如《西学修身》《西学持家》《西学治平》等。"西学"逐渐被中国士人使用。正是在明清之际,一大批中国学者、政治家受"西学东渐"影响,其中在清朝政绩卓著的康熙皇帝玄烨也可为其代表。玄烨之所以能成为满族的思想家,主要得益于他对自然科学的极大兴趣以及对自然科学的学习和运用,并在数学、天文学、地理学等方面都学有所成,还撰有大量专门论述,对医学、生物学、解剖学、农艺学、工程技术等科学领域也有所涉猎与研究,其学习心得散见于他的《御制文集·杂著》之中,给后人留下了丰富的精神财富。在哲学上,他不仅建立了重儒崇理的理本体论,还在认识论上有所建树,他特别反对"以意悬揣""凭虚以悟""强以为知"的不良习气,主张"亲见""亲历"、考验、考证方法和"知源于行";强调"必亲履其境,然后能知之"[①],认为"行"重于"知",因为"不能行,则知亦空知"。因而,他关于江河之源,地震之因,雷声之远近,水性、水质成分之判别,南北方物性之异同,载籍中有关自然事物或现象之是非曲直,民俗传闻之真伪等,往往都能以科学知识加以解释、订正,有的还颇有见地。这对当时的学术风气,无疑是有所裨益的[②]。

　　自然,中国少数民族哲学的思想基础还可从其他方面加以阐释,如各民族社会历史发展实践给各民族成员的影响及其所带来的生存(生成)体验,这也是各民族哲学创新发展的动力,特别是在全球性现代化影响下的中国少数民族的哲学思想的转型与发展就更是这样。

---

① 《御制文集》第 4 集,卷 28,《蒙古居处有定》。
② 肖万源、伍雄武、阿不都秀库尔主编:《中国少数民族哲学史》,安徽人民出版社,1992,第33 页。

第四章　中国少数民族的宗教哲学

　　宗教哲学是中国少数民族哲学的基本特点之一。说中国是一个有着多种宗教的国家,主要有佛教、道教、伊斯兰教、基督教等,就其某种意义而言,说的是中国各民族群众宗教信仰的多样性。在中国少数民族中,有些民族的哲学主体思想(或说处于主导地位的哲学思想),就是某种宗教哲学,如有相当一部分群众信仰某一宗教(佛教或伊斯兰教等)的民族,大都属此类;有的民族以某一宗教哲学为基础,吸收儒学、理学等某些内容而形成自己的哲学。据学界统计,中国少数民族的相当一部分群众基本上都有自己的宗教信仰,如有的民族的相当一部分群众信仰某种宗教,信仰藏传佛教(俗称喇嘛教)的有藏族、蒙古族、土族、裕固族、门巴族、普米族、纳西族等 7 个民族的群众;信仰上座部佛教(俗称小乘佛教)的有傣族、布朗族、德昂族、佤族等民族的一部分群众;信仰伊斯兰教的有回族、维吾尔族、哈萨克族、东乡族、保安族、撒拉族、柯尔克孜族、塔塔尔族、乌孜别克族、塔吉克族等 10 个民族的一部分群众;信仰基督教的有彝族、苗族、拉祜族、景颇族、傈僳族等民族的一部分群众。俄罗斯族和鄂温克族的一小部分群众信仰东正教。在独龙族、怒族、佤族、景颇族、高山族、鄂伦春族、珞巴族等一些少数民族的相当一部分群众中,还保持着原始的自然崇拜和多种信仰……因此,宗教哲学研究是中国少数民族哲学研究的重要内容之一。

第一节 中国少数民族宗教哲学概述

在中国少数民族的精神文化中,宗教信仰有如民族文化的中枢神经,深深地影响着各信教民族群众的思想和意识,甚至影响着民族社会的发展。中国少数民族的原始宗教信仰复杂多样,但大体可分为南方少数民族原始宗教文化圈和东北少数民族萨满教文化圈。作为一种文化现象,宗教信仰不仅对各民族先民的生存欲望、对他们同自然界作斗争都起到过一定的精神鼓舞作用,而且其中包含着一些客观成分或科学因素,例如藏传佛教中的天文、历算、因明学、医学等都具有一定的实用性,对民族科技及文化的发展具有帮助作用;伴随着西方基督教传教士而来的世界地图、天文仪器制造、教堂建筑技术、《几何原本》与《同文算指》等数学科学知识⋯⋯应该说都有其内在价值。

一、多样性与普遍性

中国少数民族的宗教信仰首先是具有多样性与普遍性。从来源上看,中国各少数民族信仰的宗教有土生宗教,如:白族的本主崇拜,朝鲜族的天道教、侍天教、青林教、大倧教、元倧教,纳西族的东巴教,摩梭人的打巴教①,普米族的韩归教,彝族的西波教,壮族的师公(中国大教),等等。其他有中域文化传播的宗教,如儒家与道教。也有外来宗教的传播,如印度佛教、中亚伊斯兰教、西方基督教等的传入等。

在中国少数民族的宗教信仰中,产生于中域地区的儒、道信仰曾在中域地区一统天下,亦学亦教,在中国少数民族地区也有极大的影响,如道教在瑶族、仫佬族、壮族、土家族、白族、阿昌族、毛南族等少数民族部

---

① 四川的摩梭人被划为蒙古族的一个分支,云南摩梭人则被划为纳西族的一个分支,故此单列。

分群众中得到了较为广泛的传播,同时在朝鲜族、布依族、土族等少数民族部分群众中也传入了儒家文化成分。

在中国少数民族的宗教信仰中,在西南、中南、东南大陆及沿海岛屿广大南方地区生活的少数民族的相当一部分群众较为普遍地保持着以万物有灵思想为中心的原始宗教信仰,其中基诺族、德昂族、拉祜族、傈僳族、珞巴族、怒族、羌族、彝族、侗族、毛南族、哈尼族、畲族、高山族等保持着自然崇拜;布依族、独龙族、德昂族、佤族、怒族、侗族、傈僳族、哈尼族、壮族、高山族等保持着动物崇拜;景颇族、苗族、侗族、布依族、阿昌族、布朗族等保持着鬼神崇拜;拉祜族、苗族、仫佬族、土家族、黎族、布朗族、德昂族、侗族、哈尼族、高山族等保持着祖先崇拜;羌族、彝族、畲族、高山族、苗族、仫佬族、珞巴族、布朗族等保持着图腾崇拜;阿昌族、布朗族、侗族、独龙族、仡佬族、哈尼族、景颇族、门巴族、苗族、仫佬族、土家族、怒族、畲族、佤族、彝族等保持着神灵崇拜即多神信仰;阿昌族、傈僳族、苗族、毛南族、羌族、彝族、畲族、普米族、佤族、土家族等保持着灵物崇拜;京族、侗族、毛南族、土家族、彝族、布依族等保持着英雄崇拜……

在中国少数民族的宗教信仰中,与南方少数民族原始宗教文化圈遥相呼应,在中国东北地区存在着一个东北少数民族萨满教文化圈,鄂温克族、鄂伦春族、达斡尔族、满族、锡伯族等,以及朝鲜族和西北地区的裕固族中的一部分群众保持着萨满教信仰,蒙古族的相当一部分群众也曾信仰萨满教。

在中国少数民族的宗教信仰中,藏族聚居地区的原始信仰苯教(也称本波教、本教),可以说是藏化了的萨满教,现在仍然有活动。不过,藏族聚居地区普遍盛行的是藏传佛教。应该注意的是,作为世界著名的三大宗教之一,佛教创始大约在公元前 6 世纪,传入中国却在公元 1 世纪前后,在同中国本土文化相互吸收和融合的过程中,佛教已形成了汉传佛教、藏传佛教、南传佛教等三大中国化佛教体系。其中藏传佛教形成于雪域高原,被藏族相当一部分群众所信仰,继而又被蒙古族部分群众所接受。土族、裕固族、达斡尔族、普米族、门巴族以及纳西族的一部分群众也信仰该系佛教。汉传佛教虽然在中国汉族聚居地区较为流行,但在朝鲜族、白族、布依族、壮族、京族、毛南族等少数民族部分群众中也有信仰。西南地区少数民族中白族、哈尼族、傣族等少数民族的相当一部分群众则信仰南传佛教。

在中国少数民族的宗教信仰中,广大西北地区的少数民族,如回族、维吾尔族、哈萨克族、柯尔克孜族、塔塔尔族、乌孜别克族、塔吉克族、东乡族、撒拉族、保安族等 10 个民族的相当一部分群众信仰伊斯兰教,形成了西北少数民族伊斯兰教文化圈。

在中国少数民族的宗教信仰中,从唐朝景教(基督教聂斯脱利派)来华传教始,后经长期发展,天主教、基督新教等不同教派的基督教逐步传入了彝族、布依族、朝鲜族、景颇族、拉祜族、土家族、佤族、壮族、藏族等少数民族部分群众中,而散居在我国西北、东北等地的俄罗斯族,有很少一部分群众却独树一帜,信仰基督教中的东正教。

此外,在中国少数民族的历史发展中,各少数民族的先民还信仰过一些较为古老的宗教,如维吾尔族、哈萨克族等部分先民曾信仰景教,维吾尔族、乌孜别克族、塔吉克族等部分先民曾信仰祆教(拜火教),维吾尔族、乌孜别克族及裕固族部分先民曾信仰摩尼教等。

二、民族性与融合性

中国少数民族宗教信仰的一个显著特征是各民族的相当一部分群众的宗教信仰都是民族性与融合性并存的。比如纳西族的东巴教,是纳西族的相当一部分群众的宗教信仰,但是我们从中也看到,东巴教深受西藏地区的苯教以及藏传佛教的影响,其"东巴"一词的古称"钵波"即与苯教经师的"苯波"称谓十分相似,东巴教传说中的创教者"丁巴什罗"实际上与苯教祖师"敦巴辛饶"为同一人,东巴经典中所记载的东巴教第一位神名叫"古孜盘苯波",其意即为"藏族盘经师",东巴教中的"鹏""龙""狮"等护法神也多来自苯教,东巴教巫师头上所戴的"五佛冠"也同苯教经师所戴的一样……由此可见,纳西族部分群众信仰的本土宗教东巴教即是民族性与融合性的统一。

以宗教形式而论,像土族相当一部分群众所信仰的萨满教,是由于通古斯各族称巫师为"萨满"而得名。其在发展过程中,受到了佛、儒、道教的影响,特别是藏传佛教格鲁派的强力渗透,土族中的萨满教发生了很大的变化,其遗俗在旧时和今日的土族部分群众中,仍然可见出特色,如祭腾格热、祭敖包、白虎祭、选神羊等。又如道教是中国本土产生的宗教,约在元明时期已在土族部分群众中传播,道教在土族社会历史发展中也具有了新的特点,即道中有佛,道佛合璧,甚至某些萨满教的内容也掺杂在道教之中。当然,这并不影响土族自己的其他民间信仰,这些民间信仰同样是民族性与融合性统一的。如在互助地区,土族部分群众所信奉的治病的神,有勒木(骑骡天王,也称娘娘)、路易加勒(老爷)、尼答克桑、柴俩布桑(山神)、丹木煎桑(羊头护法佛)。而在民和地区,土族部分群众所信奉的神则分为本村村神和家神两种,其中村神有龙王爷、娘娘、摩羯爷、文昌爷、五郎爷、土主爷、坐神爷、寺主爷、先生爷、四郎爷、大王爷、青马督司、索家大帝、黑池爷、没脚龙王、黑虎大神、黑马祖师、豆娃娘娘、变化二郎、阿姑娘娘等;家神则是每家所供的一位特殊的神,是该家的保护神,有祖师爷、灶君娘娘、白马天将、金丝绵羊(即羊头护法、羊头人身)、牛头护法(阴阳的祖师)、丹煎他母爷、他母爷等。

壮族的相当一部分群众信仰多神,全民族没有统一的宗教信仰,这与汉族群众的宗教信仰类似。但壮族产生了本民族部分群众信仰的宗教——巫教。由于南朝以后汉族部分群众信仰的道教传入壮族聚居地区,并与壮族社会的巫教融合,形成了融合型的巫道教,巫道教、巫婆(即仙婆)成为壮族相当一部分群众的信仰;东晋时佛教传入广西;18世纪中叶以后,基督新教、天主教也相继传入壮族聚居地区,但均未从根本上影响壮族生活地区的融合型宗教。

回族的相当一部分群众所信仰的伊斯兰教,属于其中的逊尼派,就其宗教法学学派而言,逊尼派下又有哈乃斐派、马立克派、沙费尔派和罕伯里派等四大宗教法学学派,回族的相当一部分群众信仰的伊斯兰教则属于其中的哈乃裴派。即使如此，也都加以中国化了，比如伊斯兰教的基本信条是信仰安拉为宇宙独一无二的神，穆罕默德是安拉的使者，对于这一伊斯兰教信仰的核心，回族生活地区的宗教学家把这个信条编为16字诀，也叫"清真言"，即"万物非主，唯有真主；穆罕默德，真主使者"，由此显示出民族特色与融合性。至于其中的"以儒诠经""伊儒合璧"，则更是彰显了这一思维主题。

道、佛二教的民间化应看成是民族特色与融合性的典型表现。据吾淳研究①，中国少数民族在内的中国社会的底层信仰是一个巨大的空间，它是由民间宗教以及道教和佛教共同组成的。这样一个信仰层面，就基本性质而言与原始宗教或巫术有着密切的关系，因此它有着明显的低端信仰的色彩或特征。秦家懿认为"中国宗教有许多不同的形态，而道教正是中国宗教在民间层面的显现"，但这并"不是说道教即民间宗教"，而是说"道教是综合各民间宗教形态的最有影响的一派宗教"②。一方面，道教与民间宗教其实存在着共同的起点，即"当进入文明社会以后，在相当长的历史时期里（夏、商、西周、春秋、战国），倍受统治者尊崇的宗教活动，如祭天、祀祖、卜筮、占星，等等，都被上层社会所把持，一般民众只是作为这些活动的附庸，听命而已。即或曾有一些散漫的民间信仰，如战国时齐燕的神仙方术，秦末农民起义时的篝火狐鸣、鱼腹传书之类，也远未形成定型的宗教。直到东汉后期，社会上的黄老道、谶纬思想、神仙方术和民间信仰互相融合，才逐渐形成比较完整的宗教教义体系，终于产生了最初形态的道教。"③"魏晋南北朝，道教在教义、仪式、教阶等方面经过改造、发展而系统化。上清派、灵宝派、丹鼎派的出现，统治阶层及知识界的崇奉，道教走向了上层，成为正统宗教，从此跻身于封建统治思想的行列。在道教主流沿着封建化的轨道发展的过程中，其支流依然在民间蔓衍流传，甚至举行暴动。""唐、宋时代，道教鼎盛一时，真正发挥了正

---

① 吾淳：《中国社会的宗教传统——巫术与伦理的对立与共存》，上海三联书店，2009。
② 秦家懿、孔汉思：《中国宗教与基督教》，吴华译，生活·读书·新知三联书店，1990，第127页。
③ 马西沙、韩秉方：《中国民间宗教史》，上海人民出版社，1992，第1—2页。

统宗教的功能。宋以后，较为统一的道教又发生分裂，嬗变成一系列新兴道派：太一、混元、真大道、全真、净明道、清微派，等等。这些道派中很多曾被排斥在正统道教之外，长期在下层流传。""明清时代，道教演变的最大特点是日益走向世俗化、民间化，道教衰落了。但是道教的流衍——具有浓厚道教色彩的民间教派大倡于世，对整个社会产生了重大的影响。"总之，"近两千年的道教史是一部由民间走向正统，再由正统走向民间的历史"。①

至于佛教，"中国的民间宗教在其形成、发展过程中，佛教的影响举足轻重。南北朝时期的大乘教、弥勒教，发端于南宋初年的白云宗、白莲教，肇始于明朝中叶的罗教，等等，无不受佛教启迪，或成为佛教世俗化教派，或成为其流衍或异端，乃至下层民众对这类教派风行景从、云合相应，信仰之炽烈，往往又超过了对正统佛教的膜拜"。② 中国民间的一些基本信仰如观音信仰、弥勒信仰、弥陀信仰都与佛教有关。而且，佛教也同样依赖巫术或原始信仰建立了自己和民间信仰的关系，虽然"原始佛教至少相对而言——或者根本就是——反巫术的"③，但是，"佛教，就其输入到中国的形态而言，也不再是早期印度佛教那样的救赎宗教，而变成施行巫术与传授秘法的僧侣组织"。④ 在此过程中，"僧侣必须对俗人信仰做各式各样的让步，其中包括：安置正式的祖宗牌位，为死去的僧侣设位祭拜"。还有，"由于和'风水说'相结合，所以从佛教的崇拜场所转变成对付空中、水中之鬼怪的驱邪手段，为此目的，必须遵照巫师所选定的地点来兴建⑤。"中国人在生病或遭逢其他不幸时，转而求救于佛教

---

① 马西沙、韩秉方：《中国民间宗教史》，上海人民出版社，1992，序言。
② 马西沙、韩秉方：《中国民间宗教史》，上海人民出版社，1992，第36页。
③ 马克斯·韦伯：《韦伯作品集》卷10《印度的宗教——印度教与佛教》，康乐、简惠美译，广西师范大学出版社，2005，第325页。
④ 马克斯·韦伯：《韦伯作品集》卷5《中国的宗教、宗教与世界》，康乐、简惠美译，广西师范大学出版社，2004，第308页。
⑤ 马克斯·韦伯：《韦伯作品集》卷10《印度的宗教——印度教与佛教》，康乐、简惠美译，广西师范大学出版社，2005，第378页。

的神明,将已故或尚存活的佛教圣者当作救苦救难者,供奉死者的祭典也受到上流阶层的尊重,并且,圣殿里原始的求签问卜,则在民众的生活里扮演了不算小的角色。"①

　　总之,一切宗教,无论是原始宗教还是人为宗教,在中国少数民族的思想文化体系中,都是民族性与融合性相统一的。在这个意义上说,中国少数民族的宗教文化同样呈现出中华民族文化的多元一体格局特征。

三、结构性与层次性

　　中国各少数民族的宗教信仰除在总体上形成几个大的文化圈结构与层次外,还具有各民族相当一部分群众信仰宗教自身的结构性与层次性。首先是宗教自身的结构性与层次性。比如伊斯兰教是保安族相当一部分群众信仰的宗教,其信仰的结构与层次即特别明显。第一层是信仰"安拉"(即真主),这是唯一的神,任何信徒都不能以任何其他神灵同"安拉"并列,"安拉"是"无似象,无如何,无比无样,而又无所不在的创造宇宙万物的唯一的主宰"。第二层是信仰"天仙",这是供"安拉"使唤的差役。第三层是信仰"经典",这是"安拉"给每个"先知"所降的一本经典,并通过"经典"显示出层次性。第四层是信仰"使者",这是"安拉"所派,其中穆罕默德是最后的使者,又叫"封印的圣人"。第五层是信仰死后的复活和审判,这是基于生前和死后的"两世"之说而形成的信仰。

　　我们还可在纳西族部分群众的宗教信仰中看到宗教自身的结构性与层次性。纳西族相当一部分群众信仰一种固有的原始多神教——东巴教,因其巫师叫"东巴"或"达巴"(泸沽湖地区纳西族方言名称)而得名。"东巴"为纳西语,意为"智者"或"山乡诵经者"。东巴教的核心信仰是万物有灵和灵魂不灭,认为山、水、日、月、风、雨、雷、电、木、石等自然现象和自然物均附有不朽的神灵,具有赐福、降祸能力。东巴教的外显

---

① 马克斯·韦伯:《韦伯作品集》卷10《印度的宗教——印度教与佛教》,康乐、简惠美译,广西师范大学出版社,2005,第378页。

层次是各种各样的祭祀众多神灵的仪式活动,并通过对经典的熟悉程度和作法仪的能力高低区别等级,这些"东巴"或传自上辈亲戚中的东巴,或拜谒大东巴为师见习,但作东巴者一般却出身贫寒。应特别强调的是,在整个法仪进行的过程中,东巴吟诵的经文和所跳的舞蹈都要严格按照东巴经典中所记载的内容和规定的动作进行。再外的层次则是东巴在作法仪时所使用的充满层次结构的法器,如象征太阳的"展兰"(铜板铃),象征月亮的"达克"(皮手鼓),以及神轴画、海螺、法杖、五佛冠、刀、弓等物。总之,即使本土自生的宗教,也有严格的结构与层次。

宗教的结构性与层次性还可通过信仰之间的关系来显示,如普米族部分群众崇拜自然、崇拜多神、崇拜祖先,重要的宗教活动有祭山神、祭龙潭、祭祖先等,其宗教信仰还受到藏传佛教、纳西族生活地区的东巴教、摩梭人生活地区的达巴教等的影响。其中的基础层次或文化底层是丁巴教,"丁巴"是旧时巫师的称呼,因后来改称"韩规"或"师毕",因而丁巴教也称作"韩规教"。除信仰巴丁喇木女神外,丁巴教有比较庞杂的神鬼体系,据称在全部神鬼中,属于本民族创造的神即接近 1 500 个,其余异族创造的神鬼中则以藏族生活地区创造的神鬼居多。丁巴的活动包括驱鬼、焚尸送葬、给婴儿起名、主持孩子成年仪式等,另有祭祀山神、天神、地神以及祖先和年节、婚娶、生育、收割、乔迁新居等庆典活动内容。丁巴教内部还存在着"一董当吉管布"、"一董翁扎比马"、"一董瓦沙"(黑教)、"一董吉录扎布"、"一董吉也得吉"等五个不同的教派,前三派在云南、四川的普米族部分群众中传播,后两派的分布情况不详,据传丁巴教的始祖名叫"松吉达拥卓巴",其下有 360 位大神分管四方,结构严谨。在此基础上,还有其他的自然崇拜与多神信仰,如对山川日月等自然现象和动植物都有崇拜,凡遇节庆、婚嫁、生育、出行、上山下地、收割等都要请巫师杀牲祭献神灵,祈祷消灾免难。另有巴丁喇木信仰,巴丁喇木是普米族、藏族、摩梭人部分群众共同崇拜的女神;普米族部分群众也信仰藏传佛教。总之,各种信仰之间形成了一个总体结构与层次。

各种信仰之间显示的结构性与层次性,还可在土家族相当一部分群众的宗教信仰中看到。土家族群众有的信仰儒家、道教,也有的信仰佛教与基督教,还有多神信仰、图腾崇拜、祖先崇拜、鬼神与巫术信仰。多神信仰是基于"万物有灵"观念而形成的,包括猎神、土地神、生育神、五谷神、四官神等多种神灵。其图腾崇拜主要是白虎,其他还有鹰、蛇、鱼等。祖先崇拜则有廪君崇拜、土王崇拜等。另有鬼神与巫术信仰,在祭祀、驱鬼、许愿、还愿、婚姻与婚礼、求子嗣、求雨、解纠纷、治病、占卜、丧葬等活动中都有相应体现。

与土家族社会中的情形相类,达斡尔族部分群众的宗教信仰也显示出信仰之间的结构性与层次性,其信仰的原始宗教——萨满教,本身即崇拜众多的神灵,崇拜图腾、崇拜祖先、崇拜自然,通过"耶德根"主持宗教活动祭祀神灵并供奉各种神灵以祈求各种神灵的保佑,其中较有代表性的是祭敖包。"敖包"是在山岗上用石头堆起的小圆丘,上插树枝表示天、地、山、河诸神所在;还有祭河神、天神等。其他少数民族群众的宗教信仰中,如鄂伦春族的相当一部分群众主要信仰萨满教,但其自然崇拜有"居拉西其"(天老爷),崇拜太阳、月亮、星辰等,还崇拜"恩古包"所包括的三大神:"阿路狄达力"(雷神)、"毛鲁开依达力"(旋风神)、"根球鲁阿狄尔"。其他的如虹、山、马、草、火等都是崇拜对象。另有图腾崇拜,以虎、狼、熊等为图腾,对它们都不直呼其名:称虎(塔斯喀)为"乌塔气"(太爷)或"博日坎"(神),称狼(吉斯克)为"嗡"或"大嘴巴",称熊(牛牛伙)为"雅亚"(祖父)、"阿玛哈"(舅舅)、"额替堪"(老头)或"太帖"(祖母)、"额聂赫"(伯母)……祖先崇拜与占卜也较为流行。

宗教信仰的结构性与层次性还表现在宗教之间的关系上,如土族部分群众主要信奉藏传佛教中的格鲁派,还信奉萨满教、苯教、道教、儒家、地方神,以及藏传佛教中的萨迦派(花教)、宁玛派(红教)、噶举派(白教)等。各种宗教在其历史发展的长河中互相影响,互相吸收。锡伯族部分群众的宗教信仰较杂,曾经有对天、地、日、月、星等的自然崇拜;对鲜卑兽、狐狸、蛇、虫、古树、人参等动植物的崇拜;对土地神"巴纳厄真"、谷神、瘟神、牲畜神"海尔堪"、灶神"肫依妈妈"、门神"杜卡依恩杜里"、娘娘神、河神"罗刹汉"、山神"阿林乌燃"、引路神"卓有恩杜里"、猎神"班达玛法"、柳树神"佛多霍玛法"、渔神"尼穆哈恩杜里"等神的崇拜；对灵魂的崇拜；对祖先的崇拜……所信仰的程度都不一样。一般说来，主要是崇奉"喜利妈妈"，素信萨满教，兼信藏传佛教。

总之，中国少数民族群众的宗教信仰，显示出较强的结构性与层次性，这一点，我们事实上可以通过全部少数民族群众的宗教文化得到证明。这种特征，结合前面所论述的诸特征，彰显的哲学文化精神即是以人为中心的诸神诸教和谐，从而达到人与自然、人与人、人与社会及人的自我身心的和谐。

第二节　各民族的原始宗教及其哲学观念

中国各民族的相当一部分群众都有原始宗教信仰，在绚丽多彩的中华文化宝库中，中国原始宗教占据着极其重要的位置[1]。原始宗教虽然产生于原始社会，但其存在形式并不仅限于原始社会。例如，中国各民族由于种种历史和社会原因而发展极不平衡，汉族及部分少数民族的社会形态处于领先状态，早已进入封建社会并在一些地方有了资本主义的早期发展，另一些少数民族，如大、小凉山的彝族直到中华人民共和国成立时仍然处于奴隶制社会，有的如云南的独龙族、基诺族、傈僳族、怒族、布朗族等基本上还处在原始社会末期或向阶级社会过渡的历史阶段，永宁地区的摩梭人甚至在婚姻家庭制度方面还保留着母系制社会的残余。中国少数民族社会发展形态的这种不平衡性与多样性，构成了中国少数民族群众原始宗教信仰的丰富性，尽管在总体形态上以灵魂信仰为特征，以自然崇拜及其与之相关的巫术、禁忌仪式等为主要内容，但其表现形式却多种多样。在一定程度上说，宗教实际上不仅是各族人民中的相当一部分群众曾经的生活方式，为他们提供生活的场所与内容，而且为

---

[1] 佟德富：《中国少数民族原始宗教概述》，《世界宗教研究》1997 年第 3 期，第 135—143 页。

各族人民提供生活的信念、生活的规范乃至生活的动力,从而成为各族人民真正的世界观。

一、图腾崇拜

"图腾"是印第安语的音译,其义为"亲属""标记",是人们把某种动植物或其他事物当作与自己的氏族、部落、民族有某种血缘联系的神祇。虽然有学者认为图腾崇拜是原始宗教信仰发展到一定历史阶段的产物,是比自然崇拜等较为高级的一种信仰形式,是在原始社会后期产生的融自然崇拜、动植物崇拜、鬼魂崇拜、祖先崇拜为一体的原始宗教形式,不过,也有学者认为图腾崇拜是最早的原始宗教形式,因为迄今为止考古学和人类学资料都还没有提供早于图腾崇拜而存在的任何宗教形式的可信证据。从中国考古学资料来看,可以作为日、月崇拜迹象的新石器时代陶器上的太阳纹、日、月、山等形象[1],也已远远离开了氏族形成的时代。一般认为,这种崇拜形式产生于早期母系氏族社会阶段,并伴随着女始祖("女神")崇拜[2]。这一点,在各民族相应的神话传说、史诗、禁忌及相关宗教仪式活动中极为常见,中国各少数民族群众至今还保留的图腾崇拜遗风亦可资证明,如纳西族、傈僳族等的虎图腾,彝族的虎图腾、竹图腾和葫芦图腾,鄂温克族等的熊图腾,黎族的猫图腾,瑶族、畲族的犬图腾,苗族的龙图腾,土家族的虎图腾、鹰图腾、蛇图腾等。

根据中国少数民族生活地区实际存在的图腾信仰状况,可以划分为中国南方少数民族原始宗教文化圈及东北少数民族萨满教文化圈,虽然两大文化圈中的各少数民族的相当一部分群众都有图腾崇拜,像珞巴族、布朗族、羌族、仫佬族、白族、彝族、黎族、苗族、达斡尔族、鄂伦春族、鄂温克族等民族中都保持着动植物图腾崇拜信仰,但其中各有差别。珞巴族先民有很多种动物图腾崇拜信仰,其各部落的图腾有虎、豹、野牛、

---

① 宋兆麟:《中国原始社会史》,文物出版社,1983,第 462 页。
② 于锦绣:《原始宗教观念的发展及其表现形式》,《思想战线》1985 年第 5 期,第 74—82 页。

青牛、熊、猴、猪、水獭、羊、狗、老鼠等;布朗族图腾有竹鼠、癞蛤蟆等;白族信仰的图腾有虎、鸡、螺、鱼、熊、蛇、龙、鼠等,其中在白族的 40 多种他称中有 11 种他称为虎人,有 11 种他称为"鸡家"或"鸡人",白族还有关于螺图腾的传说,并另有葫芦崇拜、巨石图腾;彝族的图腾崇拜不仅普遍,而且多样,几乎每个支系都有自己的图腾,有牛、羊、鹰、猴、虎、熊、斑鸠等图腾,还有植物图腾,如竹、松、葫芦等;壮族有青蛙、乌鸦、蛇、鸡等图腾;纳西族有青蛙、牛、虎等图腾;傈僳族有虎、熊、猴、蛇、羊、鸟、鱼、鸡、蜜蜂,以及荞、麻、竹、霜、火、雷、电、犁等图腾;黎族视猫为祖母,严禁伤害猫;达斡尔族、鄂伦春族、鄂温克族都有熊图腾崇拜的残余,鄂伦春族、达斡尔族中也有虎图腾崇拜的遗迹;蒙古族有鹿、狼、熊、牛、天鹅、鹰、树等图腾;布依族有龙、竹等图腾,并且每一个图腾都伴有一个十分动人的族源传说;藏族有羊、牦牛、龙等图腾;苗族有蝴蝶、枫叶图腾崇拜;羌族有羊图腾和猴图腾的信仰;仫佬族有犀牛图腾信仰等;高山族既有单一的图腾生殖崇拜,也有多种图腾共生现象,其图腾既有动物,又有植物,甚至还有石、虫、洞、粪土、碎肉等;柯尔克孜族先民原始宗教信仰中有树图腾崇拜等。此外,中国一些少数民族部分群众也有以神话传说中的神灵作为图腾而加以崇拜的现象,像畲族、瑶族、黎族、苗族等部分少数民族群众中崇尚保存的盘瓠崇拜等;白族、苗族中存在的龙图腾崇拜等,一并显示出图腾崇拜对象的多样性。

其实,图腾崇拜是初民的基本信仰形式与基本社会规范,像《山海经》等古籍中即记有丰富的图腾现象,如龙、鸟、蛇、马、牛、羊、猪、鱼、虎、狼、熊、鹰、犬、蜂、电、星、云、虹等,并伴有相应的仪式活动。作为与氏族同时产生的最早的原始宗教形式,图腾崇拜承认各氏族都起源于某种动植物、无机物或自然现象,且作为祖先崇拜,并以之作为氏族的名称和标志;把作为图腾的现存动植物视作亲属,不准杀食;同一图腾的人不准结婚,这也就是外婚制的标志;相信图腾祖先是氏族的保护者,认为现存图腾动植物的兴衰象征氏族的兴衰,所以要保护图腾、崇拜图腾等。

　　图腾崇拜作为一种信仰形式,本质上是原始自然崇拜和原始祖先崇拜的结合。这一方面说明原始人的思维能力还不能把自己和周围的自然界区别开来,还完全不了解男女交合的生殖作用,但另一方面却是人们在探讨本氏族(人类)的起源、探讨人类与周围动植物的关系,因而显示出一定的思维水平。从总体上看,图腾崇拜是一种对自然的屈服。一些世传史料及民间口承文化提供了历史线索,如土家族的图腾,有黑虎:鹤峰"铺圃皆祀财神,谓之黑虎元坛"①,利川市有地名"支罗",即黑虎;有白虎:《十梦》中言"三梦白虎当堂坐,白虎坐堂是家神";有鹰:鹰公佘婆传说可证;有鱼与蛇:"虫为蛇,蛇号为鱼"②,"有互人之国,人面鱼身,蛇乃化为鱼"③,"巴,虫也,或云食象蛇"④;此外,有牛、猪、狗、石、巴茅等。由于人们在大自然面前的渺小,当人们可以把自己和自然界区别开来的时候,人们就会思索这种压迫自己而又不能理解的神秘力量,才有可能产生以这种自然物为崇拜对象的图腾观念。从哲学思维的角度说,这既表明思维的幼稚性,即人们的头脑还分不清人同动物、植物的原则界限,意识不到人在自然界中至高无上的地位,反而把低于人的动植物当作祖先神来崇拜;又表明思维的巨大进步,即人们开始意识到氏族有起源,而且有了一定的类的抽象观念。但从思维的结果而论,则显示了人们对自然力的屈从。从思维发展的历史进程看,图腾观念的发生应先于以前所述的世界起源论。

二、自然崇拜

　　有学者认为自然崇拜有不同的发展阶段,其中早期自然崇拜(魔力崇拜、精灵崇拜、灵物崇拜)与早期祖先崇拜(女性祖先崇拜、鬼魂崇拜、巫师崇拜等)产生于母系氏族社会晚期阶段,到了父系氏族社会中期阶

---

① 同治《鹤峰州志》卷六。
②《山海经·海外南经》。
③《山海经·大荒西经》。
④ 许慎:《说文解字》。

段,则形成了自然崇拜的较高级形式(中期自然崇拜),包括神灵崇拜、物神崇拜、魔怪崇拜,并伴随着中期祖先崇拜,如男性祖先崇拜、"且"崇拜、个人守护神崇拜等。更进一步,到了农村公社阶段则形成晚期自然崇拜,确立了高低主次神灵崇拜、大小魔怪崇拜系统,并伴随着晚期祖先崇拜,包括部落贵族祖先崇拜、父系大家庭祖先崇拜、村寨保护神崇拜等①。形成这类崇拜的思维基础是由于人类社会生产力的发展,农业、畜牧业与制陶、纺织等手工业已反映了人类自身的力量,于是原始初民逐渐认识到自身的力量并把自己和周围的自然界区别开来,而且更进一步地把人的灵魂和图腾祖先的灵魂区别开来,从而在崇拜动植物图腾灵魂的基础上崇拜人自身的灵魂。据此,人们的信仰对象就有了新的类型,即自然精灵崇拜与祖先灵魂的崇拜。当然,早期的祖先灵魂是女性祖先灵魂,一个重要的标志性思维成果就是强调图腾必须与女始祖结合才能繁衍后代,这从目前所发现的少数民族群众中间的人类起源神话里可以找出不少例证。澳大利亚土著居民相信的在象征图腾动物灵体的一块石头("丘林噶")上施巫术(擦上油脂和红赭石)可以跳出真的图腾动物②,这样的记载说明人类信仰的这一转变体现了女性祖先崇拜在生育上的实际作用,这是人类认识能力提高的标志之一。

与女性始祖崇拜相伴而生的自然崇拜是原始初民的一种极为普遍的信仰形式,其基本思维和信念是认为自然物和自然力具有生命、意志以及伟大的能力。其生产力基础在于原始初民在大自然面前的力量极端弱小及知识的极端贫乏,无力应对各种自然物和自然力量,如山、石、土地、太阳以及风、雨、雷、电、洪水等,但人们为了生存和生活又必须面对,从而按原始初民自己的活动和认识情况来解释自然界的各种现象。把人的意志添加在自然界的事物和现象上,相信各种自然事物和现象都是有意识的,并且可以按照自己的意愿给人类带来幸福或灾难,其中与

---

① 于锦绣:《原始宗教观念的发展及其表现形式》,《思想战线》1985 年第 5 期,第 74—82 页。
② C. A. 托卡列夫、C. N. 托尔斯托夫主编:《澳大利亚和大洋洲各族人民》(上),李毅夫等译,生活·读书·新知三联书店,1980,第 279 页。

人类关系特别密切的土地、天体、山峰、岩石、河流、水、火等即成为重要的和首要的崇拜对象。例如：在德昂族部分群众中就有古老的祭地活动，他们认为农作物能有好收成是土地的恩赐，所以在每年播种的玉米结果时，都要举行祭地仪式，其时由全寨各户凑钱，买猪一头、鸡一只做祭品，在地边栽一根木桩，并把各家准备好的碎石倒在木桩旁边，在地边杀猪宰鸡设祭，求土地保佑丰收。珞巴族内从事农业的氏族和部落也十分崇拜土地，其博嘎尔部称大地为"斯金地母"，是万物和人类的始祖，为乞求丰收，在每年春播之后，在种植主要农作物的土地中央搭一祭台，供以粮食、酒、肉等，以乞望斯金地母赐福于人；其米古巴部落于每年二月集体举行祭地仪式……在自然崇拜中，天体崇拜是比较普遍盛行的信仰形式，日、月、星辰和风、雨、雷、电等都是人们的自然崇拜对象。例如：哈尼族先民曾保持着古老的日月星辰崇拜，一旦发生日食和月食，都要鸣鼓击擂；他们还崇拜风、雷、电等。壮族部分群众则有古老的祭太阳仪式，并在每年的二月份选择祭日，在村边日出或日落的山上设祭场，以杀一只白公鸡、一只红母鸡、一头猪做祭品，且以生血、树枝献祭。基诺族、拉祜族、侗族、畲族等部分群众则保持着对雷神的崇拜，基诺族部分群众在房屋、大树、人畜等遭到雷击后，要杀猪、杀鸡、请巫师祭祀，祈求雷神不再雷击；拉祜族部分群众则认为这是村寨不祥的预兆，表明雷神经过，必须选择马日，备以公鸡、盐、米、酸果树等祭品进行祭祀，并由长老等人念诵经文。在毛南族、傈僳族、土族等民族群众中保存了求雨仪式，毛南族部分群众每逢大旱都要举行祈雨仪式；傈僳族语称"祈雨"为"哈枯"，将竹片或木条编成方块涂上泥巴，由属龙的人在上面点燃火后放入龙潭或江中，如烈火被水冲灭，即认为天将降雨，或用弩弓射入龙潭，认为这样可触动龙神，使其降雨；土族部分群众在久旱不雨时便由村民组成一支 108 人的队伍，赤足、头戴柳条帽，在护法神箭或龙王桥娘娘的指导下，从各自的村寨出发，高举彩旗，鸣鼓开道，齐唱道歌并诵经，一步一磕头，徐徐到达某个泉边或湖泊边祈雨；在傈僳族部分群众中还保持着风的崇拜。在其他的自然崇拜中，山崇拜和石崇拜较为典型，例如：祭山神是彝族部分群众自然崇拜的重要形式,凡农时、狩猎、招魂等都必须先祭山神;彝族部分群众中也有石块崇拜的信仰,家中孩子得病或祭坟时,需在石块前供献酒肉饭菜,或杀鸡祭献。

另外,自然崇拜中的水崇拜实际上是一个系统,河神、雨神、湖神、泉神等都是水神观念信仰。例如:傈僳族部分群众认为水中有水神,并称其为"恩笃斯",如果有人全身发痒或生疮,则被认为是水神在作祟,要请巫师备猪一头、鸡一只,到野外杀牲祭祀;基诺族部分群众中则保持着古老的祭水塘仪式,体现了古老的水崇拜信仰。火崇拜也是自然崇拜的主要信仰形式,像彝族部分群众就特别崇拜火,烧山耕种要祭山火,猎人在野外借宿烧火要祭火,发生火灾要送火神,"火把节"撒火把时要祈祷祭火,过年正月初一要祭火塘;白族群众中也存在着火崇拜,其聚居的地方一般要有火神庙,新年伊始,村民们要祭献火神,乞求免遭火灾……

自然崇拜的通常形式是动植物崇拜,这在中国少数民族部分群众的原始宗教信仰中具有极其重要的意义。例如:瑶族的原始宗教信仰中把狗、鼠、鸦、鹰、蜂、蛇、猴、熊等动物当作神灵,并敬奉兽王及牛王等抽象的自然神;布依族有古老的狗祭,视狗为神异动物,每年"吃新节"的晚上设宴祭祖后,接着要祭狗;高山族花莲大港口阿美人有乞神丰渔的鱼祭仪式,通常在农历五月间这一个月举行;侗族有祭蛇神的宗教信仰仪式,且禁忌吃蛇,在干旱或虫灾之年用藤条编织成一条大花蛇,举之漫游田间,俗称其为"舞草龙",以此驱灾;哈尼族崇拜神牛,置"牛纳纳"(意为牛歇气)以敬牛,每年农历五月端午节过后的一天,被定为牛休息的日子,并供祖祭神,用鸡肉、肉汤拌糯米饭喂牛;哈尼族部分群众还崇奉三种报春的鸟,即布谷鸟、阳雀和"唧唧本本"鸟;土家族有多种动物神灵,其中阳雀也是信仰对象,大人会刻意地喊小孩听阳雀的叫声;傈僳族保存有神鸟崇拜,如"俄弓玛""固姑""玛阿亚"等,认为这些鸟发出不同的叫声会给人畜带来危害;傈僳族部分群众中还有"蛙神"信仰,称蛙神为"俄贝尼",如遇妇女月经量多或不生育时,就要祭祀蛙神;壮族部分群众中传说青蛙是雷王的儿子,保持着"蛙神"信仰,要想得到雨水,就要祭祀青蛙,从每年农历正月初一开始便有祭青蛙的民间习俗"蛙婆节";壮族还有裸蜂神和屎壳郎的崇拜;阿昌族保持着古老的祭谷魂仪式,他们相信稻谷有灵魂,谷灵离去,秧苗就长不饱满,因此必须对谷灵进行祭祀;壮族聚居地区有捉谷魂的宗教习俗,他们认为农作物有灵魂,尤其是笃信玉米、稻谷等农作物受灾会失魂落魄,因此,要请师公来主持捉谷魂的仪式;布朗族、德昂族、独龙族、基诺族、侗族等都认为谷种有灵魂,保持着类似的"祭谷魂""护谷魂""叫谷魂"等宗教仪式;壮族民间普遍存在着崇拜几种树木,即樟树、枫树、木棉树、榕树;怒族保持着古老的"祭山林"信仰仪式,集中到山上一片被视为"神灵"的树林前,由巫师主持,献祭黑羊;怒族中还有"插松枝"的习俗,认为鲜松枝可消灾除病,驱赶魔鬼;佤族有祭神林的宗教仪式,将树神称为"龙梅吉",每个佤寨都有一片神林,选在靠寨边的小山岭或山坡上,在神林中盖一座小茅房,内供"梅吉"神;侗族有"敬古树"的宗教仪式,尤其敬奉生长在寨边路旁的常青耐老的松树、枫树、香樟、银杏等;在彝族中有古老的"松树崇拜""竹崇拜""葫芦崇拜"等。

三、多神信仰

多神信仰只是一种概说,包括的内容丰富,我们这里把图腾崇拜与自然崇拜之外的信仰统称为多神信仰,其中主要的有鬼魂崇拜、祖先崇拜、神灵崇拜、灵物崇拜等。

鬼魂崇拜是原始宗教信仰极为普遍的信仰形式之一,是自然崇拜和动植物崇拜的进一步发展,也是原始初民社会自身进一步摆脱自然界束缚的一个重要具体体现。在中国少数民族中,南方少数民族原始宗教文化圈中的阿昌族、布依族、侗族、景颇族、珞巴族、苗族、壮族等民族的部分群众都不同程度地保留着鬼魂崇拜,例如:阿昌族人认为人有三魂,人死后,一魂送到坟上,一魂供在家里,还有一魂送到"城隍庙"鬼王那里报到,然后再回到祖宗所在的地方去;布依族人认为人死后会有"独亡"(鬼魂),如果让人碰上,就会使人生病,要经布摩(布依族古老宗教职业者)

或"雅牙"（女巫）占卜，并举行相应的祭祀仪式乞求保佑；侗族人认为人死后有鬼魂，且经常作祟，鬼魂若要出现，必借某种动物作为依附，如野兔、野猫、狐狸、山羊、飞鸟等，若是夭亡之人死后不久常有鬼魂应显，称之为"闹鬼"，需要请法师安土地神镇之；景颇族人有崇奉家鬼的宗教信仰习俗，并将家鬼称之为"恩打南"，亦称"家堂鬼"，供于家堂之中；毛南族人有信仰"天神地鬼"的观念，即认为灵魂上天为神仙，入地为鬼……

祖先崇拜同样是原始宗教的普遍信仰形式，它是在鬼魂崇拜发展到一定阶段上出现的。中国各少数民族的部分群众中都普遍地存在着祖先崇拜，其中保留着氏族共同祖先崇拜的民族有黎族、布朗族、高山族、羌族等。例如：黎族把祖先称为"祖先鬼"，各个氏族都有自己的氏族谱系并有自己的"祖先鬼"，如有人生病或遇到灾难，要杀牛、猪、狗、鸡，并敲锣打鼓举行祭祀，以除病消灾；高山族平埔和安雅人在祭祀氏族祖先时需要"请祖灵"，在每年的农历七月下旬举行，为期四天，由未婚少年"麻达"主祭。此外，部落或相当一部分群众保持共同祖先崇拜的民族主要有苗族、侗族、土家族、哈尼族等，其中苗族的祖先崇拜比较普遍，黔东南苗族中还保存着盛大的祭祖仪式"吃牯脏"；湘西土家族有崇拜祖先神"八部大神"的宗教仪式，有些地方建有八部大神庙，每年春节后在庙前举行盛大的祭典和"摆手"活动。

根据民族学、人类学调查可知，鬼魂崇拜应产生于母系氏族社会，如云南永宁纳西族母系制社会即有明确的祖先崇拜，他们于每年10月25日举行隆重的祭祖仪式，祭祖时要请达巴（巫师）念经，先讲氏族历史，然后敬请祖先归来，与母系亲族欢度年节。请祖先时要追念祖先名字，基本上都是女子，也有舅舅。随着父权制的出现，才出现男性祖先及其妻子。其他的少数民族，如：佤族祭祖先时女祖先放在男祖先之前；苗族的"吃猪"仪式就是祭女祖先的；鄂伦春族的祖先叫作"阿娇儒"，原系指母系氏族的祖先，后来才演变为父系氏族的祖先等，这些都可证明祖先崇拜在母系氏族社会繁荣阶段已经发生了。至于男性祖先崇拜的发生，则反映出人对自身力量（社会力量）的充分认识，并成为人类征服自然取得重大胜利的象征,因为人们以祖先神(人)为主要依靠对象,而以自然神为借助和调遣的对象,像土家族的"还坛神"、自然神等完全是"工具";彝族的祭祀仪式和巫术仪式不仅把祖先奉为至尊之神,而且使其他大小自然神居于随时接受祭师请求或命令的地位①。

　　狭义的神灵崇拜即多神信仰,是原始宗教信仰中的一种十分普遍的崇拜形式。在这种信仰中,神灵摆脱了以崇拜对象本性为基础的局限性,被崇拜的神灵具有更广泛联系的神秘力量,并具有抽象信仰的特点。以此为基础,"灵物"之"灵"便发展出"物神"和"物神崇拜",像凉山彝族的"吉尔"(物神)信仰即是一个典型。彝族谚语说"人家的怪物,我家的吉尔;家中的吉尔不变心,外面的鬼怪难害人"。这种人格化的"不变心"的"吉尔"可能是祖传酒杯、金银首饰、旧犁头、鸿雁、蛇等物件。其他如西双版纳的傣族部分群众采集五色石带在身上作为护身物神;永宁纳西族部分群众家中室内供奉几支箭,门上挂羊角,作为护家物神;西双版纳哈尼族部分群众在寨门上挂木刀等,作为护寨物神等,都可作为例证。

　　中国少数民族部分群众的多神信仰的一个重要表现即神的普遍性。例如:阿昌族的原始宗教信仰中保持着抽象的神灵信仰,他们认为自己的生活中有许多神灵在左右着他们的一切:寨神、地方神、旱神、猎神、战神、树神,凡物必有神,因而有专门支持祭祀活动的大祭司"勃跑";布朗族人认为自然界事物的发生变化以及人的生老病死都是神鬼在作祟,神鬼总称为"石阿",但可具体化为山鬼、天鬼、地鬼、树鬼、水鬼、火鬼、岩鬼等,山鬼即山林之鬼,天鬼即主宰着风、雷、雨、电变化的鬼,地鬼即主宰着人们的庄稼丰歉的鬼等;侗族人将所敬之神归为保护神、邪神和喜神三类,保护神主要包括土地神、山神、水神、郎家神、外家神等,邪神有瘟神、邪家、妖、怪、鬼等,喜神有屋檐神、财神、五谷神等;独龙族人认为人类有多少无法理解的自然现象就有多少鬼神,如崖神、路神、火神、头疼神、麻风神等;景颇族人的多神崇拜认为人世间各种事物无不有鬼,各种

――――――――――――

① 于锦绣:《彝族的近祖崇拜》,《世界宗教研究》1983 年第 2 期。

鬼不断地干预或支配世间事物,造成人们的凶吉祸福,景颇族祭司能说出的鬼就有一百几十种,各有各的称呼,一般分为天鬼、地鬼、家鬼三类;哈尼族人的多神信仰已形成了一个完整的体系,上神为天神俄玛,此神为生育万神之神,她首生第一代神王阿匹梅烟,梅烟又生第二代神王烟沙和九位永生不死的女神,烟沙又生育了第三代神王沙拉和风、雷、雨、电、土、地、水、籽、金银、铜、铁等诸神;门巴族人的多神信仰认为宇宙由"拉界""赞界"和"绿界"三种境界构成,形成各自的神系;苗族人信仰和崇拜的鬼神非常多,如湘西花恒苗族聚居地区有 36 堂神和 72 堂神之说,黔东南台江苗族聚居区有 43 种鬼之说,苗族、汉族杂居地区有 82 种鬼之说;仫佬族人崇拜的神灵有家神和外神两种,家神包括祖先、灶王、土地等"三祖",外神则名目繁多,主要有雷王、婆王、牛王、白马神、三界神等;怒族人的多神信仰认为山有山灵、村有村鬼、石有石精、水有水怪、家有家堂鬼等;土家族人的多神信仰除受汉文化的影响较大而具有土汉结合的明显特点外,也有其本民族的特点,祖先神、梅山神、白虎神等自成体系,土地神、灶神、五谷神、财神等则属文化借鉴;佤族是鬼、神、祖先不分,形成开天神、辟地神、雷神、地震神、头人神等"家庭"神特色;等等。

四、文化观念

从哲学渊源的角度说,原始宗教以灵魂信仰为思维特征,其中即有哲学观念的萌芽。这一点,无论是上述的原始宗教信仰,还是较为高级形态的少数民族部分群众的信仰,如东北和内蒙古地区各民族信仰的萨满教、西南地区的彝族的毕摩教、纳西族的东巴教、藏族的苯教、布依族的摩教、普米族的韩归教等都是如此,其中隐含有初民的哲学世界观。

灵魂观念或许是人类最为原始的文化观念,但却是整个文化发展的初始观念,哲学、文学、艺术、宗教甚至科学的发端都与之相关。虽然在中国少数民族的原始文化观念中,灵魂概念的内涵还十分模糊,却反映出原始初民对宇宙与人生重大问题的思考,诸如人们自身的生、老、病、死等自然现象和梦、走神、联想等心理现象,自然万物的"能力"与"意义"

等。因此,初民观念中的"灵魂"即成为一个居于物体(包括人)并主宰躯体的一种具有独立性的"实"体。马克思主义经典作家所说的原始初民"于是就产生一种观念:他们的思想和感觉不是他们身体的活动,而是一种独特的、寓于这个身体之中而在人死亡时就离开身体灵魂的活动"①,实际上只是就人自身而言的。其实,原始初民文化观念中的"灵魂"还包括自然物等。不过,现在通常就人而论,如傈僳族先民把人作出了灵魂和肉体的划分,认为灵魂能脱离肉体而独立存在,做梦或死亡就是灵魂离开肉体去游荡或抛弃肉体的结果,因而形成了在人生病时"叫魂"、人死后"送魂"的观念②。傣族先民把灵魂分为大魂、小魂,认为人身上有32个大魂、92个小魂,任一灵魂离开人体就会生相应的病,因而有达81种之多的"叫魂"办法③。蒙古族先民信仰萨满教,则认为人有三种灵魂,其中永生的灵魂在人死后离开肉体,仍然像人一样生活,并始终在为子孙后代谋福,于是人要经常献祭;心底的或暂时的灵魂常游荡于人的周围,可随时离开或附着于人体,如人睡时它离开人体,醒时又再附着于人体;转世灵魂则在人死后依附于他人身上或其他生物身上,转世再生④。佤族先民的"灵魂"观念则直接与人体的各器官联系,认为人有多少器官就有多少个灵魂,因而认为人有多达几十个甚至上百个灵魂,其中头魂最大也最重要,头魂一旦离去人就会死亡⑤。阿昌族先民认为人有三个灵魂,其一随尸体上坟里,于是要定期进行祭扫;其二要供在家里;其三要回到祖先的祖地去,于是人死要送魂⑥。在一些地方的苗族先民也认为人有三魂,或守自己的坟,或回到祖先发祥地,或变成无归宿的野鬼⑦;

---

① 《马克思恩格斯选集》第4卷,人民出版社,1995,第223页。
② 参见《傈僳族调查材料之六》,全国人民代表大会民族委员会1962年编印。
③ 参见《傣族古歌》,中国民间文艺出版社,1981。
④ 佟德富、赵力:《蒙古族萨满教初探》,《黑龙江民族丛刊》1990年第2期,第70—75页。
⑤ 参见《佤族民间故事选》,上海文艺出版社,1989。
⑥ 参见《民族问题五种丛书》之《阿昌族社会历史调查》,云南民族出版社,1983。
⑦ 参见《贵州情歌选》,贵州人民出版社,1983;《民族文学资料》,中国民研会贵州分会编印,1982。

另有些地方的苗族群众则认为人有五魂,分别回祖先发祥地、赶场、田间种地、踩鼓堂吹芦笙、去天堂等①。部分赫哲人认为灵魂似人形,轻如浮云,只能闻其声,不能见其形,并深信人有三个灵魂,"斡仁"是生命之灵,主宰人的生死,"哈尼"是思想和梦境之魂,赋予人以思想、智慧和梦中的所作所为,在人死后就变成鬼留在世上作祟;"法加库"是转生之魂,在人死后转世投生。珞巴族先民用"乌佑"统称人的灵魂与万物的精灵,认为二者平等且无处不在,"乌佑"一旦勾走人的灵魂,人就会生病,于是就要请巫师作法,将灵魂找回。藏族先民信仰的苯教认为灵魂有善有恶,生前做好事的民族成员死后灵魂成为民族保护神,这是善灵,要经常祭献;敌对民族成员生前是敌人,死后是恶灵,需借善灵之力行巫术对其进行防范控制②。瑶族先民认为灵魂是人的精神智慧的源泉,因为灵魂附于人体而使人之比物聪明③。哈萨克族先民的《迦萨甘创世》认为创世主迦萨甘在大地的中心栽了一棵"生命树",树上结出了茂密的灵魂,灵魂的形状像鸟儿有翅能飞,迦萨甘用黄泥捏了一对空心小泥人,晾干后在他们肚子上剜了肚脐,然后,取来灵魂从小泥人嘴里吹进去,于是泥人就活了④……按照英国著名人类学家和宗教学家泰勒在《原始文化》中对于灵魂的解释,灵魂是一种独立的和有人格的超自然体;它具有一定形体,但又看不见、摸不着,人只能感受到它显示出的有形力量;灵魂赋予人以生命和意识活动;人死后继续存在并转世投生,控制投生物躯体并驾驭其行为⑤。这一结论的确可以在少数民族的灵魂观念中得到呈现。

灵魂观念与初民的宇宙结构观念相联系,其中天神观念、冥世观念可以反映出原始初民的宇宙结构观念。国外的学者如麦克斯·缪勒的研究表明,在印欧语系各民族中,神的涵义就是天体或天体现象,如天

① 参见《丹寨民间文学资料》第1集,丹寨县民委编印,1981。
② 参见《论西藏政教合一制度》,民族出版社,1985。
③ 参见《祖宗歌》,载《瑶族文学资料》,广西壮族自治区民间文学研究会油印本。
④ 中央民族学院少数民族古籍整理出版及规划领导小组办公室编印:《中国少数民族神话汇编·人类起源篇》,内部资料,1984。
⑤ 佟德富:《中国少数民族原始宗教概述》,《世界宗教研究》1997年第3期,第135—143页。

空、太阳、星辰等人们完全不能把握的物体,可见神的原初就是一种宇宙认知。在中国各少数民族相当一部分群众的文化观念中,天神观念是最为普遍的观念之一,与"天上"相联系。无论是宇宙起源的神话传说,还是洪水神话、人类起源神话等,都反映出宇宙中的"上中下"神祇结构。其中,天神除大神而外尚有日月星辰、风雨雷电等神灵,如:朝鲜族将天神释为玉皇大帝和北斗七星,侗族释天神为太阳、月亮,羌族将白石神象征为天神,蒙古族、达斡尔族、哈萨克族等称天神为"腾格里",白族叫"大黑天神",傈僳族叫"俄瓜尼天神"……与天神观念相对的则是冥世观念,这往往是与"地下"相联系,基本观念是认定灵魂不死并强调灵魂要到另外一个世界去生活,如:瑶族在送魂安魂仪式中,将一枚银币放入死者嘴里,以示灵魂带财而归,到阴间享用,死者子孙还将四枚铜币投入河中,以示买回"阴水"供死者洗身,同时巫师还要唱《赞灵歌》;蒙古族先民信仰的萨满教认为,人死后灵魂将生活在另一个世界,好人、善人的灵魂可以达天国,恶人的灵魂不能达天国……

与"天上""地下"结构相应的是人的现世命运,从而形成宇宙三界。根据长沙马王堆汉墓出土的"T"形帛画图中所提供的"三界"宇宙结构图,结合对中国少数民族的"三界"宇宙观,我们似可认为,"三界"宇宙结构应该是一种极为普遍的文化观念,并且是一种以人为中心的宇宙结构体系。在这种体系中,原始初民把自己的存在看作万物存在的标准,借用西方或中域哲学家的话说叫"人是万物的尺度""万物皆备于我",从而以自身的直接经验与生命体验来推论或类比其他事物的性质,于是由灵魂不死而至万物有灵,由灵魂转生进而联想到生后的命运,如:蒙古族先民信仰的萨满教把命运分为"厄运"和"幸运",坚信人的命运由永恒的长生天决定,因而遇事要向天祈祷;侗族先民把命运与天地联系起来,"苦难何时才能完,但愿天地开眼睛"[1],"人在地下,命运在天庭,神仙分发总

---

[1] 参见《侗族文学资料》,内部资料,贵州省文联民研会编印,1984。

有长短"①。与此相应,还有鬼神驾驭疾病和灾害的观念,如:蒙古族先民信仰的萨满教认为疾病和灾害是东方44个天神降给的,达兰·图尔盖德(意为77个无名灵魂)是疮病之神;嘎日祖申(即一组神灵)是各种神经和心理疾病之神;嘎日祖·乌布申(意为癫狂病)、疥痒、寄生虫病等病都是由东方诸天神降给的。彝族先民信仰的毕摩教认为疾病是由于人的灵魂走失或病鬼侵入人的机体所致,比如风湿病就是风湿病鬼缠身所致,风湿病鬼不仅害活着的人,还作祟于亡魂,这些病鬼有些住在石岩中,或住在坝子上;有些住在树林里,或水中……②应该说,这就是原始初民的宇宙观,也就是他们的"哲学",而且也正是这种哲学支配了原始初民的生产、生活。

第三节　回族的伊斯兰教哲学

回族作为回回民族的简称,其初始来源可追溯到7世纪中叶信仰伊斯兰教的阿拉伯人和波斯人陆续来中国经商,并在广州、泉州、扬州和长安等城市定居而成为"蕃客",且留下"土生蕃客"。回族形成的高潮是13世纪初叶成吉思汗西征而随之东迁的大多数信仰伊斯兰教的中亚细亚人、波斯人和阿拉伯人,这些人在元代官方文书中通称为"回回",他们在吸收了汉族人、蒙古族人、维吾尔族人以及早在唐宋时即来华定居的"土生蕃客"等成分基础上逐渐融合、发展成为一个民族。因此,回族孕育于元代。到了明朝,回族不仅正式形成,而且在人口分布上具有"大分散、小集中"的特点。目前,我国绝大多数的县、市都有回族群众居住,其中以宁夏、甘肃、河南、河北、青海、山东、云南、新疆、辽宁、安徽等省(区)分布较多。回族哲学的形成与发展具有特殊性,而且其萌芽、形成及至转型各阶段也都有特殊性,并最终具有较完备的哲学形成与成熟状态,上述与回族形成的历史过程有关。当然,学界可以提出多种不同的看法与评论。

---

① 参见《民间文学资料》第1集,中国作家协会贵阳分会筹委会编印,1959。
② 巴莫阿依:《彝族祖灵信仰研究》,四川民族出版社,1994。

一、回族哲学简介

回族哲学目前已得到了较为充分的研究,在肖万源、伍雄武、阿不都秀库尔主编的《中国少数民族哲学史》[①]第 17 章,佟德富、宝贵贞主编的《中国少数民族哲学专题研究》[②],伍雄武的《中国少数民族哲学思想简史》[③]等中都有论述,且形成了大批论文与哲学思想研究专著,相对集中的汉文著述是孙俊萍的《伊儒合璧的回族哲学思想》[④]。

根据较为充分的研究,回族哲学的初源应是"回回人"初入我国时带来的伊斯兰教一神论的宗教神学哲学思想,这一思想是这些"回回人"的共同思想基础,而且"番坊"作为他们的社会行政单位与自然形成的宗教组织,其中建有永久性的宗教建筑清真寺,成为这一思想的物质、组织载体。

由于民族族源的特殊性,在中国回族的产生、形成和发展过程中,原有的伊斯兰教式的生活方式和思维方式与中国传统的生活方式和思维方式不断地融合,并形成了三个层次的哲学社会思想。一是融合程度不深的苏非派宗教哲学,这主要存在于居住在西北甘、宁、青地区的回族部分群众之中,由于他们居住比较集中而又受中域文化的影响较小,因而在不同程度上以多种多样的传播方式,接受与传播着苏非派神秘主义及其哲学思想。二是融合程度较深,开始形成一种伊儒合璧的新哲学传统,这是由一些中国伊斯兰教的教义学家结合中国化的思想体系,其中特别是儒家文化体系,形成的回族自己独特的宗教哲学体系,在此过程中出现了王岱舆、刘智、马注、马德新等一批以儒家思想解释和阐发伊斯兰教教义及哲学思想的"以儒诠回""以儒释经"学者。三是从元代以降,逐步适应中国社会发展而融合于中国社会主流并因应进步的中域回族哲学系统,这一哲学系统在元代的思想人物代表包括:提倡"因俗利导,

---

[①] 肖万源、伍雄武、阿不都秀库尔主编:《中国少数民族哲学史》,安徽人民出版社,1992。
[②] 佟德富、宝贵贞:《中国少数民族哲学专题研究》,中央民族大学出版社,2006。
[③] 伍雄武:《中国少数民族哲学思想简史》,云南人民出版社,1996。
[④] 孙俊萍:《伊儒合璧的回族哲学思想》,宁夏人民出版社,2008。

抚以威惠"的政治思想家赛典赤·瞻思丁,以"厥疑""思问"的批判怀疑精神而著称的思想家瞻思,以"男耕女织天下平"为人生观和社会观的著名诗人萨都剌和自然哲学思想家马哈麻与扎马鲁丁等。到明代该系统接受了中国后期封建社会的心学,并由此走向明清之际的哲学启蒙,这一时期涌现出的回族哲学家和思想家主要有:积极提倡并执行以"宣德化而柔远人"、睦邻友好政策的伟大的航海家郑和,中国哲学思想史上杰出的哲学家、思想家李贽,以清正、廉洁为官而著称的法律思想家海瑞,著名诗人丁鹤年和著名的经堂教育思想家胡登洲,等等。由于这些思想家相应地应由其他"中国哲学"的研究来进行,本书可不作专论,只作简介。

二、回族的宗教哲学

回族在明代逐渐形成为一个民族共同体,至清代已完成作为中华民族多元一体格局中的一员的历史进程。从回族哲学思想发展的总体状况来看,相当一部分群众信仰伊斯兰教与接受中国封建礼制和思想价值观念相统一,以回释儒与以儒诠回相统一,成为明清两代回族哲学思想的总特征。这种统一在山东济南清真南大寺的一块明代石碑铭文《来复铭》中反映得特别明显,该文由该寺掌教陈思手著,明嘉靖七年(1528)勒石刻碑,全文虽只 155 字,却可从中看出回族学者摸索"回回附儒以行"的良苦用心。铭文以"来复"为名,并在文中用"复帝者之命"作结,本身即反映了中国传统文化的深远影响。

明清时代的回族哲学文化,有一个哲学认识日益加深的趋势。如明代航海家郑和、著录《瀛涯胜览》一书的马欢、以清官著称于后世的海瑞、擅长诗文著有《海巢集》《哀尽集》《方外集》的丁鹤年、《子有集》的作者金大车、《子坤集》的作者金大舆、《梅樵集》的作者马继龙、《雨岑园秋兴》的作者闪继迪、《拾芥轩集》的作者马上捷、经堂教育的开创者胡登洲,等等,还都很难被认为是哲学思想家。虽然也有中国哲学史上的杰出人物李贽,但从其思想的整体性而论,他已是具有回族血统的中国中域哲学家,其思想已达到中域哲学的一般发展程度,由于《中国哲学通史·明代卷》会对之进行详细讨论,故在本节中我们并不把他放在回族哲学中来仔细论述。相比之下,明末清初以后,随着伊斯兰教义和中国传统思想,其中特别是和儒家学说的进一步结合,使回族的哲学思维模式具有一种新的独特品质:高度精密细致的伊斯兰教宗教理论与极为重视实际的儒家学说日益合为一体,回族的自身认同与中华文化认同及国家认同得到了有机统一,并因此产生了一大批"回儒",其中王岱舆、刘智、马注、马德新等人的影响较大。据专家学者研究,从哲学思想上看,这些哲学家的哲学观点有如下特点:一是,充分吸收了周敦颐、朱熹的哲学世界观,原则上接受了宋明理学关于太极、万物、五行、阴阳、无极等一套哲学理论,并将其与伊斯兰教"认主独一"的教义结合起来。二是,将宋明理学关于"格物致知"的认识论加以深化,并强调格物致知的最终目的在于认主,而认主又是为了敬主、畏主、顾主,所以强调认主先须认己、明己,并据此为伊斯兰教"认主独一"的信念论证。三是,采纳并运用儒家的"人性论"思想,按人性将人群分为圣、贤、愚等三种,强调贵贱不可打乱,君子小人不可不分,高者高之,下者下之,因此而用,各得其宜。四是,接受了儒家的伦理道德观,将其君臣、父子、兄弟、夫妇、朋友之五伦称为"五典",并以此来诠注伊斯兰教的"五功"。五是,大量汲取和改造儒、佛、道诸家的哲理概念,如真一、无知、普慈、真赐、似真、易真、昧真、迥异、人品、五常、真忠、至孝、友道、荤素、风水,等等,以丰富伊斯兰教义哲学。

不难看出,明末清初以后回族的哲学用"以儒诠经"方法使伊斯兰教和中国传统哲学文化结合,表明回族思想家力图将两种古老的文化结合而成就一种新文化,这无论是对回族哲学发展史,还是对中国哲学发展史,甚至对世界哲学的发展都有难以估量的积极价值。

（一）王岱舆的"真一"哲学

王岱舆,又名真回老人,祖籍西域,其先辈于明初随贡使来华,因能"订天文之精微,改历法之谬误,高彻九天,深彻九渊,超越前古,无爽毫末"[①]而得到明太祖的封赏,受聘到回回钦天监工作。从此其家族世代定

---

① 《正教真诠·自序》。

居南京,达300年之久。

王岱舆是虔诚的穆斯林,祖传的家庭虔诚信仰与世袭的天文工作职业素养结合、对事业的勤奋态度和献身精神相统一,促成他能通过几种世界观的比较、借鉴以认识世界;同时又促使他既坚信伊斯兰教哲理比其他世界观更具超凡脱俗的见解,又能在已扎根的中国大地上吸取中国传统文化,实现"以儒诠经",从而引导更多的人从中寻求到人生的真谛。因此,他探索宗教哲理的成就使他成为中国回族第一位用汉文译著系统阐明伊斯兰教哲学且刊行著作的宗教学者,与刘智、马注、马德新一道被公认为清代回族最负盛名的四大宗教著译家,且又因他"发前人之所未发,言前人之所不敢言"而被推为四人之首。主要著作有《正教真诠》《清真大学》《希真正答》,现有宁夏人民出版社1987年9月出版的合刊点校本行世。

首先,"独一互尊"的世界本体。从本体论上说,王岱舆在《正教真诠》《清真大学》中均认为世界的本体就是被穆斯林供奉为"独一至尊"的真主安拉。安拉"原有无始,久远无终,不属阴阳,本无对待,独一至尊,别无一物。无岁月、无方所、无形相、无掺杂、无阻碍、无近远、无伴侣、无比肩、无如何、能命有无而不落有无,造化万物而不类万物,绝无比似,此真主原有之本然也。"[1]通观其书,他还使用过"一本真宗""四海之首""独一至善"等大量赞词来突出真主的特殊地位。

苏非派学者阿布杜·拉赫曼·加米等中世纪伊斯兰教哲学家曾通过可能(或可能的)、必然(或必然的)和现实(或现实的)三个概念从逻辑上讨论哲学本体问题,认为存在(有、实在)的两种形式,即必然存在(必有)和可能存在(能有)的关系问题,最后肯定某种精神实体(安拉)作为一种必然存在而存在,宇宙万有只是作为一种可能存在而存在。王岱舆因自幼接受宗教教育,自然较为熟知,因此在自己的著作中讨论了"必有"的问题。

---

[1]《清真大学·本然》。

> 真主止一，无有比似，乃无始之原有，非受命之有也①。

> 《大学》正宗，作证之言，特明主仆至大之理，真一、数一之殊。故首明单另之一，乃造化天地万物之真主，而与天地万物无干，兹为无始之原有也②。

在这里，用"必有"与"受命之有"来区分真主与万物、"真一"与"数一"等相关关系，从哲学本体论的角度上说即是肯定"真一"的存在是没有原因的、无始无终的、永恒的、非受造的。而原有者就是万有的造物主，或真一。

为了强化"真一"的地位，王岱舆还特别强调了"哲学"论证，即从大量的抽象概念如"本然""本为""本分""原能""原有""原知""能有""动静""化源"等，经过一系列的推演，使"真一"的属性更多、内涵更丰富、论证更严密，以至于能够从最初的、抽象的、无形的单另之一（纯粹而又绝对的一），变为包含着丰富内容并趋向于万有的一，它的内部不再是"浑一"，从而便愈益接近于宇宙万物。

其次，"真一、数一、体一"的"三一"思想。"三一"思想可以说是王岱舆的本体论、生成论、认识论思想的集中体现，因而"真一""数一""体一"被写进了《清真大学》的"题纲"篇中。他先用"真一"来强调真主安拉作为世界本原的突出地位："真一"的不同于凡常之处在于它是"单另之一"，而"单另之一，乃天地万物之种也；体认之一，乃天地万物之果也"。在这里，"真一"乃造化天地万物之真主，是绝对、唯一。但"真一"并不能直接就是万有，而必须通过"数一"之变。"数一"在王岱舆著作中有"首仆""至圣"或"钦差"等名称，是"天地万物之种"，是天地万物之原始，并能代理天地万物。

> 所谓数一者，乃一本万殊，即能有之首端，其称亦不同，曰首仆、曰元勋……曰至圣，名虽各异，其理本一。自能有之中，承命而显，

---

① 《正教真诠》。
② 《清真大学》。

此为万物本原而载万理,斯为无极,亦有三品作证:即"无勋""代理""代书"是也①。

真一乃单另之一,非数之一也。数之一,非独一也。曰太极生两仪,两仪生四象,数之一也;曰一本万殊,万法归一,亦数之一也;曰无名天地之始,有名万物之用,亦数之一也,以是观之,诸所谓一,乃天地万物之一粒种子,并是数一。真一乃是数一之主也②。

很显然,"数一"在"真一"与世界万有间起着不可或缺的桥梁作用,它既有"载万理""为无极"的精神实体属性,又有作为"万有""种子"的物质实体特性,正是它在经历了"元勋""代理""代书"这三种不同境界、状态或阶段的内在变化以后,由"天地万物之种"变为"天地万物之果",形成了世界万象。

"体一"探讨的是人类如何去认识真主的问题,是思维的同一性问题。王岱舆强调"惟为人之作证,较之诸有,更加亲切",就是强调人更能证明"真主"的伟大,因而也就必须阐明人如何认识"真一"的问题。

以当体之一,方可证数本之一,然后以此数一,始可证单另之一,循次而至,庶无歧误也③。

这就是说,要认识"真一",唯一途径是认识自己,"凡人认得自己,方能证至圣而认真主"。这样,王岱舆在建构"真一→数一→体一"的造物程序体系时,同时建构了他的"体一→数一→真一"的认识论程序体系,"体一"成为认主途径,其内涵在于强调一切认识都要从认识自己开始。

从造物程序体系看,真一是数一之主,数一产生天地万物,在此,王岱舆借用了中国传统哲学中"太极生两仪""一本万殊""无名天地之始"等儒、道的宇宙生成论思想,并据此形成了"真一→数一(无极、太极)→阴阳→天地→四大(土水火气)→人、万物"的宇宙生成过程,从而形成了

---

① 《清真大学》。
② 《正教真诠·真一》。
③ 《清真大学·体一》。

一个伊儒道合璧的真主造就宇宙的形成过程,从而成为中国少数民族哲学中哲学味最浓、内容最纷繁复杂且能体现中国哲学特色的本体论体系之一。

再次,"知认""见认""续认"的认主程序。王岱舆曾将认主途径归纳为四种方法并区分了其品位之高低,最后提出了"三认":由启示(通过使者传接的经典)而认主,由神迹(通过自然和社会的变异)而认主,由理性(通过思辨过程)而认主,由直觉(通过神秘的内心修养)而认主。所谓"三认",即"知认""见认""续认"。所谓"知认",指"仿效圣贤之参证,推译正教之真经,譬之睹物思情,故此由诸缘,而体认真主",包括上述的"由启示而认主""由神迹而认主"和"由理性而认主",是"自万得一"的归纳式的认主方式;所谓"见认",是指"超脱尘缘,亲自经历,由己身而体认真主本因",即"由己而认主",因为这时尚处于"有己"状态,所以这是一种"自二得一"的认主方式;所谓"续认",是指"克尽偏私自见,复全明德之源,由无己而体认真主",即通过神秘的内心修养,直觉地体认真主的存在,这时人与主完全合一,所以这是一种"自一得一"的认主方式,其倾向性结论是,"知认之谓明彻,见认之谓亲切,续认之谓契合是也"。显然,"知认""见认"都不如"续认"。王岱舆的"三认说"对中国伊斯兰教在以后发展中出现的关于认主学说和修炼方面形成的所谓"三道"(常道、中道、至道)学说产生了直接而深远的影响。

最后,为了解决"三认"问题,王岱舆专门讨论了"心"在认识方面的作用。"自有生以来,诸家莫不论心,毕竟未说此心是何物。若言此心乃性命,非性命也;若言此心乃智慧,非智慧也。"[1]既然"心"非"性命"、非"智慧",那是什么? 王岱舆说:"盖心有三:曰'兽心'、曰'人心'、曰'真心'。兹三心者,共有七品:曰'欲品''智品''仁品''见品''喜品''玄品''至品'。"就是说,"心有三":兽心、人心、真心;有七品:欲、智、仁、见、喜、玄、至。世人只能居欲、智、仁三品,惟正人归属认真主之人,方能全其七

---

[1]《正教真诠·真心》。

品。"兽心"只居欲品,由于觉性,内譬若勇猛与力量,外譬若灯光与油烛;"人心"居于仁、智二品,率于灵性,内譬若知觉与运动,外譬若游鱼与江海;"真心"居于见、喜、玄、至四品,无己而遵于明命,内譬若妙明与清静,外譬若日耀与晴空。正因为人的心性不同,所以在认识和求取正道(伊斯兰教信主顺主之道)方面的表现也就各有千秋,其最终归宿也就有各种区别。

总之,王岱舆以伊斯兰教哲学中的世界本体论(真一)和宇宙生成论(真一、数一、体一)思想,丰富了中国哲学的内容,用中国传统文化中儒家及佛、道教二教的一系列哲学观念、思维特点、思辨方式,消化、吸收、补充、丰富、发展了中国伊斯兰教哲学,对回族哲学思想的形成和发展作出了卓越的贡献。

(二)刘智的"无称"哲学

刘智,字介廉,自号一斋,生于清朝康熙初年南京下关的一个穆斯林家庭,"天才俊朗、逸思雕华,幼习天方之经,长攻儒者之学,既而旁收博采,二氏、欧罗巴之文靡不悉心殚究。键户清凉山中十年寒暑,翻阅既多,著作益富"[1]。约康熙四十三年(1704)40岁时著成《天方性理》一书,两年后又撰就《天方典礼》20卷,另有《天方至圣实录》20卷、《五功释义》63章,以及《天方三字经》《天方字母解义》《五更月偈》等诗文和小册子。

第一,"真主独一""无称"的本体论思想。为了论证"真主独一",刘智认先天世界的本原为"无称",这一状态表示的是物质世界之前的先天世界或宇宙的最初之境。从中伊哲学对接而阐明世界本原的角度说,"无称"略同于《易经》的太极、周敦颐的无极、老子的道,但从本体内涵的角度说,太极、无极、道只指认物质世界的总根源,而"无称"则指认先天世界的总根源,由"无称"到物质世界还要经过先天世界的六个品级,因而比上述概念更为根本。

> 最初无称,真体无着。惟兹实有,执一含万。唯一含万,妙用斯

---

[1]《天方典礼·杨斐序》。

浑。惟体运用，作为始出。真理流行，命昭气化。本厥知能，爰兮性智。一实万分，人天理备。中含妙质，是谓元气。先天之末，后天之根。①

这就是说，宇宙的先天状态，是无称可称的，这有点中国道家的"强为之名"——"无称"的味道，表示其"无对待而自立"的实有状态，正是这种状态的"翕翕乎有欲动之机"，经过若干过程便生化出世间万有了。事实上，这一"无称"，最后又回到了伊斯兰教的"真宰"上。

> 宇宙间千头万绪之理至尽也，然不过一"真宰"之自为，升降来复而已矣②。

第二，"大世界"与"小世界"的划分。中国传统哲学中的天人关系，在刘智的思想中被描述为"大世界"（天地万物）与"小世界"（人身）的关系。不过，刘智对大世界、小世界又各自做了细分。其中大世界分为先天、后天两个部分，并各有六个品级（即六个发展次第）。大世界先天六品为：体、用、为、命、理世（包括人性、物理）、溟渣，后天六品为：元气（即气）、阴阳（即象）、四元（即气、水、火、土）、天地（即质）、象世（包括金石、草木）、活类；相应地，小世界亦先有六品有形之象，种子、胚胎（即清浊）、四本（即四液：黑红黄白）、身心、体窍、灵活，后有六品无形之理，即坚定、长性、觉性、气性、灵性、继性，这就是所谓的"二十四个概念"。从哲学本体论的角度说，大世界中的先天世界部分，其本原即为"无称"，大世界中的后天世界部分则相当于所谓的客观物质世界；至于小世界的十二个品级，从根本上说，小世界乃"先天性理所余而成为溟渣者也"③，也就是说，先有"性理"，然后才有小世界。

第三，"真一"的"三品"说。刘智沿用了王岱舆的"真一、数一、体一"概念并赋予新的含义，从本体论与认识论统一的角度阐述了三者间的关

---

① 《天方性理·本经》。
② 《天方性理》卷4。
③ 《天方性理》。

系,进而把它们抽象为"一",由此建构了一个起于"一"终于"一"的体系化哲学:世界的起源和归宿只有通过唯一真宰的"真一""数一""体一"这三个概念才能得到合理的解释。从内在联系角度看,"真一"是"真者无妄,一者不二"的真而真的存在;"数一"是真一的一种显现,真而无幻;"体一"是体认真宰的一种手段,是幻而真。从体用关系上看,体用浑然是名"真一",体用相分是名"数一",返用归体是名"体一"。从演进过程看,真一起化,体一化化。从内在功能看,作为万有主宰的真主首先显化为体、用、为(即本然、本分、本为)三品;接着起于"真一"一念之动的"数一",把"真一"的三品显化为初命、代理、为圣三品,造化出天地万物和人本身;继而通过"体一",由人体的三品——"身体""心体""性体",认识"真一"的"为""用""体"三品,再到"天人浑化""物我归真""真一还真",归"复至本境"①。其实现途径为"去其分别之迹""忘乎物我之形""磨洗其后天气质",达到"无我""无他","一切俱忘"的"真忘"状态。

第四,性理的次第与品级。刘智认为,"性理"是"性"与"理"的统一,"性"言人之所以然,"理"言物之所以然,即先天的"性""理"决定人之为人、物之为物,而先天的"性""理"来自"真宰"。这样,"性者根于大命中之性而起人之所以然","理者根于大命中之智而起物之所以然","性者人性,理者物理"。按《天方性理》总图《先天理化次第图》所示,"性"与"理"即是物和人的最直接的根据或本原。以此为基础,刘智为阐明天地万物和人类的千差万别,对性、理划分为不同的次第和品级,其中大世界先天六品即理的次第,表示"理"代理真宰造化天地万物和人的理世界的次第;小世界无形六品即"性"的次第,由它表明"性"的品级,并决定着人与动植物的区别。性的品级分为十四品,包括人性九品与鸟兽之性、草木之性、金之性、石之性、滇渣之性,其中人性九品是至圣之性、大圣之性、钦圣之性、列圣之性、大贤之性、智者之性、廉介之性、善人之性、庸常之性;理的品级也分为阿而实之理、库而西之理、土天之理、木天之理、火

---

① 《天方性理》。

天之理、太阳之理、金天之理、水天之理、太阴之理等九天之理及风、火、水、土四行之理。应该说，为解释物质世界的千差万别，刘智的思考也不乏合理之处。此外，刘智还把"性"与认识能力联系起来，从而使人的认识能力和人的善恶、美丑一样，都被看成是先天的、前定的。

第五，"归根复命"的终始宿命。刘智从本体论、起源论和认识论相统一的角度探讨了宇宙本原与人生归宿问题，其具体过程被表述为"降"与"升"的双向运动：由"真一"（本原）演化万有的进程谓之"降"，认识并复归于本原（"真一"）谓之"升"。刘智认为，"升"的过程，即是"复归"或"归根复命""返本还原"的过程："归根，返吾自始也；复命，完吾政事也……是以圣教教人识主，以返其本体；教人敬事，以完其初命。初命完，本体返，圣道之极致也。"[1]这就说明，安拉创造世人之后，人以其对安拉的认识和信仰而遵命返归安拉。因此，安拉既是人的起始点，又是人的终结地；既是人之源出，又是人之归宿。从哲学本体论的角度分析，这实际上是"一"与"多"的关系，颇类中国传统哲学中的一之衍万、万化归一的思想；从哲学认识论分析，刘智的"复归"思想是与人的"认主"相联系的，即人们通过"识主""敬事"返回到人的"初""始"之处，复归"真宰之本然"；从哲学方法论角度说，刘智的"复归"思想可概括为"真一"由隐而显、由静而动，通过自显和外化，演变为宇宙万有，并赋予人们以尽终返始的使命，从而与"真一"再次结合；从中伊哲学关系论角度说，刘智的"复归"思想既是以中世纪伊斯兰神秘主义学者的"存在单一论"为其哲学基础，又在表述其思想时使用了中国哲学的语言，其"复归"思想与中国传统的"天人合一""天人感应"观念有相通之处。此外，刘智还在一定程度上受中国传统气化论哲学的影响，如他强调："首判阳阴，阳舒阴敛，变为水火。水火相搏，爰生气土。气火外发，为天为星。土水内积，为地为海。高卑既定，庶类中生。造化流行，至土而止。流尽则返，返与水合，而生金石。金与火合，而生草木。木与气合，而生活类。活与理合，

---

① 《天方典礼·原教篇》。

而人生焉。气火水土,谓之四元。金木活类,谓之三子。四元三子,谓之七行。七行分布,万汇生成。殊行别类,异质分宗。理随气化,各赋所生。大化循环,尽终返始。故惟人生,独秉元精,妙合元真。理象既生,造化成矣。"

综上所述,作为回族思想家的刘智,"自伊斯兰教的角度看,这是具有程朱理学色彩的伊斯兰教哲学;从哲学的角度看,则是伊斯兰教化的程朱理学。因此,刘智用伊斯兰教的哲学思想丰富了中国传统哲学思想,又用儒家语言、思想系统地补充整理、总结了伊斯兰教义,完整地构造了中国伊斯兰宗教哲学体系,成为中国伊斯兰教哲学思想的集大成者"[①]。

（三）马注的"八赞"哲学

马注,字文炳,号仲修,经名郁速馥,据说是元代咸阳王赛典赤·瞻思丁的 15 世孙,故自称"圣裔"。明崇祯十三年(1640)出生于云南保山,历经明末清初的巨变,曾供职于南明政权,后又在清朝宗人府教读旗下子弟,并与当地回民经师学者探究伊斯兰教义与宗教哲学,撰有《经权集》《樗樵录》《清真指南》《左道通晓》等著作,其中前两书不传,影响较大的是《清真指南》。《清真指南》共 10 卷,20 余万言,包括译和著两部分,译述"集群经而摘其粹",涉及伊斯兰和回族的哲学、历史、经义、教律、天文、传说;著作则属自己的宗教哲学、教义和民俗方面的思想体现,"晰诸教异同之理,阐幽明死生之说,上穷造化,中尽修身,末言后世"。主旨如自叙中说:"鉴于儒学罔闻","正教久湮,异端左道,眩惑人心,著为是集,经号指南。"该书影响极大,在未刊之前已为各地回族学者传抄,既刊之后更是风行一时,为清真寺经堂竞相采用。1988 年,宁夏人民出版社出版了《清真指南》的新标点本。

首先,以"八赞"为代表的哲学本体论。马注赞同苏非主义哲学,将伊斯兰教认主独一的教义与宋明理学的本体理论结合起来,按照太极学

---

① 肖万源、伍雄武、阿不都秀库尔主编:《中国少数民族哲学史》,安徽人民出版社,1992,第1061 页。

说中的万物统一于五行、五行统一于阴阳、阴阳统一于太极、太极本无极的说法，结合伊斯兰教义建构了自己的哲学本体论，这就是在太极之上增加了"真一"。为此，他在卷3《穷理》篇中提问："然则由无极而成太极者谁欤？"而在卷7《大能》中作出的回答：在太极和无极之先，有一个"视之无形，听之有声，至玄至化"的"大能真主"①，或叫"真一"，即："万物必赖于两仪，两仪必本于太极，太极必本于无极，无极必本于真一。真一乃造化之原主，无极乃万命之原种，太极乃万物之原果，两仪乃万形之原本。形不离性，性不离命，命不离理，理不离真一。"②总之，"真一"是造化天地万物（包括人类）的本体，是世界万事万物的总根源。为了说明这一点，他写下了对"真一"的"八赞"："八赞者，九十九赞之发派也。"也就是对真主称呼的九十九个美名的根本。"人各有心，视听其钟，苟因赞悟道，因道寻主，因主避罪，因罪辩功，则于天堂，不无望也。"③其中的第一赞，就是赞主"独一"，"太极未萌，阴阳未肇。涵万象于先天，具众理于元始。无动无静，至渺至冥。色象不能喻其妙，万物不能配其尊。见非凭目，视无不察，闻非凭耳，听无不聪，言非凭舌，语无不备。绵绵而无始，悠悠而无终，非从所生，亦无所生。垂造天地，长育精灵"④。

其次，"缘命世有四班，故身世亦有四等"的"性四品"思想。马注把儒家"人性论"运用于"真主独一"的伊斯兰教基本信仰之中，把董仲舒的"圣人之性""中民之性""斗筲之性"与孔子的"惟上智与下愚不移"思想结合，提出了人性"四等"（或说四品）、"二品"说。

> 邪正之术何分？曰：缘命世有四班，故身世亦有四等。若种之在上，不能易黍为麦；花之在枝，不能变白为黄。一、穆特买买胤纳，此圣人之性。圣人之性，光明无垢，宁定不迁，习主清净，得蒙亲受。二、穆勒嘿默，此贤人之性。贤人之性，受主醒诲，排难解纷，不虑而

---

① 《清真指南·大能》。
② 《清真指南·穷理》。
③ 《清真指南·八赞》。
④ 《清真指南·独一》。

知,语默动静,与主通彻。三、涝挖买倚,此常人之性。常人之性,非属无过,过而能改,埋怨追悔,再不复作。四、暗马勒倚,此愚人之性。愚人之性,为恶降管,至死不迁,虽闻劝戒,不能醒悟。孔子云:"惟上智与下愚不移。"

率性之道何如?曰性二品:一、真性;二、禀性。真性与命同源,所谓仁、义、礼、智之性。禀性因形始具,乃火、风、水、土之性。

"真性"指先天的"理",是至善的人的本性,即仁、义、礼、智;"禀性"是人身形成时才有的"火、风、水、土之性",即气质之性。气有清浊昏明差别,所以气质之性就有善有恶。在此,马注提出了变化禀性即气质之性以恢复真性的任务:"真性如珠藏蚌,禀性如蚌含珠。虽同体共命,贵贱各殊,惟凭正道之开示,而后真光乃露。"就是说,如同宝珠为蚌所含,只要凭借正道(伊斯兰教)的启示,宝珠就会露出,真主就能得见,人们的气质即会发生变化。怎样才能得到"正道之开示",而使气质发生变化呢? 他指出:"惟凭学问之琢磨,才智之参想,明德之分辨,方可复命归真,永登仙境。"①马注的这一思想曾影响了后来的马德新,马德新即据此强调"圣者之圣以合天,贤者之贤以敬天,智者之智以应天,愚者之愚以违天"②。

再次,"格物致知"的认识理论。马注在《清真指南》中专设有"穷理""格物"二篇,既强调"万物之理,莫不尽付于人","心能格万物之理"③;又把格物穷理局限于认识天命和天理,把"格物致知"的认识论和"真主独一"的本体论结合,并更进一步推广到道德领域而将"穷理""格物"的重点放在加强个人道德的修养上,并据此提出了其"人道五典"的伦理观,从而开辟了其认识真主之路:"凡人认得自己,始认得造化之真主","参己身之动静,足以证真主之全品。"④当然,他也没有完全否认"格物致知"的"求知"因素,"物之大者,莫过于天地,上而日月星辰,风雷雨露,霜雪

---

① 《清真指南·性命》。
② 《祝天大赞》。
③ 《清真指南·格物》。
④ 《清真指南·穷理》。

雹电;下而山川湖海,草木金石,羽毛麟甲"①。但是,从他强调"我不见一物则已,第见一物,便认得主"②,"人惟认得自己,则触境逢源,头头了悟"③来看,他并不像儒家那样强调"穷理"的无限性、复杂性,而是强调了由王岱舆开其端的"体一""数一""真一"相统一,本体论、认识论及思维方法相统一的认识道路。

最后,伊儒合璧的伦理观。马注有《清真指南·忠孝》一篇,在其人性论基础上阐明了与儒家的伦理观相一致的"人道五典"的伦理观,并将"君王"由儒家的"天子"转化成了"真主"的代理人:"命曰天子,天之子民之父也。三纲由兹而立,五伦由兹而立,九族由兹而分,万民由兹而出。寄四海之命,宠以天位。爵曰'天爵',禄曰'天禄',民曰'天民'。在存之以仁,推之以恕,行之于公,要之以言。与天地同德,日月同明,四时同令,鬼神同聪。""人极之贵,莫尊于君。君者,所以代主宣化,摄理乾坤万物,各得其所。"在此基础上,他对孝进行了三等细分:身孝、心孝、命孝。"身孝者,全其养;心孝者,成其善;命孝者,赎其罪。"有此"一念之诚,春风膏雨,一毫之善,冻解冰消,即有诸恶,真主能之,其能轻之矣"。"全其养""成其善""赎其罪",正表现了马注"孝"道思想的特点。

（四）马德新的"大化总归"哲学

马德新,字复初,清朝乾隆五十九年(1794)生于云南大理,幼年即随父亲学习阿拉伯文、波斯文;成年之后又入"陕西学派"著名学者周大阿訇处研读伊斯兰教经籍,深得该学派的真传;50 岁时"裹粮负笈,独行万里",再次赴阿拉伯朝觐,求学 7 年,并取道滇西,游历缅甸、印度、锡兰(今斯里兰卡)、也门、沙特阿拉伯、埃及、土耳其、耶路撒冷、新加坡等地,从广东回云南。他每到一地皆勤搜书籍、抄录珍本,并向当地学者请教伊斯兰教经典,广泛涉猎哲学、法律、历史、天文及文学知识。马德新一生勤于著述,完成的阿拉伯文和汉文译著包括:《礼法启爱》《环宇述要》

---

① 《清真指南·格物》。
② 《清真指南·穷理》。
③ 《清南指南·体认》。

《道行究竟》《天方历原》《尔勒壁春秋》《礼拜真功》《据理质证》《理学折衷》《觉世宝箴》《爱思乐路》《幽冥秘语》《母哈克勒》《满退古》《欲望归宿》《信德之维持》《纳哈五》《算来夫》《宝命真经〈古兰经〉直解》《大化总归》《四典要会》《会归要语》《天理命运说》《性命宗旨》《天方信源蒙引歌》《祝天大赞》及《朝觐途记》等。

首先,《大化总归》的神学本体论。"大化"即真主化育万世,化生万物;"总归"即万事万物都要"返本还原","复生归真"。也就是从创世过程谈真主生化万物、人类的现实世界,从"复归"过程谈"认主归真"。

> 造化之初,大命也。大命著,则性理分;性理分,则元气出;元气出,则阴阳成;阴阳成,则天地定;天地定,则万物生;万物备,人类出,则造化之功全矣。①

> 后世者虽斯人原始要终之道,实真宰之赏罚定于斯,天地之究竟全于斯,万物之归宿毕于斯,光阴之结局著于斯,理至大也,义至精也,其词则非千万言所能阐发也。②

> 诚以主宰之全体大用,必至此而后显其造化之真者。此固有先天者之必有后天,有理世者之必有象世,且象世之必通乎理世,后世之必归于先天者,无非为天地复此真境,万物复此真机,光阴复此真时,人亦由此而复其真德焉,则主宰全体大用之真造化矣。③

综合而言,即不阐明"造化",则不明"真主独一";不阐明后世,则会使人对真主的信念发生动摇。显然,这里发展了刘智的思想,即如马德新弟子马开科在序言中说:"所惜者,王刘诸公于后世复生一节,多所厥略。夫子(指马德新——引者注)尝抱恨曰:'后世者,生死之大关,幽明之至义,原始返终之要道也。造物之全体大用,至贤之复命归真,庶汇之知能长养,非此概不能显,奈何王刘诸公之不着也,或著之而未刊也。'我夫子所以必叮咛反复者,欲为真主了一造化之大局也。"

---

① 《天方道行究竟》。
② 《大化总归·自序》。
③ 《大化总归·自序》。

其次,化与归、一与万的演化思想。马德新在《大化总归》中探讨了"化"与"归"的关系,并据此分析了宇宙演化的不同性质:先天、中天、后天。先天"有理而无象",浑然为一,属"理世",只有真主之本然;中天灿然开化,即理而显象,为"象世";后天由象复理,宇宙万物消失,复归于一理,即"复命归真"。显然,先天、中天、后天"三天"的相续演化,实际上并没有超越真一、数一、体一的"三一"之循环:先天浑然为一,属真一开起化之原;中天灿然分明,属数一立成化之本;后天厘然虚化,属体一顺化之机。

> 要其化之尽终而反始者,皆其化之自然,而归本然也。是以起化之归,归于成化;成化之归,归于化化;化化之归,仍归于元化。无一物之不化者,实无一物之不归。此足证大化之流行,而信归真之非偶。

> 且万有之形色,无不胥化;万象之义理,无不显化;万类之结束,无不浑化。化之所至,即归之所至也;归之所通,即化之所通也。化即化其所归,千古所以同此理;归即归其所化,万事所以复其初。

不难看出,"化"与"归"并不是两个相互分离的过程,而是相互渗透的过程,即"化"中有"归","归"中有"化";"化"转化为"归","归"亦开启为"化"。"化"是由因导果,"归"是由果至因;"化"是显性,"归"是隐性,"化"与"归"互相包容,又互相区别。

哲学方法论层面的"化"与"归"的关系,在哲学本体论上讲则是"一"与"万"的关系。对此,马德新在《天方道行究竟》等书中强调:宇宙的本质起于"真一",但宇宙的演化却呈现"理""象"二元。从一元到二元,从二元回到一元,这是一个从"气"到"万"再到"一",从真有到幻有再回归真有的演化过程,体现了"真一之全体大用",表明宇宙运动的因果性,并由此构成一般和个别的关系,以及万化生生不已的变化过程。

再次,苏非派的神人合一思想。神人合一,是苏非派神学主张的核心,也是该派成员修炼的终极目的。马德新即坚持了这一思想,并在《大化总归》等著述中强调穆斯林应该摒弃尘世的声色,不忘人生的归途,

"至真乘,则已举理欲公私之迹浑化之,并举理欲公私之态而胥忘之矣,是与天为一,纯然而见天理之公,人事不与"。其友人在读《大化总归》时即表示:"今读马复初《大化总归》一书而始知先后天之贯通也,知真一之体用为一也,知真一之天人合一也。"《四典要会》的序中也说:"复初先生,著幽明释义一卷,皆言明心见性,存养考察之功,以求尽人合天,尽幽明之理。"

最后,为了实现神人合一,马德新除坚持苏非派做法外,还特别阐述了宗教修持方式问题,特别是在《道行究竟》一书中列举了道乘和真乘各"当尽"的"十事"与"八德"。道乘"十事"为:求近乎主,虚心访求明师,对明师必心悦诚服,诸事必听道长之命,常存敬畏之心,遵守礼乘,寡言,少睡,减饮食,居静。真乘所当尽者"十事"是:复其元,和蔼世人,亲爱世人,谦下为怀,乐贫,顺受,克制,信赖(真主),忍辱负重,不起希图之心。关于"八德",他说:"道之初境,先守八德,四少四常。少食少饮少睡少言,常洁常念常斋常静。此八德,立教之柱也,守之能历千日而不变。"苏非派认为修行者须经专人教授指点才能领悟经文奥义,获得神的秘传。马德新在《道行究竟》中同样强调了这一思想:"明师乃幻海之慈航,无慈航不能渡幻海也。""诸事必听道长之命","伴道长一日,或一时,其见效甚于无道长者之苦修百年"。

综上所述,应知马德新思想已不同于王岱舆、刘智,而有他自己的思想体系特色:"一是把宇宙万物理解成'真一'影响下的在时间、空间上不断发展的过程,反映了一种新的认识;二是大面积地吸收苏非派学识,较详尽地介绍苏非主义的超感官的直觉纯理性的冥思及实施方法。"[1]

三、中域化的回族哲学家

由于回族民族形成的特殊性,回族哲学思想的发展与中域政治文化有某种特殊关系,从而开启了回族哲学英雄的政治哲学之思,其中不少

---

[1] 肖万源、伍雄武、阿不都秀库尔主编:《中国少数民族哲学史》,安徽人民出版社,1992,第1072页。

思想已与中域哲学思想同步,并保持了中域哲学的特色,此即我们所谓的中域化哲学思想。我们这里以海瑞为例加以说明。

海瑞,字汝贤,自号刚峰,生于海南岛琼山,祖先是回回人海答儿,4岁丧父,靠母亲谢氏抚育成人。41岁踏入宦海后,历经明武宗、世宗、穆宗、神宗四朝,对明王朝由盛转衰的历程有深切感受,有学者称他为"封建统治阶级的左派"①,是"古怪的模范官僚"②。海瑞虽然是一位清官而不是哲学家,在哲学上却受李贽、周思久影响甚深,而海瑞的所作所为也对李贽有所影响,这从李贽《焚书·因记往事》中提到的"清官"可证。海瑞著有《海刚峰先生文集》《丘海二公文集合编》《海忠介公全集》《海忠介公文集》和多种版本的《备充集》。1962年中华书局编校了《海瑞集》。

首先,在心物关系问题上,海瑞主张"信吾本心之真"与"心为之",在看到心对物的反作用时夸大了"心"在"立己治人"上的作用:"君子之于天下,立己治人而已矣。立己治人孰为之? 心为之,心自知之。若得失,心自致之。虽天下之理无微不彰。"③在这里,他强调人的"立己治人"目标,而"心"是"为""知""致"的根据,有了"心",就可以排除生产与生活实践在认识中的作用了。为此,他旁征博引,阐述"本心""赤子之心"的重要性。

> 维天之命,其在人则为性而具于心,古今共之,圣愚同之。得此而先,尧、舜、禹有"危微精一,允执厥中"之传;得此而后,孟子有求"放心先立乎其大"之论。未有舍去本心,别求之外,而曰圣人之道者。柯之死不得其传,而人心之天则在也。孟子曰:"大人者,不失其赤子之心也。"恃有赤子之心,故虽出之千百载之前,其事千百载之下,可以一言而定。④

---

① 吴晗:《论海瑞》,《人民日报》1959年9月21日。
② 黄仁宇:《万历十五年》,中华书局,1982,第134页。
③《海瑞集》,中华书局,1962,第372—373页。
④《海瑞集》,中华书局,1962,第322—323页。

其次，"君子尽其在我而已"的"知行合一"论。从认识论上看，海瑞可以被认为是世界本体的心本论者，他强调心已具有万事万理，为学只需发明本心、不假外求，即"天之生此人也，赋之仁德具于心"①。他认为，虽然人心中本来就具有天赋的仁德，各自在客观环境影响下所持的态度却有所不同，甚至会受到后天物欲的蒙蔽而丧失先天的仁心，这就是所谓"既放之心，操存舍亡"，"君子尽其在我而已"。为此，他强调要发明"本心"："学也者，学吾之心也。先圣人得心所同然于古，是以有古之学，学非外也。问也者，问吾之心也。贤人君子得心所同然于今，是以有今之问，问非外也。学问之功，为求放心而设。"②这也就是海瑞所倡导的"学问人心，合一之道"。在这里我们看到，作为一名持论改革的政治家，其"君子尽其在我而已"的思想具有严肃的实践意义，这就是以"知行合一"作为社会改革的理论前提。为此，他批判言和行不一致的人为"乡愿""甘草"，即"现在医国的只一味甘草，处世的只两字乡愿"。而他自己，则"立志坚而任事勇，毅然独行其是，无所回互顾惜"，"以求吾道之必伸"③。

第四节　藏族的藏传佛教哲学与因明哲学

藏族是中华民族多元一体格局大家庭中一个历史悠久、文化灿烂的民族，自古以来就在青藏高原之上劳动、生活、繁衍，主要集中居住在今西藏自治区、青海省、四川省、甘肃省、云南省，以及在聚居地区的东部和南部与汉族、蒙古族、回族、土族、撒拉族、羌族、门巴族、珞巴族等民族杂居。同其他民族一样，藏族先民原始意识的内容也很广泛。原始崇拜、灵魂及鬼神观念的产生，原始神话、传说、史诗等都反映着藏族原始思维的形成、发展，此后则形成了独具特色的藏传佛教哲学与因明学。

①《海瑞集》，中华书局，1962，第 502 页。
②《海瑞集》，中华书局，1962，第 502 页。
③ 张伯行：《海刚峰先生文集序》。

一、苯教及其哲学

在原始社会,由于社会生产力水平的落后及人们认识能力的低下,往往会把客观世界千姿百态和千变万化的根本原因、把一些自然物和现象,经过幻想加工而赋予人格化的力量,分别形成原始崇拜等原始意识,藏族先民也是一样。藏族的苯教哲学是中国少数民族原始宗教哲学中极有特色的流派之一。

(一)原始苯教与藏族哲学思维的萌芽

从藏族民间传说和书籍记载看,藏族先民原始宗教——苯教的胚芽,即来源于关于日月星辰、风雨雷电、大山巨川、古树怪石、飞禽走兽等的神灵崇拜及以后发展起来的灵魂观念。

首先,原始苯教为多神崇拜,相信一切与之有关的,当时的生产、生活实践所接触的事物,都有神灵主宰。如土有土神、水有水神、树有树神、石有石神,自然界和人类生活中的一切,都有鬼神主宰,且各有住所,据有一首"赎罪诗"说:"龙王住在所有的河流中,年王住在所有的树上和岩石上,土主住在五种土中。人们说,那里就是土主。龙和年,它们有什么眷属? 带有长刺的蝎子? 细腰的蚂蚁,金色的青蛙,松蕊石色的蝌蚪,贻贝一样白的蝴蝶,这就是它们的眷属。"①这种以万物有灵观念为基础的多神崇拜,在很多藏族聚居地区至今还保留着,如在青海省湟中、化隆、贵德三县交界处地区,一般有泉水的地方,人们都不敢挖土或大小便,认为这些泉水地下有水神——"鲁"。值得注意的是,原始苯教中的龙神没有明确说明究竟属于哪一类动物,只是说作为龙神类的动物有鱼、蛇、螃蟹、青蛙、蝌蚪等。并且,苯教已将所崇拜的龙神形象超越动物原形而变成半动物半人的神物形象了,如苯教经典《十万龙经》中即有众多龙神的图像,包括人身而蛇头、马头、狮头、熊头、虎头、龙头、鼠头、羊头、牛头、豹头、猪头、鹿头、孔雀头等图像。这些不同形状的龙神另外还

---

① 霍夫曼:《西藏的宗教》,李有义译,中国科学院民族研究所铅印本,1965,第5—6页。

有一个共同点,即都带有蛇尾或鱼尾①。

其次,灵魂及鬼的分类②观念,是原始苯教产生的重要源头。灵魂观念可以从在西藏林芝发现的新石器时代后期的墓葬及随葬习俗中发现:死者头西脚东,仰身直肢,特有规律,可能是认为西方为死者灵魂的宿处③;在西藏朗县列山墓地的一墓穴顶部东西方向的边缘还发现有圆形小孔与围墙相通,孔径 5 厘米,孔上还有一小石片,这被认为是特设通道以供死者的灵魂出入之用④。至后来,灵魂观念分化出善灵和恶鬼两种,认为生前是同甘共苦、生死与共的氏族成员,死后成为本氏族保护者的是善灵,从而经常祭献祈祷,以求得福;把生前是敌人、死后当然是危害者的当恶鬼,并常借善神之力进行巫术防范控制,以求免祸。"在聂赤赞普时期的苯教认为,人死以后转生为鬼或转生为神,而神鬼死后也转生为人,因而承认有先世和后世。到了吐蕃第八代国王止贡赞普时期,有一派被称为怡苯,它根本不承认有先世和后世,但承认有鬼神,认为神是在人活着的时候保卫人的生命,而且在人死以后由鬼把人的灵魂带走,鬼还给这个人的家庭和后代继续带来危害,因此要供奉救护人的神,消除危害人的鬼。"⑤可见,人死不仅可以转生为鬼或为神,而且鬼神还可"转生为人",这成为原始苯教的初始形神关系观念。

(二)笃苯的产生及其哲学意识

藏族先民在聂墀赞普(或译为"聂赤赞普")时期因不断合并而成为一个地域广大的部落联盟,并进而进入奴隶制社会。原始苯教在原始社会向阶级社会的演进中发生了分化,产生了不同的派别,其中笃苯派与伽苯派相继而立。

所谓"笃苯",即指本土自然兴起的苯教,意为涌现苯,产生、流传并

---

① 格勒:《论藏族苯教的神》,载《藏族学术讨论会论文集》,西藏人民出版社,1984,第 347 页。

② "鬼",藏语为"者"。

③ 王恒杰:《西藏林芝地区古人类骨骸和墓葬》,《西藏研究》1983 年第 2 期,第 112—114 页。

④ 索朗旺堆、侯石柱:《西藏朗县列山墓地的调查和试掘》,《文物》1985 年第 9 期,第 32—38 页、第 50 页、第 99 页。

⑤ 东嘎·洛桑赤列:《论西藏政教合一制度》,民族出版社,1985,第 5—6 页。

兴盛于聂墀赞普时代。从意识形态层面分析，"笃苯"在以下几个方面反映出特殊影响：（1）参与政治。在聂墀赞普时代，苯教已成了一股左右藏族社会的强大的政治势力，并被聂墀赞普所敬奉，甚至以之"护持国政"。（2）干预与控制人们的生产、生活的方方面面。藏族群众的出生、婚姻、疾病、丧葬、迁徙、出行、种植、渔猎、放牧等，都要通过专职的苯教巫师用巫术和占卜的方法，卜问鬼神，决定吉凶与否。（3）重视宗教法事实践。"笃苯"时期，苯教没有经典及系统的教义，只有敬神、祝福、驱鬼、镇魔等法事活动。（4）尊事天神。"笃苯"认为，赞普是"天神之子做人间之王"，表明天神观念业已产生。如说："天神自天空降世，在天空降神之处的上面，有天父六君之子，三兄三弟，连同墀顿祉共为七人。墀顿祉之子即为聂墀赞普也。来作雅砻大地之主，降临雅砻地方。当他降临神山江多之时，须弥山为之深深鞠躬致敬，树木为之奔驰迎接，泉水为之清澈迎候，石头石块均弯腰作礼，遂来作吐蕃六牦牛部之主宰也。当初降临大地，来作天下之主。在天之中央，大地之中心，世界之心脏，雪山围绕一切河流之源头，山高土洁，地域美好，人知为善，心生英勇，风俗纯良，在快马可以奔驰之辽阔大地之上，（他）化为人身而降世。与其他国君不同之风俗者，以弯腰表致敬，以顶足为礼，对上等人用敬语说话，伟人巨子之礼仪姿态均由此时产生也。在众多树木之中，以松树最为高大，在大江大河之中以雅鲁藏布江碧水最为流长，而雅拉香波（神山）乃最高之神也。"①这种观念在汉史文献中也得到了反映，如唐德宗贞元十七年（801）成书的《通典》卷一九〇中即写道：吐蕃"始祖赞普，自言天神所生，号鹘提悉补野，自以为姓"。尊事天神，"天"作为至上神，反映出聂墀赞普时代君、臣、民的等级差别，以及对待这种等级的礼仪系统，同时说明原始苯教正在向人为宗教过渡和演变。（5）神的社会性逐渐增强。到第八代藏王止贡赞普后，苯教的天神信仰已由原始社会自然力量的化身不断转化为具有社会属性的统治阶级意志的化身，从一个自然的主宰转变为社

---

① 王尧、陈践：《敦煌本吐蕃历史文书》，民族出版社，1980，第163页。

会的主宰。《论工布地区第穆摩崖文字》记载："当初，原始之神恰亚拉达楚之子聂墀赞普来作赞普之时，共经历七世，全部驻跸于青瓦达孜。止贡赞普之长子为聂赤，次子为夏赤。兄弟二人中的弟弟夏赤成为全吐蕃的赞普，兄长聂赤成为工嘎布王。兄长嘎布于父王崩后不久，即向兄弟二人的族神祈祷，并与威猛的族神第穆结为夫妻。兄长虽负有敬奉族神之责，但是对于神子赞普夏赤的事业，仍舍命辅佐，对个人生命毫不吝惜。故此，赞普的江山才有如此之崇高，权势才有如此之显赫，在神子赞普如同苍天覆盖的统治之下，上天赐予了无数子民。吾等亦为子民之例，自不待言。最初，自兄弟二人分别至第一辈先祖，无有神、人分野以来，使我人众安居乐业，国政、王权有如万字般稳固。但是，近期以来，征收政府差赋之官员人等，巧立名目，课敛扰害。为使今后永得安宁，特请赐予盟约，以示体恤云云。"[1]

从哲学"萌芽"的角度分析，苯教的"笃苯"阶段已形成"苯教智者"加工过的统治阶级的宇宙观，实现了对原始神话时期氏族成员自发意识的超越："当聂墀赞普降落到拉日江脱山巅时，被十二位苯教智者所见，当他们问他从哪里来时，他不说话，用手指着天空说，我是从神域空降的赞普，众智者对他说：请你当我们的王吧。"[2]也就是说，聂墀赞普是苯教智者以天神之子的名义拥立为王的。到第八代藏王止贡赞普以后，天神的社会政治属性则更加增强，不仅强化了天神、天神之子、臣民之间的等级关系，而且更重要的是反映了思维水平的提高，从多神崇拜到至上神——天神崇拜的演变，表明从个别到一般、从具体到抽象、从感性到理性的升华，孕育着藏族先民探索世界统一性的思想萌芽。

（三）伽苯的形成及其哲学思想

伽苯是随着吐蕃奴隶占有制的全面确立而发展起来的。由奴隶制

---

[1] 恰白·次旦平措：《论工布地区第穆摩崖文字》，何宗英汉译，《中国藏学》1988 年第 3 期，第 109—115 页。

[2] 巴卧·祖拉陈哇：《贤者喜宴》，黄颢译注，《西藏民族学院学报（哲学社会科学版）》1980 年第 4 期。

度代替原始公社制度,作为社会的意识形态,苯教也相应地发生了变革,这就是笃苯在对自己进行进一步加工改造的基础上,接受外地苯教思想,并与外来的苯教徒一起创立了"溶混外道大自在天派而成"的伽苯之见。伽苯的形成使苯教超越了以前的那种只重巫术、占卜(羊骨卜、金钱卜、鸟卜、骰子卜等)、缺乏宗教理论的历史,形成了自己的宗教哲学思想体系。

首先,伽苯的"本无空"思想。在宇宙起源问题上,藏族先民在《斯巴问答歌》①中提出了自己的看法。

> 问:最初斯巴形成时,天地混合在一起,请问谁把天地分?
>
> 最初斯巴形成时,阴阳混合在一起,请问谁把阴阳分?
>
> 答兼问:最初斯巴形成时,天地混合在一起,分开天地是大鹏。大鹏头上有什么?
>
> 最初斯巴形成时,阴阳混合在一起,分开阴阳是太阳。太阳头上有什么?
>
> 最初斯巴形成时,汉藏混合在一起,分开汉藏是皇帝。皇帝头上是什么?

"斯巴"是藏语"存在""有""宇宙"等意思。这就是说,始初"斯巴"形成时,"天地""阴阳"都"混合在一起",后来,大鹏"分开天地",太阳"分开阴阳"。这是把天和地的形成、阴和阳的区分的根源归之于"太阳""大鹏"之类的具体自然物,而不是由某种神灵随意创造或分开的,这无疑是一种原始的、萌芽状态的、实质上是正确的宇宙观念,是一种以有为本源的观念。可是,伽苯在这个问题上却提出了"有生于无"的论题,把"无"看作最高的实体范畴,构想了一个以"本无空"为本源的宇宙演化体系,并以此作为自己思想的起点,借以说明万物起源的总根源。

> 世界最初是本无空,由空稍起本有,由本有略生洁白之霜,由霜

---

① 可参见毛星主编:《中国少数民族文学·斯巴问答歌》上册,湖南人民出版社,1983。

略生似酪之露。①

由此可见,伽苯把"本无空"看成是一个由"本无"空逐渐趋向"本有"的发展过程,形成了一种"有生于无"的从混沌走向具体实物的变易过程。

虽然从目前所掌握的资料还无法确认"本无空"是物质还是精神,却可看出其发展过程的思想,即把它看作由一个混沌而逐渐显露的状态。而且更为重要的是,"本无空"有超越天神的意义,故在《黑头矮子的起源》一书中表明:宇宙开始是空,变易、显露而生成"有识"、两仪、冷、霜、露珠、湖等事物后,才"出现了'恰'的世系,即人类;'木'的世系,即天神;'楚'的世系,即动物"②。这说明伽苯已把"空"凌驾于天神之上了。

从哲学思维发展的角度说,伽苯的"本无空"是纯粹从理性的角度得出的最具概括性的思维范畴,以此作为世界万物的本原并分析万物生成、变化、发展的原因,这应看成是藏族理论化、系统化形态哲学产生的标志。当然,这一思想很可能受到了布代贡杰时代从印度、克什米尔等地传来的印度外道哲学的影响,并在伽苯教徒改造、加工、深化过程中形成了"藏族化"的宇宙生成论哲学。

其次,伽苯的"卵生世界"思想。在苯教经典《黑头矮子的起源》一书中还提到了一种"卵生"说,即由"空"到"如镜之湖"过程中产生了"卵",卵中孵出二鸟,二鸟又生出三卵,由此而出现了人类、天神、动物。这一"卵生"说的思想,也是苯教哲学思想的一个重要内容。对此,《土观宗教源流》中说:"有主张一切外器世间与有情世间,均由卵而生的一派,为主张由气数及自在天等所造的一派。"由此可见,伽苯的宇宙起源论并未统一,其"卵生"说强调世界上一切物质的和非物质的,有生命和无生命的事物现象都是从卵中产生的,由"自在天"等创造的。如果只从人类起源说来看,"卵生"说又是对藏族原始神话"猕猴变人"说的超越。"猕猴变

---

① 土观·罗桑却季尼玛:《土观宗派源流》,刘立千译注,西藏人民出版社,1984,第196页。
② 霍夫曼:《西藏的宗教》,李有义译,中国科学院民族研究所铅印本,1965,第80页。

人"来源于一个久远的神话:"世界上最早时没有人烟,当时只有一个猴子和一个魔女,他们俩结亲之后,用木犁、木头来从事生产劳动,繁殖子孙,发展起来。这些子孙彼此都是亲属。许多年后来了一个仙人,对人们说:你们以后,每人都应当有自己不同的骨头来计算自己的亲属关系。众人问,我们都是一个父母生的,怎么会有不同的骨头呢?仙人回答:我身上的骨头,可以全部分给你们,以后你们就可以把这些不同名的骨头分别称作自己的骨名,表示不同的亲属关系。"①显然,"猕猴变人"不同于"卵生"说。

伽苯典籍中的"卵生"说、"自在天"创世说的思想渊源来自何处?有不同的说法,一说是来自"印度著名的自在神崇拜中的观点",一说是"典型的苯教观点","是西藏苯教的一种相当独特的思想"②。从现有资料看,应该说与印度佛教的传播不无关系。从哲学思维的发展层面分析,"卵生"说以现实生活中的某种具体的、物质的东西作为世界的本原,应是古代先民因为看到世界上很多有生命的东西都是卵生的这一生活、生产经验的抽象化、普遍化,显示出一定的哲学思维水平。

二、藏传佛教哲学

一般认为,藏传佛教可分为"前弘期"和"后弘期"两个大的发展阶段。"前弘期"始于松赞干布兴佛至9世纪的达玛排佛,"后弘期"始于10世纪后期以后。总体来看,从7世纪印度大乘佛教和密教传入了卫藏一带开始,佛教即通过与藏族传统文化的接触、交融,最后与藏族文化融为一体而成为藏族传统文化的有机组成部分。从哲学上讲,佛教的宇宙理论与藏族传统的世界起源、万物形成的思想融合,形成了藏传佛教宇宙论,并影响了藏传佛教的其他问题:如佛性论、人性论等,从而丰富并深化了藏族哲学思想。

---

① 《西藏黑河县阿巴部落的调查报告》,中国科学院民族研究所西藏少数民族历史调查组编印,1964。
② 见中央民族学院藏学研究所编:《藏族研究译文集》第1集,铅印本,第59—60页。

（一）藏传佛教哲学的宇宙论

首先，藏传佛教拓宽了藏族的宇宙论。前面已提到藏族传统哲学的宇宙论，如《斯巴问答歌》中阐明的关于世界的形成和万物的起源等思想，并为伽苯继承和发展。但佛教则超越伽苯的思想，直接提出了"虚空"说："最初，外部的宇宙是一片无边无际的虚空。后来从十方刮起了风，互相鼓荡，形成十字架。"①当十字形的宇宙形成后，"其中心是一个青灰色的坚硬的风轮"，深六千亿由旬，其广度无法计量。风轮上积聚着水，成为大海，深一百一十二万由旬，广度为一百二十万三千五十五由旬。大海上，有黄金构成的大地，平如手掌，广度为三十万由旬，中央为天然生成的具有海宝物的须弥山，构成它的物质，东面为白银，南面为琉璃，西面为朱石，北面为黄金。须弥山四周有持双山、持轴山、担木山、善见山、马儿山、象鼻山、持边山等七座金山。海山之间，有七个戏游海。须弥山的间隙处有阿修罗城，山顶上有三十三天宫殿，中央为用海中宝物筑成的帝释天的殊胜宫殿，自殊胜宫殿往上八万由旬处有圣夜摩天宫殿，由夜摩天宫殿往上十六万由旬处有圣兜率天宫殿，由兜率天宫往上三十二万由旬处有化乐天宫殿。化乐天以下的各层天称为欲界天，以上为色界天；无色界天之一切天之宫殿，各层天宫逐级而上，如同一座佛塔一般。"此各层天宫的高低、大小，上面天神的寿命、身量、受用之量等，都记载在《俱金论》中"②。可以看出，这种宇宙形成及其模式，虽与《斯巴问答歌》一样以"虚空"为本原，却比《斯巴问答歌》在思维水平上高得多、思想丰富得多、认识深化得多。

其次，藏传佛教深化了藏族的传统本体论。藏传佛教哲学的关注点，从前弘期的"顿渐之争"开始，就不只是宇宙论，而是本体论，这就是关于万物的"有"与"无"、"缘起"与"性空"等思辨思想，从而深

---

① 萨迦·索南坚赞：《〈西藏〉王统世系明鉴》，陈庆英、仁庆扎西译，辽宁民族出版社，1985，第 3 页。

② 萨迦·索南坚赞：《〈西藏〉王统世系明鉴》，陈庆英、仁庆扎西译，辽宁民族出版社，1985，第 4 页。

化了藏族的传统本体论。特别是 10 世纪以后,藏传佛教更是具有了明确的哲学形态,其中以《般若经》为中心的大乘空宗理论中观见影响更为深广。

从哲学上讲,中观见强调观察问题应综合二边,合乎中道。中观学派属大乘佛教,创始人是南印度人龙树(150—250)及其弟子提婆(约170—270),提婆的后继者是罗睺罗跋陀罗,传至清辨和佛护后分裂为不同的派系。清辨一派的重要传人有寂护、莲花戒和狮子贤,佛护一派的传人有月称、伽耶提婆、寂天、萨婆那密多罗。中观学派奉《大品般若经》为主要经典,龙树的《中论》《十二门论》《大智度论》,提婆的《百论》为此派的基本理论著作。

在本体论上,中观学派强调"空观",即认为一切事物并无实体、主体,也就是"无自性的空",因而被称为空宗。"空观"的根据是"缘起"说,即认为万物是因缘和合而生,具体说就是万物要依靠其他原因、条件而生,不是从它自身中产生的,因而也就失去了自己内在真实性的权力,据此更进一步强调:一切有原因的事物都是不真实的,这就是"缘起性空""一切皆空"的宇宙观。

藏传佛教吸收、消化了大乘空宗的这一理论,并在以下四个方面实现了"藏族化":(1) 执性空为毕竟无,所谓"西藏有人以为都无所有是真空义"。(2)"空性实有,由他世俗法空,说名为他空,说此是究竟实相"。(3)"但执有法,便是执相。故一切法,非有非无,所以修时,亦不思维有我无我,是空非空,都不思维,即是修真实义"。(4)"凡有戏论之善行,即不出于散乱,故当唯修真理,修真理时,复不可以正理推求,勿追过去心,莫迎未来心,于现在心亦不加造作,只于明空无执之中,舍弃一切分别,全不思维,缓修而往,其心即能亲见法身。"[①]

再次,格鲁派的创始人宗喀巴对般若性空的批评。宗喀巴(1357—1419),本名罗桑扎巴,生于今青海省西宁市湟中区塔尔寺地方,父母都

[①] 土观·罗桑却季尼玛:《土观宗派源流》,刘立千译注,西藏人民出版社,1984,第 181—182 页。

是虔诚的佛教徒。他从 16 岁时即遍访佛教各派名师,悉心研习佛教的显密经论;29 岁时即受比丘戒而成为闻名遐迩的佛学大师,并广收门徒,讲经说法,弟子有 3000 余人;从 1402 年始著书立说,先后撰有《菩提道次第广论》《密宗道次第广论》《菩提戒品释》《密宗十四根本戒释》《中论广释》《辨了义不了义论》等。他倡导先显后密、显密兼修,并系统地论述了显密二宗的思想而成就了自己的佛教哲学体系,后在西藏统治者的大力支持下全面整顿西藏佛教,且创立了格鲁派;他强调僧人要严格遵守佛教戒律,并于 1409 年主持了在拉萨举行的祈愿法会,从而使自己成为西藏佛教里的头号人物,祈愿法会亦沿袭至今,一年一次成为惯例。

宗喀巴兼修佛教大小乘经论,最终认肯大乘空宗中的应成派见,认为只有此见才全面、准确、深刻地表达了释迦佛及龙树菩萨佛教思想的本来意义。据此,他不仅自己恪守般若空宗的理论真谛,而且批判了其他诸派学者佛学见解的"异见邪说",称它们属于"断见"或"常见",甚至与汉地禅宗思想无殊,明显违背佛教本旨。为此,宗喀巴对下述四种见解进行了批评,从而系统地阐述了般若空宗理论。第一种见解"执无善恶业果之断见,不应正理。在外道中最下之远离外道,有分别派及等引派二派。等引派一类则许有一百世以内之业及因果不许解脱,分别派则业果解脱两俱不许,许业果毕竟无有,故任何说修行解脱理之道的内外宗派皆不取此类断见"①。第二种见解"此不可救育之常见边"。或如中论所说:"若有执于空,说不可疗治。"②第三种见解"此于支那堪布之见行都无二致,不应道理。因为有与无,常与不常,一与异等由明了决定,彼此相舍,此籍天竺班禅教理即可成其为相违,因不作意之念,即是作意,不见即见,即两成见与不见,此纯显其相违也。"③第四种见解"此亦非理,若全不作意,思维即能得一切种智者,是从异因而异果,此若应理,则一

① 土观·罗桑却季尼玛:《土观宗派源流》,刘立千译注,西藏人民出版社,1984,第 181 页。
② 土观·罗桑却季尼玛:《土观宗派源流》,刘立千译注,西藏人民出版社,1984,第 181 页。
③ 土观·罗桑却季尼玛:《土观宗派源流》,刘立千译注,西藏人民出版社,1984,第 181 页。

切非因皆当生一切果也。是故扶择正见,当依止龙猛师徒意趣"①。在批评上述各种"叛经离道"见解的基础上,他在《菩提道次第广论》中,全面、系统地论述了中观应成派的缘起性空义,提出般若性空的本旨:"生死涅槃,一切诸法,惟于所依事上分别假立非胜义有,故一切法皆自性空。即以性空之故,于名言中安立彼法作用不无,故虽于名言亦破自性,然因果作自宗可有,非惟就他说,即由了知缘起之力,亦能了知自性本空,性空缘起而互相成,即是黄教不共正见。"②也就是说,由于一切法自性本空,故业果等缘起之法才能生起,设若自性不空,就不能生起业果等作用。又由于了知缘起之力,才能了知自性本空,因业果等法依靠各种条件才能生起,所以它的自性是空。因此,自性空与缘起有,不仅不相违背,并且能相互成立。

(二)藏传佛教哲学的认识论

从认识论的角度说,藏传佛教各宗派都注重神秘直觉的思维方式。在如何达到"真如"的问题上,各宗派的争论则主要集中在对"真如"的理解及顿悟、渐修上。

首先,萨迦派"言"不能"尽意"的认识论。萨迦派强调佛、真如、空性等从本质上讲是绝对的、无限的,因此便产生了"言"能否"尽意"的问题,即真如能否用名言、概念来加以表述的问题。一方面,他们承认要了解"真如"不能脱离"言",但要真正领悟真如而达到佛的境界,最后又必须"忘言"。也就是说,对"真如"和佛的境界的真正的了解,既要依于"言",又要超越"言",因为无"言"就无从领会"真如""空性",但"真如"和"空性"又不只是由某一固定之"言"所述说。这实质上是说,"言"有了解"真如"的潜能,"言能尽真如之义";但"真如"必须由具有灵活性的或多样性的"言"来超越任何固定的"言"的局限性。从这个意义上说,"言不能尽意""得意在忘言"。"以不可言说,故心不能思其义,无能修所修,故亦无有所缘可修;无能观所观,故不能以智慧得见;无能见所见,故视之亦无

① 土观·罗桑却季尼玛:《土观宗派源流》,刘立千译注,西藏人民出版社,1984,第181页。
② 土观·罗桑却季尼玛:《土观宗派源流》,刘立千译注,西藏人民出版社,1984,第181页。

可见者；无能解脱，故实无解脱可得。"①

萨迦派"言"不能"尽意"说的思想根源在于把"真如""佛性"等规定为绝对的、无限的、唯一真实的、永恒不变的、至高无上的本体，而把现实中的名言、概念、思维、能观所观、能修所修等看成是具体的、有限的、非真实的一种方式。按现在的哲学术语来讲，即我们不能认识绝对真理。但是，"言"若真不能"尽意"，那又如何认识"佛性""真如"呢？这就必须诉诸一种神秘主义的直觉思维方式。这种直觉思维方式认为，要认识这个真实的本性，不能靠一般的理智，不能靠一般的言说，只能通过一种完全独特的个体感受和直观体会——个体感性经验的某种神秘飞跃才能达到。一方面，为了交流传递，为了佛教派别的存在和延续，因而为了解"真如"而不能不用语言文字、名相、概念、思维活动，所以需要立言、需要修习、需要观察、需要思维，并据此来体验和把握"真如"本体。但另一方面，上述这些东西只是一种中介，若把握了"真如"本体，这些东西就可以舍弃、忘掉，而不需执着于它们，并且在舍弃和忘掉这些东西后会更好地体会和领悟那个真实的、绝对的"真如"本体。

由此可见，从哲学思维方式看，萨迦派认识论的核心是讨论人应该有什么样的精神境界（我佛同一）和怎样达到这种精神境界（直觉主义的悟）的问题，具有反省内求的直觉主义特色。这种直觉主义的"悟"的方法是一种非理性的认识活动，它通过否定语言、批评世俗认识，从一定程度上反映了有限主体和无限客体间的矛盾，触及了人类经验、认识的片面性、相对性和人的思维的非至上性的一面，应有其合理之处，但这并不否认其思维方式的神秘主义特征。

其次，宁玛派、噶举派的顿悟渐修之论。宁玛派、噶举派认为达到"真如"的境界有两种方法，即顿悟和渐修。在藏传佛教中，渐修与顿悟两种通达"真如"的方法，大多相资为用、相辅相成，并被藏族僧人等量齐观。从根源上说，造成这两种方法的根本原因不在于佛教本身，

---

① 土观·罗桑却季尼玛：《土观宗派源流》，刘立千译注，西藏人民出版社，1984，第112页。

而在于学佛人本身,故汉地禅宗即有"法无顿渐,人有利钝,故名顿渐"之说。

宁玛派说:"首先要知境为心,知心为空,知空为无二双融,由此便通达一切法,唯是了空赤露,此乃渐修者所认识悟性的程度。若不由渐次观修,而仅以上师指点此觉性,则能通达外境所现。皆为明空赤露,此乃是顿悟在所悟觉性的程度。"[1]在这里,渐修是指经过长期的修习佛法以逐步把握佛理而成佛;顿悟是说无须累世修行、积累功法,只要懂得佛法,得到有学问的高僧的开导和帮助,一旦领悟就会豁然开朗,大彻大悟,顿见"真如",自成佛道。

噶举派说:"修大手印的士夫,有利钝二根。利根又有二种,若于前世或上半世,已净治前面的诸道,风息入中脉已得成熟练,即在开始时,你可在心的体性上,专注而修,因之引风息入、往,融于中脉,现前体验到本元之心,此则名为顿悟之人。"或说:"宿昔已修炼,名为顿悟者。"若于前生或上半世未善净治前诸道,得到熟练,则应先修其道,受灌顶,修生起和圆满二次第。这样的人,则名为渐修之士。或说:"初业有缘人,名为渐悟者。"[2]这是说:"义无顿渐,人有钝利。"这一思想实际上是说,人的本心本来是佛,而不可于心体之外别求佛,不过众生根基有钝利之不同,所以见此即心即佛之理有迟疾顿渐之别,钝根者则迟入渐契,利根者则疾登顿得。证悟佛道虽有迟入渐契与疾登顿得之差别,然即心即佛之理本无殊异,按照汉地的说法,实际上说的是"天资"如何影响着佛教的修习方法及其结果的问题。

(三)藏传佛教哲学的人生观

从道德修养层面看,藏传佛教各宗派都认为要想成佛就必须懂得我有佛性,即"若明自身即是佛,此外求佛无寻处"。这一思想的人性论基础是:"一切众生之本心体性,与佛无别,平等平等,元本清净常住。虽忽

---

① 土观·罗桑却季尼玛:《土观宗派源流》,刘立千译注,西藏人民出版社,1984,第 40 页。
② 土观·罗桑却季尼玛:《土观宗派源流》,刘立千译注,西藏人民出版社,1984,第 79 页。

然不觉而起无明,然其真心体性明白明净。"①也就是说,世人的本性、本心都具有佛性,只是因为被妄念无明所遮盖,不能自我觉悟。一旦去掉妄念、无明,就会明见"真如"本性,自悟成佛。因此成佛无须外求,只要反省求内,通过一定的修炼功夫,提高了自身的认识能力,完善了自身的道德品格就会达到自我与佛的一体境界。其主要基调是:讲求真善美,鞭挞假丑恶,以勤奋学习、掌握知识,反对愚昧无知、好吃懒做,主张慈悲为怀、利乐众生,反对十恶不赦、损人利己,要人忍让互助、大公无私,反对自私自利、恶语相伤;宣传因果报应、轮回转世,反对不信因果、为非作歹,提倡治国之道、统治有力,反对昏庸无能、欺压人民,等等。概括地说,其主要是在讲人的完善和净化问题。关于人自身的完善问题,在佛教传入以前就提出来了,但并不十分明显,佛教传入藏区以后,才逐渐占据了突出的地位。这与佛教传入以后,藏族哲学所追求的根本目的和最后的真谛不无关系。

完善了自身的道德品格就会达到自我与佛的一体境界,这一思想还与因果报应、轮回转世观念相联系。本来,诸法无常、现实皆苦、因果报应、轮回转世是佛教的基本思想。佛教断定人生是苦,人的生命、生存、生活就是苦,苦就是人的命运,就是人的价值。在这里,苦主要不是指感情上的痛苦或皮肉之苦,而是泛指精神上的逼迫性,包括生苦、老苦、病苦、死苦、怨憎会苦、爱别离苦、求不得苦、互取蕴苦等,是三世十二因缘造成的。三世是说人生是一个变迁不息、变化无常的流转过程,具体表现为过去世、现在世、未来世三世,并形成由过去世的惑业感现在世的苦果,由现在世的惑业感未来世之苦等两重因果。十二缘即无明缘行、行缘识、识缘名色、名色缘六入、六入缘触、触缘受、受缘爱、爱缘取、取缘有、有缘生、生缘老死。由于十二因缘环节、辗转感果,所以称为因,互为条件,所以称为缘合,称十二因缘。十二因缘是说明众生生死流转的因果联系的,它强调十二个环节按顺序组成因果链条,任何一个有情识的

---

① 中国气功科学研究会藏密气功研究会编:《藏密气功》,求实出版社,1989,第52页。

生命体,在没有获得解脱之前都要受到这因果规律的支配。"生生于老死,轮回周无穷",说的就是因果。在佛教看来,人生有两条相反趋向:一是人生陷入不断轮回之中,称为流转;二是变"流转"为逆转,称为"还灭",这是佛教让人追求达到的人生最高理想境界。

佛教宣扬人生无常、三恶趣苦。三恶趣是六道轮回中的最低劣的三道,就是畜生、饿鬼、地狱。《国王修身论》中说:"今生只是短短一瞬,放荡不羁苟且偷生,白白浪费八暇十满,呜呼要坠恶趣之中……坠入三大恶趣之人,长期受苦无穷无尽,如立悬崖心惊胆颤,有识之士谁这样蠢。"其中畜生,是指一切动物;饿鬼,是指依赖子孙的祭祀,或拾取人间遗弃的实物而生活;地狱,是六道中地位最为低劣、最为痛苦的受罪处。藏族佛教学者将"三恶趣"的恐怖、畏惧、悲惨的现象展示在人们面前,其用意在于说明,人生在世,善有善报,恶有恶报,希望人们做好事,不做恶事。因此,业报轮回、善恶报应说,与上帝从天国主宰命运的说法不同,它不靠神的佑助,而是强调"业",什么样的因产生什么样的果,由自己决定,自己做好事,不做恶事,只能是善报,佛也不会干涉的。这在一定程度上对人们的行为具有一定的劝善和诫恶的约束力,有时甚或对为非作歹、祸国殃民者也有警诫作用。当然,这种说教在阶级社会中无疑对统治阶级更为有利;它会使人类在长期的人和人的关系中形成的公正、厚道、舍己助人等道德责任心和道德义务感被扭曲,有可能使人变成了自己为得到来世的善果或成佛而行善、做好事的利己主义者。

此外,藏传佛教哲学的人生观还强调无贪、知足、利他的观念。如《萨迦格言》说:"以为贪欲就是舒坦,其实是痛苦的根源。""谁能不为钱财所苦,谁能永远平安幸福。""贪得无厌的人,很快会把自己糟蹋……钱财积得过多,钱财就是催命鬼,富翁常造祸害,乞丐反而安泰。""应得的财物可取,贪得的欲望要除。""一个人能够知足,财富久享用不完。追求财富不知足,痛苦像雨水连绵。""一切要为国家幸福,一莫欺压,二莫强夺。""如想办成个人事,首先应该为别人,专为自己谋算者,事情一定办不成。"只以"利己为重",不以"利他为重","他的行为和牲畜一样"。

三、藏传因明学

藏传因明学发展的历史分为前弘期和后弘期两个阶段。在前弘期,因明典籍的翻译介绍始于墀松德赞王(742—797)请来寂护建成桑耶寺的前后。在后弘期,因明学的传讲及著述在不同的地区有不同的表现,阿里地区的桑扑寺、萨迦寺等成了不同的传讲中心。此外,格鲁派也有自己的因明讲授及著述。因此,藏族人在因明方面翻译的数量大,译出的因明著述在学术史上地位高,藏族人自己在因明方面的著述多,从而成为藏族因明学的一个独立传统。

(一)因明学要义

"因明"是佛家逻辑的一个特定术语,是梵语 Hetuvidya 的意译。"因"即推理论证的理由、依据,"明"即知识、智慧。"佛家要树立自己的学说,这就要加以论证,论证又必须有理由,理由正确才能服人,这样便有了因明这一专讲理由的学问。这就是因明。"[1]古印度的"因明"由宗、因、喻、合、结五支组成推理论式,新"因明"则由陈那简化为宗、因、喻三支组成推理论式,这很像形式逻辑的大前提、小前提、结论的三段式。不过顺序不同,三支因明是先立其"宗",即"结论"先行,然后再一步步去论证,用九句因检查因的正确与错误,从而进一步明确因三相的内容与形式,使宗、因、喻之间形成必然的逻辑联系;在喻支中区分喻体与喻依,使同喻体与异喻体之间形成换质换位的关系,弥补了筏蹉衍那在异喻中的缺陷。因明论疏中三支论式的一般用例如下:

> 宗:声是无常(语声是无常的)。
>
> 因:所作性故(因为是造出来的)。
>
> 同喻:谓若所作,见彼无常,譬如瓶等(如果是造出来的,便会发现是无常的,譬如瓶等)。
>
> 异喻:谓若是常,见非所作,如虚空等(如果是常位的,便会发现

---

[1] 吕徵:《因明入正理论讲解》,中华书局,1983,第 4 页。

不是造出来的,譬如虚空)。

由于三支论式重在揭示其"因",故称"因明"。因明学包括两个部分:(1)逻辑学研究中的逻辑规则和逻辑错误,其中逻辑规则是关于宗、因、喻三支及其相互关系的规定,主要有因三相、九句因、合与离等;逻辑错误被称为"似"或"过失论",包括宗九过、因十四过、喻十过(有来法称有所增减)。(2)认识论,即量论,研究现量、比量。

(二)藏传因明学的特点

藏传因明学的特点,可以基于不同的参照对象而获得,下面以藏传因明学与汉传因明学的对比为参照。

汉传因明学传承的是陈那的理论,即以陈那的《正理门论》与商羯罗主的《入正理论》为依据,以能立能破为重点,以三支论式宗、因、喻和三十三过为主要内容,至于现量、比量,则摆在必要地位。藏传因明学则以传授法称著述及其后学注疏为主,以《量评释论》《量抉择论》等为依据,认识论与论式并重。所以,汉、藏传因明学在因明论式上互有异同。

汉传因明学中阐述的三支论式谓宗、因、喻。喻包括同喻、异喻。三支论式的根据是因三相(即遍是宗法性、同品定有性、异品遍无性),因三相的来源是九句因。陈那所创的"九句因""因三相"为核心的因明论式,正是一个带有浓厚辩论色彩的注重形式的逻辑体系。

藏传因明学以传授法称著述为主。法称在逻辑原理方面,完全接受了陈那的因三相学说,而在逻辑和客观事物之间的关系方面有不同的看法。在论式方面,对三支比量也有所更改。法称以为,为他比量可以有两种论式,一是具同法喻式,二是具异法喻式,并以为二式实质符同,仅是从言异路。这和陈那的同异二喻体依共为一个喻支已不是一回事了。法称在三相之外,又将三相正因分为三种,即不可得比量因、自性比量因、果比量因。在实际应用时,上述用同喻式或异喻式的两种论式,又需各自结合后两种因中之一种。

藏族学者到13、14世纪,就把不可得因与另一破他论式(即应成论式)合二为一,故将不可得因与"应成论式"合在一起讨论。在能立论式中,法称对他的"自性比量因"又分为三种或四种,分别加以解说,其解说往往依据外物所具事理以论证是非,这和陈那纯用逻辑形式以论证是非,颇为不同。虽然其主干仍沿用三相理论,但较多从简约而变换其论式,令人感到实在论的气息。自12、13世纪以来,藏族学者一直沿用此说。

陈那和法称之所以在因明学方面有不同之处,是因为他们所期许的宗派各异。陈那是主张唯识宗的唯识无境义,他认为识外事物,都是启蒙计所执,本身不处虚妄分别,常人的识,即以虚妄分别为体性。所以识外事物,本来以识为自体,识中所现物象,自然本身是识,故又称为识之相分。本身是识而又呈现似为处境之相,故称为似境相。似境相自然非真境相,此识中之似境相为"所量"。能取相者,即识中之能了知似境相之知,似境相为所知或所取,此知为能知或能取,故又称为见分。即能了似境相之知,亦即"能量"。自证者,通称自证分,此"自"指知,此知能自知,名为自证。自证分能证知见分,而见分带有相分,自证分对能知之知所知能有明确的知,这个知就是量果。由于它本身也是知,而又能知知,为区别于只能了知似境相之知,故名自证,这就叫作三分说。

陈那提出"三分说",即相分、见分、自证分。法称的量论也讲这三分,但他生在正理派著名人物乌地阿达克拉等人严厉批评陈那之后,已经不能再用陈那所用的唯识学说来与6、7世纪以后兴盛起来的正理派等婆罗门各派争夺信徒。所以,他就需要改造陈那的唯识学说,即用经部的外境实有义取而代之,舍弃了陈那的唯识学说中的很多内容,这是一个最基本的改变。这一变即决定了法称的整个因明学说中的很多论点与陈那的学说有所不同,并且讨论到很多陈那未曾涉及的问题。关于量果的讲法,正是两人学说形成鲜明对照的地方。

法称随依了经部的外境实有义。关于这一点,他说:"如果对外境进行观察,我想借用经部义为阶梯。"[1]这句话表明了他要暂时承认外境实有。藏族学者自古相传,经部义最主要的有两点:一是外境实有,二是识能自证。识能自证义,陈那、法称均已沿用。外境实有义为陈那所拒,而

---

[1] 萨班:《正理藏论》。

为法称所采用,这一点遂成为陈那量论与法称量论彼此不同之由来,也成为汉传因明学与藏传因明学彼此相异之根源。

(三)藏族学者在因明学中新开创的一种论式

在藏传因明学中,恰巴曲桑首先让他的弟子们使用因明论式进行辩论,以明确所学经论术语的正确含义,培养和训练抽象思维的能力和对概念的正确使用。所以,恰巴曲桑首先写出了《量论摄义祛蔽论》作为初学因明学的教本。这种教本的体系在藏传因明学史上是一个创举。10—11世纪在印度的正理派等学派中也有多种他们各自的因明初学教本。另外,17世纪初,阿底峡幼年师僧班底大吉达日、阿底峡同辈学僧宝称、智吉祥友也写过一些初学者易懂的小书。在恰巴曲桑时代,由他开始创造《因明摄义》这种体裁的书本与上述现象是一致的。至于有无相互影响关系,尚待进一步研究。

恰巴曲桑的弟子辈在摄义一类书中增加了"应成论式"。萨班给"应成论式"下了这样一个定义:"应成论式是用对方所肯定的因,来成立他所不承认的宗。"①

这种推论形式起源甚早。在龙树《中论颂》里已经用过不少次。龙树的后辈,特别是佛护、月称一系的书中总是用这种形式来破斥他人之宗的,也就是利用对方所肯定的理由来否定对方的主张。当然,这与他们只破不立的主张有关。因此,佛护、月称这一派的中观宗就得名为中观"应成派"。"应成"藏语音译叫作"太居"。但是,月称一系的人并没有将"太居"建成为一种因明论式。至于讲因明的人,也有不少人用过这种语言形式,例如陈那在他的主要著作《集量论·为他比量品》及《正理门论》中都作为答人难问,举例说明"应成"语式可用于仅破他人立宗时的论式。法称也用过这种论式,但是他在《量评释论》第四品中又明文否定"应成论式"是"能破"的一种正式论式。萨班在其著作《学者明处入门》中也明说"应成论式"这种论式在印度大师们的书中并没有把它算作正式的论式。但是在藏区,自12世纪以来,数量与日俱增的"摄义"教本或

---

① 萨班:《为他比量品》。

其他概述因明的书中,大都或详或略地讲述"应成论式"这一项目。

在因明论式中,"应成论式"比宗、因、喻的三支论式灵活多变,耐人寻味,更能训练僧人的思维敏捷性。所以,"应成论式"这一因明程式为历代藏人研究、讲授、写作,历七八百年相传而不衰。把"应成论式"引入因明学,使它成为一种因明学中的辩论程式,是藏族人对印度因明学的一大创新。

"应成论式"是桑朴寺恰巴曲桑创立学僧以辩论方法学习经论以后出现的,也正是由于在这种辩论中一直沿用此"应成论式",藏族学者有很多关于这方面的著述。格鲁派兴起后,三大寺学制也沿用了以辩论方式学习经论的规矩。一直到今日,藏族僧人学因明,自然也要学"应成论式"。

第五节　维吾尔族的宗教与哲学

维吾尔族是在古代丝绸之路上崛起的民族,本节论述的维吾尔族也包括维吾尔族的先民"袁纥""韦纥""回纥""回鹘""畏兀尔"等,其萌芽期的哲学观念已十分丰富,此后由于广泛的文化交流,其哲学在原始社会的自然神论基础上形成,后来则是前伊斯兰教的各种宗教哲学,再后来即是伊斯兰教哲学。因此,宗教哲学是维吾尔族哲学的重要组成部分。维吾尔族及其先民韦纥、回纥、回鹘最初信奉过萨满教,以后又相继信仰过祆教、佛教、景教、道教、摩尼教和伊斯兰教。

一、西域丝路上的宗教哲学

"西域丝路"是"西北丝绸之路"的简称,是指西汉时期(前202—8),由张骞出使西域开辟的以长安(今西安)为起点,经今甘肃、新疆到中亚、西亚并联结地中海沿岸各国的陆上通道,因由此路西运的货物以丝绸制品影响最大而得名。这里的"西域"是泛指古玉门关和古阳关以西至地中海沿岸的广大地区,其基本走向定形于两汉时期,包括南道、中道、北道三条路线。

从本质上说,"西域丝路"是一条文化通道,古希腊、罗马人称中国为

"赛里斯"国,称中国人为"赛里斯"人,而"赛里斯"即"丝绸"之意。其根源在于通过"西域丝路",中国的丝、绸、绫、缎、绢等丝制品源源不断地运往中亚和欧洲,并引起了巨大的文化震撼,以至于19世纪末的德国地质学家李希霍芬将其誉为"丝绸之路",德国人胡特森还在多年研究的基础上撰写了《丝路》名作,从此使"丝绸之路"这一称谓为世界所公认。

从文化交流的角度说,"丝绸之路"是自古以来从东亚经中亚、西亚进而联结欧洲及北非的文化联系线路,是亚欧大陆的交通动脉,是中国、印度、希腊三种主要文化的交汇桥梁。这是一条开辟时间早、影响范围广、持续时间久的东西方文化大通道。在这条通道上,不仅形成了南、中、北三道,从而在文化交流的范围上得到扩展,而且随着历史的发展而有文化内涵的扩大。如从公元前114年到公元127年,它是中国内地与河间地区以及中国与印度之间,以丝绸贸易为媒介的一条西域交通路线;后来的"皮毛之路""玉石之路""珠宝之路"和"香料之路"是其别称,正反映其文化内涵的扩大,以至于在隋唐时期(589—906)形成了空前繁荣的"丝路",使胡商云集东都洛阳和西京长安,定居者数以万计。其还进入众多诗人的诗作中,如唐代诗人王绩、岑参、李贺等,都有所描述,特别是李白诗中的"胡姬",更显文化交流的盛况①。

"西域丝路"的中国段几乎涉及现在中国的西北整体及西南一部,涉及的民族有回族、维吾尔族、藏族、哈萨克族、东乡族、土族、锡伯族、柯尔克孜族、撒拉族、塔吉克族、乌孜别克族、俄罗斯族、裕固族、保安族、塔塔尔族等。"西域丝路"的西段所涉及的范围则包括中亚、南亚、西亚和欧洲,历史上的国家众多,民族关系复杂,因而路线也常有变化。

---

① 李白似乎因自身出生于西域,故与"胡姬"最为亲爱,其诗作中描写胡姬的地方甚多。《送裴十八图南归嵩山二首之一》描写胡姬在酒店门口招揽顾客:"何处可为别,长安青绮门。胡姬招素手,延客醉金樽。"《醉后赠王历阳》中描写胡姬之歌:"书秃千兔毫,诗裁两牛腰。笔纵起龙虎,舞曲指云霄。双歌二胡姬,更奏远清朝。举酒挑朔雪,从君不相饶。"《前有一樽酒行二首之二》中描写胡姬之美:"琴奏龙门之绿桐,玉壶美酒清若空。催弦拂柱与君饮,看朱成碧颜始红。胡姬貌如花,当垆笑春风。笑春风,舞罗衣,君今不醉将安归。"《少年行之二》中描写进入胡姬酒巴之笑:"五陵年少金市东,银鞍白马度春风。落马踏尽游何处?笑入胡姬酒肆中。"在《白鼻騧》中描写胡姬之饮:"银鞍白鼻騧,绿地障泥锦。细雨春风花落时,按鞭直就胡姬饮。"

在这条道路上，根据目前的考古学研究成果发现，中国古代技术曾源源不断地西传，其中最古老的是印刷品，唐代的《金刚经》就发现于敦煌；在楼兰遗迹的考古中发现了2世纪的古纸，表明中国造纸术的西传，在唐代至少已传播至中亚；汉朝派遣军队驻屯在西域发展农业时，坎儿井和井渠技术传至西域并流传至更远的国家。同样在这条道路上，其他的宗教文化也源源不断地传到中国，如佛教、拜火教、摩尼教和景教，不少宗教再由中国传播到韩国、日本与其他亚洲国家。

从汉至唐的各历史阶段的研究来看，西域丝路各民族的哲学思想，除原始意识与哲学思维萌芽的内容外，主要是多元宗教哲学。

第一是形成于原始社会直到阶级社会初期定形的萨满教哲学萌芽。萨满教是因中国东北操满—通古斯语各民族把这一宗教的巫师叫作"萨满"而得名，据《多桑蒙古史》载："畏吾尔人先奉之宗教为珊蛮教，与亚洲北方诸部族同。其教之巫者曰珊蛮（sa mes），即此粗野宗教之教师也。"萨满教是一种多神论的宗教哲学，既带有自然崇拜、万物有灵论和氏族部落宗教的特点，又有创世说、宿命论等人为宗教的因素。其多神体系是按高低不同、尊卑贵贱的等级把宇宙分为上、中、下三界。上界为萨满教最高境界，是神灵及祖先灵魂所居的天上；中界地面是人类所居的人间；下界为鬼魔所居的阴间（地狱）。其中上、下两界又分为若干层，如上界有九层、七层等不同说法，下界有三层、七层等不同说法。萨满教认为，人世间的一切祸福，都是由神灵和鬼魔主宰，神灵（或者说善神）赐福，鬼魔布祸。所以，萨满信仰在国家的政治、经济、军事等重大事件，以及人们的日常生活中（如红白喜事、丧葬典仪等），都有所表现。萨满教把人们的灵魂分为三种：其一，灵魂是永存的、不死的，叫"永存魂"。在人的肉体死亡的时候，它或者是在阳间即人间继续游荡，或者是到阴间去，都在暗中照看人世间的部落和氏族子孙。所以古代西域丝路上的人们对死者要进行殉葬和祭祀，以祈求死者的"永存魂"保护本氏族、部落或家人的平安幸福。其二，是转世灵魂，就是说人死了之后，这个灵魂或转生他人，或转生其他生物。其三，是与人的生命相始终的灵魂，谓之暂住或暂时的灵魂。这个灵魂在人死了之后就不存在了，也就是死了。可见，萨满教的灵魂观不同于只是宣传灵魂不死、相信转生的基督教、伊斯兰教等的宗教灵魂观。

第二是祆教哲学。据《魏书》《梁书》《旧唐书》《新唐书》等记载，祆教事火、事天，曾在"西域丝路"各民族中有广泛的影响。祆教是汉语称谓，又称为火祆教、拜火教、火教等。创始人为琐罗亚斯德，他根据当时波斯人的自然崇拜，特别是对天、对火的崇拜提出了"善恶二原"之说，其基本观点是认为宇宙中存在两个对立的本原——善与恶，善的最高神阿胡拉·马兹达（Ahura Mazda）是智慧或主宰之神，用泥土做成了人，该神代表着光明、清净、创造、生。因为火、太阳、月亮、星星等也为光明之源，所以也作为善神来崇拜。恶的最高神是安格拉·曼纽（Angra Mainyu），代表着黑暗、虚伪、恶劣与愚昧。宇宙万物都是善与恶双方进行斗争，最后善神取得胜利的结果。在善、恶两端的斗争中，人有选择的自由并能够主宰自己的命运，人死后，善神将根据其在世之时的言行，进行末日审判，通过"裁判之桥"，或被送进天堂，或被投入地狱。祆教的道德箴言是"善思、善言、善行"，要求人们从善避恶，弃暗投明，因而祆教重视人，强调人能够掌握自己的命运，具有一定的进步性。

第三是摩尼教哲学。摩尼教，在中国又称为明教、明门、魔教、牟尼教等，该教是由波斯人摩尼（Mānī）所创而得名。摩尼在祆教的基础上，吸收其他宗教思想而建立了一种独特的新的宗教体系，崇拜大明神、神的光明、神的威力、神的智慧四大尊严，以二宗、三际为根本教义，三封、十诫为主要戒律，并实行严格的教阶等级制度。所谓"二宗"，即光明与黑暗、善与恶，它们是世界的本原。摩尼教认为光明与黑暗是互为相邻的两个王国，始终存在着，谁也不创造谁，谁也不消灭谁。光明王国里充满着光明、善美、和平、洁净，不存在任何痛苦、疾病、忧愁等；黑暗王国里的情形与光明王国正好相反，充满着烟火、闷气、污气、毒水，到处是残暴、愚痴、紊乱。整个世界和人类社会就是光明王国和黑暗王国相互斗争的合力创造的。摩尼教还常以光明活树、黑暗死树两种树来表达"二宗"的概念①。所谓"三际",即初际、中际、后际,描述的是光明王国与黑暗王国互相斗争、合力创造世界的三个阶段,实际上就是摩尼教的时空观。其中初际时,两个王国对峙着,互不侵犯,整个宇宙和人类还没有产生;中际即现在人类正处的时代,整个世界到处充满着光明、正义、清净与黑暗、邪恶、污浊的斗争;中际结束后便进入后际,也就是恢复到初际的那种情景,那时黑暗物质将永远被囚禁,再没有机会可以重进光明王国了。可以看出,摩尼教的三际思想,实际上也是一种宗教哲学的时空观。所谓"三封""十诫",实际上反映的是摩尼教的道德思想。"三封"是口封、手封和胸封。口封是指在饮食和言语方面的戒制,诸如不喝酒、不说谎话等;手封是指在行为方面的戒制,如在暗中不做坏事等;胸封是指在思想和欲望方面的戒制,其中特别是指要戒制淫欲。"十诫"是不拜偶像、不妄语、不贪欲、不杀生、不奸淫、不偷盗、不欺诈或托言魔术、不二心或不疑念、不怠惰以及每日进行四次或七次祈祷、实行斋戒和忏悔。"三封""十诫"的道德思想,其核心是一个"忍"字,要做到"三封"需要忍,做到"十诫"也需要忍。可以看出,摩尼教作为一个完整的宗教哲学体系,对世界的统一性、未来世界、时空等哲学问题都作出了自己的解释和回答;对现实世界和社会生活,也都表明了自己的态度。摩尼教主张不积聚财产,讲平等、平均主义,坚信人类灵魂必得救、光明必胜等,也都具有一定的历史进步性。

第四是佛教哲学。佛教大约于公元前 2 世纪前后传入西域丝路,流传达 1000 多年。佛教在印度的发展经历了原始佛教、部派佛教、大乘佛教、密教等四个时期,其教义都记载在经、律、论三藏教典中。其中佛祖乔达摩·悉达多哲学的基本思想是"四谛""十二因缘""八正道"。在西域丝路的流传发展中,形成了较有影响、有代表性的文化传统,其中在小乘佛教方面是佛图舌弥、大乘佛教方面是鸠摩罗什、藏传佛教方面是详古舍利都统等代表性人物。佛图舌弥是古代龟兹有名的小乘佛学学者,

---

① 陈垣:《摩尼教残经》,载《陈垣学术论文集》第 1 集,中华书局,1980,第 375 页。

曾做过鸠摩罗什小乘佛学的老师,但关于其家世出身、经历、著述和译经等都已不得而知,只是从《出三藏记集》等一些佛教典籍中,知道龟兹僧尼寺院多为佛图舌弥所统,僧尼"统依舌弥受法戒",说明其名望震威;知道其为阿含学者,而"阿含"是小乘佛教经典的汇集,主要内容是讲述四谛、八正道、十二因缘、五蕴、四禅及善恶因果报应、生死轮回等,基本接近释迦牟尼学说;知道其坚信小乘佛学思想,在他所统诸寺推行"外国法不得独也"的独尊政策。从哲学上讲,小乘佛学不直接回答本体论问题,而把解决问题的重点放在人生问题上,且具有消极的虚无主义宿命论倾向。详古舍利都统,又译僧古萨里都统,"详古舍利"为姓名,"都统"为"都僧统"的省称,是当时西州回鹘国僧侣的最高长官。约生活于9—10世纪,别失八里城(今吉木萨尔县北庭古城)人,精通回鹘文、汉文和梵文。他翻译的《金光明最胜王经》《菩萨大唐三藏法师传〈玄奘传〉》,都已在吐鲁番发现。据专家的研究,他的翻译技巧很高,辞句优美,语意确切,代表了当时回鹘文翻译的最高水平。鸠摩罗什是中国古代著名的大乘佛学学者和译经家,与真谛、玄奘、不空号称中国佛教史上四大译经家。鸠摩罗什是梵文 Kumarajiva 的音译,此外还有"鸠摩罗什婆"等多种译写,略称"罗什",意译为"童寿"。《高僧传》等僧传、经录中为其立有专传。从后秦弘始四年(401)至十五年(416),他共译出经论 33 部 300余卷。主要著述为《实相论》(已佚)及《维摩经》《金刚经》等注释,另有与慧远及王稚远(王谧)的问答多篇,后人结集为 3 卷 38 章[1]。鸠摩罗什一生学崇《般若》,特尊龙树。龙树的独到贡献是以"二谛""八不"说破小乘缘起的两个极端,其中"二谛"即俗谛与真谛,强调应二者结合才能达到真实,这就叫中道实相。鸠摩罗什最宗龙树的中道实相学说,自著《实相论》并给姚兴讲解佛学"以实相命宗",而且在弘扬翻译大乘经典时也非常忠实于龙树的中道实相思想。鸠摩罗什还特别强调佛教所说的"空"是非有非无,谓之"毕竟空":"有无非中,于实为'边'也,言有而不有,言

---

[1] 现存罗什的《大乘大义章》,即指此书。近人邱檗先生希明为之校勘,改名为《远什大乘要义问答》,中国佛教历史博物馆,民国 19 年(1930)版。

无而不无。"①"摩诃衍法,虽说色等至微尘中空,心心数法至心中空,亦不坚灭中。所以者何? 但为破颠倒邪见,故说不是诸法实相也。"②这就是说,如把有无对立起来谈有无,这就是执一边。鸠摩罗什认为,以前讲《般若经》的人谈空多偏于虚无,其实应是"毕竟空":"以住时不住,所以之灭。住即不住,乃真无住也……今无住则无有,无有则毕竟空。"③"毕竟空"是鸠摩罗什世界观的真谛,并对其后中国佛学各方面的发展都产生了很大的影响。

第五是景教哲学。景教是中国唐朝时期对古代基督教的一个教派——聂斯脱利派的称呼。大约在5世纪末或6世纪初景教传入西域丝路。景教与罗马公教的最大区别是提出了"耶稣基督二性二位说",强调耶稣基督具有神、人两个本性,这两个本性不能处于同一个本体,或者说一个位格,而是分别形成神、人两个本体(位格)。西域丝路上还出现了两位著名的景教活动家,一个是巴扫马(Barsawma),一个是马可斯(Markos)。虽然现在还未发现他们的任何著述,但从其所担任的景教高级职务来看,他们二人不仅笃信景教教义,而且有坚定的景教世界观与道德观,不然是不会受到东方景教大总管马屯哈的赏识,从而被委以高职的。

第六是道教哲学。道教是中国土生土长的一个宗教。从吐鲁番出土的文书"衣物疏"中多处可见"清龙"(青龙)、"白虎"、"朱雀"、"玄武"和"急急如律令"等字样,反映了东晋末年道教传入今新疆地区。道教最基本的思想或者教义,就是"道",奉老子为神明,称为"太上老君""道德天尊"。其宇宙观、社会观、人生观都比较重视实际,轻物重生;在宗教实践上讲究修炼,其具体方法为服饵、导引、胎息、内丹、外丹、符箓、房中术、辟谷等。在6—7世纪的西域丝路墓葬中发现有一件道教符箓、随葬衣物疏中写有道教的"五道大神"和"鸡鸣枕"等文字,表明当时西域丝路上

---

① 《注维摩经》卷2。
② 《大乘大义章》第15。
③ 《维摩经》。

的民众深受道教思想的影响。

第七是伊斯兰教哲学。伊斯兰教在穆罕默德于7世纪初创立后,在不到两个世纪的时间里便迅速地传播到西亚、中亚、北非和西南欧等地,成为世界性宗教。西域丝路至少在9世纪末10世纪初已有伊斯兰教在传播。伊斯兰教在西域丝路的传播过程中,曾产生了法拉比、优素甫·哈斯·哈吉甫、马赫穆特·喀什噶尔等有名的学者和思想家。据传艾布·奈斯尔·穆罕默德·法拉比于870年生于锡尔河畔法拉比城的一个相信摩尼教的葛罗禄部的骑士家庭,后全家改信伊斯兰教。法拉比一生写了165部以上的著作,并且还注释过亚里士多德和托勒密、欧几里得等人的著作,其书和论文的目录至今仍存,其中最主要的有《论文明城居民的观点》《科学的分类》《逻辑大全》《化学的必要性》《论人体的构造》等,20世纪70年代以来,法拉比及其著作研究已成为一个跨国学科即法拉比学,并已经取得了一些成果。法拉比在哲学上创立了一个比较完整的自然泛神论的哲学体系,包括自然哲学、认识论、社会观、乌托邦式的理想国和对科学的对象、任务、分类等一系列看法。他宣传"真主的理性",认为"普遍的灵魂是不死的",但也表达了某些自然主义思想。在黑暗的中世纪,他是一个比较进步的哲学家。优素甫·哈斯·哈吉甫是11世纪中国维吾尔族的伟大思想家、学者和诗人。他的一生主要是从事写作,除著名的哲理长诗——《福乐智慧》外,还写了《百科书》和《政策书》两部著作。其中《福乐智慧》是献给当时喀喇汗朝副汗、东部喀什噶尔的执政者哈桑·本·苏来曼·博格拉汗的,因此荣膺了哈斯·哈吉甫(御前侍臣)的称号,优素甫是他的本名。该书以对人及其智慧和人类社会的幸福问题的设想为中心,用泛神论的自然哲学观点,通过国王日出、大臣月园、贤明和觉醒四个人物的对话,阐述了他对自然、社会、人生等问题的看法。其宇宙论承认真主(神)的存在和真主创造世界、主宰自然界的变化和人间祸福的"创世说",并在此基础上承认宇宙(苍穹)和万事万物都是不断运动、发展和变化的,且具有规律性;承认并强调自然界、人类社会的一切事物都是互相矛盾、互相联结、互相依存的,不仅互相矛盾、对立、联结、依存,而且还可以向着自己的对立面转化,并且把这一思想引申到军事、政治、经济、法律、道德、人生等社会各个方面,用以警告君臣,教育普通百姓。在认识论上,他提出并区别了智慧和知识这两个概念,并特别强调知识的重要性,认为"人类靠学习而成为上品……除智慧而外的一切美德,人都可以从学习中找寻"[1]。"知识和才德可以学得,心灵和智慧却是天成……世人靠学习增长知识。"[2]他用人文主义的思想观点来解释幸福、国家和法等社会问题,认为人是国家的基础,国家的任务是为人谋幸福。所以,要实现社会幸福,关键在于治国。而治国的关键,就是要有一个好的国君。

二、元代的维吾尔族哲学

1218 年,成吉思汗消灭辽朝宗室耶律大石建立的地跨中亚和今新疆地区的地方王朝——西辽。1219 年,成吉思汗攻下花剌子模,统有中亚和天山南北,并将天山南部塔里木盆地南缘封给其子察合台,西域地区进入察合台汗国统治时期,其间,高昌回鹘王国作为一个特殊政权实体被保留下来,仍袭其号。13 世纪 60 年代后,天山南北局势发生了变化,兵连祸结。元朝灭亡南宋后,忽必烈派出军队开赴西域,这一地区回归稳定发展之路,《马可波罗游记》曾反映了当时喀什噶尔、叶尔羌、和田、培因(邻近和田的一个绿洲)、哈密等地的发展情况。从哲学发展的角度说,元朝时期的西域地区,伊斯兰教采取进攻的态势,佛教仍很盛行但处于守势,然而还是有了进一步发展[3],儒家思想不断传入,在维吾尔族官员中涌现出了不少儒家学者或儒家思想的崇拜者。

(一)阿赫麦德·玉克乃克的《真理的入门》

阿赫麦德·玉克乃克,全名为阿赫麦德·本·马赫穆德·玉克乃克,是一位盲人思想家,生活在 12 世纪末 13 世纪初,大约相当于西辽的

---

① 优素甫·哈斯·哈吉甫:《福乐智慧》,郝关中等译,民族出版社,1986,第 226 页。
② 优素甫·哈斯·哈吉甫:《福乐智慧》,郝关中等译,民族出版社,1986,第 243 页。
③ 李泰玉主编:《新疆宗教》,新疆人民出版社,1989,第 60 页。

末期至元朝初期,主要著作是用畏兀儿文写成的劝诫性哲学伦理长诗《真理的入门》(汉译名,或译为《真理的献礼》),书中在一定程度上反映了西辽的末期至元朝初期的社会凋敝和世风日下,表达了向往一种安定、富裕、文明、友善、礼貌、道德的理想国度和社会。

首先,宿命论的世界观。由于西辽的末期至元朝初期的社会动荡,阿赫麦德·玉克乃克一方面憧憬着一个比较安定富裕的社会生活,另一方面又找不到实现理想的正确道路和科学方法,从而陷入了宿命论,把社会的丑恶、人民的苦难都归咎于命运、真主的安排:

> 对那驱使世界的统治者,有人赞颂又有人攻击。
>
> 天下事本来自真主的意旨,人们的一切都将顺从天意……
>
> 为什么要对今世指责非难? 是真主创造和支配人类命运,
>
> 命运将脚踵带入荆棘,命运使麋鹿落入陷阱羁绊……
>
> 世间一切由命运注定,以为别有成因者是真相不明。
>
> 天空飞鸟各有其天命,或宿于枝头,或进入牢笼……
>
> 命运教骏马在鞭下不会奔跑,命运使强弩僵枯不能引发。
>
> 全能的主给你烦恼,给他财宝,
>
> 啊,愿受苦人受难时,别再遭受惩罚……

通观《真理的入门》一书,这种宿命论思想即是一条主线,强调个人对于命运是无能为力的,因而只能宽恕忍耐、以德报怨:

> 宽恕如一座大厦,忍耐是它的基础,
>
> 忍耐如同花园,宽恕是其中鲜红的花束。
>
> 把倒下的扶起,把断了的相接,具有这品德的奴隶将得到自由之福。
>
> 对折磨你的人要报以善良,用血终不能把血洗净。
>
> 你要以德报怨,要明白:这是宽恕的开端。
>
> 如若有人向你施以恩德,你要为他常常祈祷颂赞……
>
> 请你来听智者的语言:修养首先要缄口慎言,

你要保护牙齿,严格看守舌头。

不要让舌头把牙齿弄碎折断。看管你的舌头吧,要沉默寡言,

将它管好,犹如你自身获得安全。先知说:舌头能把人的脸抛入烈火,

节制言语吧,从烈火中拯救你的面颜……

啊,真主! 我为你千番赞美歌颂,祈求您的恩慈赐我安宁。

强大的真主啊,唯一伟大的天神,惟有您善于使死者重又复生……

其次,强调没有知识则一无所得的"论知识"。《真理的入门》专有《论知识》一节,在通向理想社会的"真主"之路外,事实上又开辟了"知识"之路,即强调只要有了知识,就可以通向真理,"找到幸福之途",其诗题名为《真理的入门》,本身有既强调自己"献身于知识",又劝谕人们"去寻求知识吧,向幸福之途追觅"的意思,他甚至强调探求知识要"切莫厌倦",即使"知识在中国,你们也要去找寻",因为"任何财宝都比不上知识的宝藏","没有知识将一无所得":

那珍贵的金币好比智慧之身,愚昧无知者不如分文。

智者与无知者怎能相比,明智的女子如好汉,

愚昧的男子不如明智的女人。

一个智者能和一千个无知人较量,对比下你能懂得知识的重量。

阿赫麦德还说:

学者以知识而登上高峰,无知人以愚昧而向下沉沦。

智者明达世理融会贯通,行而不悔,知而后行。

无知人事事糊涂无能,只落得懊悔不迭无路可行。

再次,善良与谦虚的伦理观。《真理的入门》向往、追求的是一个安定、富裕、文明、友善的社会,其中阐明人们应该具有的美德如仁慈、善良、正直、忠诚、慷慨、施舍、谦虚、和蔼、宽恕、忍耐……歌颂"慷慨是善良的天赋,优美的品行","能洗去罪恶的污秽",使人"免受谴责",成为"人

民中的英雄";他鞭挞"吝啬是丑恶的本能","一种不治之症";他赞美谦虚是人最好的品德,应"紧紧抓住谦虚,牢牢记住它",嘲笑骄傲的人,说最后"连他的妻子也会离开他",应当"把骄傲打翻在地";他斥责贪婪"只给人们增添愁怨""痛苦、懊悔和忧烦";他以伊斯兰教法来规范人们"不要妄自尊大,切记唯一的真主至大","穆斯林的信条是依顺谦和,如果你是穆斯林,就是谦虚和蔼"。

（二）贯云石、阿鲁浑萨里融化儒佛的治国思想

贯云石,维吾尔族本名叫小云石海牙,后以其父名的第一个字为姓,改为贯云石,自号酸斋。是元代将领、功臣阿里海牙之孙,其父名叫贯只哥,被封为楚国忠惠公。贯云石曾承袭父职,任两淮万户府达鲁花赤。但不久即弃官就学,就将官职让给其弟,自己则就学于当时著名的学者姚燧。《元史》卷一四三记其曾在钱塘市井中卖药,"诡姓名,易服色,人无识者",过着一种玩世无羁、潇洒浪漫的隐居生活。著有《酸斋诗文》《翰林侍读学士贯父文集》《直解孝经》等。1324 年病逝,时年 39 岁,被元朝追封为"京兆郡公",谥"文靖"。

贯云石的思想特色在于其"儒化",并以此区别于当时的伊斯兰教、佛教哲学。其典型表现于他把维吾尔人古老的传统人道思想与孔子的人道思想结合在一起,形成了他自己的孝道伦理观点。他"直解孝经",向元仁宗孛儿只斤·爱育黎拔力八达（1285—1320）上万言书,一个重要的思想基础就是以伦理治国或者说道德治国,也就是以"孝"治国,要求仁宗皇帝按孝道伦理思想去施行其统治,包括"修文德""定服色""旌勋胄"等,理顺君君、臣臣、父父、子子的关系,"夫事亲者,居上不骄,为下不乱,在位不争。居上而骄则亡,居下而乱则刑,在位而争则兵。三者不除,虽日用三牲之养,犹为不孝也"[①]。诚然,贯云石同样也受到了佛教、道教特别是其出家遁世思想的影响,他"视死生如昼夜","若欲遗世而独立"[②],既可看成是佛教"世界即苦""诸行无常"思想的影响,也可看成是

---

①《孝经·纪孝行章》。
②《元史》卷一四三。

受道家"功成身退，天之道也"思想的影响，以至于最后过着一种潇洒浪漫的隐士生活。

阿鲁浑萨里，祖籍高昌（今吐鲁番），属祖传即"通经、律、论"①的佛学世家，"以父字为'全氏'"，懂得多种语言，且曾跟国师八思巴学习、精研佛教。元世祖忽必烈又安排他学习汉族文化，"于是经、史、百家及阴阳、历数、图纬、方技之说皆通习之"，在朝中履官多年，于成宗大德十一年（1307）去世，享年63岁。

阿鲁浑萨里的思想特色在于以儒为主，融汇佛、儒，其中特别奉行儒家的仁、礼、忠、恕思想，如他曾建议元世祖以儒术"招致山泽道艺之士，以备任使"；至元三十年（1293），他建议元世祖立成宗铁木儿为皇太子，即因"成宗仁孝恭俭，宜立"；他能做到对上以"忠"，对同事、友人以"恕"，对儒家"忠恕"思想的体会已到炉火纯青之境，等等。

三、明清时期的维吾尔族哲学

明清时期的维吾尔族哲学，在总体上呈现出重视人、关心人的人文主义特征，鲁提菲的人文主义社会主体思想、那瓦依的人文主义哲学思想、耶塞维的苏非主义神人合一思想、哈拉巴蒂的崇善哲学、麦西来甫的人类之爱思想、则力里的哲学思想等从不同的侧面体现了这一时代精神，这些思想可以看成是对传统宗教哲学的超越。

（一）鲁提菲的人文主义社会主体思想

艾拜都拉·鲁提菲，喀什噶尔人，是以苏非主义为旗帜的人文主义思想家。他一生用察合台语写下了数量浩繁的作品，总计达20余种，其中较为著名的有《光源考》和《古丽与诺茹孜》等。

鲁提菲的核心思想是他的人是社会主体的思想。他认为文学家、诗人应当歌颂人，特别要歌颂人与人之间的爱，并提倡男女自由的爱情。其爱情长诗《古丽与诺茹孜》即歌颂了古丽与诺茹孜的相爱。故事反映

①《元史》卷一三〇。

的古丽与诺茹孜两人相爱，但因家庭社会地位不同而遭家庭的反对，他俩离家出走；又因不久两人走散而各自到一个国家，并且都成为各自国家军队的将领。两个国家之间发生了战争，古丽女扮男装赴前线作战，在战争进行得最激烈的时候两人相见，并通过对以前爱情的回忆而重拾爱情，结束战争，两国修好，由战争转为和平。这一故事的象征意义远远大于故事本身：青年男女的自由相爱应得到支持和鼓励；婚姻家庭应放在重大的国家、社会环境中思考；互相敌对、战场上厮杀的双方经历了原来的互相爱慕，中间相互分离、相互斗争，最终结为伉俪的过程，隐含有某种恨与爱互相转变的思想；家庭、民族、国家，爱情、伦理、社会等的紧密相关性；希望彼此相爱、社会太平、生活美好；关注社会的普通人，等等。鲁提菲的抒情诗《格则勒》也同样表达了上述思想："痴恋着她（爱情）的并非鲁提菲一人，千万人为她呻吟悲叹。""要是一个人没有温暖和情义，即令他是太阳，于人复有何益？""请允许鲁提菲对你（爱）的追求，前人说得好，追求是人的权利。""即便情人向我磨刀霍霍，我也不愿离开她身边。""只可惜我虽有意，她却无情。""若是两情相投，该多么美好！"①总之，追求爱是人的权力，应当大胆地去追求；即使世上到处都是无情无义，他仍然坚信如果世人都能相亲相爱，世界就会变得美好，这就是鲁提菲的人文主义的社会理想。

（二）那瓦依的人文主义哲学思想

艾里什尔·那瓦依是鲁提菲的学生，出身于巴克什（知识分子）家庭，后随父迁到伊拉克塔克斯城学习古代东方文学，9岁时就参加当地维吾尔族的麦西来甫的活动和朗诵诗会，12岁就写诗，很长一段时间都是苏丹的谋臣，官居宰相。晚年离开官职过着隐居著书的生活，信仰纳克西班底派苏非主义思想，著有《深邃的宝库》《五部诗集》等15卷文学和学术巨著，对哲学、生理学、智慧、知识、意志自由、道德、国家、民族以及民族关系、友谊、美、教育等问题都作过广泛的探讨，形成了人文主义世

---

① 所引鲁提菲诗均摘自《维吾尔族古典文学作品选》，新疆人民出版社，1984，第119—134页。

界观。现在,对其学术思想的研究已形成了"那瓦依学"。

首先,那瓦依的上帝创世说。关于世界的源起,那瓦依的思想特色在于,他既承认世界原来只有一个作为本体的真主存在,是真主把自己的一切可能性和能力尽量发挥出来而创造了自然界、生物和人类;又把上帝、真主融于客观世界的每一事物中,强调"上帝寓于宇宙之内,而不在宇宙之外","上帝是在世界的每一个客体里面,比如每个粒子里,每一个小小的分子里面。"①这样,上帝与世界的关系又发生了某种微妙的变化,"你是一切的创始者,镜子里反映的一切也是你"②。

其次,借上帝以抬高人的地位。鲁提菲的人文主义思想对那瓦依影响很大,那瓦依曾说鲁提菲是"知识的巨匠""敏锐和优美的诗人""永世的可贵表率"③。这一影响表现在那瓦依的人文主义思想中。他认为上帝实际就是人,腾格里(神)所以创造出各种各样东西的最后和最高目的就是要创造人,人是上帝创造物中"最伟大的",具有"最高的美""最高的荣誉",甚至一切天仙都要向人磕头、祈祷:"上帝创造人的时候,一切天仙都向这个人磕头、祈祷。"④"被创造的最根本的目的物——人,是你(上帝)的意图。你计划创造一切事物的时候,把其中的一支,给予一个心灵,这个心灵是被当作智慧的宝藏来创造的……作为你的隐蔽室。这样,你创造人以后,便把你自己隐蔽起来,你的实体看不见了。而在你创造的那些人的心灵宝藏中,则把你的一切能力显现出来。这就是说,使人代替了你自己。"⑤

那瓦依在借上帝抬高人的地位、强调人的价值时,还特别强调人的智慧即思维能力,认为智慧(思维)是人的命令,是整个宇宙眼睛里的光:"哎,我的心啊! 我曾经寻找过各种仙女、天女,但在智慧方面都不如

---

① 那瓦依:《五部诗集》。
② 那瓦依:《阿衣拉通木·阿不拉尔》。
③ 那瓦依:《深邃的宝库》。
④ 那瓦依:《阿衣拉通木·阿不拉尔》。
⑤ 那瓦依:《曼泰库提·泰衣尔》。

人。"①"人能做各种各样的事,都要通过思维。"而思维的基础是语言,"一切有关精神的、心灵的交换、汇报都通过语言。""谁的语言有力量,谁就是一个聪明的人,一个有哲理的人。谁把语言变为一种随便的权力,他就是一个傻瓜。"②根据那瓦依强调对人进行教育来看,他所强调的智慧是可以通过教育、学习得到的。为此,他特别强调哲学在人们生活中的意义:"如果你对哲学感兴趣的话,那你的生活就比诺亚活千年还要长得多。"③

从那瓦依谋求以上述思想影响当时的统治者,使他们为人服务、成为具有人文主义思想的君主来看,他的社会理想也是人文主义的,"不要把一切名字都叫人的人叫作人。如果一个人对人的各种苦恼都不感到苦恼的话,他就不是一个人"④。据此,他认为一个人的真正价值就是他应该阐述、说明人类的问题;上帝本来就在世界之中,也就是人自己,应让人自我尊重,热爱生活;无论是哪个民族,信仰什么宗教,男人女人都应该是平等的,甚至有些贤良的女人好比太阳,"同千百个不纯洁的男人比较,一个纯洁女人所做的,要高得多,纯粹得多,善良得多"。"在神的这一高峰上,男女是没有区别的,无论是日耳曼人还是印度人都是如此。"因此,"我所爱的,不管是什么人,以色列人或者印度人,我都爱。但皇帝们爱的却是金子或者其他宝贝"。⑤

最后,那瓦依的伦理道德观。那瓦依的《心的知音》体现了他的社会道德观。他概述了当时社会、家庭和个人的道德情况,提出了改善当时社会状况的空想的、乌托邦式的思想。他认为国王是决定一切的。因此要改善当时的社会状况,治理好国家,就要通过公正的政策和道路,把一个不好的国王改变为一个贤良的好国王。他借用《帝王记》里一个伊朗的坏国王巴赫拉姆变好了的故事来说明他的观点。他认为只要有一个

---

① 那瓦依:《深邃的宝库》。

② 那瓦依:《两种语言的研究》。

③ 那瓦依:《深邃的宝库》。

④ 那瓦依:《阿衣拉通木·阿不拉尔》。

⑤ 那瓦依:《五部诗集》。

好国王,就可以把一个已经被破坏的国家变为一个繁荣复兴的国家,不管这个国王是哪个民族,信仰哪个宗教的。他说:"一个非穆斯林的好国王可以把坏国家变好,一个穆斯林的暴君也可以把好端端的国家变坏。"①那瓦依在《心的知音》的第二篇、第三篇里专门讲到了家庭、社会和职业道德的问题。此外,他对人的谦虚、忠实、知足、说真话,给穷人以各种关怀等优秀品质,都做了正面的歌颂。而对那些吝啬、刻薄、骄傲、不忠实、狡猾、说假话、懒惰、忌妒、顽固、贪欲、喝酒等毛病,都给予了鞭挞和揭发。

(三)耶塞维的苏非主义神人合一思想

阿赫麦特·耶塞维出生在锡尔河以北七河支流的一个地方,曾跟阿西姆巴巴谢赫、有名的苏非主义思想家尤素甫·哈马丹学习,著有《哲理诗集》。耶塞维的苏非主义神人合一思想即主要集中在《哲理诗集》中。

耶塞维的理想是在《哲理诗集》的附注中所强调的做一个真正的苏非者,其基本思维路径是:首先由此岸之苦引向彼岸之乐,即通过引导人们认识到现实世界的变化无常、不可靠、充满苦、对人无益等,告诫人们不要留恋现世而去追求另一个世界——神人合一的世界。其次引导人们认识"艾克卡提"(A KeKat'——人和神的一致性)的真理,树立达到与神合一、做一个苏非者的理想。再次是指明实现苏非主义理想的路径——完成达到苏非主义各阶段的修行任务,诸如知道伊斯兰教"夏里安提"(Xiariat 规范)、"塔力克提"(TariKat' 吃苦)、"木海巴特"(Muhabbat' 爱的知识)、"艾克卡提"(A Kekat' 人和神的一致性),从而因懂得"世界就在自己的心灵和神的结合中"达到"真明"②——与神合一的境界。为此,他认为只有人的灵魂和神这两种东西才是高贵的,把这两种东西结合在一起就是最大的幸福,对其他一切存在物都不应感兴趣或者留恋,"留恋是一种罪恶"。

---

① 那瓦依:《七星图》。
② 耶塞维:《哲理诗集》。

（四）哈拉巴蒂的崇善哲学

艾哈默德·阿拜都拉·哈拉巴蒂，出生在阿克苏，青少年时期曾学习古典文学，主要著作是《哈拉巴蒂双行诗全集》（2130 首双行诗），新疆大学图书馆藏有样本。该书提出了 112 个社会政治、道德问题，富有哲学思想。

首先，靠品德获取力量的善恶观。哈拉巴蒂以自己的独特理解诠释"善"和"恶"两个相互对立的概念，强调善就是爱你所崇拜的人："你要实现善，就要去爱你崇拜的人。"[①]"你只有实现善才能在群众中得到尊重"，而"那些从事罪恶的人，是不会有好下场的"。除了"爱你崇拜的人"这一标准外，哈拉巴蒂也认为"满足""忠实""不自私""知识""履行宗教义务"等都是善的标准，"一个人的贪图好比一条狗，你不要把这个狗养得那么肥，你要把它养得太肥，它最后就会把你毁掉。""一个人如果是忠实的，那么他就可能成为幸福的人；一个人如果使用各种阴谋，那他就会成为一个苦力。""抛弃自私是不容易的，但如果不抛弃自私，就不能算是一个完整的人。"有了对"善"的界定后，哈拉巴蒂从"力量"的角度阐明了"善"的功能："狮子是靠自己的力量，而人则是靠自己的品德。"为此，他还对战争作了正义和非正义的区分："一种战争是没有知识精神的，非正义的战争；一种是有知识的，正义的战争。非正义的战争就是坏（恶）的战争，正义的战争就是好（善）的战争。"正是在这里，"知识"成了"善"的保证，"要把知识作为自己的伙伴，用知识去指导战争，这样才能给战争以真正的目的。这样的战争才是真正的、正义的战争"。当然，哈拉巴蒂未能正确认识社会上出现善与恶的根源，而把重点放在了是否掌握"知识"的公正的国王和暴君身上，"虽然各种强制活动是国家和社会的基础……但是一个公正的国王，会给自己的国家（城市）带来财富；一个强制主义的暴君，会给自己的国家（城市）带来指责"。"谁有科学知识，谁就会成为……一个公正的国王；谁没有科学知识，谁就会成为一个暴君。"

---

① 哈拉巴蒂：《哈拉巴蒂双行诗全集》，以下引文均出自此书。

其次，以知识为根基的学行结合思想。由于强调"知识"与"善"的关系，哈拉巴蒂特别强调学习的重要性，并特别赞扬学行一致的人："不仅是一位愿意学习的人，而且还是愿意把学习到的东西应用于行动的人。""如果一个人连他自己所说的外来话的内容都不懂，那就只能说明他是一个糊涂虫。""哪个国家空话多而做的事情少，那个国家就没有希望；哪个国家做的工作多而空话少，那个国家的群众就是伟大的。"为此，哈拉巴蒂特别强调哲学家、明智的人在社会生活中的领路人作用："要知道，走一条新路要有领路人。这位领路人手里有一个能够照明路的火把。你不能不要领路人，就去幻想各种各样的幸福水。没有领路人，那种幸福水是不能得到的。"

最后，人文主义的"人学"思想。哈拉巴蒂作为一位人文主义的哲学家、思想家，给自己提出了分析人、研究人的"人学"使命，"人学家要时时刻刻了解人的情况，对他的未来作出估计"。"人学"分析应特别关注各种人的心灵和精神面貌，"有的人的心灵好比是一个宝藏，有的人的心灵好像是黑暗的地下室……有的人的心灵很美丽，有的人的心灵非常丑陋"。

当然，就整个哲学世界观来讲，哈拉巴蒂还没有完全超出伊斯兰教的有神论的框架。他虽然强调人，却没有舍掉真主，甚至认为现实世界是一个"空的世界"和"没有希望的世界"。

（五）麦西来甫的人类之爱思想

巴巴拉赫木·麦西来甫是清朝初期维吾尔族哲学史上的一位重要的思想家，1646 年出身在巴巴拉赫木（今乌兹别克共和国塔什干省）的一个织布工的家里。后来靠两条腿走遍了天山南北，并到了中亚和中近东，1733 年被害。他留下大量的诗作，被收集在《麦西来甫传》中。

麦西来甫的流浪经历，既使他能广泛接触东方及维吾尔族中的进步思想，也使他能看到那个社会的各种现实，从而能体验社会的假、丑、恶与真、善、美，从而生发出一种超越一切藩篱的、广泛的神权主义的人类之爱——超民族、超国家、超宗教界限的爱。因此，麦西来甫是一位纳合西班底耶派的泛神主义的人文主义者,其核心思想就是"人类之爱"。正是这种"人类之爱",使他在一定程度上看不见真主,"我上过七层天,看了真主宫廷,我在那里叫,还往上踏了一步,再往下看,还是没有发现任何人(真主)。""扎依提! 你把这世界上的每一杯酒都交给我,让我把它喝掉,你去从事你的乃麻子吧!""哎!扎依提! 你今天在礼拜寺里讲了那么多的好话,但我在这个天下还没有看到比你再脏、再罪恶的人。"据此,他主张歌颂、赞美人的爱,"我因爱的缘故抛弃了乃麻子,变成了流浪的麦西来甫"。又说:"你是仙女,天仙或是人,我都不知道,但你有这么一种美,我怎么能够舍得跟你分离。"①

本来,巴巴拉赫木才是他的名字,麦西来甫是他的笔名。"麦西来甫"是维吾尔语,意为"欢乐的广场歌舞聚会",是维吾尔族民间流行的一种以歌舞和民间娱乐融为一体的娱乐形式,以舞为主,配以歌唱,节奏明快,热情奔放。参加麦西来甫的人数不限,一般在节假日或傍晚休息时举行。人们聚集在一起,吹拉弹唱、表演杂技魔术、跳舞娱乐,大家都可登场表演节目。显然,麦西来甫以这种生活方式为自己的笔名,本身就有一种希望与寄托。

(六) 则力里的哲学思想

穆罕默德·斯地克·则力里,出身在叶尔羌(今新疆莎车)的一个贫农家庭,30 岁以前受到了文学和宗教的教育。当时,他就学的叶尔羌"是全国(叶尔羌汗国)法度的眼睛,科学文化的眼睛,这里开出了各种各样的科学、文化、道德之花"。"有很多人在这里学习","学的是各种各样的学科,甚至包括柏拉图的哲学"。② 因他在政治思想上倾向黑山派而被白山派赶出喀什噶尔。他在哲学上是有名的泛神论的苏非主义者,主要著作有《诗集》和《全诗集》。

在人与真主的关系上,则力里的哲学名言是:"人就是上帝(真主),上帝就是人。"显然,这是苏非主义的泛神论思想,是从有名的泛神论的苏非主义者满苏儿·安拉吉的"我就是神,神就是我"演变而来的。坚持

---

① 《麦西来甫传》。
② 《全集诗》,以下引文均出自此书。

泛神论的苏非主义,就会否定"安拉"(真主)至高无上、创造一切、主宰一切的神威,甚至会启发人们自己主宰自己命运的意识。

在人与现实世界的关系上,则力里的哲学名言是:"你在这个世界上生活一千年,最后还是要死的。""每一呼吸,对你来说都是最珍贵的。"按照他的思想,现实世界就好像一个旅馆,人生不过是过客,因而要人们珍惜自己的生命与现实生活。

在人与真主创世的关系上,则力里的哲学名言是:"如果去掉宇宙的本质和奥秘,实际上就是神对人、人对神和人对人的三角爱情关系。"即虽然承认世界是真主创造的,但真主创造世界是为了人而创造的。因此,这个世界是物质的东西,即"世界是由土、水、火、气组成的"。既然对真主都是这种态度,对现实世界中的神就更没有好话了:"哎!则力里!你把自己的心灵当作哈尼哈(修道院),在那里住读吧,不要到实际的修道院去,那个修道院里的各种谢赫、依禅们的话统统是谎言。这些扎依提,是戴在人们头上的栅栏。""哎,无知的扎依提!你不要为自己作为麻子而感到高兴。你要知道一个农民就是教皇,而那里的领主不过是一堆乱草。"

第五章　中国少数民族的哲学文化选择与文化融合

　　中国文化作为一种多元一体的民族文化,从来就是各民族文化交融与文化选择的结果。这一点,我们除从新石器时代的考古学成果中获得证实外,还可直接在先秦文献中看到,如孟子即讲道:"舜生于诸冯,迁于负夏,卒于鸣条,东夷之人也;文王生于岐周,卒于毕郢,西夷之人也。"①但是,舜、文王这两个人都成了儒家心目中的圣王,因为其"行乎中国,若合符节"②。所以,中国历史上的民族关系,说到底是一种文化关系,因为"汉民族自古以来,只以文化之异同辨夷夏,不以血统之差别歧视他族。凡他族之与华夏杂居者,但须习我衣冠,沐我文教,即不复以异族视之,久而其人遂亦不自知其为异族矣"③;而到了近现代,"民族危机成为一种凝聚力,它引导了没有人引导的散漫小生产者,使旧的社会力量中深藏着的民族斗争精神喷薄而出。在这个过程里,落后的生产方式和落后的社会意识通过正义的行动而奇特地表现了自己的活力。"④这种状况正是形成近现代中华民族文化关系的基本根据。

---

① 《孟子·离娄上》。
② 《孟子·离娄下》。
③ 谭其骧:《近代湖南人中之蛮族血统》,载《长水粹编》,河北教育出版社,2000,第234页。
④ 陈旭麓:《近代中国社会的新陈代谢》,上海人民出版社,1992,第186页。

第一节　中国少数民族哲学文化选择概述

在中国少数民族的传统哲学文化中，其哲学文化选择可以用"华夷史观"来评价，其基本内涵是强调在"中国"（中原）之汉族与各周边民族文化的关系是"华夷关系"，而这种关系的内涵包括四个方面：一是中心与边缘的关系，二是先进与落后、文明与野蛮的关系，三是主流（正统）与非主流（非正统）的关系，四是华夷的互变关系。对于各少数民族来说，"华夷史观"的首要意义在于承认汉族与各少数民族的区别，自觉地划分各自的民族界限，把坚持华夏认同与固守民族自性统一起来。同时，"华夷史观"的核心价值在于提供了一种民族发展的动力，笔者曾将其称为"趋中心化取向"，即承认对中域相对先进文化的认同，"以边方远臣，慕义向化"，实质上是坚持一种文化发展观。在这种发展观下，把不能接受某种先进文化作为一种耻辱来对待，如石柱马斗慧于《八景诗并序》中谓："从来山水之奇特，必资文人之品题，而前贤遗踪，亦不容湮没而不传。使者采风无以对，儒者之耻也。"[①]事实上，正是由于各少数民族坚持了这种文化观，因而我们从中看到了各民族历史上发展的精神活力。

一、各民族间的文化交流与文化选择

中华民族各民族间的文化交流是中华文化发展的普遍规律。而各少数民族在"华夷史观"指导下的先进文化选择则是其中的重要交流方式。

早在考古文化中，即看到了中国各民族先民的史前文化交流与文化融合的情况。而在文明史的记录中，"禹生于西羌"而成为华夏文明缔造者之一，这类历史记载有很多。夏、商、周三代，各族先民的文化交流与

---

① 四川省涪陵地区川东南民族资料编辑委员会编：《川东南民族资料汇编·土家族文人作品·第 1 集》，内部资料，1986，第 137 页。

融合的例子也有很多。春秋战国经秦汉，各民族先民的这种文化交流与文化融合已成为常态，这可从中国民族关系史上得到印证。

站在中域文化发展史上，魏晋南北朝时期即是各民族文化相互交流的典型时期。这一时期，随着各民族大迁徙、大融合，夷夏互变，儒、道、佛融合，其中北魏孝文帝"汉化"革新即是由夷变夏的典型，而孝文帝本人则"雅好读书，手不释卷，五经之义，览之便讲。学不师受，探其精奥，史传百家，无不该涉。善谈庄、老，尤精释义。才藻富瞻，好为文章。诗、赋、铭、颂，任兴而作。有大文笔，马上口授，及其成也，不改一字。自太和二年（478年）以后诏册，皆帝之文也。"①同样，在北朝前秦氐族政权的君主苻坚以汉族政权传统和文化传统的继承者自命，积极推行汉族历史上"圣君贤相"的治国之道，大力弘扬、推崇儒家文化……像这类例子太多，在此不再列举。

佛学的汉化提供了用夷变夏的典型，其直接结果是产生了宋明理学，这是以传统儒学为主干，由儒学思想、佛学思想、道家思想熔铸而成的。譬如，程朱理学讲"体用一源，显微无间"②，其渊源之一即是华严宗；朱熹讲"理一分殊"即以佛立论："释氏云，一月普现一切水，一切月水一月摄。这是那释氏也窥见的这些道理。"③"本只一个太极，而万物各有秉受，又各自全聚一太极尔。如月在天，只一而已，及散在江湖，则随处可见，不可谓月已分也。"④白族思想家李元阳追随王阳明心学，但"剽禅窳之绪"⑤，强调"率性之谓道，顿悟此性也"⑥……

各民族之间的文化选择，似与各少数民族强调的各民族同源共祖有思想上的生发关系。根据《中国少数民族神话汇编·人类起源编》提供的资料，多民族同源共祖关系的神话传说很多。例如：蒙古族神话说天

---

①《魏书·高祖纪》。

②《宋元学案》卷二七。

③《朱子语类》卷一八。

④《朱子语类》卷九四。

⑤ 崔铣：《洹词》卷一〇《太宰罗公七十寿序》。

⑥《李中溪全集》卷一〇《与谢中丞高泉》。

神捏土造泥人时,同时造出汉族人和蒙古族人;阿昌族神话说葫芦里出来九种蛮夷,包括景颇族、阿昌族、汉族、傣族等;布朗族神话说洪水毁灭人类之后葫芦里生出汉族、傣族、佤族、布朗族;独龙族神话说洪水后两兄妹结婚生的九男九女成为汉族、怒族、独龙族等九个民族;佤族神话说人类始祖把创造的人放在石洞中,分别成为佤族、拉祜族、傣族和汉族;侗族神话说丈良、丈美兄妹结婚生一个肉团,肉团剁碎后繁衍出汉族、苗族、侗族和瑶族;壮族神话说女始祖姆六甲生 12 对兄妹,分家发展成为壮人、猎人、汉人、傣人、渔人、苗人、种甘蔗的汉人、布农人(壮)、侗人和瑶人;高山族神话说万能的神用劫难逃生的一个男人的皮肉造出赛夏人祖先,用肠子造出台湾汉人祖先;彝族神话说阿朴独姆兄妹成亲后生下三十六个小娃娃,后来分别成为彝族、哈尼族、汉族、傣族等,并且是“从此各人为一族,三十六族分天下;三十六族常来往,和睦相处是一家”①,另一说法是天神用银锥开葫芦,分别开出汉族、傣族、彝家、傈僳、苗家、藏家、白族、回族、傣族“九种族”②;藏族的《斯巴问答歌》说汉、藏混合在一起……这类神话提供给我们的基本信息是:除了各民族确实存在的同源关系外,主要还是因为各民族长期的交流与交融,有的汉族变成少数民族,有的少数民族变成汉族,正如彝族神话所谓“汉人变来说彝话,彝语极流利;彝人变来说汉话,汉语极流利”③。如果我们阅读彝族史诗《梅葛》之类,你就会发现那根本上就是一幅民族文化交流的图画。这种状况从政治上说明中华民族的多元一体格局,而从文化上则说明了各民族的文化交流与文化选择,这是一种典型的华夷互变的文化观。

有了同源共祖,实际上就有了文化交流与交融的基础。所以,中国少数民族的传统哲学都特别注意文化交流,实际上这也是现实中的文化

---

① 中央民族学院少数民族古籍整理出版规划领导小组办公室:《中国少数民族神话汇编·人类起源编》,内部资料,1984,第 72 页。
② 中央民族学院少数民族古籍整理出版规划领导小组办公室:《中国少数民族神话汇编·人类起源编》,内部资料,1984,第 112—113 页。
③ 中央民族学院少数民族古籍整理出版规划领导小组办公室:《中国少数民族神话汇编·人类起源编》,内部资料,1984,第 135 页。

交流的反映,如《苗族古歌·枫木歌》即讲到盖房子与汉族文化的交流,即"我们看现在,妈妈要盖房,汉人作师傅,角尺来比量,墨斗牵墨线,弹墨直又长,盖好妈妈屋,妈妈喜洋洋"①。而其现实环境即是汉族和苗族的友好相处,即《苗族古歌·枫木歌》所唱:"牛轭搁山梁,变成大山坳,苗家来歇气,汉家来乘凉"②;"枫树枝丫多,枫树枝丫长,枝叶大如伞,栽在山坳上,苗家来歇气,汉家来乘凉。"③

这样的民族关系当然会形成各民族之间的相互学习与交流,如在蒙汉哲学思想交流上④,倭仁可以作为典范。倭仁因长期在京城和南方内地受命做官,受汉族先进文化的熏陶,其哲学方面接受了儒家思想,其《为学大指》的宗旨即是儒家取向的:"平生为学艰难辛苦已试之效,今面其说诚,非数十年躬行心得不能言之。亲切如此,以是入告于君而进之,以立志要之以自强不息,盖必立志自强而后能收为学之实效也。"⑤裕谦同样因学习汉族文化接受了儒家哲学思想,特别是民本思想:"民事寄焉、民命托焉","其人民望其威仪,听其语言,观其行止,以窥善恶,盖不待发号施令而成败之几已决。"⑥尹湛纳希在挖掘并继承本民族优秀文化传统的同时,对其他民族的文化采取兼容并蓄的态度:"喇嘛教主张万物皆空,引导人们以空为本;儒教主张万物皆有,引导人们以有为本。"⑦"此宇宙者,从天地日月乃至万物,皆起源于阴阳二气,因缘于五行法则,故充满世界,繁衍万物。"⑧

---

① 中央民族学院少数民族古籍整理出版规划领导小组办公室:《中国少数民族神话汇编·人类起源编》,内部资料,1984,第3页。
② 中央民族学院少数民族古籍整理出版规划领导小组办公室:《中国少数民族神话汇编·人类起源编》,内部资料,1984,第17页。
③ 中央民族学院少数民族古籍整理出版规划领导小组办公室:《中国少数民族神话汇编·人类起源编》,内部资料,1984,第21页。
④ 武国骥:《近代蒙古文化与其他民族文化的交流》,《内蒙古社会科学(汉文版)》1995年第1期,第15—19页。
⑤《倭文端公遗书》首卷下。
⑥《勉学斋续存稿》卷五《州县当务二十四条》。
⑦ 尹湛纳希:《青史演义》蒙古文版,内蒙古人民出版社,1979,第66页。
⑧ 尹湛纳希:《青史演义》蒙古文版,内蒙古人民出版社,1979,第72页。

在哲学文化的选择上,回族是一个强有力的个案。回族采取"以儒释经"的形式,把宋明理学与伊斯兰教哲学相结合,"形成了自己的一套以信天命、重三纲、守忠孝、倡忠恕,以五常诠五功等为内容的哲学体系。"①像回族的例子,我们在土家族等中国少数民族那里看到的是"脱蛮入儒"。

二、对宗教思想文化的选择与改革

宗教哲学是中国少数民族哲学的重要特色,比如:藏族相当一部分群众信仰佛教,除了苯教哲学之外,佛教哲学在藏族哲学文化中占有十分突出的地位;回族相当一部分群众信奉伊斯兰教,其哲学思想深受伊斯兰教的影响,王岱舆的"真一"哲学,刘智的"无称"哲学,马注的"八赞"哲学以及马德新的"大化归总"哲学等,无一不是这一影响的直接产物。因此,我们同样可以说明的是,宗教哲学也是文化选择与文化交融的结果。

从原始宗教来看,各民族原始宗教的相互交融即来源于其文化选择,如傣族先民的原始宗教与德昂族、布朗族等民族先民的原始宗教,就存在着明显的文化渗透关系②。例如:德宏州的德昂族寨子几乎都有寨心神,却是以傣语"尖曼""尖则曼"相称;陇川景坎乡费顺卡寨的寨心神标志设于寨中心,以木桩为标志;潞西县邦外的寨心"尖蛮为一根木桩,是建寨同时竖立的"③。勐海县的"布朗族还和其他原始民族一样,用简单的类比方式将自然与社会存在物和人比附,认为村社也如人的躯体,是由各个部分组合而成的,人要有四肢,村社要竖四个寨门,此外,最重要的是心脏对村社来说,也必须在寨子中央,竖一个木桩,设立'寨心

---

① 佟德富:《我国北方少数民族哲学的特点》,载中国北方少数民族史学会:《中国北方少数民族哲学及社会思想论集(1)》,内部资料,1987。

② 朱德普:《古代傣族原始宗教文化向山区民族渗透试探》,《中央民族大学学报(哲学社会科学版)》1993年第5期,第47—52页。

③ 详见《德昂族社会历史调查》,云南民族出版社,1987,第29、31、32、104、160页。

桩'。在它周围则用石块砌成一公尺左右的高台,布朗话称为'再曼',作为全寨最高神灵的住所,故又称'寨心神'或'社神'。布朗族每个村落建立的'再曼',就成了全村的主心骨,凡村社一切隆重的祭典,都以它为中心来进行。"①"每个村寨都有一个寨心神,有的寨是在寨子中央竖一木桩,周围垒上石头为标志,有的寨则立五根木桩,以中间一根削尖为标志。每逢'干日'(在阳历二月及七月)要举行祭寨神的活动,每月祭祀三天。届时,寨门外高悬木刻、篾盘等物,以示外人不得入内。"②佤族每寨都有"建寨木桩……以一棵粗的树桩埋于寨心,由建寨者立"。建寨木桩意谓"葫芦桩","视为一寨之祖先和寨之心脏"象征③。班考村的"寨桩建在寨中心……三年杀一头牛,换一次寨桩,由扎马厄领导换寨桩。换寨桩祭祖先,等于杀牛给建寨者吃。祭祀魏大爱、李达布弄、李达布来。参加祭者仅是男子,妇女禁止参加"④。拉祜族的"原始信仰的宗教设施,主要有社林和神桩……在村落广场上丛立着各种形式的神桩,上边刻着或用黑色染料涂着象征玉米、谷子等作物叶子的几何图纹。神桩用以供奉寨神或年神"⑤。澜沧一带的拉祜族"祭寨心神的时间,除二月十五日外,亦可以在过大年,六月二十四日、八月十五日等时间来祭祀。祭寨心神,亦称'公母节',拉祜语称'帕沙节',在拉祜西支系中颇为盛行。寨心神在村落中心的广场上,竖三根木桩,高达 3 米左右,左边一根为男性桩,顶端凿有矛形,矛长 50 厘米,上刻三道环纹。右边一根为女性桩,顶端雕成长椭圆形,长约 40 厘米,下面亦刻三道环纹……在祭寨心神之日,凡寨中年满 40 岁以上的男女老人,即聚集于寨心神柱旁,祭献神柱"⑥。这是一种明显的宗教共融关系。

① 云南省社会科学院历史研究所编:《云南地方民族史论丛》,云南人民出版社,1986,第 208 页、第 20 页。
②《布朗族简史》,云南人民出版社,1984,第 70 页。
③ 沧源《佤族文化》1988 年第 1 期,第 41 页。
④《佤族社会历史调查》(4),云南人民出版社,1987,第 105、147、187、188、200 页。
⑤《拉祜族简史》,云南人民出版社,1986,第 78 页。
⑥《云南少数民族社会历史调查汇编》(4),云南人民出版社,1987,第 59 页。

南诏、大理国时期白族哲学思想发展中形成的"释儒"文化为我们提供了另一种典型①。从南诏至大理国时期,白族先民明显表现儒、释、道三家文化融合的情形,并形成了积极吸收外来文化融合本土文化的"释儒"文化。佛教在南诏时期就已传入,并且逐渐成为大理国主导的政治意识形态,而且在以洱海周围为中心的白蛮地区形成"白密",这是一种外来佛教和白蛮原有宗教相融合的产物,是在吸收了唐代汉地密宗和印度密宗基础上白族化了的佛教密宗②。同时,由于受到中原封建文化的影响,加之南诏、大理国上下对汉文化的学习和倾慕,南诏、大理国政权主动臣服、归化于唐、宋政权,对中原以儒家为首的封建汉文化有极强的认同感:"每叹地卑夷杂,礼义不通,隔越中华,杜绝声教。"

又如蒙藏哲学思想的交融③,以藏传佛教的影响为典型。红帽派藏传佛教(即宁玛派)同蒙古族发生关系始于13世纪中叶,宗喀巴所创的黄帽派藏传佛教(即格鲁派)于16世纪传入蒙古,到清末民初,格鲁派藏传佛教在蒙古族聚居地区广泛盛行,渗透到蒙古族人民生活的各个领域,并且由于"学在寺院"而使佛教文化教育一统天下。据不完全统计,从17世纪到20世纪,有著名的蒙古族藏文著作家两万多人,著作内容广泛,有哲学、音韵学、逻辑学、医学、美学以及诗歌、格言、天文和歌舞等。例如,藏医《四部医典》传入蒙古族聚居地区以后,很多蒙医吸收《四部医典》中的基本原理,在医治疾病的临床实践中不断总结和提高,涌现出众多名医。蒙古族聚居地区的佛教寺院中均设有医学部,培养了不少蒙古喇嘛医生,他们译著了不少医学著作,例如《蒙藏合璧医学》《医学大全》《医学四部基本原理》《脉诊概要》《外科正宗》等。

中国少数民族对各种宗教文化的选择,结果是形成了很多少数民族

---

① 李乾夫:《南诏大理国时期白族主要哲学思想及其特点探析》,《黑河学刊》2011年第6期,第21、23页。
② 张锡禄:《大理白族佛教密宗》,云南民族出版社,1999,第129页。
③ 武国骥:《近代蒙古文化与其他民族文化的交流》,《内蒙古社会科学(汉文版)》1995年第1期,第15—19页。

的混同式宗教信仰。例如,白族哲学家李元阳建立了以"性"为核心的性、心、意、情的思想体系,糅合儒释道学,调和理学与心学,推崇心学和禅学。

三、对汉文化的选择与创新

这个问题可以中国少数民族对儒学的选择与利用为代表来说明[①]。

儒学传入中国少数民族地区甚久,秦汉时期就开始了。汉武帝采纳"罢黜百家,独尊儒术"以后,儒学成为中国政治伦常的纲纪、思想文化的主体,其影响即逐步波及中国少数民族地区,对兄弟民族文化和哲学产生了越来越明显的作用。从儒学的主要内容上说,孔孟仁学、程朱理学、陆王心学、张载的气学以及儒家的天命观、人生哲学、三纲五常等,都在兄弟民族思想家的著作及相应的史书、碑文等之中,或是被有选择地接受,或是转述、尊崇,或是吸纳、发挥,逐渐成为他们的文化和哲学思想的重要组成部分,甚至成为有的民族学者哲学思想的核心。在明清时期,儒学思想普及到民间,成为家训、乡规民约,以及故事、歌谣、戏剧的重要思想内容,融汇到众多兄弟民族人民的哲学思想文化之中。

儒学在中国少数民族地区的传播,是逐渐展开、不断深入的。据史书记载、专家的考证研究,儒学思想在汉代就传入今新疆、北方、东北、云贵、两广等地区的少数民族聚居的区域,如今新疆地区在当时,有的"贵族子弟经常到长安学习汉文化"[②];汉景帝时蜀之郡守文翁,"少好学,通《春秋》","仁爱好教化",立学校,并选派"学官子弟"去长安学习,变"蛮夷风"[③];立于汉桓帝永寿年间的"南中大姓"孟孝琚碑,其碑文说孟孝琚"十二随官授韩诗,兼通《孝经》二卷"[④]。魏晋南北朝时期,"汉地的《毛

---

① 肖万源:《中国少数民族哲学与儒学》,《孔子研究》1995年第2期,第89—95页。
② 范文澜:《中国通史》第2册,人民出版社,1978,第114页。
③《汉书·循吏传》。
④ 龚友德:《儒学与云南少数民族文化》,云南人民出版社,1993,第10页。

诗》《论语》,历代子、史、集,在高昌流传"。① 自唐代始,儒学思想在中国少数民族地区的传播及其影响,势猛而面广,为这些兄弟民族所倾慕、景仰,少数民族地区地方政权的统治者派王公贵族子弟到汉地及其京城学习,或是购书,两者常兼之。如唐代时期,东北的渤海国,受中央王朝册封,派王子大明俊等十余人到长安学习唐制及儒学,且仿唐制设六部,以忠、仁、义、礼、智、信六字命名,其王公贵族的人名,也多取元义、明忠、仁秀、贞孝等。云南的大蒙国开国主细奴罗,"劝民间读儒书,行孝悌忠信礼义廉耻之事"。其第四代主盛罗皮"尊祀孔子",于唐开元十四年(726)"建孔子庙","知中华礼乐教化"。② 南诏政权创建者阁罗凤,于开元二十六年(738)被中央王朝册封为"云南王",要有儒学造诣的郑回(汉族)给南诏王族子弟讲授汉文化,并委以清平官(相当于宰相)的重任。其孙异牟寻继位后,唐德宗"赐孔子之诗书,颁周公之礼乐,数年后,蔼有华风"③。在宋、辽、金时期,辽太祖耶律亿认为"佛非中国教","即建孔子庙,诏皇太子春秋释奠。"其皇太子倍说:"孔子大圣,万世所宗。"④金熙宗完颜亶对其臣说:"孔子虽无位,其道可尊,使万世景仰",为善者不可不读儒书,自此以后,他"颇读《尚书》《论语》及五代史诸书,或以夜继焉"⑤。金章宗完颜璟还命臣下学《孝经》《论语》等儒家经典,并以"孝义"作为任用官吏的标准。即使是兄弟民族的贵族入主中原,建立统一的全国政权,成为君临全国的皇帝,如蒙古族、满族的君主,也尊信、推崇儒学,如元成宗时,继唐玄宗、宋真宗后,又加封孔子为"大成至圣文宣王"⑥。因上述种种缘由,兄弟民族中通晓、精研儒学的文人众多,学者、思想家不断涌现。他们通过中央王朝的科举取士,当上京官、地方官,或是设馆授徒,宣传、讲授儒家文化。

---

① 任继愈主编:《中国哲学发展史·魏晋南北朝》,人民出版社,1988,第 10 页。
②《僰古通记浅述》。
③ 高骈:《回云南牒》。
④《辽史·义宗》。
⑤《金史》卷四。
⑥《元史·武宗》。

　　由于倾慕、景仰儒学,服膺孔子之道,各兄弟民族的文人、思想家也称颂孔子为圣人、大圣、至圣、先师,要"以孔子为师",他们学汉文、读儒书,"兴儒教","建孔子庙","尊祀孔子","瞻拜孔子像",同时著书立说,阐发儒家思想。这里仅举其中的一小部分,如北魏时鲜卑族元延明的《五经宗略》《诗礼别义》;隋代鲜卑族宇文弼的《尚书注》《孝经注》,西域人何妥(族属有待考证)的《周易讲疏》《孝经义疏》;唐代鲜卑族于志宇参与撰写的《五经义疏》,西夏党项族斡道冲的《论语小议》《周易卜筮断》;元代维吾尔族贯云石的《直译孝经》,回族瞻思的《四书阙疑》《五经思问》;明代壮族李璧的《名儒录》《燕京乐谱》,白族杨黼的《孝经注》,李元阳的《心性图说》及其有关信函,艾自新、艾自修的《二艾遗书》;清代满族玄烨的《理学论》《读性理大全》,阿什坦的《大学中庸讲义》,纳兰性德的《大易集义粹言》《通志堂经解》,德沛的《周易补注》《易图解》《鳌峰书院讲学录》《实践录》,白族李崇阶的《儒学正宗》《孝经宗传》《正学录》,高𣋑映的《四书劄注》《太极明辨》《理学粹》《理学西铭补述》,龚渤的《四书扼要》,王崧的《说纬》,壮族刘定逌的《四书讲义》、郑献甫的《四书翼注》,等等,通过这些挂一漏万的列举,即可看出儒学思想在中国少数民族文人学士思想中的影响。

　　在中域思想文化中,兄弟民族思想家之所以特别钟情儒家,并崇信之,就是因儒学体现了中国古代社会政治、人伦道德发展的需要,其忠孝、仁爱、信义、宽恕、修己安人,为政以德、和谐、重人、敬业、廉洁等信条,不仅是人伦的纲纪,道德的准则,也是修齐治平的重要手段。例如,忽必烈说:"儒者之道,从之则君仁臣忠,父慈子孝,人伦咸得,国家咸治。"他还下诏在民族地区也建学校,"以祀先圣"。玄烨还从"明道"与"行道"二者有不同的功效上,称颂孔子为"明道之圣人",说:"行道者勋业炳于一朝;明道者,教思周于万世。尧舜文武之后,不有孔子,则学术纷淆,仁义湮塞,斯道失传也久矣。"[1]他们认为儒学"可尊",不只在于它

―――――――――

[1]《清圣祖实录》卷十四。

是"治国平天下之准",还是"立身根本"①,孔子之道,"善于其身,施于其政"②,因此,一些兄弟民族的思想家一旦有了一官半职,"必求忠以报主,仁以牧民,礼以下贤,公以奉上,正以驭下,廉以持己,勤以主政"③。甚至还说:"于三纲五常内,力尽一分,就算一分真事业;向六经四子中,尚论千古,才算千古大文章。"④

随着儒学在边疆和民族地区的广为流传,它的基本思想还成为有些民族的家训、乡规的重要内容,如明成化二年(1466),罗甸县土司《黄氏家谱》(布依族)中的"祖训八条"是:体忠爱,敦孝悌,笃宗族,正男女,勤农桑,设家塾,修祖祠,保人民等。其中说:"沐雨栉风,鞠躬尽瘁,无非以忠君爱国传家之意。故祖训八条,首以忠爱展其端。""明人伦知礼义,喻法律,耻非为,入能孝以事亲,出则能悌以事长,子弟之学,胥在是矣。"⑤又如,清代乾隆时期的《瓜尔佳氏谱序》(满族)中说:"……祖上以来,皆以耕为业,勤俭治家,教训子孙,在家以孝悌为本,出外以礼让为先。亲厚九族,和睦乡里,务农勉力,勤劳当差,尽心差役。倘蒙祖上余德,幸邀一命之荣,当以忠心报国。又宜廉耻自操,方觉光耀门庭,则祖上之训教,亦云至矣!"⑥可见,兄弟民族的家谱、家训所表现的人伦道德、价值观等,受儒家思想的影响是十分明显的。

儒学思想在有的兄弟民族乡规民约中得到确认、弘扬,在有的兄弟民族的款词、议榔词、理词中,或是歌谣、故事、戏剧等民间文学中,也有不同程度的反映。以《乡规碑》来说,往往是以忠孝、仁爱、信义等儒学为其思想基础的。如清代道光年间,贵州册亨县者冲《乡规碑》(布依族)、云南剑川县蕨市坪村《乡规碑》(白族)就是两例。前者的碑文说:"第一

---

① 《东华录》卷九六。
② 李元阳:《秀峰书院记》。
③ 艾自新:《希圣录》。
④ 肖万源、伍雄武、阿不都秀库尔主编:《中国少数民族哲学史》,安徽人民出版社,1992,第555页。
⑤ 贵州民族研究所编:《民族研究参考资料》第19集,内部资料,1983,第18页。
⑥ 彭勃:《满族》,民族出版社,1985,第118页。

件:有君臣、父子、夫妇、朋友、兄弟,各守五伦,各尽人道。第二件:君尽
道、臣尽忠、子尽孝、妇敬夫、弟敬兄,各尽其诚。第三件:人家有规,敬老
慈幼,勿忘宾礼。第四件:处邻里而和乡党,莫使愧心而昧骗……第八
件:富贵贫贱,红白会期,幼助老,邻里相帮,一境和悦……"①后者的碑文
中则说:"敦孝悌以重人伦,孝悌乃仁之本。"②从《乡规碑》的具体内容上
看,尽管因民族、地区不同而有别,但都是大同小异,其主旨一是劝化人
人"各守五伦,各尽人道";二是维护本乡村的社会秩序,保障正常的生产
活动,"家家盈宁,殷室安居";三是养成"仁厚之俗","一境和悦"。从这
些乡规民约中所反映出的种种思想,集中体现了兄弟民族的道德观(包
括公共道德)、人生价值观等受儒学影响之深。儒学对兄弟民族的这种
影响,正标志着中华民族思想文化素质的普遍提高及相应的中华文化
认同。

　　宋明理学在兄弟民族的思想家中产生了很大影响。程朱理学虽是
宋以后历代中央王朝的官方哲学,但其所讨论的学术问题始终存在着激
烈的争论,这在兄弟民族思想家中也产生了强烈的反响,进行了旷日持
久的论争。他们根据各自民族思想文化传统,提出了自己的看法,或尊
崇而阐发,或接受基本思想而否认其中一点,或不同意理学而赞赏心学,
或吸纳作为从属,等等。这种种情况都说明理学同孔孟儒学一样,影响
广泛,颇具生命力。这些思想家,除在上文中提到的,还有蒙古族的保
巴、倭仁,满族的阿克敦,回族的王岱舆、马注,白族的杨士云,等等。而
其中有的人被誉为一地区或一个民族的"理学巨儒""理学大师"。现分
几种情况,略作说明。

　　(一)阐发程朱理学思想

　　接受并阐发程朱理学思想的人颇多,且有著述,这里仅以保巴、阿克
敦二人为例。保巴,字公孟,号普庵,蒙古族(一说色目人),元代前期人,

———————————

① 黔西南布依族苗族自治州史志办公室编:《黔西南布依族清代乡规民约碑文选》,内部资料,
　　1986,第32—33页。
② 龚友德:《儒学与云南少数民族文化》,云南人民出版社,1993,第84页。

撰有《易源奥义》《周易原旨》等著作。他在其所撰的著作中,借解《周易》而发挥程朱理学思想。如写道:"太极理也,无外,故曰形而上者谓之道","阴阳气也,气变则有质点,故曰形而下者谓之器。"①太极有动静之变化,产生阴阳,主宰万物,所谓万物之产生"皆不出乎一太极之运化"②。但太极,"既不坠于形器,亦不流于虚无"。③ 他将程朱理学与《周易》结合而发挥,其理论中有明显的辩证法思想,这也是他的理气观的特色。

阿克敦,字仲和,章佳氏,满族正蓝旗人。25 岁中进士,授庶吉士,有《德荫堂集》传世。他希图调和周敦颐、邵雍、张载、朱熹,不同意"自太极动而生阳,静而生阴,阴阳分而两仪立"的观点,认为"阳非阴不能独生,阴非阳则不能独成",阴阳为"对待之体"④,"迭相为体"⑤。他喜好从体用关系上阐述太极阴阳、心性等问题。关于太极、阴阳,他说:"大化之在两间,有体有用。体者何? 太极是也。用者何? 阴阳是也。体未尝不具夫用,用未尝或离夫体,太极阴阳又不可歧而视之也。"⑥关于心性,他说:"夫性者心之体,知觉者心之用,心兼体用,则心固不能外性与知觉而冥然独存者也。"而释氏则不同,其所谓的"心","有体无用,故自灭其仁义礼智之性,而并丧其知觉运动之能也。"⑦显然这是发挥了张载的"心统性情"、朱熹的"心有体用"的思想。

(二)"理宰而气行"思想

高奣映,字雪君,白族(亦有彝族、汉族之说),他的著述宏丰,大都散佚,仅存目录。《太极明辨》《四书翊注》《金刚经解》《心经发微》等,是其传世的哲学著述。高奣映对周敦颐、朱熹的"自无极而太极"观点持否定态度,其理由主要是:第一,历史上除周敦颐外,孔子及其后儒"实无无极

---

①《周易原旨》卷七。
②《易源奥义》。
③《周易原旨》卷七。
④《阴阳之精互藏其宅论》。
⑤《阳融于阴为水附于阴为火论》。
⑥《洪范五行经世四象同导论》。
⑦《原心事记》。

之说"，讲"无极盖多见于老氏之说"。第二，太极之前"只是一混沌"，"只可名'混沌'，不可以举以名'无极'。"因为，"以天地未判，清浊而不上下也，阴阳未分，乾坤之理与道无从适也。未判未分，总一个混沌。混沌久，久而至混沌极处，亦犹阳极生阴，阴极生阳，混沌极而主宰之理立矣。理立，而建一主宰于混沌之中矣，因混沌极而有将判之机，其所以极者，曰：'太极'。"这里，一是说宇宙原初只是一个天地未判、阴阳未分的"混沌"。混沌久而至"极处"之所以极者，叫"太极"。二是说混沌极而分阴阳，"主宰之理立矣"；有理为之主宰，而后气乃流行，"理主而气行"①，生天地万物。因此说，太极不可无，"无此极，则混沌为死物"，"全不运转"，从而也就不能分阴阳、判天地、"生化"万物。所以他说，不能在混沌中"另安一无极"，"所贵乎太极者，以有之为用也。无极云者，并极屏之归于乌有。"若没有太极，不仅"混沌为死物"，"天地亦为死器，乾坤亦为死理"，也就没有千变万化的世界。因此他指出，人们不当按朱熹、周敦颐的"无极而太极"之言，"执为千古不易之论"②。这就是他的颇具特色的混沌、太极、理气观的主要思想。

（三）吸纳儒学（含理学）为从属成分的宗教哲学

以回族思想家王岱舆、马注等人较为典型。王岱舆是明万历至清初时人，号真回老人，著有《正教真诠》《清真大学》《希真问答》等书。在这些著作中，他吸纳汉文化（主要是儒学）及其概念，"以儒诠经"，使伊斯兰教文化与儒学融合，创立了以伊斯兰教教义为核心的"真一、数一、体一"哲学，是为卫护伊斯兰教而立论的宗教哲学，所谓"正教惟尊兹真一也"。"正教"，即伊斯兰教，是"指迷归正，劝人作善，止人为非，乃人道当然。无此，则人道不备"。他认为，伊斯兰教与历史上诸家学说异之大端有七，而其最主要的在于"正教尊单另独一，诸家以数一为尊"③。"真一"即"单另之一，乃天地万物之主也"，即"真主"；"数一"即"数本之一，乃天地

---

① 《太极明辨》卷二。

② 《太极明辨》卷一。

③ 《正教真诠》。

万物之种也",即"万物之根本";"体一"即"体认之一,乃天地万物之果气"①,即"人品"。真主单独无偶,无有比似,是"无始之原有,非受命之有","造天仙神鬼,乾坤万物。"这是他的本体论。"数一"不是"独一","太极生两仪,两仪立四象"是"数一";"一本万殊""万法归一"是"数一","无名天地之始,有名万物之母"也是"数一"。这些"一","乃是天地万物之一粒种子,并是数一。真一乃是效一之主也。"②"若非真一,岂有数一?"这可以说是他的宇宙生成论。"体一"是讲人须先认己才能认数一,由认数一才能达到认识真主。只有"循次而至,庶无歧误"③,"若不能认己,则不能格物;不能格物,则不能穷理;不能穷理,则不能净性明心;不能净性明心,则不能认自己的本来;不能认自己的本来,则不能知至圣;不能知至圣,则不能奉祀真主矣。"也就是说,"体一"的终极目的,就是"认化生之真主"④。这体现了他的认识论。可见,他既将伊斯兰教置于诸家之上,又容纳、吸收了不违伊斯兰教教义的诸家有关思想或观点,形成了中国化的伊斯兰教哲学,而儒家学说所发生的影响较为明显。

（四）糅合儒释道的哲学

在兄弟民族思想家中,糅合儒释道三家思想,调和理学与心学,推崇心学和禅学,其中较为典型的人物当数李元阳。李元阳,字仁甫,号中溪,白族,明嘉靖五年(1526)中进士,授翰林院庶吉士,后曾任县令、户部主事、监察御史、知府等,其诗文等著述,后人辑成《中溪家传汇稿》,1913年李根源重刊为《李中溪全集》,其中《心性图说》及有关信稿等是其哲学著作。他的哲学的特点是建立了以"性"为核心的性、心、意、情的思想体系。他认为人的耳目口鼻四肢百骸只是块然之"器",器是"性";而"性"是"不死之物",即是"天命""道体""仁"。所谓"性","物来亦不起,物去

---

① 《清真大学》。
② 《正教真诠》。
③ 《清真大学》。
④ 《正教真诠》。

亦不灭,了然常知"①,"灵明独照,与天常存,不以少而盛,不以老而衰,不以生而存,不以死而亡,故曰天命也"②。关于心、意、情,他则说:感物而动为之心,为物所感谓之意,为物所蔽为之情。由于人之为物之动、感、蔽,不能保守"天性",所以他倡言"复性",说:不论是佛家的"以须弥山为主山"的世界,还是道家的"大罗天"世界,"天地世界,可谓广大,而吾人之性,又包乎天地世界之外,此圣人所以教人复性也";"性复,则天地世界,如观掌中物耳"③。而且他认为,格致诚正是"一时事",只不过,"中人以上,可以言顿格;中人以下,须渐格也。所谓忘之忘,以至无可忘,惟有大觉矣。"④"顿格"即顿悟,"渐格"即渐修,都是指"性"而言的,他说:"率性之谓道,顿悟此物也;修道之谓教,渐修此性也。顿悟诚而明,知至也;渐修明而诚,致知也;知性则知天,天道也;修身以立命,人道也。"⑤据此,他认为道学性命本是一家,"故阳之自力,惟以灵知到手,即可了事,初不计为孔为释为老也"⑥。不难看出,他虽调和儒释道,但崇尚心学。

第二节　蒙古族的哲学文化选择

　　根据学界研究,与其他各民族的初民观念一样,史前时代的蒙古族先民对于客观世界的认识还处于混沌状态,属哲学萌芽期,自然崇拜、灵魂观念、英雄崇拜等是其基本文化观念。到了蒙古族哲学思想的形成时期,则出现了蒙古族的第一部典籍《蒙古秘史》,形成了一些独具特色的蒙古族哲学观念。不过此后的蒙古族哲学进入了藏传佛教时期,其间,虽然有《黄史》《蒙古源流》等一批编年体史著,但总体文化观念是宗教性的,这一现象直到近现代才结束。

---

①《与谢中丞高泉》。
②《寿升庵先生六十序》。
③《天地世界图序》。
④《与东山张教授》。
⑤《与谢中丞高泉》。
⑥《答龙溪王年兄》。

一、蒙古族的哲学概述

蒙古族哲学的萌生和形成约在匈奴王朝时代,从一些神话、传说、史诗中可见出其"善神恶神"划分反映出的社会观,"日月起源""人类起源""天神造人"起源论反映出的本体论、认识论萌芽,如其中强调自然起源的基本过程是混沌→明暗(清浊)→天地→万物→人;或者说天地山水→云雨→万物(树木)→生灵。其人类起源神话则强调泥土造就生命实体、"甘露"赋予人以活的生命,实际上具有了较强的哲学意识。

在哲学思想的形成期,蒙古族哲学形成了一些概念性认识,其标志性成果"命"和"理"等概念形成于蒙古族第一部文献史料《蒙古秘史》中。大约从 8 世纪初至 13 世纪中叶的五百多年间,蒙古族哲学反映和概括蒙古族的崛起与统一,形成了"腾格里(天)"观念、"汗权"观念、一统之制的"国家"观念等,出现了阿兰豁阿、孛端察尔、海都、成吉思汗等具有哲学思想的代表人物。其中在 10 世纪前以天命论和"以德配天"思想为核心观念,10 世纪后"以德配天"则成为基本哲学观念,成吉思汗对速别额台说:"如果我们忠诚,上天会加佑保护的。"这一思想的重要意义在于强调人的主观能动作用,让人们知道在当时崛起与统一过程中,"没有思考余暇,只有尽力行事;没有逃避地方,只有冲锋打仗;没有平安幸福,只有相互杀伐"。

"以德配天"思想的进一步发展,即在忽必烈时代形成了"至诚应天"的思想,更进一步地承认了人的主观能动性,"应天者惟以至诚,拯民者莫如实惠"。这里把"应天""拯民"与"至诚""实惠"作为对应范畴,把天和民联系在一起思考,把"德"改为"诚","虽在征伐之间,每存仁爱之念,博施济众,实可谓天下主。天道助顺,人莫与能。"为此,忽必烈还专门组织编写了"以佛治心,以儒治国"的《十善福经白史》。

16 世纪末以后,蒙古族历史上发生了重要转折,知识、智慧问题更加突出,哲学思考的问题即是后金的兴起与蒙古帝国的命运,于是产生了萨囊彻辰的"聪慧居首"思想。萨囊彻辰承认世间事物的运动变化,承认事物的繁盛衰败、月的缺圆、日出日落转化等,强调人们应采取"致富过渡莫需骄傲,如若衰败即无颓废"的态度,因此人们应以"增多智慧"的方式来应对势变。

随着《甘珠尔》《丹珠尔》《般若波罗密多经》《金刚经》《金光明经》《俱舍论》《释量论》等的翻译、研究,佛教哲学传入并逐渐成为蒙古族社会占统治地位的意识形态,相应地形成了对佛教的批判思潮,其中尹湛纳希具有初始意义。他说:"实在说来,有空二词虽是相异,然而含义却是一致的,因为有了有,才产生空这个词;有了空这个词,才造出了有这个词……人活着的时候便是有,倘若死了便是空;物成则有,物毁则空。""有空本一体,而释儒二家相互争夺,这有何益处?"为此,尹湛纳希阐明了"气源论":"宇宙,从天地日月到万物都是由阴阳二气形成,由五行之理结合而产生,由此形成世间万物……世界之万物无一没有规律。"

此后,蒙古族哲学即转入近现代形态,开启了近现代哲学转型的历史进程。

二、元代的蒙古族哲学

在元代以前,蒙古族哲学思想从整体上看处于萌芽时期,神话、史诗、自然崇拜、图腾崇拜、原始宗教以及蒙古高原诸大山脉中的岩刻石画等,都在一定程度上反映出蒙古民族哲学思想的萌芽,如崇拜天体。"鞑靼民族……崇拜日月山河五行之属,出帐南向,对月跪拜,奠酒于地,以酹崇拜日月山河天体之行。"[①]信仰多种灵魂。"以为死亡即由此世渡彼世,其生活与此世同",凡死者,"则在墓旁以其爱马备具鞍辔,并器具弓矢殉之,以供死者彼世之用"[②],且依萨满教而认为人有三种灵魂。在英雄史诗中的自然演化意识,以变化、发展的观点看待自然界,"当巍峨的须弥山,只有土丘那么矮的时候;当汹涌的须弥海,只有水潭那么浅的时

---

① 多桑:《多桑蒙古史》,中华书局,1962,第30页。
② 多桑:《多桑蒙古史》,中华书局,1962,第30页。

候;当天空的太阳,只有星星那么小的时候;当水鸭和天鹅,只有顶针那么大的时候⋯⋯"①。英雄史诗《江格尔》中体现的"理想国"——宝木巴。《敕勒歌》所反映的天体观念:"敕勒川,阴山下,天似穹庐,笼罩四野。天苍苍,野茫茫,风吹草低见牛羊。"凡此等等,都可作为萌芽时期蒙古族哲学思想的表现形式。

从 8 世纪初至 13 世纪中叶的 500 多年时间,蒙古族社会经历了巨大变化:原始氏族制的社会组织迅速瓦解而逐渐被有阶级的社会组织所代替,到 12 世纪末 13 世纪初,以成吉思汗为首的蒙古乞颜部统一了蒙古地区诸部以后,逐渐融合为一个新的民族共同体,蒙古族社会实现了奴隶制向封建制的过渡和统一。这一时期,"天"的观念有了新的发展,长生天、天力、天佑、"以诚配天"、"以德配天"等观念普遍流行于蒙古族社会,赋予了"天命观"以新的内容;形成了具有时代特征的"汗权天授"思想,从"感光生子"说到"天力"与"一统之制"的联系,从"天无二日,地无二罕"到成吉思汗及其蒙古汗国的"一统之制",形成了一种具有"世界主义"的帝国思想:"马蹄所到之处,尽为我有。"这一思想实质上即是蒙古从奴隶社会向封建社会过渡时期重要的指导思想,也是当时时代精神的集中反映。正是在这一时期形成了《蒙古秘史》这部鸿篇巨制(成书于 13 世纪中叶),这是第一部记载蒙古族历史文化的文献,比较详细地记载了成吉思汗及其蒙古汗国所走过的战争道路,从中可以清楚地看到成吉思汗时代前后时期的哲学、政治、经济、伦理思想等状况,特别是成吉思汗朴素军事思想的形成与发展。

元代蒙古族哲学就是在这一时期哲学思想的基础上形成和发展起来的。有学者认为,这一时期蒙古族哲学的总特征是"冲突与融合",具体表现在从草原帝国向儒教治国转变、儒道佛的交争与消长、多民族文化的交流与融合等方面。

---

① 蒙古族英雄史诗《勇士谷诺干》,霍尔查译,内蒙古人民出版社,1980,第 1 页。

（一）忽必烈的"祖述变通"与"至诚应天"思想

忽必烈，即元世祖，成吉思汗之孙，蒙古族著名的政治家、军事家、思想家。从时代精神的角度说，忽必烈的哲学贡献在于适应蒙古族统治整个中国的需要，继承和发展了蒙古族传统的治国思想与天命观念，并具有了一定的理论形态及制度化的"政教并行"建构。忽必烈还"大有为于天下，延藩府旧臣及四方文学之士，问以治道"①，反映了一种跨文化帝国的世界主义精神。

首先，根据时代与任务的变化，在"仪文制度"上的"旧序"与"汉法"之间，在马上得之与如何治之之间，1260 年，忽必烈在即位诏书中即强调了"祖述变通"思想，"朕惟祖宗肇区宇，奄有四方，武功迭兴，文治多缺，五十余年于此矣。盖时有先后，事有缓急，天下大业，非一圣一朝所能兼备也……自惟寡昧，属时多艰，苦涉渊水，罔知攸济。爰当临御之始，宜新弘远之规。祖述变通，正在今日。务施实德，不尚虚文。"②由此看出，既有"宜新弘远之规"的远望，又有"务施实德，不尚虚文"的求实，于此，即必须"祖述变通"，而且时间紧迫，"正在今日"。正是由于有这种哲学精神，使他能顶住压力，不怕别人说他离经叛道，如当时即有人质问他："本朝旧序，与汉法异，今留汉地，建都邑城廓，仪文制度，遵用汉法，其故何如？"③他广泛使用各民族贤臣，特别是儒臣，整饬吏治，学习先进的各族文化，具有"爱民之誉，好贤之名"，蒙古族军事家伯颜，汉族的赵璧、姚枢、郭守敬等人，契丹人耶律铸，畏吾儿人廉希宪，西夏儒士高智耀等，均为他所用，以至于元政府必须使用三种语言文字——蒙古语、汉语、波斯语作为通用语言。

其次，强调"应天者惟以至诚，拯民者莫如实惠"，在"天人关系"上强调"诚"，而且是"至诚"的意义；在君民关系上强调"实惠"的意义，反映了上升时期蒙古族的民族精神与胸怀，故忽必烈在诏书中说："应天者惟以

①《元史·世祖一》卷四。
②《元史·世祖一》卷四。
③《元史·高智耀传》卷一二五。

至诚,拯民者莫如实惠。朕以菲德,获承庆基……赖天地之界矜,暨祖宗之垂裕,凡我同气,会于上都……宣布惟新之令,溥施民宥之仁。"①有学者说:"这段话是忽必烈哲学、政治思想的又一集中表现。他把自己的变通改革看作是应天意而为的,只有对天忠诚,给民众带来实惠,才会得到天地和列祖列宗的佑护,以达到存仁爱之念的博施济众的变通目的。"②

（二）儒释道的冲突与融合

儒释道三教在元朝的地位交争颇有时代特征,一方面是释道的消长与儒教的"中立",反映出元帝国的治国之思与治心之思的矛盾与冲突。早在成吉思汗时,道教的长春真人邱处机诏命西行至中亚面见成吉思汗,成吉思汗感其"他国征聘皆不应,今远逾万里而来"而"甚嘉焉",邱处机则以"奉天"应对:"山野奉诏而赴者,天也。"③开创了道教大兴的先机,"自是玄风大振,道日重明。营建者著石星落,参谒者云骈雾集。教门宏阐,古所未闻"④。

然而,在元王朝的建立过程中,其他种种宗教或学说似也都有"贡献",到了蒙哥、忽必烈时代,"三教何教为尊？何法最胜？何人为上？"已成为文化之争的大问题,两次佛道之辩,佛门得胜,表明争论的激烈程度,而儒士却得以奉命为"证义",表明元帝国对儒教（家）的依赖。因为忽必烈治理漠南和统一全国,实行"汉法","帝中国当行中国事"⑤,以至于儒士许衡、刘因、吴澄被称为元代"三大学者",而许衡、刘因则被称为"元之所以藉以立国者也"⑥。

三教在元朝的冲突与融合,特别是忽必烈实行汉法,以儒家学说定朝纲、立法纪,及其各种典章制度,推动了儒学在元代的发展,反映了元

---

① 《元史·世祖二》卷五。
② 肖万源、伍雄武、阿不都秀库尔主编:《中国少数民族哲学史》,安徽人民出版社,1992,第782页。
③ 《长春真人西游记校注》卷上,海宁王国维校本。
④ 姬志真:《长春真人成道碑》,载《道藏·太平部》《云山集》。
⑤ 《元史·徐世隆传》卷一六。
⑥ 《宋元学案·静修学案》卷九。

初统治者的哲学文化选择,应作为分析其哲学思想的基本依据。

（三）八思巴的"器世界品"与"情世界品"

八思巴,藏族著名的思想家、宗教领袖。学问渊博,有"学富五车,淹贯三藏"之称。从哲学的民族性上说,八思巴应是一个特例。就血缘说,他应是藏族哲学家;就思想影响说,他的哲学应是元代的国家哲学和蒙古族统治阶级的哲学;从其两次往返于萨迦和内地,主持规划和建立元朝在西藏的各级行政机构,为促进西藏在政治上统一于元朝中央作出了重大贡献,他的哲学在一定程度上又成了当时的"中国哲学"。

从哲学思辨的角度看,八思巴在《彰所知论》中阐述的"器世界品"与"情世界品"较有特色。所谓"器世界品",即其所论之宇宙、日月星辰、自然界的形成与发展,实质上指的是大自然的物质世界;所谓"情世界品",即地狱、饿鬼、傍生、人、非天、天等共六大类,在很大程度上指的是精神世界。

从政治哲学的层面看,"器世界品"与"情世界品"是并列关系,并因此而成为元朝"政教并行"制度的理论依据。同时,八思巴又通过抬高"情世界品"而神化元朝统治者,特别是从成吉思汗到忽必烈的历史进程,"北蒙古国,先福果熟生王,名曰成吉思。始成吉思从北方王,多音国如铁轮王。彼子名曰斡歌戴,时称可罕。绍帝王位疆界盖前,有子名曰古伟,绍帝王位。成吉思汗次子名孕罗,孕罗长子曰蒙哥,亦绍王位。王弟名忽必烈,绍帝王位。降诸国土,疆界丰广,归佛教法,依法化民,佛教倍前光明炽盛"[①]。

（四）《白史》的"经教之律"与"皇权之法"

属忽必烈时代的《白史》（蒙古语为《查干·图和》）,又称《十善福经白史》,多论及忽必烈时代的法规典章、政教并行制度等,虽然作者与成书的确切时间在学术界尚无定论,但主张属忽必烈时代作品者居多。

---

①《大藏经》频伽精舍本,传记部。

《白史》的核心思想是把佛教的"经教之律"喻为护身绫结,将政府的"皇权之法"喻为金制镣铐,前者牢不可解,后者坚不可摧,充分体现了元朝政教并行的制度化建构特征,故其开篇即说:"尊圣佛教始祖经主喇嘛及大元世尊至权皇帝之经教之律如护身绫结牢不可解,皇权之法如金制镣铐坚不可摧。"①

从内涵上看,"经教之律"与"皇权之法"都有明确而具体的内容。"何谓政教两道欤?即经教之律'咒''经',皇权之法'和平''幸福'。""所谓实行皇权之法以治国者,应能为沉没混沌之苦难众生,施转千金法轮,赐以光明,实施经教之律之'咒''经'二大密宗而不致混乱,如是则为至尊查克拉瓦仑转千金法轮合罕。若以黄冠、袈裟、僧带、法靴,顺稳登上法坛,不致滑脱,能温敦而庄严治国,实施皇权之法以'和平''幸福'二权旨,清明廉洁施政者,为尊上国主合罕。"其中"经教之律"权力是:"御前执政,施行陛下诏令,俾众生如饱尝真经甘露之哺育,以诚挚、绝极之爱无疏露而拯救众生者,为身尊功德首领欢律……教化众生弃罪孽之行,辟解脱灾难之经,以教权之咒经之律令,行合罕之权者,为引渡佛法之尊上经道太师。"这里,"国师"的地位应是仅次于皇帝的,因为"如无经教之律,国邦、部众毁之矣。无论喇嘛僧俗徒众人等,均须遵行法规,人人通习教权之规——'咒''经'"。

《白史》还从历史叙述层面论证"政教并行",开后世"印、藏、蒙同源"说及"天、佛、汗合一"说的先河:"古昔,人寿无量之时,呼图克图·萨曼迪·菩提斯特之化身——众敬王摩诃萨摩迪合罕,于印度金刚石座摩诃达王国首创实施政教两道并行四大管理政纲。"据此,《白史》把蒙古"政教并行"的时代远推至成吉思汗时代的圣谕,并据以神化忽必烈。"圣雄成吉思汗向大萨斯迦贡嘎宁卜喇嘛乞请曰:'欲俾吾子孙世代成至上菩提斯特种属,以企永恒地实施政教两道,乞降赐一子焉。'"这一子即是忽

① 参阅鲍音:《〈十善福经白史〉浅译》,《蒙古学信息》1987年第2期,以下引文均采自上述译文,第44、45、47、48、57页。

必烈,"因得天命,延至三代诞生满珠什利·菩提斯特化身——忽必烈皇帝,以转千金法轮合罕之名,誉满天下"。而忽必烈亦对此有清醒的认识,"朕今亦行此政教两道于国度矣"。也正是基于以上内容,我们亦同样认定《白史》是忽必烈时代的产物。

（五）保巴的《易》学哲学思想

保巴,字公孟,号普庵,元初人,是一名受儒家文化影响颇深的蒙古族哲学家,著有《易源奥义》一卷（该书前附《进太子笺》）、《周易原旨》八卷、《周易尚占》三卷（佚失）等著作。

在本体论上,保巴的宇宙发生论思想在《易源奥义》《周易原旨》中略有区别。在《易源奥义》中,他阐明的宇宙发生的基本图式是由"先天图、中天图、后天图"组成的,其中"河图"即"先天图",亦即"太极",太极犹如树根,是派生万物之基,故言"先天数者,无极而太极","先天比作根",因为"河图阴阳点数计五十有五,以其阴阳未分,根干支末混淆之时,谓之先天";"八卦图"即"中天图",讨论的是"人道",中天图犹如树干,"中天比作干",因为"一阴一阳之谓道,乾称父,坤称母,乾坤生六子,然后人伦序。所以君君、臣臣、父父、子子、夫夫、妇妇人道立"。因此,这个"中天"与"人道"是由太极演化、派生出来的,"中天数者,太极之运化也"。"洛书图"为"后天图",讨论的是"地道",犹如树支,"后天比作支"。因为"后天数者,三极之妙用也","根干支末之理于五行内……地道立矣。"至此,他完成了自己的宇宙发生论建构。但在《周易原旨》中,他却又把"太极"作为最高的哲学范畴——"理""神""一""心"等来看待。"太极,理也,无外,故曰形而上者谓之道";"形而上者谓之神";"一者,何也? 太极也……凡天下之道,大之为天地日月,微之为走飞草木,皆要归根复命,贞下起元";太极为"心","心即易也,易即心也,神矣哉";太极即"性","性即理,天理流行,赋予万物,是之谓命……大哉易也,性命之源乎!""太极动而生阳生阴,阳变阴合,而五气顺布,四时行焉。"据此可知,二书的宇宙生化论略有差异,或许出于不同时代,有前后的修正关系。

在认识论上,保巴的总原则是"言不尽意,以心会心"。在《易源奥义》的"先天图、中天图、后天图"所示一棵树的图形中,在标示根、干、支及五行的树旁写道:"书不尽意,故以图明之。概谓书不尽言,言不尽意,以心会心,故以图明之耳。"这一思想在《周易原旨》中也得到了体现:"伏羲画卦,文籍未成,历数千载而圣圣相承,皆以心会,不以言传。"保巴在书中写道:"义理无穷,言语有限,书不能尽言也,言不能尽意也……书不尽言求之卦,言不尽意求之象,卦象不尽求之变,变又不尽求之心,以心会心,余皆筌蹄耳。"

在方法论上,《易源奥义》和《周易原旨》中含有许多辩证法思想,如《周易原旨》中所论的事物矛盾的对立和转化思想:"日月寒暑之往来,尺蠖龙蛇之屈信,不往则不来,不屈则不信,皆感应自然之理。"(卷八)"阴往则阳来,阳往则阴来,往往来来,无有穷已。故曰'往来无穷谓之通'。"(卷七)"一而二,二而一"是事物发展的普遍规律的思想:"一分为二,在天则有阴阳焉,在地则有刚柔焉。二者可以相有而不可以相无。要其归则一而二,二而一者也。"(卷八)这明确指出事物的发生发展既是一分为二又是合二而一的。

三、明清至民国初期的蒙古族哲学

从元朝灭亡中经鸦片战争到辛亥革命时的几百年间,蒙古族社会的政治、经济、文化发生了极为深刻的变化。伴随这种变化而来的是思想意识形态的巨大变迁——藏传佛教的广泛传播并取代萨满教,几乎使整个蒙古地区在喇嘛佛爷至上的"天堂"气氛中度过了明、清两代。但是,伴随着明末清初整个中国社会新因素的萌动,特别是鸦片战争使整个中国卷入了全球性现代化运动,蒙古族哲学也相应地开始了近现代转型。

（一）萨囊彻辰的"印、藏、蒙同源"说与"天、佛、汗合一"说

元朝灭亡以后,伴随着对传统汗权思想与天命观念的反思,藏传佛教哲学逐渐在蒙古族社会中取得了意识形态上的统治地位,并长期统治蒙古族哲学界,形成了《蒙古源流》《黄金史纲》《蒙古天文学》等学术著作,并产生了萨囊彻辰等一批思想家。

　　萨囊彻辰是 17 世纪鄂尔多斯蒙古地区的著名政治人物、学者,1604
年出身于蒙古族封建贵族家庭,成吉思汗后裔。1662 年,59 岁时写成了
《蒙古源流》一书,与《蒙古秘史》一起被史家称之为蒙古族古典文献的
"双璧"。

　　首先,"印、藏、蒙同源"说与"天、佛、汗合一"说对蒙古族传统历史文
化哲学的超越。前面已论述到,蒙古族传统历史文化哲学以天命论论汗
权,是基于蒙古族特殊的生产、生活方式的。但是,元朝的灭亡,促使人
们深度反思历史。加上 16 世纪中叶以后藏传佛教在蒙古地区的广泛传
播,到 17 世纪中后期,已形成了藏传佛教哲学蒙古化的思想成果,即以
《黄金史纲》肇其端,《蒙古源流》集大成的一批新型的编年史著作。从哲
学历史观层面分析,这些著作从佛教宗教历史观的立场出发超越传统的
蒙古族古代历史记叙,阐明了印度→西藏→蒙古王族一脉相承的历史谱
系,以"印、藏、蒙同源"论证蒙古贵族同佛教的历史联系,并成为蒙古族
社会意识形态领域里的精神支撑,其基本思想是把蒙古族族源说成是来
自西藏诸王的后裔,西藏诸王则是印度诸王的后裔,而印、藏、蒙王统的
始祖是开天辟地的玛哈萨玛迭兰咱汗(大法禅王)。与此相应,印、藏、蒙
的诸汗王都是诸佛、菩萨的"化身",具有无比的神圣性。显然,这是对
《蒙古秘史》中关于苍狼、白鹿为祖先的传说等历史观的超越。但是,这
种超越又是以藏传佛教哲学蒙古化为特征的,具体表现即是"天、佛、汗
合一"说,是在原有蒙古族政治哲学的"天汗合一"的思想观念基础上溶
解了藏传佛教哲学,在经过"印、藏、蒙同源"说的论证以后,把成吉思汗
的博尔济忒氏族祖先孛端察尔"感光而生"的"天之子"观念之"天"和藏
传佛教教义的"空"等佛教思想结合起来,藏传佛教的神通广大、法力无
边,能产生风、水、土的"空"作为万物之源代替了"腾格里"的作用,正是
它经过一系列变化产生了世界、产生了人类。于是,"天、佛、汗合一",
"汗"成了藏传佛教的"佛"和天命论的"天"的结合物。诚然,从社会等级
上看,"佛""天"并不平等,"佛"居上位而"天"居其后,是佛主天从的"佛
天合一",以至于后来必须把蒙古族历史上的诸汗说成是某某"佛"、某某

"菩萨"的化身才能自圆其说,从而成为蒙古族哲学思想的一个重要变化。

其次,对"政教两种制度平行"论的哲学新论证。在《蒙古源流》中,他从宗教神学等层面,对"政教两种制度平行"论进行了哲学新论证。一是基于"印、藏、汗同源"说,既用成吉思汗的功德肯定汗的历史作用,又按照"同源论"阐发"神圣起源论",以此证明成吉思汗的政治基础与神学基础,成吉思汗"七载之中成大业",且是奉天命而生的"神子"孛端察尔,还是印度最早的汗王的后裔,因而成吉思汗的汗权统治是天的命定、佛的化身。二是以藏传佛教和蒙古汗结合的功德证明忽必烈时代"政教两种制度平行"政策对巩固、延续成吉思汗黄金氏族的汗权统治的历史作用,希望据此实现政教联合、强化汗权,从而实现蒙古各部的新团结、新统一。三是以上述两点为基础,针对元朝败亡后蒙古封建领主、太师丞相争夺领地、谋取汗位的实际情况,强调成吉思汗黄金氏族汗权的正统地位:"上天日月二也,下土汗、农二也,索岱之后嗣,伊等之太师丞相二也。"①从实现蒙古族的团结统一来说,这一思想是有其进步意义的。

最后,以"风坛始定起至虚空",经"大劫"后复归"虚空"的宗教化、神秘化为归宿的思想特征。萨囊彻辰一方面肯定蒙古族传统思想中的天命论思想,强调如"汗降旨云:'天命在我从前塞北称君即得玉玺,今甫降服旧仇,上天即降甘露。'""天父上帝赐天子宝贝碗以盛甘露也",把成吉思汗说成是"天之子",并认定其汗权的"天"授性,以此论证汗权神授,神化成吉思汗。另一方面又肯定藏传佛教的神学哲学,说"一切依倚外象包罗者已定,一切因缘生灵已成外象,自定三坛,起于风坛,次及水坛,定于土坛是也,以言平风坛则由无所有空,十面大作所向感被,而温和碧色之风坛凝然定矣……风坛始定起至空虚噶拉卜之未止"。不仅把世界万物的开始和最高的本原归于"虚空",肯定一切有生命的"生灵"都"因缘"而生,而且还认为宇宙万物和现象都没有自性,是"因缘而合"的假有。

①沈曾植、张尔田:《蒙古源流笺证》卷5,以下引文凡出自《蒙古源流笺证》的只注《源流》卷数。

当然,值得注意的是,萨囊彻辰的思想虽然充满宗教神学的迷雾,却是以方法论上的转化、变化思想为根据的。从方法论上说,具有"朴素的辩证法思想成分",如在《蒙古源流》的书末附的 361 行诗中,他不仅有"悲欢世界兴衰不定"的感慨,也有"贫富交替""福祸相易""兴败转移"等事物相互转化的认识,诸如"食没有盐的食物就没有滋味,单吃食盐就感到无法入口","灯火即使被人倒执,火苗还是朝上冒的","太阳虽被完全遮住,到明天还会重现光明",等等。

(二)裕谦的"保民、治民、教民、察民"思想

裕谦,字鲁山,号舒亭,清朝蒙古镶黄旗人,博尔济武氏。24 岁中进士,后在翰林院、礼部、实录馆等处供职。其间,与林则徐、龚自珍等人结成挚友,常阔论经世致用之学。1826 年后,先后履职知县、知府、按察使、巡抚、两江总督等职。1841 年受命为钦差大臣,赴浙江办理海防,并在镇海陷落时自尽殉国,清廷谥"靖节"。他的部分著述被辑成《裕靖节公遗书》。

作为地主阶级的思想家,裕谦具有中国传统儒家知识分子的思想特征:入世、爱国、忧民……因此,严格说来,他的思想已是中域主流哲学思想的一部分,如其履职钦差大臣后,痛斥伊里布媚外卖国,指责琦善"驰备损威""违例擅权"等所显示出的传统儒生的刚直不阿精神;强调"欲求保民,必先课吏"的民本情怀,以官吏属"民事寄焉,民命托焉","其人民望其威仪,听其语言,观其行止,以窥善恶,盖不待发号施令而成败之几已决"①,要求任"民事"、遵"民命"应能接受人民的"望""听""观"和"窥"的评判;强调"治民之道,教民为先"的时代气息,倡导"广设文学",并按"有教无类"的原则施教,且主张放弃"持论过高,无以诱人为善"的学风,借以培养治国的人才;强调"制敌之道,首重体察民情"的民族国家情怀,认定"攘外必先安内,而安内之法,不过因民之利,遂民之生,欲以聚而恶勿施,使之各得其所,然后激以忠义,行以重赏,则民情孚治,乐为我用。

① 《勉学斋续存稿》卷五《州县当务二十四条》。

兵民协力,攘此小丑直等摧枯拉朽"①;强调因时而变的辩证思维性格,主张"阅年既久,时势推移,或当时所有今已无知,或当时所无今则有之,因地因时似又未可拘泥"②,并根据"数穷必变,物极必反"的思维原则,评判分析中国历史兴衰、治乱等问题。这些思想作为一个整体,使他成为蒙古族思想家而又能作为引领当时中国的时代潮流者。

裕谦的思想具有较强的实践性,他不仅从中国历史兴衰、治乱中获得历史经验与教训,如说:德治以宽,往往会"曲饰其情""姑息养奸",最终导致"放纵枉法",法治以严,则往往会"出入由我""酷吏代兴",最终导致"逆生生之理,伤大造之和",因而强调:"执宽"者要谨防"渐纵","执严"者要谨防"渐肆",须"执法至中,不纵不肆"③;而且在政治实践中,坚决反对"扰民",且根据"素得民心,能用民心"遴选人才,如其曾据此委派被贬谪的林则徐驻扎镇海军营,因为林则徐"向为兵民所悦服,逆夷所畏惮"④。在抗敌入侵中,他强调"兵民协力",反对"与民为难",讲究"用民"之法。一方面是从质上看:"因其势而利导之,勿事张皇而摇撼民心,勿因军需而扰累民力,勿夸敌强以阻丧民气,勿任弁兵之攘冒民功",这样就能"民志坚定,乐为我用,何敌不克"⑤;另一方面是从量上看:"兵有数而民无数",故剿伐夷寇应动员"海岛渔民及闽省船户","无论兵民、水勇、汉奸及各国夷人,一体请准杀贼请赏。"不难看出,裕谦的思想有由古代儒家民本思想向资本主义民主主义思想发展的转折意义。

(三)尹湛纳希的"世界实有"与"承天启运"论

尹湛纳希,汉名宝衡山,字润亭,清末内蒙古卓索图盟土默特右旗人,博尔济忒氏,生于蒙古封建贵族家庭。30岁之后因"家运颓败,妇亡子死,凡事均不顺利"之诱,萌生了强烈的民族、民主意识,在理想与现

①《筹办夷务始末》,道光朝,中华书局,1964,第988页。
②《勉学斋续存稿》卷五《州县当务二十四条》。
③《勉学斋续存稿》卷三《宽纵辨》。
④《筹办夷务始末》,道光朝,中华书局,1964,第1040页。
⑤《筹办夷务始末》,道光朝,中华书局,1964,第948页。

实、传统与现代等问题上,反思蒙古民族衰落的社会根源,挖掘并强调本民族优秀文化传统,并以兼容并蓄的态度对待其他民族的文化,著有《青史演义》《一层楼》《泣红亭》等重要著作,形成了蒙古族哲学史上较早的启蒙思想体系。

首先,剖判哲学本体论上的空有二派,坚持"世界实有"的本体论。尹湛纳希认为,"喇嘛教主张万物皆空,引导人们以空为本;儒教主张万物皆有,引导人们以有为本"。[①] 这就对历史上的本体论作出了明确的哲学判断:藏传佛教认为客观世界是"空","以空为本";儒家认为客观世界是"有","以有为本"。这种以"空"与"有"来概述儒佛两家关于世界本质、现象的不同回答,已达到了相当的哲学高度。以此判断为基础,尹湛纳希提出了自己的世界本质论。客观世界不是"空",而是"有",并且与阴阳、五行运动相联系,"此宇宙者,从天地日月乃至万物,皆起源于阴阳二气,因缘于五行法则,故充满世界,繁衍万物"[②]。"宇宙都由阴阳二气而成,有阴阳二气的地方,就产生了人和物。"[③]应该说,这是对藏传佛教哲学本体论的批判。据此,尹湛纳希分析了"空"与"有"的关系,强调"以有为本","空"是有的转化,是"有"的毁灭,如:"具体的事物,在其有形体的时候便是有,在其形体毁灭之后便是空";"我们这个朝代,我们本身,现在虽然都是有,但不可避免地要成为空。不能将灭亡了的朝代与人称之为有,亦不能将存在的朝代与人称之为空。"[④]这样,"有"与"空"尽管不同,却发生了紧密的内在关系:"有则皆有,空则皆空,有空相衔,紧密无间。"这正像"人与动物的生死,有生则有死,活着的时候称之为有,死灭以后称之为空"[⑤]一样。而且还应看到,尹湛纳希的这种转化观是以承认客观物质世界的运动规律为前提的,即"万物无不具有规律也",如"春晨

① 尹湛纳希:《青史演义》蒙古文版,内蒙古人民出版社,1979,第 66 页。
② 尹湛纳希:《青史演义》蒙古文版,内蒙古人民出版社,1979,第 72 页。
③ 尹湛纳希:《青史演义》蒙古文版,内蒙古人民出版社,1979,第 72 页。
④ 尹湛纳希:《青史演义》蒙古文版,内蒙古人民出版社,1979,第 66 页。
⑤ 尹湛纳希:《青史演义》蒙古文版,内蒙古人民出版社,1979,第 4 页。

一时冷风怎能使万物冻结,夏夜一阵北风怎能使万物成熟,秋午一时热浪怎能使万物返青,冬日一阵温暖怎能使万物复苏",正是由于这种特殊规定性,"使万教具有了不同的特点"①。

其次,"承天启运"的民族自生论对"印、藏、蒙同源"说的历史批判。前述"印、藏、蒙同源"说实质上是一种自然史观与社会历史观统一的学说,从元朝八思巴到清初萨囊彻辰都始终坚持了这一核心信条:虚空→三大→宇宙生成→人类起源→印藏蒙王统。前面四个阶段属自然史观,后面的"印、藏、蒙王统"则属社会史观。对此,尹湛纳希坚信:"佛祖是印度的"而不是"蒙古的",应"正本清源","让蒙古人知道自己的历史,记着自己祖宗的根基",故在《青史演义》的序中说:"氤氲着诚的山川湖泊之气,因淤塞而凝结的如铁如石,以致无可复加的程度,突然爆发而起,大气弥漫天地,承天启运的成吉思汗应运而生。他从 13 岁起兵,以迅雷不及掩耳之势,讨还父仇,征战四方,经历千难万险而百折不挠,降服四色五夷,创建一统天下之蒙古基业。"②因此,各民族都同蒙古族一样,会创造出自己的英雄,因为"大凡阳光能照到的地方,都有圣贤出世",都有"一种公理和美德"③。

（四）贡桑诺尔布的社会进化史观

贡桑诺尔布(1871—1931),出身于清末蒙古族封建贵族家庭,字乐亭,蒙古喀喇沁右旗人,兀良哈氏,1898 年袭喀喇沁郡王爵位。贡桑诺尔布早年受佛、儒文化影响较深,但后来在戊戌维新思想影响下,逐渐产生了社会改良主义思想,1903 年赴日私访后又转而倡导资产阶级君主立宪论,辛亥革命后又赞赏孙中山的"民生""民权"观点,还被孙中山推举为国民党理事会的理事。1931 年因病逝世。他的著述除《贡乐亭诗集》外,均未辑刊,多有散佚。

首先,贡桑诺尔布以进化史观念重新审视民族史,使蒙古族历史观

---

① 尹湛纳希:《青史演义》蒙古文版,内蒙古人民出版社,1979,第 57 页。
② 尹湛纳希:《青史演义》蒙古文版,内蒙古人民出版社,1979,第 49 页。
③ 尹湛纳希:《青史演义》蒙古文版,内蒙古人民出版社,1979,第 57 页。

发生了近代转型。贡桑诺尔布认为，"不论何种民族，随着时代的演变，都是由落后逐渐走向文明"的，汉族在轩辕黄帝"此后几千年的发展过程中，由于很多英明皇帝和古圣先哲创造文字和文化，教育全体民众，才形成现今的文明民族"；"西欧列强，无论是哪一个国家，都经过了野蛮时期。但由于各国国王们善于教育人民，才逐渐强盛起来。"①这里，贡桑诺尔布强调英明皇帝、古圣先哲、国王等"英雄"人物的作用有过度之嫌，但从其主题在于强调民族和国家由野蛮到文明进化的必然性，并据此分析蒙古族自"元顺帝失败中原，退居漠北，自此之后，日渐衰落，以致目前的贫困境地"的历史原因，却是有历史进步意义的。

其次，以世界史观察中国，剖析现代世界发展的历史动力。贡桑诺尔布曾有《瀛海展轮》之诗，纵论"放眼瀛寰眼界宽"，且"豪兴纵谈评屿峡，雄心低事怯波澜"，显示出其世界历史眼光，"放眼瀛寰眼界宽，茫茫大陆等浮滩。蓬莱雾锁三横岛，芝罘云环数点峦。豪兴纵谈评屿峡，雄心低事怯波澜。黄昏极目天涯外，万顷波涛拥一丸"。1903 年他私访日本，看到了日本在"维新"与"传统"的张力中获得发展的现实，作《东京有感》诗曰："幕府声威记昔朝，而今同轨起新桥。维新卅载精神速，富士山头雪未消。三十年来气象新，壮心决志羡君臣。尊王攘狄翻专制，不愧完全一国民。蒸汽车头仔细论，一朝崛起扶桑噉。居然东亚强人意，依旧未更大和魂。强迫精神自昔然，合群风气武城弦。从今鼓舞当年勇，政教让君卅六年。"②后来，他又强调"现今世界是以知识能力为贵，而不以门阀出身为贵"；"西欧的英、法、德、美等新兴国家，前后改革了这种陈腐旧制，从而形成了现今的列强。我们蒙古各旗因为仍然存在着此种腐败的制度，所以就变得愈发软弱无能。"③据此可知，这已是比较成熟的启蒙思想了。

由于贡桑诺尔布的特殊社会身份，他还将自己的启蒙之思进行社会

①《赤峰市文史资料选辑》第 4 辑，第 3 页。
②《赤峰市文史资料选辑》第 4 辑，第 55 页。
③《赤峰市文史资料选辑》第 4 辑，第 8 页。

实践,如在所辖地区内解散专为王公贵族消遣娱乐的戏剧班子,并将其子弟及王府内 20 岁以下的奴婢遣送回家,取消封建跪拜礼仪,改善被雇用者的生活待遇,免征贫困人家的赋税等,实行社会改革;兴办学堂,打破"学在寺院"的佛教文化教育的一统局面,培育人才,造就了所辖地区第一批具有近代科学文化知识的蒙古族青年;变革封建专制制度,主张君主立宪,维护多民族国家的统一,并主张蒙古王公贵族"虽各司其地,各子其民,亦惟是率其土地人民以受统一于大皇帝,不知其他也"①。此外,他拥护孙中山的"五族共和"主张,在热河地区开展"蒙汉民族团结自治"的进步的社会运动等②。

以上说明,贡桑诺尔布理解的人类历史是由野蛮到文明不断发展的,他要求变革封建专制为"民主社会"(实指君主立宪)的观点,是进化历史观,在蒙古族社会历史观演变中具有重要的意义。他的这种历史观虽未能摆脱英雄史观的束缚,但已看到文化知识的作用、社会政治制度变革的重要性,以及民众文化素质提高的意义。尤其是他率先运用资产阶级政治的、历史的理论,观察、分析蒙古族兴衰史,尽管有种种不足,缺乏理论的系统性,但毕竟是承认民族、国家是不断进步的,与尹湛纳希为代表的具有循环论色彩的英雄史观有着本质的区别,已属于资产阶级历史观范畴。当然,他不可能懂得社会发展的规律、动力,不主张暴力革命,只是希望通过明治维新式的改良来实现其"民主社会"的理想,这就使他在社会实践中难免步履蹒跚。即使这样,作为蒙古族王公来说,已是了不起的了,应予以充分肯定。

(五)罗布桑却丹论"宇宙变化之道"

罗布桑却丹,清末内蒙古卓索图盟喀喇沁左旗人,出身于一个贫苦人家,是近代蒙古族著名的进步思想家。早年由于理想与现实的矛盾,曾"下了落发去西藏当喇嘛的决心",1902 年通过考试被授予从事佛教典

---

① 《辛亥革命》上,上海人民出版社,1957,第 300 页。
② 肖万源、伍雄武、阿不都秀库尔主编:《中国少数民族哲学史》,安徽人民出版社,1992,第 813 页。

籍翻译工作的"古西"(喇嘛学位名称之一),1906年受清廷文部之请在北京满蒙高级学校任蒙古文教师,1907年受日本之聘在东京外国语学校任教,1911年秋回国在北京从事翻译工作,1912年秋又受聘去日本京都板原佛学院,1914年回国后在"'南满'铁路事务部门做有关蒙文的工作",同时于1918年完成了著作《蒙古风俗鉴》。该书用蒙古文写成,除序言和结束语外,计有10卷58章,12万余字,比较全面地反映了蒙古族经济生活、文化教育、宗教信仰、社会历史演变、民族兴衰及其原因,既是蒙古族百科全书式的风俗学、历史学著作,也是罗布桑却丹哲学思想的深刻体现。

首先,纵论"宇宙变化之道",塑造社会改革的思想基础。罗布桑却丹认为,宇宙中的一切事物和现象,既包括自然界中的事物和现象,也包括人类社会中的事物和现象都在运动变化,只不过社会事物的变化是前进向上的,且与人的智或愚有关。他在书中写道:"宇宙变化之道,日落则星出;四时变化之理,按日月累计为年;政局安定则和平。因人们的欲望无边无际,有两种必然现象:和平和幸福达到极点就要生乱;而乱世达到极点则又回到和平与安宁的状态。文明之邦并非不出恶人,乱世之中也并非不出圣贤……凡败事者,都是在时运较佳时依仗有财有勇,一时高兴而为,其事必无成就。冰冻三尺非一日之寒,成事全在于自始至终的周全安排……如今,世界上的人都在往更开化的方向发展变化。"[1]据此,他分析了蒙古族社会历史的变化,分析其穷困、落后的种种原因,并探寻了改变这种状况的哲学根据,"太阳天天升降,政权经常更换";"王公迟早要衰落,钢铁早晚必磨损";"穷富并非永不变";"世界上的人都在往更加开化的方向发展变化","事物在进步"等[2]。也正因如此,所以他反对任何的绝对化观念:"什么事情都不能一概而论,哪里都有好人和坏

---

[1] 罗布桑却丹:《蒙古风俗鉴》,赵景阳译,管文华校,辽宁民族出版社,1988,汉译本序言。

[2] 罗布桑却丹:《蒙古风俗鉴》,赵景阳译,管文华校,辽宁民族出版社,1988,第71、72、176、177页。

人,这是世理。"①为此,他还在书中编了一个故事:一个老翁坐在一棵大树下,见一头牛从北边走来,另一头牛从南边走来,北来的牛问南来的牛:"你来的路上有好草吗?"南来的牛说:"路西边一点草也没有。"老翁听了两头牛的问答,觉得好笑。因为南来的牛左眼瞎了,往北边走时看不到西边的一切,当然路西边有草也不见,竟说成是"没有草"。由此老翁说:"以后人们不知物的全局,就被说成少了一只眼的牛。"

其次,抨击藏传佛教的"一切皆空"思想。既然有"宇宙变化之道",就不可能是"一切皆空";既然非"一切皆空",就应起而变革社会。这样,罗布桑却丹探讨了蒙古族由强盛变贫弱的哲学根源——"一切皆空"思想,这就是"世界之事皆为空,并不永生的身体并没有用处……应为来生着想"。"蒙古族由于喇嘛教的发展而变穷的原因,至今没有人知道。为什么说喇嘛能让民族受穷?世上的人应当受到一种教育,长大后学会一种对于人类有益的本事去谋生。可是,喇嘛教的教义并非如此,而是认为世界之事皆为空,并不永生的身体并没有用处,反受其苦而作孽,还是念经修善为好,应为来生着想。用这种内容为主教育诸男女,日久天长,人们的思想和习俗转化成懒惰和软弱,只知一切皆空、人不永生之理,不知人口繁育和增加财富之道,明明活着却老想死后的事,这个害处非轻。蒙古族除了灭亡还有什么出路?"②他具体分析了"一切皆空"思想的危害:一是"人人没有进取心",不"明白人生的意义";二是使人不重视"种地读书",对于"世界之由来,乃如此的道理也只从故事中听听而已,真正人世间大道理如何能知晓";三是"当喇嘛的特多",他们"不仅不服兵役,也不服其他一切差役",使"经济受到了严重的破坏"③。与此相反,罗布桑却丹提出振兴蒙古族乃至中国的主张:一是强调重人为,人的命运应由人自己来掌握——"福祸本无门,全在个人寻","穷了才知富贵好,临

---

① 罗布桑却丹:《蒙古风俗鉴》,赵景阳译,管文华校,辽宁民族出版社,1988,第154页。

② 罗布桑却丹:《蒙古风俗鉴》,赵景阳译,管文华校,辽宁民族出版社,1988,第82页。

③ 罗布桑却丹:《蒙古风俗鉴》,赵景阳译,管文华校,辽宁民族出版社,1988,第 49、171、128、80 页。

死方知活着甜","光阴宝贵,机不可失"。二是强调不要忘记"古代的金玉之言",重视民族文化传统。三是强调"学习各种书本知识",因为"现在看世界各国,文化发达的国家国富,技术就强,文化不发达的国家,都变成弱国和穷国。世人虽很富有,但如不掌握文化知识,怎么也不能永远富有。这是真理。"四是必须"发展经济,发展教育事业"①。

最后,基于以上认识,罗布桑却丹强调要反对听天由命的思想。罗布桑却丹认为蒙古人的性格中有一种天命论思想:"……认天命,为官或平民已定为代代相传。无论多坏的官,也是命里该然,遇上多坏的诺颜也要忠心于他,如果当地诺颜特别不好,就是换掉也还是他们自己的家族。自古官员代代相传至今,属民也是代代相传至今。"②并且他还认为,正因为蒙古人有"认天命""命里该然""命该如此"的思想,所以"不思进取"。这样,"从蒙古族过日子情况来看,听天由命并懒惰,靠天赐物而没有掌握各种技术,也不懂经济和生产的深刻道理,加上旗的官员和王爷的知识贫乏和骄气,依仗权势,巧取豪夺人民的牛羊和钱财,此外并不做什么事。因此,蒙古地方变得特别穷。"③在这里,他不仅抨击官员、王爷"依仗权势,巧取豪夺人民的牛羊和钱财",而且强调生产技术、经济发展、文化知识的重要,从本质上说属于近代启蒙思想范畴。

第三节　壮族哲学思想发展的两个传统

壮族是中国少数民族中人口最多的一个民族,在悠久的历史发展中创造了光辉灿烂的哲学思想,这成为中国哲学文化多元一体格局中的重要表现形式之一,为丰富、发展中国古代哲学文化作出了重要贡献。

---

① 罗布桑却丹:《蒙古风俗鉴》,赵景阳译,管文华校,辽宁民族出版社,1988,第 116、71、170、52、82 页。
② 罗布桑却丹:《蒙古风俗鉴》,赵景阳译,管文华校,辽宁民族出版社,1988,第155页。
③ 罗布桑却丹:《蒙古风俗鉴》,赵景阳译,管文华校,辽宁民族出版社,1988,第112页。

一、壮族哲学思想的形成

壮族哲学的研究,仅其形成期的研究就有很多。如:韦玖灵以气是天地万物的本原为旨探讨古代壮族哲学思想①,研究古代壮族的朴素自然观及其与宗教的关系②;黄庆印论壮族哲学思想特点及其研究意义③并探源壮族古代哲学思想④;覃彩銮初探壮族古代哲学思想⑤;梁庭望试析壮族《传扬诗》的伦理道德观⑥,以及哲学思想⑦,等等。目前,已有黄庆印的《壮族哲学社会思想史》⑧专著对壮族哲学进行了深入研究,且在肖万源、伍雄武、阿不都秀库尔主编的《中国少数民族哲学史》第11章设有专论,而佟德富、宝贵贞在《中国少数民族哲学专题研究》中则有部分专题论述。按照黄庆印《壮族哲学社会思想史》的分期,从秦汉至清代,都属壮族哲学的形成发展期,他分别论述了上述各个时期的壮族哲学思想。

形成期的壮族哲学,相比于其他少数民族哲学,有其共性,如都信仰多种宗教与多神,像壮族的宗教有巫教、道教、佛教,信仰的神灵更是多种多样,常见有雷神、龙神、社神、土地神、水神、山神、灶神、火神、树神、禾神、牛神、蛙神等,应该说在哲学精神的总体倾向上与其他少数民族有一致性,如宋代周去非的《岭外代答》"天神"条说:"广右敬事雷神,谓之

① 韦玖灵:《气是天地万物的本原——古代壮族哲学思想探讨》,《广西大学学报(哲学社会科学版)》1992年第4期,第56—59页。
② 韦玖灵:《古代壮族的朴素自然观及其与宗教的关系》,《广西大学学报(哲学社会科学版)》1995年第6期,第90—96页。
③ 黄庆印:《论壮族哲学思想特点及其研究意义》,《广西民族大学学报(哲学社会科学版)》1995年第1期,第36—39页。
④ 黄庆印:《壮族古代哲学思想探源》,《广西民族大学学报(哲学社会科学版)》1984年第4期,第38—44页。
⑤ 覃彩銮:《壮族古代哲学思想初探》,《广西民族研究》1988年第3期,第110—117页。
⑥ 梁庭望:《壮族〈传扬诗〉的伦理道德观》,《学术论坛》1983年第4期,第92—95页。
⑦ 梁庭望:《壮族〈传扬诗〉的哲学思想试析》,《广西民族大学学报(哲学社会科学版)》1983年第2期,第31—38页。
⑧ 黄庆印:《壮族哲学社会思想史》,广西民族出版社,1996。

天神,其祭曰祭天。盖雷州有雷庙,威灵甚盛,一路之民敬畏之,钦人尤畏。圃中一木枯死,野外片地草木萎死,悉曰天神降也,许祭天以禳之。苟雷震其地,则又甚也,其祭之也,六畜必具,多至百牲。祭之必三年,初年薄祭,中年稍丰,末年盛祭。每祭则养牲,三年而后克盛祭。其祭也极谨,虽同里巷亦有惧心。一或不祭,而家有疾病官事,则邻里亲戚众尤之,以为天神实为之灾。"柳宗元的《柳州复大云寺记》则记叙了壮人迷信占卜的情景。至唐、宋以后,壮族聚居地区已逐步趋于巫、道、佛合流。

在形成期的壮族哲学文献中,民间传说故事等是重要载体。不过,壮族已出现了大批具有哲学思想的精英人物与成果,如产生于宋代的侬智高兵法、形成于明代的岑家兵法,就可以看成是壮族古代朴素军事哲学思想的代表。其中侬智高兵法形成于宋代侬智高领导的声势浩大的农民起义中。这次起义,先后建立了"大历国"(1041)、"南天国"、"大南国"(1052)等地方性政权。虽然侬智高起义最终以失败告终,但在它席卷岭南的反抗斗争中形成了自己的军事哲学思想,如在军事与政治的关系上,强调以军事斗争作为实现政治目的之手段,司马光《涑水记闻》即有记载:"(智高)因求内附,朝廷恐失交趾之心,不纳。智高谓其徒曰:'今吾既得罪于交趾,中国又不我纳,无所容,止有反耳!'"在人与物的关系上,特别重视士气在战争中的作用,故于正式起义前夕,"焚其巢穴,给其众曰:'平生积聚,今为天火焚,无以为生,计穷矣。当拔邕州,据广州以自王,否则必死。'"①体现了老子"抗兵相若,哀者胜矣"的思想。其他如重视侦察与情报工作、故意示弱以麻痹对方、形成三人小组战术等,都极具哲学意味。

在形成期的哲学文献中,壮族的伦理教科书——《传扬诗》具有重要地位。该诗流传于广西马山、上林、都安、忻城等县的红水河沿岸及其他一些地区,具有广泛的群众性。全诗均用五言勒脚体写成,共 20 章,2100 余行,10 万多字。作者的目的即为传扬做人的道理与美德:"提起

---

① 《宋史》卷四九五《广源州》。

笔来细思量,做人道理要传扬。编成山歌千百首,好让世人明主张。"该诗在民间传有多种手抄本,现有今人梁庭望整理的 1984 年由广西民族出版社出版的壮文本。学界根据其中提到的提督官职,县的行政建置,地租、高利贷、长工的剥削方式以及穷人入山开荒等社会现象,认为其形成于明末清初这段时间。根据其正诗 20 章的题目分别为"天下不公""富人""官家""穷人""志气""求嗣""养育""教诲""勤劳""做人""交友""睦邻""孝敬""择婿""为妻""夫妇""姊娌""分家""鳏寡""后娘"等内容看,完全是一个整体的区域社会建构,可以看成是壮族的社会哲学。根据《中国少数民族哲学史》的介绍,其中包括的思想内容有:一是强调以上补下、搭配公平,反对政治上的贵贱不等和经济上的穷富悬殊。"山上石垒石,平地土无垠,天不会平算,地不会均分。当初立天地,这样分不平。""人们当醒悟,天下属帝王。嫔妃拥在后,白银烂在仓。"官吏们"做官忘国事,掌印不为民。妻妾陪下棋,淫乐度光阴。""天下众财主,楼房比山高。一家百峒田,三妾来侍候。""山峒占不足,下峒伸黑手。"……为此,他们发问,他们要斗争:"虽说同种又同宗,为何有富又有穷? 百思不解理何在,举旗造反上京城!"二是强调要勤劳节俭、正直诚实地做人。"说千言万语,勤劳是头条。""勤劳无价宝","勤劳是甘泉。""坐吃山也空,立吃地也陷。遗产如洪水,水退地皮干。""夫妻一条心,勤俭持家忙。苦藤结甜果,家贫变小康。""当家她节俭,种地她在行。缝补她手巧,老少不发愁。""劝告青年人,思想要诚实"。"做个正直人,不枉寿百年。""欺侮忠厚者,天地也不容。""壮家本好客,待客讲真心。""交友要交心,情比石头重。"……三是强调尊老爱幼、团结和睦。"婚嫁要当心","镜中花易落,心中花常开。""但求夫婿好,甘苦永相爱";"好女自聪明,不爱富嫌贫。""夫妻千千万,牢记在心间。花山成伴侣,结发情义长。""姊娌即姐妹,都是自家人。""鸾鸟归一树,今生巧相逢。有幸共一家,结为手足情。""壮家好传统,敬老和爱幼。""十月怀胎苦,为娘心自知。""娘忍饥吐哺,父挑担打工。"因此,子女要铭记父母的恩情,孝敬父母,赡养老人。"莫忘父母恩,辛苦养成人。儿孝敬双老,邻里传美名。"在父母老人病痛卧床的时候,做子女晚辈的更要尽心尽力治疗照料。"卖掉禽畜不足惜,但求良药把病医。""不怕苦和累,但求好如初。"诗歌猛烈地抨击了不敬双亲、不养父母、虐待老人的不孝之人。"媳妇进了门,就忘父母恩。""忘父母恩情,良心全不要。""得妻弃双亲,人不如畜生。"……

形成期的壮族哲学,一个重要特点是形成了儒家化的人生哲学和世界观。其中刘定逌是其代表。刘定逌,字叙臣,一字叔达,号灵溪,广西武鸣县人,清代壮族著名学者。清乾隆十三年(1748)进士,授翰林院编修,著有《刘灵溪诗稿》《四书讲义》《读书六字诀》等,现仅存诗数十首及散文《三难通解训言述》《罗衣古寺碑记》《重修武缘县儒学碑记》《灵水庙碑记》等。此外,还有黎建三和黄彦增的无神论思想,也应看成是形成期壮族哲学的重要成果。

二、壮族哲学的两个传统

从哲学文化交融互通层面分析,壮族哲学文化发展史上一直存在着两种文化传统,反映出明显的文化融合特征。作为源于中国南方古代百越族群的西瓯、骆越部族的壮族,是典型的土生土长的土著民族。距今约五万年前的"柳江人"、距今约一万年前"桂林甑皮岩人"应有壮族先民的血统。《逸周书·王会解》《淮南子·人间训》《史记·南越列传》《汉书·两粤传》《唐书·地理志》等书所记之"百越"或"百粤""西瓯""骆越人"等,即包括后来壮族人聚居的地域,说明壮族人是古西瓯、骆越人的后裔。从历史发展看,战国时期,部分壮族聚居地区已处于原始社会向奴隶制社会过渡阶段,具备了哲学文明产生的基本条件;秦朝曾在壮族聚居地区设置郡县制进行统治;汉武帝时曾采取"以其故俗治,毋赋税"的政策,促进了壮族聚居地区的封建化进程,历经三国至南北朝而至唐代,这一进程都在逐渐发展;唐、宋以后,壮族已明显地形成了两个哲学文化传统。一方面是壮族民族自信与自性的哲学文化传统,这一传统延续着壮族先民的石器文化,以古壮字为载体的语言文化,"壮族及其先民创造的稻耕文化、花山文化、铜鼓文化、干栏建筑文化、织锦文化、美俗文化、山歌文化、故事传说文化,以及良风美德思想文化等"①。另一方面是至少从唐代即已留下遗迹,消化吸收了其他各民族文化,其中特别是中域文化的哲学文化传统。由于主要表现在壮族文人用汉字写成的诗文作品中,因而可称为诗性哲学智慧。

第一个传统说明壮族有自己本民族的哲学思想,从而形成了壮族民族自信与自性哲学文化传统。例如:在长期流传的《开天辟地歌》《人神分家》《姆洛甲》《布洛陀》《妈勒访天边》《特康射太阳》《布伯的故事》《铜鼓的传说》等中,形成了具有壮族特色的天地生成说(如宇宙元气蛋化)、人类的起源说、宇宙结构说、人天关系说等;在极具群众性的对歌传统中,通过对人生的幸福、苦乐、荣辱、生死、爱情、美丑、恋爱、婚姻、家庭等的深层思考,充分地反映出壮族人的哲学思想;在民间流传的一些手抄本"诗歌"如《布洛陀经诗》②《传扬歌》,以及崖壁画如宁明县明江下游的岜耀村花山壁画等之中,都反映出壮族人民的哲学文化成果。这些材料可以参考已编辑出版的《壮族民间歌谣资料集》(1—2 集)、《壮族民间故事选》、《广西壮族社会历史调查》(1—8 册)等资料。第二个传统说明壮族人民的开放精神。在开放融通中,壮族文人形成了富有地域色彩的、民族风格和民族气派的新哲学传统,即以消化吸收中域文化为主色调的哲学文化传统。有学者统计,"明代以后保存至今的诗歌有 2 万多首,其他的文学著作有 30 多种",在这些作品中,有的在认识论上阐发了"格物致知"、知行关系等方面的问题,有的探讨了人生观和伦理道德观问题,有的则直接讨论了哲学本体论问题等。特别是"壮族文人一生崇尚理学、儒学,有文必发生于儒,以儒为师"③,即充分显示了壮族人民的新哲学传统。

(一)壮族哲学的自身传统

根据考古材料及长期流传的文化形式,壮族聚居地区从旧石器时代以来已形成了"古朴的自然观念",如"认识食物的实在性"、超越岩洞居

---

① 黄庆印:《壮族哲学社会思想史》,广西民族出版社,1996,第 6 页。
② 张声震主编:《布洛陀经诗》,广西人民出版社,1991。
③ 黄庆印:《壮族哲学社会思想史》,广西民族出版社,1996,第 11 页。

住形式而探索干栏建筑、制造生产工具、发明与改善种植技术、发现火及其性能、发明弓箭并充分利用其功能、制造与使用铜器等,这些行为之中蕴藏"古朴的自然观念,它记录着壮族先民们战天斗地、改造大自然的轨迹,也记录着壮族先民们思维能力的提高,产生哲学观念的蛛丝马迹"①。

从直接的哲学起源看,在《布洛陀》《姆洛甲》《保洛陀》《陆陀公公》等民间故事传说中,壮族先民阐明了宇宙元气蛋化的过程,其中涉及宇宙的三界结构及相应变化,构成了古代壮人的天地生成说,其他如《古缘歌》《盘古歌》《开天辟地歌》等,也都有特殊的天地生成论。关于人类的起源,壮族有姆洛甲用泥土捏泥人说、《红水河的故事》与《布伯的故事》的再创说等。其他如相应的时空观念,伦理道德观念,自然崇拜观念(对日月雷的崇拜、对山河的崇拜、对火的崇拜、对树木及禾谷的崇拜),图腾崇拜(《蚂蚜歌》中的蚜蜗、《青蛙仔》中的青蛙、《巫经》中的乌鸦以及蛇、鸡等),祖先崇拜,等等,都反映出壮族先民哲学思维的萌芽。

秦汉至南北朝时期,壮族聚居地区的"崖壁画"应作为壮族哲学社会思想的资料来对待,其中因为一定的哲学"应该用'映象''画像'或反映来代替符号"②。这一时期,壮族发展完善了"干栏"建筑,不仅反映出壮族人民的宇宙结构观念,而且反映出天人合一、人神合一、社会和谐等哲学社会思想观念,并与整个西南民族地区的干栏建筑哲学文化保持一致。有学者提出壮族属天人同一的思想,区别于儒家的"天人合一"而又有所相似③。在总体哲学精神取向上,壮族先民表现出强烈的人能胜天的思想,《特康射太阳》《岑逊王》等故事即可作为证据,而其工具、耕作、种植技术及壮医药学更反映了这方面的哲学文化精神。

唐宋时期,壮族哲学的自身传统得以发展,其中壮族的对歌传统得到较充分的反映,在"歌坡"上,在劳动中,在休闲时,"时而男,时而女,交番作战。攻隙抵瑕,奇正互用……而胜负乃分。其胜者,群焉翕然称之,

---

① 黄庆印:《壮族哲学社会思想史》,广西民族出版社,1996,第15—25页。
② 《列宁选集》第2卷,人民出版社,1995,第37页。
③ 黄庆印:《壮族哲学社会思想史》,广西民族出版社,1996,第57页。

高歌奏凯,鸣炮震天地,欢呼而还。"①正是在壮族及其先民的山歌对歌中体现出丰富的哲学思想。

在壮族哲学的自身传统中,《传扬歌》的伦理道德及辩证哲学思想具有壮族传统哲学的自我总结意义。学界考证其大致产生于明末清初时期,与整个中国历史发展的早期启蒙时代相当,其歌以"提起笔来细思量,做人道理要传扬。编就山歌千百首,好让世人明主张"起始,显示出壮族伦理道德的终极目标,其内容从"养育""训子""勤劳""善良""交友""孝敬""睦邻""择婚""为妻""夫妻""妯娌"等方面阐明,提出了如勤劳、正直、俭朴、诚实、志气、帮睦、孝敬、爱幼、善良、互爱、互帮、互让等一些道德观念,并以善和恶、正和歪、孝和虐、勤和懒、敬爱和勾斗、互让和争夺的对比来强化道德规范对人们行为的重要作用,在揭示自然现象和社会现象中道出了朴素的辩证哲学思想。

总之,壮族哲学的自身传统是在不断地发展着的。如传统的对歌,近现代时期的歌圩已星罗棋布,歌圩之日,大的歌圩达数万人,山歌已成为人们传达民族传统哲学的重要形式。如:"树尾摇摇必有风,水里动必有龙。雨不浇花哪有香,天上无云哪有雨……"强调了因果关系;"春天天上雷不鸣,很难得几大雨淋。冬至接连三日晴,来年谷米价定平……"强调了必然与偶然的关系;"天上星多月不亮,白糖放多也不甜。好酒吃多也无味,好话讲多也不甜……"强调了质变与量变的关系;"风吹禾动田不动,河里水流石不流。风吹云动天不动,水推船移岸不移。水磨轮动轴不动,河水滚流滩不流……"强调了动与静的关系;"种田才知米宝贵,下河方懂水深浅。不走山崖陡险路,哪知行路可艰难。李果甜酸口尝知,活做多了才熟悉……"强调了知与行的关系,等等。此外,壮族人民传统的道德思想及相应的行为规范,如爱劳动、爱壮乡、爱祖国、诚实、信用、淳朴、互助、重义以及敬长爱幼等,也仍然在近现代传承着,并逐渐增加了一些新的内容。在宗教哲学思想方面,传统的宗教思

---

① 黄庆印:《壮族哲学社会思想史》,广西民族出版社,1996,第71页。

想得以沿袭并有某种演变,村庙、观音庙、北帝庙、神农庙、土地庙、雷王庙、马伏波庙、大王庙、盘古庙、莫一庙等体现的多神信仰,包括信仰巫婆、巫公或道公,信奉巫、道、释合流的巫道教等,在近现代仍然存在,由于近现代社会的特殊性而增加了拜上帝会、天主教、基督新教等。当然,近现代也多次发生反天主教的斗争,如清咸丰六年(1856)发生的"西林教案"等。

(二)开放融通的哲学传统

唐宋以后,壮族开放融通的哲学传统得以出现。如早在唐代,即有韦敬办对中域气化宇宙观的接受。韦敬办出身于壮族土官家庭,从小学习汉文,撰有《六合坚固大宅颂碑》和《智城碑》。他在《智城碑》中坚持了中域哲学的元气论,强调:"若夫仰观乔(天)文,有②(日)⑨(月)O(星)辰之象,俯察口坌(地)①理,有岳渎山河之镇……皆□□蓄泄元气,崩腾横宇宙之间。"并主张"乔(天)坌(地)寥廓,阴阳回薄,五镇三山,干溪万壑,积涧幽阻,攒峰磊落,神化攸归,灵只是托"。同时还坚持了空间"无边无际"、崇尚自然的思想。"虚窗写⑨(月),空岫含烟,藤萝郁蓊,林麓芊葰,寻之口(无)极,察之无边,洪荒廓咨,咸归自然。"碑中同时还体现出中域文化的一些社会治理思想。进入宋代以后,代表人物是壮族学者冯京②(1021—1094),《宜山县志》说"宋则宜州冯京以三元名",《粤西丛载》说"冯京、黄庭坚之德誉动于宜",虽然其所著《潜山文集》已佚失,但从其反对王安石的变法革新来看,显然有自己的社会哲学思想。同样在宋代,侬智高③(1025—1055)的爱国主义思想、军事思想等极具哲学意义。

---

① "乔""坌""②""⑨""O"等字,是武则天创造的异体字,"□"是碑文的字已脱落。

② 有学者并不认同冯京为壮族学者之说。

③ 彝族古典史诗《铜鼓王》中即唱到这次起义:"到了宋王朝,政治一团糟。对我各民族,一律诬为獠。残害我彝民,日子难得熬。迫使各民族,反抗宋王朝。布越也造反,首领侬智高。占领南国地,南国起风潮。建立南天国,城头火旗飘。那时普厅地,改名为特磨。特磨布越族,都投侬智高。纷纷闹造反,举起枪和刀。为了求生存,推翻宋王朝。"

元明时期,壮族聚居地区已"比于内地"①,文化教育有了较大发展,开放融通的哲学传统得到了进一步发展,如明代李壁"幼年颖悟,长力学"②,著有《皇明乐谱》《剑阁集》《剑门新志》《名儒录》及八首诗,《武缘县图经》卷5说他"凡可以善政惠民之道,縻不悉举";瓦氏夫人"躬为规划,内外凛然",管理政事,官至"女官参将总兵",不仅在抗倭斗争中表现出爱国主义思想,而且有极丰富的军事辩证法思想。

到了明末及清代,特别是"改土归流"以后,壮族聚居地区已"文风渐盛",壮族文人学者的天道观、认识论、矛盾观、义利观、人生观、伦理道德观和无神论思想等都在更深入的层次上体现了开放融通的哲学传统。其中包括:石梦麟的《当办歌》所阐述的"田多反为累"的物极必反思想。刘定逌在《偶得》《夜坐》《读书吟》等中表现的哲学天道观,如"夜静天机寂,心虚万物空,可怜堪作伴,明月与清风";"潇洒微尘外,空虚一物无,残灯还照我,兀坐老团蒲"等。张鹏展著有《贻谷堂全练》《离骚经注》《读鉴释义》《兰音山房诗草》《女范》《山左诗续钞》《峤西诗钞》《正人心疏》《宾州志》等,其中的"崇实、黜浮"思想值得重视。蓝景章著有《戏拟螳螂新婚》《鹧鸪出嫁启》《酷似六朝人》《地理辨序》③等,其中《地理辨序》对地理风水说的批驳极具哲学意义。韦天宝(1787—1820)著有《斗山书院学规》一卷、《存悔堂遗集》六卷等哲学思想著述,其《士先器识论》中提出的器识之说具有重要的哲学研究价值;韦天宝还阐明了自己的格物致知的认识论,认为"心之量无所不包",要"由明而诚",且"必自格物致知始"。

时至近现代,壮族开放融通的哲学传统得到了更进一步发展,直到产生了韦拔群的哲学思想,不过这一问题我们将放在近现代哲学转型中去论述。

---

① 《元史·地理志》卷五八。
② 《武鸣县志·列传》卷九。
③ 蓝景章:《地理辨序》,载于《宜山县志》。

第四节　土家族的华夏认同与文化选择

无论人们对于哲学有何种不同的理解,也不管人们是否承认有哲学转型的存在,都不能否认的基本事实是:在哲学发展史上,的确发生过一种哲学形态向另一种哲学形态的转变。与文学、宗教等把握世界的方式相比,哲学的世界虽然同样是属人的世界,但它不应是人们站在世界之外看世界,而是人们立定在包括自身在内的世界之中观察世界,即从人与世界的关系层面来分析和观察世界,从而体现出哲学思维方式的内在前提。"我们的主观的思维和客观的世界遵循同一些规律,因而两者在其结果中最终不能互相矛盾,而必须彼此一致,这个事实绝对地支配着我们的整个理论思维。这个事实是我们的理论思维的本能的和无条件的前提。"[1]因而哲学以反思为特殊的思维方式。以这种哲学观来理解和评价土家族的哲学历史,我们发现,到目前为止,土家族哲学已有了三种形态、两次转型。作为一个在内陆定居而又人口较多、民族自性强而又开放力度大、文化应对面广泛而又守持核心文化价值的民族,对土家族哲学的转型的研究,对中国哲学的转型的研究,甚至对中国哲学的世界化的研究具有重要意义。

从远古走来的土家族,自从神话中分离出哲学以来,至 15 世纪为止,从哲学形态来讲,都是在思维与存在、人与世界、主体与客体的二重化世界中建构自己的哲学属人世界的。15 世纪以后,随着中原王朝对土家族聚居地区的重新定位,随着华与夷、中心与边缘、文明与野蛮关系问题的凸显,土家族上层有了一种新的世界图景,力求从边缘走向中心,从而在追踪先哲的过程中建构一种新的哲学属人世界。时至近现代,伴随着全球性现代化运动而来的传统与现代、中国与西方等新世界问题的凸显,已在中国走向中心的土家族又一次在世界范围内产生了边缘感,于

---

[1]《马克思恩格斯选集》第 4 卷,人民出版社,1995,第 364 页。

是又一次发生了哲学转型,重新建构了自己的哲学属人世界。

一、哲学萌芽期的二重化世界的价值建构

根据土家族聚居地区文化的历史联系,在土家族的神话中已显示出土家先民的哲学世界观建构,其主流影响一直延续至 14—15 世纪。土家族神话的传承形式主要有三种:一是汉族文史记录的土家族先民神话,如《后汉书》《世本》等记载的廪君神话等;二是土家族巫师或梯玛传承的创世神话、民族迁徙神话,如《摆手歌》中的创世歌、民族迁徙歌等;三是长期传承于一般民众中的神话传说,如《佘氏婆婆》等。从神话的形态学意义上看,土家族神话区别于汉族神话之处在于它生成于"哲学"之前,但又长期流传于"哲学"形成之后,因而在理性与非理性、哲学与神话的展现中显得更为古朴、更为本真;土家族神话区别于"西方"神话之处则在于土家族神话没有一个统一的从无创有的创世神,因而没有西方神话世界中的两极对立、没有神对对象世界的绝对控制权。这种具有双向区别的神话使土家族先民的哲学属人世界,既有化身为真善美"神圣形象"的神秘化了的"神",又有化身为真善美"神圣形象"的世俗化"英雄"。这样,土家族哲人就不仅在"此岸世界",而且也在"彼岸世界"同时得到了安置——神的人化与人的神化,并在这种二重化世界中安置人类自身。在土家族哲学发展的这一阶段,人们思考的中心问题是人与自然的关系,中心是对象世界如何成为属人的世界,基本实现方式是神化的人与人化的神,突出的是人类的自我中心,是人类从世界的边缘成为世界的中心,从而确立了土家族哲学上的自我意识。

(一)俱事鬼神的信仰与活性的对象世界

《世本》《后汉书·西南蛮夷列传》等记载土家先民巴人"未有君长,俱事鬼神",《山海经·海内南经》记载"夏后启之臣曰孟涂,是司神于巴"等,说明了土家族先民俱事鬼神的信仰。不过,土家族的这种"俱事鬼神"的信仰,实质上是信仰一种活性的对象世界。首先是世界万物与人

一样是活的,是可生、可死的,因而是可欲的、可"制"的;其次是世界万物都具有灵魂,并通过灵魂而成为可感、能感、有感之物,因而是可识的、可期的;最后是世界万物都有神性,是可善可恶的,是可贤可愚的,因而是可用可弃的。由于上述史料已得到广泛的征引,以下以一则新发现的《砍寄生包》①的神话为例加以说明:

> 远古天神造物的时候,对每一事物都赋予了灵魂,灵魂居住于万事万物的中心,就像人的灵魂居住于心脏中一样,故万事万物都能很好地生长,包括人也是一样。但时间长了,有的灵魂耐不住了,就想离开物体跑出去,于是有的人就失了魂,因而有了招魂活动;有的动物失了魂,就莫名其妙地死了;其他事物也有这种情况,其中树长寄生包就是树魂想往外跑,但树又控制得紧,故总是跑不出去。但树的灵魂还是远离了树的中心,长到了树杈上,而且还分散到处往外跑,故到处树杈上都长,以为这样总有跑到外面去的时候,即使跑不出去,也离外面近了。树的灵魂是树的生命的根本,没有了魂,树就不能生长,就会慢慢老死或枯死。你看,大冬天里,其他树都落叶了、老叶了,但寄生包却长得很好,青枝绿叶的,生命很旺盛。但对整个的树来说,就不那么好过了,不久就要死了。所以,人们看见树长了寄生包,特别是果树的寄生包,都要砍去,让树的灵魂被迫回到树的中心去。

结合其他诸多土家族神话对于神的人化与人的神化的界定,可见土家族神话不像西方基督教信仰那样以世俗的物质来彰显神的光荣,而是以神来彰显人的力量——人的努力后的德报,如人类起源神话中的兄妹;也不像汉族神话那样是圣君贤臣的崇高形象的彰显,而是世俗人物本身的神化,如廪君有功于夷水、覃垕的反抗压迫等。区别于西方神话的方面,一方面表现出土家人可以灵活地运用自然,为我所用,凸显实用

---

① 这则神话是家父在世时讲述的,根据笔者近年的回忆、总结,笔者的家传故事已很丰富。

主义的价值取向,这有利于在艰难环境中的生存与发展;另一方面又因对自然的恐惧而限制人们对自然的探索,使认识限于经验世界。区别于汉族神话的方面则表现出土家族神话中圣人与大众的非两极性,大众正是在种种比拼中不断凸显圣像,并进而成为"神"。土家族神话的这一价值取向为后来接受汉族文化中的儒家价值观提供了思想资源。甚至有学者认为,土家族的白虎神信仰本身就是一种让人成为圣贤的信号,因为"自从先秦以来,'白虎'就有象征'仁义'的意义"①。事实上,在土家族民间故事中,《义虎》《老巴子求医》《樵哥》等讲的都是关于虎助人的仁义行为②。

(二)崇尚合力的社会与集体本位的全面彰显

综观土家族的神话世界,最终会得到的并不是一个人们屈从于神的、被神奴役的世界,而是一个本质上无神的世界。在那里,神、鬼作为信仰,是一种生存谋略,将然之前是希望、是根据;已然之后是解释、是解脱,是新的活动的象征!如《摆手歌》中的神话主要强调的就是"力"的方面,即"吃肉先要喂好猪,吃饭定要种好禾"。通过土家族神话,力命关系都是强调的重要内容,其中特别强调的是劳动创造,并把"命"等因素作为一种因素悬置起来。也就是说,无论命运如何,关键时刻还是要靠人之力。"卵特巴吓破了胆,抱着婆娘哭哀哀。喊天天不应,哭地地不灵。妻子劝住卵特巴:'卵特巴你莫哭,号天哭地无用处。我有八个哥哥本领大,明天我去天涯海角找。只要哥哥来上阵,打他个客兵啃泥巴。'""八个哥哥上了阵,勇不可当杀客兵。舞起粗棒,挥动大刀。削斫萝卜一样,敲打葫芦一样,劈剁冬瓜一样,客兵抵挡不住神威。杀了一天一夜,血流成了河。杀了两天两夜,尸骨堆成了山。败兵竖起头发逃跑,喊天喊地哭号。穷追猛赶一天,河水踩干。穷追猛赶两天,小山踩平。穷追猛赶三天,败兵无影无踪。"③这里完全是排除了"命"的,凸显的正是人力,而

① 杨铭主编:《土家族与古代巴人》,重庆出版社,2002,第145页。
② 杨颜玲:《土家族虎、鹰、蛇图腾神话考略》《恩施教育学院学报》1996年第1期。
③ 彭勃、彭继宽整理释译:《摆手歌》,岳麓书社,1989,第344—346页。

且是人的"合力"。

　　英国著名学者彼德·沃森在《20世纪思想史》中说明义和团运动时曾强调其"以两个农民传统为特色——武术(拳术)与精神控制或萨满教"①。其实,这可以放大到整个农业文明及此前社会。土家族的古典社会也是一样。为了凸显"力"的重要性,在土家族《摆手歌》中,神也劳动,并提供了正反两方面的例证,供人们褒贬。"张古老补天就动手,说做就做精神抖,脱下长衣服,甩开两只手,身上捆根葛藤,高高卷起裤口。天上开的大洞,补上五色石头。钉子牢牢紧固,不让裂缝开口。补了七天七夜,日夜没有停手。补得平平展展,真是天衣无缝。彩云飘动,那是五色石头焕光彩;星星闪耀,那是钉子发光亮;月亮明朗,那是张古老补天用过的火把;地上露水滚动,那是张古老补天滴下的汗珠。张古老补天大功告成,李古老还在鼾声如雷。张古老摇他几下,李古老鼾声更大。张古老无法可想,把他又喊又拉。李古老还是不醒,张古老大发雷霆。他在天门擂起天鼓,哗垮啦啦的巨声震人耳鼓。李古老惊醒了,伸了一个懒腰,一连几个呵欠,揉起眼睛瞧瞧。哎呀呀,哎呀呀!天上一层平,张古老补天成功了,李古老瞌睡误事了。张古老成功笑嘻嘻,李古老急得汗淋淋。脱下衣服咬着牙,毛脚毛手做起来:东边顿几脚,变成一条河;西边挺一挺,变成一条岭;南边踩一踩,土坪一大块;北边太用力,堆成一座山。泥巴捏成大疙瘩,地上变成坑洼洼;棍棒东撮西又撮,弄得地面洞洞多。地上如今不平坦,都怪李古老太慌张。这是祖宗传下的古老话,不是我唱歌人胡编乱唱。"②正是这种"神"也劳动的范式,促成了土家族的不断奋斗的民族精神传统。

　　对劳动的重视可以在考古发现的原始文化中看到,如在属于早期巴文化的大溪文化关庙山类型、屈家岭文化关庙山类型的墓葬中,随葬品以生产工具为主,而且男性除随葬陶器外,还多随葬大、中型石斧等石

---

① 彼德·沃森:《20世纪思想史》,朱进东、陆月宏、胡发贵译,上海译文出版社,2006,第77页。
② 彭勃、彭继宽整理释译:《摆手歌》,岳麓书社,1989,第23—25页。

器,女性则多随葬陶纺轮。我们从男性多随葬石器、女性多随葬陶纺轮的特点看,男女间的分工已是十分明显的事实①,且以劳动工具为身份的标志。

对力的重视与凸显可以在土家族的英雄赞歌中看到,如《摆手歌》中的英雄故事歌,就其主要内容来讲都是很古老的,其运思过程很值得研究。《卯蒙挫托》描写了一家土家大姓的九个儿子和一个女儿之间的故事,女儿在"家庭"苦难中得助,做了大户人家的妻子;第九儿被其他八个儿子杀了作祭品,故这八个儿子被父亲打散。女儿夫家因被邻国侵略,请来八兄弟相助,彰显了力的重要性。《将帅拔佩》是以古代土家族英雄人物命名的叙事长诗,描写将帅拔佩带领土家人民打败来犯客王官兵的故事,歌颂了土家族人民不畏强暴、英勇反抗的斗争精神。《日客额地客额》取材于人民与土司的斗争,描写日客额与地客额两个能人智斗土司墨比卡巴的故事,歌颂了古代劳动人民的智慧才能,很有特色。这种对力的彰显,其实就是对人自身生命的彰显,以至于沈从文在其小说《黄昏》中在描写当时土家族文化区发生的杀人场景时,看见的也是:"犯人同刽子手同样地被人当作英雄看待了。"②围观的孩子也表现出一种生的坚强,在犯人走向刑场时,高喊"二十年一条好汉,值价一点!"③为他们送行。这就是土家族文化培育的一种民族精神。直到明、清时代,中央王朝多次征用土家族聚居地区的军士,认为"惟有施州民、土兵颇称勇猛,登崖涉岭如履平地,欲剿依山之贼,断非此不可"④。

对"力"的彰显改变了土家族神人关系的本质,即神人关系被演绎成了神与人的双重目的性信念。如《摆手歌》把风调雨顺、丰衣足食都看成是神赐的,"家发人旺喜事多"就是"毕兹卡年年做摆手"的结果。沿着这

---

① 邓辉:《土家族区域的考古学文化》,中央民族大学出版社,1999,第 61 页。

② 沈从文:《沈从文全集》第 7 卷,北岳文艺出版社,2002,第 423 页。

③ 沈从文:《沈从文全集》第 7 卷,北岳文艺出版社,2002,第 422 页。

④ 郑天挺辑:《明末农民起义史料》,中华书局,1954,转引自《鄂西少数民族史料辑录》,内部资料,1986,第 466 页。

一思路,才有"跳好摆手舞唱好摆手歌,神也高兴人欢畅"的诉求。按摆手活动,土家语叫"社巴日",清雍正《永顺府志·杂志》记载:"每岁正月初三至十五日,土民齐集,披五花被,锦帕裹头,击鼓鸣钲,舞蹈唱歌。舞时男女相携,翩跹进退,谓之摆手。往往通宵达旦,不知疲也。"清代土家族文人永顺贡生彭雪椒也曾记其盛况:"福石城中锦作窝,土王宫畔水生波。红灯万点人千迭,一片缠绵摆手歌。"摆手活动有祭祀祖先、祈求丰年的目的,一般在农历元宵节前举行,个别地方则在农历三月或五月举行,时间三五七天不等,其规模亦有大小之别。

斯宾格勒曾说:"人类信仰的本质和标记,就是对不可见物的恐惧。神是人类所揣测到的、想象的、觉察到的光的现实,有关'不可见的'上帝的观念,是人类超越性的最高表现。"[①]《摆手歌》中的神人关系也不例外。但是,值得注意的是,土家族《摆手歌》在哲学神人关系上更多地表现为一种生活世界的实用理性,"神"是一种工具,"人"自身才是目的。在英语中,"信仰"与"信念"是相通的,都可用 belief 一词;但在中文里,"信仰"与"信念"略有区别,"信仰"往往不包含理性因素,而"信念"则包含着理性因素[②]。从这个意义上说,土家族的"神"并不是一种"信仰",而只是一种"信念"。"信仰"直接就是价值世界的问题,并没有"信仰"之外的目的性,即"信仰"本身就是目的;"信念"则不同,其有现实世界的目的性。在一定程度上说,土家族群众对民间诸神的情感都属信念、信任。正是因为如此,杀人祭祀也可能是正常的,关键是目的合理性。"有年正月间做摆手,轮到本房来主持。摆手要杀白水牛,爹爹出外去买牛。爹爹买牛未回来,日子到了眼发呆。摆手没有白水牛,神不欢喜人也愁。爹爹误

---

① 奥斯瓦尔德·斯宾格勒:《西方的没落》第 2 卷,吴琼译,上海三联书店,2006,第 6 页。

② 按照黑格尔的分析,信念有基于感情的和基于理性的之别,即:"个人的信念,事实上就是理性或理性的哲学从主观性出发在知识方面所要求的最后的、绝对本质的东西。但是,我们必须区别开:什么是基于感情、愿望和直观等主观的根据,一般地说,即基于主体之特殊性的信念,与什么是基于思想的信念,即由于洞见事物的概念和性质而产生的思想的信念。前一种形态的信念,只是意见。"参见黑格尔:《哲学史讲演录》第 1 卷,贺麟等译,生活·读书·新知三联书店,1956,第 19 页。

了大事情,今年摆手不利顺。几个哥哥心慌张,围拢悄悄打商量。把老十嘎巴捉来吧,把他当作白牛杀。老十当作白水牛,爹爹不到也摆手。捆紧老十脚和手。桌子角上吊起来。刀子磨得快又快,端来脚盆好接血。老十嘎巴泪汪汪,老十嘎巴要遭殃。老娘看到哭啼啼,口喊皇天又叫地。八个兄弟笑嘻嘻,老娘劝告哪肯依。老十当成白水牛,哗哗鲜血往下流。"①这里告诉我们的就是一个把人当白水牛杀死以作祭祀,没有遭到众人反对的事件,反映了土家族先民远古时代的"人祭"习俗。

神人关系中的目的性还表现在神人的双重目的性上,如说:"妹妹扯过卵特巴,讲了一阵悄悄话:'八个哥哥非凡人,云游天下显威灵。八个哥哥本领大,善不欺负恶不怕。八尊大神封他们,封他八个正直神。毕兹卡的儿和女,世世代代来供奉。正月日子正好耍,年年给他们做社巴。卵特巴心里开了窍,八个哥哥受了封,个个脸上露笑容。从此成了八部神,毕兹卡世代都供奉。每年到了正月间,摆手堂里闹得欢,跳的跳哩唱的唱,人也喜来神也欢。风调雨顺年成好,年年摆手庆丰年。'"②不难看出,在摆手活动中,神、人都达到了自己的目的。

(三)强调经验的认知与人类认识的实践基础

在神话传说中,从人类认识的角度,强调经验、试验的重要性,如比武争胜、船的选择、斗人熊的方式……都说明了这一点。请看造人一节:

> 李古老做成了地,张古老做成了天,天脚下没有人,地上空荡荡。地上无人冷清清,墨贴巴叫张古老做人……张古老,张古老,垂头丧气上了天庭……地上无人冷清清,墨贴巴叫李古老再做人……李古老,李古老,垂头丧气钻进地里……地上无人冷清清,墨贴巴再叫依窝阿巴去做人……十天十夜做成人,嘴巴一张出气了,扯起耳朵一喊,"嗡哎!嗡哎"哭出声,能睡能换气,能坐又能站,两脚会走路,依窝阿巴做人成功了。

---

① 彭勃、彭继宽整理释译:《摆手歌》,岳麓书社,1989,第334—335页。
② 彭勃、彭继宽整理释译:《摆手歌》,岳麓书社,1989,第376—377页。

再看对船的选择：

> 山路走到尽头，绿水挡住去路，看着、看着，漂来一条小船，浮在水面飘荡，鸡蛋壳壳做成的哩，这条船不能上。看着、看着，漂来一条小船，浮在水面飘荡，芭茅杆杆做成的哩，这条船不能上。看着、看着，漂来一条小船，半截沉在水里，青杠木做成的哩，这条船不能上。看哩、看哩，漂来一条小船，轻轻浮在水面，是杉木板子做成的哩，就上这条船吧。社巴公公上船来，社巴婆婆上船来。各家公公上船来，各家婆婆上船来；田家、向家、王家、彭家、梁家、张家、李家、鲁家、覃家……各家姑娘、妹妹，各家哥哥、姐姐……骑马的下马，骑骡的下骡。鼎罐锅子搬上船，路上要煮饭吃哩。柴刀斧头莫忘了，路上用它砍柴烧。打猎的套子，捉鱼的钩、网，打虎的虎叉，捉猴子的麻套，样样东西装上船，样样路上有用场。竹卦要带来，路上还要问神灵。王龙也尺要带上，路上还要玩社巴。一样一样都装齐，样样装在背笼里。上了船，开了船。人多了，船满了，驾起小船开走了。

总的来说，这是一种经验性的选择，即特别强调人类自身的经验。在这里，没有天神、没有启示，只有自己的经验积累。

（四）曲折演进的历史与社会进步的诗性表征

在土家族神话中，无论是自然界，还是人类社会，都在创造中曲折地进步。最突出的表现是走出洪荒的历程、初劫人与二劫人的分析等，都反映了这一思维的价值取向：古今关系上"根杷"的标志性价值与范式功能。

在古今关系上，特别强调问"根杷""根由""原由"，强调"毕兹卡的根子长，先从根杷开口唱"[1]。把历史追述作为阐明生活的标志性价值与标准范式的有效途径，以此来表征自然与社会的曲折演进的历史。

追本求源，反复形塑远古意识是土家族神话的基本叙事方式，如《摆手歌》中唱道："毕兹卡年年做摆手，家发人旺喜事罗。这些事儿且搁着，

---

[1] 彭勃、彭继宽整理释译：《摆手歌》，岳麓书社，1989，第 323 页。

先把毕兹卡的根源探索。大山小岭有发脉，大河小河有源头。毕兹卡怎么来的？追根溯源有来由。说来日子很长久，根子深来枝叶稠。祖宗做过的事千头万绪，一百件我难于讲全一件。祖宗留下的话千言万语，一百句我难于讲清一句。大家睁着眼睛看我，张着耳朵等我开歌喉。我顾不得口笨舌拙，我顾不得唱错丢丑。脸上不要发烧，心里不要打抖。上树先从树根起，我从造天造地开头。"①

事出有因，反复形塑因果意识是《摆手歌》的基本诠释方式。"卵特巴请问大火原由：天上火球哪里来？暴雨为何来得快？梯玛公公心有数，从头到尾说原由：'放火不是外来人，放火的人是亲人。救火不是外来人，本是同胞共奶生。我把根由讲仔细，这事坏在你自己。急难时候请人来，过河拆桥不应该。你的房屋数不清，借个角角也不肯。兄弟八人心不服，放火烧了你的屋。妹妹大哭心哭软，烧了一半留一半。'"②"匠帅拔佩回到屋，老娘跟前说原由：'好人喝水不要紧，坏人喝了坏事情，力大做坏事，哪个管得起？'"③

慎终追远，反复形塑对祖先的尊重是《摆手歌》的标准确立模式。《摆手歌》在古今关系上表现为一种以祖先为中心、以古今生活世界具有连续性为历史信念，因而强调"祖宗们这样传下来，唱歌人这样唱下来，人做成了，往后的古根还很长哩"④。例如："弄弄，补色哩，弄涅吔喔哩，祖宗留下的呀，祖宗留下做社巴，怎么能借给人家！"⑤因为是祖先留下的，所以不能借。即使是借口，也从一个侧面说明了这一点。

通过上述的思维进程，土家族神话中表征了自然与社会的曲折演进历程，可以算作进化史观：

> 我这个做梯玛的人哩，破牙里洞不要了，那里的树木砍光了，眼

① 彭勃、彭继宽整理释译：《摆手歌》，岳麓书社，1989，第7—9页。
② 彭勃、彭继宽整理释译：《摆手歌》，岳麓书社，1989，第375页。
③ 彭勃、彭继宽整理释译：《摆手歌》，岳麓书社，1989，第429页。
④ 彭勃、彭继宽整理释译：《摆手歌》，岳麓书社，1989，第34页。
⑤ 彭勃、彭继宽整理释译：《摆手歌》，岳麓书社，1989，第403页。

睛竖竖的初劫的人民要讲了,耳朵横横的二劫的人民要讲了。初劫的人啊,眼睛直直地放了,耳朵横横地放了,脚杆直直地放了呀。人的皮子蒙鼓啰,人的骨头做鼓椎啰,人的牙齿做鼓钉啰。二劫的人啊,天和地隔得太近了,画眉鸟叫了,天上听到了,天上的人听得不耐烦了,要打画眉了,画眉它各躲在茶山里叫去了。蛤蟆叫了,天上听到了,天上的人听得不耐烦了,要打蛤蟆了,蛤蟆它各躲在岩坎脚下叫去了。葛藤子发了,一窜窜到天上去了,天上的人看得不耐烦了,要打葛藤下,葛藤它各往堤坝上窜去了。马桑树长了,一伸伸到天上去了,天上的人不耐烦了。要打马桑树了,马桑树它各勾起腰不敢伸了。芭茅长了,一长长到天边去了,天上的人不耐烦了,要打芭茅根了,芭茅它各骇得长到水边去了。我要讲的哩,铁汉大哥是吃铁砣砣长大的,铜汉二哥是喝龙水长大的,世界上没有比他们再狠的人了。那铁汉大哥哩,爬到马桑树上上天了,他飕飕飕地对天射三箭,射天天通了。那铜汉二哥哩,下到马桑树下下地了,他飕飕飕地对地射三箭,射地地漏了。天盖盖哩,打从这里破了哩;地底底哩,打从这里漏了哩。天地坏了哇,年月没有了哇,日夜不分了哇,做年做月的没有了哇,太阳也不照在这里了。无天无地了,无年无月了,叫张古老做天了,叫李古老做地了,张古老他做天做成了,李古老他打瞌睡了。天亮了,鸡叫了,李古老越睡越深了,七天七夜了,李古老还没有醒来呀。南天门打开了,雷公响着了,李古老惊醒了,李古老慌张了。棒棒抬起来,堆成一座山了;棒棒翘起来,开成一条河了;棒棒撮起来,撮成一个天坑了,李古老做地地成了。有地了,有天了,凡间世上有人了。耳朵像蒲扇放到的,眼睛直直长到的,嘴巴竖竖生到的,鼻子倒倒长到的,牙齿席席的长到的,芭蕉叶子穿到的。

由此不难看出,这是一种艰难的演进历程。正是这种不断进步的历史进程,提供了一种土家族人民不断进步的信念。仔细分析,诸多的土家族神话、传说,这种信念都是存在的。若再把眼光放大,则在整个西南少数民族地区,各民族的神话、史诗、传说、故事等,这种信仰都是存在的。

二、入世与超越:边缘化社会的文化重塑

15—17世纪是土家族的土司制度盛行期,随着朝贡体制的完善,中域中央政权与土家族地区联系的加深,在土司统治者上层逐渐发生了一种思想文化选择与哲学思想转型,这就是由尊命尚力向入世与超越的儒道哲学转化,形成了具有土家族特色的"中世纪哲学"。研究表明,土家族的这一哲学转折是从对历史事件进行文化诠释开始的。通过对历史事件进行思想文化事件的转换,在文化选择中逐渐确立了儒家的入世情怀与道家的超越人格追求,凸显了与中域文化的相关关系,即力求由边缘进入中心,中心问题是"土家族向何处去"的问题。

(一)历史事件的文化表达与尊神尚力向尊文尚礼转化

对于事件表达方式的选择,反映着当事者的文化价值观与哲学世界观。在15世纪以前,土家族上层统治者奉行的是尊命尚力的世界观,这在神话世界已有所反映,从诸史记载的历史活动也可表明:在行为或事件发生前,"命"是信仰,是支撑;在行为或事件发生后,甚至失败后,"命"又成了一种解释,一种解脱。正由于此,"力"即成了土家族先民哲学观念的基本存在形式,诸史记载土家族先民"有悍风""轻于战斗""俗嗜暴悍"等,都表明了这种"力"的崇奉,按清代《卯洞司志·明授参将明良公传》的概括是"诸司中之徒以角力胜",毛奇龄《蛮司合志》"序"则谓其"犷猂桀骜,其性猜忌仇杀,其习烙蹻善走,枵腹善斗其力"。如据《华阳国志》等的记载,这种结合即培养了土家人的特别能战斗的"神兵",以至于在历史上多次发生"以暴制暴"的"仇杀""反抗""暴动"等。

15世纪以后,土家族先民对历史事件表达方式的选择发生了重大变化,这就是把重大历史事件转化为思想文化事件,从而转化为哲学文化事件,由"尊命尚力"转化为"尊儒尚礼",从而开启了土家族15—17世纪的文化选择与哲学转型的历史进程,并由此奠定了改土归流后的全民族文化选择与哲学转型。

从诸史记载看,标志这种文化选择与哲学转型的根本事件是土家族土司的内乱事件,从当时贵州、四川、湖广等不同区域的土家族土司处理内乱的方式看,基本上一致地发生了思想文化转向,即以儒家文化教育作为防止类似事件的根本方法,即我们所指认的历史事件的思想文化表达。可以这样说,正是在这一历史时期,在土司制度下,因土司内乱而导致新的文化追求和文化价值选择,进而发生了新的哲学文化选择。

根据对相关史料的分析,土家族因土司内乱而导致的文化选择可分为四种类型:一是自主请求,中央王朝认可型;二是自主决定型;三是中央王朝决定,土司推广型;四是由中央王朝进行改土归流,从而推广儒家文化价值型。这四种类型分别体现在酉阳冉氏土司、容美田氏土司、湘西彭氏土司、贵州田氏土司等统治地区。不同的内容体现了不同的文化选择形式。

贵州:仇杀引起改土归流,从而强化儒学。

据《明史·贵州土司》记载,明初对贵州土司采取了较为严厉的态度,朱元璋统治时期,"乃令军士于诸洞分屯立栅,与蛮人杂耕,使不复疑。"明永乐八年(1410),田宗鼎袭司主之位,宗鼎凶暴,与其副使黄禧等构怨,奏讦累年。朝廷以田氏世守其土,又先归诚,曲与保全,改禧为辰州知府。未几,思州宣慰田琛与宗鼎争沙坑地有怨,禧遂与琛结,图宗鼎,构兵。琛自称天主,禧为大将,率兵攻思南。宗鼎挈家走,琛杀其弟,发其坟墓,并戮其母尸。宗鼎诉于朝,屡敕琛、禧赴阙自辩,皆拒命不至,潜使奸人入教坊司,伺隙为变。事觉,遣行人蒋廷瓒召之,命镇远侯顾成以兵压其境,执琛、禧械送京师,皆引服。琛妻冉氏太强悍,遣人招诱台罗等寨苗普亮为乱。冀朝廷遗琛还招抚,以免死。帝闻而锢之。以宗鼎穷蹙来归,得末减,令复职,还思南。而宗鼎必得报怨,以绝祸根。帝以宗鼎幸免祸,不自惩,乃更逞忿,亦留之。宗鼎出诽言,因发祖母阴事,谓与禧奸,实造祸本。祖母亦发宗鼎缢杀亲母渎乱人伦事。帝命刑部正其罪,谕户部尚书夏原吉曰:"琛、宗鼎分治思州、思南,皆为民害。琛不道,已正其辜。宗鼎灭伦,罪不可宥。其思州、思南三十九长官地,可更郡县,设贵州布政使司总辖之。"命顾成剿台罗诸寨,成斩苗贼普亮,思州乃平。永乐十二年(1414)遂分其地为入府四州,贵州为内地。自是始,两宣慰废。这说明,内祸的结果,贵州的田氏土司被改土归流,结束土司统治。改土归流后,流官在原土司地区强化儒学教育。至明正统年间(1436—1449),已改变"土司循袭旧俗"的情况,强令"悉依朝廷礼法,违者罪之"。

酉阳:土司自主请求立儒学,由中央王朝认可。

据《明史·四川土司传》记载:"(洪武)二十七年(1394),平茶洞署长官杨再胜,谋杀兄子正贤及洞长杨通保等。正贤等觉之,逃至京师,诉其事,且言再胜与景川侯谋反。帝命逮再胜鞫之,再胜辞服,当族诛,正贤亦应缘坐。帝诛再胜,释正贤,使袭长官。酉阳宣抚冉兴邦以袭职来朝,命改隶渝州。"据《明太祖实录》卷二三二记载:"洪武二十七年(1394)夏四月,戊戌,酉阳宣抚冉兴邦以袭职来朝,贡方物。"知冉兴邦袭职之年正是其所属"平茶洞署长官杨再胜,谋杀兄子正贤及洞长杨通保等"之年,这次事件对冉兴邦的执政有何影响,史无明文。不过,据史料记载,冉兴邦从此重视教育,特别是明确选择儒学教育却是事实。由此也不难想象这二者的内在联系。

据《冉氏家谱·世家传》记载:"兴邦于永乐三年(1405),以不次边功,请立学校,教授一员,并颁学印一颗,以教子弟,同汉州府科举并岁贡,登仕朝廷。"《冉氏家谱·冉兴邦传》虽记载为"(永乐)四年(1406),敕免酉阳荒田租,寻以边功议加秩,公辞,奏请建立学校如州县例。上允其奏,颁学印一,设教授一,子弟入学者同汉州府县科举,并岁贡登仕。"或许是连续两年具奏请立学校,并以儒学为重点,且已得到中央王朝的同意,故《明史·四川土司传》记载:"(永乐)五年(1407),兴邦遣部长龚俊等贡方物,并谢立儒学恩。"此后,《明太宗实录》卷七八记载:"永乐六年(1408)夏四月,甲辰,设四川重庆府卫酉阳宣抚司儒学。"《明太宗实录》卷九三记载,设立儒学的第二年冉兴邦又再次申谢:"永乐七年(1409)六月,四川酉阳宣抚司宣抚冉兴邦遣头目龚俊等贡方物,谢立儒学恩。"

冉兴邦的这一政绩,《冉氏家谱·冉兴邦传》载其"嗣孙崇文曰:酉僻陋在夷,且数千年,至是而始设学焉,此公之大德,酉人士又当数千户祝无忘者也"。此后,酉阳冉氏便教育逐步发达,仅儒学一项,即有《冉氏家谱·瑄公传》记载:"公讳瑄,兴邦之子。少好儒业。永乐三年(1405),兴邦公命朝京师,进止合礼,时以田祐恭拟焉。"《冉氏家谱·月坡公传》记载:"公讳元,字宗易,号月坡,公表公嫡长子。幼英敏,志意不凡,公表公器之,择硕儒为之师友,数年学日进,通经义,能文章,暇则习骑射,鸣镝走马,气雄万夫,才兼文武,非寻常翩翩公子比也。"《冉氏家谱·海门公传》记载:"公讳跃龙,字上乾,号海门,眉坡公嫡次子……公幼而徇齐,弱冠补司学弟子员,穷经笃志,有儒士风。袭职之初,首建黉序,立先圣庙堂,令族中子弟皆入学读书,其好文治也如此,而武功震叠又如彼。公子七人:天麒、天育、天嗣、天允、天机、天德、天泽,以天麒袭职。"据《冉氏家谱·大生公传》记载:"公讳天育,字大生,海门公之庶长子。幼业儒,精文翰,补司学选贡。援辽之役,身在行间,以功荫游击职。"《天生公时文·誓书》中还有"本慰赖先人教泽,叨戴儒冠,凤愿已足"之说①,从该誓书的整个内容看,涉及的是对前任司主、天生公"麒弟"的讨伐文告。由此可知,冉兴邦在这一叛乱事件后作出的文化选择是儒学,故顾炎武《天下郡国利病书》记载:"永乐中,建立学校,俾渐华习。三年入觐,十年大造,略比诸郡县。"

容美:自主决定设立学校,延师课读。

据严守升《容美宣抚使田世爵世家》记载,田世爵,字廷器,号龙溪,是宣抚使田秀的第七子。田秀以介弟承祖父业,继为容美宣抚使,生子七人,嫡长子世宗、次子世祖、世贵、五哥俾、六哥俾、七哥俾及庶长子百里俾,田世爵行居第七,乳名七哥俾。百里俾认为自己于诸子中,年虽长而母贱,不可能得承司主之位,遂勾结其父左右为心腹,于弘治十八年(1505)弑父并屠诸弟。田世爵尚在襁褓,其乳母覃氏以己子代死而负世

---

① 四川省黔江地区民族事务委员会编:《川东南少数民族史料辑》,四川民族出版社,1995,第317页。

爵出奔桑植,得以独存。正德二年(1507),田世爵得以袭职,并于正德九年(1514)回司任事①。"公为人慷慨严正,生长患难之中,备尝艰苦,且自伤其先人与诸兄,遭枭獍之饮血九泉也。深思饬身砥行,用振前烈,以妥安先灵。故在职四十余年,痛自警惧,惟务抚安舍把,恤民好士,甚得军民之心……公痛惩乱贼之祸,始于大义不明,故以诗书严课诸男,有不嗜学者,叱犬同系同食,以激辱之。以故诸子皆淹贯练达,并为成材。如九霄、九龙相继守职,屡至战功,皆为令嗣。次九成、九贡、九筹亦恂恂自修,不坠家声。九璋为锦衣指挥,九龄高才积学,以诗文齐名七才子。八女适诸邻,及各属司,皆佩诰封。自容美启封,历世久远,遭罹家难,莫惨于公。卒能世德重光,赫然称中兴。""论曰:当龙溪公之初,一发千钧之际也,乃能大征前事,以诗书为义方,且躬履戎行,主功业于世。"

田世爵对内乱事件的文化表达,开启了容美土司的中兴,此后在容美,儒家文化绵传不绝。田舜年《紫芝亭诗集》"小叙"中称祖上对后辈"咸聘名儒以教之",其次子田旻如甚至还就读于京师国子监,并在《五峰安抚司列传石梁深溪长官司附见》中肯定"八峰诸子彬彬儒雅",严守升在《田氏一家言》"又叙"中谓"盖自子寿名家,嘉隆太初列传儒行",姚淳焘则在《宣慰土司田九峰二十一史纂》"序"中肯定其具有"通儒之所用心",土家族诗人田泰斗在《读九峰公〈田氏一家言〉感赋》中则直接肯定"横绝英雄笔,风声绕不休。一家私典策,半部小春秋。宣慰邦之彦,将军儒者流。摩崖碑在否,洞口水悠悠"②。可见儒家文化已成为容美文化的核心精神。这一文化精神的传习,使容美田氏出现了九代十六大诗人,绵绵数百年,人人有集刊行于世,且习儒好雅,足见文化转型的意义。

---

① 此事件在《明史·湖广土司传》中记为:"十一年(1516),容美宣抚田秀爱其幼子,将逐其兄白俚俾,而以幼子袭。白俚俾恨之,贼杀其父及其弟。事闻,下镇巡官验治,磔死。土官唐胜富、张世英等为白俚俾奏辨,罪亦当坐。诏以蛮僚异类,难尽绳以法,免其并坐,戒饬之。"所作归因不同。

② 同治《长乐县志》卷14。

湘西：中域中央政权强制进行儒学教育。

据《明史·湖广土司》记载："弘治初，彭胜祖以年老，世英无官，恐仕珑夺其地，援例求世袭，奏行核实，仕珑辄沮之，以是仇恨益甚，两家所辖土人亦各分党仇杀。永顺宣慰使彭世麒取胜祖女，复左右之，以是互相攻击，奏诉无宁岁。弘治十年（1497），巡抚沈晖奏言，令世英入粟嗣父职，将以平之，而仕珑奏讦不止。是时，敕调世英从征贵州，而兵部移文有'两江口长官司'字，仕珑疑世英得设官署，将不听约束，复奏言之，弘治十六年六月，巡抚阎仲宇、巡按王约等请以前后章奏下兵部、都察院，议：'令世英归所据小江七寨于仕珑，止领大江七寨，听仕珑约束。其原居两江口系襟喉要地，请调清水溪堡官兵守之。而徙世英于沱埠，以绝争端。以后土官应袭子弟，悉令入学，渐染风化，以格顽冥。如不入学者，不准承袭。世麒党于世英，法当治，但从征湖广颇效忠勤，已有旨许以功赎。仕珑、世英并逮问，胜祖照常例发遣。'奏上，徙之。"

由此可见，湘西彭氏土司的内争，促动了中域中央政权对土司地区政治统治方式的再思考，这就是立儒学，并推广于其他诸土司，如道光《补辑石砫厅志·土司志》记载："（马）宗大字应侯，号南岩，莅任四十余年，洁已嗜学，爱民好士，有古循吏风，土人至今称之。善琴操，工诗画，骚人墨客闻风云集，款洽唱酬，动累年月。诗亦无集，家藏'九日登西山'古体诗，括良玉战功清雅可诵。石砫在明季，武卫甲全川，且名天下，而军务倥偬，文教未兴。宗大承袭，值我朝偃武修文之时，乃建学校，延师儒，教子姓及民间俊秀，文风日起。子光裕、犹子光裁、孙孔昭皆善书能诗，兼工图章琴棋，秉家训也。"

诸书并引证明洪武二十八年（1395），朱元璋下令："诸土司皆立县学。"今查《明史·本纪第三·太祖三》记载，明洪武二十八年（1395），朱元璋于"夏六月壬申，诏诸土司皆立儒学"。"县学"与"儒学"虽只一字之差，却有本质之不同。按明制，宣慰、宣抚等司，皆设儒学、教授（从九品）、训导（未入流），以流官为之。考诸司实际，似并未实行。故酉阳至15世纪初始有"请立儒学"之举，容美、湘西都是在弘治年间"延师课读"，隆庆元年(1567)还有令"施州所辖十四司应袭官舍""赴学观化"之议,至万历年间,湘西司彭象乾还幼就学于酉阳,至"儒学有才名"。但是应看到,正是15世纪酉阳的请立影响了土家族土司地区,如《明熹宗实录》卷87即说:"天启七年(1627)八月,湖广五寨蛮夷长官司伍里洞民田应升等奏:……因于天启三年(1623),具状告赴通政司,蒙准送礼部看详,行令抚按,会议妥确,窃见酉阳、马喇俱皆土司,建学事例相同,况不费公帑,不扰民间、官吏,师生无容另议。惟乞速颁印信,庶文教兴,而夷风美矣。章下礼部。"又如明万历三十六年(1608)袭职的卯洞安抚司司主向同廷,即多次强调"余素有志缘例请设"学校、"缘酉阳之例,请设学额"。在所作《广修学舍告示》《学校序》①中,对这一文化选择作了十分明确的阐明。

(二)文化选择的哲学自觉与在先哲中探求世界的根基

英国著名哲学家罗素说:"要了解一个时代或一个民族,我们必须了解它的哲学。"②考查土家族先民对这些历史事件的文化表达,同样应抓住其哲学文化表达。当时的决策者,如冉兴邦、田世爵,甚至明朝政府的决策者是否有意识,已不得而知,但其决策的后果却十分明显地表明了其后继者的"哲"的自觉。事实上,从15世纪开始,土家族土司处理内乱的方式选择,几乎同样发生文化转向,这本身就是一个值得思考的哲学问题。而且,中央政权与土司司主之间会先后相继作出此同类决策,本身也说明这一时代的文化转折意义,这也就是王夫之所说的"只在势之必然处见理"③。

首先,总的思维方式:立足于"哲"的思考。

土家族上层知识分子一开始就有一种哲学自觉,如目前存诗最多而最早的土家诗人田九龄即有《晚过孔道谈元》诗,反映出对道家哲学的向往与追求:"不见仙人骑白鹿,聊同老子话黄金。冷然未必真风驭,为读

---

① 张兴文、周益顺、田紫云、张震:《卯峒土司志校注》,民族出版社,2001,第32—34页。
② 罗素:《西方哲学史》上卷,何兆武、李约瑟译,商务印书馆,1997,第12页。
③ 王夫之:《读四书大全说》卷九。

《南华》慨古今。"①容美司主田楚产(田世爵孙辈)在《楚骚馆诗集》的跋文中说:"余叔国华,尤耽诗,冥搜玄索,追踪先哲,轶驾时流,其志伟,其养粹,翩翩乎风人韵士也。"②田甘霖生于明万历四十年(1612),卒于清康熙十四年(1675),享年63岁。在《复和陶苏饮酒诗有引》中论自己也是"低头思往哲,托意自匪夷"③,表明容美司的一种"哲"的自觉。从其诗文中所出现的先哲看,孔、老、庄、屈的出现频数最高,涉及的其他中域文人则在数十人以上。

清代撰修的《冉氏家谱》卷首《家规》中有"教约子弟"的要求,其中有不"为明哲所笑"的目标。约作于清末而现立于西阳县后溪乡摆手堂前的《西阳土家族摆手堂碑志》中肯定土家族先民"明哲挺生"。受西阳影响的卯峒司,据同治《来凤县志·土司志》记载,向明良在辅政年轻司主时,"乃陈十事:一曰修身,二曰武备,三曰明哲,四曰爱民,五曰信,六曰礼,七曰重一本,八曰睦邻司,九曰守,十曰战"④。其中即有"明哲"一事。《卯峒司志·皇清敕授卯峒军民宣抚使舜公传赞》记载向舜"既明且哲,启后承先,经画超越"。

贵州清代所修《杨氏家谱》之《瓮来竹林坪大义私谱序》卷一则充分肯定杨氏"且人文蔚起,贤哲挺生;如德行有杨震、杨璇,文学有杨雄、杨修、杨炯,艺术有伯丑救贫,政事有东西南三杨与继盛杨涟诸公,不胜枚指"⑤,其所肯定者亦有类于现今之"人文科学",其中包括有哲学。

总而言之,哲学自觉是进行文化选择的重要原则。当然,当时的"哲"并不全是现今所论的哲学,但无疑包含有现今"哲学"的内涵。

其次,宇宙论哲学的诗歌化:诗性宇宙。

---

① 陈湘锋、赵平略评注:《〈田氏一家言〉诗评注》,中央民族大学出版社,1999,第86页。
② 陈湘锋、赵平略评注:《〈田氏一家言〉诗评注》,中央民族大学出版社,1999,第435页。
③ 陈湘锋、赵平略评注:《〈田氏一家言〉诗评注》,中央民族大学出版社,1999,第309页。
④ 张兴文、周益顺、田紫云、张震:《卯峒土司志校注》,民族出版社,2001,第160页。
⑤ 四川省黔江地区民族事务委员会编:《川东南少数民族史料辑》,四川民族出版社,1995,第345页。

有学者说"诗歌与哲学是近邻",并作"结构—解构诗论"①。卡西尔则说:"把哲学诗歌化,把诗歌哲学化——这就是一切浪漫主义思想家的最高目标。真正的诗不是个别艺术家的作品,而是宇宙本身——不断完善自身的艺术品。因此一切艺术和科学的一切最深的神秘都属于诗。""关于诗的想象的理论在浪漫主义思潮中达到了它的顶点。想象不再是那种建立人的艺术世界的特殊的人类活动,而具有了普遍的形而上学价值。诗的想象成了发现实在的唯一线索……浪漫主义作家们不管在诗体中还是在散文中,都以同样的风格来表现自己。诗与哲学的区别被看成是微不足道的。"②为此,卡西尔引用了诺瓦利斯的话来证明自己的观点:"诗是绝对名符其实的实在,这就是我的哲学的核心。越是富有诗意,也就越是真实。"③

由于15—17世纪土家族的特殊历史情况,从诗歌中阐明"哲学的核心"就成了几乎是唯一的形式。从现存的土家族诗文看,当时的土家族知识分子写诗并不只是写诗,而是诗、史、思的有机结合,即这些诗既具有强烈的历史感,又具有深刻的哲学味。因此,我们可以从哲学分析的角度称这些诗作是"哲学思维的文学表达"。按石柱土家族诗人马斗慧于《石柱八景诗并序》中言:"诗以言志,自适而已,观者幸获,夫我心于言外可也。"实已阐明了自己于"言外"之思。④ 这一传统在土家族文人中一直传承下来,如彭秋潭(1746—1807)在诗文中探讨天地人物等"盖有出乎自然与不得不然之故"⑤;牟伦扬(1919—1943)说:"我们写诗,我们不是在写诗/而是愿意——在我们生命的奔流里/迸流出鲜红的血……我们将鲜血洒向前面/'同志,放射吧! /对准那鲜血洒向的地方'/我们写诗,难道我们是在写'诗'?"⑥

① 郑敏:《诗歌与哲学是近邻——结构—解构诗论》,北京大学出版社,1999。
② 恩斯特·卡西尔:《人论》,甘阳译,上海译文出版社,1985,第198页。
③ 恩斯特·卡西尔:《人论》,甘阳译,上海译文出版社,1985,第198—199页。
④ 何服生:《石柱土司史料辑录》,《石柱文史资料》第15辑,内部资料,1994,第117页。
⑤ 杨发兴、陈金祥编注:《彭秋潭诗注》,中国三峡出版社,1997,第204页。
⑥ 彭继宽、姚继彭主编:《土家族文学史》,湖南文艺出版社,1989,第407页。

　　土家族知识分子在宇宙论方面接受的是具有儒道结合特征的气化宇宙论,并且主要是由于崇奉汉代文化而表现出的汉代的气化论。汉代气化论的总特征,在范畴上表现为使用了太极、太易、太初、太始、太素、氤氲等一系列概念。从目前所存的文献看,这些概念不仅进入了这一时期的土家族人名——由土家语人名变为汉语人名的文化与哲学选择,如容美田宗文有《送似默丈还岳阳因呈太素公先辈》诗,有田玄(1590—1646),字太初等。同样,在诗文中也多有出现,特别是"氤氲"一词,如:"日月苍梧醉白云,九嶷秋色散氤氲。"[①]"南望苍梧锁白云,九嶷秋色碧氤氲。"[②]"几曾遥寄碧氤氲,此日青牛喜见君。"[③]"珮转御沟春澹荡,夜沾金掌露氤氲。"[④]"洞庭潇湘多白云,君山之上气氤氲。"[⑤]"空翠欲流笼破衲,氤氲低就湿乌巾。"[⑥]同时,也用"太素"来表现某种混沌状态:"迷迷几万柯,江山返太素。"[⑦]此外,酉阳冉仪有《大酉洞》诗,问"混沌谁为凿? 灵区别一天"[⑧]。应该说,这些文献足以反映当时土家族的诗性宇宙论。只是因诗文佚失太多,目前只发现上述用法。不过在民间故事、民间传说中则多有此类说法,笔者还曾在容美土司辖地搜集到一个含蕴"五运"的宇宙演化论序列。

　　土家族的原初创世说没有讨论原初宇宙怎么来的问题,即没有"本体"追寻,只涉及现实的宇宙是怎么变成现在这个样子的,与中国众多少数民族的宇宙论一样,主要阐明的是宇宙完善论,在一则用土家语述说的创世神话中,动物、植物和人一起完成了开天辟地的伟业,把原初混沌

① 陈湘锋、赵平略评注:《〈田氏一家言〉诗评注》,中央民族大学出版社,1999,第38页。
② 陈湘锋、赵平略评注:《〈田氏一家言〉诗评注》,中央民族大学出版社,1999,第52页。
③ 陈湘锋、赵平略评注:《〈田氏一家言〉诗评注》,中央民族大学出版社,1999,第89页。
④ 陈湘锋、赵平略评注:《〈田氏一家言〉诗评注》,中央民族大学出版社,1999,第100页。
⑤ 陈湘锋、赵平略评注:《〈田氏一家言〉诗评注》,中央民族大学出版社,1999,第203页。
⑥ 陈湘锋、赵平略评注:《〈田氏一家言〉诗评注》,中央民族大学出版社,1999,第326页。
⑦ 陈湘锋、赵平略评注:《〈田氏一家言〉诗评注》,中央民族大学出版社,1999,第281页。
⑧ 彭继宽、姚继彭主编:《土家族文学史》,湖南文艺出版社,1989,第113页。

创设成了现今的宇宙①。在这一传说中，没有天圆地方的观念，但颇类于盖天说。在另一则神话中，天、地、人是同时从"白云"中分化而出的，并以蛋为喻，虽类于浑天说，但同样只讨论当下宇宙如何得来，没有讨论原初宇宙的起源问题②。综观土家族的其他创世神话，尽管在承认原初宇宙的状态方面有一定区别，但都没有讨论原初宇宙怎样来的问题，即宇宙本原问题。

土家族的神歌中曾有气化论的雏形，即认为天、地、人的起源是一个由一元之气逐渐分化、再创的漫长过程。在《梯玛歌·开天辟地》中，从宇宙起源的基础讲，远古无天、地、人之分，其时为混沌之气；从宇宙的最初结构讲，其气混沌一体而未分。在此基础上形成宏均老祖，《宏均老祖歌》唱宏均老祖传天、地、人三教，一气而化分成天、地、人，不同于以《易经》为代表的"太极生两仪"的生化模式，即言"宏均老祖传三教，顿时一气化三清"。这三清只是天、地、人的雏形，在其后出现了盘古，开始把天、地、人分开，并产生天、地、人三皇，即"盘古自今不计年，宏均老祖还在先。后出盘古分天地，才有天、地、人三皇"③。到这时，天、地、人三者已定型，成为稳定型的宇宙结构，即上天下地，中为人事及万物。值得提出的是在这种结构中，天地挨得很近，如鸟叫声传上天等，惹得天人恼怒，导致洪水，故有世界再造说：补天、制地、造人。这在《摆手歌》中有详细描述。

---

① "没有天，梦一般昏沉；[啊尼！]地没有啊，梦一般混沌。没有白天，梦一般什么也辨不明。没有夜晚啊，梦一般什么也分不清。[啊！]绕巴涅啊，他把树搬上肩；惹巴涅啊，她把竹扛上身。[那尼！]大树连苑，[那尼！]大竹盘根。传说大鹰也来帮忙，传说大猫也来相助。大树飞起做支柱，大竹飞起把天撑。大鹰展翅横起身，大猫伸脚撑得稳。[啊尼！]天开地也开啊，天成地也成。"见彭荣德、王承尧整理译释：《梯玛歌》，岳麓书社，1989，第151—157页。方括号中是衬词。

② "洪荒时代，烟尘弥漫，天地不分，昼夜无别。忽然，狂风大作，烟尘散尽，现出一朵白云。白云里面有一个大蛋，蛋清是天，蛋黄是地。蛋壳裂开，从中蹦出一个姑娘，她叫卵玉。卵玉出世，喝虎奶长身子，吃铁矿添力气。她张弓搭箭，一箭就射开了本来粘连在一起的天和地。"见杨昌鑫：《土家族风俗志》，中央民族学院出版社，1989，第10—11页。

③ 大约是土家族不奉盘古为族神，所以在诸多神话传说中都为盘古找了一个更古的神，此处的"宏均老祖还在先"，湖北长阳孙家香讲的故事《瘪古是盘古的妈》说："瘪古是盘古的妈。瘪古来了，盘古才开天辟地；上有十八重天，下有十八层地……"见萧国松整理：《孙家香故事集》，长江文艺出版社，1998，第3页。

在民间流行的《打保福》歌中有"混沌初开彭祖王,听唱天、地、人三皇";"混沌初开戊己天,太极两仪四上弦"等说,都强调了相似的元气演化思想。但"五运"说传入后,则有了新的看法,体现了"五运说"土家化的过程。在笔者采集到的民间演化论中,这一演化图式已变成由一气生日月,由日月合生太易,太易即土,太易(土)又生太初(金)、太初又生太始(水)、太始生太素(木)、太素生太极(火),最后化生万物。从这一演化序列看出,在"气"的基础上生出的日月,正好是土家族地区特殊地理环境的反映;以后的"土"——农耕的基础,"金"——生产工具,"水"——农业生产的环境依赖,"木""火"——生存的基本条件等,则体现了土家人的特殊的生活方式,并区别于中原地区的五行顺序。这种带有神话形态的宇宙生成论,对土家族的文学、天文学和哲学都产生过重要影响。

(三)边缘社会的目标诉求与超越蛮夷世界的中心走向

从横向的角度讨论,土家族这一时期的社会理想是由边缘走向中心。这在土家族的诗文中有明显的反映。如容美土司最早以诗名家的田九龄在《王弇州先生自郧镇游太和山　云梦师行且往谒憾不能从》中即描绘了一个四海一统的国家形象,对自己的民族充满了一种更高的渴望,强调"四海有谁堪和雪,野人何处著巴渝"[1];在《寄呈奉常墙东居士王次公》中表现出了一种"龙门自古攀非易,况隔江湖万里长"的一种纵深的思考[2]。田宗文是田九龄的后辈,在《己丑岁下湘江谒云梦师》中提出了"早期传约束,鞭弭向神州"的文化中心意识[3],并在《过华容奉呈周明府》中从反面表现出"欲和阳春曲,惭非倒屣才",在《泊舟石门呈张明府》中从反面表现出"欲和阳春讽,应惭下里篇"的悲伤感[4],而在《感述》[5]中明确地表明了这种由边缘走向中心的渴望:

① 陈湘锋、赵平略评注:《〈田氏一家言〉诗评注》,中央民族大学出版社,1999,第67页。
② 陈湘锋、赵平略评注:《〈田氏一家言〉诗评注》,中央民族大学出版社,1999,第73页。
③ 陈湘锋、赵平略评注:《〈田氏一家言〉诗评注》,中央民族大学出版社,1999,第118页。
④ 陈湘锋、赵平略评注:《〈田氏一家言〉诗评注》,中央民族大学出版社,1999,第 125—126 页。
⑤ 陈湘锋、赵平略评注:《〈田氏一家言〉诗评注》,中央民族大学出版社,1999,第186页。

五溪铜柱暗寒烟，回首依然抱病年。

有地已全归禹贡，殊方何事异尧天。

愁闻豺虎横原野，不见南风起陌阡。

只尺讲堂余化在，愿同文物入薰弦。

田宗文的这种自觉还表现在他以华夷之辨来区别自己与其他少数民族的认知上，他在《送吴君翰之铜仁谒谭总戎宗启》中感念"风观鬼国衣裳别，路出盘江故侣稀"①。应该说，这是一个标志性事件。至田宗文的下一代，田玄父子《甲申除夕感怀》，已自认为是中域中心文化的担承者了，如田霈霖既有"复楚惭申胥，标铜愧伏波"之叹，又有"长缨自许身"之行。"公念世恩难忘，与督师何腾蛟、褚应锡时以手札往来，商略军机，以图匡复。犹遣备征千户覃应祥间道赴行，在陈上方略时……"②

在一心进入中心的努力中，土家族的上层知识分子并没有忘记自己的民族自性，这在田圭的诗中表现得特别明显。田圭是田玄的胞弟，田舜年在《田信夫诗集》"小引"中说：田圭"武靖公时，内外诸务多俾总摄，历佐先伯先考，咸以仪刑见重"。"盖其性平易嬉游，诗亦似之，惟取适性，不甚矜琢也。"知田圭虽不具有司主身份，但曾处于摄政或辅政地位，而且世历数朝，对自己的民族有充分的自信，如在《送家月鹿司铎岳阳二绝》其二中言："苜蓿宫庭又一新，盘中明月莫愁贫。君山为肉洞庭酒，惬对太牢鼎食人。"③取意于苜蓿传入中国的典故：苜蓿原产于西域，汉武帝时自大宛传入中土。《史记·大宛传》载："俗嗜酒，马食苜蓿，汉使取其实来，于是天子始种苜蓿、蒲陶（即葡萄）肥饶地。及天马多，外国使来众，则离宫别馆旁尽种，蒲陶、苜蓿极望。"该典反映，引入葡萄、苜蓿曾使汉宫气象一新，作为边地人才的月鹿司铎，也会给岳阳

---

① 陈湘锋、赵平略评注：《〈田氏一家言〉诗评注》，中央民族大学出版社，1999，第200页。

② 《容阳田氏族谱·容美宣慰使田霈霖世家》，见鹤峰县委统战部等编：《容美土司史料汇编》，内部资料，1984，第100页。

③ 陈湘锋、赵平略评注：《〈田氏一家言〉诗评注》，中央民族大学出版社，1999，第324页。

带去一种新的气象。

正是由于有了这种民族自信,田圭对儒家作了一定程度的批判,其《治圃》(其二)中言:"从来葵藿与香楮,亦是儒家一饱需。尽道宣尼无不可,却将学圃小樊须。"[1]而且我们看到,田圭对儒家事实层面的批评,正是从民族自信的角度进行的,所以其诗更多地表现了自己的民族,如《澧阳口号》组诗即是。《澧阳口号》共三首,分别是"高髻螺鬟尽野妆,短衫穿袖半拖裳。儿夫不习衣冠语,逢着游人只道印"。"山鬼参差迭里歌,家家罗邦截身魔。夜深响彻呜呜号,争说邻家唱大傩。""家家临水作岩楼,半是村街半是浮。十八小娥槛内绣,停针坐看上滩舟。"[2]第一首写的是土家族典型的民族服饰:"高髻螺鬟""短衫穿袖";第二首写的是土家族的驱鬼风习,一种娱鬼与自娱并重的文化形式——"争说邻家唱大傩",家家户户谈论邻家唱大傩,正说明傩戏娱鬼与自娱的双重意义;第三首写的是民族建筑,即"半是村街半是浮"的临水吊脚楼:质朴的村街、明秀的溪流、"十八小娥"、"上滩舟"的刚健向前……在酉阳冉诗作中,因冉天育曾赴东北参与明王朝援辽战役,亲身体验了多种文化交流,故自觉地认定自己的民族成分与民族文化,特别是从与国家的关系上来彰显这二者的关系。"雄边千里暮烟开,仗节重登上将台。曾是先人题咏地,编头儿女诵诗来!""长城临海复依山,万马萧萧晓度关。警报频闻休细问,男儿死国当生还?"[3]

上述的民族自觉与自信,表现在社会治理上就是从纵向历史层面去追求圣君循吏的社会理想。从文字表述的角度看,出现了以汉字为书写工具的古诗文,特别是诗作,成了土家族哲学文化向中域文化看齐的特殊标志。因为在哲学解释学看来,人所创造的"语言"并不只是一种工具,而是人自己的存在方式,由"语言"构成的历史与现实之间、"历史视野"与"个人视野"之间,时时存在一种"张力";人既在历史中接受,也在

---

[1] 陈湘锋、赵平略评注:《〈田氏一家言〉诗评注》,中央民族大学出版社,1999,第245页。

[2] 陈湘锋、赵平略评注:《〈田氏一家言〉诗评注》,中央民族大学出版社,1999,第250—251页。

[3] 彭继宽、姚继彭主编:《土家族文学史》,湖南文艺出版社,1989,第61—62页。

历史中更新"理解"的方式;历史文化对个人的占有与个人主体意识活动的统一,既构成理解方式的更新即历史的发展,也构成历史发展中的"合法的偏见"①。因而应特别注意的是,无论是诗、文,还是其他著述,都特别喜用汉典,以卯峒与容美为例,其用典都非常相似,而从文化渊源看,卯峒文化似多出于川,而容美文化多出于荆楚,但二者的用典相谐,则说明土家族土司文化选择方面的一致性,如都喜用"棠阴""竹林七贤"等。当然,由于来源的不同,其习用之典的广泛性也有差别。

无论所用何典,从社会政治理想的角度看,都希望君圣吏良,而作为土司地区来说,对圣君无法直接提出要求,因而更多的是关注循吏,在《奉送殷夷陵开美入觐》中即非常明显地体现了这种君圣吏良的社会理想:"五马翩翩恋阙遥,乔云旭日满征轺。风高客路夷门道,传拥奚囊豫让桥。柳色晴牵南国兴,莺声春答汉宫韶。共知荐最明堂日,独有循良早见诏②。"③这可以说是一首表达土家族诗人社会理想的纲领性诗文,通过一个地方官的进京面圣来表达出一种对社会理想的哲学思考:从各地的官吏看,大家都忠于国家、忠于中央政权;就诗人及朋友而言,无论你官居何职何地,也不会忘记家乡和自己的民族,汉宫与南国的关系得到了很好的协调;君圣臣良,"独有循良早见诏"。在《华容周明府入觐》中更把"民"与"吏"、"俗"与"治"、"君"与"臣"的关系从容地展开。"湖边暂解宓公琴,车马翩翩入上林。云绕凤城佳气回,日临雉尾瑞烟深。催科自昔忧民瘼,抚字于今识吏心。圣主从容频问俗,定知花县有棠阴。"④在《奉呈王郡侯》一诗中,诗人更是多用汉典,从中表达出自己的社会理想追求:"汉家岳牧藉才贤,五马翩翩治郡年。惠化总如周召伯,风流不减谢临川。荒效共羡棠阴满,泽国争传麦秀篇。击壤向来同父老,还因

---

① 孙正聿:《哲学的目光》,吉林人民出版社,2007,第212页。
② 洪恩案:"诏",原作"招",据义应为"诏",故改。下同。
③ 陈湘锋、赵平略评注:《〈田氏一家言〉诗评注》,中央民族大学出版社,1999,第200页。
④ 陈湘锋、赵平略评注:《〈田氏一家言〉诗评注》,中央民族大学出版社,1999,第197页。

歌诵奏车前。"①在《伍荆州迁南仪部》中则对官吏升迁条件有所折射，即应是一个有所贡献的循吏："荆楚棠阴蔽苇成，偶传除目下承明。即看度越诸儒礼，谁并风流六代名。斗下寝园深紫气，云端仙掌抗金茎。到来漫草三都赋，南北今夸两汉京。"②以上所选是留有汉文诗文的容美土司的第一、二代诗人田九龄和田宗文的诗文，反映出这些初学汉文汉史的土家族文人的哲学思考与社会理想的价值选择。

（四）入世责任及超越境界与文化选择中的世界观建构

最先接近中域文化的是土司上层，在进行文化选择时立足于土家族巫文化传统、道教文化传统等方面，这就是把承担社会责任与个人的超越人格相统一。于是形成了土家族以类的生存为主旨的儒道统一的哲学观：总的价值原则——宗于儒的责任；个体的人生境界诉求——崇于道的超越。

从总的价值取向看，在个人与社会的关系上，是宗于儒的责任。清代撰修的《冉氏家谱》卷首《家规》中对此点表现得特别明显，除通篇阐明的儒家价值观以外，还贬斥"僧道"，言"若夫舍正业不务，而为僧道、为优伶、为隶卒，与为贼窝盗者，告于族长祠首，谱削其名，鸣鼓而攻之，可也"③。《卯峒司志·皇清敕授卯峒军民宣抚使舜公传赞》记载向舜"生子四：长正乐，乾隆十九年（1754）承袭；次正梁，二十五年（1760）入孝感县学；三正荣，学未成，熟于岐黄；四正棨，习儒业。"④卯峒《向氏谱序》谓"（向）正彬，业儒有年"⑤，其向氏之《家规》则要求培养出"雍雍有儒者之气，循循有学士之风"的儒家人才⑥，故其族众中"儒学庠生"一类人才辈出。石柱《马氏族谱·马宗大传》则记载："雍正间，（马宗大）承袭宣慰司

① 陈湘锋、赵平略评注：《〈田氏一家言〉诗评注》，中央民族大学出版社，1999，第192页。
② 陈湘锋、赵平略评注：《〈田氏一家言〉诗评注》，中央民族大学出版社，1999，第98页。
③ 四川省黔江地区民族事务委员会编：《川东南少数民族史料辑》，四川民族出版社，1995，第265页。
④ 张兴文、周益顺、田紫云、张震：《卯峒土司志校注》，民族出版社，2001，第147页。
⑤ 张兴文、周益顺、田紫云、张震：《卯峒土司志校注》，民族出版社，2001，第102页。
⑥ 张兴文、周益顺、田紫云、张震：《卯峒土司志校注》，民族出版社，2001，第105页。

职……乃建学校,延师儒,教子侄及民间俊秀。建文庙,兴学校……每月鸠集课文,膳以膏火,奖以纸笔以示鼓励。由是,文教蒸蒸日起,原每科取一二名,多则六七名,廪增得补府学之半。辛酉科诸生冉天拱府学选拔,皆公之功也。"[1]马斗慧于《石柱八景诗并序》中言:"从来山水之奇特,必资文人之品题,而前贤遗踪亦不容湮没而不传,使者采风无以对,儒者之耻也。"[2]已是自认为儒生,且愿意承担儒生的责任。至于容美田氏土司,这种儒家责任感更是明显。田舜年在《紫芝亭诗集》"小叙"中说:"龙溪公(田世爵)自以幼遭家难失学,及生五世祖辈八人,咸聘名儒以教之。"教的结果是:追求"即看度越诸儒礼,谁并风流六代名"[3],"一事而不知,足为儒者耻"[4],"吾问空王觅觉处,儒生自把顶门开"[5];其遇国仇家恨,则是"山中儒生苦难时,放眼欲歌挥泪雨"[6]。值得提出的是,这种儒家的宗旨教育也影响到民间,如彭秋潭《竹枝词》肯定儒生的存在及态度,即"家礼亲丧儒士称,僧巫法不到书生。谁家开路添新鬼,一夜丧歌唱到明",还肯定了儒家文化的民间化,即"莫道都镇地方村,总是嚣嚣市井尘。若把人物较儒雅,近来似有读书人"[7]。

土家族的知识分子虽然钟情于儒家的社会责任感,却对儒家文化有某种保留而倾向于道家的超越人格,如《田氏一家言》中即对"儒"有某种批评:"从来葵藿与香梏,亦是儒家一饱需。尽道宣尼无不可,却将学圃小樊须"[8];"书生敦大义,岂尽诿儒酸"[9];"滔滔幸免儒冠误,得得还将

---

① 何服生:《石柱土司史料辑录》,《石柱文史资料》第15辑,内部资料,1994,第109页。
② 何服生:《石柱土司史料辑录》,《石柱文史资料》第15辑,内部资料,1994,第117页。
③ 陈湘锋、赵平略评注:《〈田氏一家言〉诗评注》,中央民族大学出版社,1999,第98页。
④ 陈湘锋、赵平略评注:《〈田氏一家言〉诗评注》,中央民族大学出版社,1999,第313页。
⑤ 陈湘锋、赵平略评注:《〈田氏一家言〉诗评注》,中央民族大学出版社,1999,第381页。
⑥ 陈湘锋、赵平略评注:《〈田氏一家言〉诗评注》,中央民族大学出版社,1999,第268页。
⑦ 杨发兴、陈金祥编注:《彭秋潭诗注》,中国三峡出版社,1997,第184、189页。
⑧ 陈湘锋、赵平略评注:《〈田氏一家言〉诗评注》,中央民族大学出版社,1999,第245页。
⑨ 陈湘锋、赵平略评注:《〈田氏一家言〉诗评注》,中央民族大学出版社,1999,第272页。

橱事稽。"①总的来讲是"架底酤清拟细嚼,儒家风味觉微酸"②。

既然"儒家风味觉微酸",那如何找寻自己的精神家园并得到安置呢? 是道家,是"不见仙人骑白鹿,聊同老子话黄金。冷然未必真风驭,为读《南华》慨古今"③;"试问道心齐物我,不知何处重离群。"④当社会出现了"机心"时,更是感叹"世事久弃庄叟梦,去来难辨塞翁机"⑤。因此,从人格诉求看,"道心"便成了首选。一个值得关注的现象是,土家族不少的文人诗作,现今保存下来的多与"道心"有关。如冉天章"幼好文翰,娴吟哦",有诗集,仅存一首《题仙人洞》;冉舜臣、冉仪、冉元等并有题《大酉洞》诗。湘西彭氏的所存诗文也多与"道"学有关。应该说,这绝不是偶然的,既与当地的文化氛围有关,也与文化选择有关,当时的这些土家族知识分子对于不少的社会问题是"吾亦无心难作解,闭门且去叩庄生"⑥。

三、清代土家族哲学文化选择的典型个案

清政府对土家族聚居地区的"改土归流",首先在政治上改变了土家族的边缘化状态,促成了土家族的中心化;随后的一系列政治、经济、军事、文化措施,又促成了土家族聚居地区社会的中心化;"文治日兴,人知向学",甚至"寒俭之士,亦以子弟之诵读为重"⑦,则使土家族民众在心态上实现了中心化。于是,土家族知识分子由上层扩展至民间,知识分子对民族的自我认知由前一阶段的描述而进至评价,即有了民族反思;在对儒释道关系的处理上,上一阶段因佛教并未大规模深入土家族聚居地区而显得协调,这一阶段则在知识分子中略显冲突;随着时代的发展,土

---

① 陈湘锋、赵平略评注:《〈田氏一家言〉诗评注》,中央民族大学出版社,1999,第341页。
② 陈湘锋、赵平略评注:《〈田氏一家言〉诗评注》,中央民族大学出版社,1999,第396页。
③ 陈湘锋、赵平略评注:《〈田氏一家言〉诗评注》,中央民族大学出版社,1999,第86页。
④ 陈湘锋、赵平略评注:《〈田氏一家言〉诗评注》,中央民族大学出版社,1999,第89页。
⑤ 陈湘锋、赵平略评注:《〈田氏一家言〉诗评注》,中央民族大学出版社,1999,第162页。
⑥ 陈湘锋、赵平略评注:《〈田氏一家言〉诗评注》,中央民族大学出版社,1999,第326页。
⑦ 同治《恩施县志》卷七。

家族与汉族的关系,中华民族与西方的关系逐渐成为土家族知识分子反思的问题。从这个角度分析,哲学的时代内容、民族形式与个人风格都有所展现。

改土归流前,土家族知识分子已开始思考自在世界与建构世界的关系问题,如石柱土司马斗慧有《石柱八景诗并序》,其中即有言:

> 从来山水之奇特,必资文人之品题,而前贤遗踪亦不容湮没而不传,使者采风无以对,儒者之耻也。石柱土司地,而胜概古迹不无可纪。余于崇祯辛巳,遍览幽奇,兼综故实,得佳景者八,次为声歌,非取流连景物,炫美饰情,亦曰藏名山,传其人,聊为征文考献者一助耳。若夫兴怀忠孝,景仰前贤,与夫维风范俗之旨,皆隐约于其中。诗以言志,自适而已,观者幸获,夫我心于言外可也。

这里所强调的"山水之奇特""必资""文人之品题",颇类现当代哲学的"世界在我们的语言中"的认知,已明显地属于近现代哲学思存关系的论述。"诗以言志,自适而已",则明显地表征出思存关系解决的个人风格。中间所论,即具有了地域的甚至是民族风格的意义。当然,其中所论"心"与"言"的关系,也反映出作者的思想深度。

改土归流后,特别是19世纪,土家族哲学思想史上的最大变化就是土家族知识分子开始自觉地建构自己的理论化、系统化的世界观。在自在世界与哲人的思想关系上,在思维与存在的关系上显示了高度的自觉。这一时期比较有代表性的理论,在17世纪有田舜年的"山川待人而显"观,19世纪有彭秋潭的"缘情生文,亦必有出乎自然与不得不然之故"观,以及陈汝燮的"宇宙奇诗写不完,此心何苦同诗斗"观,等等。

(一)田舜年的"山川待人而显"观

在田舜年(1639—1706)看来,因为"山川待人而显"的特性,给人们发挥人的自性、自信提供了一定的条件。所以,田舜年在多篇文章中阐明了"山川待人而显"的自然界与人的主客观联系观,彰显了当下条件下的思存关系。

在《百顺桥》中，田舜年起首即言"山川待人"，其中提到了自己及属下的努力所取得的成绩，诸如祖上"未了之事，靡不次第举行"，因而得到了康熙皇帝的接见，"带病朝见于乾清门金狮子下"，"得邀圣眷于破西南未封之天荒，是后复病"；或许是一系列事业上的成功，致有"日蚀之异"。在《晴田洞记》中，田舜年更是对"山川待人"的内涵从主客观关系的角度加以阐明。"山川待人，而显者也，以予思也。"这就是说，"山川而显"的关键是人要把它作为思考对象、认识对象，即"以予思也"。这里的关键是与有缘人，即"不仅人有知遇，而山川与人更有知遇也"。对于容美的山川，田舜年自己就是一个有缘人，是一个"一旦而遇于予者"，经过他"以予思也"的努力，"斯皆屈群策群力而渐成之"的祖业得以发扬光大，老百姓"如鸟兽之散处也，欲得困守村落，使如右俗，守望相扶，疾首相循，使可明悉教戒"；当官的"则是予□保民，而罪在罔民已焉。有仁人而□民为也"；整个社会则如"威宁有信，威而使吾民将以有宁也"；整个自然界则"山从秀处，有若情田之望"……总之是属"太平"，故"此情田峒之修当祚也，而此大寨则乃同村落之名曰太平镇，而改曰太平洞，是予以□祈名而永乞，天保云，是为记"。

"山川待人"的直接要求即是追求进步，鼓励创新，对此，田舜年在《田氏一家言》"跋"中论道：

> 诗言志也，各言其所言而已。虽高岗之响，必逊凤凰；而睍睆之音，自娱黄鸟。天机所动，将亦有自然之律吕焉。果若人言，绳趋尺步，诗必太历以上，则自有盛唐诸名家在，后起者又何必寻声逐响于千秋之上哉！十五国风，大都井里士女信口赠贻之物，今咸为经，未闻周召吉甫正考，奚斯而外，遂无当圣人之采择者。由是而推，则求中原文献于荒裔绝徼，不有如山鸡之羽文彩可观、泽雉之性耿介足垂者乎！彼夫虬髯客，不肯从龙而自娱，逭域者谓其一无所长，不可也。四始而后，屈骚宋赋，孤行千古，又岂仅如司马之词传于盛览、盘本之歌入于汉庙而已哉！况风雅一道流行于天壤清庙明堂之上，

有传书崇山大谷之间,亦有传人,其势恒足以相埒。眉山之集,流传海外尚已,而属国之使,会同有绎,又往往出其宴享赠答之章,为荐绅先生所嘉叹,编之典籍,侈为美谭。少陵有云"五溪衣服共云山",此物此志耳。然则四海九州之大,此心此理之同,岂其有畛域限之耶?观《田氏一家言》者,姑无过为分别之见焉。倘有异地而神交,旷世而相感者乎。此非不肖所敢知也,亦曰自言其所言而已。

如果不仔细分析,谁会想到这是一个边缘地区少数民族首领的"创新"宣言!"各言其所言"的自主意识,不"绳趋尺步"的创新理念,"崇山大谷之间,亦有传人,其势恒足以相埒"的民族自信,"异地而神交,旷世而相感"的开放胸怀……"山川待人"的真实意蕴正在于这种民族自信。

古希腊哲人曾有"人是万物的尺度"和"人啊,认识你自己"的命题,中国古代哲人也有"万物皆备于我""反身而诚,乐莫大焉"的口号,综合考稽,则可认为是谋求处理好主客体的关系,从价值取向上看,与田舜年的"山川待人"并没有实质性的差异。所不同的是,基于土家族传统文化的自身内涵,田舜年的"山川待人"是谋求在"思"的基础上去改变、改造及至和谐客体,是"劳□以勉众勤易举,成此壮观"。而这既区别于西方哲学的主客二分的知识论取向,也区别于中域传统哲学的"内圣外王"之道,而是从土家族哲学世界观的层面表征的"山川与人更有知遇",因而是一个值得重视的哲学思维成果。

(二)彭秋潭的"缘情生文,亦必有出乎自然与不得不然之故"观

彭秋潭(1746—1807)在讨论诗歌创作时,对自在世界与世界图景的关系问题进行了讨论,实际上也已具有了近现代哲学所讨论之思存关系的意义,他在《文江小稿》"序"中说:

夫云霞草木,天地之文也。今之云霞草木,即昔之云霞草木,天地非比拟为之,乃其出不穷而无一不肖。后之云霞草木,非前之云霞草木,天地非变易为之,乃接时而至,而无一不新者,何也?天地不能不顺夫春夏秋冬之境,以郁为阴阳寒暑之情,而发为云霞草木

之文,此盖有出乎自然与不得不然之故。惟至诚,故有物;惟至常,故有序也。然则人之于文也,缘境生情,缘情生文,亦必有出乎自然与不得不然之故。而其欢娱、愁苦又必有发乎情、止乎礼义之则。是故情有厚薄,故文有高下;情有贞邪,故文有雅郑。情至而文不至者有矣,未有文至而情不至者也。今之诗人,论时代,分家数,尚考据,贵博物,皆非余所能及。余之诗,如婴儿之嘎,不暇审声;如候虫之吟,未能择响。才不逮若人,所自信者,不为伪体变格,以文饰取讥大雅耳! 若夫文江八年,其境为难堪之境,其情为难言之情,托于歌咏,欢寡愁殷,录为一集,聊志勤苦,俾览者有以谅,夫为之出于自然与不得不然之故,乃其所不能至者,亦志士之所悲也①。

这段文字可以看成是彭秋潭思存关系的总纲。在文章中,先讨论了自在世界的客观性、规律性,即"云霞草木"之过去现在,似同而相异,并没有什么目的性,更不是"比拟为之",一方面有变异的趋势,一方面有变异的规律,即"出乎自然与不得不然之故"。惟此,他提出了"至诚""有物""至常""有序"两对范畴:"惟至诚,故有物;惟至常,故有序也。"

通过对自在世界的描述,彭秋潭提出了自己的思存关系论,强调"缘境生情,缘情生文,亦必有出乎自然与不得不然之故"。这里的关键在于:自然之"文"是自在世界,人必须达到了"出乎自然与不得不然之故"时才可能"缘境生情,缘情生文",即只有具备了一定条件才有可能将自然之"文"转化为人文之"文"。因此,对于同样的自然之"文",也有不能生出人文之"文"的,即"情至而文不至者有矣"。其条件就是"其欢娱、愁苦又必有发乎情、止乎礼义之则",按现在的哲学语言表述即是思、情、意的共同合作,或者说是理性、情感、意志的结合。在彭秋潭看来,因这种结合的不同而出现了不同的人的世界图景:"是故情有厚薄,故文有高下;情有贞邪,故文有雅郑。情至而文不至者有矣,未有文至而情不至者也。"他对自己的世界图景的描述则区别于那些"论时代,分家数,尚考

---

① 杨发兴、陈金祥编注:《彭秋潭诗注》,中国三峡出版社,1997,第204页。

据,贵博物"的图景,属于"如婴儿之嗄,不暇审声;如候虫之吟,未能择响……所自信者,不为伪体变格,以文饰取讥大雅耳"。

（三）陈汝燮的"宇宙奇诗写不完,此心何苦同诗斗"观

在自在世界与世界图景的关系上,陈汝燮有自己的独到之处。这就是自在世界的无限与个人认识能力的有限之关系问题,他在《苦咏行》中写道:

> 一字一句吟难就,微声拥鼻双眉皱。升天入地仗心兵,捕得诗来如捕寇。诗成落笔军奏凯,字字城坚还甲胄。酒醒茶罢灯残候,旧题才毕新题又。呕出心来值几钱,未必篇篇梨枣寿? 宇宙奇诗写不完,此心何苦同诗斗。

可以看出,作者以写诗为题,对于建构自己世界图景的情感、意志、理性方面的条件进行了探讨。客观的自在宇宙是不以人的意志为转移的,是"宇宙奇诗写不完"的。因此,何必用有限的生命与无限的世界去纠争,即"此心何苦同诗斗"? "君不见,山人有癖在苦吟,诗草渐多人渐瘦。"但是,这并不是放弃追求,而是追求一种更高的境界。这种境界在《宿峨城》中叫"但愿搜奇诗,字字绝尘俗";在《得诗》中则叫"若问诗来处,诗人自不知",即言一种直觉的体验;在《秋日无题》中叫"无题即诗题,或者诗愈好",即彭秋潭的"不得不然之故";在《恭同吴仲宣制军养疴归里别尊经锦江两书院诸生韵公饯奉呈》中叫"用兵如作诗,出奇意独创";在《雨势》中叫"文章最忌是平平,作势留心看雨倾";在《菊花词》中叫"摘去余苞花更大,比如诗好不贪多";在《枕上》中叫"中年何物陶哀乐,屡月无诗损性灵";在《去思诗送州尊赵公归剑川》中叫"幽梦说劳他日到,情深落笔总缠绵";在《望峰先生南船北马诗集题词》中叫"长安米贵居不易,穷愁抑郁诗益奇"。总之,既然"宇宙奇诗写不完",就不妨调整思维,做直抒性灵的工作,以此来把握世界,并建构自己的诗性宇宙。

关于自在世界与宇宙图景的建构,田泰斗(1824—1863)的思想也值得重视。田泰斗虽然终其一生仅有 40 年岁月,但在民族认知方面写下

了大量竹枝词,在社会认知方面写下了《山农吟》《荒年行》等名篇,成为19世纪土家族哲学社会思想史上有名的探索者。从《过邯郸》中有"我有封侯真骨相,羞说枕上幻功名"之句来看,他曾抱有传统儒生追求功名的理想。他更多的则是一个力求自成一家之言的土家族学者,故借纵放飞燕之际"送之以诗":"王谢堂前是也非,轻身何事触危机。即今纵汝云霄去,莫傍人家门户飞。"于是在《奉答杨鸢坡先生惠诗次韵》中强调要"新诗得自性灵多",在《作诗》中强调"佳句都因命换来"。更为重要的是,田泰斗还在《赠曾陶厂先生》中强调自己倡导的是"一篇白描语,报公志如斯",是"欲以烂漫归平淡",反映出了一定的近现代倾向。

四、传统与现代:对全球性现代化运动中土家族的哲学审视

清雍正年间的改土归流加速了土家族群体在中国的中心化进程,至19世纪中叶,无论是在土家族文人的自我认知,还是在汉族知识分子的眼中,土家族都已不是蛮夷了。我们从改土归流后的土家族文人彭秋潭等的诗文中发现,他们已自觉地把自己与蛮夷划分开来;至于由流官主持纂修的土家族聚居地区的方志,已十分明确地认肯了土家族聚居地区的脱蛮入儒状态①。但是,历史与土家族开了一个大大的玩笑——刚刚有了一种中心感的土家族再一次与整个中华民族一道被抛在了全球性现代化运动的边缘,于是又一次进入了向中心奋进的努力进程。不过,这次的向中心奋进已不单是中心与边缘的单向度问题,而是一个集城乡、古今、中西等多向度的全景式问题。从空间上讲是中国与世界、城市与乡村,从时间上讲是传统与现代、古与今。新一轮的哲学转型就发生在这一全球性现代化运动的矛盾中,基本问题是包括土家族在内的"中华民族向何处去"的问题,也是一个超越包括儒家文化在内的整个中国传统文化的问题。

---

① 萧洪恩:《脱蛮入儒:19世纪土家族的文化认同与社会转型》,《中南民族大学学报(人文社会科学版)》2006年第5期,第45—50页。

（一）理论困境与哲学转型的动因

从前面的论述可以看到，土家族从边缘走向中心的努力，起因于历史事件的哲学文化解读，如严守升《容美宣抚使田世爵世家》记载的"公痛惩乱贼之祸，始于大义不明，故以诗书严课诸男，有不嗜学者，叱犬同系同食，以激辱之。以故诸子皆淹贯练达，并为成材"。但是，在"严课诸男"的过程中，很快产生了理论上的困境。从历史顺序看，既有理论自身内部的困境，又有理论之间的困境，还有理论的外部困境即理论与实践的矛盾。正是这些矛盾促成了土家族哲学的不断展开，并最终促成了土家族哲学的近现代转型。

第一层次的矛盾是文化选择中的矛盾，即土家族上层知识分子在选择中域文化过程中展开的儒家与道家的矛盾。一方面，儒家的礼义、责任、社会理想，甚至哲学信仰都成为他们的首选，即如田九龄"即看度越诸儒礼，谁并风流六代名"[1]的愿景，与"不见仙人骑白鹿，聊同老子话黄金。冷然未必真风驭，为读《南华》慨古今"[2]的哲学信仰就存在严重的矛盾，并在诗文中随处可见。第一代文人的矛盾在第二代那里不仅存在，而且还得到展开，如田宗文虽然心忧尘世，却热衷于"隐士"生活，在短暂的生命历程中，田宗文"冥搜玄索，追踪先哲"，在自然与社会、个人与大众关系上，个人因社会原因而愿作一名隐者、幽人；对大众而言，则希望是一个升平、儒雅的社会。个人面向自然，大众面向社会；个人高风亮节、道家风骨，不与社会同"机"，社会现象则多种多样，只向隐者寻真。也就是说，他追求的是一种既属"美政"，又有个人自由的一种美好社会。田九龄、田宗文的这种理论困境在20世纪前的土家族知识分子心间始终存在，并有不断扩大的趋势。现在留存下来的较早的土家族诗文中，儒诗较少，道诗较多，即从一个侧面说明了这一矛盾。

第二层次的矛盾是理论与实践的矛盾，即作为社会治理指导思想的

---

① 陈湘锋、赵平略评注：《〈田氏一家言〉诗评注》，中央民族大学出版社，1999，第98页。
② 陈湘锋、赵平略评注：《〈田氏一家言〉诗评注》，中央民族大学出版社，1999，第86页。

儒家文化并没有达到明于大义的目的,从而发生了实践效果与理论预期的矛盾,如《容美宣抚使田世爵世家》记载田世爵于患难之中,备尝艰辛。袭职后"痛自警惧","以诗书严课诸男",致"诸子皆淹贯练达,并为成材",可其长子田九霄就"刻深峻鸷,居官数年,每叱驭出门,民皆闭户,鸡犬无声"。田九霄不仅致胞弟田九璋"伏罪凶终",而且使田九龄"亦以才名见忌,避居兰澧"。到田宗文一代,更是感到了"世事变迁惊岁月,人情翻覆失疏亲"①。这一理论与实践的矛盾一直延续到田甘霖时代,如田甘霖一生谨慎,"谨事厥兄,克全孝友,无纤介嫌",但仍难免"原配覃夫人遭谤投缳"。这一矛盾始终像一根无形的绳索,捆缚着这些土家族上层文人。

理论与实践的巨大反差还表现在明王朝灭亡这一历史事件上。具有诗、史、思意义的田玄父子四人在"甲申除夕感怀"中反思了这一尖锐矛盾。据田玄《甲申除夕感怀诗》称:"余受先帝宠锡,实为边臣奇遇,赤眉为虐,朱茀多惭,悲感前事,呜咽成诗,以示儿子霈霖、既霖、甘霖辈,各宣欲言,遂相率步韵,命曰《笠浦合集》,各十章,章八句。"也就是说,田玄父子四人是在这"岁运趋于维新"之时,"各宣欲言",阐明自己的真实思想而成诗的。诗的主题就是阐明对明清"岁运"之变进行历史反思。从诗、史、思、情、意的角度看,四人虽然有共同的历史倾向,却存在着对同一历史事件的不同分疏,显示出不同的哲学之"思",核心是反思儒家治国理论与治国实践的矛盾。尽管有"书生敦大义,岂尽诿儒酸"的辩解,却难以排遣心中对于"谁任神州责"的疑问:"别岁书空字,迎春等戏谈。"②

对理论与实践矛盾的深度反思促成了对儒家内部矛盾的揭示,从而展开了理论的更深层次的认识,这就出现了"酸儒""鸿儒"等区分。在《田氏一家言》中,虽有"儒家风味觉微酸"③的感觉,但总的价值取向还是

---

① 陈湘锋、赵平略评注:《〈田氏一家言〉诗评注》,中央民族大学出版社,1999,第188页。
② 陈湘锋、赵平略评注:《〈田氏一家言〉诗评注》,中央民族大学出版社,1999,第273页。
③ 陈湘锋、赵平略评注:《〈田氏一家言〉诗评注》,中央民族大学出版社,1999,第396页。

认可自己是关心国事的"山中儒生",故"山中儒生苦难时,放眼欲歌挥泪雨"①。可在彭秋潭的诗文中,虽然也自论为"儒生",却对"儒"进行了内部的细分:"鸿儒"——"平生虞道园,学古称鸿儒";"儒将"——"浩浩落落,沉雄蕴藉,不减古儒将";"文儒"——"今日天气佳,开阁延文儒";"寒儒"——"寒儒愁出门,足跰博一官";"大儒"——"读阳湖大儒恽先生子居《大云山房文》"等。对于"儒生"的细分表明了儒家的内部矛盾或差异,这是土家族上层知识分子感到的理论困境的第三个层次。

改土归流以后,中域相对先进的文化成果(物质文化、制度文化、观念文化等)得以在土家族聚居地区推广应用。这一制度性构建,既可看成是清朝统治者对自己作为中国合法统治者的文化合法性论证,又可看成是中国封建社会发展到顶峰的标志。问题在于这一文化建构实践在土家族民众心目中隐含了一个严重的内在矛盾——主体与行为的矛盾,这是第四层次的矛盾。清朝代替明朝,在土家族中心意识来看,是夷族代替了华夏族:一方面是"遗人辞故主,拥鼻增辛酸",另一方面是"矢志终身晋,宁忘五世韩";一方面是"何事都门下,尚多不罢官",另一方面是"趋新群动易,恋旧抗怀难"②。改土归流正是这种夷族来推行包括儒家文化在内的文化建构,主体的合法性与行为的合法性存在着矛盾,这种矛盾在一定的条件下即会展开为反清革命——使其主体合法性消逝,并成为近现代土家族聚居地区多次发生反清革命的先导,不少文献的记载见证了这种内在矛盾。

(二)事件隐喻与哲学视界的观照

土家族传统哲学的适用精神不仅规定着上述四个层次矛盾的展开进程,而且还规定了上述矛盾解决的价值取向,这就是实践优先的现实理性、生存意志与求实情感,如明清世运之代,田玄既认肯儒家文化,认

---

① 陈湘锋、赵平略评注:《〈田氏一家言〉诗评注》,中央民族大学出版社,1999,第268页。
② 陈湘锋、赵平略评注:《〈田氏一家言〉诗评注》,中央民族大学出版社,1999,第206—210页。

为"文能移俗居何陋,经可传人隐亦贤"①,他被称为"列传儒行"之人②。但在实践与文化选择的冲突中,他倾向于实践,故在《甲申除夕感怀诗》第十首中强调:策略上要有必要的装痴——"向夜订诸子,疾呆休鬻人。聪明终有累,倏忽漫多神。"因为政局还不明朗,有可能——"来朝真面目,另是一番新。"在这种情况下,你们可要——"待价求知己,刭鲍寄此身。"我们可以从中看到,对于明朝的灭亡,痛归痛,恋归恋,关键还是要看未来政局的演变。在理论与实践的冲突中,明显地倾向于实践。

土家族传统哲学中的实践取向不仅体现在明清的世运之替中,而且体现在对儒、道的选择中,既崇尚儒家担承社会责任的传统,又在个人自性上信奉道家的超越。这种重于实践的取向,不仅使土司司主在明清之际摇摆于南明、清朝、三藩之间,而且在改土归流过程中审时度势,更为重要的是决定了他们对清政府的态度:时反清、时拥清,关键看清朝统治者的"实践",并由此而形成了土家族近现代哲学转型的重要特色——事件隐喻与哲学视界的相互观照,甚至于由事件类型决定了哲学的选择。

事件隐喻与哲学视界的相互观照应该说是土家族哲学的传统思维方式。在土家族神话中,"事件"总是思考的起点,如青蛙导致的混沌事件引发了对人、神之间关系的思考;捉雷公的事件引发了道德诉求的内在冲突——节约的道德与孝的道德的冲突;族群战争引发了人与动物的对话——实际上是人与自然的对话等。"事件"隐喻的是当下实践优先的现实理性、情感及意志。因此,在土家族的历史发展中,仅从汉文文史的记载看,就基本上属于此一类型的思维方式。《左传·桓公九年》记有"巴子使韩服告于楚,请与邓为好"。《左传·庄公十八年》记有公元前689年,"初,楚武王克权……迁权于那处,使阎敖君尹之。及文王即位,与巴人伐申,而惊其师。巴人叛楚而伐那处,取之,遂门于楚,阎敖游涌而逸。楚子杀之,其族为乱。冬,巴人因之以伐楚。"《左传·庄公十九

---

① 陈湘锋、赵平略评注:《〈田氏一家言〉诗评注》,中央民族大学出版社,1999,第218页。
② 陈湘锋、赵平略评注:《〈田氏一家言〉诗评注》,中央民族大学出版社,1999,第243页。

年》记有"十九年春,楚子御之,大败于津"。《左传·文公十六年》记有"楚大饥……庸人帅群蛮以叛楚……(楚)乃出师……庸人逐之……(楚军)又与之遇,七遇皆北……庸人曰:'楚王不足与战矣!'遂不设备。楚子乘驲会师于临品……以伐庸。秦人、巴人从楚师,群蛮从楚子盟,遂灭庸。"《左传·哀公十八年》记有"巴人伐楚,围鄾……楚公孙宁、吴由于、蘧固败巴师于鄾。"应该说,此类事件中体现的实践优先原则,在《华阳国志·巴志》所记巴蔓子将军事中得到了充分展现:

> 周之季世,巴国有乱。将军蔓子,请师于楚,许以三城。楚王救巴。巴国既宁,楚使请城。蔓子曰:"籍楚之灵,克弭祸难,诚许楚王城,将吾头往谢之,城不可得也。"乃自刭,以头授楚使,王叹曰:"使吾得臣若巴蔓子,用城何为?"乃以上卿礼葬其头。巴国葬其身,亦以上卿礼。

实践优先原则在近现代中国历史上表现得极为明显,这就是在对待清政府的问题上体现出的原则性与灵活性:只要清政府维护中华民族大义,就支持、拥护、捍卫,否则就反对。鸦片战争以后发生的土家族思想史在一定程度上说就是近现代的重大"事件"史,是对重大"事件"的认识史,并以这种新的认识来反思既往的历史事件。陈景星参加并反思中法战争,初则"喜闻官军收复凉山",有感于"不为开边缘继绝,圣朝神武古今无"[1];但一因清政府软弱而致此战争失败,则又有感于"九十韶光老,三千客路长。吟回新病减,春比大军忙。战事成和局,归思切故乡。征途何濡滞,愁对乱山苍"[2]。张仲羲等因对甲午中日战争的反思,参加了"公车上书",形成了改良主义思想。朱和中等对庚子事变(1900 年八国联军侵华、义和团运动等)的反思,发现了革命动力、革命方式的转变及意义。在近现代中国革命斗争史上,辛亥革命、新文化运动、五四运动、土地革命等,都成了土家族思想家的反思对象。正是这类反思,使他们

---

① 祝注先:《历代土家族文人诗选》,岳麓书社,1991,第 195 页。
② 彭继宽、姚继彭主编:《土家族文学史》,湖南文艺出版社,1989,第 340 页。

提出了自己的一系列救国救民主张:教育救国、科学救国、实业救国、马克思主义救国……

在一定程度上说,土家族传统哲学中的实践优先原则,对"世界何以可能"(本体论承诺)问题的轻视,恰好接近于现代哲学"解放何以可能"的根本问题(实践转向),因而在近现代的革命斗争中,土家族人民能够走在前列,并作出理论与实践上的创获。同时,土家族传统哲学的实践优先不是把一般传统哲学视为"绝对之真""至上之善"和"最高之美"的"神圣"东西作为追求目标,在一定程度上也隐含了现代哲学的"理性"取向,因而在适当条件下更容易产生哲学现代性。可以说,这也是土家族聚居地区得已成为中国革命中心区之一的文化土壤,甚至像"神兵"那样的群众武装斗争也充分地反映出现代性。①

(三)哲学问题与哲学思潮的命运

土家族的现代哲学创建是与现代中国社会的历史发展分不开的。其基本前提在于土家族已于 18—19 世纪完成了脱蛮入儒、脱边缘入中心的过程,我们从《彭秋潭诗注》中可以看到,诗中的蛮已不是指土家族,而是指土家族之外的其他族群,如"欲将无限意,十万写蛮笺"等。笔者曾在《脱蛮入儒:19 世纪土家族的文化认同与社会转型》②一文中对此有所阐明。

问题在于,刚刚从边缘走向中心的土家族又被全球性现代化运动抛在了一个更大中心的边缘,这一抛掷的内涵是比此前的边缘化更为深刻的社会变革。从历时态上看是传统与现代、古与今的关涉,从共时态上看则是中国与西方、城市与乡村的对立与错置。这一过程,马克思主义经典作家曾说:

　　资产阶级,由于开拓了世界市场,使一切国家的生产和消费都

---

① 萧洪恩:《20 世纪上半叶鄂西南神兵运动的现代转型》,《湖北民族学院学报(哲学社会科学版)》2006 年第 6 期,第 8—14 页。

② 萧洪恩:《脱蛮入儒:19 世纪土家族的文化认同与社会转型》,《中南民族大学学报(人文社会科学版)》2006 年第 5 期,第 45—50 页。

成为世界性的了。使反动派大为惋惜的是,资产阶级挖掉了工业脚下的民族基础。古老的民族工业被消灭了,并且每天都还在被消灭。它们被新的工业排挤掉了,新的工业的建立已经成为一切文明民族的生命攸关的问题;这些工业所加工的,已经不是本地的原料,而是来自极其遥远的地区的原料;它们的产品不仅供本国消费,而且同时供世界各地消费。旧的、靠本国产品来满足的需要,被新的、要靠极其遥远的国家和地带的产品来满足的需要所代替了。过去那种地方的和民族的自给自足和闭关自守状态,被各民族的各方面的互相往来和各方面的互相依赖所代替了。物质的生产是如此,精神的生产也是如此。各民族的精神产品成了公共的财产。民族的片面性和局限性日益成为不可能,于是由许多种民族的和地方的文学形成了一种世界的文学。

资产阶级,由于一切生产工具的迅速改进,由于交通的极其便利,把一切民族甚至最野蛮的民族都卷到文明中来了。它的商品的低廉价格,是它用来摧毁一切万里长城、征服野蛮人最顽强的仇外心理的重炮。它迫使一切民族——如果它们不想灭亡的话——采用资产阶级的生产方式;它迫使它们在自己那里推行所谓文明,即变成资产者。一句话,它按照自己的面貌为自己创造出一个世界。①

在这一全球性现代化运动的趋势下,土家族又一次为从边缘走向中心而努力。因此,与上一阶段一样,其哲学问题和哲学思潮又有了新的内涵,在时代的内容与民族的形式统一中,形成了土家族现代哲学探索的历程。

最初开启土家族近现代哲学思索的是一些土家族诗人。综观这一时期的土家族文人,其思想主题表现在以下方面:

一是对近代民族国家的认肯。覃远琏(1818—1889),曾任职于清军,且参加过中法战争,对近现代民族国家危机有深刻感受,故能以此为

---

① 《马克思恩格斯选集》,人民出版社,1995,第276页。

指导反思土司制度,于《登五峰谒张土司墓》一诗中云:"累累故冢路迢迢,华表支撑刺碧霄。百忍堂中茅土远,五峰山畔棘门遥。衣冠缵组由前代,疆域连王纳盛朝。纱帽岭头凭吊古,边尘靖处霸业消。"对于当时的国家危机,覃远琎表现出了强烈的民族关怀,在一定程度上触及了"中国向何处去"的问题,这就是他在《散步》之二中所言:"天风徐绕下蓬壶,泛宅浮家兴不孤。避地漫寻方士药,嫉时好乘圣人桴。万重烟光围瑶岛,四壁楼台入镜湖。欲障百川回既倒,世间容得此狂奴?"与覃远琎相类,清季酉阳直隶州拔贡冉正维作《仡佬溪》,也表示出了共同的思想倾向:"王治渐摩数百年,淳风汤穆改蛮烟。却闻仡佬居溪上,尚在思黔启土前。纵猎俗移中夏地,踏歌声断早秋天。小民解说先朝事,卷叶吹笳信帐然。"

二是反思民族危机,其中包括对鸦片危害的反思。如冉崇文(1810—1867)曾作《洋烟赋》数千言:"原夫洋烟之害,实属堪嗟!传来异域,流遭天涯";"本属夺命之膏,痴迷恬不为怪"。一旦吃上瘾,"不吃到水尽山穷,谁能遣此;倘未至盐干米净,岂肯丢它";危害人的身体,以致"面目凋零,惋惜形同色鬼;容颜枯瘦,可怜身似病鸦";"从前一肥二胖,何等玉润珠圆,而今九死一生,出自心甘情愿。身中肥虱似鱼鳞,顶上头发如茅扇,衣裳滥同鱼肉,上下不止千疮;裤子破若战裙,前后刚剩一片。""噫嘻! 彼何人斯? 造此孽品,毒可杀人,罪当刎颈。"文章最后说:"奉劝吃烟子弟,莫抛费父母银钱,有瘾明公,好保守祖宗根本。前车可鉴,毕竟害的何人;后悔已迟,快须逃出铁岭。"其他如长阳土家族诗人晏卓甫在《过石柱观》中对教育与佛道建筑的反差表示了批判:"天梯石栈架楼台,灵验毫无剧可哀。学舍荒凉无过问,但愿财力托如来!"应该说,这两首诗都显示出了诗人的哲学反思精神。

三是筹思国家和民族出路。19世纪末20世纪初,土家族诗人的反思已有更为深入的主题,直接触及革命的主题。如田金楠(1856—1925)有寓言诗《虎变鼠吊台湾》,讥讽清政府的外强中干:"昨闻鱼化龙,今闻虎变鼠。爪牙徒具不击搏,猎奴驱女无处所……"其《鄂军挫败,黄兴编敢死队千人再战大捷》诗言"千人冒险一当百,孤注能支大厦危。将得士心士敢死,日俄战后此军奇",已表明了对革命的态度,这算是一个由旧式知识分子转型为新式知识分子的典型。这种"革命"的愿望,长阳土家族诗人晏卓甫于戊戌变法失败后作有《沿头溪》一诗,反思戊戌变法并表示了自己的感念,其中隐含了革命的必要性,"纸上谈兵成画饼,病中送客且衔怀;鹤山客子横刀笑,又向南荒辟草莱"。19世纪末20世纪初,产生了近现代的土家族知识分子并生成了土家族的现代意识。土家族近现代知识分子群体产生、土家族现代意识生成后的第一期成果是辛亥革命前后的土家族知识分子在主流思想上接受了资产阶级革命民主主义思想。这一时期的知识分子以革命排满相号召,以现代政党组织(成立各种革命组织)为承载,以建立西方资产阶级民主共和国为目标,并依托于土家族传统文化中关注下层民众的文化性格,把革命动力放在相对下层的民众身上。相关内容我们将在以后进行论述。

维特根斯坦说:哲学的任务在于"给瓶中的苍蝇指明飞出去的途径",因而"哲学问题的具体形式是:我不知道出路何在"[1],于是才有了哲学家的思考。20世纪初的中国,为了拯救灾难深重的祖国,人民以无比的热情向西方寻找救国救民的真理。各种思想、理论和各种社会政治势力相结合,涌现出了各种思潮,诸如民族解放思潮、民主共和思潮、君主立宪思潮、地方自治思潮、社会主义思潮、无政府主义思潮、国粹主义思潮、教育救国思潮、实业救国思潮,等等。特别是1911年辛亥革命爆发以后,推翻了延续数千年的封建君主专制统治,使中国社会进入一个新的历史阶段。辛亥革命虽然推翻了清王朝的统治,政权却落在了北洋军阀袁世凯的手里,反帝反封建的任务实际上没有完成。这种情形按土家族革命者甘绩熙将军的话说即:"天下我们打下来,总督我们拉出来,高

---

① 维特根斯坦:《思想札记》,吉林大学出版社、吉林音像出版社,2005,第187、190页。

位他们坐起来，如今我们空起来。"①在这样的社会背景下，在中国的大地上，掀起了一场声势浩大的思想解放运动，这就是中国近现代史上的"新文化运动"。在新的思想启发下，社会上出现了"科学救国""实业救国""教育救国"的思潮，这三大思潮在土家族知识分子中影响较大，并在一定程度上成为一些知识分子的政治实践和社会实践的思想动力。其中从国民性改造而发展至教育救国论者的著名代表是土家族教育家彭施涤，实业救国论的著名代表是李烛尘，科学救国论的著名代表是黄召棠等。

土家族马克思主义者的出现是土家族现代意识生成、土家族现代知识分子群体形成后的最大成果。相关内容，我们将在以后论述。中华人民共和国成立后，前30年的哲学进程因为众所周知的原因，往往显示出教科书化、事件化、通俗化特征，在一定程度上具有了消融哲学个性的意义，甚至起到了淡化哲学的时代性与民族性的反作用。改革开放以后，土家族哲学获得了新的生命。一是一些土家族学者在其他学者的配合下开始探讨土家族传统哲学，出现了明显的"哲学自觉"；二是一些土家族青年勇敢地投身到哲学事业，攻读哲学硕士、博士学位，如武汉大学哲学学院近年培养了十多名土家族的哲学硕士生、博士生，使土家族显示了较为强烈的"哲学追求"；三是一批土家族哲学工作者——教授、博士生或其他专业工作者，开始自觉地建构自己的哲学思想体系，显示了自觉的"哲学建构"；四是一些非哲学工作者——文学、史学、民族学……学者从各种哲学中寻找理论武器，建构自己的专业学术，凸显了"哲学运用"。可以预见，土家族的哲学发展将来会有大的突破。

时至近现代，由于时代变迁、土家族近现代知识分子的努力、整个中国哲学的深刻影响，土家族的哲学思想世界发生了重大而深刻的变化，为土家族人民适应时代作出了巨大贡献，并丰富了中国哲学的思想世界。

---

① 甘绩熙为辛亥革命元老，曾任军政府参谋，少将旅长，1951年病故。此诗是笔者录于民间，笔录时间为1986年，当时以《热爱鄂西》为题，此诗见于笔记之(2)，第133条，但录于何处何时，无具体记载。

第五节　民族文化交融的其他个案分析

傣族、彝族、苗族等民族文化中的文化交融同样可作为一个个实例来加以解析。在这些民族中,傣族哲学文化与佛教文化的关系,彝族的社会历史发展极不平衡,苗族的支系十分复杂等,这些民族都分别受各民族文化的影响形成了自己的哲学,其中特别是在清代表现得非常明显。

一、傣族哲学与佛教文化

傣族哲学的研究已有很多。当前学界的研究已大致括清了傣族哲学的既有内容。但是,傣族哲学研究的原始文献还在不断地被发现,更进一步研究还有很长的路,这里仅从其独特性及与佛教文化的关系上加以简单论述。

（一）独特的原始宇宙论

学界把傣族的《巴塔麻嘎捧尚罗》中的诸神及其创世神话认定为佛教传入以前的传说,并肯定其原始性,因而据傣族的创世史诗《巴塔麻嘎捧尚罗》来研究傣族哲学思想的萌芽。在对万物起源和普遍本质的探索上,《巴塔麻嘎捧尚罗》坚持"发生说",认为在神创造天地、万物之前,就存在着某种原初的物质,"只有烟雾在滚动,只有气浪在升腾,只有大风在逞能,只有大水在晃荡。"然后"动荡了千亿年","气浪孕育十万年,生出太空第一神"——创生天地万物的大神英叭:"福名就叫英叭,他的母亲是气浪,他的父亲是大风,它们是远古时代的神种。"最后是英叭从原始大水中的泡沫、渣滓受到启发而想到用身上的污垢造成一个大象和一根大柱子,用它们把大地(地球)固定在空中,把天和地分开。在这个起源的图式中,自然发生在先,神创在后,实质上反映出人在客观物质世界面前的一定的能动性。关于对宇宙空间结构的朴素认识,《巴塔麻嘎捧尚罗》中的"大象"与"罗宗补"要素值得特别重视,这就是先通过大象和柱子"把天和地支撑开",但地是"罗宗补"形(球形),"应把天地再划分",结果是创造了四只动物(雌狮、雄狮、大象、黄牛)分置四区而把大地分为四个区域(洲),实现了"巧为天地安排,把不同方向和地域分开"的目标。此外,傣族史诗《巴塔麻嘎捧尚罗》还为天与地设置了界限,有了上下之界。这种有特色的宇宙结构说是值得研究的。同时,《巴塔麻嘎捧尚罗》第十一章《神制定年月日》中还对时序的形成作了一定的描述,认为时序有一个混沌不分的阶段:"最初的时候,没有季节,没有时辰,何时要天黑,何时要天亮,何时冷,何时热,分不清界限,天下无秩序,十亿年过去了,可是天地间,季节不分明,造成天下难,冷热常混乱,大地上的万物不能正常生长。"是神使此变为有序的。当然,整个宇宙的时空结构都是经过三次重复才最终形成如今状况的。《巴塔麻嘎捧尚罗》在对人类起源的探索上坚持了进化的创世观,强调人类生而复灭,现今人类的诞生是一个十分艰难、曲折的过程。它有两个基本的观念:一个是神创的观念,另一个是在灾变中重生的观念。其中"第一次神毁灭人类,是因为人类受蛇的欺骗偷吃了神果园中的疾病果而死亡狼藉,但是蛇却偷吃了生命果而长生不死、爬满大地,神不满意这种状况,用大火、大水把人和蛇一起消灭。第二次神毁灭人类,是因为人类中出现父女乱伦、道德堕落,神认为这一代人美好与邪恶不分,不是人,因此将之消灭。"此外,在《巴塔麻嘎捧尚罗》中还总结了丰富的生产、生活知识,并对人的本质和社会普遍原则提出了一些观点。另外,在《造房歌》、《甘哈邦莫万》(制陶歌)、《銮列銮短》(冶炼歌)、《大火烧天》、《洪水泛滥》等中也有不少哲学思想的萌芽,我们在此不再论述。

（二）独特的历史观

傣族哲学较有独特性的方面,一个重要内容是它的历史观,代表性著作是《沙夏纳桑坛》和《沙都加罗》。

《沙夏纳桑坛》又译为《信仰三阶段》,长期以傣文手抄本形式流传,但手抄本未署著作者姓名和著作年代。从历史观的角度看,《沙夏纳桑坛》把历史描绘为从"滇腊沙哈"向"慕腊沙哈",再向"米腊沙哈"发展的三个时期,其中"滇腊沙哈"是食野果野菜的时期,当时还"冒米乃,冒米洼,冒米倘",即"没有首领,没有佛寺,没有负担(地租、贡赋)",人们信仰"披"(鬼);"慕腊沙哈"是食兽肉和谷子的时期,当时已"有米乃"而"冒米洼,冒米倘",即"有首领,没有佛寺,没有负担",人们信仰"盘"(狩猎头领);"米腊沙哈"时已有制度、受约束,"米乃,米洼,米倘",即"有首领,有佛寺,有负担",人们信仰佛。

从《咋雷蛇曼蛇勐》的引述材料看,《沙都加罗》应是 16 世纪之前的一部傣族论述远古历史与信仰演变的书。书中从描绘傣族祖先最初生活的北方"冷森林"中的历史开始,那是一个"篾桓蚌"(竹虫集中)时期,"……土地像石头,雨水像盐巴,森林风很大,山洞是人家,没有火取暖,没有布遮身,大的搂着小的,小的靠着大的,以挤身取暖,祖先的苦说不完"[1],因而是一个群聚取暖时期,且生产力低下,"在那个时期里,我们祖先不会用刀,不会挽弓射箭,以石木棒为武器,却会用粗野藤来绊麂子脚,百条(麂子)才绊得着一条……"后来进入了"盘巴时代",沙罗教会人们狩猎,有了首领和信仰。这一时代还形成了不同的人群,各人群都有自己的"盘巴":人们"像塌了窝的蚂蚁,很难叫得拢。十个一伙,五个一路,为了争夺果子竟互相打起来"。为此进入了一个社会所需要的新时期——聪明青年桑木底教导人们盖新房、建寨子,开始了农耕、定居的生活,人们"选桑木底为王,称他叫'帕雅'(智慧王)。桑木底改了名,叫作'帕雅桑木底'"。应该说,这样的历史观是非常值得研究的。由此也不难看出,佛教文化已开始渗透到傣族文化传统之中。

(三)独特的文化总结

在傣族思想发展史上,在 17 世纪时出现了一部文化总结性作品——《哇雷麻约甘哈傣》,汉译为《论傣族诗歌》,作者应是 16 世纪末到 17 世纪初的人。当时傣族文化已十分发达,仅长篇叙事长诗即号称 500 部之多。作者基于语言的重要性,强调"歌来自人类的语言,语言是一切

---

① 岩温扁编辑整理:《论傣族诗歌》,中国民间文学出版社,1981。

歌调的基础",而语言是表达思想的。从思想的来源看,有了宇宙和大自然的一切存在物,才会有人的感觉和头脑的活动,才会有人的语言,才会有人类的歌。在书中,作者曾用海水盐色的变化与视角的关系来说明认识的相对性,在一定程度上提出了认识的必要性,并对佛教的神圣性有所批判。说其进行文化总结,最直接的证据是:一是在关于天地和人类起源的问题上,该书在众多的叙事长诗中选择了《巴塔麻嘎捧尚罗》关于宇宙、天地起源的观点,即"根据经书《巴塔麻嘎捧尚罗》讲"。关于人类的起源,亦依然沿引《巴塔麻嘎捧尚罗》之说。二是在阐述了天地、人类的产生后,力求以此为世界观基础而探索思想、语言、诗歌的本质和起源,强调语言是表达思想、心理和感觉的,因而"思想是语言的基础",否则就不能成为语言。"思想来自眼见和感觉。从这个意义上讲,眼见和感觉是思想的基础了。这正像种子是谷穗的基础一样。""人类的语言来自人在天地间的活动,它的形成和发展依附于地球上的一切存在物。""……手指晃动在他头脑里有了反应,反应就成了思想。他哭是因为心里产生害怕,这种害怕的心理状态就是感觉。感觉所表示出来的各种声音就是语言。"这里实质上是说人的认识来自实践活动中的"感觉"。于是"……歌不是佛祖赐给,也不是天神和菩萨创造出来。歌来自人类的语言,语言是一切歌调的基础。既然人类在世上的活动是语言的基础,那么人类在世上的活动,无疑也是歌的父母了。这里因为语言是随着人类在世上活动的进化而发展起来,而歌又是随着人的语言的发展而逐步产生和完善。这两者是相辅相成地发展的。"更为重要的是,作者不只是有一定的历史总结,强调人类社会历史经历了"穿树叶的时代"或没有"盘"(首领)的时代以及社会有"盘"(首领)的时代,与此相应,人们的思想也受社会环境制约。总之,这是一个具有总结意义的时代,并出现了总结性作品与总结性人物。

在整个傣族哲学发展中,我们看到的是一种文化交融面貌,其中既有多民族文化的交融,又有多种宗教文化的影响,特别是佛教文化的影响。例如《巴塔麻嘎捧尚罗》即是一个极好的证据。在该史诗的众多章节,如第四章《绿蛇与人的传说》与基督教《圣经》中亚当和夏娃的故事相似,第五章《神火毁地球》和许多民族的射日传说相似,第六章《捧尚罗》和女娲的传说相似,第九章《葫芦人的传说》和第五章都讲到洪水淹没大地和葫芦传人种的故事而特别与傣语支各民族传说相似。极富哲学意义的傣医"四塔"理论,其"四塔"源于巴利语"玛哈扎度塔都",意指四种元素,与佛学中的四塔——地(土)、水、火、风四种元素即有着渊源关系;傣医的"五蕴",是傣医的基本范畴和基本理论,也是由借用、改造佛学的范畴而形成的。"从原始崇拜发展而来的傣族原始宗教,虽然源远流长,在本民族中有深厚的文化基础和广泛的影响,然而,它最终还是把意识形态中的统治地位让给了佛教。佛教在傣族封建领主制社会中取得意识形态的统治地位后,这种地位一直延续到近现代,前后约千年。由此,对傣族文化传统和民族精神的形成产生了深刻、巨大的影响。可以说,不了解傣族的佛教,就不可能了解傣族的哲学思想和整个文化发展的特点。"[①]

二、彝族哲学文化与中域哲学文化的交融

在中国少数民族中,彝族是一个历史悠久而又富于哲学思维的民族,《华阳国志》《太平寰宇记》《太平广记》等汉文文献已记有其汉代前后的历史,魏晋至唐初金沙江两岸的"南中"即其聚居地,"夷帅""叟帅","东爨""西爨"及约8世纪前后的六诏("诏"即王的意思),937年白族段思平建立大理国等,都与彝族有关。从整个彝族哲学思想来看,彝族哲学文化极具开放融合精神,比如通读其古典史诗《铜鼓王》,会明显地感受到这种开放融合精神。

彝族人民十分重视哲学思维的训练,在著名的哲学著作《彝族源流》中曾有明确的认定,认为粗陋愚蠢的人表现为:"哲理浅第一,说话差第

---

① 伍雄武、岩温扁:《傣族哲学思想史》,民族出版社,1997,第75—76页。

二,想法坏第三"①,把"哲理浅"排在第一,可见彝族人民对哲学的重视。正是因此,彝族人民在原始时代即有《查姆》《梅葛》《阿细的先基》《勒俄特依》《尼苏夺节》《俚泼古歌》等长篇史诗,反映出彝族先民哲学思维的萌芽,如关于事物"发生"的观念,认为"远古的时候,天地连成一片。下面没有地,上面没有天,分不出黑夜,分不出明天。天地混沌分不清,天地雾露难分辨,空中不见飞禽,地上不见人烟,没有草木生长,没有座座青山,没有滔滔大海,没有滚滚河川,没有太阳照耀,没有星斗满天,没有月亮发光,更没打雷扯闪"②;关于天地、万物起源的思想,认为"哪个来造天? 哪个来造地? 格兹天神要造天,他放下九个金果,变成九个儿子。九个儿子中,五个来造天。格兹天神要造地,他放下七个银果,变成七个姑娘。七个姑娘中,四个来造地"③,等等,甚至还包括对人类和社会普遍本质的初步认识。自然,在其原始崇拜中则包括丰富的哲学观念的萌芽。

　　进入阶级社会以后,彝族人民在坚持自己文化传统的基础上,不断地吸收中域主流文化,其中包括哲学文化,形成了中域文化的西南地域化、彝族化。早在"东爨"和"西爨"时期,二爨碑(爨宝子碑④和爨龙颜碑⑤)已融合了儒、道思想。到了唐代的南诏国,其国王不仅"每叹地卑夷杂,礼仪不通,隔越中华,杜绝声教"⑥,于是重用汉族饱学硕儒郑回为首席清平官(宰相)⑦;而且还派遣弟子到成都学习中域文化,学成后返回南

---

① 王继超、王子国编译:《彝族源流》(第13—16卷),贵州民族出版社,1989,第220—223页。

② 《查姆》,郭思九、陶学良整理,云南人民出版社,1981,第5—6页。

③ 《查姆》,郭思九、陶学良整理,云南人民出版社,1981,第1—2页。

④ 爨宝子碑于清乾隆四十三年(1778)出土于云南省曲靖县扬旗田,碑额题刻:"晋故振威将军建宁太府君爨之墓。"由于墓主名为爨宝子,故称为"爨宝子碑"。碑文共13行,每行30字,碑末刻有13名官员的职务、姓名,故全碑约400字。该碑现保存于曲靖第一中学校内"爨碑亭"之中。

⑤ 爨龙颜碑在清道光之前出土于云南省陆良县,此碑碑额题刻:"宋故龙骧将军护镇蛮校尉宁州刺史邛都县侯爨使君之碑。"由于墓主名为爨龙颜,故世称此碑为"爨龙颜碑"。碑文共24行,每行45字,碑阴题名三段,总计904字。此碑现存于陆良县。

⑥ 樊绰:《蛮书·六诏》。

⑦ 《通鉴·唐纪》卷四八。

诏,相沿数十年,学成而归者数千人。877 年唐朝使节到南诏,时人隆舜不耻下问请教《春秋》大义①,为自己取名"法尧"②。宋孝宗乾道九年(1173)冬,有 23 人到横山马市请求宋朝官府交换《文选五臣注》《五经广注》《春秋后语》《初学记》《集圣历百家书》《本草广注》《五藏论》《三史加注》等③。正是因为这些学习与交流,使中域主流的哲学文化在彝族地区产生了广泛的影响,唐代的"南诏德化碑"④对此有充分反映。

由于彝族分支极多且各分支在历史上的发展极不平衡,哲学文化特征也互有差别,如处于川、滇交界处的大、小凉山地区,包括四川凉山彝族自治州和云南宁蒗彝族自治县一带,虽然和其他彝族聚居区一样在东汉以后就进入了奴隶制社会,先后归属于西爨、南诏和大理国。从大理国之后,其他彝族聚居区都先后从奴隶制社会过渡到封建社会,而这一地区却始终停留于奴隶制社会,显示出某种社会的停滞性。从哲学社会思想层面来看,除保留着一些原始意识如史诗《勒俄特依》外,在社会上占统治地位的意识形态已经是宗教等意识形式,并通过各种民间谚语和传说得以表现。相比之下,从现存历史文献看,古"罗甸"地区(现今贵州西北部和川滇毗邻的地区)或"水西"地区(今贵州省黔西县)作为古代彝族先民聚居的地区之一则另有特色,所留下的哲学历史文献极为丰富,其代表著作如《西南彝志》《宇宙人文论》《宇宙源流》等。其中《宇宙人文论》为布慕笃仁和布慕鲁则所作,其时被专家学者初定为唐代中期⑤,书中肯定清浊二气是万物本原,强调"万物都靠气生";在认识论上强调"人

---

① 《新唐书·南蛮传》。
② 《新唐书·南蛮传》。
③ 马端临:《文献通考》卷二二九。
④ 南诏德化碑,于清乾隆五十三年(1788)为金石家王昶发现于云南省大理市之太和村。太和村原为南诏国之王都太和城。该碑现存于太和村,与太和城遗址一起被列为全国重点保护文物。此碑碑体为红砂石,疏松不耐剥蚀,目前碑文仅见数百字了。根据历代拓片及著录可知,碑文 40 行,碑阴刻有职官姓名 41 行,两面共有 5000 余字,是云南现存碑体最大、文字最多的一块唐碑。
⑤ 田光辉:《彝族著作〈宇宙人文论〉的哲学思想初探》,载《论中国哲学史——宋明理学讨论会论文集》,浙江人民出版社,1983,第 348 页。

与天相合",在方法论上强调"相互接触交合",并且在"天人同一"的前提下,把清浊二气说和五行说结合起来说明人体的生理结构,显示出较高的思维水平。《宇宙源流》又译为《说文》,五言哲理诗体裁,是水西地区一部内容广泛的著作,全书共八章:一天文、二地理、三人道、四治国、五婚姻、六慎终追远、七父母劬劳、八圣台,其中前四章记述了古代彝族人对宇宙起源、人体构造、社会政治的看法,闪耀着古代彝族人的智慧光芒,包含着朴素的哲理。《西南彝志》原名《影形及清浊二气》,音译为《哎哺啥额》,作者姓氏、生平不详,据称是水西热卧土目家的一位"慕史"(即"布慕",人称"热卧慕史")所作。"据说,他收集了彝族各支系中历代的许多文史篇章,经过整理编纂成为这部历史文献。"[①]我们在后面即以《西南彝志》为例探讨彝族哲学的发展,从中也反映出彝族人民的哲学文化选择。

根据《西南彝志》的内容和形式,学界初步认定其大概是在清康熙三年(1664)吴三桂平定水西之后,至雍正七年(1729)改土归流之前这60余年间形成的[②],可以看成是有代表性的彝族哲学著作。其主要哲学思想与特色在于:

(一)坚持了一条主要的哲学原则:哎哺啥额

《西南彝志》原名《影形及清浊二气》,音译为《哎哺啥额》,可见其主题思想是十分明确的。有学者已经指明:《哎哺啥额》(ꆈꌠꁱꂷ)。在彝文中"哎"(ꀕ)、"哺"(ꀋ)意即"影"和"形","啥"(ꌠ)、"额"(ꑘ)意即"清气"和"浊气",故《哎哺啥额》意译为《影形和清气浊气》。编纂者热卧布慕以此为书名,就是要表明它们是万物的本原和根本,表明这种独特的本原论是统领全书最基本的思想。[③] 当然,在《哎哺啥额》中,哎哺、啥额的关

---

① 贵州省民族研究所毕节地区彝文翻译组编译:《西南彝志选》,贵州人民出版社,1982,前言部分。

② 贵州省民族研究所毕节地区彝文翻译组编译:《西南彝志选》,贵州人民出版社,1982,前言部分。

③ 伍雄武、普同金:《彝族哲学思想史》,民族出版社,1998,第178页。

系如何？并不完全统一，一种认为啥与额（清气与浊气）更为根本，另一种认为哎哺与啥额是并列的。

前者如《金锁管着混沌》的第一段就说："金锁管混沌，不讲嘛不明；要讲从根起，先讲哎与哺。哎哺未现时，只有啥和呃（额），啥清与呃（额）浊，出现哎与哺。"①在《天地形成时的景况》篇中也说："上古哎未产生，哺未出现时，先有上升清气，和下降浊气。天地产生了，宇宙形成了。清浊为根本，产生了这些。"②在《天地进化论》篇中也明确地认为，天、地的本原是清浊二气，由清浊二气演化而生。"天未产生时，地也不曾生，大空空的呢，大虚虚的呢。后来变化啦！出现了清气，清气青幽幽；出现了浊气，浊气红殷殷。清气升上去，升去成为天；浊气降下来，降下来成为地。天乃生于子，天与天相配，高天自生了。地乃辟于丑，地与地相配，大地自成了。人乃生于寅，哎与哺结合，人类自有了。"③

后者如在《西南彝志选·天文志》各篇中，则以清浊二气（或称阴阳二气）为本原来说明各种自然现象，如《论雪和霜的产生》中说："天地阴阳气，它两相结合，白雪有十二，白霜有十三……天地产生后，大气沉又升，青雪红霜生。具备了这些，地上的四方，降很多寒气，都能看得见。清浊包万物，说的就是它。"④《论雨》中说："在阁吐赫上，产阴阳二气；阴阳相结合，不停地结合，产生了和风，产生了霖雨。"⑤《论雾氛》中说："青雾这东西，是大水的气，白露它来降，雾降到地上，是可爱的啊。雾升就

---

① 贵州省民族研究所毕节地区彝文翻译组编译：《西南彝志选》，贵州人民出版社，1982，第1页。
② 陈长友主编：《西南彝志》第314卷，贵州民族出版社，1991，第5、27页。
③ 贵州省民族研究所毕节地区彝文翻译组编译：《西南彝志选》，贵州人民出版社，1982，第11—12页。"天乃生于子"，原注：古文按地支的顺序去认识宇宙和人类的起源，地支的前三位是"子、丑、寅"，所以说："天升于子，地辟于丑，人生于寅。"
④ 贵州省民族研究所毕节地区彝文翻译组编译：《西南彝志选》，贵州人民出版社，1982，第406—407页。
⑤ 贵州省民族研究所毕节地区彝文翻译组编译：《西南彝志选》，贵州人民出版社，1982，第410页。原注：阁吐赫，彝语指一个海。彝族先民传说，风和霖雨都是从这海里来的。

下雨,雾降就天晴,这样的现象,乃清浊气变。"①不难看出,"哎哺啥额"思想虽然是一个主题或基本原则,但并未在全书获得统一。尽管如此,我们还是可以据此确定,《西南彝志》已经形成了自己的哲学原则,具有了自己的哲学体系。因为"每一原则在一定时间内都曾经是主导原则。当整个世界观皆据此唯一原则来解释时——这就叫作哲学系统。"②

(二)中域主流哲学文化的彝化:阴阳、五行、八卦学说

阴阳、五行、八卦学说内在于中域主流哲学文化中,这已是公认的结论。在中国少数民族哲学文化中,也形成了自己的地方化、民族化的阴阳、五行、八卦学说,其中彝族的阴阳、五行、八卦学说最为代表。

在《西南彝志》及此前的《宇宙人文论》中,彝族哲学家以阴阳、五行、八卦哲学为宗,自觉地把天道、地道、人道作为自己的建构对象,探讨宇宙万物生成变易之理。从历史进程来看,《宇宙人文论》与《西南彝志》似有先后相因关系,有一个从天道到人道的逐渐深化过程。并且,彝族思想家还根据自己的民族特色,形成了独特的"八卦"概念:哎、哺、且、舍、鲁、朵、哼、哈,相当于《周易》中的八卦,即哎为乾卦,哺为坤卦,且为离卦……分别代表火、水、木、金、石、禾、山、土八种自然物质。三本书的八卦系统如下表:

卦名/书名/变化生成	乾	坤	离	坎	震	巽	艮	兑
	哎	哺	且	舍	鲁	朵	哼	哈
《周易》	天	地	水	火	雷	风	山	泽
《西南彝志》	火	水	木	金	山	土	禾	石
《宇宙人文论》	火	水	木	金	山	原	金	木

在彝族阴阳、五行、八卦学说中,"八卦"在宇宙生成过程中具有生化的意义。如《宇宙人文论》中说:"却说天地产生之前,清气熏熏的,浊气

---

① 贵州省民族研究所毕节地区彝文翻译组编译:《西南彝志选》,贵州人民出版社,1982,第415—416页。
② 黑格尔:《哲学史讲演录》第1卷,贺麟等译,生活·读书·新知三联书店,1956,第41页。

沉沉的。清、浊二气互相接触，形成青幽幽、红彤彤的一片，青的上升为天，浊的下降为地。有了天地，哎和哺同时出现，且与舍一并产生。天地之间，日月运行，高天亮堂堂，大地分为南、北、东、西四方。"①《西南彝志》中说："先产的清气，先产的浊气，它俩相结合，在气熏熏中，在浊沉沉中，有一股气体，产生一股风。又再相结合，产青青的气，产红红的气，就形成了天，就形成了地，产生了哎哺，产生了且舍。"②由此可见，与中域阴阳、五行、八卦学说一样，彝族思想家把宇宙的最终根源指向了气："万事万物的总根子都是清、浊二气。天地由它形成，哎哺且舍由它产生。"③所以，彝族的阴阳、五行、八卦学说可以被称为气化宇宙论。

在气化、阴阳的基础上，彝族哲人运用八卦理论从宏观上建构了整个宇宙。《宇宙人文论》中说："清、浊二气游离于太空，清升浊降而形成天地。天生地成，日月运行，哎、哺产生又继续繁衍。这时宇宙的四方起了变化，八方又随着形成……宇宙一变化，哎哺先产生，为万象的根本，宇宙陆续起变化就形成了八方，即哎、哺、且、舍、哼、哈、鲁、朵，这是天生福禄（指世界万事万物）的根本。哎为父，主管南方；哺为母，主管北方；且为子，管东方；舍为女，管西方。宇宙四角起变化，变到东北方，由鲁子来管；变到西南方，由朵女来管；变到东南方，由哼子来管；变到西北方，由哈女来管。"④《西南彝志》中说："太初的时候，清浊气产生，天空极辽阔。宇宙产生后，土和地产生。到了实勺⑤世，宽而白的天，分出了四方，又分出八面。宇宙起变化，先产哎哺根……宇宙的四方，变成了八面，就是八卦呢！哎父与哺母，乃乾父坤母。到了实勺世，又产生六门，且舍与哼哈，即离坎兑艮。鲁朵乃震巽，八卦产生了……这样产生后，宇宙的南方，哎父来主管；宇宙的北方，哺母来主管；宇宙的东方，且子来主管；宇

---

① 罗国义：《宇宙人文论》，陈英翻译，民族出版社，1984，第 11 页。
② 贵州省民族研究所毕节地区彝文翻译组编译：《西南彝志选》，贵州人民出版社，1982，第 417 页。
③ 罗国义：《宇宙人文论》，陈英翻译，民族出版社，1984，第 59 页。
④ 罗国义：《宇宙人文论》，陈英翻译，民族出版社，1984，第 37—38 页。
⑤ 实勺，彝文译名，是远古两支原始氏族名称。

宙的西方,舍子来主管;东与北之间,即是东北角,鲁子来主管;西与南之间,即是西南角,朵子来主管;东与南之间,即是东南角,哼子来主管;西与北之间,即是西北角,哈子来主管。宇宙的四方,变成了八面。"①综观彝族哲人的思想,实际上阐明的是一个气→宇宙→哎哺→四象→八卦(即八面)的宇宙演化过程。

正是基于这一过程,彝族哲人运用"五行""八卦"理论说明了万物何以产生的问题,实质上是"一"如何生出"多"的宇宙生化问题,从《说文解字》第一个字解释"一",并从宇宙生化角度加以阐明来看,这的确是中域主流文化哲学所应思考的问题。对此,《宇宙人文论》中说:"宇宙产生后,又逐渐变化,产生'五行',各主一方,各有其根源。哺变化生水,北方成了大海深渊的本源;哎变化生火,南方火位居高,火种从而传遍大地;且变化生木,东方就有大片森林,林木传遍世界;舍变化生金,西方金源充沛,金银遍布中国;鲁变成高山,朵变成平地,哈变化又生金,哼变化又生木,这宇宙的八方,从中变化出'五行'。从此以后,地上凡间就产生了会动的生命。"②这样,"气"作为宇宙的最初根源,通过"五行""八卦"的推演关系,通过清、浊二气的变化,形成了一个气→宇宙→八卦→五行→万物的生化过程,一个永恒的变易过程,如《西南彝志》中说:"当初的清气,和浊气结合,又起了变化,产生出天地。""太古天宇宙,不断起变化,不断地繁衍。太古地宇宙,不断起变化,不断地繁衍。"《宇宙人文论》中说:"天地产生于清气熏熏、浊气沉沉的变化结果……在天地之间,天气与地气,金、木、水、火、土五行,门门都在变化呢。先从左边变化,又转向右边变化,左右交替往来的变化,福禄就花蓬蓬地繁盛起来了。"认为"天地间一切事物都不断发展变化着"。

基于以上认识,有学者认为,古代彝族对中域八卦哲学的吸收,并不是简单的中域哲学的翻版,不是机械地抄袭和模仿,而是根据本民族的

① 贵州省民族研究所毕节地区彝文翻译组编译:《西南彝志选》,贵州人民出版社,1982,第422—423页。

② 罗国义:《宇宙人文论》,陈英翻译,民族出版社,1984,第41页。

文化心理、思维传统给予了"彝化"的改造及再创造。①

（三）彝族农民的社会理想："致富强兵之道，首在养民"

1840 年以后的晚清社会，中国被卷入全球性现代化运动中，近代民族国家思想逐渐成为哲学现代转型的重要内容，这是"因为有了近现代哲学，各特殊民族的特性才开始表现出决定性的影响"②。从特定的社会历史分析，这一转型在彝族思想发展中也有反映。最典型的表现即是彝族雇农李文学为首的农民起义及其指导思想。起义从 1856 年爆发到 1876 年最后失败，前后坚持了 20 年，参加起义的有彝、汉、苗、回、哈尼、傈僳、傣等各族人民，曾控制包括今云南省巍山、弥渡、南华、楚雄、双柏、景东、镇沅、新平等十余个县的全部或大部地区。

首先，起义提出了具有近代民族民主意义的战略思想："驱逐满贼，除汉庄主"的反封建思想、"汉与夷为敌者，豪强也，贫无与焉"的民族团结思想，以及"贵在得民"的重民的思想。在起义之初，李文学等即发布檄文：

> 我哀牢夷民，历受汉庄主欺凌，僻居山野，贫苦为生，几十世矣。自满贼入主，汉庄主与之狼狈为奸，苛虐我彝汉庶民，食不就口，衣不蔽体；白发爹娘，呻吟于床；幼弱子女，扶门饥啼。方今刃及颈项，岂容奢冀免死，矛逼胸膛，何望乞怜求生？本帅目睹惨状，义愤填膺，爰举义旗，驱逐满贼，除汉庄主。望我夷汉庶民，共襄义举，则天下幸甚！我哀牢庶民亦幸甚③！

其次，起义坚持了民族团结的起义实践。李文学、李学东等彝族首领坚持"夷皆一体，何分彼此"的实践原则，以哈尼族人田四浪为"副帅"、傣族人刀成义为"南靖大都督"，并从政治上判定"汉与夷为敌者，豪强

---

① 冯利、覃光广：《八卦哲学与彝族》，《西南民族大学学报（人文社科版）》1986 年第 4 期，第 36—64 页。
② 文德尔班：《哲学史教程》上册，罗达仁译，商务印书馆，1997，第 16 页。
③ 夏正寅：《哀牢彝雄列传·李文学传》，以下出自本书的引文不再标注出处。

也,贫无与焉"。这是对原有狭隘的民族主义观念——"石头不能当枕头,汉人不能做朋友"等的超越。

最后,起义提出了"贵在得民"的民主主张,强调"……贵在得民,有民何患不王,苟无民,虽王亦亡"。为此,他们又特别强调"养民":"致富强兵之道,首在养民;山野养民之道,在薄粮赋,重农、牧、纺、猎。"据此,起义军除把庄主的土地分给佃农外,还免除苛税,只收轻微的田赋;起义军战时作战,平时屯田务农,以减轻人民的负担。

三、苗族哲学的时代转型与文化选择

"苗族是一个重视理性思维的民族,是一个有自己的哲学思想的民族。"①的确,从悠远的历史走来,苗族人民即以其独特的创作和传承方式,通过"古歌""史诗""古老话""理歌""理辞""佳理词""议榔词""巫词"以及传说、故事、寓言、格言、谚语等多种表现方式,展现其哲学思想,不少学者已对其哲学进行了多方面阐明,其中石朝江、石莉著《中国苗族哲学社会思想史》对苗族的习惯法、宗教哲学、军事哲学、科技的哲学以及文人哲学等方面都进行了系统的研究和挖掘,从中发现,作为中华民族多元一体格局大家庭中的一员,苗族哲学思想有的与中域哲学文化相一致,如天地生成说与中域气化论思想,盘古开天地、女娲补天的传说等,与中域的相应文化现象都有相同、相通之处,体现了苗族和中域各民族的历史文化联系;但苗族有的哲学思想又独具特色,如人类起源说,苗族的人类起源论区别于上帝造人说、女娲造人说、动物进化说等而坚持枫香树生人说,苗族的"生成哲学"基于"三位一体"和"一分为三"论,强调宇宙万物都是由各薄港搜、搜媚若和玛汝务翠三大要素相互作用而形成,事物主于能量、基于物质、宣于良好结构,且必须通过"三大要素"的相资、相制、相征或相夺的关系而生成变化,从而使事物形成"生成难全""生成胜负""生成增多变好"三大结局等,都显示出苗族独特发展历程的

---

① 石朝江、石莉:《中国苗族哲学社会思想史》,贵州人民出版社,2005,第1页。

哲学文化积淀。

大约在唐宋时代,大部分苗族地区进入了阶级社会,由于苗族与中域主流哲学文化的关系,不仅有神论思想与无神论思想之类具有人类共性的思想在苗族民众中普遍流行,而且苗族的议榔词和理辞中显出了独具特色的哲学思想。更为重要的是,受中原主流哲学文化的影响,儒、释、道等思想都在苗族民众中有所反映,并形成了中原主流哲学文化苗族化的知识分子,像明代吴鹤(生卒年不详)得阳明学之"薪传","所学既正且专,或与余姚钱德洪、山阴王畿不相远"①,"是苗族最早的一位见诸记载的哲学家,是王阳明'心'学在湖南的重要传人"②。明代满朝荐,决心"奋其志,鼓其气","无徘徊,无顾虑,举儒生自强之力一往无前"③,强调"思之未加,则我之心于天下为二,思之既加,则我之心于天下为一",主张积极地认识世界,坚信"思"能突破"神用""形用"的局限,能"至远",并提出了"闻其百言,不如稽其迹一"的认识论观点。④

清代是苗族哲学文化的成熟与转型期。一方面,远古萌芽时期的苗族哲学思想,通过古歌中开天立地生人的意识、原始崇拜意识、原始道德观念等得以传承,如黔东南地区萌芽期的苗族哲学思想强调宇宙起源的"雾罩"("水气")说,认肯"雾罩生最早,雾罩生白泥,白泥变成天,雾罩生黑泥,黑泥变成地";"天地才又生万物";而人类的祖先姜央,是雾罩经过一系列演化生出白枫木,然后才由"白枫木生姜央"⑤。湘西地区萌芽期的苗族哲学思想如《古老话》中神人"开天立地"的意识,强调"盘古开天,南火立地,地才有土有岩,天才有日有月"⑥;其《苗族史诗》中的人类起源观点,有"龙人"说,认为人是由龙演变来的但龙并不是一下子就变成了

---

① 同治《乾州厅志》卷15。

② 石朝江、石莉:《中国苗族哲学社会思想史》,贵州人民出版社,2005,第287页。

③《闻斯行之》,引自《怪臣满朝荐》。

④ 石朝江、石莉:《中国苗族哲学社会思想史》,贵州人民出版社,2005,第289—290页。

⑤《苗族古歌·开天辟地歌》,载《民间文学资料》第4集,中国作家协会贵阳分会筹委会编印,1958,第19、21、24、27页。

⑥《民间文学资料》第60集,中国民间文艺研究会贵州分会编印,1983,第1页。

人,而是先由龙演变成人首龙身的龙人,再由龙人演变成人①。与此不同,滇东北《苗族古歌》的神创说,在《创造天地万物的歌》中就"天地是哪个造的""人类是哪个造的"作出了回答,肯定了"天地是天神锐觉藏努造的","人类是天神锐觉藏努造的"。② 另一方面,承继苗化中域主流哲学文化的影响,清中叶以后,逐渐形成了具有一定近代意义的哲学社会思潮,如龙绍讷(1792—1873)"恭惟哲人",张秀眉倡民族平等和太平社会,石明魁(1874—?)"窗中看易卦",石昌松话"理财",龙纳言论"统计"等,似逐渐形成了一个思想转型的历程。

（一）龙绍讷"恭惟哲人","读书、穷理,合为一事"

龙绍讷,字廷飓,号木斋,晚号竹溪,今贵州锦屏县亮寨司人,是清朝时期"思力沉厚"的苗族哲学思想家。光绪《黎平府志》和民国《贵州通志》记载,龙绍讷著有"《亮川前集》2 卷、《续集》2 卷、《试帖》2 卷、《文集杂俎》4 卷,梓以行世"。现刊行于世的有龙绍讷后人龙源远珍藏的《亮川集》(锦屏县志办 1993 年编印)共 4 卷:卷一《亮川诗集》,卷二《亮川赋稿》,卷三《亮川杂俎》,卷四原书无卷名及附录。

综观龙绍讷的思想,可以概括为四大进度,体现了其儒家哲学文化的主流境界。

首先,确立读书致用理想,谋求"读书、穷理,合为一事"。

> 今夫书之不可不读,而理之不可不穷也,夫人而知之矣。而世顾分读书、穷理为二事,何哉? 我尝见夫世之读书者矣:伸其占毕,熟其文辞,此记诵之学也;丐其残膏,拾其余唾,此饾钉之学也;训诂爬梳,旁证曲证,此注疏之学也;涂改点窜,高摘浓熏,此驰骛之学也;拘文牵义,扪烛叩盘,此腐儒之学也。记诵之学谓之书肆,馆片之学谓之书痴,注疏之学谓之书蠹,驰骛之学谓之书淫,腐儒之学谓之书佣。如是而以为读书,其于理乎何有? 其于穷理乎何有? 诚如

> 读书所以穷理,则以吾一心之理,会群书之理;即以群书之理,通万物之理。而读书、穷理,合为一事矣。

从中可以看出,他通过批判旧的五种读书之弊,否定"书肆""书痴""书蠹""书淫""书佣",强调"以吾一心之理,会群书之理;即以群书之理,通万物之理",从而使"读书、穷理合为一事"。由此可见龙绍讷思想中的"心学"理路,应是阳明思想的影响所致。

其次,确立"一道而同风"理想,思虑"王道之遵在黎庶"。

> 夫律有阴阳,度有长短,量有大小,衡有重轻。圣人为之截竹吹筒,而律以正;布指舒肱,而度以明;酌盈剂虚,而量以成;称物平施,而衡以著。于是乎,有宫、商、角、徵、羽焉;有分、寸、丈、尺、引焉;有龠、合、升、斗、斛焉;有铢两斤钧石焉。有典有则,王府之贻在子孙;是训是行,王道之遵在黎庶。所以同民而出治,即所以一道而同风也。

龙绍讷通过律有阴阳、度有长短、量有大小、衡有重轻等考量"王府之贻在子孙""王道之遵在黎庶"的问题,希望"同民而出治""一道而同风",从而"齐不齐以致其齐,一不一以归于一","而致大同之化也欤!"由此可见,这已有近现代统一民族国家的思想因素,或许他已体会到全球大变局中的中国动向。

再次,确立"以知其故"理想,思虑"斯民之不为良而为莠"之因。

> 吾思,圣天子本计先图农功,首务频蠲蓬户之租,屡减茅檐之赋。何期辽绝之乡,未获恩膏之裕。以几曾困舒鲋涸,汲江水以来苏?反教踏破羊蹄,梦脏神而来诉。俨餐黄菊之英,如饮木兰之露。义哉!孤竹山有薇而是珍廉矣,于陵井有李而已蠹甚矣!其愈难守,茹毛饮血之风;惟士为难,欲改韭画粥之素。何以给晨昏,何以供朝暮?斯民之不为良而为莠,即此可以知其故也夫!

最后,确立"村民岁岁事躬耕"理想,思虑"月夜花村无犬吠"之路。

排愁小步亩南东，云豁胸怀水剪瞳。

看鸭女郎殊腰袅，放牛老叟亦英雄。

谁家女？凝脂白？几处山花插鬓红。

傍晚人归频让路，纷纷担影夕阳中。

村民岁岁事躬耕，衣食皆从苦里生。

暂放斗牛寻乐趣，闲携笼鸟听啼声。

延巫打鼓常终夜，宴客高歌忘五更。

倚枕几回惊鹤梦，不胜嗟叹到天明。

人贫各有稻粱谋，耻向吾生分外求。

浇菜园姑终日汲，折薪樵子几时休？

儿童胼手勤操作，父老颦眉戒惰偷。

月夜花村无犬吠，华胥宛在梦中游。

暂辞井臼事纷华，同伴相招出里门。

剪短垂髫姑待字，高蟠作髻妇新婚。

青蓝衣服翻鸦色，啁哳声音杂鸟言。

大笑四山皆响应，逢人不暇细寒暄。

诗人心目中的理想社会是一个各族人民勤劳、智慧、热情、奋发的社会，显然是基于农耕文明的社会："村民岁岁事躬耕，衣食皆从苦里生。"所吃所穿全凭自己的辛勤劳动。"看鸭女郎殊腰袅，放牛老叟亦英雄。""浇菜园姑终日汲，折薪樵子几时休？儿童胼手勤操作，父老颦眉戒惰偷。"老少男女，个个勤劳奋发，以"惰、偷"为耻，"看鸭""放牛""浇菜""折薪""纷纷担影夕阳中"，且"傍晚人归频让路""月夜花村无犬吠"……

（二）张秀眉"为了自由幸福"的"永享太平"理想

张秀眉领导的咸同苗族起义，无疑在苗族哲学思想上具有转折意义，这不仅因其近现代民族观十分明显，而且其根据地建设思想也具有近现代意义。

首先，其民族平等思想与太平世界理想有明确的近现代指向。

张秀眉领导起义之初就强调"不是恨汉人,只是恨官家。苗汉两族劳动人民之间,没有根本利益冲突,苗汉两族人民,同样是受着统治阶级压迫的"①,显示了起义的人民性,从而表明"张秀眉起义已不单是解决民族矛盾,更主要是解决阶级矛盾,他的思想已突破了民族斗争的界限,进入了阶级革命的领域"②。为此,他强调"不杀一个好汉人,不放走一个苗奸";强调"只有和官家斗,才是我们的出路"。"打官家不是爬山,祖先一次一次遭受失败,只有大家团拢,杀绝官家,赶走屯军。养牯牛做哪样?为了种田;起义做哪样? 为了自由幸福。"他强调赶走官兵,夺回田地,并实行土地分配,免除官府租税,所以,当时就有这样的民谣:"多亏秀眉打天下,迎来太平十八年。夺得屯勇良田种,老老少少分得田。麻雀飞过吱吱叫,好年景啊好年景! 穷人高兴得走田垠,这块田园是官家的,现在秀眉分给我,不用上粮不用税,寨寨老少齐欢庆。"③"丢开活路去投军,投军要投秀眉部,将来才能过太平。"④

其次,注重根据地建设,凸显近代指向。

张秀眉在 18 年的起义过程中,一是避免了以往农民革命中的流寇主义倾向,极为重视根据地的建设。其建设成就,连官兵也大为惊叹:"苗贼多坐守巢穴,攻之似易而实难……镇远、黎平两路入省虽不及千里,重岩叠岭,寨堡林立,前可阻我,后可包我,左右可冲击我,官军围攻既非岁月可计,而饷道援师时虞断绝,此所以似易而实难。"⑤"八寨、平越、麻哈、黄平、清平、施秉等厅、州、县七八城,苗概拆毁,耕成田地。"⑥这在一定程度上满足了农民的土地要求,具有近代土地革命因素;二是实

---

① 全国人民代表大会民族委员会办公室编:《苗族英雄张秀眉起义的传说》,1958。
② 刘宗碧、王路平:《张秀眉起义军的政治思想》,《贵州民族研究》1984 年第 1 期,第 99—103 页。
③ 贵州大学历史系科研组编:《清代贵州各族人民的五次起义》,贵州人民出版社,1978。
④ 刘宗碧、王路平:《张秀眉起义军的政治思想》,《贵州民族研究》1984 年第 1 期,第 99—103 页。
⑤ 《贵州通志·前事志》卷三二。
⑥ 凌恒安:《咸同贵州军事史》第 6 册,中华书局,1932,铅印本。

施自由贸易,鼓励商品流通,即使非常时期,照样开放集市贸易,还明令保护外商利益,具有了近代重商主义的意义。

（三）石昌松合观中西话理财,"为我中华……富强之业"

石昌松,湖南保靖县大岩人,生卒年月不详,为清末苗族举人,未出仕。著有《理财论》,文论基于全球性现代化背景,纵论国富民强之计,理论精辟,见解独到。

> 古今理财政策多矣!《大学·平天下章》言"生财有道",《周礼·大宰》云:"赋敛财贿,均节财用。"凡财政称完全者视此,何也?财为国家之命脉,不生之,财源不开;不敛之,则款不集;不节之,则用不度。然理之云者,非损益也,非剥民也,非苛税以裕国也。就财之界统,生之敛之节之,而行之以法也。其善者因之,其次教训之,其次利导之,其次整齐之,最下者与之争。故头会算剑,剥克睃削之为,均非礼也。或规万世利,或救一时弊,莫不有法以统计于周密,则焉患夫贫窘耶!然吾观天下大势,国贫民窘,亦已极矣!上之府库空,则行新政难;下之经费绌,则办自治难。百计敷衍,无一善后,是岂财不供用哉?夫财者自然之利,天地生之,人力成之,无穷尽也。当轴者苟善理之,以维持出入之间,自足供用而各给,又乌患夫贫窘邪!然中国竟贫与窘也,何故?曰:睿财之源隘耳,耗财之途广耳!加之侵蚀者半,虚糜者半,兵荒弃之无着者半,而赔外款,还国债,聘西师,购洋货,漏卮外洋者又半。苍苍者天,不雨金粟,虽智者莫能筹,勇者莫能决,仁者莫能施矣。然或者曰:裁屯兵,汰冗员,撤乐膳,则可省费也;加赋税,征羡余,则可裕课也;劝捐纳,开彩捐,议罚锾,则可筹款也;召股票,派户口,榷酒烟,则可集资也;移民粟,行贷账,求协济,则可救荒也。呜呼!此岂强本良谟哉?不观古人乎,于衣食之源,畜牧之利,器用之资,以道生之,义取之,礼用之,则不加赋而国用足,不捐账而民生厚。其变也,或行开矿以裕饷,或造钞券以足币,或改度以移,折色以征赋,亦有济也。其弊也,君则或吝

啬，或侈肆，臣则削民肤，椎民髓，每竭泽渔，诛求遍天下，卒之上下
孔棘，海内困敝，不可救药，岂非明验哉！况今日者泰西各国聘智
巧，逞能力，而于学界、农界、工界、商界、兵界之进步，汽车、轮船、铁
路、飞机、邮电交通之发达，凡关财政问题，莫不日改良，日精美，以
耀人耳目，环迫人边要，占据人肠里，攫吸人脂膏，故富强甲全球。
我中国可仍以不一律，不明晰，不公平，一切苟且之法，罗掘粉饰，遂
能转贫穷为富强耶？夫攘之术，聚敛之策，有行之效者，然害且随
之。或储粮以赉寇，或积帑以饱夷，是固言之可为于邑者，然即剜医
补苴，又岂道乎！惟是天下事，有治法，贵治人，欲兴利，在除弊。柴
潮生之策，重用人，名论也。且德者，本也，财者，末也。苟不务德
政，用贤人，除积弊，开源节流，而但横征焉，暴取焉，智力以搜索焉，
外以填欲壑，内以中饱，是犹割股以疗饥，虽愚且昧者，知害烈也。
然土地之大，人民之众，物产之繁，乾嘉之际，已号殷富，今岂正供减
顿，关市免税，农田芜，水利淤，地不产矿，山不生财乎？胡为乎贫穷
也？孔子曰："不患贫。"《大学》曰："则恒足。"岂欺人语哉！伏为我
中华肉食诸公撙节爱养，恺泽滂流，使仁义之道彰，富强之业久也。

论文首先从历史论述入手，分析了"古今理财政策多矣"的历史之
论，强调"财为国家之命脉"，并通过"生之""敛之""节之"的分析，总结
"不生之，财源不开；不敛之，则款不集；不节之，则用不度"的历史经验。
其次是阐明"理财"之义，先以负的定义方法强调"然理之云者，非损益
也，非剥民也，非苛税以裕国也"，后以正的定义方法强调"就财之界统，
生之敛之节之，而行之以法也。其善者因之，其次教训之，其次利导之，
其次整齐之，最下者与之争。故头会箕敛，剖克朘削之为，均非礼也。或
规万世利，或救一时弊，莫不有法以统计于周密，则焉患夫贫窘耶！"文章
的突出亮点在于"观天下大势"以论理财，彰显了理财的近现代意义："然
吾观天下大势，国贫民窘，亦已极矣！上之府库空，则行新政难；下之经
费绌，则办自治难。百计敷衍，无一善后，是岂财不供用哉？"此中提出了

上统一"新政"、下经以"自治"的问题，显然这已是近现代之思。此后，文章就生财与财穷的问题进行理论分析，最后提出了"伏为我中华肉食诸公搏节爱养，恺泽滂流，使仁义之道彰，富强之业久也"的使命。

（四）龙纳言"以统一为第一要义"探"各国盛衰富强之理"

龙纳言，湖南永绥厅（今花垣县）猷坪人，生卒年月不详，为清末苗族举人，未出仕。著有《统计论》，"以统一为第一要义"探"各国盛衰富强之理"。

> 统计法者，普通政治学中之一类也。其妙用在于列表。西人事事有表，编次而统计之，若网在纲，若裘振领，有条不紊，尤为中国所不能及。案：表者，标也。自编年纪月，春秋用以表明大义。厥后太史公作《史记》，变为年表，月表，诸侯王表，旁行斜上，仅以考证一朝治乱之本末，供读史者之一助，要未若泰西统计之法，综核一国政治，可为施政之方也。泰西各强，若英、若法、若德、若俄、若美，尚已等而于义此，而辅以农，佐以工，增益之以矿务。其事至颐也，其事至琐也，使无术统一而组织之，乌能国富兵强，而雄长全球哉！况国家之所以成立，以统一为第一要义。欲求统一，必有纪律，有秩序，无纷杂疏漏之弊，施之于政，斯为合宜，故日本于明治十四年增设统计院，效法泰西，诚得为政之要者也。无已则请即统计法之便于仿行者而陈之。夫商务所以通财也，以一国之心思才力，与五洲之众争奇而计赢，某地之某货贵贱，及金价、银价涨落若何？货物之出口、入口若干？货物之往来贩运，何物赢？何物绌？无计学以预筹之，此我国商政所以不兴也。商以流通，必须工以造作。有质料几何？以造物若干？有人工几何？能成物若干？如何用力少而成功速？如何资本轻而器物美？无计学以考究之，此我之工政所以不精也。农则手胼足胝，不知计学，则白圹、黑圹、赤圹各面积几何？宜黍、宜稞、宜麦、宜桑麻、宜蔬果、宜种树？需人力几何？电汽几何？皆懵然不知。故竭春耕夏耘之勤劬，而年终所获几付诸无何有之

乡。此我农政所以窳败也。他若财政、兵政、林政、矿政，以及诸政，无一能龟卜而烛照，皆计学不讲之弊。嗟嗟民生，系于国计元气所在，强弱攸关。国而不计，何以为国；计而不统，棼若乱丝；张弛缓急，欲得其宜，难矣！是故中国不求自治则已，欲求自治，未暑而思葛，未寒而求桑，自宜握其枢纽，仿照各国设立专院，司以千员。现在财务维新，各省尚未划一，即每年帑项出入，亦难布昭中外。有绌也，无从预知，未雨绸缪，先事补苴之谓何？惟临渴掘井而已矣！有赢也，无容调查，毗三余一，耕九余三之谓何？惟任不肖者乾没中饱而已矣！我观日本，东瀛区区一小国耳！自维新整顿以来，富强大政，总摄有方，操纵自如，经理悉当。凡国家利弊得失之故，货物盈虚消长之原，各国盛衰富强之理，入统计院，观其表面朗若列眉。即此一端，已勃然兴起，而莫可或遏，况且他耶！我中土处温带之域，人民众庶，物产蕃昌，皇上复励精求治，百度维新，酌古准今，折中至当，固克绍列祖列宗之功烈，富强之庥，拭目可矣！然道与世，为变通法；因时而益善，则统计之法，实为救世良模，仿而行之，于国计民生，深有利益，便莫便于是矣。当轴者其亦求当务之急哉。

文章以国家要以统一为第一要义立论，强调"国家之所以成立，以统一为第一要义。欲求统一，必有纪律，有秩序，无纷杂疏漏之弊，施之于政，斯为合宜"；以西方强国之经验检讨中国之得失，强调"西人事事有表，编次而统计之，若网在纲，若裘振领，有条不紊，尤为中国所不能及"，从而认定"国而不计，何以为国；计而不统，棼若乱丝；张弛缓急，欲得其宜，难矣！"据此他认为中国应效法西方，增设统计院，"凡国家利弊得失之故，货物盈虚消长之原，各国盛衰富强之理，入统计院，观其表面朗若列眉"。因为"统计之法，综核一国政治，可为施政之方也"。

第六章　中国少数民族哲学的近现代转型

　　全球性现代化运动改变了世界,也改变了中国,特别是改变了中国少数民族。尽管直到中华人民共和国成立之前,在中国少数民族聚居的地区特别是西藏、云南、贵州、广西、川西、湘西、东北及海南岛等的一部分少数民族中,还不同程度地保留着封建领主制、奴隶占有制以及原始社会的某些残余。但是,全球性现代化的扩张性却无一例外地使中国少数民族卷进了这一运动,并相应地推动了中国少数民族及其哲学走向近现代,从而成为中国适应全球性现代化运动的统一的民族基础。

　　根据中国少数民族哲学发展的实际,有学者认为,人类随着社会实践的发展形成了五种哲学认识形态:与自然崇拜相联系的原始万物有灵论认识形态,与一神宗教相联系的有神论认识形态,视神与自然为一体的泛神论认识形态,基于无神论的机械论和人本主义唯物论认识形态,辩证的、历史的唯物主义认识形态①。不管这种划分是否准确,我们可以确认的是,中国少数民族哲学的确发生了形态的转变。这就是本章所要强调的中国少数民族哲学近现代转型的意义。

---

① 阿不都秀库尔·穆罕默德、伊明:《论法拉比哲学体系》,《哲学研究》1981 年第 11 期,第 59—66 页。

第一节　全球变局中的中国少数民族近现代哲学

相对于西方的近现代,中国的近现代、中国少数民族的近现代都有自己的特殊性。总体来说,早在明清之际,"这一时期,伴随着资本主义萌芽,出现了早期启蒙思潮,标志着中国漫长的封建社会及其传统思想已进入马克思所说的尚未达到'崩溃时期',但已'能够进行自我批判'的历史阶段"①。当时的一批先进思想家以一定的历史自觉,异口同声地指出这是一个"天崩地解"的"已居不得不变之势"的时代,并在文化思想方面意识到"六经责我开生面","坐集千古之智,折中其间","虽百千年同迷之局,我辈亦当以先觉觉后觉"的历史使命,成为中国近现代哲学转型的先驱。而对于中国少数民族来说,部分走上了与中域哲学发展大体一致的哲学发展道路;部分则在努力地"趋中心化",向中域学习哲学及其他文化;部分则是伴随着西方现代化运动的"枪炮声"而走向近现代,因而出现了哲学发展的历史跳跃。

一、全球变局中的中国少数民族近现代转型

研究现实要有历史感,研究历史要有现实感。当我们探讨中国少数民族哲学转型的必要性时,应该去追溯中国少数民族的历史,去追溯全球性现代化运动的历史。基于当前正处在 21 世纪之初,以及历史上的"40 年代"对中国的重要性,我们以"世纪之交"与"40 年代"为时期节点对中西发展状况作对比,以观察中国少数民族的社会历史转型在全球性现代化运动中的历史地位。

从"世纪之交"来看,在 16 世纪末至 17 世纪初,英国的资本主义在进一步发展,而中国正处于明末资本主义萌芽期。从经济形态的角度说,中国已慢了一拍。从政治的角度说,中国在明朝张居正改革之后仅

---

① 萧萐父、李锦全主编:《中国哲学史》,人民出版社,1983,导言,第 12 页。

出现了短暂的稳定,衰落的步伐却在加快,万历抗倭援朝战争损耗了国力,西班牙、葡萄牙等西方殖民者到我国沿海地区进行侵略活动,可以说是内忧外患。在 17 世纪末至 18 世纪初,英国发生了光荣革命,确立了君主立宪制;法国在进行声势浩大的启蒙运动。中国则是在清朝的统治下,加强了封建专制统治,康熙帝平定三藩,统一台湾,打败了蒙古族准噶尔部的叛乱,反击沙皇俄国的入侵。在 18 世纪末至 19 世纪初,法国进行了资产阶级革命,发布了《人权宣言》;美国进行了独立战争,发表了《独立宣言》,制定了资产阶级成文宪法。而中国则走向了封建社会的末期,清朝闭关锁国,故步自封,落后于世界历史发展进程。在 19 世纪末至 20 世纪初,中国遭遇了西方殖民主义的侵略,甲午中日战争的失败,戊戌变法的挫折,八国联军侵华与《辛丑条约》的签订使中国完全陷入半殖民地半封建社会的深渊。而西方的资本主义发展进入了帝国主义时代,德国的崛起,西方列强掀起了瓜分世界的狂潮,列强之间的冲突也在加剧。在 20 世纪末至 21 世纪初,冷战结束后,世界多极化趋势在发展,西方发达资本主义国家带动了经济全球化,而中国则在中国共产党的领导下,加快了改革开放的步伐,建设中国特色社会主义,推进"三步走"发展战略。可以看出,从"世纪之交"的角度说,在 500 多年的历史发展中,中华民族能较为主动地掌握自己发展命运的就在今天,故中国共产党提出要加速推动我国发展,到 21 世纪中叶,实现中华民族的伟大复兴。

从"40 年代"来比较中西方历史,则似乎更有韵味。在 17 世纪 40 年代,英国发生了资产阶级革命。1640 年 11 月 3 日,英国议会重新召开,断断续续一直延续到 1653 年 4 月结束,史称"长期议会",历史上把长期议会的召开视为英国资产阶级革命的标志。而这段时间,在中国则是明朝末年农民起义发展到高潮的阶段,李自成领导的农民起义军攻入北京,明朝灭亡。之后,清军入关,李自成农民起义军退出北京,清朝定都北京,逐渐统一中国。清朝成为中国历史上最后一个封建王朝。在 18 世纪 40 年代,法国启蒙运动为资产阶级革命准备思想武器,北美的殖民地人民则开始培育独立的种子。中国清朝的乾隆皇帝统治的前期,封建社会的最后一个盛世来临。在 19 世纪 40 年代,欧洲诞生了马克思主义,中国承受了鸦片战争失败的创痛。欧洲的无产阶级反对资产阶级的斗争发展到新的阶段,中国开始沦为半殖民地半封建社会,同时也进入了旧民主主义革命时期。在 20 世纪 40 年代,法西斯德国在欧洲侵略扩张,第二次世界大战全面爆发,战争结束后,美国和苏联为首的两个阵营对峙,冷战开始。在中国共产党的领导下,中国人民打败了日本帝国主义,推翻了国民党反动统治,成立了中华人民共和国,实现了中华民族站起来这一伟大历史任务。21 世纪 40 年代,世界经历着百年未有之大变局,中国将步入中等发达国家行列。中国共产党将带领全体中国人民实现中华民族伟大复兴的中国梦。而此时也恰逢中华人民共和国成立 100 周年。

历史对比表明,从社会发展进程来看,从 16 世纪末叶开始,中国就逐渐地落后于世界历史潮流。这种落后的长期积累,招致 1840 年以后的苦果,给中华民族留下了艰巨的发展任务。反思这一历史进程,我们发现,中国少数民族走入全球性现代化运动的步伐,也与世界历史进程有大致的相应关系,其中有三次大的事件起了关键性作用。

首先,是明清两代在少数民族聚居地区的改土归流,为这些地区社会的转型提供了一种近现代契机。特别是在清雍正四年至十三年(1726—1735),清廷在西南地区实行大规模改土归流,这正是英国资产阶级革命近一百年后。又过了半个多世纪,英国马戛尔尼访华使团到北京;同样是在这以后的半个多世纪里,美国、法国都发生了为资本主义现代化发展开辟道路的民族革命、政治革命……以这样的背景来观察改土归流,则可发现其历史机遇并不只限于国内,而必须放在全球性现代化运动背景下来分析。它不仅在一定程度上反映了清王朝对国际国内形势的判断,而且更为重要的是改土归流适应了全球性现代化过程中建立统一民族国家的诉求。在欧美地区,统一民族国家的建立毫无例外地成了现代化运动成功运行的条件,英国、法国、德国、美国等都是如此,尽管从理论上可以区别现代民族国家与 18、19 世纪传统帝国或王国体制下的民族国家,但当时的"统一"诉求是不容否定的。对此,《共产党宣言》曾写道:"资产阶级日甚一日地消灭生产资料、财产和人口的分散状态。它使人口密集起来,使生产资料集中起来,使财产聚集在少数人的手里。由此必然产生的结果就是政治的集中。各自独立的、几乎只有同盟关系的以及有不同利益、不同法律、不同政府、不同关税的各个地区,现在已经结合为一个拥有统一的政府、统一的法律、统一的民族阶级利益和统一的关税的统一的民族。"正是由于有了这种民族国家的基础,资产阶级才能"把一切民族甚至最野蛮的民族都卷到文明中来",才能"迫使一切民族——如果它们不想灭亡的话——采用资产阶级的生产方式",才能"使农民的民族从属于资产阶级的民族,使东方从属于西方"[①]。相比之下,清军在入主中原以后,清朝采取了一系列措施巩固统一多民族国家,其中包括清朝统治者在压服了南方的抗清力量之后,便开始向边疆发展,历经康熙、雍正、乾隆三朝,连续向西北地区用兵,最后统一了全国。主要的大事件包括:康熙时清廷平定了蒙古族准噶尔部的叛乱,雍正、乾隆时西藏地区局势逐渐稳定,乾隆时清军平定大、小和卓叛乱,清朝开辟"苗疆",进行大小金川战争,镇压土司叛乱等,改土归流正是这一系列措施的重要内容之一。改土归流的目的是为了对西南各族人民进行直接的统治,改善了某些少数民族聚居地区落后闭塞的面貌,有利于国内各民族间经济、文化的进一步联系,因而也促进了这些地区社会经济的发展。正是这一系列措施,使清朝成为一个幅员辽阔、人口众多的统一多民族的封建国家。清王朝的建立和疆域的巩固,无论是对防止西方殖民主义者的入侵或促进国内各族人民经济、文化的联系和发展,在客观上都有积极的现代意义。应特别强调的是,这是一个边疆少数民族入主中原、统一全国后启动的历史转型事件。

其次,是步入现代的西方殖民主义者用枪炮声把中国的少数民族推

---

①《马克思恩格斯选集》第 1 卷,人民出版社,1995,第 276—277 页。

到了全球性现代化的前沿。根据现有资料可知,中国的部分少数民族聚居地区曾被西方列强侵略,从而开启了直接、间接地进入全球性现代化运动的进程。早在15—16世纪,西方殖民者已开始东来,图谋蚕食中国,如1573年,威廉·布尔(William Bourne)发表了《论海上霸权》一书,指出从英国到中国可能有五条通道:(1)取道好望角,已为葡萄牙人控制;(2)渡过大西洋,经过麦哲伦海峡,已为西班牙人掌握;(3)向西北航行,经过北美;(4)向东北航行,通过俄罗斯;(5)向北航行,通过北极。①在数个世纪的殖民扩张活动中,葡萄牙、西班牙、荷兰、英国、法国、美国等都曾对中国进行殖民侵略活动。为此,清王朝曾实行海禁,因为中国"对于西方各国的观念,是由16世纪葡萄牙人的半海盗式行为、17世纪西班牙人的残酷屠杀和荷兰人的目无法纪等形成起来的,而英国人就在1637年用炮弹打开了通商的途径;他们的第一艘商船在1689年当它合法地停泊在广州的时候,就曾经发生命案;在中国方面毫无触犯他们的情况下,他们由(于)不同派别的外夷间的一些小纠纷,竟在1802年,并且又在1808年占领了中国的领土澳门"②。正如马克思所说:"更主要的原因是,这个新的王朝害怕外国人会支持一大部分中国人在中国被鞑靼人征服以后大约最初半个世纪里所怀的不满情绪。出于此种考虑,它那时禁止外国人同中国人有任何来往。"③由此可见,当时的清朝政府并不是没有对西方殖民列强的兴起进行防范,而是有某种理性的自觉。这种自觉在中俄《尼布楚条约》《恰克图条约》等规定中即可看出。除上述这种自觉外,清政府的禁烟态度,其中包括早在雍正时期的禁烟令中可获得佐征,如雍正七年(1729),清朝便颁布了第一道禁烟令:"兴贩鸦片烟,照收买违禁货物例,枷号一个月,发边卫充军;若私开鸦片烟馆,引诱良家子弟者,照邪教惑众律,拟绞、监候。为从,杖一百,流三千里。船户、地保、邻右人等,俱杖一百,徒三年。如兵役人等借端需索计赃,照枉法

---

① 张轶东:《中英两国最早的接触》,《历史研究》1958年第5期,第27—46页。
② 马士:《中华帝国对外关系史》第1卷,商务印书馆,1963,第128—129页。
③《马克思恩格斯选集》第1卷,人民出版社,1995,第696页。

律治罪,失察之汛口,地方文武各官,并不行监察之海关监督,均交部严加议处。"①这个禁烟令对贩卖鸦片烟和开设烟馆等量刑是很重的。鸦片战争爆发以后,无论是国家组织的反侵略战争,还是各民族群众自发组织的"保境安民"反侵略战争,从文化核心观念而言,都有一种新的思想因素,一定程度上超越具体王朝实体而带有抽象品格的国家观念,大多数人都为维护祖国疆土而战,因而在一定程度上形成了统一多民族主权国家观念。其中在东北、西北有满族、蒙古族、鄂伦春族、鄂温克族、达斡尔族、回族、维吾尔族等民族的抗俄、抗英斗争,西南有各民族抗英、抗法斗争,在台湾地区有高山族群众抗击英、美、日、法入侵台湾的斗争。具体的斗争中,影响较大的有刘永福领导的黑旗军抗法战争,冯子材领导的壮、汉各族人民的抗法战争,西藏人民抗英的隆吐山战役、江孜保卫战等,怒江两岸的傈僳族、景颇族、彝族、白族、汉族等各民族边民保卫片马的战斗,等等。即使是深处内陆腹地的土家族群众等,也在边疆参加了反抗外国侵略的爱国战争。远离东南沿海的藏族群众曾在鸦片战争时期派出了一支藏族士兵远征军参加了抗英斗争。

再次,是中国近现代的革命斗争,特别是中国共产党领导的革命斗争,推动了中国各少数民族的社会转型与思想转型。中国近现代的革命斗争,使各民族参与了全球性现代化运动,如太平天国革命运动与西南各少数民族关系较大。"在太平天国革命斗争中,不仅有大量壮、瑶等少数民族群众直接参与其中,成为起义军的重要力量,有的甚至直接发动起义,如在广西永淳(今横县)有李文彩领导的农民起义;在广东佛山,有陈开、李文茂领导的大成国起义;在广西新宁州(今扶绥县),有吴凌云领导的东罗起义;在广西贵县覃塘(今贵港覃塘区)青云村,有黄鼎凤领导

---

① 《大清律例按语》卷50。又,关于首次禁烟时间,李圭《鸦片事略》卷上所记,文字略有出入,时间作"雍正中",而《大清会典事例》卷829《刑部·刑律条犯·烟禁》作雍正九年。因为《朱批谕旨》第27册中雍正帝对福建禁烟的批语也作雍正七年,故此处从《大清律例按语》作1729年。

的农民起义;在广西上林县东关内篁主庄,有李锦贵领导的农民起义,李受封为"纯忠大柱国天侯"。不仅如此,在太平天国革命的影响下,形成了贵州、云南、四川、陕西、甘肃等地的苗族、彝族、回族各少数民族的反压迫、反封建斗争,在贵州曾先后发生过杨元保领导的独山布依族农民起义、潘新简领导的荔波水族农民起义、姜映芳领导的天柱侗族农民起义、张秀眉领导的黔东南苗民起义、陶新春领导的黔西北苗民起义、张凌翔领导的回民起义等;云南省则有田以政领导的哈尼族农民起义、杜文秀领导的回族农民起义、李文学领导的哀牢山彝族农民起义等;川西北有藏族、羌族人民反清起义;陕西、甘肃有西北回民起义;新疆有维吾尔族和回族农民反清起义;内蒙古有白凌阿起义、独贵龙运动等。在辛亥革命中,中国各少数民族也作出了重要贡献,先后参加这一革命运动的有满、蒙古、壮、回、彝、苗、哈尼、瑶、傣、傈僳、景颇、维吾尔、藏、锡伯、羌、白、佤、侗、土家、黎、畲、朝鲜族等少数民族群众。五四运动后,中国共产党成立,带领中国人民进行艰苦的革命斗争,经过 28 年的浴血奋战,使中国人民站起来了。中国共产党对中国少数民族近现代社会的转型,一是通过组织化,使大批少数民族的优秀儿女成为国家、民族和人民的先锋战士,在一些地区,少数民族共产党员也成为领导革命斗争的骨干力量;二是通过社会主义改造,使各民族地区实现社会制度的跨越,进入社会主义社会形态;三是在思想文化上传播马克思列宁主义、毛泽东思想等先进文化;四是发展现代产业,帮助少数民族群众掌握现代文化……

二、中国少数民族哲学近现代转型的特殊性

中国少数民族哲学近现代转型的特殊性是与近现代中国哲学的总体状况直接相关的。而中国近现代哲学的总体情形,按照"早期启蒙说"的分析,中国在走向近现代的过程中,经济发展缓慢而落后,宗法关系的历史沉淀使封建统治势力既腐朽而又强大,封建制度母体内资本主义因素发展不足,使近代社会长期处于难产之中。因此,资产阶级民主革命

的历史课题，无论是政治的还是哲学的，都不可能由资产阶级去独立完成[1]。这样，近现代中国社会发展的历史特殊性，导致了中国近现代哲学的一些固有特点，诸如中国近代哲学发展不足，中国近现代哲学的初始阶段转化迅速，中国近现代哲学的总体问题指向是"中国向何处去"的时代大问题等。与此相关，在中国哲学文化体系中，中国少数民族哲学又有其独特性，这种独特性既可以中国少数民族哲学视域来观察，又可以中国哲学或西方哲学的视域来观察。我们发现，在哲学转型方面，中国少数民族的近现代哲学有诸多独特性，并构成中国近现代哲学的特殊风景。

首先，从近现代哲学形态的成熟性来看，从西方哲学到中国哲学，再到中国少数民族哲学，其近现代哲学形态的呈现越来越不清晰。在西方，由于经过宗教改革、文艺复兴、启蒙运动、资产阶级革命等的推动，在全球性现代化运动促进下，近现代社会有明确的界限，从而其相应的精神分泌物也具有明确的界限，具有近代哲学、现代哲学的明显代差，甚至不同世纪的时代特征也十分明显，故美国新美利坚世界文库出版社出版的《导师哲学家丛书》将中世纪以来的各个时代的哲学界定为："信仰的时代"（中世纪哲学）、"冒险的时代"（文艺复兴时期的哲学）、"理性的时代"（17 世纪哲学）、"启蒙的时代"（18 世纪哲学）、"思想体系的时代"（19 世纪哲学）、"分析的时代"（20 世纪哲学）。相比而言，中国哲学的发展，其近现代形态的划分就很不清晰，虽然可以进行近代哲学与现代哲学的划分，如现在通用的各种版本的《中国哲学史》，都有"近代哲学"部分，并有专门的《中国现代哲学史》论著。但是，学界又基本认同，中国近代哲学是发展不足的，其原因在于中国近代社会的畸形，中国资产阶级的晚生早熟，不足以担当起反帝反封建的历史重任，结果是中国无产阶级不得不一身而兼数任，肩负起替代应由资产阶级完成的哲学创造任务的使命。但若以此尺度分析中国少数民族近现代哲学，则可发现：整个中国

---

[1] 萧萐父：《吹沙集》，巴蜀书社，2007，第 16、30 页。

少数民族的近现代哲学都是难以分开的,甚至可以说没有所谓的近代哲学形态,而直接跳跃了哲学发展的特定阶段,进行现代哲学的创造。虽然在蒙古族、白族、满族、回族、土家族、壮族等各民族哲学中,有了不少近代哲学"启蒙"思想,但若说是一个民族的近代哲学形态似还不充分。其原因在于中国各少数民族社会发展的严重不平衡,又被全球性现代化运动推动社会实现跨越式发展,因而没有形成一个相对稳定的各"民族"近现代发展阶段。也正是这一时期,当中国哲学开始近代哲学创造时,中国少数民族哲学虽然有一些新因素,但总体上还不足以形成全新的近代哲学形态,因而不具有一种完整的近代哲学形态的意义。直到19世纪末20世纪初,由于出现了一批具有现代意义的知识分子,从而开启了适应现代社会的哲学探索,他们参加维新变法、倡导武装革命,及至参加五四运动,建立革命组织,向西方寻求救国救民真理等,都可认为是现代哲学的创造。当然,即使到今天,也很难说有了完全意义上的中国少数民族现代哲学,但不容否认的是,毕竟有了中国少数民族现代哲学的自觉,有些少数民族知识分子甚至建立了自己的哲学思想体系,但是能否将其哲学认为是中国少数民族哲学,可以进行更进一步的讨论,如明代哲学家李贽(具有近现代因素)、现代哲学家艾思奇等。

其次,中国少数民族近现代哲学与中国少数民族的总体民族认同紧密相连。改土归流后,中国少数民族之民族认同的总体取向是认同中华民族,而中华民族又以"国家"的形式出现,"国家"即成了中国少数民族之民族认同的基本符号,因而中国少数民族近现代哲学的最初动力就是围绕"国家"展开的。无论是近现代反侵略战争中的保家卫国的行动,还是近现代革命斗争中的目的诉求,我们都可从各民族的口承文献及文人学者的诗文中看到中西关系与民族国家的论说。中国少数民族现代知识分子登上历史舞台后,其最初的思想主题也可用"救国保种"来概括,无论是太平天国运动、维新变法、辛亥革命,还是群众反帝反封建的各种斗争,都有一个带有共识的口号——复兴中华民族,并围绕这一目标来进行哲学思考,如土家族温朝钟倡导民主、科学,欲收"北美十三州同时独立之效"；朱和中主张"开通士子知识"与"更换新军头脑"等，这些都可看成该方面的代表。到五四运动以后，中华民族认同更有了理性科学的思考，中国少数民族先进分子围绕"中国向何处去"的问题进行哲学探索，对教育救国、实业救国、科学救国等多种救国思潮的选择与实践，产生了一大批实业家、教育家、科学家；对工读主义的信仰与选择、阐述，造就了大批有为青年；对马克思主义、社会主义、资产阶级民主主义的选择与阐释，不仅造就了一批思想家，而且也产生了一批无产阶级革命家。所有这些方面，构成了 20 世纪中国少数民族哲学建构与民族认同的内在关系。

最后，中国少数民族的近现代哲学与 20 世纪中国社会的历史进程有大体一致的演绎过程。从一定意义上说，20 世纪中国哲学的发展，并没有自身严格的学术分期，而与社会发展阶段的分期有紧密的依存性，早期资产阶级民主革命时期的各种思潮，主要围绕革命与改良进行，其总体价值取向当然是社会要变，但变的方法不同，1900 年的八国联军侵华之后，三股势力都同时诉诸革命手段，开起了中国社会革命的新时代，中国少数民族哲学在这一时期同样顺应了这一时代潮流，坚持与发展"三民主义"，形成了温朝钟、朱和中、席正铭等革命者的社会哲学思想。五四运动前后，西方各种思潮的大批传入，"启蒙"与"救亡"的严肃课题，使大批中国少数民族知识分子探讨救国救民的哲学之路，先后形成了教育救国思潮、科学救国思潮、实业救国思潮，逐渐接受马克思列宁主义。第一次国内革命战争时期，大批中国少数民族马克思主义思想家、宣传家成长起来，邓恩铭、向警予、赵世炎、韦拔群、艾思奇等是其代表，他们的思想与中国共产党领导的革命运动紧密相连，与同期马克思主义哲学中国化的进程相一致，其中包含了对前期的哲学批判，如赵世炎对辛亥革命时期哲学的批判、向警予等对五四运动的反思。抗日战争时期，"中国向何处去"的问题更加突出，文化保守主义与自由主义思潮得以发展……中华人民共和国成立后，马克思主义成为中国哲学的指导思想，一批中国少数民族学者根据自己对马克思主义的理解，对涉及各民族自身发展的问题、涉及中华民族整体发展的问题等都进行了深入研究。因此,"与时俱进"同时也是中国少数民族哲学与 20 世纪中国哲学关系的写照,甚至还有一定的超前性。

三、中国少数民族哲学近现代转型的动因

明清两代的改土归流已经将中国少数民族与整个中华民族联为一体,鸦片战争更是使中国少数民族聚居地区因资本主义商品输出而成为世界市场的一部分,中国少数民族人民则同整个中华民族一起开始了构筑统一民族国家的社会运动,呈现出中国少数民族社会历史变迁的新趋势。对此,毛泽东在讲到中西文明冲突时曾说,帝国主义列强采用一切军事的、政治的、经济的手段压迫与侵略中国,并且,"帝国主义列强在所有上述这些办法之外,对于麻醉中国人民的精神的一个方面也不放松,这就是他们的文化侵略政策,传教、办学校、办报纸和吸引留学生等,就是这个侵略政策的实施。其目的,在于造就服从它们的知识干部和愚弄广大的中国人民"[①]。事实上,19 世纪文明冲突的初步展现及思想异动在这些方面都有深刻的表现。而这也正是中国少数民族哲学近现代转型的原因。除近现代哲学发生的思想基础外,以下原因是值得重视的。

首先是反侵略的军事斗争提供了一种转型的契机。从全球性现代化运动的角度分析,无论是后发现代化国家的历史经验,还是中国少数民族聚居地区自身思想转型的历史实际,都证明近现代国内外军事斗争为中国少数民族社会及新哲学发生提供了广阔的平台,这既包括近代中外军事冲突给中国少数民族提供的了解西方现代化的平台,也包括国家在"师夷长技"过程中因军事现代化进程而推动的中国少数民族现代知识分子的产生,从而催生了中国少数民族聚居地区的社会现代化及民众的思想转变。从现有历史资料分析,中国少数民族最初接触西方文明的

---

① 《毛泽东选集》第 2 卷,人民出版社,1991,第 629 页。

是清军中的少数民族将士。从鸦片战争到 20 世纪初，先后发生了两次鸦片战争、中法战争、甲午中日战争、抗击八国联军侵华战争等反侵略战争，其中都有中国少数民族将士参战，这是中国少数民族军人逐渐走向近现代并在一定程度上带动民族聚居地区走向近现代的第一步。比如在军事斗争中接受现代军事训练、学习现代技术等，对此，恩格斯在《波斯和中国》一文中曾分析，古老国家的军队走向现代化有不同的步骤，第一步是组织起来，第二步是采用西方军事规范，第三步是军人素质的现代化[1]。从这个层面分析，清朝为适应中西军事对抗而进行的军制改革与新军的创建即是一种国家层面的自强行动，这种自强行动也促成了中国少数民族思想的新变化。新军文化素质高，武器装备精良，训练方式先进，军事观念除旧布新。国内外舆论都一致认为：这是当时中国现代化程度最高的军队。正是新式军事教育和军事技术变革，使军人思想观念发生了深刻变化，众多官兵关注社会和政治的弊病，并由此产生了新的民族国家观，感受到了自己肩负的历史使命。从军事角度来说，辛亥革命的主力不是政治人物，也不是普通民众，而是新军。因为当时的新军已成为与革命党联系十分紧密的具有现代性因素的社会组织，后来的历史证明，正是由于新军中革命者的顽强支持了辛亥革命的成功，甚至在革命党人黄兴等动摇了的时候都是这样[2]。

其次是中西宗教文化冲突中提供的契机。西方宗教的传入是全球性现代化进程中少数民族聚居地区宗教信仰冲突中的新内容，并且，这种冲突具有普遍性意义。一方面是由于不平等条约造成的西方宗教在

---

[1]《马克思恩格斯选集》第 1 卷，人民出版社，1995，第 708 页。

[2] 据邓玉麟回忆：1911 年 10 月 30 日，"开军事会议，黄兴主弃武昌，退攻南京，以汉阳失，武昌难守故也。张振武起而反对。君继之，力言'武昌为起义首区，北兵注重，四方仰望。各省初复，根基未固，一有动摇，四方瓦解。微论南京难猝克。即幸而得手，守御未固，敌据上游，顺江下瞰，洪、杨即其复辙。曷若扼天堑之险，誓死力守，据腹心以待援集之为愈。'语尤激切中肯。众和之。黄议乃诎。"见湖北省博物馆等编：《武昌起义档案资料选编》中册，湖北人民出版社，1982，第 229 页。

中国的广泛传播,以及西方宗教全面深入到少数民族聚居区。1858年6月签订的中英《天津条约》规定有"耶苏圣教暨天主教原系为善之道,待人如己。自后凡有传授习学者,一体保护……中国官吏不得刻待禁阻"。1860年10月的中法《北京条约》中也有"任法国传教士在各省租买土地,建造自便"的规定。例如:清同治元年(1862),天主教渝东主教范若瑟派邓司铎到酉阳传教,建"公信堂";同治十二年(1873),法国教士张紫兰、司铎余克到重庆黔江建教堂传教,同年荷兰传教士田国庆在利川传教;光绪二十七年(1901),法国主教德希圣到恩施建教堂传教。到19世纪末20世纪初,中国少数民族聚居地区已有天主教、基督新教的广泛传播,并建有多处教堂,仅湖南永顺天主教讲堂就有10多处。到20世纪20年代,天主教、基督新教传教士就已进一步深入到中国少数民族聚居地区的穷乡僻壤。在各地建教堂的包括比利时、法国、荷兰、美国、挪威的神职人员,如在恩施一县,就设有总堂3处,分堂2处,分会27处,计有主教、神父、修女57人,拥有会众4480人;施南中华圣公会会址设在恩施城北门外胜利街67号,有神职人员、教徒49人。1922年增设的教会中学,有教员7人,学生238人,课目是《道学基督福音》。施南福音道路德会是1920年7月先由美利坚路德会总会派遣来华牧师高会德、马保罗等成立的,以后美国牧师李德、艾碧莲(女)及挪威牧师黎立德等又在施南扩建了舞阳坝教堂,共有神职人员14人,教徒430人,教员9人,男女学生291人。此外,在恩施其余七县,教堂约有数十处,教徒、会众逾万人。另一方面也由于西方宗教文化与各少数民族宗教文化存在巨大差异。这种信仰文化的差异表现在因历届中央政府对民族聚居地区"亦修其教而不易其俗而已"的治理措施,使中国少数民族群众崇敬多神崇拜等,与西方宗教的一神崇拜存在着宗教内部的冲突,加上外国传教士在中国获取了很大的自由和特权,与各民族群众形成了强烈的现实地位反差,"于是,其公使傲昵于京师以陵我政府,其领事强梁于口岸以抗我官长,其大小商贾盘踞于租界以剥我工商,其诸色教士散布于腹地以惑我子民"。因而西方传教也会引起民众反对。宗教文化冲突的结果是

"教案纷起,而民间视西人教堂若陷阱然","遂相与毁教堂,以泄其愤"①。即"打洋人""反洋教""斥教民""闹教案"时有发生,也成为反对外国侵略势力、反对不法洋教势力的斗争形式,在早期甚至是主要的形式。据学界统计,焚教堂、赶教士的斗争形式,西起滇、藏,东到沿海,诸如藏、羌、彝、水、苗、布依、傈僳……无一未投入焚教堂、驱教士的反帝斗争之中②。

　　最后是经济矛盾中的反省。从全球性现代化运动的视野看,商品经济是现代化的首要启动因素,而中国文化传统的重农抑商恰好是阻碍近现代中国实现现代化的重要原因之一。从理论上说,商品经济是全球性现代化的最初动力,因为"全面发展的个人……要使这种个性成为可能,能力的发展就要达到一定的程度和全面性,这正是以建立在交换价值基础上的生产为前提的,这种生产才在产生出个人同自己和同别人的普遍异化的同时,也产生出个人关系和个人能力的普遍性和全面性"③。借用西方学者对商业生产力与工业生产力的区分,我们可以发现启动中国少数民族新思想产生的时代正好是商业生产力时代。在西方学者看来,近现代社会发展的自然历史进程可以划分为三个阶段:"所谓商业经济是指以商业投资决定社会活动,改变了贸易条件(包括陆上和海上交通线、货币技术、度量衡制度、法律规章、运输方面的保护等)的经济。而工业社会则改变了从事制造业的条件,实行分工,淘汰手工业和家庭的产品而代之以工厂工人协调劳动的产品。当前我们正目睹超越工业社会的社会的出现,我把他们称为'程序化社会',其主要投资包括大批量生产和批发象征性货物。此种商品具有文化的属性,它们是信息、表征和知识,它们不仅仅影响劳动组织,而且影响有关的劳动目标,从而也影响到文化本身。"事实上,从世界近现代化的历史进程看,由商业生产力推动的资产阶级革命早于由工业生产力推动的资产阶级革命,如1566年的

---

① 光绪版《利川县志·艺文志》,1987年重印版,第370页。
② 邓廷良:《辛亥革命与少数民族》,《西南民族大学学报(人文社科版)》1981年第3期,第8—15页。
③《马克思恩格斯全集》第46卷上卷,人民出版社,1980,第108—109页。

尼德兰革命及其于 1609 年在北部建立的独立的荷兰共和国。只是由于其国家太小而没有对世界历史产生"决定性"的影响而已①。现代商业生产力的"决定性"影响首先在于它的扩张性,它的发展对后发现代化国家或地区的冲击过程表现在"大工业便把世界各国人民互相联系起来,把所有地方性的小市场联合成为一个世界市场,到处为文明和进步准备好地盘,使各文明国家里发生的一切必然影响到其余各国"②。按照马克思的分析,作为商业生产力特殊表现的商品、货币本身就是一种具有普遍意义的推动因素,因为货币存在的前提是社会联系的物化,它首先是表现一切交换价值的平等关系的东西;货币内在的特点也恰好是通过否定自己的特殊目的来使物的价值同物的实体分离,在本质上作为财富的一般代表,而"表现为和商品的自然存在形式相脱离的社会存在形式"③;货币在"价值形态上蜕掉了它自然形成的使用价值的一切痕迹,蜕掉了创造它的那种特殊有用劳动的一切痕迹,蛹化为无差别的人类劳动的同样的社会化身"④;货币使交换双方彼此只代表交换价值本身的抽象的社会的人而发生关系,使交换借助于社会过程取得了无差别的形式,"使财富具有普遍性,并把交换的范围扩展到整个地球,这样就在物质上和在空间上创造了交换价值的真正的一般性。"⑤正是"在这种形式上,财富完全摆脱了地方的、自然的、个人的特殊关系"⑥,并且使经济得以从物物交换的情境制约中解脱出来,使交换在原则上不再同任一特定的场所联结在一起,使人们能跨越时—空以组织和调整产品和存货。这样,货币和资本成了"贮存和转化资源的手段","扩张的手段、时—空伸延的手段,因

---

① 史远芹:《中国近代化的历程》,中共中央党校出版社,1999,第 22 页。
②《马克思恩格斯选集》第 1 卷,人民出版社,1995,第 234 页。
③《马克思恩格斯全集》第 46 卷上卷,人民出版社,1980,第 90 页。
④ 马克思:《资本论》第 1 卷,人民出版社,2002,第 128 页。
⑤《马克思恩格斯全集》第 46 卷上卷,人民出版社,1980,第 175 页。
⑥《马克思恩格斯全集》第 46 卷下卷,人民出版社,1980,第 430 页。

而也就是权力工具"①。正是因为这种扩张性,使中国少数民族聚居地区在周边城市相继成为开放口岸后,由于外国商品的大批进入,严重地冲击了当地的传统工商业②,从而产生了相应的精神分泌物。像领导云南回族农民起义的杜文秀即出身于商人家庭,其起义以后也提出了一系列的发展商业的政策,此外,19 世纪末 20 世纪初土家族的新式知识分子也多出身于商人家庭等,这些即可为证。

第二节　中国少数民族近现代哲学的历史进程

从全球性现代化的视域研究中国少数民族哲学的历史进程,由于难以明确地划定近代、现代不同的哲学形态,因而本书直接用近现代哲学来指认。根据历史与逻辑相统一的原则,一方面应强调并不是近现代人就有近现代哲学思想,如从中国历史长时段来说,蒙古族哈斯宝是近现代人,但其思想很难说是近现代的。但另一方面,可能有非近现代人却有近现代思想,如蒙古族尹湛纳希的哲学思想若有近现代因素的话则应称其为近现代哲学。之所以会有这种差别,关键是哲学思想家是否直接面对全球性现代化运动的历史潮流,如上述两人就因没有参与而使哲学停留在传统层面,而蒙古族的裕谦的民本思想、贡桑诺尔布的社会历史观等则有了进一步发展,具有了一定的近现代因素。再一方面是应看到,由于中国少数民族进入近现代的历史特殊性,其近现代哲学转型也就具有特殊性。部分少数民族比较主动、较早接触到西方文化,有了某种近现代因素,如满族;部分少数民族是在中外冲突中开始接触西方近现代文明的,如回族、土家族等;部分少数民族则直到中华人民共和国成立时,仍然较为"原始"……因此,根据对中国少数民族的自我发展史与

---

① 安东尼·吉登斯:《民族—国家与暴力》,胡宗泽等译,生活·读书·新知三联书店,1998,第156 页。
② 开埠通商是长江沿江城市在近代发展的契机,增强了"市"的功能,扩大了辐射作用。参见张仲礼等主编:《长江沿江城市与中国近代化》,上海人民出版社,2002,序言。

中华民族发展的大历史的分析,中国少数民族近现代哲学发展水平的衡定也有很大的差别。据此,我们结合中国大历史对中国少数民族近现代哲学历程进行分析。

一、中国少数民族近现代哲学的萌芽

中国少数民族近现代哲学的萌芽具有双重意义。一方面,哲学因其在历史发展中所呈现的思维方式不同而具有不同的形态,这种不同的形态表现在不同时期哲学的致思趋向与话语系统及相应的哲学文化风貌方面,使之与前后不同形态的哲学呈现出明显的区别,所谓中国少数民族近现代哲学的萌芽,即近现代中国少数民族哲学产生了一些与古代中国少数民族哲学有本质区别的新因素。另一方面,哲学形态因具有较大的稳定性而在相当长一个历史时期保持基本不变,但随着社会变迁而会有所调整,并通过不断的积累而发生哲学形态的更替,我们说中国少数民族近现代哲学的萌芽,是指它还没有实现完整形态的中国少数民族的哲学转型。我们还要特别强调,就整个中国少数民族哲学来说,这是一个漫长的过程,有的中国少数民族哲学甚至到现在还持续处于萌芽状态。

根据中国大历史,中国近现代哲学的萌芽,其渊源可上溯到明清之际的早期启蒙思潮。我们甚至可以说,从那个时代起,围绕着"中国向何处去"的问题,近现代中国的许多仁人志士就已作过有益的探索。在这一历史时期,中国出现了一种"天崩地解"(黄宗羲语)、"破块启蒙"(王夫之语)的新局面。经济上,商品经济有了一定程度的发展,使社会上"末富居多,本富益少;富者愈富,贫者愈贫",两极分化日益严重。特别是在"金令司天,钱神卓地"的情况下,一方面是"贪婪罔极,骨肉相残"[1]。一方面是城市出现大批的"浮食奇民",成为"什佰为群""延颈"待雇的早期无产者,由于处于"朝不谋夕,得业则生,失业则死"的一无所有的境地,于是出现了"机户出资,机工出力,相依为命"的资本主义性质的生产关

---

[1]《天下郡国利病书》第9册,引谢陛《歙县风土论》。

系。政治上,除农民起义领袖宣传"均田免粮",掀起农民反抗风暴之外,新兴市民也掀起了斗争风潮,如1599年、1600年荆州和武昌市民先后掀起的反对税使陈奉的斗争;1601年苏州织工反税使孙隆,并杀其参随;1606年云南矿工一万余人暴动,杀矿监杨荣及党羽两百余人等,这些都表明早期市民运动在萌生。与上述新情况相应,一批早期启蒙思想家应运而生。他们把握到了当时"已居不得不变之势"的时代脉象(顾炎武语),以"六经责我开生面"(王夫之语),"坐积千古之智,折中其间"(方以智语)的历史勇气,提出了"虽百千年同迷之局,我辈亦当以先觉觉后觉"(颜元)的历史责任。思想上,他们否定"以孔子之是非为是非",提出了"颠倒千万世之是非"的口号(李贽语),显示出对封建专制思想传统的批判和反抗精神。政治上,他们主张"循天下之公,不以天下私一人"(王夫之语),要求以"天下之法"代替封建专制的一家之法,甚至喊出了"为天下之大害者,君而已矣"(黄宗羲语)的口号,说"自秦以来,凡为帝王者皆贼也"(唐甄语),反映了早期民主法制思想。他们要求实现"有其力者治其地","平天下者,均天下而已"(王夫之语),主张"亟夺富民田","有田者必自耕"(颜元、李塨语),反映了早期民主主义意识。在文化选择上,他们注重西方的自然科学成果,认识到"万历年间,远西学入,详于质测,而拙于通几",即"泰西质测颇精,而通几未举"(方以智语),提出了学习与独创相结合的原则,把"欲求超胜,必先汇通"(徐光启语)作为前提,要求"深入西法之堂奥而窥其缺漏"(梅文鼎语),企图有选择地学习西方等。所有这些"更新而趋时"的思想探索和时代追求,都根植于中国早期资本主义萌芽发展,反映了早期市民阶层的要求。

在中国少数民族哲学发展史上,许多少数民族都出现了思想上的近现代因素,如土家族的趋新动向表现为当时的文人既有"低头思往哲,托意自匪夷"①,"冥搜玄索,追踪先哲"的理性自觉②,又有"岁运趋于维新"

---

① 陈湘锋、赵平略译注:《〈田氏一家言〉诗注评》,中央民族大学出版社,1999,第309页。
② 陈湘锋、赵平略译注:《〈田氏一家言〉诗注评》,中央民族大学出版社,1999,第435页。

的理想向往①,更有"风月狂挑吟担,江山养就豪骨"的英雄本色②。苗族,出现了具有近代意义的积极求实风气,一反脱离实际的空疏学风,强调"闻其言百,不如稽其迹一","秉实心""课实效"③,且要"奋其志,鼓其气","无徘徊,无顾虑,举儒生自强之力一往无前"④。壮族,不仅有学者"亟论民风、土风、仕风之变",而且特别强调"要崇实、黜浮、宗正,要以躬行为本"⑤;强调"为学务在实践,内外相应,其行必称其言"⑥;强调"士不易为也,亦不可不为。为士者,必有为士之实故"⑦。蒙古族,《蒙古源流》的作者萨冈彻辰,《占巴蒙古史》的作者占巴扎撒克,步入近代以后的《青史演义》《一层楼》的作者尹湛纳希等,与许多汉族学者一样,当他们处在封建制度已到了自我批判阶段时,自然而然地表达出了一些启蒙的要求,这就证明了一个时代来临之后,各个民族的思想家都不约而同地有共同的思想倾向⑧。白族,高奣映的思想同顾炎武、黄宗羲、王夫之、颜元等人"有相近的地方",也有自己的特色,"是清初云南唯物主义者的一面旗帜",主要表现在具有鲜明的唯物主义自然观、无神论观点、辩证法思想、历史发展观和带有民主主义思想色彩等⑨。满族,康熙帝玄烨不仅组织全国文人学者编纂经史文学方面的书籍数十种,其中较为著名的有《康熙字典》《佩文韵府》《古今图书集成》《全唐诗》等,开启了封建社会末期的总结反思风气,而且他本人还广泛涉猎西方自然科学,在数学、天文学、地理学等方面都学有所成,对医学、生物学、解剖学、农艺学、工程技术等科学领域也有研究,在一定程度上形成了近现代的科学思维方式。

---

① 陈湘锋、赵平略译注:《〈田氏一家言〉诗注评》,中央民族大学出版社,1999,第206页。
② 陈湘锋、赵平略译注:《〈田氏一家言〉诗注评》,中央民族大学出版社,1999,第428页。
③《十大可忧七大可怪事本》,引自《怪臣满朝荐》。
④《闻斯行之》,引自《怪臣满朝荐》。
⑤ 张鹏展:《正人心疏》。
⑥ 见《上林县志》卷十一。
⑦ 韦天宝:《士先器识论》。
⑧ 萧萐父:《马克思主义哲学史观与蒙古族思想史研究》,见《吹沙集》,巴蜀书社,2007,第380页。
⑨ 龚友德:《白族学者高奣映哲学思想初探》,《云南社会科学》1985年第6期,第51—56页。

于是在哲学上,提出了有一定科学精神的"真理学",虽然在总体上他不可能突破宋明理学的框架。回族,由于民族形成的特殊性,特别是在东南沿海较发达地区生活的回族群众,伴随着商品经济等出现的早期资本主义因素,出现了相应的精神分泌物——早期启蒙思想,其中李贽是代表人物。其思想就是放在整个中国哲学史上讲,也并不落后。李贽不仅反对"以孔子之是非为是非"的文化专制主义,而且崇尚具有早期资本主义精神的功利主义,支持"无私则无心"的私产要求,强调"穿衣吃饭,即是人伦物理,除却穿衣吃饭,无伦物矣。世间种种皆衣与饭耳"①。在此基础上他特别肯定"夫私者,人之心也。人必有私,而后其心乃见。若无私,则无心矣"②。与此相应,他提出了自己的平等观,同样显示出一定的近现代意义:"余窃谓欲论见之长短者当如此,不可止以妇人之见为见短也。故谓人有男女则可,谓见有男女岂可乎?谓见有长短则可,谓男子之见尽长,女子之见尽短,又岂可乎?"③"尧舜与途人一,圣人与凡人一。"④"圣人知天下之人之身,即吾一人之身,我亦人也,是上自天子,下至庶人,通为一身矣。"⑤据此,李贽获得了"我国16世纪的早期启蒙思想家"⑥的称号。其他各民族,如维吾尔族、壮族等也各有相应的萌芽期的近现代哲学之思。

应该说,仅以上所见,即可发现早在明清之际,中国即有部分少数民族哲学中有了某种新的异动,包括中西方文化的交流、对中国社会的双向反思等,促成了中国少数民族近现代哲学形态的萌芽。

二、中国少数民族近现代哲学的形成

中国近现代哲学是从鸦片战争前后开始阐明的。鸦片战争前后,清

---

① 李贽:《焚书·答邓石阳》。
② 李贽:《藏书·德业儒臣后论》。
③ 李贽:《焚书·答以女人学道为见短书》
④ 李贽:《李氏文集·明灯道古录》。
⑤ 李贽:《李氏文集·明灯道古录》。
⑥ 萧萐父等主编:《中国哲学史》,人民出版社,1982,第165页。

朝统治下的中国,经过近两百年的变迁,社会经济又有了新的发展,但中国封建社会出现了"日之将夕,悲风骤至,人思灯烛,惨惨目光,吸饮暮起,与梦为邻"的衰世阶段①,不过也出现了像魏源、龚自珍等改革图强派思想家。龚自珍曾是一个"呼风唤雨"的人物,他以"我劝天公重抖擞,不拘一格降人才"的气势②,强调对封建社会进行"自改革",企图用改革使中国走出封建专制社会③。魏源以"好言经世之术,为《海国图志》,奖励国民对外之观念"为己任④,认为在中国传统文化中,"择老不可治天下国家矣,心性迂淡可治天下乎?"宋学"托玄虚之理,以政事为粗才,而不知腐儒之无用"⑤,对传统文化持否定态度。针对这种情况,他强调"变革",提出了"变古愈尽,便民愈甚"的口号,要求像"履不必同,期于适足"一样,对待"治不必同,期于利民"。这种以"便民""利民"为前提的变革意识,正好可看作近代民主意识的先声;他强调向西方学习,甚赞美国的总统制说:"勃列西领(总统)以四年为一任。期满更代,如综理允协,亦有再留一任者,总无世袭终身之事。"⑥对西方的议会民主制也大加赞扬说:"公举一大酋总摄之,匪惟不世及,且不四载即受代,一变古今官家之局,而人心翕然,可不谓公乎?议事听讼,选官举贤自下始,众可可之,众否否之;众好好之,众恶恶之。三占从二,舍独徇同。即在预议之人,亦先由公举,可不谓周乎?"⑦正是基于以上认识,他作《海国图志》,"为以夷攻夷而作,为以夷款夷而作,为师夷长技以制夷而作"⑧。可以看出,魏源正是企图通过学西方,促改革而使中国走出封建中世纪。但是,两次鸦片战争的现实是:不仅没有实现"师夷长技以制夷"的愿望,反而使中国一

---

① 龚自珍:《尊隐》。
② 龚自珍:《乙亥杂诗》。
③ 龚自珍:《乙丙之际著议》第七。
④ 梁启超:《论中国学术思想变迁之大势》。
⑤ 魏源:《默觚下·治篇》。
⑥ 魏源:《海国图志》卷六〇。
⑦ 魏源:《海国图志》卷五九。
⑧ 魏源:《海国图志》序。

步步地沦为殖民地、半殖民地,怎么办?

　　讨论中国少数民族近现代哲学的形成,应特别关注太平天国运动。太平天国的英雄们以"风雷鼓舞三千浪,易象飞龙定在天"的气势①,横扫中国的一切传统,在文化上选择了"一个危险的革命党"作为"穷人的福音"——基督教②。他们诋毁孔子,崇奉基督,甚至以上帝的名义说"妖魔作怪之由,总追究孔子教人之书多错"。在政治和军事上,他们实行政教合一、军政合一,使"基督教这个变革党……在军队中也有强大的代表者,全军团都是基督教徒"。他们突出了政治组织、思想教育在军事中的地位,当然,在体制上仍然实行"由天王决断"的中央集权和个人独任制,反映出反封建的不彻底性。他们高举基督教的上帝面前人人平等的旗帜,反对人与人之间的压迫,反对民族压迫。"天下多男子,尽是兄弟之辈;天下多女子,尽是姐妹之群。"这反映了摆脱封建专制制度压迫的要求。在经济上,发布以废除土地私有制为核心的《天朝田亩制度》,要使"耕者有其田",强调"凡天下田,天下人同耕","凡分田照人口,不论男妇,算其家口多寡",好坏搭配分配,这种"把全部土地从地主那里夺过来,分给或平均分给农民……表达了最彻底的消灭整个旧制度和全部农奴制残余的最坚决的愿望"③。在分配上,实行严格的平均主义和以公有制为基础的按需分配,每 25 家设一国库,严格由国库供应,这是农业空想社会主义的一个典型表现。特别值得提出的是,在太平天国运动的后期,部分农民起义领导人选择了另外一种社会发展方向,即确认以大工业为基础的资产阶级私有制,《资政新篇》就正好是其代表,它把消灭封建所有制和发展资本主义联系起来,成为中国发展资本主义文化的一个蓝图。他们企图在"取资"西方的基础上,"兴车马之利""兴舟楫之利""兴宝藏(开矿)""兴银行""兴市镇公司""兴器皿技艺"等,拟定了发展资本主义,使中国"兵强国富"的宏伟规划。他们承认资产阶级私有财产的

①　扬州师范学院中文系编:《洪秀全选集》,中华书局,1976,第 4 页。
②　陈独秀:《基督教与中国人》。
③　《列宁全集》第 12 卷,人民出版社,1987,第 450 页。

合法性，认定"倘有百万家财者，先将家货契式入库"。他们承认资本主义雇佣劳动制度，"准富人请人和雇工"，这使它具有典型的资本主义经济制度的基本特征。他们赞美美国和西欧的社会制度，强调官要"民有仁智者写票公举，置于柜内（投票箱）"；要设"书信馆"改变"上下梗塞，君臣不通"的现象；要设"暗柜（意见箱）"以"明决断""议大事"；要设"新闻馆"以"收买人心"；要继承中国传统文化，因为"诗画美艳，金玉精奇，非无一可取"，很明显，这是一个完整的资本主义在中国发展的蓝图。可以看出，太平天国运动前后选择了两种不同的文化、两种不同的社会发展方向。但是，一方面是中外反动势力的绞杀，一方面是内部的"天父杀天兄"，使太平天国运动也"终是一场空"。起义领导者们死的死、散的散，"打着包裹回家转，还是做长工"。这表明，用全盘西化的历史虚无主义态度对待传统文化，在中国走农业空想社会主义、资本主义道路都是行不通的。

中国少数民族近现代哲学的形成期，应大致地确定在太平天国革命运动前后。正是在这一时期，彝族人民进行了一系列反清起义，其中以哀牢山彝民起义（1853—1876）最突出，其首领李文学曾被著名大理回族起义领袖封为"第十八大司藩"。他们甚至建立了长期的农民政权；同时，在众多的回民起义中，以同治年间（1862—1871）宁夏马化龙为首的、以金积堡为中心的起义声势最为浩大。1856 年 9 月，杜文秀也领导了蒙化回民反清起义……

杜文秀针对民族矛盾，特别是回汉矛盾，在起义中提出了"连回汉为一体，竖立义旗。驱逐鞑虏，恢复中华，翦除贪污，出民水火"的口号。实际上较全面地反映了其思想的体系性。政治上"遥奉太平天国南京之号召，革命满清"，但又不是针对满族，因而其"驱逐鞑虏，恢复中华"的政治理想与"连回汉为一体"相联系，这一认识到辛亥革命时还得到了回应。经济上不仅提出了发展农工商、"轻徭薄赋"、扶助穷民、招民开荒、兴修水利、"多田归公者，岁给赴仓领谷，以养其家"①等经济政策，而且开采

---

① 白寿彝：《回民起义》第一册，神州国光出版社，1952，第 61 页。

盐、石、磺等矿产，大力发展纺织业及商业，甚至发展国际贸易，还规定"为士者，设学校以养之；为农者，给耕牛以助之；为工者，广没造以惠之；为商者，建行馆以安之"①。还应特别提出的是，杜文秀起义实际上带动了整个地区的各民族思想变化，如其政治上"连回汉为一体"，在民族关系上"出入相友，守望相助"，"一视同仁，不准互相凌虐，违者，不拘官兵，以重治罪"。于是在起义队伍中"回之受职者数千，汉之受职者数万"，其他民族如彝族、傣族、纳西族、傈僳族等，都受其思想的影响。

　　同一时期彝族人李文学也于 1856 年在云南省哀牢山区领导了坚持达 20 年之久的农民起义，参加起义的有彝、汉、苗、回、哈尼、傈僳、傣族等各族人民，在一个面积约为 3 万平方公里的区域，形成并传播了自己的革命思想，且极具哲学意义。在起义檄文中，李文学说："我哀牢夷民，历受汉庄主欺凌，僻居山野，贫苦为生，几十世矣。自满贼入主，汉庄主与之狼狈为奸，苛虐我夷汉庶民，食不就口，衣不蔽体，白发爹娘，呻吟于床；幼弱子女，扶门饥啼。方今刃及颈项，岂容奢冀免死；矛逼胸膛，何望乞怜求生？本帅目睹惨状，义愤填膺，爰举义旗，驱逐满贼，除汉庄主。望我夷汉庶民，共襄义举，则天下幸甚！我哀牢庶民亦幸甚！"②这里非常明显，历史清晰，阵线分明，特别是其中提出的"驱逐满贼，除汉庄主"的反封建思想，"汉与夷为敌者，豪强也，贫无与焉"的民族团结思想，以及"贵在得民"的重民思想等，都极具社会哲学意义，并且得到了积极的社会实践。他不仅强调"夷皆一体，何分彼此"，与哈尼族人田四浪、傣族人刀成义等共同战斗；而且特别针对"汉庄主"进行斗争，因为"汉与夷为敌者，豪强也，贫无与焉"。为此，李文学还特别提出"……贵在得民，有民何患不王，苟无民，虽王亦亡"的"得民"论，并进一步提出了"养民"思想："致富强兵之道，首在养民；山野养民之道，在薄粮赋，重农、牧、纺、猎。"

　　同一时期，苗民起义的卓越领导人张秀眉也形成了自己的一套体系

① 白寿彝：《回民起义》第一册，神州国光出版社，1952，第 61 页。
② 夏正寅：《哀牢夷雄列传》第 1 卷《李文学传》。

性思想。首先,他主张民族要平等,但政治上却要划清敌我阵线,特别是在汉、苗关系上,他曾参加汉族人刘义顺领导的白号军并与汉族人民并肩反对清王朝的统治;他领导的苗族农民起义爆发后,明确地提出"打官家""夺回土地"的口号,但同时却又"不准杀一个好汉人"①,对汉民"还是照样做活路"②,与此相应,他又强调"不准放走一个苗奸",这种严格的阶级阵线,显示出斗争的鲜明的政治性质。其次,他响应太平天国起义,诉求太平社会的政治理想,"我们吃了牛肉,我们喝了牛汤,我们就不能翻悔,不能泄气,共同打走官家,才能享太平"③。一首流传至今的民歌这样描述了这种太平社会:"多亏秀眉打天下,迎来太平十八年。夺得屯勇良田种,老老少少分得田。麻雀飞过吱吱叫,好年景啊,好年景! 穷人高兴得走田埂。这块田原是官家的,现在秀眉分给我。不用公粮不用税,寨寨老少齐欢庆。"④最后,张秀眉极为重视根据地建设,并力求结合民族文化传统获得发展,如在苗族传统的"榔款"组织基础上建立地方基层行政结构,以榔头训练基层行政负责人;厅、县设立正式的政权机构,并使用印信制发文告,同时还委派官兵对各地工、商、农各行各业进行严格管理。应该说,注重根据地建设,实行耕战政策,也极具近现代意义。

这一时期在革命实践中形成体系性思想的还有侗族的姜映芳。当时的侗族人民的生活状况,正如一首《苦歌》所唱:"乡长吃人肉,保长吃人骨,甲长逼百姓,百姓没活路。"⑤于是侗族人民举起了义旗,如1855年侗族农民陆大汉领导黎平、从江两县交界地区的人民起义,目的是"推翻清朝廷,迎接太平军,男子有饭吃,妇女有衣裙"⑥。同年姜映芳也领导了

---

① 贵州大学历史系科研组编:《清代贵州各族人民的五次起义》,贵州人民出版社,1978。
② 参见中国作家协会贵阳分会筹委会编印:《民间文学资料》第 27 集,内部资料,1984。
③ 贵州大学历史系科研组编:《清代贵州各族人民的五次起义》,贵州人民出版社,1978,第84 页。
④ 贵州大学历史系科研组编:《清代贵州各族人民的五次起义》,贵州人民出版社,1978,第84 页。
⑤ 贵州省文联民研会编印:《侗族文学资料》第 1 集,内部资料,1984,第 7 页。
⑥ 杨通山等编:《侗族民间故事选》,上海文艺出版社,1982,第 29 页。

农民起义,直接提出了依靠贫苦农民的反封建的土地纲领:"大户人家欠我钱,中户人家莫乱言,小户人家跟我走,打倒大户来分田。"[1]"田土分给民种,衣食自有充盈。"[2]同时,他也提出了"伐暴灭清复明"的政治纲领:"满奴入寇中华,仕官专肆横行,民众遭受压迫,决誓打富济贫。联师出征湖南,挥戈直捣北京。"[3]为此,他特别强调:"凡我军民人等,不准赌宰奸淫,不准借端敲诈,不准扰害凡民。"[4]此外,他还在起义军内实行了极具近现代意义的军事民主,凡事由诸首领"议事会"协商解决……

其实,形成期的中国少数民族近现代哲学,除上述直接的革命实践外,近现代社会因素的思想影响也十分明显,像 1840 年鸦片战争后形成的蒙古族近代哲学思想即可看成是这一时期的代表。有学者认为,五四运动前的近代时期,蒙古族思想史上有一批重要人物,诸如裕谦、倭仁、哈斯宝、尹湛纳希、贡桑诺尔布、罗布桑却丹等,他们的政治思想倾向尽管不同,但都从不同角度批驳藏传佛教理论及其危害,具有不同程度的哲学思想,且大都带有近代哲学特征。而这一时期,白族哲学在白族自身文化、教育的发展及白族与其他民族(特别是汉族)文化方面的融合进一步加深的基础上,因应了白族聚居地区及全国急剧变化的社会历史现实。反帝爱国、社会改革及其推动社会进步的主要力量等成为白族学者杨绍霆、赵辉壁、赵藩等思考的中心问题,使他们的思想表现出了强烈的要求政治变革的趋向,从而使白族哲学具有了近现代意义。同样,这一时期的壮族哲学,不仅出现了郑献甫的"一气递来往,万物随荣落"的宇宙观及"天地有生机"的发展观,并出现了以上述为基础的历史进步论;而且出现了蓝景章、李维坊等对封建文化特别是对风水迷信的批判。其中郑献甫,著有《四书翼注论》、《愚一录》、《补学轩诗集》16 卷、《补学轩散骈文集》12 卷、《补学轩文集外编》4 卷等,对《论语》《中庸》《孟子》《大学》

---

① 贵州省民族研究所编印:《贵州民族研究参考资料》,内部资料,1982,第 13 辑。
② 贵州省民族研究所编印:《贵州民族研究参考资料》,内部资料,1982,第 16 辑。
③ 贵州省民族研究所编印:《贵州民族研究参考资料》,内部资料,1982,第 16 辑。
④ 贵州省民族研究所编印:《贵州民族研究参考资料》,内部资料,1982,第 16 辑。

等书作了注论,"是近代壮族的大理论家、大思想家和大诗家,堪称是一位声华遍及岭南的大思想家和诗人,即使置于 19 世纪中期的整个中国的理论界、诗坛,也是一颗光华璀璨的明星"①。比如他反对形而上学的观点,坚持辩证的、变化的、发展的观点,强调"神明出变化,妙在各言志";"学古能变古,据地狮子吼"。特别是他因应全球性现代化运动而于《岭南感事八首》《丁巳十月十四日夷人入城,十六日携家出城,纪事一首》等诗中,表现出其哲学思想的近现代转型意义,其中提到"主权""互市""议和议守或议战"等,反映出近现代中国在全球性现代化运动中的特殊处境。在《杂感四首》《义马行》等诗中则表现了自己的家国情怀。韦丰华(1821—1905)著有《今是山房吟草》7 卷、《今是山房吟余琐记》5 卷等,在社会关系实践中对事物的共性与个性的关系有一定的认识。"诗之为道,情景而已。触景生情,寓情于景。然描景易,写情难。宇宙间,共此月露风云,共此山川草木,共此虫鱼鸟兽,共此饮食男女,共此君臣父子兄弟朋友,乃即事成吟,各随其欣戚悲欢,而纷然错出。"他又写道:"作诗者抚景沉吟,必有一段真情融结其间,乃得超然特出。"强调"作诗者亦必有作史之三长,乃得佳诗,无才则落笔必庸俗,无学则出言必浅薄,无识则命意必卑鄙,而且三长者,又必以真性情贯之"等,这些都有一定的近现代意义。吴凌云(1820—1862),原名元清,在洪秀全金田村起义后率家乡农民加入"拜上帝会",号令群众"举起义旗,专讨满奴",且提出"杀官保民,劫富济贫,男女平等,共享太平"的口号,使"万方群众望风来",本已具有了近现代哲学意义。同样,李锦贵 1855 年在上林县设天地会"大勇堂",后起义救贫济苦、除暴安民,"大勇壮山河,除暴安民扶社稷。军功昭日月,救贫济苦佑民生"。黄焕中,字尧文,著有《天涯亭吟草》等,在《苦农行》等诗中反映出一定的近代历史观;在《甲午岁刘军门幕中杂感之一》《刘军门幕中杂感之二》《感时四首》《感怀四首》中则显示出近现代的民族国家意识,如在《感时四首》诗中写道:"莽莽乾坤境陆

---

① 黄庆印:《壮族哲学社会思想史》,广西民族出版社,1996,第 282 页。

沉,惨然泣下泪沾襟。国权坠落悲何及,人事猖狂恨不禁。俯仰茫茫安
可陀,扪心徒抱杞人忧。风云惨淡黯神州,苦海沉沉带血流。"与此相应,
韦绣孟虽然具有风水迷信思想,却同样具有近现代民族国家意识,如在
《甲申感事》《畿辅四时词》《感事六首》等诗歌中都有表现,其《甲申感事》
写道:"越嶲不闻再入关,狼封豸突又连山。中朝将帅辜恩久,异族旌旗
列阵殷。王剪备兵能死敌,班超投笔竟生还。伏波铜柱今安在?已界姻
蛮雾瘴间。""变守为攻战复和,风云扰攘日生波。尘氛交广飞鹰疾,秋入
滇黔怒马多。五月渡泸怀诸葛,十年按剑有廉颇。戎机一误南疆挫,大
笑先生魏降诐。"陆荣廷(1859—1928)的一生,以其丰富的军事斗争实践
形成了特殊的军事辩证法思想,如歼灭敌人、武装自己的思想,避大敌、
击小敌的思想,阳从阴备、明迎暗战的思想,文治武功结合的思想等①,然
而在思想道德等方面却属传统思想的范畴。此外,近代苗族、侗族、土家
族等其他少数民族,也都各有其哲学创获。

三、中国少数民族近现代哲学的发展

19 世纪末 20 世纪初,是中国少数民族近现代哲学的初步发展时期。
这一时期,中国的几个主要少数民族哲学都基本上形成了自己的特色,
如蒙古族哲学,学界研究即已指出:继地主阶级改革派的哲学思想,如裕
谦的民本思想、贡桑诺尔布的社会历史观等之后,蒙古族哲学思想已初
步发展,像罗布桑却丹说"世界上的人都在往更开化的方向发展变化"
等。学界还对这一初步发展作了分析归纳②。认为这一时期蒙古族哲学
发展的突出标志是进化论的影响和马克思主义哲学的传播。作者根据
反对民族压迫,反对封建统治成为近代革命的重要任务,而这场革命又
分为旧民主主义和新民主主义两个阶段,因而把蒙古族近现代哲学及社

---

① 黄庆印:《壮族哲学社会思想史》,广西民族出版社,1996,第 248—261 页。
② 苏和:《蒙古族哲学史的特点和框架之构思》,《内蒙古社会科学(汉文版)》1992 年第 5 期,第
　25—30 页。

会思想的发展相应地区分为两个历史时期。其中处于旧民主主义革命时期,在辛亥革命前后,蒙古族的一批先进青年接受西方科学文化,接受中国资产阶级民主思想,开始认识到"西洋国如何进步,我国如何腐败,不改革不行",提出"平等自由的新思潮"。他们在《民权》上发表的讨清檄文说:"'满清'者,吾蒙古不共戴天之仇也,在昔日可以此政策愚我,今则司马昭之心,路人皆知",并提出与汉族"同建一共和政府,同行一共和宪法"的主张。这些思想是以进化论为原则的,把人权运用到民族领域,把民族解放和自由看成是天赋的人权。到新民主主义革命时期,随着十月革命后马克思列宁主义开始传入蒙古族聚居地区,蒙古族哲学思想发生了历史性的转折,马克思主义的唯物史观取代了资产阶级的进化论,如20世纪20年代初,锡尼喇嘛及其领导的独贵龙运动和包含的思想即体现了人们开始接受唯物史观哲学的影响。他认为民族解放,应"组织人民政权,让人民当家做主",独贵龙的宗旨是反对王公贵族,推翻旧政权,建立人民的新政权。为此,他们组建人民军队,开展武装斗争,组织"公会"(新政权)。总之,他们用阶级观点分析民族问题,认识到政权的阶级性,这就比社会进化论高出一筹。再后来是以乌兰夫为首的蒙古族革命家,在实践斗争中坚持"内蒙古革命是中国革命一部分"的思想,科学回答了蒙古族革命的重大理论问题,为马列主义的发展和运用作出应有的贡献……

同样是这一时期,在19世纪末20世纪初形成了近现代土家族知识分子群体,生成了现代意识。这一时期出现的土家族近现代知识分子数量较多,思想倾向大体一致,并以全球性现代化眼光观察和分析中国问题;土家族的现代意识包含了近现代的社会进化观念、近现代的民族国家意识、近现代的世界历史视野、近现代的政党政治意识等,并通过自由、民主、民族主义、竞争、奋斗等各种近现代意义的新词汇表现于日常生活中。由于近现代的历史分期在土家族的这一历史时段很难明确划定,故统称为近现代,直到20世纪前半叶方得以现代称之,这时的思想家也明确地感受到了现代。也正因为具有了这一现代的基础,使20世纪前半叶土家族得以同整个中华民族一道共同迎接西方哲学中国化与中国哲学现代化两种哲学运动,从而接受了 20 世纪前半叶中国哲学的问题与思潮,促成了土家族现代哲学思想的变迁。其中的第一期成果是辛亥革命前后的土家族知识分子在主流思想上接受了资产阶级革命民主主义思想。这一时期的知识分子以革命反清为号召,以现代政党组织(成立各种革命组织)为依托,以建立西方资产阶级民主共和国为目标,并依托于土家族传统文化中关注下层民众的传统,把革命动力放在下层民众身上。朱和中等土家族知识分子在 20 世纪初因坚信"非革命不足以救国救种"的信念,筹组了革命组织"花园山机关"。借用匈牙利学者阿格尼斯·赫勒的话说,当时"持续不断的讨论热潮,各种意见的交换,使现代性的动力深深地植根于知识精英圈子的日常生活中。批判激活了话语的文化,它成为其必然要素……批评的文化(实际上是批评一切事物的文化)是文化话语必然的一个方面。人们相互争论,他们既说'是',也说'不',他们也会告诉你为什么他们说'是'或说'不'——但是……许多事情可以也确实是间接地出自文化讨论。文化讨论削弱确定性,削弱强烈的信念,它们质疑、检验、探询,但它们也热情地捍卫和拥护。"①"花园山机关"也正是在这种讨论中形成,成为武汉最早的革命组织。在革命动力问题上,朱和中主张"开通士子知识"与"更换新军头脑",显示出同期革命思想的先进性。在被派往欧洲留学以后,朱和中的现代政党思想、革命动力探寻、民族革命理念更加成熟而丰富,并对孙中山三民主义思想的发展作出了贡献。温朝钟自从接受了革命思想以后,很快形成了以他为中心的知识分子群体和革命骨干,他们不仅建立了革命组织"社会",而且成立了军事组织"铁血英雄会",开启了他们从社会建设到实行法美共和制的思想发展进程。他们将理论与实践结合,以下层民众为革命力量,不仅以改良风俗为基础进行现代社会的文化重构,而且组织了武昌起义之前的规模最大、组织最严密的革命武装起义,对

---

① 阿格尼斯·赫勒:《现代性理论》,李瑞华译,商务印书馆,2005,第 182—183 页。

其坚持的民族民主革命思想及法美式民主共和的现代理念进行实践，成为辛亥革命前革命力量与革命理论的大检阅，其残部在辛亥革命爆发后则继续完成了温朝钟的未竟事业。席正铭则在新式军校确立了自己的革命思想，为了救国救民，他一次又一次地筹组革命组织，始终"抱定三民主义"，以"欲搏自由宁惜死"的革命精神，不断地与时俱进以适应世界潮流。他不仅把奋斗目标锁定在自由、民主、共和、国家统一等当时中华民族的理想追求上，而且以"应时势之要求"为尺度探讨革命组织问题，并最终奋斗牺牲在军事斗争中；他不仅从大局出发对孙中山革命实践及革命理论提出建议与意见，而且从师法法美的失败中确定师法苏俄的奋斗目标，又一次显示出土家族革命知识分子对孙中山革命理论的丰富及与时俱进的思想品格。土家族马克思主义者的出现是土家族现代意识生成、土家族现代知识分子群体形成后的最大成果。赵世炎、向警予、卓炯等土家族马克思主义思想家对唯物史观的接受与阐释，对比20世纪前半叶马克思主义的中国化，除具有在阐释重点上的与时俱进、凸显方法论的实践品格、思想渊源的中西融汇等方面的特征外，又具有自己的特征。民族文化传统、现代家庭背景、新学教育的塑造、毛泽东与蔡和森的影响等多方面促成了向警予向马克思主义者的转变。在马克思主义中国化的过程中，向警予用唯物史观阐明中国妇女解放问题，坚信马克思主义的妇女理论，并运用唯物史观剖析了中国妇女问题的性质，以文化尺度解读了中国妇女解放的时代内涵，多层面阐明了中国妇女解放的政治性、民族性、阶级性、人类性等实质内容；她还用现代文化对妇女问题进行阐释，从民族解放、劳动解放、人类解放等马克思主义理论视域说明了中国妇女解放的实质及历史趋势，指明了中国妇女解放的俄国式道路。赵世炎则以"把马克思主义运用于中国革命中去"为鹄的，显示了其思想的民族文化传统、现代家庭背景、新学教育及李大钊的影响等思想根源，彰显了他在接受与阐释马克思主义过程中的实践特征、时代特征及现代性特质，凸显了他对马克思主义中国化的早期探索及对列宁主义的策略化解读。卓炯在20世纪三四十年代不仅积极参加了当时的民族解放斗争,而且以极大的热情关注了当时关于中国社会问题的思想论战,以历史唯物主义为指导,探讨中国的社会形态与社会发展规律问题,以世界历史视野思考中国的民主发展和民族解放问题,全面释读三民主义的社会主义本质,显示了对马克思主义的深入理解。与中国共产党独立领导革命武装斗争相应,以万涛等为首的土家族马克思主义者,以马克思主义为武器对土家族地区"神兵"运动的社会理想进行了革命改造,促成了"神兵"运动从传统走向现代。在"神兵"运动发展的近 30 年历史中,中国国民党人与中国共产党人都对其有极大的关注,并采取了各种争取、改造措施,最后是"神兵"运动的主体部分转而信仰共产主义,坚信马克思主义,成为中国革命的重要力量。在 20 世纪中国革命斗争实践及思想战线上,活跃着一批有土家族血统、受土家族传统文化影响的革命家、思想家,贺龙、沈从文是其中最著名的代表。作为个案讨论,沈从文有着对自由主义与文化保守主义的接受与固守。在沈从文那里,救亡与启蒙是其为民族解放与国家重建的首要目的诉求,尽管他的救亡式启蒙思想面临着双重困境——后发现代化国家的思想家在"西化"面前面对的西方文化的人道精神与丛林法则、文明与野蛮并存的矛盾状况,但他以强烈的时代关切承担着一个思想家的时代使命,并且以传统与现代的双向尺度来为国家和民族重造献策;在文学与政治之间,他坚持自由主义的价值理念;在传统与现代之间,他坚持保守主义的文化理想。研究表明,沈从文的自由主义思想区别于胡适等其他自由主义而有其独特性,其文化保守主义也与新儒家等诸家有别,而具有依存于自身民族文化传统的思想特征。由于有救亡与启蒙的目标,他坚持思考"中国往何处去"的问题,在古与今、农村与城市、中国与西方、常与变等一系列问题上体现出自己思想的特色……

水族的历史发展,在 20 世纪以前一直处于较为落后的社会形态,就是这样一个民族,却因为全球性现代化运动而培养出了中国共产党的创始人邓恩铭,实现了水族哲学的跳跃式发展。按照学界研究,正是由于全球性现代化运动,使水族人民的革命斗争进入整体性的人民起义的新阶段,反抗压迫的思想也进入了新的水平,其典型表现是 1855 年在太平天国的影响下发生了潘新简领导的水族人民武装起义,明确提出了"不缴粮,不纳税,打倒清朝享太平"的政治口号;1907 年贵州都匀内外套水族农民吴朝俊领导了水族人民的反"洋教"武装斗争,明确提出"联团灭教""灭洋兴汉"的口号……这些斗争让水族人民认识到全球性现代化运动中的"天大地大,国事为大"①。也正是在此基础上,20 世纪初出现了水族人民中的马克思主义者、工人运动的领导人邓恩铭。邓恩铭就非常关心国家的命运,对水族农民英雄潘新简反抗清朝的壮举十分崇敬:"潘王新简应该称,水有源头树有根。只为清廷政腐败,英雄起义救民生。"②五四运动期间,邓恩铭被选为济南一中学生自治会领导人兼出版部部长,主编校刊,并先后在一中校刊、《励新》会刊上发表文章,阐述对社会贫富问题、灾民问题、妇女问题、民族平等、改革社会的手段等问题的认识,并在"励新学会"的基础上发起组织了"马克思学说研究会",后来又在"马克思学说研究会"基础上成立了山东共产主义小组。1921 年 7 月中国共产党一大在上海召开,邓恩铭作为山东小组代表出席会议,为缔造伟大的中国共产党作出了贡献。邓恩铭诉求的是"男儿立下钢铁志,国计民生焕然新"③,故在成为马克思主义者以后,已形成了自己的马克思主义哲学信仰,如 1920 年 12 月在《改造社会的批评》一文中,他批评无政府主义;1924 年 1 月在《今日的感想》一文中直接阐明自己的马克思主义思想:"劳农的俄国是俄国无产阶级打出来的,独立的土耳其是全土国人民打出来的。所以,中国的和平统一独立除了全中国被压迫人民联合起来一齐向本国的军阀与外国的强盗进攻以外没有第二条生路。""军阀存在一天,国家多乱一天,想得到国家统一和平与独立,只有推倒军阀政府,建设真正人民的政府,只有真正人民的政府,才会给人民以平等自

---

① 《贵州少数民族谚语选》编委会编:《贵州少数民族谚语选》,中国民间文艺出版社,1989,第 1 页。
② 黔南布依族苗族自治州《概况》编写组编:《邓恩铭烈士专集》,第 262 页。
③ 黔南布依族苗族自治州《概况》编写组编:《邓恩铭烈士专集》,第 59 页。

由……军阀是和洋强盗互相勾结的,所以我们不仅要推倒'罪孽深重'的政府,还要同时打倒帝国资本主义的列强,这些恶魔一日不灭,不但中国永无和平的希望,世界也一样永无和平的日子呵。"①由此不难看出其思想的近现代转型意义。

在壮族聚居地区的近现代发展中,韦拔群是壮族哲学近现代转型的卓越代表。韦拔群经历了旧民主主义思想向新民主主义思想的转变,后来接受了马克思列宁主义,曾在自己的家乡进行土地革命工作,建立东里共耕社,发展生产,直接具有适应全球性现代化运动的意义。韦拔群是中国工农红军第七军和右江革命根据地的组织者和领导者之一,是中国工农红军右江独立师师长,卓越的共产主义战士,优秀的共产党员。在长期的革命斗争实践中,韦拔群阐发、应用了唯物史观的基本原理,如相信社会发展有其固有的客观规律,强调"社会主义、共产主义会起来代替资本主义";要求人们"不信佛来不信仙";用阶级斗争的观点指导实践,因为"地主豪绅把劳动群众当盘中餐,劳动群众把地主豪绅当枪口靶";相信群众、依靠群众,认为把群众"组织起来力量大,才能打倒军阀,打倒帝国主义,打倒土豪劣绅,建立没有压迫、没有剥削的新中国";坚持完全彻底为人民服务的世界观、人生观和价值观,具有大公无私、胸怀全局的高尚品德,认为"快乐事业,莫如革命"等②。

其他各少数民族如回族、维吾尔族、白族、满族……近现代哲学的发展,我们将在适当的时候加以论述,这里不作申论。

第三节　中国少数民族近现代哲学的问题与思潮

哲学的共性与个性,就其直接表现形式来说,是以其哲学的问题与思潮为载体的。为此,探讨中国少数民族哲学近现代转型的实例,也主要是探讨中国少数民族近现代哲学的问题与思潮,特别注意与中国哲学

---

① 黔南布依族苗族自治州《概况》编写组编:《邓恩铭烈士专集》,第 31 页。
② 黄庆印:《壮族哲学社会思想史》,广西民族出版社,1996,第 284—294 页。

总体上的问题与思潮相比较而论。自然,思维方式、话语系统等,也应加以关注。

一、中国近现代哲学的问题与思潮

武汉大学李维武教授曾有《形态、问题与思潮:20世纪中国哲学研究的方法论思考》①一文,其中所谈实际上就是中国近现代哲学的问题与思潮。本节下面的内容即据此而论。根据哲学的形态转化,中国近现代哲学在致思趋向、话语系统及其哲学文化风貌上的重构与转变,集中表现为哲学的提问方式和提问话语的改变。他认为在中国近现代哲学发展中存在着两种提问方式:一方面对于哲学自身的提问方式作出了具有中国特色的转换,在本体论、认识论问题上多有创获;另一方面则对于那些直接来自中国近现代文化历史大变迁的特殊提问方式和特殊问题作出了思考,对近现代中国所面临的时代大问题给予了回答。这两个方面的内容共同构成了近现代中国哲学发展的历史进程,使近现代中国哲学呈现出绚丽多彩的色调和鲜活跃动的生命力。他强调,从逻辑上看,即从哲学观念由一般到特殊、由抽象到具体,近现代中国哲学的问题具有多层面的内容。这些哲学问题集中在三个层面上:一是本体论与认识论问题。近现代的中华民族内忧外患,救亡启蒙,贞下起元,多难兴邦,激起哲学家们对本体论、认识论问题的思考和探讨,通过这种思考和探讨来寄托自己的家国情怀,重建中华民族的精神生活。因此,本体论、认识论问题对于近现代中国哲学的转型产生了重大的影响。可以说,近现代中国哲学的提问,正是以本体论及认识论问题为中心和重心的。近现代中国哲学家们对于历史观、文化观、人生哲学、政治哲学的探讨,都是与这种本体论及认识论的探讨相联系的,都可以在这种探讨中找到自己的形而上根据。二是历史观与文化观问题。这些问题中的一些内容也可以

---

① 李维武:《形态、问题与思潮:20世纪中国哲学研究的方法论思考》,《学术月刊》2004年第9期,第95—103页。

说是哲学自身的提问方式和自身的问题,但更主要的却是与近现代中国历史的走向和中国文化的选择直接联系在一起的。历史观与文化观问题在近现代中国哲学发展中占有十分显著、十分重要的位置,引起了近现代中国哲学家们的普遍关注和反复探讨。而历史观、文化观问题又是与"中国向何处去"这一时代大问题密切联系在一起的。这就使得近现代中国哲学中的历史观和文化观问题,不是一种思辨的历史哲学或文化哲学,而是与回答"中国向何处去"这一时代大问题紧密联系着。三是政治哲学问题。这个问题直接关系到对"中国向何处去"这一时代大问题的回答。自鸦片战争以来中国文化历史变迁中的一些重大政治问题,如封闭与开放、守旧与维新、改良与革命、立宪与共和、启蒙与救亡、旧民主主义与新民主主义、资本主义与社会主义,都成为近现代中国政治哲学探讨的内容。这些内容往往是西方政治哲学中所没有的,也往往与现实政治纠缠在一起而较少思辨性,但对于 20 世纪的中国来说却是极为重要的,引起了近现代中国哲学家们反复的思考与探讨,最终从理论与实践的结合上回答了"中国向何处去"这一时代的大问题。除了上述这些问题外,近现代中国哲学还有其他许多问题:有些问题是以社会问题的形式提出的,如女性主义问题、乡村建设问题;有些问题是哲学与其他学科相交融而提出的,如近现代中国哲学对史学、文学的影响问题;有些问题是哲学与教育相联系而提出的,如近现代中国教育哲学问题;有些问题是哲学与宗教相交叉而提出的,如近现代中国佛教哲学问题;有些问题是近现代中国哲学在某一阶段中存在的问题,如哲学的个性化失落与重建问题、哲学的大众化与广大群众学哲学、用哲学问题等。这些问题实际上反映了近现代中国哲学与近现代中国文化历史的多方面的联系。

围绕上述近现代中国哲学诸问题,中国哲学家们反复思考,不断探讨,由此形成了各种哲学思潮。如在 20 世纪中国哲学发展中,围绕本体论与认识论问题,形成了科学主义、人文主义、马克思主义哲学三大思潮及它们之间的复杂联系。科玄论战成为这三大思潮相激相融的第一个交汇点。在这场论战中,科学派代表了科学主义思潮,力主哲学走科学化、实证化的道路,其代表人物丁文江就强调哲学要沿着"科学知识论"的方向发展;玄学派代表了人文主义思潮,力主为本体论的存在进行辩护,其代表人物张君劢认为现在正是"新玄学时代";而马克思主义者陈独秀则对科学派与玄学派都持批评态度,强调只有科学的唯物史观才是哲学发展的方向。此后,哲学是沿着本体论路向还是沿着知识论路向发展,以及建设怎样的本体论与认识论,就成为这三大思潮反复探讨、不断互动的重要论题。20世纪中国哲学中有代表性的本体论、认识论体系,都是在这三大思潮的探讨与互动中建构的。围绕历史观与文化观问题形成了唯物史观、进化史观、民生史观三大历史观及它们之间的复杂联系,形成了西化思潮、文化保守主义、马克思主义文化观三大文化思潮及它们之间的复杂联系。其中,文化保守主义思潮中又有十分复杂的思想派别,不可一概而论。在这些思潮的复杂联系中,中国马克思主义的历史观与文化观对其他有关思潮产生了深刻影响,如孙中山的民生史观、前期冯友兰的历史哲学、晚年梁漱溟的文化哲学,都曾汲取唯物史观的思想资源。同时,中国马克思主义的历史观与文化观也从这些思潮中汲取了一些合理因素,如中国马克思主义正是从文化保守主义那里批判吸收了重视中国文化传统的思想,由早期对中国传统文化的激烈批评,转而重新估价中国传统文化的价值,提出作为"从孔夫子到孙中山"的总结者和继承者,从而把马克思主义与中国文化传统直接结合起来。此外,在20世纪某些特定的历史阶段,围绕历史观与文化观问题,也会形成一些存在时期并不长、但在当时却颇有影响的思潮,如抗日战争时期出现的战国策派思潮即是一例。围绕政治哲学问题形成了许多政治哲学思潮,如以康有为为代表的改良主义思潮,以刘师培为代表的无政府主义思潮,各种非马克思主义的社会主义思潮中的政治哲学等。经过这一时期的思想论争与政治实践的选择,围绕政治哲学问题,形成了三民主义、自由主义、马克思主义政治哲学三大思潮及它们之间的复杂联系。随着中国社会矛盾的变化及各种政治力量的不断组合,它们之间的关系经历了十分复杂的变化,其间,既有过联盟,又有过分歧;既有过对抗,又有过互动。中国马克思主义政治哲学的发展,如新民主主义理论的提出、对民主政治的追求与构想等,就包含了对三民主义、自由主义思想资源的汲取。这三大思潮之间关系的变化,对近现代"中国向何处去"的历史选择、对现代中国民主政治的建设产生了直接的影响。中国马克思主义政治哲学也正是在与三民主义、自由主义的相激相融中显示出了自身的优越性,对"中国向何处去"这一时代大问题作出了最有说服力的回答。此外,在近现代中国文化历史的展开中还产生了一些以哲学为内核的社会文化思潮,如女性主义思潮、乡村建设思潮、教育哲学思潮、近代佛学思潮等。这些思潮既有许多非哲学的成分,同时又具有哲学的内核,因而构成了近现代中国哲学中一些边缘性思潮。这些思潮尽管在哲学中处于边缘的位置,却在近现代中国思想世界中有其自身的活力与价值,并在近现代中国文化历史进程中留下了深刻的影响。

二、中国少数民族近现代哲学的问题与思潮

李维武的分析为我们分析中国少数民族近现代哲学提供了基本思路。事实上,中国少数民族的近现代哲学同样具有上述层次。在哲学问题的第一层次上,中国少数民族的传统哲学有丰富的本体论与认识论问题,佟德富、宝贵贞著的《中国少数民族哲学专题研究》[①]即以第二篇"本体论"、第三篇"知行论"、第四篇"辩证论"为题讨论这一层面的问题,其中"本体论"中论述了"原始意识与哲学的萌芽",包括原始崇拜、原始宗教、神话、史诗与哲学萌芽,并专题讨论了"哲学萌芽于原始意识"的问题;在此基础上,介绍了"古朴多彩的本原说和宇宙模式论",包括气本原说,雾露、雾罩说,混沌说,卵生世界和以"本无空"为本原的宇宙演变体系,茶叶是万物的阿祖,"二宗"本原说,"三坛"、"四素"、五行说,神创说,等等;继之而展开的是"关于人类来源的天才猜测",包括猕猴变人说,龙

[①] 佟德富、宝贵贞:《中国少数民族哲学专题研究》,中央民族大学出版社,2006。

变人、鱼生人和人兽兄弟说,卵生说,"枫香树干生人"说,"葫芦生人"说,神创说,等等。在"知行论"中,介绍了"学读而知的生知观",其中包括"人生能知而无知""眼有所见,心有所知""学读而知的生知观";继之讨论了"知在能行"问题,介绍了"学与思并用""知在能行""言行相符,毕竟行重"等问题,然后介绍了"受宗教影响的认知观",包括"大道可知与认主的途径和方法"、"格物致知的认识论"、"生知"说的认识论等问题。在"辩证论"中介绍了"发生"观念与"物变"思想、"相分相配"与"阴阳合而生万物"、军事辩证法思想、医学辩证法等。由此可见,中国少数民族传统哲学的本体论、认识论、方法论问题很多,这些问题到了近现代在总体上呈弱化趋势。

在哲学问题的第二层次上,即历史观与文化观的问题,中国少数民族的传统哲学研究还略显不足,像中国少数民族哲学中的民族同源共祖论、文化同源论与文化交流论、历史进化论等都还没有得到充分的研究。比如,中国少数民族传统哲学中,特别是在神话、传说、史诗中差不多都有多民族同源共祖观念,认为各民族都是一祖所生,其深层观念应是民族团结的主题,并始终传承于中国少数民族的传统哲学中;同样,关于文化有同一来源而各民族所得为其不同的部分,其深层观念则是文化互补,因而也才有相应的文化交流等问题;各民族传统哲学中几乎都坚持"进化论"历史观,其深层观念则是民族的自信与奋进……这些问题,除在一些论文或著作中偶有涉及外,专门的研究都严重不足。在中国少数民族的近现代哲学中,这些问题又一再显示出强大的生命力。例如我们在回族的近现代发展中即明显地看到这种历史观与文化观上的哲学审视,这些回族知识分子看到,"论文化,则不但不能对中国文化有所贡献,即回民本身亦已教育落伍,文化水准落伍。论社会政治,则五千万回民完全处于被统治地位。论经济,则为人附庸,而被剥削"的境地,以致在民族精神上呈现"为保存本身的生命起见,由自主求进状态,变为消极自守、不干外事的状态,放弃社会上一切权利,专求宗教本身的推延,驯至成回民仅富于宗教意识,而薄于国家意识"的状况。他们极具危机意识,认为近代中国已"失进化机能"。正因于此,回族知识分子致力于探讨国家、民族、宗教的发展问题①。

在哲学问题的第三层次上,即政治哲学问题,佟德富、宝贵贞著的《中国少数民族哲学专题研究》的第五篇、第六篇实际上讲的是这个问题,其中第五篇讲了传统哲学的"社会政治思想",包括"势强者胜"和"不进则退"的社会观,其中论及理想国与太平社会、社会进化思想;"天佑有德"为王思想中论及了"上天"为最高主宰神、"承天启运"的民族自生思想、蒙古族汗权天授思想等,而"君民一体,修德治国"中则论及了民为邦本的民本思想、"君民一体,修德治国"的思想等。到第六篇"伦理思想篇"则基本上可归入哲学第三层次的问题,如"同劳动、讲互助、均分配的原始道德观",其中"以民族生存为最高原则"显然属政治哲学问题。事实上,中国少数民族的近现代哲学在这方面的内容已成为主体内容。

综观中国少数民族的近现代哲学,由于中国少数民族哲学从形成的角度说具有多样性,因而在哲学问题的第三层面即政治哲学层面,可以分为以下几大思潮:一是近现代农民革命中的政治哲学。如侗族姜映芳领导的农民起义,就已有了近现代土地革命的意义,有了近现代民族国家意识,但总体上说,带有强烈的传统哲学意识。与此相应的还有水族人民的潘新简起义、苗族张秀眉以建立太平社会为目标的反清起义、土家族的"神兵"运动、彝族李文学起义、回族杜文秀起义等。反洋教斗争也可纳入此中,如水族的吴朝俊起义斗争。二是革命民主主义者的哲学思想。如傣族的刀安仁等,白族的不少学者的哲学思想可放在此中。三是中国少数民族知识分子对马克思主义的接受与阐释。代表人物有邓恩铭、赵世炎、向警予、韦拔群等。四是对传统哲学的近现代改造。如苗族龙凤翔的"衣食足礼义兴"思想、壮族郑献甫的哲学思想等。下面以土家族为例加以阐明。

随着全球性现代化运动的推进,"中国向何处去"的问题也逐渐提上

---

① 孙俊萍:《伊儒合璧的回族哲学思想》,宁夏人民出版社,2008,第180页。

了日程,而首要的则是对儒家文化的反省,因而出现了对中国传统的儒家文化及相应的制度性构建的怀疑。在土家族中心化以后,这种趋势随着整个中国的被日益边缘化而得到加强。早先有酉阳山羊乡人陈汝燮(生于1830年前后,逝世于20世纪初)即在《熊鼎之孝廉北上》一诗中批评"当世只知金榜贵"的非适用理性。在《遣兴四首》中更是对此进行了大胆鞭笞:"科名风马牛,默默知计左。悔不早投笔,尸拌马革裹。悔不早学仙,身骑鹤背坐。落拓长如此,真愧裸虫裸。举酒望青天,满眼奇愁堕。""如今几卷书,多被人读坏。胸先入势利,出处一蜂虿。举世趋其风,毒痛无不届。此辈占富贵,操术特狡狯。山鸟尔何干,乃呼咄咄怪?"

从全球性现代化运动的角度说,反对科举制度,应看成是早期民主主义的先声。20世纪初的温朝钟反帝反封建起义就是从反科举制之"牢笼术"开始的。陈汝燮的反科举制度是同他对当时时势的关切相联系的,他强调要清醒地认识世界的人,可是,当时的清醒之人并不多,故在《仿百尺楼九日醉歌》中发出了下面的感慨:"我约黄花同醉死,世界如斯几知己。嶙峋傲骨与花争,有此酒人花定喜。"

这些问题是什么? 一是国内战争。《过秀城》中言:"斗大方城镇蜀陬,公然黔楚比咽喉。远山雄秀开荒微,原树青苍入早秋。问宇空寻杨子宅,筹边正筑牵公楼。乡云指点频回首,拼作征鸿客燕俦。"《官桥》中言:"数株古树辈凌霄,尘马晴迷路一条。山岭硗顽茅草瘦,店房冷落爨烟销。恶兵争道驰轻骑,野牧沿奔弄短箫。笑拂征衫吟不就,饥肠辘辘过官桥。"《廿六日正大营早餐》中言:"骤呼贼至矣,震如疾雷鸣。男妇鸟兽散,当阶弃孩婴。骇我跣而走,同伴双目瞠。"二是民生凋零。《宿凉亭凹》中言:"峰脚鬼神疑暗谷,峰头守兵有茅屋。直上十里据天险,今夜权为放胆宿。地炉活火烧枯薪,围坐笑认劫外身。同行一儿睡未久,拥被惊号下床走。群超牵曳唤使醒,尚说贼贼不住口。"三是外患严重。《和萧雨根孝廉镇江感怀元韵》中言:"吁嗟乎! 通商议定门大开,谁信开门盗不来?"《题皇朝统一中外舆真地图》中言:"星查细篹环瀛志,洋教洋商遍市廛……漫将揖盗学忧天,时务不知非杰俊。"四是民族关系。《跨鳌亭放歌》中言:"我原二酉山中客,结茅深住白云间。梗泛铜江携破砚,蛮花仡鸟笑风狂。"《自涪入酉山行杂咏十四首》中言:"迢迢千里一征鞍,仡鸟蛮花另眼看。妙值秋凉新霁雨,岚烟裹袖晓成团。"《钟灵山》中言:"茔残翁仲蛮夷长,诗感蓬蒿磊落才。无限钟灵佳气在,晴霞散绮瘴烟开。"正是这些问题,使作者于《萧雨根孝廉以唐寿山刺史萍踪合韵诗见示并约过访　题卷尾以当介绍》中认为"今人不如古,论世辄惆怅"。

特别需要指出的是,这一时期已有土家族知识分子直接触及了"中国向何处去"的问题,如覃远琏,咸丰癸丑(1853)科进士,曾先后出任广西左右江兵备道,广西水陆兵勇按察使,并受封为光禄大夫,曾参加过中法战争,因而对"中国向何处去"的问题有所思考,除《登五峰谒张土司墓》所言祖国统一外,还对当时的民族危机有所认知,有一种"欲障百川回既倒"的责任感。同时也对当时的清政府有所不满,故在《散步》中说道:"天风徐绕下蓬壶,泛宅浮家兴不孤。避地漫寻方士药,嫉时好乘圣人桴。万重烟光围瑶岛,四壁楼台入镜湖。欲障百川回既倒,世间容得此狂奴?"诗人陈景星(1839—1916)把自己的诗分成"壮游""磨铁""田居""尘劳""拾余""感旧""津门""亳游""沪滨"等集,现存诗歌近700首。由于时代的变迁给他以难以把握的困境,他在《龙池感怀》中表达一种无奈:"唾壶声碎欲悲歌,心绪牢骚唤奈何。自古文章憎命达,断无才士不愁多。琴弹流水思钟子,璞抱空山泣卞和。来卜前途行得未,怕听禽鸟唤哥哥。""频年旅迹叹飘蓬,历经崎岖万念空。处世自惭如小草,知音谁肯问焦桐? 著鞭太猛难希祖,弹铗无聊欲效冯。冷眼漫将馀子看,纷纷都是可怜虫。"但是,诗人关注着国家的命运,并于1885年时年46岁投笔请缨,奔赴中法战争的前线。当老将冯子材的部队在镇南关外与法国侵略者展开激烈战斗收复凉山的时候,诗人喜不自胜,作《喜闻官军收复凉山》:"捷音一夕遍苍梧,积雨声中病亦苏。荒徼渐收唐郡县,长绳横贯鬼头颅。喜看日月销兵气,想象风云拥阵图。不为开边缘继绝,圣朝神武古今无。"然而,当腐朽的清政府葬送了这一胜利时,他又作《柳州送春》对此表示愤慨:"九十韶光老,三千客路长。吟因新病减,春比大军忙。战事成和局,归思切故乡。征途何濡滞,愁对乱山苍。"这种前后矛盾的心态充分反映了陈景星在民族与国家、情感与理性、个人与社会关系上的现实态度。

忧国忧民的现实态度反映在陈景星对清朝官场的看法上。他在《戊申上巳后九日黄沚兰大令招游千佛山分韵》中所言"宦海无静澜","闻之辄头痛,思之心转酸。"以至于他自己也"不作京国游,宁识仕宦贱;朝作鸣冈凤,夕作破巢燕"。甚至在《胡春丞别驾由青岛回黔过沪见访小饮话别》中表达了一种对当时社会彻底失望的态度:"黔山路隔水西遥,青岛潮从沪北消。好趁春风还竹国,正逢微雨润花朝。明湖回首嗟蓬梗,殷社伤心赋黍苗。如此乾坤需痛饮,别怀权借酒杯浇。"当然,从时间跨度上看,陈景星无疑是一个过渡性人物,在走向近现代的过程中,他看到了当时中国社会的痛,如《黄平行》中所反映的"上黄平,黄平地旷无人耕""平原浩浩悄无人,但见磷飞冤魂啸"的农村的破败。作为一个心忧国事的土家族知识分子,他感到自己是在孤独中寻找,有如《宿盘龙汛》中"携琴海天望,何处觅知音"。这大概是那一时代知识分子的共同的孤独感。这种孤独感既有儒生的社会责任意识,又有儒生在全球性现代化运动面前的无奈感。

此外,触及了"中国向何处去"问题的土家族知识分子还有不少,如曾因戊戌变法失败而回归故里的晏卓甫在《沿头溪》中强调:"纸上谈兵成画饼,病中送客且衔怀;鹤山客子横刀笑,又向南荒辟草莱。"一种因戊戌变法失败的反思转化成了对"中国向何处去"的思考。他还曾在《过石柱观》中强调:"天梯石栈架楼台,灵验毫无剧可哀。学舍荒凉无过问,但愿财力托如来!"反映出了一种深度的文化忧虑。田金楠虽蛰处山林,却能关注世情,其《虎变鼠吊台湾》描述了清政府的外强中干:"昨闻鱼化龙,今闻虎变鼠。爪牙徒具不击搏,猎奴驱女无处所……"。《鄂军挫败,黄兴编敢死队千人再战大捷》中对民族英雄表示了肯定:"千人冒险一当百,孤注能支大厦危。将得士心士敢死,日俄战后此军奇。"反映出作者对民族强盛的热切希望。

在一定程度上说,中国接触全球性现代化运动是从普通商品与鸦片开始的。而远在边陬的酉阳甘溪人冉崇文,除了对地方历史进行总结,总纂《酉阳直隶州总志》24 卷、《二酉纪闻》16 卷、《小酉山房杂录》40 卷、《冉氏家谱》12 卷外,还直接指陈时势,如对作为毒品的鸦片之害进行了深刻批判,写下了洋洋数千余言《洋烟赋》,赋中指陈其来源:"原夫洋烟之害,实属堪嗟! 传来异域,流遣天涯。"揭露其危害:"本属夺命之膏,痴迷恬不为怪";"不吃到水尽山穷,谁能遣此;倘未至盐干米净,岂肯丢它";"面目凋零,惋惜形同色鬼;容颜枯瘦,可怜身似病鸦";"从前一肥二胖,何等玉润珠圆,而今九死一生,出自心甘情愿。身中肥虱似鱼鳞,顶上头发如茅扇,衣裳滥同鱼肉,上下不止千疤;裤子破若战裙,前后刚剩一片。"批判其始作俑者:"噫嘻! 彼何人斯? 造此孽品,毒可杀人,罪当刎颈。"劝喻其吸者:"奉劝吃烟子弟,莫抛费父母银钱,有瘾明公,好保守祖宗根本。前车可鉴,毕竟害的何人;后悔已迟,快须逃出铁岭。"冉崇文还作有《闻客谈金陵兵燹状感赋》诗:"十年烽火惨沙场,忧国何人问女桑。话到江南离乱事,白头父老泣斜阳!""山楼津渡尚依然,铁锁销沉旧战船。欲问孝陵何所似? 寒鸦飞起墓门烟。""残荷衰柳满前汀,落日荒原鬼火青。风景不殊城郭变,诸公怎不泣新亭!""玉树歌终壁月残,眉楼一角影阑干。秦淮河下胭脂水,流过清溪作嫩寒。"民族危机意识清新可见。

此外,这一时期土家族知识分子的世俗化取向已反映出了一定的现代意义。如田茂颖[清康熙己酉(1669)科举人]可以说是从 17 世纪进入 18 世纪的前期人物,其《龙壁诗有序》中提出的"夫一石也,胡为乎龙? 胡为乎八"的疑问,实质上已提出了理性与信仰的矛盾,如果从现代性的层面分析,这一矛盾正是引发现代性的理论动因之一。同时,该诗强调了对"龙壁"之"龙"的世俗期望:"何时一跃齐升去? 直布甘霖遍碧空。"应该说,这也符合现代性的世俗化取向。田茂颖的《莲花寺》还在一程度上说明了佛教与道教在信仰上的冲突:"香炉山下一瑶宫,胜地偏宜曲径通。日暖樵歌来万树,月庙梵字落孤桐。篆烟袅袅随云住,修竹亭亭带露浓。应是尘埃无着处,凡夫犹自觅崆峒。"实质上仍然是理性与信仰、现实与理想的冲突①。这一价值取向在冉永焘[清乾隆己亥(1779)举人]的诗文中也有所反映,其《醉仙亭赋》虽"以'自称臣是酒中仙'为韵",在《彭山气传》中却发出了"山中坟累累,何处觅长生"的"喟然"之叹和"戚然"之慨,但其落脚点却是世俗化的医国:"余肃然起敬曰:'持此术也,以往医家国天下可也,况医人乎?'"②

三、中国少数民族哲学的现代化问题

鸦片战争以后,中国少数民族聚居地区被卷入了全球性现代化运动中。随着现代因素的增长,不仅各民族传统文化的活力得到释放,转化成各民族社会变迁和思想发展的动因,而且随着国家的军事斗争及军事现代化进程,随着作为现代市民社会基础的商业生产力的发展及传统农业的更进一步积累,新式教育等得以在民族聚居地区推广,从而在19世纪末20世纪初产生了各民族近现代知识分子,生成了各民族近现代意识。于是在近现代中国历史大变革中,各民族知识分子得以前仆后继地探索着救国救民的真理,不断地接受和阐释体现着时代精神的新哲学,形成了中国少数民族的近现代哲学英雄。他们的思考并不是传统思想的简单再现,而是体现了各民族从传统社会向现代社会转型过程中的整体的文化形态转换,从而体现了西方哲学的中国化与中国传统哲学的现代化两种哲学运动及其相因关系。在这一转变过程中,先进的各民族知识分子以各种现代哲学精神为核心,建构各民族近现代的时代精神,铸造各民族社会变迁的思想灵魂。因此,研究中国少数民族的现代化问题,是近现代中国哲学研究的重要组成部分。不过,这一研究应以近现代中国哲学发展为视域,以西方哲学中国化与中国哲学现代化两种哲学运动为背景,以各民族现代意识的生成为基础,阐明各民族先进知识分子如何在中西哲学的共同影响下形成现代哲学意识;应从历史观、文化

---

① 彭继宽、姚继彭主编:《土家族文学史》,湖南文艺出版社,1989,第281—282页。
② 彭继宽、姚继彭主编:《土家族文学史》,湖南文艺出版社,1989,第304—305页。

观、政治哲学等层面揭示近现代各民族知识分子的新的哲学探索,并联系各思想家的文化传统、思想背景来进行探讨,凸显各民族哲学发展史上的新变化,探讨各民族新哲学与近现代中国哲学发展的相因关系。

全球性现代化运动的中国化与中国现代化运动的世界化相结合,体现了中国在全球性现代化运动中既具有自己的特殊性,又同时反映了历史主流的一部分的时代特征,即"惟有如此我们才能在理论和实践上比较各种历史过程,这些历史过程无不具有各自的特殊性,但又都是同一个历史主流的组成成分。它们的一致之处在于它们都体现了这同一个现代性。但由于历史环境完全不同,从而现代化机制非常多样化,这个历史过程却又体现了多元性"①。也就是说,当全球性现代化运动使全球成为单一场所时,文化或文明的普遍性与特殊性的冲突成为现代化运动中的核心冲突,这时候,每一种文化都会作出一个决定性的选择。这就像我们其他的选择一样是一种跳跃。没有绝对的理由可以拒绝那些不承认整个启蒙运动准则的文化,但也没有绝对的理由可以根据每一种差异自身的标准去承认它。一个人通常作出的决定——亦即跳跃——并没有理论上的根据,而是视情境而定的,这种选择还涉及以下三对文化矛盾:高低级文化——高与低、俗与雅;话语文化——精英与大众;人类学的文化——种族中心主义与文化相对主义、普遍与特殊。因此,在不同的"文化"视野下,会有不同的结论。我们研究中国少数民族的近现代哲学时,这一文化选择的重要性就更加突出。

中国少数民族的现代化,严格来说是一个历史文化范畴,应从各民族的独特性及其思想英雄的历史发展角度进行界定;各民族的文化性格培育了各民族的传统哲学,各民族的生存环境与各民族传统哲学也具有相因关系,各民族的传统哲学形态则提供了各民族近现代哲学形态发生的基础,于是应对各民族的文化性格及各民族的传统哲学形态进行清

---

① 阿兰·图雷纳:《现代性与文化特殊性》,程云平译,载中国社会科学杂志社编:《社会转型:多文化多民族社会》,中国社会科学文献出版社,2000,第24页。

理,比如各民族传统哲学中有丰富的本体论问题,并一直得到延续,各民族人民正是借助哲学本体论的探讨确立自己在宇宙中的位置,但是近现代以来,特别是20世纪以来,不仅由于中国的现实问题超越了哲学本体论问题,而且由于所谓的"科学"世界观问题限制了人们的探索精神与对智慧追求的动力,于是在中国少数民族的近现代哲学发展中,弱化了各民族传统哲学的本体论、方法论问题,强化了各民族传统哲学关注人类生存等现实问题的哲学特征。中国少数民族的近现代哲学作为哲学的新形态,其哲学内容、提问方式、话语系统、探讨的问题等都有其时代性、民族性及各自的风格,体现了近现代中国文化历史变迁中的时代精神和民族风貌,但是,如何以近现代哲学背景把握中国少数民族的近现代哲学?却成了对待中国少数民族哲学及其研究的一个立场、观点和方法问题,人们之所以长期不承认中国少数民族哲学,或者人们之所以长期以"革命史观"或"现代化史观"等不同视野研究中国少数民族的近现代哲学,之所以长期以"教科书体系"的哲学原理为研究范式对待丰富的中国少数民族哲学,而不是以哲学史为中心的思想史研究方法、历史与逻辑相统一的方法、历史主义方法、各民族文化为中心的地域文化研究方法、各民族思想为中心的区域思想研究方法等,是因为缺少一种全球性现代化的哲学眼光。

在研究中国少数民族哲学时,特别是在确认研究中国少数民族哲学的意义与价值时,人们往往从功能主义的角度评价,从而忘记了一个基本事实,即各民族哲学自身的现代发展。因此,我们应以近现代的中国哲学发展为研究视域,揭示近现代中国哲学的性质和特点,从哲学问题与哲学思潮层面阐明近现代的中国哲学,并以此为背景探讨中国少数民族的近现代哲学与整个中国哲学的内在关系。事实表明:中国少数民族的近现代哲学既有各民族自身文化传统的影响,也有其他中西哲学文化传统的影响,而以西方近现代哲学文化的影响为显著。同样,各民族在发展近现代哲学的过程中并不只是"学着讲",而是"接着讲",并有自己独特的哲学创造,这也就是中国少数民族哲学自身的现代化问题。

　　每一时代的哲学都有自己的独特话语系统,犹如恩格斯在评价《资本论》时所写道:"把现代资本主义生产看作是人类经济史上一个暂时阶段的理论所使用的术语,和把这种生产看作是永恒的最终阶段的那些作者所惯用的术语,必然是不同的。"如果说,"一门科学提出的每一种新见解,都包含着这门科学的术语的革命"①,那么,其中隐含的表达是,任何知识和术语自身都包含着特定的、有限的理论体系。阿尔都塞曾认为"现代民族学和人类学所遇到的困难,大部分来源于它们在处理(描述性的)民族志'事实'和'材料'时没有从理论上注意建立它们研究对象的概念:这种疏忽注定了它们要把那些对它们来说实际上规定着经济的范畴,也就是现代经济学的而且往往是经验主义的范畴应用到民族学的现实上去。"事实上,"真正的主体不是天真的人类学的'既定存在'的'事实',不是'具体的个体''现实的人',而是这些地位和职能的规定和分配。"②这就使"我们可能意识到同一生活内容既是实在的又是有价值的,但该生活内容在两种情形下导出的内在命运却有截然不同的意义。"③正是问题的这一层面,使我们有必要从各民族哲学话语系统的角度来清理中国少数民族的近现代哲学。

　　中国少数民族的近现代哲学是以各民族近现代精神传统的生成为前提和基础的。因此,应追寻各民族精神传统的历史生成,揭示各民族"脱蛮入儒"的思想进程,论述各民族现代知识分子及现代意识的产生。各民族精神传统的历史生成差不多在改土归流后发生了一次重大的历史转折,这就是清王朝为了重塑大一统的国家形象,在承认儒家文化主导的前提下,有条件地承认了各少数民族文化。正是在改土归流后,各主要少数民族在保留固有优秀传统文化的基础上实现了"脱蛮入儒"的过程,清王朝"教俗分治"的统治措施,不仅使各民族接受了相对先进的儒家文化,而且形成了追求"汉籍"的华夏认同。到 19 世纪中叶,这种政

① 马克思:《资本论》第 1 卷,人民出版社,2002,第 35、34 页。
② 路易·阿尔都塞等:《读〈资本论〉》,李其庆等译,中央编译出版社,2001,第 208—209 页。
③ 西美尔:《货币哲学》,陈戎女等译,华夏出版社,2002,第 4 页。

权主导型文化认同促成模式结出了硕果:儒家文化视野下的各民族及各民族的自我文化认知都证明各民族实现了文化历史的巨大变迁。以这一历史变迁为基础,各民族与整个中华民族一道被卷入了全球性现代化运动的历史进程,并在 19 世纪末 20 世纪初形成了近现代知识分子群体,生成了现代意识,为中国少数民族的近现代哲学的形成与发展提供了历史文化背景与思想基础。这一时期涌现了一大批中国少数民族近现代知识分子,他们有着一样的思想倾向,开始以全球性现代化的视角思考分析中国问题。

第四节　中国少数民族近现代哲学转型的个案分析

在中国少数民族近现代哲学研究中,一般地把 1840 年后的思想者或哲人都纳入近现代哲学研究的范围。从自然历史时空来说,这无可指责。但从哲学文化时空的角度来说,这是混淆了历史叙事与哲学形态的关系。描述特殊性与个别事件的是历史学,思考普遍性与共同观念的才可能是哲学。在近现代的中国少数民族哲学人物中,他们各自从自己的思想立场出发来做哲学文化选择,其中一部分思想者超越传统思想,从而具有了哲学上的近现代意义,开启了中国少数民族的哲学文化转型,而另一部分思想者则仍然停留在传统思想层面。如果以全球性现代化的历史大尺度来看,前者可算是哲学启蒙,后者则属于思想回流。正是由于有上述这种思想分野,因而本节强调:要区分思想者的自然地理时空与哲学文化时空,要区别思想者的历史叙述与思想反思,要把近现代的中国少数民族哲学人物进行哲学形态上的划分,并进行哲学文化的形态研究。据此,我们在此节特分析几个少数民族哲学转型的个案——以民族为单位。

一、壮族近现代哲学精神的生成与近现代哲学转型

在壮族近现代哲学发展中,由于自西而来的"他者"成了壮族在相互比较中认识自己的基本参照物,成了自己体验自己生成状态的现实力

量,因而,壮族从"他者"身上既发现了自己的特性(优点、特长、不足),又发现了自身所具有的"他者"因素。所以,全球性现代化虽然基本上是同质化运动,是"西化"运动,对非西方一切民族的文化思想与哲学都有严重的压抑、削弱与伤害的方面,但也因此成了一种发展动力,其中包括哲学自觉与哲学发展的动力。考察与研究壮族近现代哲学精神的生存与壮族的近现代哲学转型,同样离不开全球性现代化场域。

从全球性现代化运动的进程可以看出,壮族最先是在军事上、是在战争中直接面对全球性现代化的,并且是从鸦片战争前后开始的。早在鸦片战争以前,由于中国社会经济结构的深刻影响,合法贸易和鸦片贸易、经济的和暴力的榨取异邦资财的方式并存而且矛盾尖锐,"增加鸦片贸易是和发展合法贸易不相容的","如果兼施并用迦太基式的和罗马式的方法去榨取外国人的金钱,必然会在这两种方法之间引起相互冲突和相互消灭"①。于是,鸦片战争即成了一种必然。也正是在战争之中及以后,一些壮族知识分子与西方文明包括西方哲学文化打交道,接触了一些"现代性",开始了壮族哲学文化的近现代转型进程。当然,一旦开启了这种全球性现代化进程,则其场域会更宽广、变革会更深刻、矛盾会更尖锐、思想会更丰富……

(一)壮族有自己的哲学转型

近现代哲学精神的生成与近现代哲学转型问题,对壮族来说,具有极为深刻的内涵:一方面是探问壮族是否在古代哲学的基础上发展出了近现代哲学,即实现了哲学自身的历史性变革;另一方面是探问近现代哲学发展与全球性现代化运动的内在关系,或者说研究全球性现代化进程中的哲学交流与发展问题,更直接的命题或许就是哲学的近现代化问题。根据全球性现代化运动与"西方"哲学发展的实际,全球性现代化运动实际上为"西方"哲学的近现代发展提供了"科学动力""世界视野""问题平台"和"话语系统",总体而言即提供了近现代哲学的思维方式。"西

---

① 《马克思恩格斯选集》第 1 卷,人民出版社,1995,第 714、726 页。

方"近现代科学的发展,促成了自然的发现、人的发现、世界的发现,使哲学成了"知识"的重要方面,以至于法国百科全书派在评价中国哲学与文学时,也肯定在中国"哲学教育成了知识中的首要内容",这一发现使哲学的"科学"化诉求和人文精神的塑造成为哲学发展的一大动力。"地球是圆的""宇宙是无限的"等地理大发现与天文学新进展,不仅引发了西方的殖民掠夺狂潮,推动了西方现代化的世界化进程(即笔者所论的全球性现代化),而且为哲学发展与哲学研究提供了"世界历史"视野,从而使哲学给自己提出了"科学世界观"的历史使命,哲学本身也如马克思、恩格斯所言而"日益成为世界性的了"。资产阶级革命,如英国资产阶级革命(17世纪 40 年代)、美国独立战争(1775—1783)、法国大革命(1789—1794)及至俄国农奴制度改革(1861)、日本明治维新(1868—1889)等,都成为相对先发的现代化国家或地区哲学发展的"问题平台"与"话语系统","市民社会""理性""科学""民主""自由""天赋人权""自由竞争""进化论"……一系列哲学文化上的"新语"都无不与这些"革命"有深切的内在关系。

当然,哲学思考也反过来对科学技术的发展与现代化进程有所推动,于是,在"西方"现代化进程中,现代化运动与哲学发展形成了一种良性互动机制。从全球性现代化运动的历史进程看,正是这二者的关系在不同民族与不同区域有不同的表现,例如在欧洲的历史上,德国以哲学革命作了政治革命的先导,法国以唯物主义哲学对神学的批判奠定了启蒙运动的基础,而英国则将经验论的哲学传统深深融入自己的民族精神……从总体上看,"西方"哲学与"西方"现代化有一定的互动关系,西方的哲学既伴随着资本主义的社会革命实现了对于各自传统哲学的自我革命,从而实现了西方哲学的世界化、现代化;同样,西方各民族哲学又在国家、民族实现现代化的过程中,在保持和发扬自身的民族特征的同时塑造了各自现代化过程的外部特征①。

根据全球性现代化运动与哲学近现代转型的关系,壮族是否发生了

---

① 郭赤婴:《民族哲学的现代化》,《北京第二外国语学院学报》1995 年第 4 期,第 105—109 页。

近现代哲学的转型？这是一个值得深入研究的重要问题。目前，虽然在壮族近现代的哲学研究中，涉及的人物已有不少，如果以 1840 年为界，则已纳入研究范围的壮族近现代哲学人物近 20 人，如萧朝贵（约 1820—1852，太平天国领导人）、石达开（1831—1863，太平天国领导人）、吴凌云（农民起义将领）、李锦贵（？—1861，农民起义将领）、郑献甫、黄君钜（1817—1887）、岑毓英（1829—1889）、黎申产（1824—1896）、韦丰华、黄诚沅、黄焕中、韦绣孟（1856—1929）、陆荣廷、曾鸿燊（1863—1933）、韦拔群……涉及的文化形式也不少，如民歌及民间宗教、民间伦理等。然而仔细阅读相关研究成果，则必然会提出一个极为深刻的问题：生活在近现代的人，如果他有哲学思想，就一定是近现代哲学吗？一个生活在近现代的人，说明在自然时空的层面他进入了近现代，但是并不等于他在哲学文化时空里面已进入了近现代。因为"我们把历史分为一系列的层次。更确切地说，将历史时间分为地理时间、社会时间和个人时间。或者说，一层一层地分析人的性格"①。这里面的关键是哲学的时代精神与哲学转型问题。比如马克思主义经典作家曾把中国哲学与黑格尔哲学作了时代排列，认为太平天国运动所宣传的"中国社会主义之于欧洲社会主义，也许就像中国哲学与黑格尔哲学一样"②，实际上存在着哲学形态上的世代之差或代际之差。

马克思说："哲学作为时代精神的精华，总是自己的时代，自己的人民的产物，人民最精致、最珍贵和看不见的精髓都集中在哲学思想里。""任何真正的哲学都是自己时代精神的精华。"③因此，研究哲学的近现代转型，实质上是确认哲学的形态发生了根本性的转变。在这里，近现代哲学的转型具有双重意义。一方面，哲学因其在历史发展中所呈现的思维方式不同而具有不同的形态，这种不同的形态表现在不同时期哲学的致思趋向与话语系统及相应的哲学文化风貌方面，不同形态的哲学呈现

---

① 费尔南·布罗代尔：《论历史》，刘北成、周立红译，北京大学出版社，2008，第4—5页。
②《马克思恩格斯全集》第 7 卷，人民出版社，1959，第 277 页。
③《马克思恩格斯全集》第 1 卷，人民出版社，1956，第 120—131 页。

出明显的区别,所谓近现代哲学的转型,即近现代哲学作为一个整体而与古代哲学呈现出质的区别。另一方面,哲学形态因具有较大的稳定性而在相当长一个时期保持基本不变,但又随着社会变迁而会有所调整,并通过不断地积累而发生哲学形态的更替,即哲学的转型①。这样,近现代壮族哲学即自然而然地呈现出近、现代两种形态,因而应有着各自的转型,并表现出阶段性划分。从理论上说,这种哲学转型,既有世界各民族哲学的共性,又有各民族哲学的个性。相比较而言,在西方哲学发展中,这种哲学形态的变化表现得十分明显而"完整",而在中国则模糊得多,以至于一些学者说中国基本上没有什么近代哲学,甚至说中国在20世纪都无哲学。如果真如此,则壮族哲学的近现代转型就是一个问题——一个莫须有的问题。不过,根据笔者的研究发现,壮族有自己的近现代哲学精神的生成与近现代哲学转型。

(二)近现代哲学转型的依据

从全球性现代化运动来看,鸦片战争前后,因应全球性现代化进程,壮族聚居地区被卷入了全球性现代化运动过程中。随着壮族聚居地区近现代因素的增长,壮族传统文化的活力得到释放,转化成壮族社会变迁和思想发展的内在动因,如太平天国运动中的"拜上帝会",就是典型的西方基督教信仰与壮族民间信仰结合的产物。随着国家的军事斗争及军事现代化进程,以及作为现代市民社会基础的商业生产力的发展及传统农业的更进一步积累,新式教育等得以在壮族聚居地区推广,从而产生了壮族近现代的知识分子,一些知识分子还生成了壮族的近现代意识,于是他们在近现代前仆后继地探索着救国救民的真理,不断地接受和阐释体现着时代精神的新哲学,形成了近现代的壮族思想者群体。他们的思考并不是传统思想的简单再现,而是体现了壮族从传统社会向现代社会转型过程中的整体的文化形态转换,从而体现了西方哲学的中国

---

① 李维武:《形态、问题与思潮:20世纪中国哲学研究的方法论思考》,《学术月刊》2004年第9期,第95—103页。

化与中国传统哲学的近现代化两种哲学运动及其相因关系。在这一转变过程中，先进的壮族知识分子以各种近现代哲学精神为核心，建构壮族近现代的时代精神，铸造壮族近现代社会变迁的思想灵魂，甚至出现了像韦拔群这样的伟大的马克思主义者。

每一时代的哲学都有自己的独特话语系统。正是问题的这一层面，使我们有必要从壮族哲学话语系统的角度来清理近现代的壮族哲学。结果表明，目前被纳入近现代壮族哲学研究的不少人物的思想，并不是近现代形态的壮族哲学，这些被作为研究对象的壮族思想家们，有的只是在自然时空层面（地理时间）属于生活在近现代的思想家，但他们的思想却仍然属于传统哲学文化时空（社会时间）。像黄焕中，从其现存的作品中，我们发现他是一个传统知识分子，虽说他是近现代人，却很难说他有近现代哲学思想。他的《苦农行》有"胡为乎苍天，造此不平局。吁嗟乎苍天，设心何太酷"之问，属典型的传统知识分子心忧民瘼之思。其对中法战争不败而败的思考及对甲午中日战争的关切，基本上是传统知识分子的忧国之情，如在《甲午岁刘军门幕中杂感之一》中提出的"秦始河山百二重，而今无地觅尧封"之问，《刘军门幕中杂感之二》中的"公心愿欲镇南天，矢为人民解倒悬"，《感时四首》中的"莽莽乾坤境陆沉，惨然泣下泪沾襟"等，虽然其中涉及"国权"等近现代概念，发出了"国权坠落悲何及，人事猖任恨不禁"之愤，甚至有"风云惨淡黯神州，苦海沉沉带血流"之痛，却很难说具有哲学文化时空中的近现代性。同类状况在满族等民族哲学发展中我们也可以看得到。当然，如果有更为丰富的研究资料来证明，那又是另一回事。这里应该强调的是，虽然同样地处于全球性现代化时代，同样有哲学文化之思，却有不同的世界观及相应的哲学，其中包括哲学文化的近现代转型。如被研究的近现代壮族哲人韦绣孟，即是一个由传统知识分子转型为近现代知识分子的典型。

毫无疑问，韦绣孟首先是一个传统知识分子，在那一历史时期很难说他的哲学思想是近现代哲学思想。在自然时空的时代性上，韦绣孟是近现代人物，也受过一定的近现代时代影响；但是在历史文化时空层面，特别是哲学文化时空的时代性上面,韦绣孟却经历了一个转型过程。韦绣孟早先反对外族的入侵、欺凌,基本上体现了中国传统知识分子的爱国精神,他在《感事六首》"并序"中提到的"神州复旦知何日"问题,也基本上是传统知识分子的爱国之问。这一点,在他的涉及风水迷信思想及尊孔思想的作品中有明显的表现。例如,在《甲申感事》中他写道:"越雉不闻再入关,狼封豕突又连山。中朝将帅辜恩久,异族旌旗列阵殷。王剪备兵能死敌,班超投笔竟生还。伏波铜柱今安在?已界烟蛮雾瘴间。""变守为攻战复和,风云扰攘日生波。尘氛交广飞鹰疾,秋入滇黔怒马多。五月渡泸怀诸葛,十年按剑有廉颇。戎机一误南疆挫,大笑先生魏降讹。"在《畿辅四时词》中言:"相公今又进姚黄,天子曾呼太白狂。一簇牡丹十万赋,两朝殷鉴昧平章。妙制新撑太乙莲,胡来陆地有神仙。风清瀛海波如镜,四月南薰柳拂天。菊花斗艳叠成山,大隐风流满市圜。何似篱东陶靖节,数枝摇曳夕阳殷。易水风寒壮士歌,哀音激越诉铃驼。中朝士马轻如鲫,日逐将军镇漠河。"很明显,单纯从这些诗句中是看不出其近现代意识的。

不过,同样毫无疑问的是,韦绣孟是一个由传统知识分子转型为近现代知识分子的典型,其思想已经具有了一定的现代性,如其长篇《五古》中的《之罘观海书感得三十韵》,集中表现了他的哲学社会理想的近现代性。

> 沧海渺一粟,此语诚非夸。乘风破万里,转瞬即天涯。
> 小儒矜蠡测,识陋等鸣蛙。坐井而观天,望洋兴叹嗟。
> 岂知九州外,群岛纷嵲岈。或拓殖民地,田野富桑麻。
> 或辟工艺厂,奇巧绚云霞。或炼钢铸炮,或炼金披沙。
> 或电线沉水,或星汉浮渣。蜃雾志礁杆,鱼雷鼓浪权。
> 海权争咫尺,分剖极豆瓜。舟车竞所至,人力通夷华。
> 首击尾斯应,阵布长山蛇。比来东亚蹙,英法兵屡加。
> 日俄口张虎,德奥目瞠虾。港澳面面去,越台着着差。

匈奴苟未灭，吾何以为家？世局已如此，祸端复萌芽。

同室竟操戈，胡乃蛮出蜗？愿为当轴告，神州日未斜。

稍纵机即逝，乘隙斯蹈瑕。和戎非善谋，汉宋吾前车。

安得岳家军，直捣黄龙衙。商学备战具，天险莫蔽遮。

衔石矢精卫，补天师女娲。宇宙倘大同，舴艋声咿哑。

海若帖然伏，国际无纷拿。外交一得手，内政良足嘉。

朝奋航空艇，夕撑进口划。方域庆砥平，弥望晨光皾。

他在诗中描述的是西方依赖科学技术进步、经济发达，并用坚船利炮进行殖民扩张，且与中国的落后、贫穷、国土沦丧对比，西方是"拓殖民地""辟工艺厂""炼钢铸炮""炼金披沙""电线沉水""星汉浮槎""鱼雷鼓浪""海权争""舟车竟所至，人力通夷华"，中国面对的则是"首击尾斯应，阵布长山蛇"，包括"英法兵屡加""日俄口张虎，德奥目瞠虾"。面对此局势，中国必须奋起，因为"稍纵机即逝，乘隙斯蹈瑕"。除军事以外，还需要"商学备战具"，还需要"外交一得手，内政良足嘉"，只有这样的努力，最终才可能"宇宙倘大同""国际无纷拿"……很显然，这是十足的近现代之思。虽然我们并没有直接看到其中的"哲学范畴"或"哲学命题"，却看到了作者的近现代哲学文化精神与哲学思维方式——用世界史观（全球性现代化史观）分析中国问题，回答中国近现代哲学必须回答的"中国向何处去"的问题，这是真正的"时代精神的精华"，是马克思笔下的"真正的哲学"。

（三）近现代哲学转型的思想基础

壮族近现代哲学是以壮族近现代精神传统的生成为前提和基础的。壮族精神传统的历史生成在秦汉时代即发生了一次重大的历史转折，这就是承认大一统的国家形象，在承认中域文化主导的前提下，有条件地承认并传承了自己的民族文化。自此而后，壮族在保留固有优秀传统文化的基础上实现了"脱蛮入儒"的历史性跳跃，不仅使壮族接受了相对先进的中域文化，而且形成了追求"归化"的华夏认同。在壮族聚居地区先后出现了一些知识分子,如陈钦、陈元、陈坚卿、士燮、牟子、冼夫人、侬智高、冯京、李璧、韦敬办、韦敬一、瓦氏夫人、刘定逌、张鹏展、蓝景章、韦天宝、韦丰华、黎建三、黄君钜、黄彦埕、黄彦坊、郑绍曾、农赓尧、刘新翰、石梦磷等,这些人或者是接受了中域文化的壮族人,或者是壮族化的其他各族人,其中特别是汉族人。从自然时空的角度看是绵延了数千年,从哲学历史文化时空的角度说则处于一个共同的哲学形态——壮族的古代哲学。然而,到19世纪中叶,壮族与整个中华民族一道被卷入了全球性现代化运动的历史进程,并且产生了近现代知识分子群体,生成了现代意识,为壮族近现代哲学的产生提供了历史文化背景与思想基础。由于近现代的历史分期在壮族的这一历史时段很难明确划定,故统称为"近现代"。也正因为具有了这一"近现代"的基础,近现代壮族得以同整个中华民族一道共同迎接西方哲学中国化与中国哲学近现代化两种哲学运动,促成了壮族近现代哲学精神的生成与近现代哲学转型。这种"近现代"哲学混融的现象,其实也是中国少数民族哲学转型的共同特征。研究壮族哲学,特别是研究近现代壮族哲学时,要特别重视壮族近现代哲学文化选择的重要性,并由此体现出哲学文化研究对象在文献选择上的多样性。

这种选择的多样性,在壮族近现代人物中有特别鲜明的表现。例如壮族人、云贵总督岑毓英,虽然可以作为近现代人物,但其思想却是传统中国社会的"补天"派。他起于团练乡总、挂名县丞,在短短的18年间做到云贵总督、封疆大吏的高位,年仅45岁。他虽然经历了近现代中西关系,却"自宜良令起家,皆任军事,入则决谋定策,出则披坚执锐,大小数百战,历时十八年,保省垣而反侧靖,克曲靖而粮运通,扫镇雄、猪拱箐而川、黔之道无梗,锄澄江、临安距匪而东南之贼援以绝。根本既固,内患不生。督师西征,剿抚并用,元恶授首,全滇肃清。"[1]终于完成"卒举边方

---

[1]《岑毓英集(首卷)》,广西民族出版社,2005,第10页。

已溃之地还之朝廷"①的军旅勋业。他"在官在籍，每有义举……其功德所至，爱载所孚，洵不可泯也"②；他甚至开荒办矿，增加民众收入；他裁汰政府冗员，兴办公益事业；整顿吏治，肃政惠民等，甚至在滇省恢复科举考试，为此还修复书院，积极筹措经费办校兴学，并形成制度……所有这些，都只是一个传统社会的"补天"派，不能把其思想纳入近现代哲学思想的范畴，因为他选择的是传统中域哲学文化。

同样的情形在郑献甫那里则表现出一定的复杂性。他在《舟中有感寄伍实生师》中概述了自己"十五离乡塾，二十游帝都，三十作郎官，四十称潜夫。昔赋新安江，今歌武昌居。齐鲁燕赵山，处处策骞驴。江淮河汉水，一一随飞凫"，本身即说明了其思想的复杂性。他著有《四书翼注论》、《愚一录》、《补学轩诗集》16 卷、《补学轩散骈文集》12 卷、《补学轩文集外编》4 卷……但他从经学的立场对《论语》《中庸》《孟子》《大学》等书作注，虽然兼采今文古文经学之论，甚至反对人为地划分为今文古文经学之论，但从中反映的哲学思想却是传统的。他经历过内忧外患，甚至直接观察到 1840 年的鸦片战争，并有《岭南感事八首》，其中表现的也只是一个"补天"派之忧。虽然在《丁巳十月十四日夷人入城，十六日携家出城，纪事一首》中有"城主不拒岛夷船，岛夷遂夺城主权。凭高扼要据其腹，互市未必如当年"之论，却只是有"神州远去鬼国来，哪有桃花源可避"之问，而自己只是"老夫向是一流民，非官非吏非士人"。这样的思想，最多也只是一个传统士人的爱国之思。然而，郑献甫的确反映了一些 19 世纪的新思想，是当时卓有成就的壮族学者和思想家。他著有《二教论》《人性物性论》等哲学论文，反对神创论和心造说，反复强调保持个人的独立见解和独特风格，反对迷信权威和盲从古圣先哲，有一些近现代哲学的独立人格诉求。他在《书茅鹿门八家文抄后》中强调"数典而忘其祖不可，守典而诬其祖可乎？一代之世运，与一代之人才，合而成一代

---

① 《岑毓英集(首卷)》，广西民族出版社，2005，第 15 页。
② 《岑毓英集(首卷)》，广西民族出版社，2005，第 10 页。

之文体,如天之有日月风云,地之有江河山岳,体象不同而精彩皆同,故愈久而愈新也。若具一孔之见,勒一途之归,则下笔皆陈陈相因耳,恶睹所谓终古常见,而光景常新耶"。在《杂诗六首》"其三"中强调"学古能变古,据地狮子吼。学古但模古,缘墙蜗牛走"……这些作品的确有一定的趋新意义,从中又可发掘出近现代哲学精神。也就是说,可以将其思想及哲学文化选择清理出一条历史转折的线索。

(四)近现代哲学转型的实质内涵

在明显感受到近现代哲学意蕴的思想家中,曾鸿燊的"万里夷风入汉家"具有代表性。从全球性现代化的角度说,壮族聚居地区是中国内部与西方丛林法则最先接触的地区之一,因而壮族近现代意识生成后的第一期哲学文化成果体现了鸦片战争前后壮族思想的新动向。其中较早有所反映的即是曾鸿燊,他在少年时随家人去番禺联宗度岁并到中国香港时写下了《游香港》一诗:"十洲尘事起天涯,万里夷风入汉家。碧岛凌沧环巨舶,绿阴夹道走轻车。商通西域难为利,地割南洋渐乱华。极目云海正纷郁,山楼重叠耸园花。"曾鸿燊少年时对中西关系的这种敏感,促成了他的全球性现代化视野,使他一直关注着此后的中国社会发展动向,并进行着一定程度上的哲学思考。诗中由当时香港的轻车巨舶联想到"万里夷风入汉家",由"商通西域难为利"联想到"地割南洋渐乱华"。应该说,曾鸿燊少年时代的敏锐观察,一直影响着他的思想发展,后来他参加了"公车上书",后又勤奋著述,留下了《瓶山诗集》3卷、《瓶山文集》1卷,现存的有《瓶山诗抄》《同正县志》等,如1894年秋的《沪上杂感》"其一"即提出"梯航共道万方来"的情况下,"漏卮日去孰筹回"的问题;"其二"则认为"从此乾坤多变故,闭关难再隔藩篱",把中国问题放在全球性现代化运动中来思考:"梯航共道万方来,绝岛风云海上开。晦夜灯楼天坠月,晴时车路地惊雷。绮罗远集新文物,瓦砾全销旧劫灰。为问悠悠珠履客,漏卮日去孰筹回?""考工已被鬼工窥,到眼机心不可思。水火纷驰开混沌,风雷飚闪入希夷。便将割地归他族,已觉谈天出我师。从此乾坤多变故,闭关难再隔藩篱。"

上海在中国融入全球性现代化进程中具有特殊的重要性。作者从上海畸形的物质文明,看到了全球性现代化运动的冲击,实行闭关政策是不行的,"闭关难再隔藩篱",因此要思考"漏卮日去孰筹回"的问题。对此,马克思主义经典作家曾对中国开放问题作过论述:"资产阶级社会第二次遭逢了自己的 16 世纪……既然地球是圆的,那么,移民于加利福尼亚和澳大利亚以及中国门户开放,大概是完成了这个过程。"①事实也正是这样,全球性现代化运动将各国各地区紧紧地联系在一起,我们不能躲避这种联系,我们只能选择以自己相对有利的方式参与这种联系。相比而言,曾鸿燊正是努力谋求选择一些有利的方式。

曾鸿燊在《九日偕文符游陶然亭》和《赠别三首送谢雪俦南归》诗中,面对"眼看世事感难禁"之时,一方面尖锐地提出"付兹华夏将谁忧"的问题,并表示自己"奋袖可能投笔起"的决心;另一方面尖锐地提出"欧风与美雨,潮流日溶至"时,我们应当"识时",即"劝君贵识时,富教当致意",从而提出自己的责任——"秀才天下任,莫隳经世志。"这些历史反思之作,从古至今,通过对"迢迢岁月远,江山几变异"的历史变迁,历史地审视当时的"万里夷风入汉家"之况。"层楼耸金碧,画舫迷珠翠。一自焚烟起,海氛生战事。轮舶破溟涛,仙城掾强吏。遂使虎门外,荒岛辟高肆……蚕食我主权,鲸吸我民利。中西说交通,桑土谁筹备。"

据此,在《电线行》一诗中,诗人从"舍短取长"的立场,对西方文明的产物,特别是对"电线"问题进行了较为全面的讨论,最终回到中西文明的关系上。

> 自古将命置驿使,一亭一堠迅驰递。
> 华夏行之数千年,未闻别创出新异。
> 泰西之人窥造化,能从摩擦发电气。
> 勾铁系柱旋轮机,千万里遥飒然至。

---

① 马克思、恩格斯:《马克思恩格斯论中国》,解放出版社,1950,第 182 页。

在陆跨山水入海,直欲经纬遍天地。

须臾往复杳一瞬,咄咄而书实怪事。

我闻关尹石击石,阴阳相薄走精锐。

又闻淮南炼宕砥,五行相生阐奇秘。

百家物质虽萌芽,妙理研机未尽至。

后儒弃之不复尚,遂使欧洲擅智慧。

堪惊异想非非想,科学之精甲海滋。

即着传话并燃灯,收取声光用尤利。

维在视听本明达,耳目原不受蒙蔽。

文教久已暨要荒,磁针指南早垂制。

独是交通混中外,列邦政策要留意。

德流纵道速于邮,终竟富强在工艺。

舍短取长逐时变,未妨建设便斯世。

应该说,这是一首极为重要的中外文化反思诗。诗人把以电气为重点的西方文明与中国古代的伟大发明作对比,将"后儒弃之"与"欧洲擅智慧"作因果联系,要求以"逐时变"的精神对西方文明进行"舍短取长"。应该说,这种看法是颇具见地的。从生产力的世代更替来看,手工磨推出的是前资本主义社会,蒸汽磨推出的应是资本主义社会。在蒸汽磨之后,应是一个代替"蒸汽大王"的更大的革命者——电,"这一发现使工业彻底摆脱几乎所有的地方条件的限制,并且使极遥远的水利的利用成为可能,如果在最初它只是对城市有利,那么到最后它终将成为消除城乡对立的最强有力的杠杆。但是非常明显的是,生产力将因此得到大发展,以至于越来越不再需要资产阶级的管理了。"[1]由此可见,曾鸿燊的看法是很深刻的。

与曾鸿燊哲学思想的近现代意义相类的,还有太平天国运动中壮族将领的"将四海残妖诛尽,自享永福于无穷也"之诉求。这与壮族聚居地

---

[1]《马克思恩格斯选集》第4卷,人民出版社,1995,第654页。

区是太平天国运动的策源地相一致。据研究,拜上帝会的核心成员萧朝贵、韦昌辉、石达开、蒙得恩、吴凌云、李锦贵等都是壮族人,后来都成为太平天国领导集团的重要成员。在当年的起义根据地紫金山,"壮族人约占三分之二。军营村历来人口都有四五百,是紫金山最大的村庄,全都是壮族人"。金田村"韦昌辉全族一百多人参加了太平军。""石达开出兵时,本地有一千几百人跟他去,都是本地乡民,其中有壮人,有来人。""太平军来时,这里有很多壮人跟太平军去了。当时有些全家大小都去,大的背着小孩去。新寨去的人最多,因为太平军在新寨住。当时新寨有上千火灶(户),跟去的有八成。那时新寨住的都是壮人。除新寨外,附近村村都有人跟太平军去。"①可见壮族与太平天国运动的关系之深。"革命"火种得到了广泛的传播,在太平天国的号召下,各地壮族群众纷纷响应,有李文彩在永淳(今横县)、陈开、李文茂在广东佛山,吴凌云在新宁州(今扶绥县)、黄鼎凤在贵县覃塘、李锦贵在上林等地都领导了大规模的农民起义,对此,马克思主义经典作家早在100多年前曾说:"世界上最古老、最巩固的帝国八年来在英国资产者的大批印花布的影响之下已经处于社会变革的前夕,而这次变革必将给这个国家的文明带来极其重要的结果。如果我们欧洲的反动分子不久的将来会逃奔亚洲,最后到达万里长城,到达最反动最保守的堡垒的大门,那么他们说不定就会看到这样的字样:中华共和国、自由、平等、博爱。"②很显然,这是从全球性现代化运动的角度理解太平天国革命的。

从全球性现代化运动的角度来说,太平天国的军队本身具有相当的现代性,与此相应,清军也被迫具有了现代性。在这场战争中,无论是参加太平天国运动的民众,还是镇压太平天国运动的将士,都会从中受"近现代"之益。结合太平天国革命运动的实际,壮族在这方面的近现代哲学之思有如沃勒斯坦所说:"资本主义世界经济扩张的过程,包括经济结

---

① 广西通志馆编:《太平天国革命在广西调查资料汇编》,广西人民出版社,1962,第225页。
② 《马克思恩格斯全集》第7卷,人民出版社,1959,第265页。

构的边缘化,以及国家体系并受其制约的弱国结构的产生等,在文化层面上带来一系列后果:基督教的教化,强制推行欧洲语言,教授特定技术和道德准则,改变法律条文等。大部分这类转变都是由军事力量实现的。其余部分由'教育者'的说服加以实现,而他们的权威也最终是以军事力量作后盾的。这些复杂过程也就是我们有时所说的'西方化',或者更带有傲慢意味的'现代化'。"①

综上所述,对于壮族近现代的哲学研究应从哲学文化时空的角度进行哲学的形态划分。从目前进入壮族近现代哲学研究对象的人物中,我们可以发现,一些哲学人物的确具有了自己的近现代哲学之思,属于所谓的近现代哲学形态;另一些人只是生活于近现代而有哲学思想,他们的哲学却只是属于传统形态的哲学,不是什么近现代哲学。在这里,我们的判断标准就是:其哲学是否形成了近现代哲学精神及近现代哲学思维方式,是否在哲学发展中具有近现代转型的意义。

二、回族的哲学启蒙及近现代转型研究

在中国少数民族哲学文化发展史上,陆上与海上两条丝绸之路都为之作出了重要贡献。而回族哲学文化的产生、形成、发展与转型又较多受惠于这两条丝绸之路。回族哲学文化的主体部分受伊斯兰教文化的影响,其基础即奠定在这两条丝绸之路上。形成期的第一次哲学转型的实质是在从回族先民而发展成回族的过程中在原有的伊斯兰教文化基础上开放吸收了中国传统文化,这时已形成了伊斯兰教文化的东方形态或中国伊斯兰教文化。而郑和下西洋等重大历史事件,不仅把西方与东方进一步拉近,更为重要的是形成了更为紧密的历史文化关系。在此后的时代,由西方文艺复兴开启的全球性现代化运动与中国的资本主义萌芽及早期启蒙运动相继发生,而回族的形成与回族文化的形成正好发生在这一时期,于是回族哲学文化一登上世界历史文化舞台,就具有了某

①伊曼奴尔·沃勒斯坦:《历史资本主义》,丁浩金等译,社会科学文献出版社,1999,第48页。

种新的气象与精神面貌,有了近现代哲学启蒙与哲学转型的意义,从而开启了回族哲学文化的第二次转型,本节所论即第二次以后的转型。

(一)异曲同工:早期哲学启蒙的三重奏

回族形成于元朝,明朝末年至清朝前期则极为关键①,这一时期对于回族的重要意义在于,回族文化形成并定型与回族民族形成并定型同时得以完成。民族的自觉与民族的形成,文化自觉与文化建构同时进行,体现了回族哲学文化发展的独特性。按照学界研究与笔者的思考,民族觉醒、民族自觉、哲学启蒙等初起于经堂教育的出现及其所开启的文化普及,经堂在一定程度上说是中国回族形成的一个建构与推动机构,通过经堂教育,基本上为中国回族文化的内涵确定了一个主色调,从而开启了中国伊斯兰教文化在回族相当一部分群众中的普及运动。首先,经堂教育改变了传统宗教传承的略带"世袭"的习惯,出现了具有"学校"性质的集体式的伊斯兰教寺院教育,这不仅是一般的信仰问题,而且是教育的平民化问题,这与明朝末年中国资本主义萌芽相契合。其次,经堂教育一开始即与民族自觉相联系,甚至是为了承担民族自觉而创办的,其中倡导并建立经堂教育的第一人——陕西咸阳渭城人胡登洲(1522—1597),早年曾对汉文和儒学有相当了解,在年过半百后因阿拉伯贡使指点而专心于伊斯兰教研究,并远游印度、埃及、土耳其等国,因深感"经文匮乏,学人寥落,即传译之不明,复阐扬之无自","慨然以发扬正道为己任,立志兴学",于是广泛征集西方伊斯兰教经书,潜心学习经史百家,开启了中国经堂教育的特殊文化机构与文化活动。再次,经堂教育致使"吴、楚、燕、齐之彦,负笈载道,接踵其门而求学焉"②,后来形成了遍及山东、河北以及东北各省的山东学派,遍及陕西、甘肃、宁夏、青海、新疆西北各省、区及河南、安徽、江西、云南等省的陕西学派,以及独树一帜的云南学派、金陵学派,为回族的形成与定型、为回族文化的形成与定型培养

---

① 孙俊萍:《试论回族文化的内涵及其基本特征》,《宁夏社会科学》2009 年第 1 期,第 83—87 页;仁穆:《浅议回族文化的行程与分期》,《北方民族大学学报》1993 年第 1 期,第 54—58 页。
② 纳麒:《从回族角度谈伊斯兰教的中国化》,《回族研究》1999 年第 4 期,第 25—31 页。

了大批人才。

在回族的形成与定型、回族文化的形成与定型过程中继经堂教育而起的另一重大文化运动是大量汉译经典和汉文著述的出现。按照马克思主义经典作家对西欧文艺复兴的分析,这一时代在不同国家、不同民族那里有不同的表现形式,如德国人称为"宗教改革",法国人称为"文艺复兴",意大利人称为"五百年代","但这些名称没有一个能把这个时代充分地表达出来。这个时代是从15世纪下半叶开始的。王权依靠市民打败了封建贵族的权力,建立了巨大的、实质上是以民族为基础的君主国,而现代的欧洲民族和现代的资产阶级社会就在这种君主国里发展起来……"①结合《共产党宣言》中关于全球性现代化运动中民族问题的论述②,我们同样可以在东方发现,回族这一时期的经堂教育及大量汉译经典和汉文著述,都不仅是"市民"的,而且是"民族"的。这些早期的著述家中,王岱舆初习阿拉伯文、伊斯兰教经书,继而又攻读儒书及佛教著作,"以中土之汉文,展天方之奥义",其著述《正教真诠》《清真大学》《希真正答》等足以"发人之所未发,言人之不敢言,正教光辉,因之昭著"。刘智承家学精研儒家,通阿拉伯文、波斯文,明佛、道二教及西方自然科学知识,著《天方性理》《天方典礼》《天方至圣》及《五功释义》《天方三字经》《五更月》等,赢得了"中国之伊斯兰教义,在以往千年中从事译著者,只以刘智为云霄羽毛"的崇高地位。马注著《清真指南》10卷约20万言,他"鉴于儒学罔闻","正教久湮,异端左道,眩惑人心,著为是集,经号指南",内容包括了伊斯兰教和回族的哲学、历史、经义、教律、天文、传说,未刊之前在各地回族中已有传抄,既刊之后,风行一时,为清真寺经堂竞相采用。此外,张中(约1584—1670)著《伊玛尼解》(即《归真总义》)并从波斯文中译出《四篇要道》4卷;伍遵契(约1598—1698)摘译波斯人阿卜杜拉·艾布·伯克尔著《米尔萨德·伊巴德》为《归真要道》,并著《修真

---

①《马克思恩格斯选集》第4卷,人民出版社,1995,第261页。
②《马克思恩格斯选集》第1卷,人民出版社,1995,第276页。

蒙引》,成为"暗室之灯,迷津之筏",对后世伊斯兰学者影响很大……显然,在回族历史上,这同样可以称为"以往从来没有经历过的一次最伟大的、进步的变革,是一个需要巨人而且产生了巨人——在思维能力、热情和性格方面,在多才多艺和学识渊博方面的巨人的时代"①。

我们还应看到的是,明末资本主义萌芽也在回族思想史上有所反映,这就出现了像李贽那样的反映早期市民要求的启蒙思想家。李贽,原姓林,名载贽,中举后改姓李,字卓吾,生于泉州一个回族世家,是中国思想史上的杰出思想家、史学家和文学评论家。② 与泰州学派的耿定理、罗汝芳等人交好,并师从泰州学派创始人王艮之子王襞。

李贽作为明清之际中国早期启蒙思潮的重要巨匠,他的一生是反封建礼教的一生,《焚书》6 卷、《续焚书》5 卷是其理论性的著作,反映了其哲学思想、社会思想的战斗性。在哲学上,他属于王阳明学派的后学,这是中国走向近现代的具有初步启蒙意义的哲学派别。

李贽作为中国早期启蒙思想家,他针对被教条化、神学化因而被凝固化的孔孟儒学及其后继者——宋明理学,以"是非无定论"为号召,以"童心说"为旗帜,高扬了个体性原则。他持天赋平等之论,以为"圣人所能者,夫妇之不肖可以与能,勿下视世间之夫妇为也。若说夫妇所不能者,虽圣人之亦不能也,勿高视一切圣人为也"③,因而"圣人不曾高,众人不曾低"④,"尧舜与途人一,圣人与凡人齐"⑤。持个性自由之论,强调"天生一人,自有一人之用"⑥,因为"人各有心,不能皆合。喜者自喜,不喜者自然不喜,欲览者览,欲毁者毁,各不相碍"⑦,因而"愿作圣者崇圣,

① 《马克思恩格斯选集》第 4 卷,人民出版社,1995,第 261—262 页。
② 清嘉庆十七年(1812)《泉州城南清源林李宗谱》写本中将李贽列为"老长房八世祖伯乡进士姚安郡守名宦乡贤卓吾公",并有人物传。见《福建省少数民族古籍丛书·回族卷——家族谱牒》,民族出版社,2015,第 399—468 页。
③ 李温陵:《明灯道古录》下卷,北京燕山出版社,1998。
④ 李贽:《焚书》卷一《复京中友朋》,中华书局,1959。
⑤ 李温陵:《明灯道古录》下卷,北京燕山出版社,1998。
⑥ 李贽:《焚书》卷一《复邓石阳》,中华书局,1959。
⑦ 李贽:《焚书》卷一《复邓石阳》,中华书局,1959。

愿为佛者宗佛,不问在家出家,人知与否,随其资性,一任进道"①。持贵己自适之论,强调"人所同者谓礼,我所独者谓己"②,并特别要求"士贵为己,务自适。如不自适而适人之适,虽伯夷、叔齐同为淫僻;不知为己,惟务为人,虽舜同为尘垢秕糠"③,在一定程度上具有近代意义上的"个人主义"之思④。持"私者人之心"且为"绝假纯真"之"童心"论,强调"夫私者,人之心也。人必须有私而后其心乃见,若无私则无心矣"⑤,充分肯定人的正当利益、权利,有如"服田者私有秋之获,而后治田必力;居家者私仓之获,而后治家必力;为学者私进取之获,而后举业之治也必力"⑥一般,甚至借"天道"来发展私产——"不知天与以致富之才,又借以致富之势,佐以强忍之力,赋以趋时之识……是亦天也,非人也"⑦,颇类西方宗教改革借上帝来发展资本主义一般⑧,据此,他特别强调人应"不必矫情,不必逆性,不必昧心,不必抑志"⑨。有"如好货,如好色,如勤学,如多积金宝,如多买田宅为子孙谋,博求风水为儿孙福荫,凡世间一切治生产业之事,皆其所共好而共习,是真迩言也"⑩一般,为此,他诉求"自然吻合至善之初,生来便不肯依人脚迹,作辕下之驹"⑪。……总之,李贽的"天赋平等、个性自由、利己自适的主张引出了近代意义的个人主义";其"为人的感性欲求张目,反对以天理压制人欲,开启了资产阶级自然人性论的源头";"他追求的理想人格'狂狷'与'亢龙'不再是高不可攀,而是具有平

---

① 李贽:《焚书》卷一《复邓石阳》,中华书局,1959。
② 李贽:《焚书》卷三《四勿说》,中华书局,1959。
③ 李贽:《焚书(增补)》《寄答留都》,中华书局,1959。
④ 狄百瑞:《晚明思想中的个人主义和人道主义》,载《中国哲学》(第七辑),生活·读书·新知三联书店,1982,第176页。
⑤ 李贽:《藏书》卷二《德业儒臣后论》,中华书局,1974。
⑥ 李贽:《藏书》卷二《德业儒臣后议》,中华书局,1974。
⑦ 李温陵:《明灯道古录》,北京燕山出版社,1998,上卷。
⑧ 参见韦伯:《新教伦理与资本主义精神》,四川人民出版社,1986,第90页;《马克思恩格斯选集》第4卷,人民出版社,1995,第78页。
⑨ 李贽:《焚书》卷四《失言三首》,中华书局,1959。
⑩ 李贽:《焚书》卷一《答邓明府》,中华书局,1959。
⑪ 李贽:《藏书》卷二《孟轲(附乐克论)》,中华书局,1974。

民化倾向,其中'亢龙'体现的殉道精神、战斗性格预示了职业革命家的出现。"①

总之,在明朝以降以至于清初的那样一种特殊的中国社会大变动的时期,回族也因应中国社会时代大潮,形成了具有自己民族特色的文艺复兴运动,这场运动由经堂教育、汉文译著、李贽"异端"三个方面构成,正所谓异曲同工,形成了回族早期哲学启蒙的三重奏。

(二)回汉一体:民族苦难中凝聚中华情

同整个中华民族一样,1840 年的鸦片战争使整个中国进入了苦难的近代。而回族哲学到了近现代以后,事实上因应了全球性现代化运动,如 1856 年云南杜文秀领导了与太平天国运动遥相呼应的农民起义,1862 年起历时 16 年的甘肃回民起义在西北形成了宁夏金积堡、西宁、河州、肃州等四个反清中心,以及 1894 年在甘肃狄道、河州及青海西宁发生的回民起义等,影响很大……这些斗争反映了回族哲学思想近现代转型的一个新阶段的到来,体现了回族人民一系列思想观念上的新变化。我们在这里摘要介绍杜文秀的思想。

在回族哲学社会思想的近现代转型中,杜文秀的思想值得深入研究、介绍。杜文秀,字云焕,云南保山人,1856 年 9 月领导发动了与太平天国运动遥相呼应的蒙化回民反清起义,提出了"连回汉为一体,竖立义旗。驱逐鞑虏,恢复中华,蠲除贪污,出民水火"的口号。在政治方面,他强调"祖述于唐尧虞舜","效法于汉祖明宗","遥奉太平天国南京之号召,革命满清","救劫救民",为此他要求地方官员"勿论文武,须以廉洁自持"②。在经济方面,他主张并实践发展农工商、"轻徭薄赋"、扶助穷民等政策,为此他招民开荒、兴修水利,且"田赋征粮未,除丁银",严禁士兵"无故下乡""滋扰良民""多田归公者,岁给赴仓领谷,以养其家"③,强调

① 王新华:《个人·感性·狂狷——李贽哲学的启蒙特征》,《湖州师范学院学报》2004 年第 6 期,第 66—71 页。
② 白寿彝:《回民起义》第二册,神州国光出版社,1952,第 112 页。
③ 白寿彝:《回民起义》第一册,神州国光出版社,1952,第 61 页。

"为士者，设学校以养之；为农者，给耕牛以助之；为工者，广设造以惠之；为商者，建行馆以安之。春秋祀孔圣，钱帛济灾民"①。在民族关系方面，他主张各民族"出入相友，守望相助"，"族分三教，各有根本，各行其是。既同营干事，均宜一视同仁，不准互相凌虐，违者，不拘官兵，以重治罪"，因而在他领导的起义队伍中形成了"回之受职者数千，汉之受职者数万"的局面。

这一时期的回族人民中还出现了具有科学救国倾向的"以夷攻夷""以夷款夷""师夷之长技以制夷"，主张"变器"的人物，其中火药专家丁拱辰应看成是回族学习洋务的杰出代表之一。丁拱辰（1800—1875），字淑原，号星南，青年时即出门经商，属商业生产力的代表；曾游历中国的浙东、台湾、广东，以及海外菲律宾、波斯等地，能汇通中西，特别是在接触西洋火炮的制造及演放之法后，有鉴于中国近代屈辱，他"虽处草泽之中，常怀报国之志，见海氛告急，炮法未精"②，乃"与西人穷究算法及火器；而于铸炮、用炮之法，尤精研入微"③，著成《演炮图说辑要》一书，供两广总督林则徐、靖逆将军奕山等以为抗英之用，"当时中国人留心研究外国火炮的，都以此书为权舆。"④同时，他又研究舰船的制作之法，强调中国"亦应有巧制，以取其轻快便捷利用之法"。他也曾谋划对付英国船舰之要："击坏其釜以及机械，则不能行。"⑤……应该说，这种由商而学，反映了中国回族人民在因应全球性现代化运动过程中的思想转型。

如果说丁拱辰属于起自民间的代表人物，那么中国近代著名海军将领萨镇冰则是军队中的代表人物。萨镇冰出身于著名的福州色目人萨

---

① 白寿彝：《回民起义》第一册，神州国光出版社，1952，第 61 页。
② 丁嗣：《演炮图说·跋》，转引自陈埭镇回族事务委员会：《陈埭回族史研究》，中国社会科学出版社，1991，第 373 页。
③ 张维屏：《演炮图说辑要序》，转引自陈埭镇回族事务委员会：《陈埭回族史研究》，中国社会科学出版社，1991，第 372 页。
④ 丁嗣：《演炮图说·跋》，转引自陈埭镇回族事务委员会：《陈埭回族史研究》，中国社会科学出版社，1991，第 373 页。
⑤ 丁拱辰：《演炮图说辑要》之《西洋火轮车火轮船图说》篇。

氏家族,年仅 11 岁被选入福州船政学堂,后到英国格林尼兹海军学校学习近代海军技术,回国后先后担任威远、康济兵船管带,曾参加甲午中日战争并重创日舰,后又回乡从教 2 年,授以西学,培养人才,并于 1897 年再度出山,出任长江门户吴淞炮台总台官①……在现代军事现代化思想树立方面,在科学技术救国思想方面,他的成果具有重要的转型意义。

这一时期还出现了回族商人创办的近现代实业,成为带有近代资本主义性质的民用工矿产业,开启了回族产业思想上的近现代转型。如 19 世纪 60 年代马佑令在云南玉溪设"兴泰和"商号,后由其子马启祥接管并改名"兴顺和",1873 年又成立"云南锡务公司",并采用德国新技术,后又创办"东川矿务公司"②,"不仅是回族最早兴办的资本主义企业,而且也是中国最早的民族资本主义企业之一。"③此外还有河南丁启云,有感于近代屈辱实因产业之不发达,在 1881 年前后"不求居官,但愿兴办实业拯救国家,所以联合了回、汉民众数十人在三峰山开挖煤窑,发展民族工业"④。还有集雇工、采购、加工、销售一条龙服务而享誉海内外的天津回族穆氏"正兴德茶庄"⑤……这些在 19 世纪中叶鸦片战争以后兴起的回族早期资本主义实业,也同样成为启动回族近现代哲学思想转型的标志性历史事件。

概而言之,从 1840 年始,或许更早可上溯至 19 世纪初,甚至更可远追至李贽居官云南之际,近代以来回族也形成了三种社会思想观念——以农民革命为代表的新的社会理想,以崇尚西学技艺并倾心学习为主旨的科学救国思想,以崇尚产业发展、富民强国为主旨的实业救国思想等,虽然这些思想在表面看来并不具有所谓的哲学意义,但是这些思想观念的综合表现足以体现出回族人民在近现代所具有的时代精神,那才真正

① 马通主编:《回族近现代史研究》,甘肃民族出版社,1992,第 193 页。
② 马通主编:《回族近现代史研究》,甘肃民族出版社,1992,第 133 页。
③ 马通主编:《回族近现代史研究》,甘肃民族出版社,1992,第 134 页。
④ 答振益:《中南地区回族史》,新疆人民出版社,1995,第 123 页。
⑤ 胡振华主编:《中国回族》,宁夏人民出版社,1993,第 213—214 页。

是代表时代精神精华的哲学思潮。这些思想构成了回族哲学近现代转型的第二期成果。

（三）忘却自我：祖国的发现与救国思潮

20世纪初的回族思想转型是同祖国的发现与救国的思虑联系起来的，本质上回答的是"中国向何处去？""中华民族向何处去？"这一现当代中国哲学的根本问题，并从多方面表现出来。这也充分地表现了回族为因应全球性现代化运动而出现的以"醒回"为主题的新思潮，是回族哲学思想转型的第三期成果。如1905年，云南回族学生赵钟奇等参加了中国同盟会，成为回族中最早的一批资产阶级革命先进分子；1906年在镇江发起成立了"东亚穆民教育总会"，旨在倡导普及回族教育；1907年11月各省留日学生在日本东京江户川亭成立了"留东清真教育会"，确立了"联络同教传谊，提倡教育普及，宗教改良"的宗旨，并于1908年12月初出刊了《醒回篇》期刊；1907年北京创办了回文师范学堂，"改良教法，增订课本，经学中兼学汉文及科学"；1908年京师公立清真第一高等学堂成立，并在城内回民聚居区分设了四所回民小学；1912年组织的"中国回教促进会"成立，并以"兴教，固团体，回汉亲睦"为宗旨……所有这些方面，共同构成了一种新的时代精神——回族文化的新启蒙思潮。

首先，新启蒙思潮的载体：团体、学校、报刊。

不少学者已经阐明，20世纪初回族的新文化运动或新思想启蒙，沿袭了形成期的回族哲学文化传统，在思想载体的打造上做了不少重要工作，具体表现在创办各种进步团体、创办各种进步报刊、发展多种形式的回民教育。仅从论文方面看，罗万寿的《回族近代文化运动的回顾与思考》[1]，钱志和的《中国回教俱进会与近代回族文化运动》[2]及《20世纪前

---

① 罗万寿：《回族近代文化运动的回顾与思考》，《回族研究》1991年第4期，第62—69页。
② 钱志和：《中国回教俱进会与近代回族文化运动》，《中国穆斯林》1994年第3期，第14—15页、第13页。

半叶回族教育发展的历史轨迹》①,姚继德的《回族留学生与云南现代伊斯兰文化》②,许宪隆的《试论回族在中国早期现代化进程中的理论与实践》③,敬军的《试论民国初期回族报刊发展的内外原因》④,杨桂萍的《中国穆斯林新文化运动》⑤,答振益的《辛亥革命与民国时期回族文化运动》⑥,王柯的《"祖国"的发现与民族、宗教、传统文化的再认识——中国穆斯林的五四与新文化运动》⑦,李习文、刘天惠的《中国近代现代回族报刊发展述略》⑧,张嵘的《近现代回族伊斯兰维新思潮及其历史影响》⑨,等等,从多方面对此进行了探讨。就载体方面,主要团体如以"兴教育、固国体、回汉亲睦"为宗旨的"中国回教促进会"(1912),以"阐明学理、研究学术"为宗旨的"清真学社"(1917),以及"常德回教教育辅助会"(1920)、"中国回教学会"(1925)、"广州回教青年会"(1925)、"中国回教青年学会"(1931)、"中国回民教育促进会"(1933)、"中国回教文化协会"(1934)……主要的现代教育机构是在辛亥革命前后兴办的大量的小学与回文师范学校,继"穆原学堂""东亚清真教育总会""宛平民立初级小学""清真偕进小学"而后,更大量兴办回民教育,如成达师范、万县伊斯兰师范、宁夏云亭师范、上海伊斯兰师范等。至于中学,则更多,像北平

---

① 钱志和:《20世纪前半叶回族教育发展的历史轨迹》,《宁夏社会科学》1995年第2期,第23—28页。

② 姚继德:《回族留学生与云南现代伊斯兰文化》,《回族研究》1996年第3期,第10—23页。

③ 许宪隆:《试论回族在中国早期现代化进程中的理论与实践》,《回族研究》1997年第3期,第1—7页、第103页。

④ 敬军:《试论民国初期回族报刊发展的内外原因》,《宁夏社会科学》1998年第3期,第77—81页。

⑤ 杨桂萍:《中国穆斯林新文化运动》,《回族研究》1999年第4期,第32—36页。

⑥ 答振益:《辛亥革命与民国时期回族文化运动》,《中南民族大学学报(人文社会科学版)》2001年第6期,第136—141页。

⑦ 王柯:《"祖国"的发现与民族、宗教、传统文化的再认识——中国穆斯林的五四与新文化运动》,原文发表于台湾"国立"政治大学《五四运动八十周年学术研讨会论文集》,1999年。http://www.aisixiang.com/data/ 56816. html。

⑧ 李习文、刘天惠:《中国近代现代回族报刊发展述略》,《图书馆理论与实践》2000年第5期,第46—50页。

⑨ 张嵘:《近现代回族伊斯兰维新思潮及其历史影响》,硕士学位论文,兰州大学,2007。

西北公学、北平新月女中、山西晋城崇实中学、杭州穆兴中学、湖南邵阳偕进中学、昆明明德中学、昆仑青海西宁中学等。1937年,全面抗日战争开始前夕,全国回民小学已有400余所……并伴有出国留学生。主要的学术或一般类期刊,继"留东清真教育会"在日本东京创办第一份回民刊物——《醒回篇》而后,又出现了回族人士创办的第一份白话文报纸——《正宗爱国报》,出版于北平,此后如雨后春笋,自《清真月报》(1925,云南)后,继有北平《震宗报》《月华》《成师校刊》,上海《回教学会月刊》《改造》《人道》《伊斯兰学生杂志》,南京《晨熹》《回教青年月报》《突崛》《边疆》《天山》《中国回教青年会会报》,天津《伊光》,广东《天方学理》,云南《清真铎报》……可以这样说,团体、教育、学刊等掀起的回族新文化运动,"是近代中国回教徒第一次自觉发动的文化运动"①。与上述载体相应的还有深入的学术研究,如王静斋的《古兰经译解》与《伟嘎业》,铁铮翻译的《可兰经》,姬觉弥翻译的《汉译古兰经》,李虞宸翻译的《圣训译解》,杨仲明的《教心经》,王静斋的《中阿字典》,马邻翼的《伊斯兰教概论》,金吉堂的《中国回教史研究》,等等。

其次,新启蒙思潮的内容:实业、教育、科学。

19世纪末到20世纪初的社会激荡,形成了20世纪初之后的回族救国之思,从思想本身的层面考察,可以说实现了两个转变:一是从改良向革命转变,形成了丁氏兄弟的革命思潮;二是从理论向实践转变,形成了教育救国、实业救国等救国思潮。

北京回族丁宝臣、丁竹园兄弟可以看成是从传统思想走向近现代的典型,他们的早期思想应该说与清朝统治思想无异,算是"传统思想",但是在后来他们成了宣传革命思想的报人,他们的《正宗爱国报》《竹园白话报》与韩玉书编辑的《伊犁白话报》等成了传播革命思想的阵地。丁宝臣主张改造和拯救回族,倡导宗教改革,有强烈的反对封建专制、御辱爱

---

① 李兴华、冯今源编:《中国伊斯兰教史参考资料选编(1911—1949)》下册,宁夏人民出版社,1985,第912页。

国思想①;丁竹园则宣传资产阶级民主爱国思想,强调"中国的当务之急,是培养民气",反对清政府"专以持盈保泰为能,以苟安目前为得计,以割地退让为新邦交"②;韩玉书则宣传革命思想、纲领③。其他,如蔡大愚"以西方资产阶级进化论天赋人权和平等自由学说做武器"④,传播新文化、新思想,并成为中国第一个资产阶级性质的政党同盟会的早期会员……这些人与赵钟奇、罗云五、宋耀民、马骥云成为中国资产阶级革命思想的鼓吹者与实践者。

在中国近现代思想发展中,"教育救国""实业救国""科学救国"等在一定程度上都是走向马克思主义的阶梯,虽然不具有必然性,但从蔡和森、赵世炎、向警予等早期中国马克思主义者的产生轨迹来看,这并不是无源之水。在回族的近现代思想转型中,"教育救国"论也大有市场。据学界研究,马邻翼、王宽、童琮、蔡大愚、保廷梁、张惠隆等人,都曾是教育救国思想的支持者、倡导者,像蔡大愚即认为"教育普及"是"扶衰救弊"的良药,并于1902年前后在成都西门外土桥创办一所回民小学讲授新学;马邻翼在领导"大汉佑民灭洋军"暴动失败后,就"决心兴办教育,以通过教育救国的道路,来振兴国家和民族"⑤,并组织"湘学会"和创办"邵阳试馆",撰述《新教育学》,创立偕进小学以冀回汉"偕进"而"一洗潮流之污玷,完成复兴中华之全功"⑥;童琮筹组"东亚穆民教育总会"并创办穆原小学,"欲为中国全体回教谋教育普及也"⑦;王宽创回文师范学堂"以为拯救此积弱正深之中国回民"⑧;在日本的回族留学生组织"留东清

① 马通主编:《回族近现代史研究》,甘肃民族出版社,1992,第120页。
② 许宪隆:《丁竹园爱国民主思想初探》,《中南民族大学学报(人文社会科学版)》1993年第3期,第54—57页。
③ 马通主编:《回族近现代史研究》,甘肃民族出版社,1992,第235页。
④ 马通主编:《回族近现代史研究》,甘肃民族出版社,1992,第261页。
⑤ 马亮生:《湖南回族》,湖南人民出版社,1988,第34页。
⑥ 马亮生:《湖南回族》,湖南人民出版社,1988,第35页。
⑦ 山东省民族事务委员会编:《中国回族教育史论集》,山东大学出版社,1991,第44页。
⑧ 赵振武:《三十年来之中国回教文化概况》,载白寿彝:《中国伊斯兰史存稿》,宁夏人民出版社,1983,第368页。

真教育会",亦因于"有教育者昌,无教育者亡;旧教育者死,新教育者生"①……一句话,"教育救国"刻不容缓②。

这里应特别提到的是"留东清真教育会",它是中国近代史上最早的回族社会文化团体,根据其"以联络同教情谊,提倡教育普及宗教改良为本旨"(教育会章程第1条),即可看出其对教育的重视,而其所创刊《醒回篇》的标题本身即极具"教育救国"之意旨,《醒回篇》是中国穆斯林有史以来的第一本杂志③,虽只出过1期,但在回族思想发展史上意义重大,而其重视教育则更值得称颂。"留东清真教育会"的书记黄镇磐即著《宗教与教育之关系》一文,申论"由秦至今日此二千年,断为教育退化之时代"。会长保廷梁亦强调教育应普于每一国民,"分子有教育则文化进,分子之文化进,则国家之文化亦与之俱进。分子无教育则程度低,分子之程度低,则国家之文化亦与之俱低。以文化进之国家与文化不进之国家遇,则文化不进之国家立败;以程度低之国家与程度高之国家遇,则程度低之国家而亦立败"④。可见其所认知之教育已是一种救国之方。"20世纪之国民教育,岂仅为一身一家计哉。凡国家之存亡,种族之强弱,宗教之兴衰,各问题亦当视国民教育程度之高下而判之矣"⑤,"中国国民教育为我教今日不可缓之急务"⑥。

与"教育救国"相应,"实业救国"同样是回族20世纪初的重要救国思潮。回族本身可算是一个商业民族,对工商业的发展具有深厚的思想文化基础。在近现代中西文化的交汇中,"实业救国"也自然会成为回族思想文化发展的主潮,回族人士"先由多立工场入手,好坏贵贱,家家购

---

① 《醒回篇》第1号,日本秀光社,1907。

② 许宪隆:《试论回族在中国早期现代化进程中的理论与实践》,《回族研究》1997年第3期,第1—7页、第103页。

③ 罗万寿:《回族近代革命史上的光辉篇章——〈醒回篇〉思想简介》,载马通主编:《回族近现代史研究》,甘肃民族出版社,1992。

④ 保廷梁:《劝同人负兴教育之责任说》。

⑤ 赵钟奇:《论中国回教之国民教育》。

⑥ 赵钟奇:《论中国回教之国民教育》。

买本国货"①,把实业与爱国、救国联系起来,早在 1903 年即有马刚候在上海成立昌明公司经销中外图书、科学仪器,此后有 1907 年马积缪在武汉、阳新等地兴办工矿企业和公益事业,成为汉口精武军装公司副经理、阳新济公矿务公司经理②;1910 年魏子青创办普临电灯公司,成为河南兴办电力工业之始③;"伊犁的回族还经营向俄国出口棉花的加工厂"④,等等。

再次,新启蒙思潮的实质:世界、中华、奋起。

20 世纪初的回族新文化运动及其启蒙思想,一个重要的特点是其所持之世界历史视野,如"留东清真教育会"于其思想中强调在当时的世界,中国、伊斯兰教等,如果不图进取,显然不会有好结果。因为"凡百技术,莫不日新月异而岁不同,随世界文明而俱进。何也,以适于现时代之要求也,况夫宗教。苟吾掌教之长,此因循不知振作,今日之不昔若者,后日更不如今日,经数十百年则吾教之残存于世者,如梦中花,如幻泡影"。而"今日中国之回回宗教者衰弱达于极点,其不断仅如缕耳。究其来由何,莫非人智不辟,生机日蹙,程度愈趋而愈下。……且中国之谈回回宗教者,仅知先天后天之说,而于进化保种之道缺焉。"⑤显然,这已经是完全的世界历史视野了,按笔者的说法,这就是一种全球性现代化的思维方式。他们甚至据此对伊斯兰教进行再评价:"古昔回回宗教……其为道简而易,其为教则尚于通变适权而无膠。……至于后世,遂失此义,墨守乖离,杂以曲说……拘拘于教门领域,而失进化机能"⑥。他们甚至认为"穆罕默德,世界第一宗教改良家"⑦。

---

① 丁竹园:《竹园丛话》第 21 集《北京市面盛衰之原因》。
② 答振益:《湖北回族》,中央民族学院出版社,1993,第 46 页、第 83 页。
③ 答振益:《中南地区回族史》,新疆人民出版社,1995,第 123 页。
④ 尼·维·鲍戈亚夫连斯基:《长城外的中国西部地区》,新疆大学外语系俄语教研室译,商务印书馆,1980。
⑤ 黄镇磐:《宗教与教育之关系》。
⑥ 保廷梁:《宗教改良论》。
⑦ 黄镇磐:《宗教与教育之关系》。

应特别强调的是,20世纪初回族的新文化运动及其启蒙思潮,是以中华振兴为诉求的,他们甚至为此不承认回族是一个民族,他们为此也把伊斯兰教上升到救国武器的高度。"回以名教,非以名族也"①。"宗回教者,本非一民族。奈采塞米的民族偏狭主义,虽至今传之他国,犹严守一民族之限制。吾中国回民回族之称,其误点盖始于此欤"②。"汉与回,同此历史,同此人种,而其不同者,只宗教关系之点耳。"其原因正在于"何则种族之区别,不过内部自为畛域,其对于外界,毫无效力之可言。例如甲午战败,庚子再创,外国人之入我国中者,未闻为我区别曰,某也满,某也汉,某也回,某也蒙,而肆行杀戮,同归一尽。盖同国如同舟也,乘组员之种类无论其为黄为白,至于舟坏覆没,则其被难一也"。"皆注意于国是,渐忘种族之芥蒂,于是乎同化之功不期然而自至"③。也就是说,他们心目中,中国、中华民族的出路才是他们的至上目标。为此,他们对于中华民族来说,没有"异族"之感,即如"留东清真教育会"会计赵钟奇在《论中国回教之国民教育》中言:"抑知我教与中国之关系非居留于中国之外国人可比者乎。胡漫不加察而自称天方曰祖国宗国,噫,吾教若果皆天方人也,是与旅居于中国者无以异矣。自弃自外,其价孰甚,愿同人抱本寻源,勿人云亦云,而自失其固有之国籍,以退居于无国民之列也。"赵钟奇还在《中国回教之来历》中强调:"欲兴其国者,不可不先兴其家;欲兴其家者,不可不先兴其人;夫人何以兴,非教育不兴;家何以兴,国何以兴,非国民教育不兴。又况国家之进行,无异于车轮之进行。国家进行在国民,车轮进行在轮齿。……我教亦中国之国民也,譬诸车轮,亦车轮之轮齿也。""予之本意不在辨明回教为族民与否,乃欲唤起回教同人,当知回与中国之关系,发奋兴起实力担负中国国民之责任。"会长保廷梁强调回民必须具备这种中国意识:"吾同人亦组织中国国家

---

① 黄镇磐:《论回民》。
② 黄镇磐:《宗教与教育之关系》。
③ 保廷梁:《劝同人负兴教育之责任说》。

之分子也,乌可自弃自外而置分子与国家之关系于不顾耶。"①

（四）转型特点:文化传承中的时代精神

回族哲学文化转型的三期成果具有共性,在一定程度上说,它表明在中国哲学启蒙大背景下的各民族哲学的个性。先师萧萐父曾对"中国哲学启蒙的坎坷道路"进行梳理,分为五代,即明清之际的黄宗羲、顾炎武、方以智、王夫之到颜元、戴震、焦循等同具人文主义思想的早期启蒙者属一代;阮元、龚自珍、魏源、林则徐等开始放眼世界的地主改革家为一代;严复、谭嗣同、康有为等努力接受西学以图自强的资产阶级维新派为一代;以孙中山、章太炎为代表的资产阶级革命民主派和后期梁启超及王国维、蔡元培等试图会通中西自立体系的资产阶级学者为一代;在伟大的五四运动中崛起的李大钊、陈独秀、毛泽东、蔡和森等由革命民主主义者转到马克思主义的思想家为一代。② 我们事实上在回族哲学思想发展中也可进行分期,并概括出其中的共性特征。

首先,民族文化的传承。

回族哲学转型过程中的一个典型特征是对传统文化的坚守。早在哲学转型开始之前的元朝中期至明朝中期这个历史时代,尽管在回回人中出现了"改姓易氏"、普及汉族语言文字以及吸收中国传统文化的新文化运动,部分人士甚至以融入中国主流社会为荣,出现了元代著名政治家赛典赤·瞻思丁、元末著名文人瞻思(学者)、萨都剌(诗人)、高克恭(画家)、马九皋(散曲家)、丁鹤年(元末明初著名诗人)等,但他们都是在充分保留自己传统文化的同时吸收中国传统文化的。到明清的经堂教育、回族经文译著活动中,更是从传统文化危机中看出民族文化的责任。杜文秀提出的"连回汉为一体"本身也包括了自己民族的文化体认。即使是 20 世纪初的近代回族新文化运动,也有自己的文化坚守,一方面,

---

① 保廷梁:《劝同人负兴教育之责任说》。
② 萧萐父:《萧萐父选集》,武汉大学出版社,2013。

是坚守以汉族文化为主体的中国传统文化,"让全体回民认识汉字"①,"提倡汉学,把教务仿照西方贵圣所传的实行"②,"并设立汉文学堂,教养子弟读书"③,强调回族孩童"要是多读中外书,将来何尝不能立大事业"④……应该说,这充分反映了对中国传统文化的坚守;另一方面,也有对自己民族文化即回族传统文化的坚守,这就是有感于在纠正传统"读经不读书"思想时,"越念书越离教门远"⑤,因而主张改良传统回族文化,如黄镇磐在《宗教与教育之关系》中所论:"夫以回教与他教比,其纯驳正,颇不待剖白而自明。……独奈何垂千数百年,穆罕默德后竟无其人。……而吾回之宗教家,梦梦如故,诵三十部经外,无所事事。此即生计之拙,知识之陋,回教衰弱之所由来欤。""何以吾教一般生活之程度,学术之程度尤较低下。岂吾教人之秉赋独薄欤,而不然也。夫吾教人素具睦姻任恤之风,不似汉之凉薄。所缺者,社会普及之开明,个人普通之学识耳。""吾回不让先贤之专美于前,不让他教之独盛于后,以言改良之时期,正即此际。"⑥从思想观点来看,走向现代化并不必然否认传统文化,因而在对待中国传统文化的态度上,20世纪的回族新文化运动仍然沿袭了回族历史上坚守民族文化的传统,这在以"打倒孔家店"为口号的中国新文化运动中是独树一帜的。

其次,强烈的开放精神。

明末清初的早期哲学启蒙伴随的是回族共同体的形成与回族民族文化的形成,其主流趋向是在文化开放中形成了伊斯兰教文化与中国传

---

① 郭清祥:《略论世纪前半期的回族社团》,载马通主编:《回族近现代史研究》,甘肃民族出版社,1992,第163页。

② 《正宗爱国报》,1911年6月8日。

③ 《正宗爱国报》,1910年1月23日。

④ 《正宗爱国报》,1912年3月20日。

⑤ 喇海青、李存福:《二十世纪回族知识分子的文化觉醒》,载马通主编:《回族近现代史研究》,甘肃民族出版社,1992,第144页。

⑥ 引自王柯:《"祖国"的发现与民族、宗教、传统文化的再认识——中国穆斯林的五四与新文化运动》,原文发表于台湾"国立"政治大学《五四运动八十周年学术研讨会论文集》,1999年。http://www.aisixiang.com/data/56816.html

统文化的交融结合，通过"以儒诠经"与"以经释儒"的文化互释，形成了"伊儒合璧"的回族文化及其哲学，经堂教育、汉文译著、门宦教派、回族民间文学等，无不体现出这种强烈的开放精神。自唐代杜环第一次用汉文介绍伊斯兰教教义开始，中国传统文化，内含着儒、佛、道在内的多家学术语言，如王道、阴阳、五伦、五行、两仪、无极、太极等，都曾成为表达伊斯兰教教义的术语，先后形成了《省迷真原》《证主默解》，张忻的《清真教考》，詹应鹏的《群书汇辑释疑》，及至王岱舆的《正教真诠》《清真大学》《清真指南》，张中的《归真总义》《要道译解》，马伯良的《教款捷要》，刘三杰的《清真教说》，刘智的《天方性理》《天方典礼》《天方至圣实录》《天方字母解义》，伍遵契的《归真要道》《正教修真蒙引》，金天柱的《清真释疑》，孙可庵的《清真教考》，马明龙的《天方认己醒悟》，马君实的《天方卫真要略》，黑鸣凤的《性理本经注释》，马启荣的《西来宗谱》，唐晋徽的《清真释疑补辑》，蓝煦的《天方正学》，直到后来马复初的《四典要会》《大化总归》《据理质证》《朝觐途记》……仅从书名及表现形式看，这既是自己民族传统坚守的，又是文化开放的。

20世纪初的回族新文化运动强调对自己文化的改良，实际上是一场继承回族文化开放传统的文化改良运动。他们认识到"清真教的人，因为宗教的范围太严，于生计上很受影响。所以受病太深，一年不如一年。这几年，教民的生齿日繁，而生计更窄，若再不打正经主意，早晚是耗干了才算完"[1]。于是创设"穆民总教院"一类组织，"开宗明义，以穆教正统为中心，以教人、国民为两端……"[2]；或"欲与清真教谋存立之幸福也……盖时事日危，各教争图自强，若回教仍然沉睡，将来各教皆富，而我教独贫。世界上断无经济困难而能兴发之宗教，倘回民豁然知警，而阿訇仍固滞如前，将来回民程度日渐提高，则阿訇之学识反觉低微，从此

---

① 穆思霖：《回民生计》，《正宗爱国报》1912年1月25日。
② 钱伯泉：《〈创建穆民总教院表〉——一份近代回族新文化运动的倡议书》，《回族研究》1998年第1期，第23—28页。

回民藐视阿訇者有之,卑鄙阿訇者有之"①。应该说,这些文化改良,即是一种在文化开放基础上的文化创新。

再次,坚定的国家认同。

在回族哲学转型过程中,特别是在 20 世纪初的哲学转型中,坚定的民族国家认同始终是一条主线。我们从"留东清真教育会"那里可以特别明显地看到:他们批判那种"争教不争国"者。如黄镇磐在《论回民》中说:"闻之父老,有所谓争教不争国者,殆即回回入中国传教之宗旨耶。近人不察,每以回民目之。且有谓为回族者,则是满汉之外又树一民族之敌,同种相残,互相吞噬。……吾甚愿爱国之士热心宗教其速正其名称也可。"因此,他们不把自己作为"异族",批判历史上的"争教不争国者",直接肯定自己是中国人。《醒回篇》"发刊序"中开宗明义地认定了这一点:"北尽黑龙,西跨天山,东南至海,其间一大帝国,昏蒙沉暗,金曰睡狮,非一世也,其所繇来久矣。自 19 世纪中叶以后,凡逆旅过客,秉烛夜游,辉光接天,吾人方酣眠,何殊聋瞆。……奈何我皆醉人彼独醒也。"这一认知,明显有超越回族传统思想的意义,如在以往的回族学者中,祖国应是指阿拉伯或天方②,甚至以"回回"本身来标明其义。但现在,"我"已经是指中国或中国人,因而更进一步还批判满汉之分:"吾国上下,排汉排满,执一孔之见,忘灭种之忧"③,"吾人至今渐臻觉悟,而回思数年前之在吾国,又何非与世浮沉,铺糟啜醨以自适哉"④。显然,这些思想甚至超越了当时流行的种族革命论。

最后,走向现代的基础。

回族哲学文化转型开启于回族民族与回族文化的形成期,中经近代的曲折坎坷历程,到 20 世纪初的转型,直接修成正果,成为回族与整个中华民族一道走向现代的基础。如 1911 年辛亥革命,各地回族志士纷

---

① 《正宗爱国报》,1909 年 10 月 14 日。
② 马德新:《朝觐途记》,宁夏人民出版社,1988,第 65 页。
③ 黄镇磐:《论回民》。
④ 《醒回篇》"发刊序"。

纷响应,像西安的一个下级军官回族人马玉贵,积极参加、领导了陕西光复之役,并被推为"总理粮饷兼管军务都督";重庆的兵营之变,回民占半数;上海回民组织的清真商团,参加了光复上海之役和进攻南京的战斗,作出了一定的贡献。又如为了反对袁世凯复辟帝制,蔡锷护国军中有众多回族高级将领,如云南重九光复之役的参加者马聪成为护国军第一混成旅旅长,并率部入川作战[①];赵钟奇、王廷治、孙永安等留日学生先后成为护国军旅、团长[②]。辛亥革命义士马骥云直接参与领导湖北的反袁斗争[③];蔡大愚在甘肃策动临洮驻军响应护法运动,"在封建专制制度根深蒂固的西北吹响了拥护资产阶级共和国的号角"[④]……五四新文化运动中,马骏、郭隆真、刘清扬等一大批回族先进人物高举"科学"与"民主"旗帜,直到后来汇入中国化马克思主义的洪流……1919 年 5 月 7 日,南开中学学生马骏被选为"天津学生联合会"副会长兼执行部长,刘清扬、郭隆真与邓颖超等则发起成立了"天津女界爱国同志会",并分别担任会长和评议委员,正是他们组织领导了天津地区的罢课罢工罢市,以及组织领导了 6 月 27 日、8 月 23 日、8 月 26 日等多次在北京的请愿活动,发起了抵制"日货"运动,与周恩来一起组织了"觉悟社";1919 年秋天,马骏与刘清扬还代表天津学生联合会参加了在上海的"全国各界联合会"的筹备活动,刘清扬被选为联合会常务理事,担任成立大会的执行主席[⑤]。刘清扬在 8 月 23 日参加请愿被捕后对家人说,"我现在只知有国不知有家"[⑥]。而马骏在 8 月 28 日被捕获释后说,"进狱以前的马骏是家人的马

① 王希隆:《近代回族社会进步思潮和革命斗争》,载马通主编:《回族近现代史研究》,甘肃民族出版社,1992,第 134—142 页。
② 王希隆:《近代回族社会进步思潮和革命斗争》,载马通主编:《回族近现代史研究》,甘肃民族出版社,1992,第 134—142 页。
③ 答振益:《湖北回族》,中央民族学院出版社,1993,第 83 页。
④ 马通主编:《回族近现代史研究》,甘肃民族出版社,1992,第 268 页。
⑤ 张怀武主编:《近现代回族爱国斗争史话》,宁夏人民出版社,1996。
⑥ 马惠卿:《五四运动在天津》,载田克深等编:《五四运动在山东资料选辑》,山东人民出版社,1980,第 358 页。

骏,出狱以后的马骏就是国人的马骏"①……总之,新民主主义革命时期,回族人民在中国共产党领导下,为中国人民解放事业作出了重大贡献。

综上所述,自明清以来,由于回族形成过程中的跨地区性,回族哲学文化在形成发展过程中具有更多的中西汇通因素,因而能够在西方文艺复兴及中国的早期启蒙运动之间保持一定的张力,从而形成了回族独特的哲学启蒙与哲学转型之路。相比较而言,其起点更早,对传统文化更珍视,加上作为一个时常思想回复的"回回",在近现代国家危亡之时,爱国之情更坚决……这就是回族,这就是回族哲学的近现代转型……

三、明清时代满族发展史上的哲学启蒙与思想回流

就其直接意涵而论,哲学启蒙应是指伴随着资本主义萌芽而出现的哲学思想发展的新动向。在西方,这种新动向"在惊讶的西方面前展示了一个新世界",使得"中世纪的幽灵消逝了"②。其时代内涵在于表现出封建中世纪发展到特定条件下所"进行的自我批判",这种"自我批判"时代"当然不是指作为崩溃时期出现的那样的历史时期"③。以此为尺度,"14—16 世纪西欧的文艺复兴、启蒙运动正是在封建社会远未崩溃的条件下所进行的自我批判。"中国"在 16 世纪中叶伴随着资本主义萌芽的生长而出现的哲学新动向,已启其端,到 17 世纪在特定条件下掀起强大的反理学思潮这一特殊理论形态,典型地表现出来。"④明清时代的满族哲学就发生在这一时代,表现出与当时中国哲学早期启蒙运动既相矛盾又相适应的特殊情形。

（一）早期启蒙思想的惯性与玄烨思想的启蒙内涵

哲学启蒙的实在性质在于它宣称要告别并批判封建的中世纪,正是

---

① 杨怀中:《马骏烈士的几则史料》,载《回族史论稿》,宁夏人民出版社,1991,第478页。
②《马克思恩格斯选集》第 4 卷,人民出版社,1995,第 261 页。
③《马克思恩格斯选集》第 2 卷,人民出版社,1972,第 94 页。
④ 萧萐父:《萧萐父选集》,武汉大学出版社,2013,第1—2页。

在此意义上,意大利是"现代世界的曙光在那里升起"的"典型的国家"①,在那样"一个需要巨人而且产生了巨人——在思维能力、热情和性格方面,在多才多艺和学识渊博方面的巨人的时代"②,但丁(1265—1321)因而成了"中世纪最后一位诗人,同时又是新时代的最初一位诗人",成为标志"封建的中世纪的终结和现代资本主义纪元的开端"的"伟大人物"③。按照先师萧萐父的说法,在中国少数民族哲学发展史上,回族的李贽"以他的'童心说'和对'以孔子之是非为是非'的封建独断论的怀疑和否定,标志着对封建社会自我批判的开端"④;而曹雪芹和汤显祖等则是中国"自己的但丁","他们唱的不是'神曲',而是'人曲'"⑤……也就是说,满族哲学在中国早期启蒙哲学发展史上应占有一席之地。当然应看到,在西方,哲学启蒙是使"理性和所谓天启之间的斗争燃烧起来了,在这个斗争中,天启与理性对立起来,理性独立了"⑥。"教会的精神独裁被摧毁了……在罗曼语诸民族那里,一种从阿拉伯人那里吸收过来并重新发现的希腊哲学那里得到营养的明快的自由思想,愈来愈根深蒂固,为18世纪的唯物主义作了准备。"⑦而在中国则是所谓的反对宋明道学。我们看到,正是在中国早期的哲学启蒙中,玄烨的思想具有某种启蒙内涵,在一定程度上也算是一种"重新觉醒的哲学"⑧。

我们看到,明末清初思想发展中的"哲学启蒙"及其所引发的学术思潮的转型动向,具有多方面、多渠道、多流向的转折意义,包括由"宋学"而转向"汉学",由空谈性理转向考据实学,由经学道观到综研经史、达观诸子,甚而喜尚新兴质测之学(实验自然科学等),即使在康、

---

① 马克思:《资本论》第3卷,人民出版社,1975,第24页。
②《马克思恩格斯选集》第4卷,人民出版社,1995,第261页。
③《马克思恩格斯选集》第1卷,人民出版社,1995,第269页。
④ 萧萐父:《萧萐父选集》,武汉大学出版社,2013,第10页。
⑤ 萧萐父:《萧萐父选集》,武汉大学出版社,2013,第12页。
⑥ 黑格尔:《哲学史讲演录》第3卷,贺麟等译,生活·读书·新知三联书店,1956,第404页。
⑦《马克思恩格斯选集》第4卷,人民出版社,1995,第261页。
⑧《马克思恩格斯选集》第4卷,人民出版社,1995,第254页。

雍、乾时代因为政局干扰等因素而出现满族思想发展的历史回流,也没有阻挡其哲学启蒙的历史惯性,而能在康熙帝的思想中找到满族哲学启蒙的思想根芽,在雍正帝的政治实践中发现其近现代哲学转型的实践意义。

首先,由于西学的传入,明清之际在中国兴起了所谓"质测之学",形成了对"徒言宰理""空穷其心"①道学的突破。其间,形成了大批高水平的科技论著,如李时珍的《本草纲目》(1578 年)、朱载堉的《乐律全书》(1606 年)、徐光启的《农政全书》(1628 年)和《崇祯历书》(1643 年)、宋应星的《天工开物》(1637 年)、徐宏祖的《徐霞客游记》(1637 年前后)、王锡阐的《晓庵新法》与梅文鼎的《中西算学通》(17 世纪中叶)、方以智的《物理小识》(1640 年前后)……这些著作的形成或出版,不仅仅是为中华民族积累了大批的世界级科技成果,更为重要的是形成了一种"欲求超胜,必先会通"②的"全球性现代化"的思维方式,形成了一种研究问题、思考问题的科学思维方式,形成了被世界级中国科技史家李约瑟言而有据地称道之中西科学文化的"融合点"③,而康熙时代正好保持着这样一种思维惯性。例如:方以智曾设想编纂百卷本百科全书,康熙时即编成了万卷本的《古今图书集成》,这结合《康熙字典》《一统志》《佩文韵府》《全唐诗》等的编纂,则更显时代气象;法兰西科学院建立后不到 30 年,康熙则在其畅春园内建立了类似法国皇家科学院的算学馆;伴随全球性现代化运动的进程,西方民族国家、民族意识的觉醒,民族性成为现代性的有机构成,同样这也触动了康熙,因而在对外关系中使"中国"具有了近现代

---

① 方以智:《物理小识·自序》。
② 王锡阐:《晓庵遗书·历说》。
③ 李约瑟:《世界科学的演进——欧洲与中国的作用》,载潘吉星主编《李约瑟文集》,辽宁科学技术出版社,1986 。

民族国家的"国体"意义①……"青年时代的玄烨已是才华横溢,不但成了一个运筹帷幄的政治家、军事家,而且已经成了一位学贯中西的科学家。他既精通中国传统的儒家文化及其哲学,又融合了东西方古代的天文、历法、数学、地理,并取得了开创性的成就。特别是在农业科学上,他不但取得了前所未有的成就,而且开创了实验的农业科学,将中国的农业科学推进到了一个新的阶段。"②以至于我们在康熙的哲学宇宙论中看到的主要都是自然科学化的"实有度之可量,数之可凭"③之科学宇宙,如其所论地球是圆的,即属西方现代经验自然科学之论:"黑龙江以北地方,日落后亦不甚暗,个半时辰,日即出,盖地之圆可知也。近北极,太阳与地平,周掩无多也。"④为此,玄烨还特别认同西方的科学话语,如召见苏州府学教授陈厚耀,倾听并认同其关于"地圆"问题,陈厚耀既言"周髀算经曾言之",又对"何以见其圆也"的问题作答:"《职方外纪》,西人言绕地一周,四匝皆生齿所居,故知其圆。且东西测影有时差,南北测星有地差,皆与圆形相合,故亦知其为圆。"⑤这不仅反映了康熙的科学精神,同时也是一种新的思维方式。

其次,哲学启蒙的一个重要表现是这一时期的先进人物,几乎无一例外地拒斥宋明道学(包括理学和心学)"空谈心性"的虚夸学风,而力求转向"经世致用""核物究理"的求实学风。而这方面在康熙那里也得到了回应。康熙虽然在总体上宗程、朱理学,但在适应时代的大潮中对宋

---

① 国体意义上的"中国"一词,最初正式出现于 1689 年 9 月 7 日的中俄《尼布楚条约》中,其开首即是:"中国大皇帝钦差分界大臣领侍卫内大臣议政大臣索额图……",惜当时条约只有拉丁文、满文和俄文本而无汉文本。18 世纪的诸多外交条约一般也为满、蒙、俄或拉丁文本,直到 1842 年 8 月 29 日的中英《南京条约》(《江宁条约》)上才在汉文原本上出现了"中国"一词;以后,19 世纪的中英、中美、中法条约均有汉文本,国体意义上的"中国"一词也就反复出现,而中俄之间的条约却迟至 1858 年的《天津条约》才有汉文本,之前的《伊犁塔尔巴哈台通商章程》和《瑷珲城和约》亦无汉文本。见王铁崖编《中外旧约章汇编》第 1 册,生活·读书·新知三联书店,1957,第 3—44 页。
② 宋德宣:《满族哲学思想研究》,辽宁大学出版社,1994,第 156—157 页。
③ 康熙:《钦若昊天历象日月星辰敬授人时》。
④ 《御制文集》第四集,第二十三卷。
⑤ 《康熙政要》卷十八《碑传集》。

明道学有一定的反叛,提出了发展"真理学"的使命。

> 日用常行无非此理,自有理学名目彼此辩论,朕见言行不相符
> 者甚多。终日讲理学而所行之事全与其言悖谬,岂可谓之理学。若
> 口中虽不讲,而行事皆与道理吻合,此即真理学也。①

本着这种"真理学"精神,康熙不仅直接在理论上强调了"学问无穷,不徒空言,惟当躬行实践"②,而且发起了对现实假道学的批判,指出"今人讲道学者,徒尚语言文字,而尤好非议人。非惟言行不符,而言之有实者,盖亦寡矣"③。更进一步,他提出了"道学"的"实济"标准,一方面是正面表彰,强调"凡所贵道学者必在身体力行,见诸实事,不徒托之空言,今官内有道学之名者甚多,考其究竟,言行皆背,如崔蔚林之好事,居乡不善,此可云道学乎? 精通道学自古为难。朕闻学士汤斌,曾与中州孙钟之讲道学,颇有实行。前典试浙江操守甚善,可补授江苏巡抚。"④另一方面是对"真理学"的反面典型进行批判,如在清康熙三十八年(1699)南巡河工时他批评治河总管张鹏翮说:"尔平时亦讲理学……况大臣受朝廷委任,必须为国为民,事事皆有实济。若徒饮食菲薄,自表廉洁,于国事何益耶!"⑤为此他甚至直接指向"实践理学",在评论清官于成龙时说"居官清廉,如于成龙者甚少"⑥,而"于成龙不讲理学,而服官至廉,斯即理学之真者也"⑦。应该说,这已不是一个是否学习"道学"的问题,而是一个实践道学的问题,事实上是"用实践反驳理论",从而强调了实践的重要性:"凡事必须亲历乃知。"⑧"大抵河工事务,非身履其地,详察形势,无由

---

① 《十朝圣训》卷五。
② 《十朝圣训》卷五。
③ 《庭训格言》。
④ 《十朝圣训》卷十三。
⑤ 《清圣祖实录》卷二二〇。
⑥ 《清圣祖实录》卷一二六。
⑦ 《康熙政要》第四卷。
⑧ 《清圣祖实录》卷一一四。

悉知。"①这与玄烨作为一个杰出政治家、军事家、科学家的现实实践紧密相连,我们甚至怀疑,假如只读上述论说,而忘掉"朕"的身份,有谁会想到这是出自帝王康熙之口而不是出自早期启蒙思想家如顾炎武、黄宗羲或王夫之等的口中。

再次,早期启蒙思想重视人的主体能动作用,而康熙亦十分重视人的主体作用,因而显示出与早期启蒙哲学的高度一致性,并同样具有相应的启蒙意义。康熙虽然强调"天地古今,大本大原,只是一理"②;"天地古今,道理只是一个,故曰一以贯之。"③他充分肯定人的主体作用,强调"天道、人道必待人而后兴"。一方面是"圣人仰观浩浩,实理实气之中,度乎至当,而知人之于天,裁成辅相","立制宜民"④。另一方面是"道之大原出于天,而弘之者人。物必有理,理以数显,数以理神。天人相与之际,穷理极数,厥有奥旨。善言天者,必有验于人,极先天之数,而尽天地万物之变化。"甚至提出"仲尼之道,一天之道也"⑤,"圣人之道,散之弥纶于两间,敛之退藏于至密。始于民物象数之繁,终于穷神达化之极。"⑥而所谓"圣人之道",则是"川流敦化,万古不息,与天地流水同其无终穷焉"⑦。为此,康熙专门清理了中国的道统,并特别强调:"人之一生虽云命定,然而命由心造,福自己求。""人力夺天工者有之,如取火镜、指南针。一物之徽,能参造化……又若春耕夏耘,乃至西成秋获。苟徒天工不尽人力,何以发造化之机,而时亮天工乎?"⑧他甚至以自己的经验来谈论这个问题:"朕常讲论天文、地理及算法、声律之学,尔等闻之,辄奏曰:'皇上由天授,非人力可及。'如此称誉朕躬,转掩却朕之虚心勤学处矣。

①《清圣祖实录》卷一一四。
②《十朝圣训》卷五。
③《康熙起居注》第一辑。
④《御制文集》第四集,卷二十四。
⑤《清圣祖实录》卷一三四。
⑥《清圣祖实录》卷一三〇。
⑦《御制文集》第一集,卷二〇。
⑧《庭训格言》。

尔等试思,虽古圣人,岂有生来即无所不能者?凡事俱由学习而成……何得谓天授非人力也。"①这些思想不仅与早期启蒙思想高度一致,而且与清中叶的启蒙思想家对人的自觉并无二致,如龚自珍所谓"众人之宰,非道非极,自名为我!""我光造日月,我力造山川……我理造语言文字,我分别造伦纪"②。只不过这是更高的形态罢了。

此外,早期启蒙思想家黄宗羲有"不为迂儒,必兼读史"③之论,这一点我们也可以在康熙那里找到其思想中相似的部分,他曾在"避暑山庄,万几之暇,翻经史性理诸书",虽然最终由于"施诸政事"的需要而宗朱子之学,认为"至于体道亲切,说理详明,开发圣贤之精微,可施诸政事,验诸日用,实裨益于身心性命者,惟朱子之书,驾乎众家之上,令人寻味无穷,久而弥觉其旨。此朕读书嗜古,阅历数十年之后,有得于心……"④但不可否认,至少在谋求不为"迂儒"方面,康熙仍然不失其思想转型意义。

同时,康熙突破传统"道学"讳言财利的传统,重视物质利益,同样具有了近现代转型意义,与李贽的"童心""私心"观念不殊,于是他提出"经国之道,不讳言财"⑤,理财为"裕国之大经"⑥。为此,他不仅强调要让百姓有田而"令其耕种"⑦,甚至给"无业之民"房屋、"口粮、种子、牛具,令其开垦,即给予本人,永远为业"⑧,而且直接提出富民的口号,强调"帝王致治,裕民为先,免赋蠲租实为要务"⑨。"从来致治之道,裕民为先,故必蠲免田租,时加膏泽,而后闾阎充足,永享乐利之休。"⑩更为重要的是,康熙

---

① 《十朝圣训》卷五。
② 龚自珍:《壬癸之际胎观第一》。
③ 黄宗羲:《赠编修弁玉吴君墓志铭》。
④ 《康熙几暇格物编》。
⑤ 《清圣祖实录》卷六〇。
⑥ 《清圣祖实录》卷一三一。
⑦ 《清圣祖实录》卷二八。
⑧ 《清圣祖实录》卷一九五。
⑨ 《清圣祖圣训》卷二一〇。
⑩ 《清圣祖圣训》卷四八。

的这些思想还与其民本思想相联,强调了"国家根本在百姓"①,"守国之道,惟在修德安民。民心悦,则邦本得。"②为此,他特别分析秦亡汉兴的历史原因:"久乱之民思治。秦民日在汤火之中,沛公入关首行宽大之政,与父老约法三章,民心既归,王业根本已定于此。"③这样的历史反思,也不能仅看成是为了维护自己的封建统治。

总之,康熙思想中较充分地体现了明清之际中国哲学早期启蒙的思想惯性。不过,由于巨大的历史惰力,其思想的启蒙内涵被多种反启蒙因素桎梏了。

(二)历史传统的强大桎梏与康乾时代的思想回流

清王朝是由奴隶时代进入封建时代的满族建立的,在其思想发展的自然进程中,似更易于接受传统中原封建王朝的治国理政观念,这样才更有利于大众的接受;加上在早期哲学启蒙时代,一方面是新的要突破旧的,另一方面是死的要拖住活的,也总会表现出某种历史惰力,因而这足以桎梏明清之际的哲学思想发展中的新因素。对于这一时期的满族哲学,这种桎梏作用更为明显。

首先,毫无疑问的是,康熙思想的转型意义被其宗朱之学桎梏了,开启了清初历史回流与思想倒退的先河。他认为"至于朱夫子,集大成而继千百年绝传之学,开愚蒙而立亿万世一定之规。穷理以致其知,反躬以践其实。释大学则有次第,由致知而平天下;自明德而止于至善。无不开发后人而教来者也。五章补之于断简残篇之中,而一旦豁然贯通之为要,虽圣人复起,必不能逾此。问中庸各篇之义,则不偏不倚,无过不及之名,未发已发之中,本之于时中之中,皆先贤所不及也。若语孟则逐篇讨论,皆内圣外王之心传,于世道人心之所关匪细。如五经则因经取义,理正言顺,和平宽宏,非后世浅见而轻议者同日而语也"。总的结论

①《康熙政要》第八卷。
②《清圣祖圣训》卷七。
③《御制文集》第一集,卷二十七。

是"(朕)读书五十载,只认得朱子一生居心行事"①;"自宋儒起而有理学之名,至于朱子能扩而充之,方为理明道备。后人虽杂出议论,总不能破万古之正理。"②可以看出,康熙由于对朱子学的全面深观而有深情,肯定了朱子学的"万古之正理"地位。更进一步,康熙更强调了理学在治国理政、治心树人方面的根本地位。从治心树人方面,他强调"理学之书,为立身根本,不可不学,不可不行"③;从治国理政方面,他强调"朕惟古昔圣王,所以继天立极,而君师万民者,不徒在乎治法之明备,而在心法道法之精微也。执中之训肇自唐虞,帝王之学,莫不由之。言心则曰:人心惟危,道心惟微。言性则曰:若有恒性,克绥厥猷惟后。盖天性同然之理,人心固有之良,万善所从出焉。本之以建皇极,则为天德王道之纯;以牖下民,则为一道同风之治。欲修身而登上理,舍斯道何由哉!"④对理学的这种评价,直接影响了他的用人实践,因而"传谕九卿,有真实留心性理正学之人,各举所知"⑤。正是从这个意义上说,他命儒臣整理刊刻明永乐年间的《性理大全》予以再版,是因为其治国理政之需要,故其序文有所谓"朕荷太祖、大宗积累之休,缵承世祖章皇帝鸿业,夙夜祇惧,嘉与海内,期登隆平",于是"每思二帝三王之治本于道,二帝三王之道本于心,辨析心性之理。而羽翼六经,发挥圣道者,莫详于有宋诸儒。迨明永乐间,命儒臣纂集《性理大全》一书。朕尝加翻阅,见其穷天地阴阳之蕴,明性命仁义之旨,揭主敬存诚之要,微而律数之精意,显而道统之源流,以致君德圣学、政教纪纲,靡不大小兼该,而表里咸贯,洵道学之渊薮,政治之准绳也"⑥。于此,他有见于"前明纂修《性理大全》一书……取者太繁,相类者居多。凡性理诸书之行于世者,不下数百。朕实病其矛盾也"。因而"爰命大学士李光地,诠释进览。授以意指,省其品目,撮其体要,既

---

① 《御制文集》第四集,卷二十一。
② 《理学论》。
③ 《康熙政要》第十六卷。
④ 《御制文集》第一集,卷十九。
⑤ 《御制文集》第一集,卷十九。
⑥ 《御制文集》铭一集,卷十九。

使诸儒之阐发，不杂于支芜；复使学者之披寻，不苦于繁重。至于图象律历性命理气之源，前人所未畅发者，朕亦时以己意折衷其间，名曰性理精义"。为此他还特别强调了自己的学习体验，并于《性理精义·序》中说："朕自冲龄至今，六十年来，未尝少辍经书……于理道之言，尤所加意。临莅日久，玩味愈深，体之身心，验之政事，而确然知其不可易。"基于这样的论思，康熙不仅整理再版了明永乐所编之《性理大全》，而且将其精编为《性理精义》，并更进一步浓缩而编成《性理奥》，他本人又亲自撰《慎几徵论》和《理学论》，其"跋"即说："圣人之道，始于明明德，极于位天地育万物。造端于宥密，而弥纶于两间。百姓昭明，协和万邦，飞潜动植，咸若其天者，非从外求也，尽性而已。中庸曰：'惟天下至诚，为能尽其性；惟能尽其性，则能尽人物之性；能尽人物之性，则以赞天地之化育'。盖人物之性，即天命之同然。与天地参乃性分之能事。故曰：民吾同胞物吾与也。然则天地万物，岂在性外哉……是编节录精义，由博而约，诚能反复研极，可见性体之大，而识尽性参赞为一理。古昔圣贤心传之妙，由诸子讲求之，因流溯源，得其意而致力焉。修齐治平，亦无余事矣。"应该说，清初的历史回流，使作为帝王的康熙复回了儒家治国理政的常轨。

其次，传统的萨满教文化传统，直接桎梏着满族哲学思想的新的转向。萨满教信仰一直是满族的主要信仰。这一点，直到清朝时代尚如此。我们在康熙那里看到，他不仅在《惟天惟大颂》赋中将儒家之天与萨满教信仰之天神结合，将天神秘化，认为"惟天溥覆，惟大涵弘。无微不照，亿兆攸同。至诚感神，岂曰高崇。玉帛钟鼓，礼云表衷。为民请命，祈谷神功。潜施默化，密运无穷。惟予小子，洁虔斋戒。对越昊苍，匪敢少懈。食乃民命，时若是快。念兹邦本，无远弗届"[1]。而且听信"天心仁爱，亭毒万物，而协灵效顺，优渥沾足之应，皆有神焉……惟神之功德，实能膏泽田畴，以福庇生民。揆诸捍患御灾之义，莫大于此"[2]。康熙如此，

————

[1]《御制文集》第三集，卷二十五。
[2]《御制文集》第一集，卷二十二。

胤禛与弘历直到载湉也都无不如此。胤禛认为"凡小而邱陵,大而川岳,莫不有神焉主之"①。他甚至诏谕内阁说:"朕惟风雨时若,百物繁昌,皆由诚敬感格天心,用能福佑下民。时和岁稔而司天号令,长养阜成,风神之贶,厥功允懋,频年以来,朕虔祀龙神,福庇苍生,历有明验。因思古称雨吻燠寒,以风为本,亦宜特隆祀典,以答洪庥。"②而弘历更是相信"天之所培者,人虽倾之,不可殖也。天之所覆者,人虽载之,不可植也","盖天佑我皇清,究非人力也。"③可以这样说,满族传统的萨满教信仰,不仅是满族接受儒家文化的契机,也是掣肘和阻止明清之际早期哲学启蒙惯性的强大惰力。这种惰力结合清朝统治者治国理政的需要,一步一步地走向倒退,因而出现了明清以来满族思想发展史上的历史回流。尽管清初的历史回流并没有在哲学文化上很快地反映出来,而是到了乾隆时代才得以反映,但无论如何,这种历史回流不仅对满族,而且对整个中华民族的历史发展都造成了巨大的负面影响。

思想回流的具体表现是多方面的,比如程朱理学的权威在"御纂""钦定"等政治高压下得以恢复并被反复强调,前引康熙所言是其证,就是胤禛以"敷政宁人"为要旨而强化儒学,强调"礼义廉耻之大者",认为"礼义廉耻国之四维者,盖以天下之大,四海之众,皆范围其而不可须臾离……以礼言之,如化民成俗,立教明伦,使天下之人,为臣皆知忠,为子皆知孝,此礼之大者也"④。所以他"更欲以研经卫道之功,为敷政宁人之本"⑤。在这方面,中国著名的马克思主义哲学家侯外庐即有所概括:"一方面大兴文字之狱,开四库馆求书,命有触忌讳者焚之,他方面又采取了一系列的愚弄政策,重儒学,崇儒士……另一方面,雍正元年(1723)以后,中国学术与西洋科学,因受了清廷对外政策的影响,暂时断绝关系。

---

① 《清世宗圣训》卷八。
② 《清世宗圣训》卷三十二。
③ 《清高宗圣训》卷四十六。
④ 《清世宗圣训》卷四。
⑤ 《清世宗圣训》卷四。

因此,对外的闭关封锁,对内的钦定封锁,相为配合,促成了所谓乾嘉时代为研古而研古的汉学,支配着当时学术界的潮流。"①所以,借用马克思的话说,这样的历史倒退与思想回流,使我们"不仅苦于资本主义生产的发展,而且苦于资本主义生产的不发展。除了现代的灾难而外,压迫着我们的还有许多遗留下来的灾难,这些灾难的产生,是由于古老的陈旧的生产方式以及伴随着它们的过时的社会关系和政治关系还在苟延残喘。不仅活人使我们受苦,而且死人也使我们受苦"②。

（三）载湉变法维新及引发的满族哲学的思维转型

历史传统的强大桎梏以及清朝封建统治的确立导致的康、雍、乾时代的思想回流,导致明末清初的资本主义新因素及相应的精神分泌物——中国早期哲学启蒙横遭摧折和窒压,其间及以后满族历史上出现的纳兰性德、德沛、阿克敦、多隆阿、颙琰、旻宁、奕詝等"哲学"人物,差不多都是在天理流化、天人同道、正心修己的儒家文化的框架下衍生并演绎自己的治国理政思想的。纳兰性德因坚信儒家之"吾道之物物皆实"③,而编辑《通志堂经解》和《大易集义粹言》。德沛说"人秉之天者,大体也;受之父母者,小体也。大体终古不毁,小体则顺时而既。人有二体,徇其小以亡其大,遂莫能与天地准"④,持孟子之说而以儒为宗。阿克敦说"吾性有仁之德,吾性有义之德,吾性有礼之德,吾性有智之德,四德根于心者,心之体也。吾有知觉,发而为仁之端;吾有知觉,发而为义之端;吾有知觉,发而为礼之端;吾有知觉,发而为知之端。四端起于心者,心之用也。然而性与知觉则又不可分而言之也"⑤。多隆阿序《易原》时则说"圣王传心之要,咸于《易》中。备言之则是《易》兼通卜筮,而实为传心之书也"。颙琰说"理本于天,人君代天赞化,敷言纯乎天理,非人君所

---

① 侯外庐:《中国早期启蒙思想史》,人民出版社,1956,第410页。
② 马克思:《资本论》第1版序,载《资本论》第1卷,人民出版社,1975,第8—11页。
③《通志堂集》卷十三。
④《实践录·序》。
⑤《德荫堂集·合性与知觉有心之名》。

自为训,即上帝之训也"①。旻宁说"天理""以为建顺五常之德,而性以名焉。圣人此性,常人此性,性无不善,善无不同,以同然之性,为同然之善……兴仁兴让,教孝教弟,朝野上下,翕然同风,郅治之隆,端在于此……皆善与人同之征也,善之量弥纶天地,舜之量遂与天地准。"②奕䜣讲"圣人之学,基于戒惧慎独之一心,推而致之,遂及于广大而不可限量,所为推而致者,非有所为而为也。圣人之心,与天地万物为一体"③。及至震钧写《两汉三国学案》,也"匪云玄奇,正以明道。知我罪我,听诸后人而已"④……可以说,思想回流后的满族统治者的哲学思想,差不多都是在儒家治国理政观念的框架下运行的,若结合满族的萨满教信仰及《百二老人语录》的思想内容,则反映出了满族哲学的整体上的历史回流,直到19世纪中叶,"中国以鸦片战争之后的民族苦难而转入近代。结果,明清之际早期启蒙哲学的思想成果几乎被掩埋了一百多年,而到19世纪末才在资产阶级的变法维新运动和反清革命运动中重新复活,起着一种思想酵母的特殊作用。"⑤

奕䜣应是满族哲学思想回流后再次萌芽新思想的代表人物之一,作为咸丰、同治、光绪三朝的重臣,虽然他在总体上坚持了儒家道统地位,著有《乐道堂文钞》《萃锦吟》等书,其典型思想特征是其《以道制欲论》中所表现的儒家"以道制欲论",但是他也主张学习国外先进的科学技术以增强中国的国家实力,于是支持开办了中国早期的近代军事工业,为中国近代工业之创始作出了新的探索;他在外交上主张保持与欧美大国的和平,建议并创办了中国第一个正式外交机关,是晚清新式外交的开拓者,使清朝外交开始步入正轨并打开新局面;他为了洋务事业,兴办新式学校,派出留学生,促进了近代教育事业发展……当然,由于洋务派的洋

---

① 《清仁宗实录》卷一四。
② 《清宣宗实录》卷四五二。
③ 《清文宗实录》卷八四。
④ 唐宴:《两汉三国学案·序》。
⑤ 萧萐父:《萧萐父选集》,武汉大学出版社,2013,第11页。

务运动既不反封建,又不反对帝国主义,只是企图通过改革、和戎(与帝国主义讲和)以摆脱苦难;由于洋务派对封建制度采取的是变以自保,对帝国主义采取的是"避战求和"政策,结果是既未能自保又未能求和。洋务运动也因甲午中日战争中北洋海军的覆灭而破产,并因此而为后世留下了一批不死的灵魂。

以奕䜣为领袖的洋务派本身有极大的封建性,窒息了洋务运动的生机。加上洋务运动"查治国之道,在乎自强"的宗旨[1],也为西方资本主义所不容。更加上封建顽固派的阻挠和破坏,最终使洋务运动失败。中国既未因洋务运动而致富,更未因洋务运动而致强。原因何在?维新志士着眼于研究日本战胜中国、战胜俄国的历史现实,发现"日本变法,百不存一"的要诀,把洋务派的"练兵强天下之势"看成是"权宜应敌之策,非立国之策"。他们认为,"变法成天下之治"是"立国自强"的根本大计[2]。山川奇险风景美,韵调悲惊壮乐章。维新志士们以"今日中国不变法则必亡是已"(严复语)的高度的历史警觉,以"外国变法,无不以流血终,中国尚无此例,愿自嗣同始"的崇高的历史责任,以"我自横刀向天笑,去留肝胆两昆仑"(谭嗣同语)的无畏的历史勇气,进行了以拯救民族危亡、发展资本主义为宗旨的变法维新运动。而满族的载湉就是在这种列强欺凌、国弱民贫的情形下,逐渐接受维新思想,启用康有为、梁启超等维新派人物进行变法,试图效法日本,变法图强。尽管由于阶级的局限,维新派害怕"金田之役,复将起矣"的人民革命,不敢从根本上触动封建制度,加上对帝国主义抱有幻想,于是变法仅短短的 103 天便告失败。维新志士们只能在"有心杀贼,无力回天"的历史遗憾中退出历史舞台,并在中国历史上奏出了一曲悲凉而绝壮的乐章。不过,载湉的思想转型却成了满族哲学思想近现代转型中既动人而又悲壮的一幕。载湉说:

> 国家振兴庶政,兼采西法。诚以为民立政,中西所同,而西人考

---

[1] 奕䜣:《筹办夷务始末》。
[2]《公车上书》。

究较勤,故可以补我所未及。今士大夫昧于域外之观者,几若彼中全无条教,不知西国政治之学,千头万绪。主于为民开其智慧,裕其身家。其精乃能美人性质,延人寿命。凡生人应得之利,务令其推扩无遗。朕夙夜孜孜,改图百度,岂为崇尚新奇,乃眷怀赤子,皆上天之所畀,祖宗之所遗,非悉使之康乐和亲,朕躬末为尽职。加以各国环处,陵(凌)迫为忧,非取人之所长,不能全我之所有。朕用心至苦,而黎庶犹有未知,职由不肖官吏,与守旧之士大夫,不能广宣朕意,乃反胥动浮言,使小民摇惑惊恐。山谷抉杖之民,有不获闻新政者,朕实为叹恨。今将变法之意布告天下,使百姓咸喻朕心,共知其君之可恃,上下同心,以成新政,以强中国,朕不胜厚望。著查照四月二十三日以后,所有关乎新政之谕旨,各省督抚,均迅速照录,刊刻腾黄,切实开导。著各州县教官,详切宣讲,务令家喻户晓。各省藩臬道府,饬令上书言事,毋事隐默顾忌。其州县官应由督抚代递者,即由督抚将原封迳递,不得稍有阻格,总期民隐尽能上达,督抚无从营私作弊为要。此次谕旨,并著悬挂各省督抚衙门大堂,俾众共观,庶无壅隔……前因振兴庶务,首在革除壅蔽,当经谕令各衙门代递事件,毋得拘牵忌讳,嗣因礼部阻格司员王照条陈,当将怀塔布等予以重惩。复先后谕令都察院及各衙门,随到随递,不必拘定直(值)日之期,诚以百度维新,必须明目达聪,始克收敷奏以言之效。第恐大小臣工,狃于积习,不能实力奉行,用再明白宣谕,以后各衙门有条陈事件者,次日即当呈进,承办司员,稍有抑格,该部院堂官,立即严参惩办,不得略予优容。所有六月十五日、七月十六日谕旨,七月十九日朱谕,七月十七日及十四日交片谕旨,均令各衙门录写一通,同此件谕旨,一并悬挂。俾得触目警心,不至复萌故态,以示朕力除壅蔽之至意。[①]

仅此一节,我们就可看到载湉思维方式的重大转型,反映出满族哲

---

①《清德宗实录》卷四二五。

学思想的再度启蒙。

第一，"国家振兴庶政，兼采西法。诚以为民立政，中西所同，而西人考究较勤，故可以补我所未及。"这里从中西文化共性的角度，承认西方文化的相对优势，据此强调国家建设中向西方学习的重要性，这可以说是一种"全球性现代化眼光"。这一认识，结合其"各国环处，陵迫为忧。非取人之所长，不能全我之所有"的思想认识，确实在历史观上实现了由中国史观向世界史观的转型。

第二，"今士大夫昧于域外之观者，几若彼中全无条教，不知西国政治之学，千头万绪。主于为民开其智慧，裕其身家。其精乃能美人性质，延人寿命。凡生人应得之利，务令其推广无遗。"这里强调应全面认识、了解西方，而不应"昧于域外之观"，然后对西方文化的主要特点进行概括，强调"凡生人应得之利，务令其推广无遗"。显然，这与早期启蒙时代"欲求超胜，必先会通"（徐光启），"深入西法之堂奥而规其缺漏"（梅文鼎），"泰西质测颇精，通几未举"（方以智）……之旨趣高度吻合，并强调推扩至社会实践。

第三，"朕夙夜孜孜，改图百度，岂为崇尚新奇，乃眷怀赤子，皆上天之所界，祖宗之所遗，非悉使之康乐和亲，朕躬末为尽职。"这里强调了自己思维方式的全面变革，"改图百度"，并强调这不只是"崇尚新奇"，而是一种新的历史认知——"今将变法"，以期"上下同心，以成新政，以强中国"。为此，他首开测试制文，不提执中心法与性理之说，只讲作育人才、振兴军事、提高帝德和加强理财；因而中国须大力发展新式教育：强调"振兴商务，为目前切要之图……泰西各国，首重商学，是以商务勃兴，称雄海外。中国地大物博，百货浩粮，果能就地取材，讲求制造，自可暗塞漏卮，不致利权外溢……（宜）查明各该省所出物产，设厂兴工，使制造精良，自能销路畅旺，日起有功，应如何设立商学商报、商会各端，暨某省所出之物产，某货所宜之制造，并著饬令切实讲求，务使利源日辟，不令货弃于地，以期逐渐推广，驯致富强"[1]。强调国家机构即"各衙门，业经分

---

[1]《清德宗实录》卷四二一。

别归并……现当振兴庶务,规画(划)久远,应于铁路矿务总局,农工商务总局,酌设大小官员额缺,以备将来量材任使"。比如教育即体现了更为深刻的思维变革,如载湉即说:

> 前经降旨,开办京师大学堂,入堂肄业者,由中学小学以次而升,必有成效可睹。惟各省中学小学尚未一律开办,总计各直省省会,及府厅州县,无不各有书院,著各该督抚,督饬地方官,各将所属书院,坐落处所,经费数目,限两个月详查具奏,即将各省府厅州县,现有之大小书院一律改为兼习中学西学之学校,至于学校等级,自应以省会之大书院为高等学,郡城之书院为中等学,州县之书院为小学。皆颁给京师大学堂章程,令其仿照办理。其地方自行捐办之义学、社学等,亦令一律中西兼习,以广造就……所有中学小学应读之书,仍遵前谕,由官设书局,编译中外要书,颁发遵行。至如民间祠庙,其有不在祀典者,即著由地方官晓谕居民,一律改为学堂,以节糜费而隆教育。似此实力振兴,庶几风气遍开,人无不学,学无不实。用副朝廷爱养成材至意。①

总之,明清之际的中国满族哲学早期启蒙思潮虽然在康熙那里有一定的惯性影响,但毕竟反映了一定的哲学启蒙之思。然而不幸的是,从康熙朝开始的历史回流,窒息了满族思想发展史上的新因素。除上列皇权人物外,文学人物如曹雪芹的《红楼梦》借书中人之口说"把朱子都看虚浮了",甚至"越发把孔子也看虚了"(第56回),而《儿女英雄传》则说"宋儒中如考亭(朱熹)、明道(程颢)、伊川(程颐)诸君子,大半是苦拘理路、不问性灵的……误了天下后世无限读者"(第39回)。其中虽然有不少新气象,但在总体上看,他们仍然是被窒息了的。这种窒压,起自17世纪中叶,几乎延续了整个18、19世纪,直到19世纪末才在满族思想发展中得到复兴,奕䜣、载湉似又可以作为这一时代前后相继、不断走向深

---

① 《清德宗实录》卷四二〇。

化的思想代表,在这一点上,我们的哲学史研究应当"不哭,不笑,而是理解"①。

四、白族哲学思想的早期启蒙与近现代转型

白族是中国少数民族中人口较多且文化较发达的民族,由于特殊的地理环境及历代文化政策的影响,白族哲学思想的发展呈现出极为鲜明的特色。在中国哲学的早期启蒙与近现代转型过程中,白族哲学思想基本上与整个中国哲学文化运动保持大体一致的运动轨迹,这一点更为值得关注。从古代白族神话中的哲学思想萌芽,到佛教、道教等宗教文化与白族本主崇拜的融合,从古大理国《德化铭》《明帝记》《造幢记》中的"释儒"或"儒释",到"云南、四川边疆土官,皆设儒学,选其子孙侄之俊秀者以教之,使其知君臣父子之义,而无悖理争斗之事,亦安边之道也"的文化普及,从而达到"择民间之俊秀及土官子弟皆令入学,肄业便知礼义"②的文化建设,白族哲学思想发展的土壤,始终显得那样的厚实,到了明、清时代,不仅白族传统哲学形成了自己的较为成熟的形态,出现了杨士云、王兆、二艾(艾自修、艾自新)等一批有一定思想深度的哲人,而且在民族意识的觉醒与民族精神的凝练方面,出现了极具近现代思想意义的哲学启蒙与哲学转型,为中国哲学的近现代发展作出了自己应有的贡献。

(一)"倚剑背冥道独高"的思想地位

自明清之际以来,中国哲学思想发展史上发生了早期启蒙运动。一般认为,这场中国哲学思想史上的启蒙运动开始于 16 至 17 世纪之间,即从明朝嘉靖以来,随着中国历史上出现的一系列新的变化,在思想上也产生了相应的精神——适应早期资本主义发展的新观念,其代表人物有李贽、黄宗羲、顾炎武、方以智、王夫之等,他们坚决反对"以孔子之是

---

① 戈·瓦·普列汉诺夫:《俄国社会思想史》,孙静工译,郭从周校,商务印书馆,1999,第 9 页。
② 万历:《云南通志》,见焦竑:《国朝献征录》,上海书店,1986。

非为是非"(李贽),主张"循天下之公","不以天下私一人"(王夫之),呼唤"天下之法"(黄宗羲)……正是这一时期,开启了白族哲学思想的早期启蒙与近现代转型。这是白族地区社会发展,特别是其思想文化发展的必然产物。因为"每一个时代的哲学作为分工的一个特定的领域,都具有由它的先驱传给它而它便由此出发的特定的思想资料作为前提"①。

首先,自明、清以来,特别是"改土归流"以后,白族聚居地区已经获得了极大的发展,《清职贡图》即言白族人民"居处与民相杂,风俗衣食,悉仿齐民(指汉族),有读书应试者,亦有缠头跣足,衣短衣披羊皮者,岁输赋税"②,其所谓"齐民"是指汉族群众而言。乾隆版《赵州志》更是说"白人"虽然"有僰字,善夷语,信佛事巫,常持斋诵经",却"性勤俭,颇读书,习礼教,通仕籍,与汉人无异";具体如白族聚居的大理府则"山川灵秀,文物蔚然,而商贾辐辏,用于他郡,亦滇中大都会也"③;鹤庆、剑川则"平原可耕……文字科名,比于他郡"④。正是这种变化,开启了白族哲学社会思想的近现代转型。所以,人们说"明以迄满清,学风日盛,人才蔚起,考其进化较速之原因,皆由乡先贤辈不惮艰难,广建书院义塾,进子弟而课之"⑤。

其次,生产力的发展及生产关系的新因素,催生了哲学思想文化的新景象。自明、清以来,白族地区在产业方面有了大的调整,如嘉庆《楚雄县志》中说"僰人,性警捷,善居积,多为行商,熟于厂务"。《顺宁府志》中说"白人,多从大理、剑川来者,或习梓匠,为杂工,凡作室制器,取利则来"……应该说,生产力的发展必然引起生产关系、思想关系的新变化。从生产力与生产关系的角度说,云南在明代已有资本主义萌芽,特别是在云南的铜矿业中出现了较大的作坊,雇主与佣工的关系已不同于原有

---

① 《马克思恩格斯选集》第 4 卷,人民出版社,1995,第 703—704 页。
② 清道光《云南通志》卷一八二。
③ 王崧:《道光云南志钞》卷一《地理志·大理府》。
④ 王崧:《道光云南志钞》卷一《地理志·丽江府》。
⑤ 民国《大理县志稿》。

的封建的人身依附关系或宗法关系,而呈现着新型的资本主义的雇佣关系,无论从生产的规模上看,还是从生产关系上看,都已经是资本主义性质的生产,从而为白族哲学思想的近现代转型提供了经济基础。明万历三十四年(1606)的云南矿工万余人暴动,怒杀矿监杨荣,火烧其宅,杀其党二百余人,这更是与荆州市民、武昌市民相继举行的反对税使陈奉的斗争及苏州织工聚众万余反对税使孙隆等的斗争相结合,形成了中国早期的"市民运动",为白族哲学思想转型提供了思想动力。

最后,从思想渊源的角度说,白族的新思想还与李贽等早期启蒙思潮的先声有关。李贽于万历年间任姚安知府,曾在姚安"务以德化",并开设书院讲学,显然对以后姚安的学术发展产生了深刻影响。李贽以孔孟传统儒学的"异端"而自居,具有"颠倒千万世之是非"的批判精神(李贽《藏书》谓:"咸以孔子之是非为是非,故未尝有是非耳。"),其"童心即真心"的个性自觉和"无私则无心"的私产要求都是极重要的启蒙思想资源。白族思想家李元阳即将离经叛道的李贽引为同道:"姚安太守古贤豪,倚剑背冥道独高。"①即是证明。李元阳"先生之学以佛入,以儒出,复性为本,济世安民为用"②。不过,他强调:"志于明道者,不主儒,不主释,但主理。"③显然,这里与李贽一样否定的是儒学的绝对权威。

(二)"于先儒偏驳处时加救正"的思想新风

如果说在明朝末年,李元阳的思想已具有了新的动向的话,那么清朝初年在白族思想史上还出现了一个重要思想家——高奣映,他是白族早期启蒙新思想的典型代表。有学者谓:"清季北平名流有谓清初诸儒应以顾、黄、王、颜、高五氏并列,非过论也。"④足见其思想的价值与意义。

高奣映,字元廓,亦字雪君,别号问米居士、结璘山叟,系段氏大理国高相国的后裔,"生性警悟,幼嗜读,过目成诵,博极群书。自性理、经济

① 李元阳:《李中溪先生全集》卷二。
② 李元阳:《李中溪先生全集》卷二。
③《重刊中溪家传汇稿序》。
④《姚安县志》卷四二。

以至玄释、医术莫不洞晓,诗、词、歌、赋皆能深造入微"①,系白族哲学思想史上的一位百科全书式的人物,著有《太极明辩》《增订来氏易注》《金刚慧解》《迪孙》《备瀚》《妙香国草》《鸡足山志》等专著及一些短篇,著作达81种之多,总的学术精神即是"泛经史子集、宋元以来先儒学说与夫诗古文辞、佛藏内典皆各窥其底蕴而各有心得……皆能扫前人支离,自辟精义,并于先儒偏驳处时加救正。"②显然他是一个具有"叛逆精神"的学者,因而"以后学犯先正,当仁既不让其师资,论道敢违于前哲"③。

高奣映的新思想首先表现在他的"经世致用"思想上,他强调:"虽圣经不必泥"、"心为书缚之则自苦矣,善读书必超乎其书,超之则自乐矣。吾愿汝曹日日得乐,不致为书所缚。"具体如"宜将游民清查,给以田亩,近平原无水者教以树桑,如近山箐稍阴,教以栽植花椒,山箐之向阳而有水者,教以种植桃、梨、枣、栗、海松、胡桃、橘柑。"④显然,这种"经世致用"精神实已具有了一定的早期启蒙意义。

其次,在哲学自然观上表现出与早期启蒙思想接近的方面,如高奣映认为"天之为天一噫气,清之以上浮也;地之为地一噫气,浊之而下沉也。地之块然,天之冥然,莫非此噫气之清浊为之⑤。这与黄宗羲的"大化之流行,只有一气充周无间"⑥,"覆载之间,一气所运,皆同体也"⑦极为相近。"阴阳之所以生生化化者,以阳则根阴,阴复根阳也……阴阳相根……则阴极生阳,阳极生阴,阴中有阳,阳中有阴"⑧。"乾阳资始矣,如无顺承之坤,则品物如何流行,群情胡能发挥,故阳不能独成……坤阴资生矣,如无保合之乾,则品物如何咸亨,其道乌能驯致,故阴不能独生"⑨

---

①《姚安县志》卷二七。
②《姚安县志》卷四二。
③《姚安县志》卷三七。
④ 高奣映:《教民树艺议》,载《姚安县志·金石志》。
⑤ 高奣映:《马氏等音序》,载《滇文丛录》卷二三。
⑥《南雷文集·与友人论学书》。
⑦《孟子师说·庄暴见孟子章》。
⑧ 高奣映:《太极明辩》卷二。
⑨ 高奣映:《太极明辩》卷二。

高奣映上述的思想与王夫之的"阴阳者,恒通而未必相薄,薄者其不常矣"①有异曲同工之妙。

(三)"子规夜半犹泣血,不信东风唤不回"的民族精神

近现代以来,白族聚居地区也遭到了西方殖民者侵略的威胁,因而有了对全球性现代化运动的深切体验。例如,英国不仅通过其在缅甸的银行将大量资本渗透入我国白族群众生活聚居的地区,而且向这些地区倾销大量洋纱、洋布、煤油和烟草,并相应掠夺这些地区的石磺、茶叶、牛羊皮、药材、猪鬃②……1906 年法国在马赛举行属地博览会时还公然把中国云南列为它的殖民地……正是这些"野蛮的现代化",使白族人民明显地有了自己的哲学思考,体现了近现代民族意识的觉醒与民族精神的凝练,并出现了哲学思想的近现代转型的代表——赵藩、赵式铭、王毓嵩、张耀曾……他们成为走在时代前列的先进分子。

赵藩(1815—1927),以行动证明了自己的思想转型。赵藩,字樾村,亦字介庵、介礚,晚年自号石禅老人,剑川向湖村人。赵藩少年读经,青年投身清军,并参加了镇压滇西回民起义的活动;他曾参加过科举考试,也曾获取过功名。却因对社会的不满而辞官。可就是这样一位清朝官吏,在辛亥革命后参加了新政权建设,于 1911 年受蔡锷、李根源之邀,出任迤西自治总机关部总理,后反对袁世凯称帝并于 1916 年参加护国战争,1918 年还曾出任以孙中山为首的广州护法军政府的交通部部长……他在反对袁世凯称帝的檄文中称自己为"滇男子赵藩"。电文云:"余以前清监司,告养在籍,辛亥秋,滇省首义,迎征而出……地方举为国会议员北上,目击君之阴谋,操纵利用党争,无可斡旋,辞职归去。嗣闻君不噪于余,问之丁槐,颇致疑虑。迨谋帝制,又使朱家宝专电招邀,饵以高爵,怵以危机,余逐谢绝……比者,君卸总统称帝制,狡图不遂,削帝称统,起灭自由,抑何不知世间有羞耻事耶?举国之人追君退位,余则谓君

①《周易外传》卷七。
② 白族简史编写组:《白族简史》,云南人民出版社,1988。

固已无位退也。为君代谋,惟慷慨则自裁,隐耐则远窜,斯二者择一而速行之,毋使生灵涂炭,神州陆沉,则君罪犹可未减。"①这已足以反映白族哲学思想的近现代转型了。

白族哲学思想转型的卓越代表应是赵式铭(1873—1942)。赵式铭,字星海,曾用笔名精愚、睫巢等,晚号豩父、豩甫,云南剑川人,曾主笔《丽江白话报》,其文"足以开发民智",且"文有电气,读之手颤"②。其思想的近现代意义在于:首先强调"自古无一定不易之法,世界有推陈出新之机",主张积极的社会变革。他在1905年从教于剑川"州立高等小学堂"时曾作有三副对联,要求大家在"国家多事日"应"切磋砥砺","莫作支那熟睡人",其"所望于青年豪气人"要"慎勿再为碧眼虬髯笑",要在"智育、体育、德育"方面"鼓学界精神",要在"路权、矿权、海权"方面"为大陆放光明"。其所以如此,正在于帝国主义的丛林法则给他以深刻影响与体验,"莽乾坤是一大舞台,是强的生杀予夺随安排,是劣的奴隶牛马也应该。看,茫茫大陆,莫只有强种常在。叹,此意有几人得解?愿身化恒河沙,苦把同胞戒,问晨钟暮鼓,可醒过南柯来?"③"直到今日之下,地方被人占了,权利被人夺了,人民被人欺侮了,再要听天,再要安命,那洋人就要搬进屋里了……中国若再茬苒茬蹉跎蹉跎,恐怕不久也就与那红人黑人为兄弟了。"④于是,他坚信自己的责任,并以"子规夜半犹泣血,不信东风唤不回"的努力而进行着思想启蒙。据此,他从教育、实业、民风等方面规划了中国的未来,并强调"大家做个伟大国民",要大家"重新做一个完全的国民",其中最重要的是以"这工商两业,为我社会生活命脉",

---

① 《赵藩遗稿》。
② 杨适夫:《白族诗人赵式铭文学生涯琐记》,载《大理州文史资料》第2辑。
③ 赵式铭诗文,原载《丽江白话报》,转引自赵衍荪《〈丽江白话报〉简介》,《玉龙山》1981年第2期。
④ 赵式铭诗文,原载《丽江白话报》,转引自赵衍荪《〈丽江白话报〉简介》,《玉龙山》1981年第2期。

并强调其"断断不能缓的"①，甚至要求人们去"做个煤油大王，钢铁大王"，因为"那才是无穷的利益哩"②。正是在这些思考的基础上，他强调要立足世界，"非合无数量人之脑力腕力不足以救国"，而这是从总结世界近现代历史经验中得出的结论——"普法之战、中日之战、日俄之战，以及意大利建国，美利坚独立，就表面看来，全靠几个有数英雄，殊不知有无数闷头英雄从中策应，才能干出轰轰烈烈的事功来。"③最终结论即是："非合无数量人之脑力腕力不足以救国，非合无数量人之公利公益不足以图存。"④

白族哲学思想近现代转型的第一个思想系统应是王毓嵩的进步历史观。王毓嵩（1882—1919），字峄南，云南大理人。1905 年去日本留学，参加进步刊物《云南》的编辑工作，回国后在云南省立第一师范任教。1916 年后他在云南《义声日报》上连续发表文章《人理学》和《义务政府主义》，系统地阐述了自己对社会、政治、历史、道德、经济的看法，并从哲学上对社会达尔文主义进行了较深刻的批判，成了白族近现代思想史上第一个具有系统哲学思想的哲学家，不仅延续了白族历史上的"人理学"传统，而且还提出了自己的"义务政府主义"。王毓嵩首先把生物进化分为三个阶段："衍其强暴者而灭其弱懦者""衍其能者而汰其不能者""汰其不道德者而存其道德者"，在这三个阶段中，人类社会属于进化的第三阶段，在此前的两个阶段还没有所谓的"人"。人类社会出现的标志是有了"生事"，实际上讲的是人类劳动："未有生事以前，所谓生类之道德者有弱肉强食之一语而已。"⑤而"农之勤于野，虞之力于山，工之作于室，商之贸迁于万国之间，贾之列肆于一市之内，学者之劳心殚虑为世界光明之

---

① 赵式铭诗文，原载《丽江白话报》，转引自赵衍荪《〈丽江白话报〉简介》，《玉龙山》1981 年第 2 期。
② 赵式铭：《最丰厚之矿产出现》，见《睫巢文集》（手稿）。
③ 赵式铭：《论普通知识之必要》，原载《永昌白话报》，转引自赵衍荪：《白族学者赵式铭生平及在云南地方文史研究上的贡献》，云南省历史研究所：《研究集刊》1983 年第 2 期。
④ 赵式铭：《丽江县公产印簿序》，见《睫巢文集》（手稿）。
⑤ 王毓嵩：《人理学》，《义声日报》1916 年 12 月 9 日、11 日、13 日。

灯,圣贤之明伦立教为人类渡迷出苦之筏。如此之类皆生事也。"①他认为,"生事"本身是依据一定的生产工具的,这就是他所说的"器械":"至于人类肇兴始有器械之事,器械发达而生事兴"②。他正是根据"器械"的发展,认为人类社会应该从"相敌当之世界一变而为相提挈之世界"③。他特别强调近代"物质文明日益进盛,商路大通,遂使农工业成激进不已之势",因而即由父子、夫妇、兄弟三伦而到"人类有相资","推而至于世界,则国际有相资也"。④ 为了达到上述目标,他与赵式铭一样,强调"制天下安危治乱者多数",因为"胜负之数以人数之多寡定之而已,多数常胜,少数常败,一定之势也"⑤。并据此分析了社会分工与人的社会关系,从而认为"今之世,非军队之竞争乃国民之竞争也"⑥;"今之世,非以兵战,乃以民战者也,故一国之民之智识、道德、财富、能力,乃关系其国强弱盛衰之数。"⑦

此外,白族近现代哲学转型中还有不少的思想家值得分析。我们只是据此说明其近现代转型的一般状况而已。

(四)唯物史观的社会进化简史论

俄国十月社会主义革命给中国送来了马克思列宁主义,其中也包括对白族青年的影响。白族的优秀儿女张伯简曾与旅欧的赵世炎、周恩来等一起建立了"旅欧中国少年共产党",施滉则成为五四运动时期清华大学的学生领袖,赵琴仙成为云南妇女运动的先驱,周保中在白色恐怖最严重的时刻加入中国共产党,并在后来成为抗日名将……以下我们只略论及张伯简,以说明白族哲学思想转型的第三阶段——白族马克思主义者的产生。

① 王毓嵩:《人理学》,《义声日报》1916 年 12 月 2 日、19 日。
② 王毓嵩:《人理学》,《义声日报》1916 年 12 月 2 日、19 日。
③ 王毓嵩:《人理学》,《义声日报》1916 年 12 月 19 日。
④ 王毓嵩:《人理学》,《义声日报》1916 年 12 月 20 日。
⑤ 王毓嵩:《人理学》,《义声日报》1916 年 8 月 17 日。
⑥ 王毓嵩:《今日政治当局者之功罪》,《义声日报》1916 年 8 月 22 日。
⑦ 王毓嵩:《论财政奇绌为进政治于清明之大好机会》,《义声日报》1916 年 9 月 18 日。

张伯简(1898—1926),字稚青,别名红鸿、洪鸿,云南剑川金华镇人。1919 年冬赴法国勤工俭学,开始接受马克思主义;1924 年回国从事工人运动;1925 年春被选为团中央候补委员,后在上海投身"五卅"运动,到广州任中共广东区执行委员会委员、军委书记,并在黄埔军校担任教官;1926 年在参与领导省港大罢工的工作中病逝①。

张伯简是中国共产党早期的马克思主义理论家之一,他根据莫斯科东方劳动大学的教材和自己的学习心得而译编的《各时代社会经济结构原素表》一书②,为党的出版机构多次印行,很有影响;他译编的《社会进化简史》一书③,是中国最早运用唯物史观阐述社会发展史的理论著作之一④,这些书在中国共产党早期宣传马克思主义中起到重要作用。其具体内容,我们不在此专述。

综上所述,白族在中国哲学的发展史上,与整个中国哲学发展经历了大致相同的历史进程,从明清之际即开启了具有早期启蒙性质的哲学思想新动向,近现代以后又顺势而为,"在势之必然出见理",成为中国少数民族哲学发展的一个重要个案。

---

① 引自中共剑川县委员会:《云南少数民族共产主义运动的先驱张伯简》,载中共云南省委党史资料征集委员会编:《张伯简文辑》,云南民族出版社,1987。

② 《各时代社会经济结构原素表》,张伯简译编于 1924—1925 年,先由党的出版发行机构上海书店套色石印发行。党的北方人民出版社成立之后,由该社首批秘密出版,1930—1932 年,该社与上海华兴书店又分别以"晓旭"署名重印出版。1987 年,中共云南省委党史资料征集委员会将其编入《张伯简文辑》,由云南民族出版社出版。

③ 《社会进化简史》,张伯简译编于 1924—1925 年,1925 年在上海、广州出版。第二次国内革命战争时期,中央苏区的中央出版局重印。1987 年,中共云南省委党史资料征集委员会根据中国革命博物馆所藏的 1925 年上海国光书店出版的本子,编入《张伯简文辑》,由云南民族出版社出版。

④ 蔡和森有《社会进化史》一书,撰写于 1924 年 8 月,1924 年由上海智民书局出版第 1 版,1926 年出版第 3 版,说明其影响十分广泛。现已编入《蔡和森文集》,由人民出版社 1980 年出版。

主要参考文献

马克思、恩格斯：《马克思恩格斯选集》第 1—4 卷,北京:人民出版社,1995。

列宁：《列宁选集》第 1—4 卷,北京:人民出版社,1995。

毛泽东：《毛泽东选集》第 1—4 卷,北京:人民出版社,1991。

黑格尔：《哲学史讲演录》,贺麟等译,北京:生活·读书·新知三联书店,1956。

黑格尔：《小逻辑》,贺麟译,北京:商务印书馆,2003。

黑格尔：《历史哲学》,王造时译,上海:上海书店出版社,1999。

文德尔班：《哲学史教程》,罗达仁译,北京:商务印书馆,1997。

乌尔里希·贝克等：《自反性现代化》,赵文书译,北京:商务印书馆,2001。

约恩·吕森：《历史思考的新途径》,来炯等译,上海:上海人民出版社,2005。

邦奇—布鲁耶维奇：《列宁论民间口头文学》,刘辽逸等译,载《苏联民间文学论集》,北京:作家出版社,1958。

戈·瓦·普列汉诺夫：《俄国社会思想史》,孙静工译,北京:商务印书馆,1999。

波德莱尔：《波德莱尔美学论文选》,郭宏安译,北京:人民文学出版社,1987。

丹尼尔·贝尔：《资本主义文化矛盾》,赵一凡等译,北京:生活·读书·新知三联书店,1989。

罗兰·罗伯森：《全球化:社会理论与全球文化》,梁光严译,上海:上海人民出版社,2000。

斯塔夫里阿诺斯：《全球通史:1500 年以后的世界》,吴象婴等译,上海:上海社会科学院出版社,1999。

所罗门：《大问题:简明哲学导论》,桂林:广西师范大学出版社,2011。

梯利：《西方哲学史》,葛力译,北京:商务印书馆,1995。

其·朱格德尔：《封建主义形成时期的蒙古社会——政治、哲学思想》(蒙文),

呼和浩特:内蒙古教育出版社,1994。

中江兆民:《一年有半,续一年有半》,吴藻溪译,北京:商务印书馆,1979。

费尔南多·萨瓦特尔:《哲学的邀请(人生的追问)》,林经纬译,北京:北京大学出版社,2007。

S. N. 艾森斯塔德:《现代化:抗拒与变迁》,张旅平等译,北京:中国人民大学出版社,1988。

耶尔·塔米尔:《自由主义的民族主义》,陶东风译,上海:上海译文出版社,2005。

安东尼·吉登斯:《现代性的后果》,田禾译,南京:译林出版社,2000。

罗素:《西方哲学史》,何兆武、李约瑟译,北京:商务印书馆,1976。

包和平:《中国少数民族文献学概论》,北京:民族出版社,2004。

宝贵贞主编:《回顾与创新——多元文化视野下的中国少数民族哲学》,北京:中央民族大学出版社,2013。

陈来:《现代中国哲学的追寻》(增订版),北京:生活·读书·新知三联书店,2010。

陈连开:《中国民族史纲要》,北京:中国财政经济出版社,1999。

陈修斋、萧萐父主编:《哲学史方法论研究》,武汉:武汉大学出版社,1984。

成中英、冯俊主编:《康德与中国哲学智慧》,北京:中国人民大学出版社,2009。

段超:《土家族文化史》,北京:民族出版社,2000。

冯友兰:《中国现代哲学史》,香港:中华书局,1992。

冯友兰:《中国哲学史》,上海:华东师范大学出版社,2000。

冯友兰:《中国哲学史新编》,北京:人民出版社,1998。

高发元:《中国西南少数民族道德研究》,昆明:云南民族出版社,1990。

龚友德:《儒教与南方少数民族文化》,昆明:云南人民出版社,1993。

龚友德:《中国少数民族道德史》,昆明:云南人民出版社,1998。

郭齐勇:《中国哲学史》,北京:高等教育出版社,2006。

郭齐勇:《中国哲学智慧的探索》,北京:中华书局,2008。

郭齐勇主编:《当代中国哲学研究(1949—2009)》,北京:中国社会科学出版社,2011。

何萍:《马克思主义哲学与文化哲学》,武汉:武汉大学出版社,2002。

贺金瑞、熊坤新、苏日娜:《民族伦理学通论》,北京:中央民族大学出版社,2007。

胡适:《中国哲学史大纲》,上海:上海古籍出版社,1997。

李达:《社会学大纲》,武汉:武汉大学出版社,2007。

李国文、龚有德、杨国才:《智慧的曙光——民族宗教哲学探》,昆明:云南人民出版社,1990。

李杰:《中国少数民族文献探研》,北京:民族出版社,2002。

李维武:《人文科学概论》,北京:人民出版社,2007。

李维武:《长江流域文化与近代中国哲学》,武汉:湖北教育出版社,2005。

李维武:《中国哲学的现代转型》,北京:中华书局,2008。

林惠祥:《中国民族史》,北京:商务印书馆,1995。

刘文英主编:《中国哲学史史料学》,北京:高等教育出版社,2002。

麻天祥:《中国宗教哲学史》,北京:人民出版社,2006。

马学良、梁庭望、张公瑾主编:《中国少数民族文学史》,北京:中央民族大学出版社,2001。

矛盾:《神话研究》,天津:百花文艺出版社,1981。

民族院校公共哲学课教材编写组:《中国少数民族哲学和社会思想资料选编》,天津:天津教育出版社,1988。

欧阳康:《哲学研究方法论》,武汉:武汉大学出版社,1998。

任继愈主编:《中国哲学发展史·先秦》,北京:人民出版社,1983。

苏联科学院哲学研究所等编:《苏联各民族的哲学与社会政治思想史纲》第1卷,周邦应译,北京:科学出版社,1959。

孙叔平:《中国哲学史稿》,上海:上海人民出版社,1980。

佟德富、宝贵贞:《中国少数民族哲学专题研究》,北京:中央民族大学出版社,2006。

佟德富:《中国少数民族哲学概论》,北京:中央民族大学出版社,1997。

佟德富:《走进先民的智慧》,北京:民族出版社,2002。

汪少伦:《民族哲学大纲》,南京:正中书局,民国27年(1938)印行。

王天玺:《西部发展的理论与实践》,昆明:云南教育出版社,2005。

吾淳:《中国哲学的起源》,上海:上海人民出版社,2010。

吴仕民主编:《民族问题概论》,成都:四川人民出版社,1999。

伍雄武:《中国少数民族哲学思想简史》,昆明:云南人民出版社,1996。

肖万源、伍雄武、阿不都秀库尔主编:《中国少数民族哲学史》,合肥:安徽人民出版社,1992。

肖万源、张克武、伍雄武:《中国少数民族哲学·宗教·儒学》,北京:当代中国出版社,1995。

肖万源主编:《儒学与中国少数民族思想文化》,北京:当代中国出版社,1996。

萧萐父:《吹沙集》,成都:巴蜀书社,2007。

熊坤新:《民族伦理学》,北京:中央民族大学出版社,1997

牙含章、王友三主编:《中国无神论史》,北京:中国社会科学出版社,1992。

杨学政:《原始宗教论》,昆明:云南人民出版社,1991。

叶舒宪:《中国神话哲学》,西安:陕西人民出版社,2005。

张岱年:《文化与哲学》,北京:中国人民大学出版社,2009。

张岱年：《中国哲学大纲》，北京：中国社会科学出版社，1982。

张祥龙：《从现象学到孔夫子》，北京：商务印书馆，2001。

张哲敏：《民族伦理研究》，昆明：云南民族出版社，1990。

郑英杰：《中国少数民族伦理文化通论》，北京：中国文史出版社，2002。

中国北方少数民族哲学及社会思想史学会编：《中国北方少数民族哲学及社会思想史论集》，内部资料，1987。

中国北方少数民族哲学及社会思想史学会编：《中国少数民族哲学思想史论集》，北京：中国社会科学出版社，1985。

中国社会科学院少数民族文学研究所编：《民族文学译丛》史诗专辑，内部资料，1983。

中央民族学院少数民族古籍整理出版及规划领导小组办公室编印：《中国少数民族神话汇编》，内部资料，1984。

阿地里·居玛吐尔地：《中华民族全书·中国柯尔克孜族》，银川：宁夏人民出版社，2012。

朝克：《中华民族全书·中国鄂温克族》，银川：宁夏人民出版社，2012。

丁克家：《中华民族全书·中国回族》，银川：宁夏人民出版社，2012。

格桑、王蔷：《中华民族全书·中国珞巴族》，银川：宁夏人民出版社，2012。

关凯：《中华民族全书·中国满族》，银川：宁夏人民出版社，2012。

和向东：《中华民族全书·中国普米族》，银川：宁夏人民出版社，2012。

贺灵：《中华民族全书·中国锡伯族》，银川：宁夏人民出版社，2012。

柯少林、白云：《中华民族全书·中国傣族》，银川：宁夏人民出版社，2012。

梁庭旺：《中华民族全书·中国壮族》，银川：宁夏人民出版社，2012。

马福元：《中华民族全书·中国东乡族》，银川：宁夏人民出版社，2012。

米娜瓦尔·艾比布拉·努尔：《中华民族全书·中国乌孜别克族》，银川：宁夏人民出版社，2012。

欧光明：《中华民族全书·中国傈僳族》，银川：宁夏人民出版社，2012。

潘玉阁：《中华民族全书·中国瑶族》，银川：宁夏人民出版社，2012。

齐勤：《中华民族全书·中国达斡尔族》，银川：宁夏人民出版社，2012。

苏闻宇、马璐璐、罗意：《中华民族全书·中国俄罗斯族》，银川：宁夏人民出版社，2012。

陶玉明：《中华民族全书·中国布朗族》，银川：宁夏人民出版社，2012。

韦学纯：《中华民族全书·中国水族》，银川：宁夏人民出版社，2012。

文明英、文京：《中华民族全书·中国黎族》，银川：宁夏人民出版社，2012。

熊顺清：《中华民族全书·中国阿昌族》，银川：宁夏人民出版社，2012。

徐杰舜、徐桂兰编著：《中国汉族》，银川：宁夏人民出版社，2012。

杨将领：《中国独龙族》，银川：宁夏人民出版社，2012。

张曦、黄成龙:《中国羌族》,银川:宁夏人民出版社,2012。

班班多杰:《拈花微笑——藏传佛教哲学境界》,西宁:青海人民出版社,1996。

丹珠昂奔:《藏族文化发展史》,兰州:甘肃教育出版社,2001。

丹珠昂奔:《藏族文化散论》,北京:中国友谊出版公司,1993。

李元光:《宗喀巴大师宗教伦理思想研究》,成都:巴蜀书社,2006。

李元光等:《藏传佛教直观主义认识论》,北京:民族出版社,2008。

刘俊哲:《藏传佛教哲学思想研究》,北京:民族出版社,2013。

刘俊哲等:《藏传佛教哲学资料辑要》,北京:民族出版社,2007。

刘俊哲等:《藏族道德》,北京:民族出版社,2003。

刘俊哲等:《四川藏族价值观研究》,北京:民族出版社,2005。

马学良等:《藏族文学史》,成都:四川民族出版社,1991。

佟德富、班班多杰:《藏族哲学思想史论集》,北京:民族出版社,1991。

王尧、褚俊杰:《宗喀巴评传》,南京:南京大学出版社,1995。

伊丹才让编著:《雪域哲人的思辨之花》,成都:四川人民出版社,2003。

扎布等编:《藏族文学史》,西宁:青海民族出版社,2003。

赵永红:《神奇的藏族文化》,北京:民族出版社,2003。

阿不都秀库尔·买买提明:《福乐智慧宝库》,乌鲁木齐:新疆大学出版社,1999。

蔡灿津:《〈福乐智慧〉哲学思想初探》,北京:东方出版社,1992。

何星亮:《新疆民族传统社会文化》,北京:商务印书馆,2003。

热依汗·卡德尔:《〈福乐智慧〉与维吾尔文化》,呼和浩特:内蒙古人民出版社,2003。

新疆社会科学院民族文学研究所编:《〈福乐智慧〉研究论文选》(1),乌鲁木齐:新疆人民出版社,1993。

孙俊萍:《伊儒合璧的回族哲学思想》,银川:宁夏人民出版社,2008。

佟德富等编著:《维吾尔族哲学思想研究》,深圳:华南科技出版社,2004。

冯今源:《伊斯兰教在中国》,银川:宁夏人民出版社,1982。

冯今源:《中国的伊斯兰教》,银川:宁夏人民出版社,1994。

金吉堂:《中国回教史研究》,银川:宁夏人民出版社,2000。

金宜久:《王岱舆思想研究》,北京:民族出版社,2008。

金宜久:《伊斯兰教史》,南京:江苏人民出版社,2006。

金宜久主编:《伊斯兰教》,北京:宗教文化出版社,1997。

李兴华、秦惠彬、冯今源、沙秋真:《中国伊斯兰教史》,北京:中国社会科学出版社,1998。

李兴华:《伊斯兰教在中国》,银川:宁夏人民出版社,1982。

马明良:《伊斯兰文化新论》,银川:宁夏人民出版社,2006。

马明良:《伊斯兰文明与中华文明的交往历程和前景》,北京:中国社会科学出版社,2006。

马启成、丁宏:《中国伊斯兰文化类型与民族特色》,北京:中央民族大学出版社,1998。

马通:《中国伊斯兰教派门宦溯源》,银川:宁夏人民出版社,2000。

秦惠彬:《中国伊斯兰教与传统文化》,北京:中国社会科学出版社,1995。

沙宗平:《伊斯兰哲学》,北京:中国社会科学出版社,1995。

孙振玉:《王岱舆及其伊斯兰思想研究》,兰州:兰州大学出版社,2000。

孙振玉:《王岱舆刘智评传》,南京:南京大学出版社,2006。

孙振玉:《中国伊斯兰传统文化研究》,兰州:甘肃民族出版社,1995。

王岱舆:《正教真诠·清真大学·希真正答》,余振贵点校,银川:宁夏人民出版社,1996。

王怀德、郭宝华:《伊斯兰教史》,银川:宁夏人民出版社,2006。

杨怀中、余振贵:《伊斯兰与中国文化》,银川:宁夏人民出版社,1995。

符拉基米尔佐夫:《成吉思汗传》,余元盦译,余大钧等修订,上海:上海三联书店,2007。

图齐、海希西:《西藏和蒙古的宗教》,耿盛译,天津:天津古籍出版社,1986。

《蒙哲史论稿》编委会编:《蒙古族哲学及社会思想史论稿》,内部资料,1982。

巴干、赵智奎、陈红艳:《蒙古族哲学思想史论集》,北京:民族出版社,1987。

保巴:《周易原旨易源奥义》,北京:中华书局,2009。

蔡志纯等:《蒙古文化》,北京:中国社会科学出版社,1993。

道润梯步:《新译简注〈蒙古秘史〉》,呼和浩特:内蒙古人民出版社,1978。

额尔敦昌编译:《内蒙古喇嘛教》,呼和浩特:内蒙古大学出版社,1991。

格·孟和:《成吉思汗哲学思想研究》,沈阳:辽宁民族出版社,2005。

格日乐译注:《黄史》,呼和浩特:内蒙古教育出版社,2007。

霍尔查译:《勇士谷诺干》,呼和浩特:内蒙古人民出版社,1980。

罗布桑却丹:《蒙古风俗鉴》汉译本,赵景阳译,沈阳:辽宁人民出版社,1988。

内蒙古社科院蒙哲室编:《蒙古族哲学思想史研究》,呼和浩特:内蒙古社会科学杂志社,1985。

色道尔吉译:《江格尔》,北京:人民文学出版社,1983。

苏和、陶克套:《蒙古族哲学思想史》,沈阳:辽宁民族出版社,2002。

乌兰察夫、宝力格、赵智奎:《蒙古族哲学思想史》,呼和浩特:内蒙古大学出版社,1994。

武国骥主编:《蒙古族哲学史》,呼和浩特:内蒙古文化出版社,1994。

尹湛纳希:《青史演义》,呼和浩特:内蒙古人民出版社,1979。

尹湛纳希:《一层楼》,呼和浩特:内蒙古人民出版社,1978。

尹湛纳希:《泣红亭》,曹都等译,呼和浩特:内蒙古人民出版社,1981。

于江河主编:《近代蒙古族哲学及社会思想史论文集》,北京:民族出版社,1999。

阿布杜卡迪尔·伊南(Abdukadir Inan):《萨满教今昔》,姚国民、曾宪英译,土耳其历史学会出版社,1972,北京:中国社会科学院民族研究所铅印,1979。

鲍明:《满族文化模式》,中央民族大学博士论文,2004。

富育光、孟慧英:《满族萨满教研究》,北京:北京大学出版社,1991。

富育光、王宏刚:《萨满教女神》,沈阳:辽宁人民出版社,1995。

富育光:《萨满教与神话》,沈阳:辽宁大学出版社,1990。

郭淑云、王宏刚主编:《活着的萨满——中国萨满教》,沈阳:辽宁人民出版社,2001。

刘小萌等:《萨满教与东北民族》,长春:吉林教育出版社,1990。

乌丙安:《神秘的萨满世界》,上海:上海三联书店,1989。

秋蒲主编:《萨满教研究》,上海:上海人民出版社,1985。

宋德宣:《康熙思想研究》,北京:中国社会科学出版社,1990。

宋德宣:《满族哲学思想研究》,沈阳:辽宁大学出版社,1994。

宋和平译注:《满族萨满神歌译注》,北京:社会科学文献出版社,1993。

王宏刚、于晓飞:《北方萨满文化——大漠神韵》,成都:四川文艺出版社,2007。

王宏刚:《满族与萨满教》,北京:中央民族大学出版社,2002。

赵志辉、邓伟、马清福:《满族文学史》,沈阳:沈阳出版社,1989。

《鄂伦春族民间故事选》,上海:上海文艺出版社,1988。

佟德富、金京振编:《朝鲜族哲学思想史论集》,北京:民族出版社,1996。

关小云、王宏刚:《鄂伦春族萨满教调查》,沈阳:辽宁人民出版社,1998。

《阿细的先基》,昆明:云南人民出版社,1978。

《查姆》,昆明:云南人民出版社,1981。

《梅葛》,昆明:云南人民出版社,1959。

《西南彝志选》,贵阳:贵州人民出版社,1982。

《彝族古歌》,贵阳:贵州人民出版社,1989。

《彝族诗文论》,贵阳:贵州人民出版社,1988。

巴莫阿依:《彝族祖灵信仰研究》,成都:四川民族出版社,1994。

陈久金、卢央、刘尧汉:《彝族天文学史》,昆明:云南人民出版社,1984。

果吉·宁哈等主编:《彝文〈指路经〉译集》,北京:中央民族学院出版社,1993。

李国文:《天地人——云南少数民族哲学窥秘》,昆明:云南人民出版社,1992。

刘俊哲:《凉山彝族道德研究》,成都:四川大学出版社,1997。

刘俊哲:《凉山彝族哲学与社会思想》,成都:四川民族出版社,1999。

刘俊哲:《云南贵州彝族哲学思想研究》,成都:四川人民出版社,1999。

刘尧汉、卢央:《文明中国的彝族十月历》,昆明:云南人民出版社,1986。

刘尧汉:《彝族文化对国内外宗教、哲学、科学和文学的影响》,载楚雄彝族文化研究所编《彝族文化研究文集》,昆明:云南人民出版社,1985。

刘尧汉：《中国文明源头新探——道家与彝族虎宇宙观》，昆明：云南人民出版社，1985。

罗国义：《宇宙人文论》，陈英译，北京：民族出版社，1984。

孟慧英：《彝族毕摩文化研究》，北京：民族出版社，2003。

普珍：《道家混沌哲学与彝族创世神话》，昆明：云南人民出版社，1993。

普忠良：《中国彝族》，银川：宁夏人民出版社，2013。

苏克明等：《凉山彝族道德研究》，成都：四川大学出版社，1997。

唐楚臣：《中华彝族虎傩》，成都：四川民族出版社，2000。

王光荣：《通天人之际的彝巫"腊摩"》，昆明：云南人民出版社，1994。

王天玺、李国文：《先民的智慧——彝族古代哲学》，昆明：云南教育出版社，2000。

王天玺：《宇宙源流论——彝族古代哲学》，昆明：云南人民出版社，1999。

伍雄武：《智慧奇彩——云南民族哲学思想》，昆明：云南教育出版社，2000。

伍雄武主编：《彝族哲学思想史论集》，北京：民族出版社，1990。

杨树美：《彝族古代人学思想研究》，北京：人民出版社，2008。

易谋远：《彝族古宇宙论与历法研究》，北京：科学出版社，2006。

朱文旭：《彝族原始宗教与文化》，北京：中央民族大学出版社，2002。

郭大烈、杨世光主编：《东巴文化论集》，昆明：云南人民出版社，1985。

何愈：《西南少数民族及其神话》，广州：新世纪出版社，1951。

李国文：《东巴文化与纳西哲学》，昆明：云南人民出版社，1991。

木丽春编著：《纳西族民间故事集》，昆明：云南人民出版社，2007。

牛相奎等搜集整理：《云南民族民间文学典藏·纳西族·鲁般鲁饶》，昆明：云南人民出版社，2009。

史纯武等搜集整理：《云南民族民间文学典藏·纳西族·创世纪》，昆明：云南人民出版社，2009。

田松：《神灵世界的余韵——纳西族：一个古老民族的变迁》，上海：上海交通大学出版社，2008。

伍雄武：《纳西族哲学思想史论集》，北京：民族出版社，1990。

杨福泉：《纳西族文化史论》，昆明：云南大学出版社，2006。

杨世光搜集整理：《云南民族民间文学典藏·纳西·黑白之战》，昆明：云南人民出版社，2009。

云南省民族民间文学丽江调查队搜集翻译整理：《纳西族民间史诗〈创世纪〉》，昆明：云南人民出版社，1978。

中共丽江地委宣传部编：《纳西族民间故事选》，上海：上海文艺出版社，1981。

中国哲学史学会云南分会编印：《云南少数民族哲学社会思想资料选编》，内部资料，1981—1986。

周良沛搜集整理:《云南民族民间文学典藏·傣族纳西族·古歌》,昆明:云南人民出版社,2010。

红河州民族研究所编:《哈尼族研究文集》,昆明:云南大学出版社,1991。

雷兵:《哈尼族文化史》,昆明:云南民族出版社,2002。

李少军:《诗性的智慧——哈尼族传统哲学思想研究》,北京:民族出版社,2006。

毛佑全:《哈尼族文化初探》,昆明:云南民族出版社,1991。

史军超主编:《哈尼族文化大观》,昆明:云南民族出版社,1999。

孙官生:《哈尼族文化探源》,昆明:云南人民出版社,1991。

王尔松:《哈尼族文化研究》,北京:中央民族大学出版社,1994。

王正芳、阿罗、李期博主编:《哈尼族神话传说集成》,北京:中国民间文艺出版社,1990。

《傣族古歌》,北京:中国民间文艺出版社,1981。

龚友德:《儒学与云南少数民族文化》,昆明:云南人民出版社,1993。

祜巴勐:《论傣族诗歌》,岩温扁编译,北京:中国民间文艺出版社,1981。

伍雄武、岩温扁:《傣族哲学思想史》,北京:民族出版社,1997。

《白族简史》编写组:《白族简史》,昆明:云南人民出版社,1988。

龚友德:《白族哲学思想史》,昆明:云南人民出版社,1992。

李缵绪:《白族文学史略》,北京:中国民间文艺出版社,1984。

张文勋主编:《白族文学史》,昆明:云南人民出版社,1983。

李缵绪主编:《白族神话传说集成》,北京:中国民间文艺出版社,1986。

马曜主编:《云南简史》,昆明:云南人民出版社,1983。

王岚等:《白族著名历史人物及其哲学思想》,昆明:云南民族出版社,2008。

杨国才、伍雄武主编:《白族哲学思想史论集》,北京:民族出版社,1992。

杨国才:《白族传统道德与现代文明》,北京:当代中国出版社,1999。

赵橹:《白族神话与密教》,北京:中国民间文艺出版社,1983。

D. C. 葛维汉:《四川苗族故事、歌谣》,载《四川苗族社会与文化》,成都:四川民族出版社,1997。

鸟居龙藏:《苗族调查报告》,贵阳:贵州大学出版社,2009。

克拉克·塞缪尔:《在中国的西南部落中》,贵阳:贵州大学出版社,2009。

《苗族古歌》,贵阳:贵州人民出版社,1979。

《盘王大歌》,长沙:岳麓书社,1988。

贵州苗学研究会编:《苗学研究》,贵阳:贵州民族出版社,1989。

田兵编选:《苗族古歌》,贵阳:贵州人民出版社,1979。

过竹:《苗族神话研究》,南宁:广西人民出版社,1888。

龙炳文、龙秀祥等整理译注:《古老话》,长沙:岳麓书社,1990。

郎维伟:《四川苗族社会与文化》,成都:四川民族出版社,1997。

李锦平:《苗族语言与文化》,贵阳:贵州人民出版社,2002。

梁彬、王天若:《苗族民间故事选》,南宁:广西人民出版社,1986。

罗荣宗:《苗族歌谣初探》,西南民族学院民族研究所内部资料,1984。

罗义群:《中国苗族诗学》,贵阳:贵州民族出版社,1997。

马学良、今旦译注:《苗族史诗》,北京:中国民间文艺出版社,1983。

马学良译注:《苗族古歌》,北京:中国民间文艺出版社,1983。

石朝江、石莉:《中国苗族哲学社会思想史》,贵阳:贵州人民出版,2005。

石启贵:《湘西苗族实地调查报告》,长沙:湖南人民出版社,1986。

田兵等:《苗族文学史》,贵阳:贵州人民出版社,1981。

吴德坤等搜集整理翻译:《苗族理辞》,贵阳:贵州民族出版社,2002。

吴晓东:《苗族祭仪"送猪"神辞》,北京:民族出版社,2007。

吴晓东:《苗族图腾与神话》,北京:社会科学文献出版社,2002。

项兴荣搜集整理翻译:《六寨苗族口碑文化》,贵阳:贵州民族出版社,2004。

燕宝编:《苗族民间故事选》,上海:上海文艺出版社,1981。

张应和等:《苗族婚姻礼词》,长沙:岳麓书社,1987。

贵州省少数民族古籍整理办公室编:《侗族大歌》,贵阳:贵州民族出版社,2003。

黄庆印:《壮族哲学思想史》,南宁:广西民族出版社,1996。

刘明华等主编:《贵州省少数民族传统伦理道德研究》,贵阳:贵州教育出版社,1991。

杨通山等编:《侗族民歌选》,上海:上海文艺出版社,1980。

杨锡光等整理译释:《侗款》,长沙:岳麓书社,1988。

《布依族古歌·叙事歌选》,贵阳:贵州人民出版社,1987。

《崇搬图》,丽江县文化馆1963年石印本。

《东乡族保安族裕固族民间故事选》,上海:上海文艺出版社,1987。

《侗款》,长沙:岳麓书社,1988。

《傈僳族民间故事》,昆明:云南人民出版社,1984。

《密洛陀》,南宁:广西人民出版社,1981。

《牡帕密帕》,昆明:云南人民出版社,1979。

《水族民间故事选》,上海:上海文艺出版社,1988。

《佤族民间故事选》,上海:上海文艺出版社,1989。

《仡佬族古歌》,贵阳:贵州民族出版社,1991。

《遮帕麻和遮米麻》,昆明:云南人民出版社,1983。

《壮族民间故事选》,南宁:广西人民出版社,1982。

蔡元亨:《大魂之音——巴人精神秘史》,北京:中央民族大学出版社,2001。

邓红蕾:《道家与土家族文化》,北京:民族出版社,2000。

段超:《土家族文化史》,北京:民族出版社,2000。

胡炳章:《土家族文化精神》,北京:民族出版社,1999。

彭继宽主编:《土家族传统文化小百科》,长沙:岳麓书社,2007。

彭武麟:《中国土家族》,银川:宁夏人民出版社,2012。

田发刚:《鄂西土家族传统文化概观》,武汉:长江文艺出版社,1998。

萧洪恩:《20 世纪土家族哲学社会思想史》,北京:中国书店,2010。

萧洪恩:《土家族口承文化哲学研究》,北京:中央民族大学出版社,1999。

萧洪恩:《土家族仪典文化哲学研究》,北京:中央民族大学出版社,2002。

萧洪恩:《土家族哲学通史》,北京:人民出版社,2009。

后　记

　　全面了解中国少数民族哲学一直是我的心愿。从目前所掌握的既有研究资料和中国少数民族原典文献看，我特别感谢以下五种文献，是它们让我开始能从总体上知道中国少数民族哲学的一般情况。让我第一次接触到中国少数民族哲学总体状况的是民族院校公共哲学课教材编写组编的《中国少数民族哲学和社会思想资料选编》，它将中国 55 个少数民族的汗牛充栋般的资料进行了哲学整理。那是在一个寒假，我从一个图书馆购得，开始了研究中国少数民族哲学的进程，至今已超过 30 年。从中我知道了中央民族学院少数民族古籍整理出版及规划领导小组办公室编印的《中国少数民族神话汇编》，后来购得了其中的洪水篇、开天辟地篇、人类起源篇，为了掌握其中的情况，在初用电脑时，即一字一句地把原文输入，将这三本书转成了电子版，让我能够了解中国少数民族原始哲学的基本情况，形成了自己对中国少数民族的初步哲学认知。此后，依次获得了以下整体研究成果：肖万源、伍雄武、阿不都秀库尔主编的《中国少数民族哲学史》，伍雄武的《中国少数民族哲学思想简史》，佟德富的《中国少数民族哲学概论》，并且都在阅读过程中，使这三本书电子化，更后来则是佟德富、宝贵贞的《中国少数民族哲学专题研究》，这些资料是我得以前进的根本基础。老实说，无论是从学习的角度,还是从写作的角度,这些前人的研究成果都是开创性的,是我无法超越的。

为了掌握中国少数民族哲学的基本情况,根据穷尽所有的要求,我尽可能多地掌握现有的研究成果,然而由于语言障碍,不少研究成果无法获得与阅读。即使如此,在对 55 个中国少数民族哲学研究文献的研究中,除已掌握的各民族哲学研究专著外,仅研究论文的收录与阅读,即超过了 1000 万字,其中整理的相关资料,包括本书的初稿,都曾传给了伍雄武等中国少数民族哲学研究的专家、教授,以便共享,这也算是我对加强中国少数民族哲学研究所尽的一点心力。这里,当然要感谢这些论文的作者、译者及相关的出版单位。由于太多太多,根本无法一一列出,不过在书中基本有所注明。

为了系统掌握各少数民族文化的特殊情形,笔者开始了艰难而又愉快的哲学文化旅行,这就是从中国知网上对各民族以该民族为主题进行检索,其结果让人惊异,比如笔者初始的系统检索是 2016 年 6 月 30 日,当时所发现的各民族研究文献,如果按照多少条目来排序,各有一万条以上的即有 12 个民族:藏族(52115 条,整理的目录达到 2800 多页),回族(46399 条),壮族(37257 条),苗族(32266 条),蒙古族(28770 条),彝族(27845 条),满族(25812 条),瑶族(17886 条),维吾尔族(16488 条),土家族(16269 条),侗族(14436 条),朝鲜族(10389 条),从 1000 条至 9999 条的达 26 个民族,999 条以下的有 17 个民族,最少的一个民族仅 31 条。尽管这一检索结果在不同时间有所差别,但也足以说明这种检索工作的艰巨性。通过检索,我将全部文献录入,编辑成各该民族的专有研究目录——“中国少数民族哲学研究资料目录(×族)”,目录按照绪论、总论民族、民族哲学、文化事象、民间文化、作家文化、民族人物、相关民族、未分类等九个部分进行处理,其中在哲学部分安排了足以影响哲学的文化资料,包括直接的“哲学”研究,民族思维研究,哲学观研究(诸观、诸思想、诸理念、诸意识),六大领域或部门(伦理道德、美学研究、民族认同、生态之思、习惯法制、特殊部门如×医哲学),民族儒学,宗教信仰,标志性文化,人生八俗,思想转型(变革)等内容,而把民族情感、民族心理、民族意识、民族精神等放入第一部分即"总论民族"中,通过这一清理过程,我们最后得出的基本结论可以概括为:

首先,一个民族有无哲学的问题,说到底是其是否进行了哲学思考的问题,而哲学思考的本质即所谓反思,亦即所谓对自然、社会及至人自身进行超越现实功利或实用目的的精神性思考。这样的话,中国各民族都有自己的相应的哲学思考,就是目前还没有产生专门的"哲学"研究论文的民族,也都有其相应的哲学思考,特别是像伦理道德、民族认同、民族美学、民族习惯法(其实也是一种世界观)等方面,我们研究者的任务就是要对这些文化现象进行哲学文化解读。其次,对各民族进行哲学文化研究,其实就是认识各该民族本身。从时代性上讲,我们说哲学是时代精神的精华,这里面有一个前提就是哲学是时代精神的一部分,虽然是其精华的部分,因而是不能脱离时代精神的部分。据此我们可以思考的是,每一个民族都有其民族精神,当然也就有其民族精神的精华即哲学。那么如何认识这个民族的民族精神? 自然不应从"抽象"的想象而应从"具象"的分析中得出,我们正是通过主题文献检索,逐渐形成了我们对民族精神从而对作为民族精神精华——民族哲学的认知:各民族为什么会有这样的族称并坚守这样的称呼? 其他各民族对该民族名称等方面的认同依凭的是什么? 不就是各该民族经历了那样的历史进程(历史渊源、发展历程、特殊评价,即笔者分类上的"民族特说"、特殊贡献、反抗斗争),那样的文化塑模("人生八俗"的俗写人生即塑造民族精神)因而形成了各民族的文化特性吗? 特殊的节日、特殊的器物、特殊的行为、特殊的文化成果……从而形成了特殊的人——具有特定民族精神的人。从认识方法的角度说,我们承认各该民族的存在性、发展性,我们就必须承认其民族精神,从而承认其民族精神的精华——哲学的存在性。最后,我们通过详细的文献考察和部分的情景体验(深入到各民族中去,如深入到回族、水族、土家族、阿昌族、仡佬族、苗族等民族中去),我们深信,研究各民族哲学应形成基本的内容、方法格局,我们在本书中按照这种格局对各民族哲学进行概观式的成果列举和总论性的评价,正在于强调各民族哲学存在性、发展性的坚实基础。同时,我们这样做的目的还在于为未来的民族哲学研究者提供一种研究基础——各民族哲学研究目前已经达到了何种程度,我们不应该局限于某些知名学者所指出的研究要掌握近十年来的研究成果,而是要像我的已故业师萧萐父先生所强调的"竭泽而渔"的资料搜集原则,并把我的搜集整理贡献给读者,以便他们的研究能减少这个探路工夫,以集中精力、心力作出更多的民族哲学研究成果。

长期以来,中国少数民族哲学还一直未进入"中国哲学"的通史性论著中,郭齐勇教授主编的这套多卷本《中国哲学通史》,倡导编入"中国少数民族哲学"卷,这不只是一种理论勇气,更是一种哲学品格。郭齐勇教授把这个任务交给我来完成,作为学生,我理当殚精竭虑。顾名思义,"中国少数民族哲学研究"的研究对象即是"中国少数民族哲学"。但是,作为一个概念,"中国少数民族哲学"却是一个难于界定的概念。从哲学一般而言,只要是"哲学",都有其共性,思考的就是哲学的一般问题,因而应有一个共同的"中国少数民族哲学",书写"中国少数民族哲学"的这一共性,列举中国少数民族的"哲学",写出一部"哲学在少数民族"式的"中国少数民族哲学史",是可能的。在目前已有的研究成果中,不少作品都属于这类哲学书写方式。但是,哲学家在于"通过各种方式理解人类的经验"[1],而在人类历史上,各民族因其特定地域环境的不同及生产方式的差异,其族群的"经验"对象并不相同,因而又有其哲学的特殊性,哲学的一般如何通过哲学的特殊性表现出来? 这才是中国少数民族哲学研究的关键问题。这样,"中国少数民族哲学"研究就成了揭示中国少数民族特殊的哲学、特殊的话语系统、特殊的精神诉求等方面的问题。例如佤族的"司岗里"传说,既有"史诗"的表达方式,又有神话传说的表达方式,其哲学萌芽期的"司岗里"思考,通过宇宙及人类自身的不断进

---

[1] 菲尔·沃什博恩:《没有标准答案的哲学问题》,林克译,新华出版社,2010,第4页。

化阐明了一个永恒的发展过程,佤族人民在这个过程中看到和学到的、感受和经验到的就是一种永恒的进取精神;通过人与自然的对话、人与人的对话、人与神的对话,及至天地人的相互对话,彰显出的恰好是一种整体和谐精神;通过强调智慧、强调创造性、强调人的思维能力,引导人们充分发挥自己的主动性、创造性,正因如此,一个被长期阻隔于大山巨川中的民族——佤族得以生成发展起来,并得以在 19 世纪 40 年代以来不断地走向近现代社会,并在一定程度上适应了全球性现代化运动。同时,"司岗里"思考,特别是其传说还采用了儿童化的表达方式,更是留住了人类的童心,使人类永远充满惊异,形成一种永恒的智慧追求的乐趣,而哲学正在于对"惊异"的"惊异"。

从佤族"司岗里"的特例可以看出,中国少数民族的特殊的哲学问题与哲学表达方式,形成了中国少数民族哲学的特殊类型,虽然还不一定能形成一个中国少数民族哲学大系,像印度系、阿拉伯系、欧洲系等一样,却在中国哲学的多元一体格局中形成了中国哲学类型的丰富性,这是中国少数民族对中国哲学的独特贡献。比如,哲学不是"艺术",却能从艺术所使用的颜色、形状、声音、节奏、舞蹈或别的什么媒介中获得概念化或原则性的生命意义;哲学不讲"神话"、不讲"故事",却可以从神话、故事中理解人类的情感与经历;哲学不讲"爱情",却能理解爱情的价值与意义;哲学不是"历史",却能从历史中显示出过去、现在和未来的内在关系;哲学不是"民俗",却不能离开民俗并根源于笔者总结的"人生八俗、三艺、四特"而反映出各民族的独特的意识、情感、心理、精神,及至哲学智慧。所谓的"人生八俗",即从中国各民族风俗中选取婚俗、葬俗、节俗、居俗、食俗、饰俗(服饰装饰等)、医俗、教俗(宗教与教育)等对人生塑造具有基本意义的八个方面。所谓"人生三艺",即从中国各民族的诸艺中按照我们的归类,形成所谓的民族工艺、民族文艺、民族游艺(游戏与体育)等特殊分类,体现了它们对正常民族成员的基本规范与塑模。所谓"人生四特",即从民族文化中选取四个方面的具有各民族标志性的文化现象——节庆事象、行为事象、口承文化、物态事象,并用以显示出各民族的独特的信仰、情感及文化精神。正是这"人生八俗、三艺、四特"培养了各民族文化主体或主体文化——作为个体的或整体的各民族及其成员,包括这些成员的自然生命与文化生命,其中特别是精神生命;也正是这些文化主体或主体文化成就了各民族包括哲学文化成果在内的物质、精神文化成果……这样的分梳表明,根据哲学的一般与特殊的关系,中国少数民族哲学研究就其内在问题或哲学自身的问题向度上有其特殊性,这就要求从中国少数民族的多种文化现象中去理解他们的经验与科技、情感与理性、思想与意志、知识与智慧……一句话,民族哲学研究的本质是研究各民族的人本身,因而见证着哲学的本质是人学。

此外,中国少数民族哲学研究还有其外在的问题向度,这就是根据中华民族多元一体格局,虽然可以理解中国少数民族哲学的基本特征,却形成了中国少数民族哲学研究的外在形式或外在问题向度。这表现在以下两个方面:一方面,不少中国少数民族都是跨境而居的,但其作为中华民族大家庭的一员,中国少数民族既与跨境而居的各民族有历史共性,又有中国少数民族的历史个性,这一特征及相应的哲学文化表现的意义在于,不少中国少数民族哲学不仅是中华民族哲学文化的一部分,而且直接就在一定程度上、在更大的场域成为跨境哲学文化的一部分而彰显其国际意义,从而形成一种世界场域的哲学文化的多样性。这种情形在宗教文化方面表现得更为充分,如我国一些少数民族中有相当一部分群众信仰的伊斯兰教、藏传佛教、南传佛教,以及萨满信仰等,都有跨境传播情形。从民族身份的层面看,不少中国少数民族人物,可能同时被多个民族认为是本民族的哲学代表人物,例如法拉比、优素甫等,这样的情形在朝鲜族、回族、傣族等民族中也都存在。另一方面,中华民族各民族的生活居住的特点形成了你中有我、我中有你的格局,致使不少少数民族群众在各地的认知也不尽相同。这既有族群的整体情形,如同一族群在不同地方被认为是不同的民族,同一成员被认为是不同的民族等,这种由于各民族的大杂居、小聚居情况形成的特殊景观,直接影响着中国少数民族哲学研究,比如中国回族群众与汉族群众的居住可以作为一个类型,虽然都有相对集中的一面,却广泛地在中国的广大区域杂居,以至于其哲学自身具有极为广泛的多样性。至于各民族居住的相对集中区域的哲学文化多样性,在土家族、彝族、苗族等众多少数民族中都存在。另外的特殊性还在于,像京族、俄罗斯族等民族,由于成为中国少数民族过程的特殊情形,其哲学表现则更为特别。

"道路,而非著作",中国少数民族哲学的特殊性,决定着中国少数民族哲学将永远处于重写之中,客观上说,"中国少数民族哲学"只能说是一种观念图景,它作为中国少数民族各成员思考与自然、社会及人自身的一系列"亲近"问题的一般思维成果,显然是存在的。对此,黑格尔曾提出哲学与民族的关系,这一关系在本质上是从承认哲学的多元性而立论的,他强调"假如一个民族觉得它的国家法学、它的情思、它的风习和道德已变为无用时,是一件很可怪的事;那么,当一个民族失去了它的形而上学(即哲学——引者案),当从事于探讨自己的纯粹本质的精神,在民族中不再真实存在时,这至少也同样是很可怪的"①。后面他还提到这个问题,批评那种没有哲学的民族,或者说不承认哲学的民族,如说:"一个有文化的民族竟没有形而上学——就像一座庙,其他各方面都装饰得富丽堂皇,却没有至圣的神那样。"②据此我们可以确定,作为"内容"的"中国少数民族哲学"早已存在,并且始终体现在中国少数民族的精神文化演进中。但是,与此相应的是,中国少数民族哲学史的写作却还是比较晚近的事,如果借用冯友兰的话说:实质上的中国少数民族哲学系统早已存在,但形式上的中国少数民族哲学却属晚生;客观的中国少数民族哲学史早已存在,写出的"术语化""体系化"的中国少数民族哲学史却是20世纪80年代以后的事。正是由于此种因素,因而在本书完成时,我即准备着重写《中国少数民族哲学研究》。对此,柏拉图的例子值得学习:"在提到柏拉图的著述时,任何在近代从事重新建立一座独立的哲学

① 黑格尔:《逻辑学》(上卷),杨一之译,商务印书馆,1981,第1页。
② 黑格尔:《逻辑学》(上卷),杨一之译,商务印书馆,1981,第2页。

大厦的人,都可以回忆一下柏拉图七次修改他关于国家的著作的故事。假如回忆本身好像就包含着比较,那么这一比较就只会更加激起这样的愿望,即:一本属于现代世界的著作,所要研究的是更深的原理、更难的对象和范围更广的材料,就应该让作者有自由的闲暇作七十七遍的修改才好。"①这是一个值得重视的思想。这也就是《中国少数民族哲学研究》应多次修改或重写的理论依据。

从理论上说,中国少数民族哲学史的重写有以下三个方面的原因:最直接的原因是对文本解读的无止境性。对此,德国哲学家恩斯特·卡西尔在他的《人论》(*An Essay on Man*)中写道:"在哲学上属于过去的那些事实,如伟大思想家的学说和体系,如果不作解释那就是无意义的。而这种解释的过程是永无止境的。当我们的思想达到新的中心和新的视野时,我们就一定会修改自己的看法。"②应该说,中国少数民族哲学历史的文本选择与解读总会有不同的文化风貌,从而彰显出其哲学的永恒价值的活力。从深层的原因分析,则来源于人的有限理性。人的有限理性,笔者将其分为四个层次:一是理性与非理性之分,即人们的认识总是二者"合作共事"的,不可能排除非理性的参与;二是理性是受认识者的当下条件限制的,或者说具有情景性;三是各自的理性水平有所区别,有高有低、有优有劣,从而各自被理性"污染"的程度不同,因而阐释主体的知识结构和理论素养或"成见"不同;四是理性有可能被误用,其中一个重要方面是目的的适用性,研究主体出于某种目的而对本来历史作工具化处理。有限理性的这种情形,形成了哲学史研究中研究者的主体化意向与客观限制。在主体化意向方面,在"中国哲学史"的建构中都有过经验教训。在客观限制方面,冯友兰即强调有三层困难:第一是古文献的艰深,第二是历史学家的主观性,第三是假设的无可验证。这种理性的有限性恰好又面对着冯友兰所区别的两类历史,即"事情之自身"或"客

---

① 黑格尔:《逻辑学》(上卷),杨一之译,商务印书馆,1981,第21页。
② 恩斯特·卡西尔:《人论》,甘阳译,上海译文出版社,1985,第228页。

观的历史"与"事情之纪述"或"写的历史"或"主观的历史"的关系①,因而
改写或重写中国少数民族哲学史就成了历史的必然。从工具理性的角
度看,重写或改写"中国少数民族哲学史",还面对着一种解读(诠释)框
架的选择与转换问题。从 20 世纪"中国哲学史"的建构到 20 世纪 80 年
代以来"中国少数民族哲学史"的建构看,解读(诠释)框架对于"写的历
史"或"主观的历史"至关重要,冯友兰曾说出自己的选择,"吾人本亦可
以中国所谓义理之学为主体,而作中国义理之学史。并可就西洋历史上
各种学问中,将其可以义理之学名之者,选出而叙述之,以成一西洋义理
之学史。就原则上言,此本无不可之处。不过就事实言,则近代学问,起
于西洋,科学其尤著者。若指中国或西洋历史上各种学问之某部分:而
谓为义理之学,则其在近代学问之地位,与其与各种近代学问之关系,未
易知也。若指而谓为哲学,则无此困难。此所以近来只有中国哲学史之
作,而无西洋义理之学史之作也"②。笔者研究中国少数民族哲学的不同
阶段,说到底也就是不同的选择。上述因素的影响会使所写的中国少数
民族哲学历史与本来的中国少数民族哲学历史之间保持着一定的距离,
但人们又力求写出真实的"中国少数民族哲学史",按照冯友兰的话说,
就是要尽心写出信史。因此,重写中国少数民族哲学史即显示出某种必
然性。

　　为了随时的重写,恳求随时的批评。

　　　　　　　　　　　　　　　　　　萧洪恩
　　　　　　　　　　　　　　丁酉菊月于武汉南湖荒斋

---

① 冯友兰:《中国哲学史》,中华书局,1961,第 16 页。
② 冯友兰:《中国哲学史》,中华书局,1961,第 7—8 页。